FRANÇOIS GUIZOT

Du même auteur

La Guerre d'Algérie, ou le temps des méprises (en collab. avec Philippe Ratte), Paris, Mame, 1974.

Dagobert, un roi pour un peuple, Paris, Fayard, 1982.

L'Avènement d'Hugues Capet, Paris, Gallimard (collection « Trente journées qui ont fait la France »), 1984.

L'Héritage des Charles. De la mort de Charlemagne aux environs de l'an mil, Paris, Seuil, 1990.

Histoire du Moyen Âge français. Chronologie commentée, Paris, Perrin, 1992.

Clovis, de la réalité au mythe, Bruxelles, Complexe, 1996.

François Guizot. Histoire de la Révolution d'Angleterre, introductions, notes et index par Laurent Theis, Paris, Robert Laffont, collection « Bouquins », 1997.

Robert le Pieux, le roi de l'an mil, Paris, Perrin, 1999. Prix de la biographie historique de l'Académie française.

François Guizot. Lettres à sa fille Henriette (1836-1874), introduction, notes et index par Laurent Theis, Paris, Perrin, 2002.

Histoire de la diplomatie française (en collab.), Paris, Perrin, 2005.

Dictionnaire des ministres des Affaires étrangères (direct. et collab.), Paris, Fayard, 2005.

Laurent Theis

François Guizot

LE GRAND LIVRE DU MOIS

ISBN : 978-2-286-04378-0

À la mémoire de Jean THEIS
(1905-1996)
sans lequel ce livre et son auteur n'existeraient pas.

Pour Pierre NORA

... ta belle gravure, c'est peut-être bien toi à la tribune, mais ce n'est pas toi jardinant, et ce n'est pas toi jouant avec nous, ce n'est plus notre père, c'est un grand homme d'État, ce n'est plus notre M. Guizot à nous.

Henriette Guizot à François Guizot, 11 juin 1840.

Il s'approcha de moi et me dit : « Venez me voir. Nous causerons. Je veux causer avec vous. Comment se porte Madame votre mère ? »*

**Ces paroles de Guizot paraîtront fort insignifiantes. Mais ses contemporains, ses amis, croiraient l'entendre en les lisant. Je ne puis rendre cela, mais il dit ces choses qu'un autre n'aurait pas dites ou aurait autrement dites, avec un accent à lui. Ces pages seront lues quand nous serons tous morts, et l'on ne comprendra ni le texte ni la note.*

Charles de Rémusat, *Mémoires de ma vie*, tome 1er.

PROPOS LIMINAIRE

« Quelle destinée que la mienne ! » s'exclamait François Guizot à la fin de sa vie, à laquelle il trouvait, comme à toute son époque, quelque chose de shakespearien. À la tragédie, mêlée comme il convient de grands succès et de profonds mécomptes, s'ajouta chez lui du romanesque. Durant ses soixante-dix années actives, cet homme endossa beaucoup de rôles et n'en tint jamais qu'un complètement, le sien, mais avec quel talent ! Les historiens aiment à affirmer, c'est même chez eux un lieu commun dont ils savent parfois sourire eux-mêmes, que tout est plus compliqué qu'on ne croit ; les biographes, le plus souvent, décrivent leur personnage comme plus contradictoire, plus complexe qu'il y paraît, avec sa part d'ombre et de secret que le biographe, justement, se donne pour mission de dévoiler. À mes yeux, rien de tel, ou peu s'en faut, pour François Guizot. Longtemps je l'ai regardé vivre, dans toutes les dimensions du terme. À mesure que je m'approchais, je découvrais l'ampleur de son œuvre, la richesse de sa personnalité, sa présence considérable dans son siècle ; avec étonnement, mais sans stupeur ni trouble. Guizot apporte autant de réponses, davantage peut-être, qu'il ne soulève de questions. Une fois écartés la caricature – quoique en effet Guizot soit caricaturable – et l'oubli posthume – celui qui frappe les vaincus de l'Histoire sortis par la mauvaise porte –, se présente un homme sans grands mystères, mais magnifiquement pourvu de qualités de toutes sortes, en possession d'une énergie et d'une vitalité impressionnantes qu'il déploya dans de multiples domaines, et qui épousa et marqua son temps, un très long temps, comme peu de personnalités y parvinrent. Tout cela compose à François Guizot une identité forte dont il partage avec d'autres contemporains divers éléments, mais dont l'ensemble n'appartient qu'à lui. Aussi, plutôt qu'un récit biographique déjà fait [1], et fort bien, mais auquel il était possible d'ajouter encore, je propose de visiter M. Guizot dans différents aspects de son existence, de son comportement et de son tempérament, au contact de l'histoire, de la société et des gens de son temps. Rien, je crois, ne convient mieux à cet être constamment actif, éminemment sociable et en perpétuelle représentation.

Auparavant, voici quelques pages destinées à fournir des informations et des repères propres à situer Guizot en son temps, dont il battit si puissamment la mesure.

1. *Guizot*, par Gabriel de Broglie. Perrin, 1990. Cette première biographie véritable, et pour longtemps irremplaçable, avait été précédée de l'essai biographique, non traduit en français, du regretté Douglas Johnson. Troisième livre important, sur Guizot intellectuel et politique : *Le Moment Guizot*, par Pierre Rosanvallon. Gallimard, 1985. Les contributions, articles, communications, introductions que j'ai publiés depuis vingt ans ont naturellement nourri bien des passages du présent ouvrage.

CHAPITRE PREMIER

Une vie dans le siècle (1787-1874)

Nul n'a, en effet, éprouvé mieux que Guizot la mesure du temps. Son métier d'historien, sa carrière politique, sa foi religieuse, son culte de la mémoire ont installé le temps au cœur de sa pensée, de sa sensibilité et de son action. C'est par la multitude des accidents chronologiques que son existence donne une telle impression de continuité, voire d'éternité, comme il l'a voulu de toutes ses forces. Il a commencé tout très jeune, et tout achevé très tard. Né sous l'Ancien Régime, il est mort alors que la IIIe République s'installait sans retour. Entre-temps il a vu naître et mourir les divers régimes institutionnels auxquels la France s'est successivement essayée, comme il a vu mourir aussi beaucoup de ses plus chères affections, et disparaître avant lui la plupart de ses concurrents et rivaux. Il fut le contemporain de trois générations qu'il a lui-même décrites [1], et qui le rattachent d'un côté au siècle des Lumières finissant, de l'autre à l'orée de la Belle Époque. Aucun professeur, chez nous, n'exerça un tel rayonnement, aucun homme de gouvernement ne demeura si longtemps aux affaires. Intellectuellement pair de Tocqueville, il est politiquement compagnon de Thiers, mais seul il conjugue à ce point le savoir et le pouvoir, la réflexion et l'action, pour ne rien dire des sentiments. Peu d'hommes se sont autant exprimés sur le passé, sur le présent et sur soi-même, comme

1. Dans *Trois générations, 1789-1814-1848*, placé en introduction de son *Histoire parlementaire de France*, tome Ier, Paris, 1863.

en témoignent l'énormité de son œuvre imprimée et l'immensité de sa correspondance encore largement inédite. En sens inverse, des dizaines de livres et brochures, des centaines d'articles, des milliers de pages lui ont été consacrés de son vivant par ses amis et ses partisans, nombreux, par ses adversaires et ses détracteurs, au moins aussi nombreux, et par beaucoup qui n'étaient ni des uns ni des autres. Il n'est guère de mémoires et de correspondances du temps, en France et aussi à l'étranger, qui ne fassent allusion à ce contemporain capital.

C'est que Guizot, en dépit des aléas qui parsèment sa longue existence, ne s'est jamais laissé ignorer et n'a jamais réellement quitté la scène publique, même s'il s'y présente, au gré des circonstances et aussi selon sa volonté propre, dans des emplois différents. Il se fait remarquer dans les salons parisiens dès la fin de 1805, à la veille d'Austerlitz ; au début de septembre 1874, quelques jours avant sa mort, sous la magistrature suprême de Patrice de Mac-Mahon, il termine le quatrième volume de son *Histoire de France racontée à mes petits-enfants*, qui fut un prodigieux succès de librairie. En vérité, son activité, voire son activisme demeurent intacts jusqu'à son dernier souffle. La représentation qu'il a donnée si longtemps de lui-même ne s'achève qu'avec ses obsèques à Saint-Ouen-le-Pin, commune de son cher Val-Richer, dans le Calvados.

Années d'apprentissage

François-Pierre-Guillaume Guizot est né à Nîmes le 4 octobre 1787. Sa famille, des deux côtés – Guizot et Bonicel –, appartient à la bourgeoisie cévenole aisée, et profondément calviniste. Son grand-père et un grand-oncle ont été pasteurs au Désert, c'est-à-dire dans la clandestinité à laquelle sont légalement contraints les protestants français jusqu'à l'édit de Tolérance de novembre 1787. Ce n'est donc qu'au printemps suivant que l'enfant et ses parents, André et Élisabeth, disposent d'un état civil régulier. André Guizot est un avocat prometteur que la Révolution place du côté des Girondins. La chute de ces derniers, à Paris, et le déclenchement de la Terreur le conduisent à l'échafaud le 8 avril 1794, à l'âge de vingt-sept ans. Quelques jours avant sa mort, il a reçu dans sa prison la visite de ses deux fils, François et Jean-Jacques, ce dernier de deux ans plus jeune. Ainsi commença le rapport de Guizot avec la Révolution, qui fut l'une des grandes affaires de toute sa vie. Cinq ans plus tard, matériellement dans la gêne, la veuve et les orphelins s'installent à Genève, où le jeune François développe son identité réformée et s'ouvre aussi au cosmopolitisme qui depuis longtemps caractérise la cité de Calvin, terre de refuge. Cette formation genevoise le dote d'une bonne pratique des langues étrangères, en particulier l'allemand et l'italien, dont il tirera plus tard grand profit, en même temps qu'elle développe chez lui des aptitudes artistiques, en particulier en dessin, et aussi manuelles et sportives : l'esprit de Rousseau, sur les bords du lac, vit encore. À l'automne de 1805, il s'en vient à Paris faire son droit, en vue de prendre à Nîmes, espère surtout sa famille qui s'y est rétablie, la succession de son père dans son métier d'avocat, d'autant que son agilité d'esprit et ses capacités d'expression, servies par une voix remarquablement bien posée, se sont aussitôt révélées. Elles favorisent en fait l'introduction du jeune provincial surdoué et précocement mûri dans les meilleurs cercles littéraires parisiens, qu'il intéresse et étonne par son savoir, ses certitudes et son excitation intellectuelle. Là, il recueille les derniers échos de la philosophie du XVIIIe siècle, à travers la fréquentation de Mme d'Houdetot, tant aimée de Jean-Jacques, de l'abbé Morellet, de Mme de Rumford, veuve de Lavoisier.

Deux hommes, en particulier, patronnèrent son entrée et son succès dans le monde : Philippe-Albert Stapfer et Jean-Baptiste Suard. Le premier, ministre des Cultes et de l'Instruction publique puis ambassadeur à Paris de la République helvétique entre 1798 et 1803, pasteur de formation, germaniste de culture, l'initie à la philosophie allemande, à

Kant en particulier, ce qui est alors une nouveauté en France. C'est par lui que Guizot, devenu précepteur de ses deux fils, accéda à la haute société parisienne et noua des relations outre-Rhin. Le second, pilier de l'Institut, tient un salon où se retrouvent, non sans mélancolie, les esprits brillants et les gloires passées que le régime impérial laisse sans emploi ou condamne à la discrétion. L'illustre vieillard ouvre à Guizot les portes du journalisme, dans lequel le jeune homme se distingue aussitôt. Il devient ainsi collaborateur régulier du *Publiciste*, dirigé par Suard, où il s'exprime sur les sujets les plus variés avec autant d'aplomb que de compétences apparentes. Surtout, outre qu'il complète la formation de Guizot dans le domaine de la pensée libérale et de la littérature anglaise, Suard rend à son protégé deux services qui décidèrent d'une grande partie de sa vie : il lui fait rencontrer, au printemps de 1807, Pauline de Meulan ; il obtient de Fontanes, grand maître de l'Université, sa nomination à une chaire d'histoire à la faculté des lettres de Paris au milieu de 1812, juste après son surprenant mariage avec Pauline. Cette dernière, née en 1773, appartenait à la bonne aristocratie libérale que la Révolution avait ruinée tout en l'épargnant. Mlle de Meulan, fille du XVIIIe siècle, vivait – assez mal – de sa plume, engagée par son vieil ami Suard dans l'aventure du *Publiciste* dès sa création en 1801. Ce qu'elle apporta intellectuellement et affectivement à son jeune ami puis époux, qu'elle acheva de révéler complètement à lui-même, semble à tous égards exceptionnel. Ensemble, à partir de 1808, sans doute sur la suggestion de Suard, ils établirent une nouvelle édition française de l'*Histoire de la décadence et de la chute de l'Empire romain*, le maître ouvrage d'Edward Gibbon, dont les treize volumes parurent en 1812. C'est ce travail qui servit à Guizot de passeport pour devenir professeur à l'université et qui le conduisit à choisir la notion de civilisation comme objet de sa réflexion et de son enseignement inauguré, non sans appréhension, en décembre 1812. Avec Pauline encore, passionnée de pédagogie, il fonde en 1811 les *Annales de l'Éducation*, périodique qu'ils rédigent et font vivre seuls pendant plus de deux ans. Avec elle, il rédige une étude sur Corneille. Débordant d'activités, il est heureux.

La chute de l'Empire accélère le cours de sa carrière. Mais en 1814 François Guizot n'est plus vraiment un inconnu. Il a publié sous son nom plusieurs livres et traductions, et de nombreux articles, il correspond, par admiration pour *Les Martyrs*, avec Chateaubriand, Mme de Staël l'a reçu de façon flatteuse, il connaît Benjamin Constant, il est proche du politique et philosophe Maine de Biran, et surtout de Pierre-Paul Royer-Collard, nommé en même temps que lui professeur de philosophie à la faculté et qui se prend pour son cadet d'un vif attachement. En possession d'une culture et d'un système d'idées dont le fond, tout au long de son existence, ne changera pas substantiellement, ce jeune homme de vingt-sept ans, l'âge où mourut son père, amoureux d'une épouse quadragénaire qui le lui rend ardemment, la parole assurée et la conversation séduisante, dont le contentement de soi rejaillit sur son entourage, vivant chichement, entre en politique par une porte qui n'est pas si petite : le 24 mai, grâce à Royer-Collard depuis longtemps lié à la fraction la plus éclairée des légitimistes, il devient, dans le premier ministère de la première Restauration, secrétaire général du ministère de l'Intérieur, détenu par l'abbé de Montesquiou. Dans l'ombre de ce dernier, qui délègue largement ses compétences à ce collaborateur efficace, il réorganise l'administration du ministère et élabore avec Royer-Collard un projet de loi sur la presse qui, établissant une censure à titre temporaire, maculera rétroactivement sa réputation de libéral. Remplacé le 20 mars 1815 avec le retour de Napoléon, Guizot reprend son poste de professeur.

En même temps, avec ses amis Royer-Collard, Pasquier, Barante, Camille Jordan et autres monarchistes constitutionnels, il continue à se mêler de politique en fournissant informations et suggestions à Louis XVIII exilé à Gand. Pour tenter de mieux battre en brèche l'influence des ultra-royalistes, partisans du rétablissement de la monarchie de droit divin, on décide d'envoyer sur place un émissaire. Guizot se désigne, ou est désigné, et part pour les Pays-Bas le 23 mai. Le roi le reçoit, comme il reçoit tant d'autres gens, le 1er juin, sans aucun résultat. Guizot ne rentre en France que début juillet, après le deuxième retour des Bourbons. Ce voyage de Gand, qui passa pour une offre de service au monarque émigré, et qui l'était peut-être, fut reproché à Guizot tout au long de ses années de pouvoir : il aurait pactisé avec les ennemis de la nation au pire moment de son histoire, alors qu'elle était envahie puis défaite. En tout cas, dans le ministère Talleyrand, il est nommé membre du Conseil d'État et secrétaire général du ministère de la Justice, dont Pasquier est alors titulaire avant de céder la place à Barbé-Marbois après l'élection de la Chambre introuvable à la fin du mois d'août. Guizot occupe ce poste jusqu'en mai 1816, puis prend siège de maître des requêtes au Conseil d'État. C'est à partir de là qu'il entame une évolution qui le portera de plus en plus loin à gauche tout au long de la Restauration. Il est de ceux qui poussent Louis XVIII, par l'intermédiaire de Decazes alors ministre de la Police, à dissoudre la Chambre ultra en septembre 1816. Il se lance publiquement dans le débat politique en faisant paraître son premier essai polémique, *Du gouvernement représentatif et de l'état actuel de la France*, où il expose la théorie et surtout la pratique de la monarchie constitutionnelle bien entendue, inspirée de l'exemple britannique. Sa réflexion sur le système représentatif, qu'il poursuivra sous des formes diverses pendant près de quarante ans, commence dans ce moment où le régime de la Restauration hésite entre le retour à une sorte d'Ancien Régime corrigé dans ses abus et la consécration pleine et entière des acquis de 1789. Guizot a définitivement choisi la seconde voie. Les travaux et avis qu'il prodigue au ministère dans sa lutte contre les ultras lui valent d'être promu conseiller d'État en avril 1817. Guizot va avoir trente ans, il est père émerveillé d'un petit François de deux ans, il est un homme d'influence désormais très en vue, déjà on écrit, de droite, contre lui : c'est bon signe.

La réflexion et l'action au service d'une interprétation et d'une pratique libérales de la Charte ont conduit, dans le courant de 1816 et au début de 1817, un petit groupe de personnalités d'origine très diverse à faire cause commune et à tisser des liens personnels très étroits. Il y a là trois députés, Royer-Collard, Jordan et Hercule de Serre, et deux hauts fonctionnaires, Prosper de Barante et Guizot, bientôt rejoints par Victor de Broglie, pair de France, et par le tout jeune Charles de Rémusat, enfant prodige d'une famille qui a pris Guizot en amitié depuis plusieurs années. À la suite du journal satirique *Le Nain jaune*, on les appelle et ils s'appellent bientôt eux-mêmes « doctrinaires ». Guizot en est alors l'esprit le plus avancé, et le membre le plus actif. Pour mieux peser dans le débat intellectuel, il crée en juillet 1817 et rédige presque seul avec sa femme une revue, les *Archives philosophiques, politiques et littéraires*, qui dureront dix-huit mois. Lorsque, en décembre 1818, un nouveau ministère est constitué avec pour hommes forts Decazes et de Serre, les doctrinaires sont pour ainsi dire au gouvernement. Le 6 janvier 1819, Guizot est nommé – poste créé pour lui – directeur général de l'administration départementale et communale au ministère de l'Intérieur. En avril, commissaire du roi dans la discussion des projets de loi sur la presse, il s'exprime pour la première fois à la tribune de la Chambre des députés, qu'il devait illustrer plus tard avec tant d'éclat. L'assassinat du duc de Berry, le 13 février 1820, entraîne le départ de Decazes du ministère et brise l'élan des doctrinaires dont le groupe se disperse. Parmi eux, Guizot est celui qui tombe le plus à gauche. De Serre, lui, demeure ministre de la Justice dans le deuxième cabinet Richelieu, sous influence ultra grandissante. Le 16 juillet, avec Royer-Collard, Jordan et Barante, Guizot est révoqué du Conseil d'État par de Serre pour cause d'opposition. La tentative pour donner un cours libéral à la Restauration a échoué. Cette révocation vaut à Guizot de nouvelles sympathies. Il a recouvré son entière liberté de parole et de plume. Il va s'en servir en prenant part aux combats de l'opposition, et en élaborant son œuvre d'historien. Il va s'en servir aussi pour gagner sa vie.

La chaire et la plume

Vue d'aujourd'hui, la décennie qui s'ouvre en 1820 est certainement la période faste de François Guizot. Entre octobre 1820 et juin 1822, il publie quatre opuscules contre le ministère et la contre-révolution, à mi-chemin entre l'essai et le pamphlet. Le premier et le troisième, *Du gouvernement de la France depuis la Restauration et du ministère actuel*, puis *Des moyens de gouvernement et d'opposition dans l'état actuel de la France*, écrits avec une extrême vigueur, remportèrent à gauche un vif succès et suscitèrent à droite beaucoup de colère. Des opposants déclarés comme le général Foy, Lafayette et même Manuel, proche des sociétés secrètes, lui proposèrent de les rejoindre, et il fit avec eux davantage de chemin qu'il ne le reconnut par la suite. Mais Guizot, monarchiste et légaliste, voulait en rester au débat intellectuel et politique. Il visait Villèle, chef du ministère ultra, et non pas Louis XVIII. En même temps, il poursuivait à la faculté des lettres son enseignement, repris en décembre 1820 et consacré à l'histoire du gouvernement représentatif. On s'y pressait pour entendre le professeur mais aussi, quoi qu'il en eût, applaudir l'opposant. À l'automne 1822 le gouvernement, reprenant en main l'université trop visiblement foyer de contestation, supprima l'École normale et suspendit en octobre, pour un an renouvelable, les cours de philosophie de Victor Cousin et d'histoire moderne de Guizot. La suspension dura en fait près de six ans et servit là encore la popularité de Guizot, en particulier dans la jeunesse. De plus, loin que l'activité d'historien de Guizot en pâtisse, elle s'enrichit et s'accélère. En même temps qu'il entreprend, pour des raisons intellectuelles et aussi alimentaires, de très gros chantiers éditoriaux avec les collections des *Mémoires relatifs à l'histoire de France* et des *Mémoires relatifs à l'histoire de la révolution d'Angleterre*, encore fort utiles de nos jours, il réédite les *Observations sur l'histoire de France* de Mably, en 1823, et les complète par un volume d'*Essais sur l'histoire de France*, qui est son premier ouvrage savant personnel. Puis ce sont, en

1826-1827, les deux premiers volumes de l'*Histoire de la Révolution d'Angleterre,* au retentissement considérable ; enfin, en avril 1828, la reprise, triomphale, du cours d'histoire moderne sur le thème de l'« histoire de la civilisation », en Europe puis en France, tentative pionnière d'histoire totale, même si les institutions et la politique en fournissent l'essentiel. Voilà Guizot posé et reconnu à peu près unanimement comme le plus grand professeur d'histoire de son temps, et cette qualité ne lui sera jamais contestée. Pour autant, il continue à s'intéresser de près aux publications de presse, d'autant mieux que son patronage est de plus en plus recherché. Il est ainsi caution intellectuelle des *Tablettes universelles,* relancées en 1822, et surtout du *Globe,* fondé en septembre 1824 par Pierre Leroux et Paul Dubois, qui fait figure d'organe de la jeunesse libérale et des curiosités nouvelles. Il est également présent à la *Revue progressive,* puis fonde et dirige personnellement la *Revue française,* dont le premier numéro paraît le 1er janvier 1828, et qui exprime le mieux ses idées et celles de son groupe d'amis, principalement Barante, Broglie et Rémusat. Sont là aussi, très proches pendant toutes ces années, Tanneguy Duchâtel, Narcisse de Salvandy, Théodore Jouffroy, Louis Vitet, Prosper Duvergier de Hauranne, autant de voltigeurs parfois très jeunes qui l'accompagneront longtemps dans sa vie publique, tandis qu'Adolphe Thiers, lui aussi publiciste entreprenant, commence à se poser en rival.

Par ses articles comme par ses productions savantes, Guizot se trouve au premier rang des têtes pensantes de l'opposition. Son activité dans le milieu associatif renforce encore sa position. Il est membre de la Société de la morale chrétienne, créée en 1821, et qu'il préside en 1828. La Société, où les protestants sont nombreux et à laquelle appartient la fleur de l'opposition libérale, fait pièce à la Congrégation. À vocation philosophique et philanthropique, en pointe dans la lutte contre la peine de mort en matière politique et la traite négrière, pour l'amélioration de la condition pénitentiaire et pour l'émancipation des Grecs – autant de convictions auxquelles Guizot demeurera toujours attaché –, elle ne manque pas, l'actualité aidant, de traiter de politique à sa façon. On en débat ouvertement, et par destination, dans la société « Aide-toi le ciel t'aidera », fondée en juin 1827 afin de mobiliser les électeurs pour les prochaines échéances, et dont l'activisme contribua certainement au départ de Villèle et à l'arrivée au gouvernement de Martignac, plus ouvert, en janvier 1828. Guizot la présida dès sa création et demeura à sa tête alors même qu'elle durcissait son opposition au ministère. Au faîte de sa popularité, prodigieux d'activité physique et intellectuelle, entouré d'amis nombreux et sûrs auxquels s'ajoute une cohorte d'admirateurs dont fait partie Goethe lui-même, Guizot rencontre néanmoins le malheur dans sa vie domestique : le 1er août 1827, Pauline meurt d'une infection pulmonaire. La douleur de son mari, auquel elle était associée en tout depuis quinze ans, est immense, et s'exprime en un stoïcisme quelque peu théâtral. Mais le quadragénaire ne songe pas un instant à rester seul, avec son fils de douze ans à charge. Il reporte sa verdeur amoureuse et ses sentiments conjugaux sur Élisa Dillon, fille de la sœur cadette de Pauline, de seize ans plus jeune que lui cette fois, et l'épouse le 8 novembre 1828. Tout comme sa tante, la maturité en moins, Élisa apporte à son époux un précieux appui intellectuel et littéraire, en particulier dans la préparation de ses cours et dans la confection de *La Revue française*. Neuf mois plus tard naissait leur fille Henriette.

L'arrivée de Polignac au ministère en août 1829 fournit à l'opposition de nouveaux arguments. Naturellement, Guizot, que son âge rendait éligible depuis deux ans, cherchait à rejoindre à la Chambre ses amis déjà députés. En novembre, la quatrième circonscription du Calvados, celle de Lisieux, se trouva libérée par le décès de son représentant. Du républicain Dupont de l'Eure à l'inclassable légitimiste Chateaubriand, tous les ténors de l'opposition furent mobilisés pour patronner la candidature de Guizot, qui n'était semble-t-il jamais allé à Lisieux et qui, sans se rendre sur place, se borna à adresser une circulaire à ceux qui étaient désormais ses électeurs sans l'avoir jamais vu. Le procédé, dans un système de suffrage très restreint, n'avait d'ailleurs rien d'extraordinaire.

Le 24 janvier 1830, Guizot fut élu par 281 voix sur 626 inscrits et 446 suffrages exprimés. Ainsi, à la faveur des circonstances, naquit entre le Nîmois et la Normandie un attachement que rien ne dénoua jamais. Commence aussi, ce jour-là, un lien de vingt ans avec l'histoire générale de la France.

L'ACCÈS AU POUVOIR

Guizot, désormais, est sur le devant de la scène. Il s'exprime pour la première fois comme député en mars, pour soutenir l'Adresse dite des 221 qui exprime au roi l'absence de confiance de la majorité de la Chambre, présidée par Royer-Collard, envers le cabinet Polignac. Facilement réélu dans le Calvados après la dissolution de la Chambre le 16 mai alors qu'il faisait campagne dans le Gard avec succès pour ses amis, il rentre à Paris le lendemain de la publication des ordonnances par Charles X. Durant les journées révolutionnaires de Juillet, il participe aux multiples conciliabules dont certains se tiennent chez lui et se rallie sans enthousiasme au duc Louis-Philippe d'Orléans, qu'il ne connaît pas personnellement. Il met sa plume au service des proclamations destinées à éviter l'installation d'une République, et c'est à lui qu'est due la formule fameuse : « La Charte sera désormais une vérité. » Nommé commissaire à l'Intérieur le 3 août, il est confirmé comme ministre à ce poste dans le gouvernement formé le 10 par Louis-Philippe. Il en sort avec Victor de Broglie, Casimir Périer et Mathieu Molé le 2 novembre par la droite, lorsque se dessine la ligne de partage, au sein du personnel politique, entre le mouvement, pour qui le régime de Juillet est susceptible d'offrir à terme une participation plus large des citoyens à la vie politique du pays, et la résistance, qui veut voir dans la Charte modifiée le point d'arrêt définitif du processus révolutionnaire. Dès lors, sa participation au gouvernement correspond à la prééminence des idées conservatrices au Parlement et au gouvernement, et aussi aux combinaisons plus personnelles. Il y rentre le 11 octobre 1832, dans « le ministère de tous les talents », avec principalement Broglie et Thiers, au département de l'Instruction publique qu'il occupera presque sans interruption jusqu'en avril 1837. Au printemps de 1831, pour une nouvelle campagne électorale, il s'est rendu pour la première fois dans sa circonscription, découvrant à Honfleur la mer qu'il n'avait jamais vue. En juin de cette même année naît Pauline, sa seconde fille.

Dans son département ministériel, taillé sur mesure, Guizot donne le meilleur de ses capacités. Outre l'Université, il a la tutelle de l'Institut, de la Bibliothèque royale, du Muséum, bref une sorte de ministère de la Culture. Déjà, en octobre 1830, il avait comme ministre de l'Intérieur créé une Inspection générale des monuments historiques, confiée au fidèle Vitet et plus tard à Mérimée. C'est ce même souci de conservation sociale et politique qui le conduit à des entreprises novatrices. Pour garantir l'homogénéité du corps social, pour y faire pénétrer les habitudes d'ordre et les lumières de la raison, et lui donner les moyens de son élévation intellectuelle et morale, Guizot organise l'enseignement primaire par sa loi du 28 juin 1833, qui fait obligation à chaque commune d'ouvrir une école de garçons dont l'instituteur est un fonctionnaire public, et à chaque département une école normale. Au total, durant la monarchie de Juillet, le nombre d'enfants scolarisés dans le primaire doubla, et la loi Guizot est restée l'une des pierres angulaires du système français d'éducation. Pendant la discussion parlementaire, le ministre eut la douleur, le 11 mars, de perdre sa femme Élisa, mal remise de la naissance de leur fils Guillaume le 11 janvier précédent. Pour enraciner le régime de Juillet, dont la légitimité ne provenait ni de l'hérédité, ni du sacre, ni de l'élection populaire, Guizot s'employa à l'intégrer dans l'histoire nationale, dont il devait représenter le point d'aboutissement.

De cette volonté naquirent, au début de 1834, la Société de l'histoire de France, dont l'objectif est de « populariser l'étude et le goût de notre histoire nationale dans une voie de saine critique, et surtout par la recherche et l'emploi des documents originaux », puis, le 18 juillet, un « comité chargé de diriger les recherches et la publication de documents inédits relatifs à l'histoire de France », dépendant directement du ministre. La société et le comité, qui ont procuré depuis cent soixante-dix ans beaucoup des matériaux de notre historiographie, en particulier médiévale, existent et travaillent toujours aujourd'hui, sur les bases jadis jetées par Guizot soucieux de réconcilier la France avec son passé, y compris le plus conflictuel. La rénovation de l'École des chartes, la transformation, à l'initiative de Louis-Philippe, du château de Versailles en musée des gloires nationales, la décoration de la Chambre des députés, plus tard le retour des cendres de Napoléon et même le rétablissement de l'Académie des sciences morales et politiques, auxquels le nom de Guizot est attaché, participent de la même volonté de fondation de l'identité nationale et de gouvernement des esprits, double manière de conjurer le désordre sans attenter à la liberté. Le bilan de Guizot au ministère de l'Instruction publique constitue, pour la postérité et même pour ses adversaires contemporains ou posthumes, son titre de gloire le mieux établi.

Plus contestée en revanche fut la part qu'il prit, et que sa fonction officieuse de porte-parole du cabinet mit particulièrement en relief, dans la politique répressive menée contre les mouvements républicains et insurrectionnels. Les restrictions apportées aux libertés de presse et d'association, le durcissement des procédures en cour d'assises, contenus en particulier dans les lois de septembre 1835 consécutives à l'attentat de Fieschi contre le roi, furent imputés à Guizot, qui exprima la volonté gouvernementale d'une « intimidation préventive et générale », davantage qu'à Thiers, pourtant son collègue à l'Intérieur, et à Victor de Broglie, président du Conseil. Le 15 avril 1837, Guizot quitte le gouvernement à la suite d'une de ces figures compliquées du ballet entre Thiers, Molé et lui-même, à quoi se résument durant cette période, sous l'œil intéressé et avec la participation active de Louis-Philippe, expert à semer la zizanie à son propre profit, les aléas politiques et parlementaires, les trois hommes ayant alors, sur le fond des choses, des positions très proches. C'est pourquoi la guerre, d'une extrême violence, que mena Guizot en 1838 et au début de 1839 contre Molé président du Conseil fut sévèrement jugée, tant cet acharnement ne pouvait s'expliquer que par de pures rivalités d'ambitions. Au reste, après la chute du ministère en mars 1839, Guizot ne toucha pas immédiatement les dividendes de sa pugnacité, puisqu'il ne fut pas appelé à succéder à son adversaire.

À partir de 1832, Guizot devient ainsi l'homme politique, et même public, qui compte le plus en France. Sa réussite, qu'il ne doit qu'à lui-même, les honneurs dont il est peu à peu comblé et auxquels il n'est pas indifférent, en particulier l'Académie française en avril 1836, se conjuguent avec d'autres événements dans sa vie privée. En août 1836, mobilisant le peu d'économies dont il dispose, il acquiert enfin une résidence dans sa circonscription : le Val-Richer, abbaye cistercienne dont n'existent plus que les bâtiments du XVIIe siècle, en piètre état, avec quelques dizaines d'hectares de terres, le tout situé à une douzaine de kilomètres de Lisieux, sur la commune de Saint-Ouen-le-Pin. Son fils François, qui a tout juste vingt et un ans, et qui s'attache immédiatement au domaine, est chargé de surveiller son aménagement. Las ! le 15 février 1837, le jeune homme succomba à une pleurésie, alors que son père défendait à la Chambre son projet sur l'enseignement secondaire. Profondément atteint, Guizot devait évoquer jusqu'au soir de sa vie la perte irréparable de ce « fils charmant ». C'est dans la déploration commune de l'enfant mort – elle-même a perdu deux jeunes fils en 1835 – que, presque aussitôt, achevèrent de se rapprocher, pour une liaison de vingt ans, François Guizot et Dorothée de Lieven. Celle-ci, Balte d'origine prussienne et donc luthérienne, épouse séparée du comte puis prince Christophe de Lieven, avait séjourné plus de vingt ans à Londres où son mari était ambassadeur de Russie. Un moment maîtresse de Metternich, puis du prince de Galles, elle connaissait les dirigeants de l'Europe entière. De deux ans plus âgée que Guizot, elle traînait une réputation sulfureuse d'intrigante et d'agent secret du tsar. Entre eux deux, contre toute attente, la profondeur et la sincérité de l'attachement, jusqu'à la mort de Dorothée en 1857, ne font aucun doute. Quelle fut l'influence de cette fleur d'automne de l'aristocratie européenne sur l'homme d'État bourgeois, il est difficile d'en décider exactement. Si le salon parisien de la princesse devint à partir de 1840 celui de Guizot ministre des Affaires étrangères, à aucun moment elle ne fut admise dans la famille et la maison de ce dernier. Il reste que, dans l'opinion, la présence d'une sujette du tsar au plus près du principal ministre faisait un effet de plus en plus détestable.

Chef inamovible du cabinet

Le 5 février 1840 la carrière de Guizot, qui s'était remis au travail historique, prend un tour nouveau. Le maréchal Soult, président du Conseil, et les membres du cabinet, qui préfèrent mettre de leur côté, mais pas trop près non plus, un parlementaire d'une telle envergure dont les interventions et les votes sont très suivis à la Chambre, lui proposent la prestigieuse ambassade à Londres, où s'est naguère illustré Talleyrand. Ils répondent ainsi à un vœu de l'intéressé, transmis par son fidèle ami Duchâtel, ministre de l'Intérieur. Par sa notoriété, par ses travaux historiques sur l'Angleterre, par sa religion aussi, Guizot est bien à sa place à Londres. La princesse de Lieven lui a ouvert son carnet d'adresses. Il a laissé à Paris sa mère et ses enfants, prévoyant que son séjour sera peut-être de courte durée tant la situation politique, à Paris, est changeante. De fait, il apprend à son arrivée à Londres que Thiers, compère et rival, forme un nouveau gouvernement. Si cette ambassade, qui se termine en octobre, fut un succès personnel pour Guizot sur le sol anglais, elle resta marquée par un échec diplomatique français puisque, le 15 juillet, le conflit entre le sultan de Constantinople et le pacha d'Égypte Méhémet Ali fit l'objet à Londres, entre l'Autriche, la Russie, la Prusse et l'Angleterre, d'un traité concocté par Palmerston, chef du Foreign Office, qui tenait la France à l'écart alors qu'elle ne pouvait pas se désintéresser de la question d'Orient. Guizot, qui avait alerté Paris en vain, se trouva ainsi placé dans une situation délicate, d'autant que Thiers prit vis-à-vis de Londres et des membres de l'ancienne Sainte-Alliance une attitude belliqueuse, attisant en France les passions nationalistes au point que Louis-Philippe, conscient des risques entraînés par une rupture ouverte avec l'Angleterre et des menaces de guerre européenne, provoqua le départ de son ministre à la fin d'octobre. L'heure de Guizot, à présent nanti d'une réputation de pacifiste anglophile, avait sonné. À compter du 29 octobre 1840, et durant quatre-vingt-huit mois, record inégalé, M. Guizot dirigea la politique extérieure et très largement l'ensemble des affaires du pays, même s'il ne devint président du Conseil en titre, succédant à Soult, que le 19 septembre 1847.

La politique du cabinet Soult-Guizot, en accord avec les souhaits et le tempérament de Louis-Philippe qui s'en remet au savoir-faire de son principal ministre, repose sur un triptyque simple et sans gloire, mais conforme, croit non sans raison le gouvernement, aux aspirations du pays, en tout cas à celles des quelque 200 000 électeurs : paix, prospérité, stabilité. Habité par le souvenir de 1815, Guizot s'emploie à doter la France d'alliances qui ne la laissent pas à l'écart du concert des puissances et qui enracinent la dynastie des Orléans dans la famille monarchique européenne. L'axe de cette politique est la concertation avec l'Angleterre, précisément parce que c'est avec elle que les conflits d'intérêt menacent le plus. Cette « entente cordiale » est facilitée par l'exceptionnelle qualité des relations personnelles entre Guizot et Aberdeen, titulaire du Foreign Office dans le cabinet Peel de 1841 à 1846. Grâce au sang-froid des deux ministres, des questions mineures mais très sensibles pour l'opinion de chacun des deux pays, comme le droit de visite réciproque des navires des deux pays pour lutter contre la traite négrière, qui traîne de 1841 à 1845, la dérisoire affaire Pritchard à Tahiti en 1844-1845, l'intervention française contre le Maroc en 1844 ou encore, la même année, les rivalités d'influence en

Grèce, furent heureusement résolues. Mais Guizot, auquel tout réflexe nationaliste paraît étranger, fut violemment pris à partie par l'opposition de droite et surtout de gauche pour, disait-on, s'être couché devant l'arrogance anglaise et avoir fait litière de l'honneur national. Pourtant, au bout du compte, la solution française prévalut pour le droit de visite, Tahiti resta acquise à la France, le gouvernement de Colettis, l'ami de Guizot, s'imposa à Athènes et en 1847 la conquête de l'Algérie était à peu près achevée.

En juin 1846 Palmerston, dont Guizot avait essuyé des avanies à Londres en 1840, remplaça Aberdeen. La conciliation fit alors place à l'affrontement, à l'occasion de l'affaire compliquée des mariages espagnols dans laquelle Guizot, sur l'insistance de Louis-Philippe, déploya une extraordinaire opiniâtreté et beaucoup de dextérité. L'influence politique et dynastique respective de la France et de l'Angleterre dans les affaires d'Espagne était en cause. Après bien des péripéties diplomatiques, Guizot réussit à écarter le candidat à la main de la reine Isabelle soutenu par Londres, un Saxe-Cobourg, au profit du duc de Cadix, cousin d'Isabelle, tandis que le dernier fils de Louis-Philippe épousait la sœur de la reine. Palmerston et aussi la reine Victoria dont l'époux, Albert, était un Saxe-Cobourg, se déchaînèrent alors contre Guizot et son roi, tandis qu'en France les mêmes qui reprochaient à Guizot ses faiblesses coupables à l'égard de Londres le critiquèrent à présent pour son acharnement à obtenir un succès purement dynastique. Le souci de préserver l'ordre européen et de faire contrepoids au tête-à-tête devenu orageux avec l'Angleterre conduisit le ministre des Affaires étrangères, de plus en plus confiné entre ses bureaux du boulevard des Capucines et le salon de la princesse de Lieven, à se tourner sans plaisir vers l'Autriche du vieux Metternich. Paris, ainsi, ne tenta pas sérieusement d'empêcher Vienne de mettre fin à la république polonaise de Cracovie, renonça à soutenir l'émancipation italienne contre les Habsbourg tout en encourageant le pape Pie IX dans ses velléités de réforme, et s'apprêtait à faire droit aux revendications des cantons suisses catholiques et conservateurs du Sonderbund quand ces derniers furent militairement balayés par les troupes fédéralistes de Berne. Ainsi, Guizot semblait faire bon marché, pour les autres peuples, des principes de 1789 dont il se réclamait à l'intérieur. Cette recherche permanente, et jugée excessive par ses adversaires de droite et de gauche, de l'apaisement et du compromis se fondait sur l'obsession, réaffirmée sans cesse par Guizot dans ses discours parlementaires, de la guerre et de la révolution, à ses yeux les deux faces d'une même et intolérable réalité, l'anarchie et le chaos. À ce sentiment qu'il éprouve presque physiquement s'ajoute aussi la conscience que la France, tout à la fois vaincue et rétablie en 1815, doit payer le prix de son retour et de son maintien dans le cercle des grands États, et qu'elle ne possède pas les moyens politiques, militaires et moraux d'outrepasser sa position internationale. Dès lors, conclut-il plus d'une fois, pourquoi tenir au monde un discours bravache auquel chacun sait qu'on ne pourrait pas donner suite ? Guizot jamais ne s'insurge contre le poids des faits. Il les jauge, en prend acte et s'efforce de les accommoder au mieux. Le « coup » politique n'est pas dans sa manière : puisqu'il est clair que la France ne fera pas la guerre pour Tahiti ou Mogador, pourquoi se donner le ridicule de la gesticulation diplomatico-guerrière ?

La conservation prospère

Mieux vaut, à son avis, se consacrer à des satisfactions moins spectaculaires, mais plus substantielles. Guizot, même s'il ne possède pas de compétences particulières ni de véritable goût pour l'économie, veut au moins autant que ses prédécesseurs engager le pays dans la voie de la prospérité matérielle. L'exemple de l'Angleterre lui en montre la nécessité et les effets profitables. Il accorde ainsi une attention soutenue aux caisses d'épargne, instrument de développement moral autant qu'économique et social. Libéral dans le domaine intellectuel, il accentue le rôle de l'État dans le mouvement vers le progrès. Les investissements publics contribuent à soutenir l'activité économique. Ainsi, il s'implique personnellement, contre Thiers qui n'en voit pas bien l'intérêt, dans la loi du 11 juin 1842 sur les chemins de fer dessinant les linéaments de notre tracé ferroviaire actuel et organise un financement mixte entre l'État, les collectivités locales et les compagnies industrielles. Il tente aussi de faire prévaloir une politique de protection douanière favorable aux productions nationales. Naturellement, la préservation de la paix au-dehors est un gage essentiel de prospérité. De fait, servi par une conjoncture particulièrement favorable entre 1841 et 1846, le gouvernement Soult-Guizot peut présenter, pour autant qu'il dépende de lui, un bilan économique flatteur tout en se prévalant d'avoir, par la loi de mars 1841, réglementé pour la première fois le travail des enfants, et aussi – Guizot s'y intéressait spécialement – modernisé les maisons d'arrêt et les hospices. Naturellement, l'interpénétration de la politique et de la finance, de l'administration et des conseils d'administration, l'encouragement à l'accroissement individuel des fortunes, le démarrage incontrôlé, mais officiellement soutenu, d'un capitalisme financier encore primitif qui confère à la banque une place et une image nouvelles, la spéculation qui à la fois anime et pollue l'augmentation des richesses, bref l'entrée dans une économie de type moderne, et aussi le talent de romanciers comme Balzac, firent que la monarchie de Juillet et la figure de son principal dirigeant politique furent associées au règne corrupteur de l'argent-roi. On le sait, le mot d'ordre « Enrichissez-vous ! » habille pour toujours la mémoire de Guizot d'une tunique de Nessus. Qu'il n'ait jamais été prononcé sous cette forme n'ôte rien à son effet dévastateur, bien au contraire, surtout dans un pays comme le nôtre. De fait, Guizot appelle les Français à gérer et à faire fructifier le capital politique et social acquis sinon une fois pour toutes, du moins pour plusieurs générations, par les révolutions de 1789 et de 1830 : « Notre premier, presque notre seul devoir, c'est d'entrer en possession de ce que nous avons conquis, de nous en assurer la pleine et complète jouissance », déclare-t-il en février 1842.

C'est en effet la stabilité politique que recherche inlassablement Guizot, y compris par des moyens qui lui furent reprochés. Dans un système représentatif d'acquisition récente, il s'agit pour lui de susciter et d'affermir une majorité de gouvernement, comme il en existe à la Chambre des communes, afin de mettre le ministère à l'abri des aléas politiques, voire des mouvements d'humeur. Il s'employa donc à disposer d'un groupe le plus nombreux possible de députés conservateurs fonctionnant en étroite union avec un cabinet lui-même homogène et en harmonie avec la couronne. Il n'y parvint que très tard, à l'issue des élections de 1846, les meilleures jamais remportées par le régime, après s'être séparé d'anciens amis très proches, comme Rémusat et Duvergier de Hauranne. Ce n'était pas au moment où il lui paraissait toucher au but que Guizot allait accéder aux demandes, de plus en plus pressantes, de réformes parlementaire et électorale. Que plus d'un tiers de la Chambre des députés fût composé de fonctionnaires en exercice – alors qu'il n'existait pas d'indemnité parlementaire – ne présentait à ses yeux aucun inconvénient de principe, puisque ces hommes étaient supposés éclairés, soucieux du bien commun et propres à traiter des affaires publiques, et offrait beaucoup d'avantages pratiques lorsqu'il s'agissait d'établir des passerelles étroites entre le Parlement et le gouvernement. C'est pourquoi Guizot trouvait naturel de révoquer certains fonctionnaires d'autorité qui votaient contre le gouvernement, même si d'autres siégèrent sans discontinuer sur les bancs de l'opposition. De même, la réforme électorale fut perpétuellement ajournée. En 1831, le cens électoral avait été abaissé à 200 francs, ce qui désignait environ 170 000 électeurs. En 1846, l'élévation du niveau de vie en avait créé 80 000 de plus, et on comptait en moyenne un éligible pour cinq électeurs. Il suffisait, pour Guizot, de laisser ce mouvement ascendant se poursuivre. Au reste, soutenait-il, les partisans de la réforme, c'est-à-dire, à des degrés divers, le centre gauche et la gauche, se livraient à une démarche purement politicienne, que ne justifiait en rien l'état social du pays.

Cet état social, les véritables intérêts de la population, le gouvernement prétendait, notamment grâce à l'administration, les connaître mieux que personne. Ils n'avaient donc nul besoin d'être exprimés par un nombre artificiellement accru d'électeurs. Le bon gouvernement, celui du juste milieu, reposant sur la souveraineté de la raison, il appartient aux capacités politiques, formées du mélange heureux de l'intelligence, du savoir et de la fortune, attachées à la préservation de l'ordre et de la liberté, de l'incarner. Hanté par le spectre de la dissolution sociale et de la ruine morale que provoquerait selon lui une extension massive et prématurée des droits politiques, qu'il distingue complètement de l'égalité civile garantie par la Charte, Guizot finit par se crisper dans le refus de toute demande, même modérée, d'abaissement du cens ou d'octroi du vote à certains talents, opération destinée en fait, déclare-t-il, à modifier entièrement la politique conservatrice à laquelle il s'est voué. Quant au suffrage universel, parfois évoqué par les républicains comme une perspective encore éloignée, il signifierait la subversion complète de la société, la tyrannie de la masse, l'anarchie et pour finir l'abolition des libertés, c'est-à-dire des conquêtes du demi-siècle précédent. La France, juge Guizot, n'a que trop expérimenté les méfaits du changement désordonné depuis soixante ans pour ne pas l'en préserver aussi longtemps qu'il est possible. Le gouvernement libre, les institutions représentatives sont chez nous de trop fraîche date pour songer déjà à les transformer. Les générations suivantes, ou un autre cabinet que le sien, s'en chargeront.

La recherche de la stabilité servit ainsi de prétexte à l'immobilisme politique. Aucune opposition organisée n'empêchait le gouvernement et sa majorité de faire leurs affaires. Ces affaires tournaient souvent à l'affairisme et parfois au scandale. La condamnation, en juillet 1847, de deux anciens ministres indélicats, Teste et Cubières, révéla ou du moins confirma l'ampleur des trafics d'influence au sommet de l'État. L'affaire Petit, exemple de simonie au sein de la fonction publique, touchait Guizot de près, car cet achat de charge publique avait été négocié dans son ombre, voire sous son aile, par Auguste Génie, son chef de cabinet. Le crime et la mort prétendument suspecte, en août, du duc de Choiseul-Praslin, le suicide de quelques autres notabilités contribuèrent à alourdir le climat, même si Guizot n'y était personnellement pour rien. La réforme parlementaire, c'est-à-dire l'édiction de certaines incompatibilités avec un mandat électif et le versement d'une indemnité aux députés, paraissait un moyen de faire reculer la corruption, et plus encore le soupçon, mais Guizot s'y refusait absolument. Son assurance à la tribune, les leçons de morale qu'il distribuait volontiers se retournèrent d'autant plus contre lui-même que, d'une intégrité personnelle insoupçonnable, il semblait faire fi de l'immoralité qui, clamait-on de toutes parts et pas toujours de bonne foi, grandissait autour de lui. Ainsi finit par se retourner contre lui un des caractères fondamentaux de son mode de gouvernement : la maîtrise absolue de la parole. De cet âge d'or de l'éloquence parlementaire, il fait figure de champion incontesté. Ses interventions à la tribune sont des événements presque mondains, tant le spectacle est de qualité. Puissance, précision, aplomb, esprit de repartie se combinent pour écraser les contradicteurs, galvaniser la majorité, mettre les rieurs de son côté, impressionner les étrangers nombreux dans les tribunes. Ayant, grâce à sa virtuosité dialectique, raison de tout et de tous, il est porté à croire de plus en plus, comme l'y pousse déjà son tempérament, qu'il a raison partout et toujours.

Ce n'est pas qu'il ne se fie qu'à la magie de son verbe. Ce ministre, qui paraît parfois être à soi seul tout le gouvernement, travaille beaucoup. Sans doute les domaines d'intervention de l'État sont-ils alors encore réduits et les affaires étrangères y occupent-elles une très large place. L'espace public est lui-même restreint. Mais Guizot ne ménage ni son temps ni sa peine, servi par une extrême promptitude de conception et d'exécution. « Je n'ai pas quitté Paris quinze jours depuis quatre ans », écrit-il en 1844 à Barante, qui confirme à son fils Ernest : « Ce que M. Guizot écrit de lettres, de notes, d'instructions n'est pas croyable. » Il assume également avec faste ses fonctions de représentation, donnant régulièrement, au ministère, réceptions et raouts somptueux. Il ne néglige pas non plus sa circonscription électorale, ni le conseil général du Calvados, qu'il préside depuis 1841. La population locale, qu'il visite régulièrement, est l'objet d'attentions multiples, et il entretient sur place un efficace réseau d'agents d'influence. Bref, aux Tuileries, où Louis-Philippe s'en remet de plus en plus à lui du détail des affaires en contrepartie d'une complète loyauté, au Conseil des ministres, dans les Chambres, au ministère des Affaires étrangères et aussi dans les autres, en particulier à l'Intérieur où il a placé le fidèle, habile et paresseux Duchâtel, Guizot est bien, comme l'écrit un diplomate russe, « l'âme de tout ce qui se dit ou se fait ». Qu'il s'éloigne un moment des affaires, comme entre avril et juin 1845 en raison de coliques hépatiques, et le gouvernement semble paralysé. Il n'est pas étonnant, et lui-même n'en paraît pas surpris, que dans ces conditions tous les mécontentements le prennent pour cible et que la presse, satirique ou non, le brocarde et le vilipende sans qu'il puisse ou cherche à s'y opposer, ou même s'en plaigne. Comme souvent en pareille circonstance, l'impopularité grandissante du chef du gouvernement le fortifiait dans sa volonté de ne rien changer ni à sa politique ni à son comportement. Quand les forces mauvaises se déchaînent, pensait Guizot, la digue doit plus que jamais tenir bon, sous peine de voir tout l'édifice emporté. De plus, le succès des élections de 1846 paraissait le conforter dans sa légitimité. Aussi les demandes de réformes parlementaire et électorale présentées encore une fois, au printemps 1847, par Duvergier de Hauranne et Rémusat furent-elles de nouveau et plus que jamais repoussées.

Chute et exil

C'est pourquoi, à partir de juillet, les gauches dynastique et radicale se lancèrent dans une campagne de banquets à l'anglaise, pour en appeler au pays par-dessus le gouvernement et la majorité. On sait comment le mouvement échappa progressivement à ses promoteurs et comment, à Paris, le dernier banquet tourna à la manifestation de rue, puis à la révolution et à la chute du régime de Juillet. Crise financière, calamités agricoles, crise de subsistance, combinées avec une agitation politique et une crise morale, les causes de février 1848 ne sont pas faciles à déterminer. L'immobilisme et l'isolement intellectuel de Guizot y ont assurément leur part. En tout cas la responsabilité des événements lui fut largement imputée. « À bas Guizot ! » fut le principal cri de ralliement des manifestants et des insurgés parisiens. Il est certain que lui-même ne vit à peu près rien venir, en dépit des avertissements de nombre de ses amis. Le 20 février, rapporte la comtesse de Boigne, le président du Conseil se trouvait, comme tous les jours, chez Dorothée de Lieven, causant avec l'ambassadeur d'Angleterre, tandis que Rambuteau, préfet de Paris, et Delessert, préfet de police, faisaient part à la princesse de leurs vives alarmes. Mme de Lieven demanda à Guizot de venir un instant. Après avoir écouté les deux hauts fonctionnaires, il eut cette inoubliable réponse : « Et c'est pour cela, princesse, que vous avez interrompu ma conversation avec lord Normanby ? Que ces messieurs se calment et qu'ainsi que vous ils dorment fort tranquilles[1] ! » C'était un dimanche en fin d'après-midi. Le mercredi à 15 heures, Guizot perd ses fonctions, le jeudi à midi il est en fuite. La révolution a abattu l'homme politique, l'Histoire, en

1. Thiers, il est vrai, n'est pas plus clairvoyant. Le 22 février, il déclare à Alfred de Falloux « avec l'accent de la plus franche sécurité » : « La Restauration n'est morte que de niaiserie, et je vous garantis que nous ne mourrons pas comme elle. La Garde nationale va donner une bonne leçon à M. Guizot. Le roi a l'oreille fine, il entendra raison et cédera à temps. »

un instant, a rattrapé et dépassé l'historien qui se montre surpris, témoignent ses proches, de l'hostilité que lui manifeste la rue. Caché dans Paris jusqu'au 1er mars, il gagne Bruxelles par le train accoutré en domestique, puis s'embarque à Ostende pour Londres où l'accueille la fidèle Mrs Sarah Austin, et où il retrouve ses enfants puis sa mère, arrivés par d'autres voies grâce à la courageuse entremise d'amis dévoués.

À soixante ans, dont près de trente-cinq de vie publique comme professeur, haut fonctionnaire, député, ambassadeur, ministre, François Guizot est rendu à lui-même. Sa carrière politique, brisée net, ne repartira pas. Parmi les hommes les plus en vue de sa génération politique – Thiers, Broglie, Tocqueville, Odilon Barrot, Rémusat –, il est le seul à se tenir, ou à être tenu à l'écart. Sans doute, jusqu'à l'avènement du Second Empire au moins, ne l'a-t-il pas souhaité, et beaucoup, amis ou adversaires, s'attendent d'ailleurs à le voir réapparaître. Mais faisant, comme toujours il s'y est efforcé, de nécessité vertu, il s'installe dans un nouveau rôle de retraité extraordinairement actif qui lui vaut bientôt l'attention renouvelée de ses contemporains.

Dans son exil de Brompton, alors en proche banlieue londonienne, Guizot reconstitue aussitôt, dans une certaine gêne matérielle, la cellule familiale, amputée par le décès de sa mère le 31 mars. Avec cette figure tutélaire, Guizot perd le plus solide de ces liens avec le passé auxquels il a toujours été si fort attaché. En même temps qu'il reprend son œuvre d'historien abandonnée depuis tant d'années, il tente de maintenir un contact étroit avec la France, où la situation politique évolue rapidement. Son ancien collaborateur Génie, au dévouement inlassable et parfois intempestif, assure la liaison avec les amis demeurés sur place. Après un simulacre d'instruction contre certains membres du gouvernement renversé en février, Guizot obtint un non-lieu de la cour d'appel en novembre, ce qui le rendait éligible. Il était certes résolu à tenter l'épreuve du suffrage universel contre lequel il s'était élevé avec tant de vigueur, mais, en dépit de premiers signaux qui paraissaient favorables, il choisit une posture qui devait nécessairement le conduire à l'échec. Sans doute, en publiant avec un très grand succès, dans les premiers jours de janvier 1849, un opuscule de 158 pages, au titre tocquevillien de *De la démocratie en France,* qui s'en prend avec virulence à l'« idolâtrie démocratique », fait-il une rentrée fracassante dans le débat public et exprime-t-il les sentiments d'une large fraction de l'opinion, épouvantée par les journées de juin 1848 et qui a confié à Louis-Napoléon le soin de garantir l'ordre social. C'était bien la peine, pense Guizot, de renverser un régime bien plus libéral au-dedans et respecté au-dehors que celui qui prend corps... Mais il n'est pas le mieux placé pour tenir ce genre de propos, moins d'un an après sa chute. « Il se fait illusion », note la princesse de Metternich qui le rencontre alors à Brighton chez Dorothée de Lieven. « Il est convaincu notamment qu'un beau discours bien entraînant pourrait sauver le monde. Je n'ai pas besoin d'ajouter qu'il se croit probablement l'orateur destiné à accomplir ce prodige. » De plus, il est bien résolu non pas à solliciter les électeurs, mais à être sollicité par eux pour réparer l'injustice dont il assure et dont il croit sans doute avoir été victime. Du coup, il refuse de revenir en France, et plus encore d'y faire physiquement campagne dans le Calvados, avant l'échéance électorale du 14 mai. Enfin, il décide de se passer de l'investiture du comité de la rue de Poitiers qui regroupe les anciens orléanistes de toutes tendances et qui trouve son nom et son style bien compromettants. Au total, faute que personne le lui demande formellement, Guizot n'est pas officiellement candidat dans le Calvados, où il ne recueille qu'un nombre de voix dérisoire. Naturellement le résultat, assure-t-il aussitôt, est conforme à ses prévisions. L'explication qu'il en donne est simple, trop simple sans doute pour qu'il soit complètement convaincu : le mal qui ronge la société, à savoir l'esprit de révolution et d'anarchie, est encore plus grave qu'il le soupçonnait et le dénonçait. Pourtant nombre de ses amis, Broglie au premier rang, sont élus sur des positions proches des siennes. En tout cas, c'est là son ultime tentative réelle pour revenir dans la politique active. En juillet 1849, il se réinstalle avec les siens au Val-Richer.

Dès lors, il use de son influence et déploie beaucoup d'énergie et de persévérance pour essayer de préserver, pour l'avenir, les chances d'un rétablissement de la monarchie constitutionnelle en France, dont le préalable est la fusion entre les deux branches de la dynastie, Bourbons et Orléans. Il parvient, avec d'autres, à convaincre Louis-Philippe, avant sa mort en août 1850, de renoncer, pour son petit-fils le comte de Paris, à revendiquer le trône au profit du petit-fils de Charles X, le duc de Bordeaux, bientôt comte de Chambord, vers lequel Guizot se tourne ensuite pour lui faire admettre, principalement, la légitimité du régime de Juillet et de ses acquis politiques et institutionnels. À Paris, orléanistes et légitimistes, emmenés par Guizot, Broglie, Molé, Berryer et Falloux, unissent leurs efforts pour susciter le mouvement en animant un journal, *L'Assemblée nationale*, et en élaborant un projet de réforme constitutionnelle. Dans la course de vitesse ainsi engagée avec le président de la République Bonaparte, le char de la monarchie, tiré à hue et à dia, fut largement perdant. Le coup d'État du 2 décembre 1851, que Guizot ressentit péniblement bien qu'il ne fût pas personnellement hostile à Louis-Napoléon, puis le rétablissement de l'Empire sonnèrent le glas des tentatives de restauration, du moins à moyen terme. Guizot, néanmoins, ne renonçait pas facilement. Estimant que l'Empire n'était pas durable, il continua à agir en faveur de la fusion. Pour cela, il n'hésita pas à écorner sa réputation de libéral en publiant en avril 1853 un long article très favorable à l'ancienne monarchie, et contenant le jugement le plus réservé qu'il ait sans doute jamais émis à l'égard de la révolution de 1789. La visite du duc de Nemours, fils aîné de Louis-Philippe, auprès du comte de Chambord à Frohsdorf en décembre parut couronner enfin les efforts du dernier chef du gouvernement du roi déchu. Mais la famille d'Orléans choisit cette circonstance pour faire éclater publiquement ses divisions, tandis que le prétendant semblait toujours aussi raide et coincé. Après deux séjours en Angleterre, où il rencontre les princes d'Orléans, à l'été 1855 et à celui de 1858, Guizot cessa de poursuivre la chimère. Le plus âgé des Burgraves a définitivement tourné la page de l'action politique.

L'ARRIÈRE-SAISON D'UN PATRIARCHE

À présent il regarde en arrière en ménageant son entrée dans l'Histoire, et vers l'au-delà en méditant les mystères de la religion. « J'ai à cœur de dire un peu ce que j'ai fait en ce monde et ce que je pense de l'autre », écrira-t-il plus tard à son vieil ami Barante. Sans doute la mort de Dorothée de Lieven, le 25 janvier 1857, le renforça-t-elle dans cette double démarche d'approfondissement. Guizot prit le deuil, faisant jaser une dernière fois sur cette étonnante liaison de vingt années. Aucune femme ne remplaça la princesse dans la vie de ce désormais septuagénaire, mais les douces et vives amitiés féminines – Laure de Gasparin, la duchesse de Dino, Mme Mollien, Mme Lenormant, la duchesse Decazes – se poursuivent, exprimées comme toujours dans une correspondance soutenue quand la distance rendait la conversation impossible. En vérité, entouré des petits-enfants que lui donnent à foison ses filles Henriette et surtout Pauline, mariées en mars et mai 1850 respectivement à Conrad et Cornélis de Witt, deux frères aussi unis et aussi différents que le sont les deux sœurs, abondamment visité au Val-Richer où il réside le plus souvent – « M. Guizot n'est jamais si grand ni plus aimable que dans sa propre famille », écrit un de ses hôtes éblouis –, reçu à Paris dans le meilleur monde qui recherche cette gloire passée et cet esprit intact – « Je suis à la mode », écrit-il drôlement en 1861 –, le patriarche, en son automne, est superbe. « Je voudrais avoir un peu de cette invincible activité, de cette fécondité d'esprit, qui semblent s'accroître en vous avec les années », lui écrit encore Barante.

De fait, à peine achevé le sixième et dernier volume de l'*Histoire de la révolution d'Angleterre,* Guizot, qui vient de franchir ses soixante-dix ans, entreprend un nouveau travail, depuis longtemps médité, auquel il accorde une importance extrême : la rédaction de ses Mémoires. Il conçoit cette œuvre à la fois en historien et en politique, beaucoup plus qu'en mémorialiste. C'est pourquoi il tient à la faire paraître de son vivant, sous le titre *Mémoires pour servir à l'histoire de mon temps,* « mémoire » pouvant s'entendre ici aussi bien au masculin qu'au féminin. L'auteur, dont les souvenirs anecdotiques et les sentiments intimes sont réduits à la portion congrue, poursuit, dans le récit qu'il conduit jusqu'au 23 février 1848, le combat de toute sa carrière politique. Tocqueville, à peine connu ce projet, ne s'y trompe pas : « Il est et sera, je crois, jusqu'à sa mort, batailleur par tempérament. » Songeant sans aucun doute aux *Mémoires d'outre-tombe* que Chateaubriand a voulu posthumes, Guizot s'explique dès la première page : « Voulant parler de mon temps et de ma propre vie, j'aime mieux le faire du bord que du fond de la tombe[1]. » Ainsi, nul ne pourra lui reprocher d'avoir déserté sa cause, celle de la liberté dans l'ordre, et il ne laisse à personne le loisir d'interpréter son action. De 1858 à 1867, huit gros volumes, où la matière est traitée de façon à la fois thématique et chronologique, se succèdent, avec à peine un essoufflement entre 1862 et 1865. Il est vrai qu'en 1863-1864 Guizot y ajoute cinq volumes de ses discours, précédés d'une copieuse introduction intitulée « Trois générations, 1789, 1814, 1848 », celles qui « ont possédé politiquement la France et ont fait ses destinées ». À ses contemporains, aux jeunes gens qui n'ont pas connu les heures de la monarchie constitutionnelle, aux futurs gouvernants, Guizot adresse ainsi un imposant message, en même temps qu'il sculpte, avec une maîtrise et une apparence de sérénité impressionnantes, sa propre statue. À tous ceux-là il semble proclamer :

1. Cf. l'avant-propos rédigé par Chateaubriand en avril-juillet 1846 : « On m'a pressé de faire paraître de mon vivant quelques morceaux de ces *Mémoires* ; je préfère parler du fond de mon cercueil. »

« J'ai fait mon temps ! » Le résultat fut à la hauteur du défi lancé par ce soi-disant retraité perpétuellement impatient de faire parler de lui et de montrer, avec l'orgueilleuse humilité dont il a le secret, qu'il reste présent d'esprit et qu'il faut compter avec lui. En continuant la lutte dans une autre arène, Guizot contraint l'opinion, quinze ans après la révolution de 1848 et du sein du régime impérial, à se prononcer sur les mérites passés et sur les perspectives demeurées ouvertes de ce qu'il appelle le gouvernement libre, à égale distance de la république démocratique et de l'absolutisme, fût-il tempéré comme celui de Napoléon III. De fait, outre le succès de librairie et le retentissement dans le public, bienvenus puisque Guizot ne vivait que de sa plume, les *Mémoires* furent appréciés par les hommes du juste milieu, y compris les anciens adversaires comme Thiers et Rémusat. Renan, rendant compte des deux premiers volumes en 1859, et Sainte-Beuve, en 1861, marquèrent, au prix de quelques réserves de bon ton, leur admiration pour le vieil athlète indémontable, demeuré au mieux de sa forme. Les amis fidèles, eux, se récriaient d'enthousiasme.

Plus mondaine, mais pour Guizot instrument privilégié d'influence et de magistère culturels, est l'activité académique, triple puisque, seul dans ce cas, il est membre des trois classes littéraires de l'Institut. Il y consacre beaucoup de temps et de soins. Rares sont les élections qu'il lui arrive de manquer, d'autant qu'il est capable, par son prestige, sinon de réunir une majorité sur un nom, du moins de constituer une minorité de blocage. Surtout, ses réponses aux récipiendaires sont extrêmement attendues et courues. Après Montalembert en 1852 et Biot en 1857, il reçoit le père Lacordaire le 24 janvier 1861. Ce jour-là, en présence de l'impératrice, on s'écrase sous la coupole. Jamais sans doute Guizot n'a été aussi maître de sa pensée et de sa parole. Il est vrai que la personnalité du dominicain, et aussi celle de Tocqueville auquel il succède, avaient de quoi stimuler son éloquence. En 1866 encore, Guizot se distingua en accueillant le jeune essayiste libéral Anatole Prévost-Paradol.

Enfin, dans le dernier tiers de son existence, Guizot protestant semble saisi d'une nouvelle jeunesse. Ce n'est pas qu'il ait jamais fait mystère de ses convictions, ni dissimulé tant soit peu son appartenance à l'Église réformée dans laquelle, écrit-il dans son testament rédigé en décembre 1873, « je suis né et je me félicite d'être né ». Depuis 1815, il est membre du consistoire de Paris. Il appartient également, dès la Restauration, à de nombreuses organisations protestantes, le plus souvent dès leur création. Il y joue un rôle actif même si, sous la monarchie de Juillet, sa situation politique le conduit à observer une certaine discrétion. À partir de 1850, il s'engage davantage, devenant président de nombre de ces sociétés. Plus d'une fois il se fait le porte-parole efficace de l'Église réformée, alors traversée de profondes divisions, auprès du ministre de l'Instruction publique et de l'empereur lui-même. Enfin il contribue à obtenir de Thiers, en 1871, la réunion depuis longtemps réclamée d'un synode général, le premier depuis deux cent treize ans. Ce synode, instance suprême de l'Église réformée, s'ouvre le 6 juin 1872 à Paris. Guizot, délégué du consistoire de Paris, y exerce une influence active pour parvenir à une confession de foi commune, mais il doit donner sa démission vingt jours plus tard, « car ce n'est pas à quatre-vingt-quatre ans qu'après le travail de chaque jour il suffit de se reposer le soir pour se trouver prêt le lendemain à reprendre l'œuvre de la veille ».

Dans les intenses débats qui divisent alors le million de protestants français, Guizot appartient à la majorité orthodoxe ou évangélique, attachée à une confession de foi et à une discipline communes, face à la minorité libérale pour laquelle la conscience individuelle est la seule instance en matière de foi. Cependant, au sein même de cette majorité, pour laquelle il n'est nullement le « pape » que stigmatisent ses adversaires, il occupe une position originale. En effet, il se déclare dès 1838, dans un article retentissant de *La Revue française*, favorable à un front commun, contre la progression de l'athéisme et du matérialisme, des catholiques et des protestants, déclarant en outre que la France était et devait rester un pays majoritairement catholique. Ces propos furent mal reçus de la plupart de ses coreligionnaires. Plus tard, et en particulier en 1861, il se prononça hautement en faveur du maintien de la souveraineté temporelle du pape, ce qui lui valut de nouvelles indignations et l'accusation de trahison, mais aussi la considération de catholiques, libéraux comme Montalembert devenu un ami très cher, puis ultramontains comme Veuillot. Les trois volumes de *Méditations sur la religion chrétienne*, qu'il fit paraître entre 1864 et 1868, en dépit de l'écho qu'ils obtinrent, ne contribuèrent pas à éclaircir les positions religieuses de Guizot. Attaqué par des catholiques pour être et demeurer protestant, par des protestants pour compromission avec l'Église romaine, Guizot s'efforça en réalité, sans peut-être y parvenir mieux qu'un autre, de concilier la grâce et la liberté, la foi et la raison, la providence et l'action humaine, dans une forte fidélité aux traditions huguenotes. Aussi n'est-il pas étonnant que l'une de ses ultimes publications soit une étude sur Calvin, qui « a grandement contribué au progrès de la liberté dans les sociétés chrétiennes » et « a séparé la société religieuse de la société civile ».

Détaché des entreprises, le vieil homme n'en observe pas moins avec inquiétude la montée des tensions en Europe depuis la défaite de l'Autriche à Sadowa. En 1868, dans un opuscule lumineux de clairvoyance, il appelle Bismarck et Napoléon III à la sagesse et à la modération, indiquant les erreurs à ne pas commettre, et qui pourtant seront commises par l'Empire libéral qu'il soutient et qui le paie de retour, Émile Ollivier lui confiant en février 1870 la présidence d'une commission sur la réforme de l'enseignement supérieur. Le déclenchement de la guerre le navre, la défaite le pousse à intervenir. Entre décembre 1870 et mai 1871, il publie successivement trois lettres ouvertes aux membres du gouvernement de la Défense nationale, au Premier britannique, Gladstone, et au président de l'Assemblée nationale, Jules Grévy. Sans doute s'illusionne-t-il sur l'audience politique et internationale qu'il peut encore avoir, surtout en des heures aussi graves. Durant son séjour forcé au Val-Richer de l'été 1870 à l'été 1871, il mène à bien la dernière tâche que, depuis longtemps, il s'était assigné : consigner l'histoire de

France qu'il racontait à ses petits-enfants. Il parvint à en rédiger les quatre premiers volumes, magnifiques de familiarité maîtrisée et avec les événements et avec son auditoire, avec l'aide d'Henriette qui fit paraître encore trois volumes, sur la base des notes qu'elle avait prises. Le succès fut, une fois encore, impressionnant. En 1871, sollicité par Émile Boutmy, un protestant lui aussi, à la suggestion de Taine, protégé et disciple de Guizot, il accorde son patronage et son soutien à la création de l'École libre des sciences politiques, tant, s'agissant de l'histoire nationale et des principes de gouvernement, il demeure une référence.

Viennent enfin les derniers moments. Autour de lui les rangs se sont éclaircis, sa génération achève de quitter la scène, les amis proches disparaissent un à un : lord Aberdeen en 1860, auquel il est allé dire adieu en Écosse, en 1866 Barante, auquel il succède à la présidence de la Société de l'histoire de France ; surtout, en 1870, Victor de Broglie, son plus cher ami, tant d'autres, femmes et hommes, sur lesquels il publie alors quelques pages, parfois davantage. Personne, en effet, autant que Guizot ne fut attaché à perpétuer la mémoire de ses proches, habité qu'il était par une véritable pensée des morts, à commencer par les siens, ses épouses Pauline et Élisa, son fils François surtout, présent jusqu'au bout dans sa pensée. Il s'emploie même à remonter plus haut, aux amours de jeunesse, à la petite enfance nîmoise chauffée au soleil du Midi qu'il continue d'affectionner. Son dernier chagrin, outre les soucis financiers et autres que lui causait son fils Guillaume, fut la mort, en février 1874, de sa fille Pauline, à quarante-deux ans, laissant sept enfants, sa dernière joie l'entrée au gouvernement en juillet de son gendre Cornélis de Witt, député du Calvados depuis 1871, comme sous-secrétaire d'État à l'Intérieur. Avec aussi la présence aux Affaires étrangères de Decazes, également orléaniste grand teint dont il avait patronné les débuts, il lui semblait que ses idées, pour finir et après tant de mécomptes, revenaient au pouvoir et que la IIIe République, encore provisoire, commençait sous les auspices de la monarchie constitutionnelle. Le 20 mai, l'esprit intact mais le corps très affaibli, il quitte Paris pour n'y plus revenir. Au Val-Richer, entouré de tous les siens, il s'astreint à travailler encore, à correspondre, à dicter. Puis, le 12 septembre, dans une dernière attitude belle comme l'antique, faite de pose et de sincérité mêlées à l'image de toute sa vie, il s'éteint lentement, prononçant des paroles de foi patriotique et religieuse de la plus haute élévation. Ses enfants crurent voir son âme s'échapper de ses yeux grand ouverts. Il fut enterré auprès de sa fille Pauline dans le petit cimetière de l'église de Saint-Ouen-le-Pin, dans le carré protestant qu'il s'était fait concéder et où nombre de ses descendants sont eux aussi ensevelis. L'écho suscité par cette disparition pourtant prévisible fut énorme, en France et à l'étranger. Guizot emportait avec lui, chacun le sentit, près d'un siècle d'histoire déjà fabuleuse.

CHAPITRE II

Faire de la politique

« Crève, chien ! » Échappée du tumulte parlementaire, l'apostrophe a fusé. Jaillie du centre droit, du banc le plus proche de la travée centrale qui partage l'hémicycle, juste en face de la tribune des orateurs, elle est parvenue à son destinataire, le président du Conseil Mathieu Molé, qui venait, au moment de prendre, pour la quinzième fois en huit jours, la parole ce 18 janvier 1839, d'avouer un instant d'épuisement. Surtout, le président de la Chambre, André Dupin, à l'oreille exercée par sept années de fauteuil, l'a lui aussi perçue. Les rédacteurs chargés du compte rendu des débats, à qui n'échappe aucun mouvement de séance, n'ont pas transcrit celui-là, exorbitant, par convenance et expérience professionnelle, ou sur intervention extérieure. Molé dira bien, quelque temps plus tard, avoir entendu souhaiter sa mort. Mais c'est Dupin, vingt ans après, qui dans ses Mémoires désigne, sans prononcer aucun nom, le fauteur de l'injure, « celui peut-être dont, en d'autres circonstances, on eût le moins attendu un tel écart de parole haineuse et rabide ». Et, pour bien se faire comprendre, il précise en note : « Calvin avait aussi appelé Servet : "vilain chien". » L'allusion au calviniste Guizot est transparente. Cette invective révèle un tempérament personnel mis à l'épreuve d'une crise politique exacerbée dont la victime devait être, à terme, Guizot et le régime de Juillet davantage que le comte Molé.

Depuis plus d'une semaine, l'opposition pilonnait sans relâche le ministère et son chef, à l'occasion de la discussion de l'Adresse, cette déclaration annuelle qui, en réponse au discours du Trône, exprime en paragraphes successifs l'opinion de la majorité des députés à l'égard des affaires en cours et de la politique générale du cabinet. Là se jouait la question de confiance entre les trois pouvoirs constitutionnels – la Couronne, le ministère et le Parlement – et se vérifiait le fonctionnement du système représentatif. Au début de 1839, l'opposition, depuis plusieurs mois, est appelée et s'avoue elle-même « coalition ». Cette dernière est ainsi nommée parce qu'elle réunit, contre le cabinet, la gauche dynastique d'Odilon Barrot, le centre gauche d'Adolphe Thiers et l'équipe des doctrinaires et assimilés, détachée du parti conservateur et emmenée par Guizot. À la Chambre souvent par leurs cris, parfois électoralement par leurs votes, des républicains à l'extrême gauche, avec Étienne Garnier-Pagès, des légitimistes à l'extrême droite, derrière Pierre-Antoine Berryer, ne craignent pas de faire l'appoint face au groupe conservateur sur lequel s'appuie Molé. De ce groupe Guizot « et ses amis », comme il aime à s'exprimer, ont jusqu'assez récemment fait partie, ce qui rend d'autant plus surprenants leur agressivité envers le ministère, voire, pour Guizot, l'acharnement personnel contre son chef. Dans cette crise majeure de la monarchie de Juillet, le cheminement du député de Lisieux ne laisse pas d'intriguer, non plus que sa façon de faire de la politique.

Une affaire de personnes

Autant et plus que sous d'autres régimes, la politique, dans le système de la monarchie de Juillet, est pour beaucoup affaire de personnes, et de personnalités. Celle de Louis-Philippe, pour commencer, qui pèse bien plus lourd que ses deux prédécesseurs et dont l'influence va croissant avec la durée du règne ; elle est un enjeu de première importance dans l'affaire de la coalition. Les hommes de gouvernement, et surtout ceux qu'on appelle ou qui se disent d'État, sont peu nombreux, deux dizaines tout au plus, d'autant qu'il en suffit de huit par exemple pour former, le 15 avril 1837, le second cabinet Molé. Cette petite cohorte est à la mesure du pays légal, constitué alors de quelque 200 000 électeurs pour la députation. La matière ministérielle vit ainsi en vase clos, ce qui en accroît les humeurs et précipite la fermentation. Tout ce monde se connaît bien, trop bien parfois. Ainsi de Mathieu Molé et de François Guizot. Ce sont moins les idées que les souvenirs et les susceptibilités qui les séparent, et les opportunités qui les rapprochent. Voilà vingt-cinq ans qu'ils se fréquentent, sans plaisir, mais non parfois sans profit. Au début de la Restauration, ils collaborent, chacun à son niveau, pour engager la monarchie constitutionnelle sur une voie libérale. En 1818, ils se séparent, Guizot et les doctrinaires plutôt vers la gauche, Molé un peu vers la droite. Ils se retrouvent, le 11 août 1830, dans le premier ministère de la monarchie de Juillet, qui doit donner le ton au nouveau régime, Guizot au-dedans, à l'Intérieur, Molé au-dehors, avec les Affaires étrangères ; le duc de Broglie en est aussi, à l'Instruction publique. Ils semblent avoir convenablement vécu ensemble jusqu'à la dissolution du cabinet, le 2 novembre, qu'ils quittent par la même porte, celle du centre droit. Dans le ministère du 11 octobre 1832, Molé aurait pu, puisque sa position politique était très proche des leurs, prendre place auprès de Broglie, Thiers et Guizot. Le premier surtout ne l'a pas voulu et empêchera encore, en 1834, son collègue de la Chambre des pairs d'advenir. Molé en conçoit de la rancune contre les doctrinaires, qui depuis longtemps lui font une réputation d'inconsistance et de pusillanimité. « Ils m'ont blessé en me repoussant », écrit-il à son ami Prosper de Barante, ambassadeur à Saint-Pétersbourg et lui-même très lié à Guizot et Broglie, ce dernier « un bien petit homme, bien étroit » selon Molé. La présence de Thiers, désormais rival affiché de Guizot, à la présidence du Conseil de février à septembre 1836 explique seule le rapprochement entre Molé et Guizot au cours de cet été-là. Opération purement tactique puisque, le 4 juillet encore, Molé écrit au même Barante :

« Ma carrière publique a été brisée au milieu de son cours par l'égoïsme et la petitesse de vos amis. » Ce cours reprend néanmoins le 6 septembre, Molé étant placé, avec les Affaires étrangères, à la tête d'un cabinet où figure Guizot à l'Instruction publique, comme toujours depuis quatre ans. Les rapports entre les deux hommes forts du ministère sont immédiatement déplorables. Molé accuse son collègue d'avoir choisi « la tactique d'une rivalité constamment couverte d'apparences qu'on croit habiles. On se croit *tout* et le *seul* parce qu'on est le plus attaqué » par la presse. Guizot, de son côté, affecte de ne reconnaître au chef du cabinet qu'une présidence nominale, obtenue parce que lui-même l'a bien voulu. C'est lui qui, dans la discussion de l'Adresse en janvier 1837, s'exprime sur les affaires espagnoles relevant pourtant du domaine de Molé. Quelques semaines plus tard, des contre-temps parlementaires accentuent le différend. Guizot, pour fortifier sa position à côté ou plutôt contre son collègue, réclame puis exige pour lui-même le ministère de l'Intérieur qu'occupe Adrien de Gasparin, proche ami de Guizot, mais complètement insuffisant. Sainte-Beuve, souvent réservé sur Guizot, a raconté la scène à sa façon, la tenant sans doute de Molé lui-même, qu'il préfère visiblement : « M. Molé aborde M. Guizot en disant : “Eh bien ! qui mettons-nous au ministère de l'Intérieur ?” Alors, de ce geste et de ce ton qui ne sont qu'à lui, Guizot répond : “Je le prends !” » Et Sainte-Beuve ajoute cette anecdote dont je me demande bien, connaissant la discrétion de Guizot sur son enfance et l'affection que lui vouait son jeune frère, qui la colportait : « Tout enfant, Guizot était de même. Son père voulut un jour leur donner deux pommes, à son frère Jean-Jacques et à lui, mais l'une était plus grosse. Guizot étendit la main et dit : “Je la prends”. Même ton, même geste. C'était déjà comme pour le ministère. » Molé, méfiant, s'arrange pour que le fruit ne change pas de main. La cohabitation est devenue impossible. Le 5 avril, faute de majorité à la Chambre et surtout de cohésion au sein du cabinet, Molé démissionne. Aussitôt, raconte Thiers à la princesse de Lieven, Guizot vient le voir. « J'étais en chemise, je faisais ma toilette. Je jette quelque chose sur mon dos, je me couvre comme je puis, et je vais au-devant de lui » qui lui propose de refaire équipe avec Broglie : impossible, répond Thiers que le roi avait plutôt rudement congédié sept mois plus tôt, approuvé par les doctrinaires, en raison de ses velléités d'intervention en Espagne. Le 15 avril 1837, Louis-Philippe, auquel rien ne plaît davantage que la zizanie entre les chefs politiques qu'il excelle à monter les uns contre les autres lorsque eux-mêmes n'y suffisent pas, charge Molé de former un cabinet dont Guizot et ses amis sont exclus.

Ici prend source le processus qui conduit à la coalition. Il commence à bas bruit, dans la conviction, chez toutes les grandes figures parlementaires dont aucune ne siège au gouvernement, que Molé, réduit à ses seules forces, qui ne pèsent pas lourd, ne tiendra pas longtemps. Le cabinet, né de la volonté personnelle du roi, ne dispose pas de réel appui chez les députés que Molé et le ministre de l'Intérieur Montalivet, réputé instrument de Louis-Philippe, connaissent mal puisque tous deux sont membres de la Chambre des pairs où le débat politique demeure très amorti. Aussi, pendant plusieurs mois, Guizot se borne-t-il à rappeler où se situe le vrai talent oratoire, qui consacre au premier chef les grandes capacités politiques. Dès le 3 mai, dans la discussion des fonds secrets dont l'adoption a traditionnellement valeur de confiance envers le cabinet, il expose en termes modérés les motifs prétendument politiques des récentes vicissitudes ministérielles, à savoir une résistance insuffisante à ses yeux à l'esprit révolutionnaire, une disposition exagérée à la conciliation ; mais pourquoi ajouter : « Aujourd'hui plus que jamais il n'est pas permis, il n'est pas possible aux gouvernements de se faire petits » ? La formule, évidemment dirigée contre le président du Conseil et sa pâle équipe, bientôt désignés par leurs concurrents et adversaires comme « le petit ministère », est immédiatement relevée par la gauche dans l'hémicycle, par la presse le lendemain. Molé ressent vivement cette pique pour ce qu'elle est, l'expression d'un mépris qui vient de loin et d'un ressentiment, celui de n'être pas à la place qu'on s'estime due. Il lui répond dignement, mais médiocrement. Le surlendemain, exposant ses grandes idées politiques et sociales dans un discours d'une ampleur exceptionnelle, et dialoguant avec Odilon Barrot, le chef de la gauche dynastique, en passant par-dessus la tête du président du Conseil, Guizot remporte l'un des plus grands succès oratoires de sa vie publique. Ce discours est imprimé et diffusé à plusieurs dizaines de milliers d'exemplaires, à l'initiative d'une majorité de députés dont l'élu de Lisieux a su se faire la puissante expression. Guizot a ainsi planté son drapeau successivement sur deux terrains. Le 3 mai, il a déclaré vouloir « le triomphe définitif, la prépondérance des classes moyennes en France », ajoutant que « l'état de lutte politique contre l'esprit d'anarchie est le fait dominant de la société actuelle », et que tous les moyens légaux et moraux doivent être utilisés contre lui ; voilà de quoi s'attacher la droite conservatrice. Le 5 mai, il ouvre vers le centre gauche, voire au-delà, en s'exclamant : « Ai-je assigné des limites à la classe moyenne ? Comment quelqu'un a-t-il pu croire qu'il me fût entré dans l'esprit de constituer la classe moyenne d'une manière étroite, privilégiée, d'en refaire quelque chose qui ressemblât aux anciennes aristocraties ? Je veux que partout où il y aura capacité, vertu, travail, la démocratie puisse s'élever aux plus hautes fonctions de l'État, qu'elle puisse monter à cette tribune, y faire entendre sa voix, parler au pays tout entier. » Au reste, tout comme l'orateur, Odilon Barrot et Adolphe Thiers, dont on connaît les origines bourgeoises, ne sont-ils pas la vivante illustration de ce processus d'élévation ?

Assuré par son triomphe du dépit jaloux de l'aristocrate Molé, et le faisant savoir, Guizot s'offre le luxe, après avoir ainsi fait coup double et affaibli le cabinet, de voter en faveur des fonds secrets. Thiers le fit aussi, et en vérité c'est le chef du centre gauche que Guizot, désormais, surveille dans la perspective de succéder à un Molé usé. C'est contre lui que, dans la troisième semaine de mai, il réunit chez Frédéric Hartmann, député de Colmar, près de 180 collègues : « Les plus timides comme les plus vifs sont sortis charmés de cette réunion qui a le double résultat de rallier plus des trois quarts de l'ancienne majorité et de classer définitivement et officiellement M. Thiers hors de cette majorité à laquelle il voulait avoir toujours l'air d'appartenir, tout en travaillant sans relâche à la détruire. Il est très contrarié de ce succès, et le ministère aussi », écrit-il à son amie Laure de Gasparin. Pour se tenir prêt à toute éventualité, alors que couraient des bruits de dissolution, Guizot, sentant le besoin de disposer comme les autres chefs politiques d'un organe d'expression à lui, relança en juin la *Revue française*, qu'il avait fondée en 1828. Rémusat, spécialiste des affaires de presse, fut chargé de s'en occuper.

Ainsi finit le printemps et passa l'été de 1837. Guizot, ébranlé par la mort de son fils François le 15 février, puis occupé de sa relation naissante, fin juin, avec Dorothée de Lieven, ne poussa pas publiquement son avantage et ses proches amis, dont certains, comme Charles de Rémusat et surtout Prosper Duvergier de Hauranne, étaient portés à agir, se tinrent cois. De son côté, après une session parlementaire difficile faute de majorité stable, le comte Molé traversait une passe favorable au-dedans et au-dehors, le pays faisait ses affaires tranquillement et le roi était très satisfait d'un ministère à sa convenance. Aussi Louis-Philippe tarda-t-il à dissoudre la Chambre des députés un an avant terme, comme le lui demandait Molé désireux, à la faveur des succès qu'il remportait depuis quelques mois, de se forger une assise parlementaire stable en y introduisant de nouvelles figures. De fait, le 4 novembre, sur 459 élus, 150 étaient nouveaux, dont Guizot revendiquait 46, auxquels s'ajoutaient 113 de la réunion Hartmann, et huit inclassables. De quoi, disait-il, se faire « une position d'attente » et laisser agir les circonstances : « Il y a dans le gouvernement représentatif une portion de drame, de spectacle à laquelle le ministère actuel suffit si peu qu'il peut tomber par là un beau matin, sans majorité contre lui. »

L'élection n'avait en réalité créé de situation nouvelle pour personne. Alors que Thiers menait la charge contre le cabinet, dénonçant la soumission de Molé au Château, c'est-à-dire aux Tuileries, et réclamant la pratique effective de la responsabilité ministérielle, Guizot laissait vivre le cabinet, votant l'Adresse en janvier 1838, ne lui refusant pas non plus les fonds secrets qu'il demandait en mars. Mais, en déplorant l'absence de majorité stable, il faisait en sorte de la rendre impossible. De fait, Molé pouvait-il entendre avec plaisir des phrases telles que : « Il n'y a pas lieu de presser, par toutes les : voies constitutionnelles, le renversement du ministère », ou encore : « Nous rencontrons un autre danger, l'esprit d'hésitation, d'incertitude dans les idées et de mollesse dans les volontés », et enfin : « Il y a peu d'union intime, peu d'action réciproque entre le gouvernement et les Chambres » ? C'était paraphraser l'Adresse, votée exactement huit ans plus tôt, par Guizot au premier rang, contre Polignac et qui avait conduit à la chute des Bourbons. Ce grand écart entre le propos de tribune et le vote, entre la protection un peu méprisante accordée à Molé et l'attaque à peine dissimulée marque l'entrée, maladroite, de Guizot dans une tactique qui va durer plusieurs mois. Depuis la fin de février, il a laissé ses amis les plus engagés, Rémusat, Duvergier de Hauranne, Jaubert, se concerter avec Thiers pour renverser « ce ministère de laquais ». Le 3 mars, un potin se répand dans Paris : à la sortie de l'Institut où Talleyrand s'est exprimé publiquement pour la dernière fois, Guizot, qui n'a pas de quoi se payer une voiture, et le regrette, monte dans celle de Thiers. Que se sont-ils dit ? Ont-ils comploté la chute de Molé à l'occasion de la discussion des fonds secrets, se répartissant les rôles et se réjouissant déjà d'« aplatir » le ministère, d'enfoncer leur rival réputé infirme à la tribune ?

Le 14 mars, le président du Conseil a pris les devants et, répondant à un Jaubert agressif envers le ministre de l'Intérieur Montalivet qui s'était évanoui à la tribune au moment de répliquer, a stigmatisé ceux qui ne s'accommodent pas de la durée et du succès d'un ministère qu'un an plus tôt ils tenaient pour mort-né. Du coup, le lendemain, le « oui » en apparence – « mais » en réalité –, dans lequel s'empêtre Guizot, laisse de marbre la grande majorité des députés conservateurs qu'il était supposé rallier. Contre lui, et sur un ton moqueur, Molé a le dernier mot : « L'honorable M. Guizot a-t-il été bien juste en rejetant sur le ministère ce qu'un esprit aussi élevé que le sien devait peut-être attribuer à des causes plus hautes et plus profondes ? Un esprit aussi grave peut-il croire qu'un choix de personnes ou de ministres, plus ou moins agréables à telle ou telle fraction de la majorité, ferait tout d'un coup cesser un pareil état ? Serait-ce là ce que lui ont appris ses hautes méditations philosophiques ? » Et Molé conclut, soulevant un rire général qui consacre son succès : « Le remède à tous nos maux, selon nos adversaires, serait, à ce qu'il paraît, un changement de cabinet. » Les adversaires en cause sont à gauche, mais c'est bien Guizot qui est visé. Décidément, Molé se révèle plus coriace que prévu, à sa propre surprise et pour sa plus grande satisfaction. Dès lors Guizot, après cette tentative avortée, prend du champ, n'intervenant à peu près plus au cours de la session marquée, à plusieurs reprises, par des votes défavorables au cabinet. Seul un article en avril, dans sa *Revue française*, du reste non signé, intitulé « De l'état des affaires et du gouvernement », exprime sa position en termes relativement modérés, regrettant que « la politique du cabinet provoque l'abaissement général du gouvernement et des institutions » et rappelant au « parti gouvernemental » que « rien n'est moins fondé que la prétention du cabinet actuel d'être le seul possible, et de n'avoir point de successeurs ». Il se consacre ensuite à des travaux littéraires, d'ordre historique, moral et religieux. Son été, au Val-Richer, sera studieux. Seule une session de jury d'assises pour laquelle il a été tiré au sort le ramène pour quelques jours à Paris en août. Mais s'il est silencieux il veille, observe, combine : « Si je pouvais, écrit-il le 11 août, former un cabinet de M. de Broglie avec quelques-uns de mes amis d'une part, M. Thiers avec quelques-uns des siens de l'autre, et occuper le fauteuil de la présidence [de la Chambre] pendant que cette coalition, que j'aiderais de mon mieux, courrait sa chance, je serais très content. » Croit-il vraiment à cette reconstitution du cabinet du 11 octobre 1832, à l'acceptation par la Chambre d'un président assurément peu populaire et réputé autoritaire ? En tout cas, les liens renoués avec Thiers au printemps ne sont pas rompus. Ses lieutenants du groupe doctrinaire se sont chargés de les entretenir : Théobald Piscatory, Charles de Rémusat, Hippolyte Jaubert, « porte-arquebuse qui fait feu souvent avant l'ordre », tel que le croque en 1838 Timon-Cormenin, et surtout le beau-frère de Jaubert, Prosper Duvergier de Hauranne, né comme lui en 1798, comme lui député du Cher depuis 1831. Intéressant Duvergier, qui a beaucoup compté dans l'existence politique de Guizot. De la famille de l'illustre Saint-Cyran, fils d'un député de Seine-Inférieure, fortuné, d'abord joyeux drille auteur de vaudevilles dont, prétendra-t-on, il a plus tard fait disparaître jusqu'aux exemplaires du dépôt légal, bon connaisseur de la Grande-Bretagne, il a rencontré Guizot à la fin de 1824 ou le début de 1825 par la Société de la morale chrétienne et par le journal *Le Globe*, que Guizot patronne en partie, où Duvergier écrit notamment en faveur de Stendhal et des romantiques, dont tous deux sont copropriétaires. Dès lors entièrement voué à la politique, il entre en religion doctrinaire et libérale, menant l'attaque contre les ultras à la fin de la Restauration. Désormais, pour ses adversaires, et aussi pour ses amis, il incarne la quintessence de la doctrine dans toute sa rigueur. À Guizot, il voue une « fidélité fiévreuse et tracassière », écrit son exact contemporain Louis Véron, souvent emporté par sa verve médisante mais qui, successivement directeur de l'Opéra et propriétaire de journal, a connu de près les hommes de Juillet, et dont Guizot n'a pas toujours dédaigné les menus services. « M. Duvergier de Hauranne persécutait de son activité d'oisifs ministres, sous-secrétaires d'État, directeurs, chefs de bureau, commis ; il rendait la vie pénible même aux huissiers. » Timon le peint en « doctrinaire subtil et aigu qui, par entêtement de faux système plutôt que par mauvais penchant de nature, se porterait aux dernières extrémités politiques ». Bien vu !

Premières escarmouches

C'est donc au fidèle Duvergier que revient de lancer une première salve dans cette même *Revue française*, une publication qui, écrira bien plus tard Rémusat plus sceptique que jamais, « n'a jamais été lue que des trente ou quarante personnes qui sont dans le secret du monde politique ». Après, en mars, un article de portée générale relatif au rôle « de la Chambre des députés dans le gouvernement représentatif », il se fait, en juin, plus incisif et précis, s'en prenant à « un ministère choisi en dehors des conditions parlementaires, et dont tout le système consiste à professer qu'il n'en a pas et qu'il n'en veut pas avoir », et qui compromet la royauté en la laissant s'avancer « hors du sanctuaire où la place la Constitution ». En conclusion de ce manifeste, le député de Sancerre appelle tous les partisans des principes de 1830 à oublier les querelles passées, à s'unir pour protéger l'inviolabilité royale, le pouvoir parlementaire, la dignité de l'administration victime de la pression ministérielle. « On appellera cela, si l'on veut, une coalition. Ce sera du moins la coalition de l'indépendance contre la servilité, de la droiture contre la duplicité, de l'honnêteté contre la corruption. » Coalition, le mot est lâché. Il fera florès dans le débat public pendant des mois et s'installera durablement dans la mémoire politique.

Guizot a-t-il sinon approuvé, du moins autorisé, la charge de son auxiliaire ? C'est à mes yeux très probable, car l'objectif de Guizot se précise de plus en plus : écarter Molé avec le concours de tous ceux qui souhaitent s'associer à cette entreprise. C'est bien le président du Conseil *intuitu personae* qui est visé, stigmatisé en des termes d'une vigueur à laquelle Guizot se laisse rarement aller, sachant que les lettres qu'il adresse, par exemple, à Laure de Gasparin, fidèle amie entre toutes, sont lues par son entourage, à commencer par son frère le pair Achille de Daunant, son mari Auguste, maire et député d'Orange, son beau-frère Adrien, l'ancien ministre de l'Intérieur, d'autres encore. Il faut donc qu'il soit bien remonté pour s'en prendre à l'honneur même d'un personnage aussi considérable que Molé, sans paraître craindre que ses propos, sans équivalent à l'égard d'un chef de cabinet, reviennent aux oreilles de ce dernier. 18 septembre 1838 : « La légèreté et la lâcheté, c'est le fond de sa politique comme de sa nature ; et il faudra bien que cela soit dit, car c'est une honte aussi bien qu'un mal. » Un mois plus tard, le ton a encore monté : « M. Molé est avant tout, par-dessus tout un poltron qui veut le pouvoir sans ses charges, les affaires sans leur danger. Il garde ses collègues, comme il reste sous son maître [Louis-Philippe], également faible et traître, également incapable de dire non et de convenir qu'il a dit oui. » Quelle charge !

Le député de Lisieux a quitté le Val-Richer pour Paris le 7 novembre, dans la perspective de la session parlementaire. Il y trouve le milieu politique agité par la deuxième salve tirée par Duvergier de Hauranne sous la forme d'une brochure réunissant ses deux articles précédents de la *Revue française*, assortie d'une longue introduction au vitriol, datée du 1er novembre. Il ramasse en une phrase ce qui est désormais l'argumentaire commun à la gauche et à la droite de l'opposition : le ministère « abaisse et paralyse la chambre élective, désorganise l'administration, compromet la royauté ». Il dénonce la corruption pratiquée par le cabinet dans des proportions inconnues jusque-là, nominations, subventions et faveurs devenant « un vaste marché ouvert à toutes les avidités ». La coalition, conclut-il, pourrait, après avoir renversé Molé, déboucher sur une majorité excluant les ultra-démocrates et les ultra-royalistes, et déterminée à rétablir le véritable gouvernement représentatif. Là encore, ces attaques reflètent bien la pensée de Guizot, même si elles ne l'expriment pas directement. La confirmation s'en trouve dans la démarche qu'il effectue dans ces jours-là auprès d'Odilon Barrot, dont la gauche dynastique, celle qui accepte les principes de la monarchie constitutionnelle, formerait l'aile gauche de cette majorité très élargie, en vérité improbable.

Odilon Barrot n'a jamais véritablement tenté le biographe, ce qui est aussi injuste que compréhensible. Âgé alors de quarante-sept ans, fils d'un député à la Convention, cet avocat sonore et redondant s'est illustré sous la Restauration en défendant des suspects de conspiration et aussi des protestants contestés dans leur liberté de conscience, et en participant à l'action de la société « Aide-toi le ciel t'aidera » fondée, on l'a vu, en juin 1827 par des publicistes de l'opposition pour mobiliser les électeurs. Guizot en est un des principaux animateurs ; c'est là que Barrot le rencontre. Présent sur le pavé des Trois Glorieuses, il incarne l'« homme de Juillet » par excellence. Guizot, ministre de l'Intérieur, le désigne pour accompagner Charles X dans son lent cheminement vers l'exil. Barrot s'acquitte avec distinction de sa délicate mission, ce qui lui vaut d'être nommé préfet de la Seine. Mais ils se séparent politiquement dès le mois d'octobre, Juillet représentant pour Barrot un point de départ, pour Guizot un aboutissement ; pour l'un la Révolution française, dans ce qu'elle a de bon, s'avance jusqu'à 1791, pour l'autre elle s'arrête au plus tard le 14 juillet 1790. Le sac de Saint-Germain-l'Auxerrois et de l'archevêché par l'émeute républicaine sonne, en février 1831, le glas de la carrière préfectorale de Barrot. Député du Bas-Rhin depuis l'automne 1830 – il sera élu ensuite dans l'Aisne –, il s'installe à la Chambre dans une situation et une posture confortables d'opposant courtois de Sa Majesté et de ses ministères conservateurs. Aussi Guizot et lui, dans leurs duels oratoires, servent-ils l'un à l'autre de faire-valoir. « Il avait de Guizot », écrira plus tard Rémusat se souvenant de 1830, « la gravité et la mesure, mais avec bien moins de distinction et moins de netteté dans les idées, et il était encore plus vague, mais plus animé. » En 1838, tous deux sont entrés en pleine possession de leurs moyens. Voué à l'opposition perpétuelle, Odilon Barrot jouit, partout, d'une réputation d'intégrité politique et personnelle méritée, qu'au reste aucune tentation ni proposition ne viennent mettre à l'épreuve. Sa physionomie, écrit Timon, « est belle et méditative. Son organe est plein et sonore, et sa parole est grave. Il a dans sa mise un peu de recherche, qui ne lui messied pas. Sa pose a de la dignité sans être théâtrale, et ses gestes ont une simplicité noble ». Il a l'inconvénient d'avoir du mal à entamer et à terminer ses discours. Il est, depuis huit ans, un monument inamovible et imposant dans le paysage politique français.

La visite que lui rend Guizot est un hommage à cette position honorable. L'intéressé l'apprécie pour ce qu'elle vaut mais, à l'en croire, la proposition de son visiteur et traditionnel adversaire le surprend : « M. Guizot lui-même, lit-on dans ses Mémoires posthumes publiés en 1875 par Duvergier de Hauranne, entraîné par ses amis et par ses propres ressentiments, se décida enfin à entrer dans l'action ; il s'y jeta avec cette résolution qui est dans son caractère et qui ne recule pas même devant les moyens extrêmes. Je le vis entrer un jour dans mon cabinet, sans qu'il se fût fait annoncer : "Vous êtes étonné de me voir, me dit-il sans autre transition ; je viens m'unir à vous pour combattre ce gouvernement personnel qui déshonore et perd notre pays ; il est temps d'en finir avec les ministres favoris". » Voilà, pour le style, qui rappelle l'irruption chez Thiers en avril 1837. Odilon Barrot, qui n'a rien demandé, ne refuse rien non plus. Thiers, justement, est de retour d'un long séjour en Italie. Il jettera lui aussi toutes ses forces contre le cabinet, font savoir ses proches, en particulier à travers la presse.

En effet, la presse, depuis plusieurs mois, est au cœur de la bataille qui se prépare. Le rôle des journaux depuis 1814 dans la vie politique et leurs rapports avec l'opinion publique sont un immense sujet, aujourd'hui encore imparfaitement éclairci. Quelle que soit la législation en vigueur – et la presse demeure à ce moment sous le régime des lois répressives de septembre 1835, consécutives à l'attentat de Fieschi contre le roi et que Guizot a vigoureusement soutenues –, la liberté de publication n'a sans doute jamais été aussi grande que sous la monarchie de Juillet. Chaque tendance d'opinion, tout comme chaque ministère en place, s'efforce soit de disposer d'un organe sûr, soit de s'attirer la bienveillance de publications de poids. Depuis le 15 avril 1837, les doctrinaires y parviennent difficilement, puisque l'essentiel du parti conservateur continue sans eux de soutenir massivement le cabinet. À l'automne 1838, ils n'ont guère à eux, outre la confidentielle *Revue française* déjà citée, qui paraît tous les deux mois, que le *Journal général,* dont le nombre d'abonnés ne dépasse pas quelques centaines. L'entrée de plus en plus décidée de Guizot dans la coalition se mesure à l'évolution de la presse à son égard : les revues et les quotidiens conservateurs se détachent puis le malmènent à l'égal de ses alliés Thiers et Barrot, tandis que ceux, bien plus nombreux, du centre gauche et de la gauche le découvrent dans sa nouvelle posture et bientôt lui prodiguent les marques de considération qu'ils lui refusaient depuis 1831. Certaines feuilles républicaines et légitimistes s'y mettent aussi.

Ainsi, la *Revue des Deux Mondes*, attachée à une sorte de conservatisme éclairé, et dont le directeur, François Buloz, prétend préserver une indépendance farouche, a nettement choisi, contre la coalition, le camp du ministère, dont l'opposition clame qu'il a acheté la bienveillance de la rédaction par des faveurs telles que la nomination de Buloz comme commissaire du roi près le Théâtre-Français, voire celle d'Alfred de Musset, chroniqueur régulier de la revue, bombardé, avec un traitement de 3 000 francs, bibliothécaire du ministère de l'Intérieur, qui ne possède point de bibliothèque. Au sein de la coalition, la revue s'en prend surtout aux doctrinaires, accusés de multiplier les concessions à la gauche. Répondant vertement, le 1er novembre 1838, à Duvergier de Hauranne – car c'est vraiment à partir de là que la querelle s'envenime –, qualifié d'« esprit morose et tracassier, qui n'est pas arrivé au ministère parce que son mérite ne l'y a pas porté », elle traite encore Guizot avec un peu de ménagement, tout en lui renvoyant, à travers Duvergier, le soupçon de corruption, et conclut que si les oppositions d'extrême gauche et de gauche modérée sont, en dépit de leurs excès, de caractère politique, « celle des doctrinaires n'est qu'une misérable intrigue », tant ils tournent le dos à toutes leurs convictions passées. Ensuite, le chef des doctrinaires n'est plus épargné. Le *Journal des débats*, où règnent les frères Bertin, suit un chemin analogue. Gouvernemental par excellence, prestigieux par son ancienneté et sa qualité, il est tout normalement subventionné sur les fonds secrets que Guizot, lorsqu'il fait partie du cabinet, se charge parfois de lui transmettre. Très proche de la famille royale, il se détache de Guizot quand celui-ci rompt avec le ministère Molé le 15 avril 1837, mais en prenant son temps. Le 2 novembre 1838 encore, il publie un extrait d'un article sur « L'état des âmes » paru dans la *Revue française* par Guizot, « illustre homme d'État, vaste et profond esprit ». La première attaque contre les doctrinaires date du 11 novembre, d'autres suivent sur le thème de la nature hétéroclite d'une coalition « immorale et funeste » dont les différents éléments ne sont d'accord sur rien, sinon sur un seul mot « ou inintelligible ou impraticable » : « Le roi règne et ne gouverne pas. »

Le roi règne et ne gouverne pas

Cette maxime, on le sait, avait été émise par le journal *Le National* à la veille de la révolution de 1830, et Thiers l'a depuis lors conservée. Alors que Guizot l'a toujours répudiée, elle est brandie contre le ministère Molé, accusé d'être la courroie de transmission de Louis-Philippe, par l'ensemble de l'opposition constitutionnelle. À partir du 1er novembre, le *Journal de Paris*, précisément proche de Thiers, la porte en exergue. Ce quotidien, le 29 novembre, déclare que « quiconque est opposé à la coalition est l'ennemi du système électif, de la prérogative parlementaire, de l'empire légitime de la majorité ; elle représente le principe formulé en juillet [1830] par le cri de *Vive la Charte* ! ». Il assure que Guizot, « l'un des plus honorables caractères de notre époque », partage la même conviction et, relevant que « M. Molé a une animosité personnelle contre les doctrinaires », salue « leur participation active, intelligente, aux mouvements de la coalition ». Ainsi, dans les dernières semaines de 1838, à mesure qu'approche l'ouverture de la session parlementaire fixée au 17 décembre, dont chacun sent qu'elle doit régler le sort du ministère et peut-être, au-delà, modifier le fonctionnement des institutions, journaux, revues et brochures préparent la lice dans laquelle vont entrer les grands chefs politiques. Parmi eux Guizot est le plus attendu, parce que sa présence dans une coalition formée principalement par le centre gauche et la gauche est la plus surprenante, parce que, de toute évidence, il s'apprête à jouer à contre-emploi. *La Presse*, fondé en 1836 par le député de la Creuse Émile de Girardin, à l'égard duquel Guizot ministre s'est naguère montré bienveillant, ne se fait pas faute de lui rappeler qu'en 1831 il dénonçait « le vice d'un ministère de coalition ». Aussi est-il observé à la fois avec curiosité et un peu de méfiance par ses alliés de circonstance. Son poids politique, même s'il ne contrôle directement qu'une trentaine de députés, et surtout sa capacité oratoire sont reconnus comme indispensables au succès commun. Mais quel usage va-t-il en faire, jusqu'où, lui qui reste publiquement silencieux depuis son retour à Paris, laissant parler et écrire ses « amis », est-il prêt à pousser la charge ? Le 16 décembre, Cordélia de Castellane, l'égérie de Molé, l'a rencontré chez Dorothée de Lieven, son égérie à lui, « là où il règne et gouverne ». La comtesse que célébra Chateaubriand en connaissance de cause, toujours très charmeuse à quarante-deux ans, a longtemps ménagé de bonnes relations entre Molé et Guizot, qu'elle réunit dans son salon autour d'une tasse de thé. La princesse, de onze ans plus âgée, la jalouse un peu. Le plus jaloux est sans doute Molé lui-même, car Cordélia et Guizot, qui chacun aiment à plaire à l'autre sexe, se sont assurément plu. Rémusat, qui les voit ensemble à l'automne 1836, au moment de la formation du premier ministère Molé, se souvient : « Mme de Castellane faisait ses grâces à Guizot. Il a prétendu qu'elle les aurait poussées jusqu'où il aurait voulu... » Guizot se serait donc vanté auprès de son jeune ami ? Dans la détestation entre François et Mathieu, qui va s'exprimer dans quelques jours avec tant de violence, une femme ne serait donc pas pour rien ? Ce que nous savons du tempérament des deux hommes conforte cette hypothèse. De même, la puissante aversion de Victor de Broglie pour Molé devrait-elle quelque chose à des tentatives anciennes, et naturellement vaines, de ce dernier auprès de la duchesse Albertine, précisément décédée le 22 septembre 1838 ? Mme de Castellane a donc vu Guizot la veille de l'ouverture de la session. Elle l'a trouvé assez calme et modéré, regrettant peut-être, suppose-t-elle, « ses mauvaises campagnes » contre le président du Conseil. De fait, dans sa correspondance personnelle, à ce moment peu fournie puisque tout le monde qui compte a regagné la capitale, il affiche une sorte d'expectative sereine qui forme en effet une part de lui-même. Mais au moment d'entrer dans l'action, il est déterminé. « M. Guizot, lit-on le 14 décembre dans la *Revue des Deux Mondes*, invite, par des lettres de sa main, les maires de Paris, les colonels de la Garde nationale, et tous ceux qui auraient quelques devoirs à rendre à un ministre de l'Intérieur, à s'assembler chez lui une fois par semaine. » Je n'ai pas pu vérifier la réalité de cette assertion, même s'il est clair que, depuis septembre 1836, ce ministère est et restera convoité par Guizot. En tout cas, le voici à la manœuvre. Les spectateurs ne vont pas être déçus.

L'objectif de la coalition, et de Guizot en particulier, est de s'assurer, à la Chambre des députés où la session s'est ouverte le 17 décembre par le traditionnel discours du Trône prononcé par Louis-Philippe, une position dominante. Premier enjeu d'importance, dès le 18, la désignation du bureau et principalement du président de la Chambre, renouvelé à chaque session. La présidence n'est pas qu'une fonction honorifique, qui au reste exige de l'expérience et du savoir-faire, d'autant que le président dirige alors personnellement la plus grande partie des débats. Le choix de son titulaire est aussi un signe politique envoyé aux deux autres pouvoirs constitutionnels, la Couronne et le ministère. Aussi, depuis plusieurs semaines, les coalisés, et principalement les doctrinaires, somment-ils le président sortant, André Dupin, candidat implicite à sa propre succession, de se déclarer entre le cabinet et eux. Dupin, dont les collègues reconnaissent la compétence au perchoir mais dont rares sont ceux qui le tiennent personnellement en estime, se garde naturellement de se prononcer, pour ménager toutes ses chances au sein d'une assemblée aux majorités incertaines. Guizot, qui ne l'aime pas, le décrit le 24 novembre « tout à tour, et cent fois le jour, ministériel, démocrate, servile, bourru. On n'a jamais dépensé plus de fourberie et de menterie grossière ». Lassés d'interroger la sibylle, Guizot et Thiers, avec l'accord d'Odilon Barrot, suscitent la candidature de Hippolyte Passy, ministre de Thiers en 1836, qui fait le lien depuis plusieurs mois entre le centre gauche et les doctrinaires, esprit indépendant et tempérament sourcilleux jusqu'à être brouillé avec beaucoup de monde, ce qui peut faciliter le consensus en sa faveur. De fait, peu s'en fallut que l'opération réussisse : sept fois élu précédemment au premier tour de scrutin, Dupin ne l'emporta qu'au troisième tour, à la majorité relative, avec seulement cinq voix d'avance sur Passy et, bien qu'il s'en défendît, grâce au soutien du cabinet. Le journal *Le Temps*, proche de lui, manifesta sa mauvaise humeur en s'en prenant à Guizot, considéré avec raison comme principal responsable de son avanie : « Maxime de M. Guizot : le roi règne et gouverne, quand nous y sommes ; le roi règne et ne gouverne pas, quand nous n'y sommes pas. » Cette pointe me paraît d'une justesse indiscutable. La coalition obtint ensuite, pour Passy et Duchâtel, deux vice-présidences sur quatre.

Après ce coup de semonce, qui fit grand bruit, Guizot et ses alliés, le 22 décembre, marquèrent un point supplémentaire, d'une extrême importance : sur neuf membres composant la commission de l'Adresse, la coalition en fit élire six, parmi lesquels Guizot et Thiers eux-mêmes, alors que, à l'accoutumée, les chefs de parti déléguaient des hommes de confiance. Le plus belliqueux des doctrinaires, Duvergier de Hauranne, en faisait également partie ainsi que Passy, tandis que les trois commissaires ministériels étaient des personnages insignifiants. C'était clairement une déclaration de guerre au ministère, au président du Conseil personnellement. L'opposition, et la plus vive, majoritaire dans la commission chargée d'exprimer la position de la Chambre sur les grandes affaires du pays, voilà qui promettait de rudes empoignades. Face à deux des plus puissants orateurs parlementaires adossés à une telle commission, Molé pouvait trembler, d'autant qu'aucun de ses collègues ministres n'était pourvu d'éloquence et que lui-même, comme l'affirmait aimablement le *Journal de Paris*, « ne peut occuper la tribune plus de dix minutes ». En revanche, sur onze anciens ministres de Louis-Philippe siégeant à la Chambre, neuf appartenaient à la coalition, et la chute de Molé pouvait aussi leur rouvrir des perspectives. Enfin, au sein de la commission de l'Adresse, qui s'était mise au travail dès le 23 décembre, les membres favorables au cabinet demeurèrent très discrets. C'est en accusé que Molé est auditionné, le 30 décembre, par la commission, avec face à lui son plus mortel ennemi, comme il le désigne lui-même. À en croire Cordélia de Castellane, qui le tient du président du Conseil, la confrontation fut sanglante. Une « rage convulsive » animait les commissaires de l'opposition. « M. Molé m'a dit que des êtres affamés de sang humain ne pourraient pas être autres. Il les voyait rougir quelquefois, puis cependant la passion était la plus forte, et l'épilepsie reprenait son cours. Ce que je vous dis là s'adapte surtout à la doctrine, surtout à MM. Guizot, Duvergier de Hauranne et à M. de La Redorte », un dissident du tiers parti. Guizot enragé, épileptique, hors de lui contre Molé ? Une réunion de commission se prête mal à ce genre de débordement, mais dans un tel climat d'hostilité rien n'est impossible, comme le prouvera quelques jours plus tard la discussion dans l'hémicycle du Palais-Bourbon. Fureur rabique, donc, de Guizot. Ne se demande-t-on pas dans les couloirs, rapporte Rémusat : « Qu'a donc Guizot ? Il faut que Duvergier l'ait mordu » ? En tout cas, voilà la commission qui a pris l'ascendant, et ses principaux membres plus que jamais décidés à faire mordre la poussière au cabinet et à son chef.

La rédaction du projet d'Adresse qui sera soumis au vote des députés est confiée, comme déjà certaines années précédentes, à Charles-Guillaume Étienne, député centre gauche de la Meuse, policier sous l'Empire, journaliste libéral sous la Restauration et académicien réputé plagiaire. Les quatorze paragraphes du texte sont rédigés comme toujours en termes mesurés et respectueux, puisqu'il sera lu au roi, mais la critique de la politique intérieure et extérieure est fermement exprimée, et touche à la pratique institutionnelle dans le dernier paragraphe, dont Duvergier de Hauranne, sous le regard de Guizot, a certainement durci la formulation initiale d'Étienne, cet « esprit mou et terne avec une clarté apparente et un agrément de mauvais aloi, fin sans distinction, habile à laisser entendre sans dire et à nuire sans frapper », écrira vingt ans plus tard Guizot dans ses Mémoires à propos de l'Adresse de 1834, par laquelle ce même rédacteur Étienne, comme ne se prive pas de le rappeler *La Presse* le 25 décembre 1838, reprochait au ministère de l'époque, où siégeaient Thiers et Guizot, exactement ce que les coalisés reprochent à présent au cabinet Molé. Parce qu'elles donneront lieu à une formidable empoignade, citons les premières lignes de ce dernier paragraphe : « L'union intime des pouvoirs, contenus dans leurs limites constitutionnelles, peut seule fonder la sécurité et la force de votre gouvernement. Une administration ferme, habile, s'appuyant sur les sentiments généreux, faisant respecter au-dehors votre trône et le couvrant au-dedans de sa responsabilité, est le gage le plus sûr de ce concours que nous avons tant à cœur de vous prêter. » Il n'était pas besoin d'être grand exégète pour comprendre que l'administration Molé tournait le dos à cette définition et était donc défaillante. Plus subtilement, indiquer que le trône n'était pas suffisamment couvert par la responsabilité ministérielle revenait à suggérer que le roi était directement impliqué dans les décisions gouvernementales, sortant ainsi de la limite constitutionnelle qui lui était impartie, à savoir l'irresponsabilité qui fondait son inviolabilité. Ainsi, l'attaque passait par-dessus le cabinet pour atteindre la Couronne, ce qui était mettre en cause non seulement la politique menée, mais le rôle et la personne même du roi. C'était en tout cas réaffirmer vigoureusement que le roi règne et ne gouverne pas, un principe auquel Guizot, qui l'avait toujours combattu et le combattrait encore, paraissait soudainement se rallier. Du moins la conjoncture conduisait-elle à considérer ainsi le vote de Guizot en commission : puisque, dans la coalition, l'opposition de gauche était largement majoritaire, les doctrinaires ne formant que l'appoint en dépit de leur virulence, c'était l'interprétation de gauche qui prévalait, c'est-à-dire, en clair, que Louis-Philippe, à travers un cabinet à sa main, se mêlait de ce qui ne le regardait pas ; et c'est bien ainsi que la presse et l'opinion le comprirent. À lire de près et sereinement chaque phrase du paragraphe, il serait assurément excessif de prendre Guizot, sur ce point, en flagrant délit de contradiction.

Mais la sérénité n'était pas à l'ordre du jour. Aussi la surprise ne vint-elle pas de la position adoptée en commission par Guizot, tant elle était annoncée, mais de celle d'André Dupin. Présidant de droit la commission, il avait participé à toutes ses séances sans jamais s'exprimer. Mais, prenant acte de ce qui s'y était passé et jaugeant la position du ministère, il donna lecture à ses collègues le 3 janvier 1839, à l'issue des délibérations, d'un texte par lequel il affirmait que « depuis longtemps le ministère aurait dû modifier fortement sa composition », que, compte tenu de « l'état de la Chambre, de celui de l'opinion publique et de l'état général des affaires, la composition de l'administration actuelle est insuffisante pour répondre aux exigences de la situation ». À en croire Duvergier de Hauranne, qui s'empressa de le rapporter dans les couloirs de la Chambre, le président Dupin, une fois sortis les trois commissaires ministériels scandalisés, serait parti d'un gros rire bien dans sa manière : « Ah ! les bougres, je viens de leur porter le dernier coup ! » Venant de qui avait accédé deux semaines plus tôt à la présidence grâce à l'appui de cette même administration, ce coup en effet inattendu faisait figure de trahison et l'opposition, se réjouissant ironiquement de ce ralliement, en tira tout le parti possible. Décidément, le ministère allait se présenter devant les députés en bien piètre posture, voire en situation désespérée. Il ne resterait aux chefs de la coalition, en séance publique, qu'à porter l'ultime estocade en convainquant un nombre suffisant de députés conservateurs d'abandonner une cause visiblement perdue. Tel était le calcul de Guizot, qui croyait bien connaître ces parlementaires dont il était jusqu'à récemment l'une des figures de proue, et se faisait fort de les entraîner.

Le groupe ministériel eut très vite conscience du danger. Sitôt connue la composition menaçante de la commission de l'Adresse, et stimulés par le roi lui-même, 157 députés se réunirent le 23 décembre dans les salons du général Jacqueminot, député de la Seine, commandant en second de la Garde nationale et familier des Tuileries. Trois jours plus tard, ils étaient 186 à adhérer à ce groupe, « décidés à opposer une résistance énergique aux intrigues de la coalition » et préparant une riposte organisée. Quand fut rendu public le projet d'Adresse, ils étaient environ 200, très remontés contre leurs anciens amis doctrinaires et surtout leur chef, qu'ils avaient si souvent soutenu de leurs applaudissements et de leurs votes face à la gauche. À sa manière, Stendhal, le 2 janvier, résume pour le comte Ciri le nœud de l'intrigue : « Trois voleurs se réunissent pour voler un homme possesseur de ce beau diamant qu'on appelle le pouvoir ; une fois l'homme à terre, comment s'y prendront-ils pour se partager le diamant ? » On aura reconnu dans les voleurs Barrot, Guizot et Thiers, et Molé dans l'homme à abattre.

L'homme à abattre

Le vendredi 4 janvier 1839 à 14 heures – car l'assemblée ne siège que l'après-midi –, André Dupin, introduit par le chef des huissiers de la Chambre, Larchevêque, pénètre dans la salle des séances du Palais-Bourbon, et gravit l'escalier gauche donnant accès au bureau et au fauteuil présidentiels, en acajou orné de bronze, seuls vestiges du Conseil des Cinq-Cents. Valette, secrétaire de la présidence, s'installe derrière lui. Huissiers et secrétaires sont à leur poste. Pour cette séance solennelle, les huit membres du cabinet ont pris place sur le banc des ministres, au premier rang de l'hémicycle dont les travées sont presque entièrement remplies. Tout en haut, les tribunes réservées et publiques sont combles. Peu à peu, les conversations particulières cessent, le brouhaha habituel s'éteint. Le président donne alors lecture du projet d'Adresse. Le dernier paragraphe est accueilli avec une « rumeur prolongée », selon l'une des nombreuses formules à la disposition des secrétaires-rédacteurs. La discussion du projet est renvoyée au lundi 7 et la séance est levée à 2 heures et demi. Mais l'émotion provoquée est telle que « MM. les députés ne se séparent pas immédiatement. Ils forment des groupes animés et nombreux dans les couloirs et dans la salle des Conférences », contiguë à l'hémicycle.

Dans la discussion générale, les orateurs interviennent dans l'ordre de leur inscription, qui est enregistrée en l'occurrence à partir du samedi 5 à 9 heures. Pour être bien placés, certains députés arrivent la veille au soir et dorment sur place, dans le salon Pujol donnant sur la salle des séances. Guizot, lui, se serait présenté dès cinq heures. Ancien ministre et parlementaire chevronné, a-t-il usé d'un passe-droit pour se faire ouvrir ? En tout cas, il figure en tête des trente-deux intervenants inscrits en faveur du texte de la commission, contre douze seulement pour le ministère. Aussi bien tous les inscrits n'intervinrent-ils pas, tandis que d'autres, qui n'étaient pas inscrits, comme Barrot, Thiers et Lamartine, Garnier-Pagès et Berryer, pour ne citer que quelques ténors, s'exprimèrent à plusieurs reprises. Cette discussion de l'Adresse dura du 7 au 19 janvier, s'étalant sur 61 heures au cours de douze séances. Son compte rendu officiel équivaudrait aujourd'hui à un livre d'environ six cents pages. Ce fut l'un des moments les plus prodigieux de cet âge d'or de l'éloquence parlementaire que fut la monarchie constitutionnelle. Les deux principaux adversaires – ennemis serait mieux dire – montèrent à la tribune Molé dix-sept fois et Guizot douze fois, ce dernier prononçant six discours importants. Les journaux, chaque jour, relataient et commentaient passionnément les combats de la veille, saluant leurs champions respectifs, les salons faisaient écho aux propos de tribune et, comme le raconte le fils aîné du duc de Broglie, Albert, alors âgé de dix-sept ans, même sur les bancs du collège on s'enflammait.

Dans cette discussion mémorable, d'une violence verbale et d'une intensité physique dont l'hémicycle du Palais-Bourbon ne donne plus aujourd'hui aucune idée, Guizot fut la personnalité la plus attaquée et la plus agressive, et donc la plus en vue, mais pas toujours la plus habile.

L'habileté, le premier orateur de la première séance, Liadières, en fit une démonstration supérieure, au nom de la majorité ministérielle. Ce capitaine du génie, officier d'ordonnance de Louis-Philippe, faisait partie à la Chambre de ceux que l'opposition appelait par dérision les « aides-de-camp », réputés porte-parole des Tuileries. Naguère auteur de pièces de théâtre, ce bien élu d'Orthez – 116 voix sur 118 votants aux dernières élections – ne manquait pas d'esprit, dont Guizot et ses collègues de la Commission firent les frais. Plaçant d'entrée le débat sur un terrain qu'il ne devait guère plus quitter, il déclara, sous les murmures de l'opposition, que l'Adresse était « respectueusement violente et académiquement révolutionnaire », formule qui remporta grand succès, et la résuma ainsi : « Tout est mal, tout est inconstitutionnel, parce que nous ne sommes pas ministres ; tout sera bien quand nous le serons. Et pour le devenir, ce n'est point assez de chasser des ministres qui nous font obstacle. Nous ne craindrons pas de viser plus loin et plus haut. » Cette allusion à la Couronne provoqua une vive interruption de Guizot, d'autant plus irrité que Liadières, entre-temps, avait malicieusement cité des propos qu'il avait tenus pendant l'été 1836 à Lisieux, par lesquels il dénonçait « la variation des conduites et des langages des hommes publics », appelant « la majorité nationale qui a si bien soutenu le Trône dans la politique du juste milieu » à ne jamais se laisser désunir. Liadières aurait pu pousser la citation plus loin : « Que la majorité nationale adhère fortement au roi. Le roi c'est elle-même ; c'est à elle comme à lui qu'on en veut. Leur cause est inséparable, que leurs forces soient toujours unies. » En revanche, il ne manqua pas de rappeler l'aimable échange de tribune, en 1834, entre Guizot et Odilon Barrot, aujourd'hui alliés dans la coalition : « Vous êtes la Révolution surannée de 1792 ! » « Vous êtes la contre-révolution hypocrite de la Restauration ! » Le reproche de revirement et de reniement, appuyé sur le rappel de paroles et de comportements encore récents, et seulement explicable, disait-on, par le dépit de n'être plus ministre et le désir de le redevenir à tout prix, Guizot devait l'endurer pendant plusieurs semaines encore, dans et hors de la Chambre. De fait il était, parmi les protagonistes de la coalition, celui qui y prêtait le plus le flanc puisque, moins d'un an plus tôt, il soutenait encore la politique ministérielle. Pour tenter d'y parer il choisit, montant à la tribune après

Liadières, de contre-attaquer avec une extrême vigueur. La coalition, expliqua-t-il, était la réunion d'hommes divers qui avaient en commun de juger que « l'administration actuelle était funeste au pays et au Trône ». Le mot « funeste » souleva de telles interruptions au centre que Guizot, non sans provocation, le répéta trois fois, le jetant comme au visage du président du Conseil assis en face de lui, à cinq mètres en contre-bas. Reprochant ensuite au cabinet de brouiller les distinctions nécessaires entre parti conservateur et parti réformateur, et de ruiner ainsi le système représentatif, l'orateur haussa brutalement le ton : « Anarchie dans les Chambres, anarchie dans les élections, anarchie dans l'administration ; l'anarchie est entrée avec vous dans cette chambre, elle n'en sortira qu'avec vous ! » Le centre réagit bruyamment contre l'attaque, qu'aucun applaudissement ne vint soutenir de l'autre côté. Guizot perçut-il qu'il blessait sans convaincre ? Il avait suffisamment d'expérience de la tribune pour cela. Aussi tenta-t-il d'ébranler le parti gouvernemental, saluant sa fidélité, son désintéressement et son courage, bien mal employés puisqu'il ne lui reste plus qu'à « retarder et adoucir la défaite du pouvoir qu'il soutient. » En continuant à le soutenir, il s'affaiblit et se compromet lui-même. Une rumeur de réprobation lui fit savoir qu'il n'était pas entendu. Guizot avait préparé sa péroraison, car je ne crois pas qu'il ait tiré de sa mémoire à cet instant la citation dont il voulut faire un trait ultime contre Molé : « Tacite dit des courtisans "qu'ils font toutes choses servilement pour être les maîtres". *Omnia serviliter pro dominatione.* » Servilité, courtisanerie, telles étaient bien les injures adressées au cabinet et à son chef depuis des mois.

Guizot a parlé près d'une heure. Il quitte à présent la tribune, dans le silence de ses alliés et même de ses amis étonnés d'une semblable virulence, assurent des témoins. Dans le parti gouvernemental, l'agitation est vive, au point que la séance est interrompue de fait quelques minutes. Un député ministériel, peut-être Saint-Marc Girardin, journaliste aux *Débats* et professeur de poésie française à la Sorbonne, a quitté l'hémicycle, traversé la salle des Conférences pour entrer à la bibliothèque, où il consulte d'urgence le texte de Tacite. Il reprend sa place près de Royer-Collard, la plus haute figure sans doute du parti conservateur, au moment où Molé demande la parole, qui est de droit à tout moment pour le gouvernement, alors que le député Roul était normalement appelé par le président à la tribune. Le président du Conseil n'est nullement tenu de répondre aux orateurs après chacune de leurs interventions. Le plus souvent, il attend que la discussion générale soit achevée pour présenter une réponse d'ensemble. Cette fois, il a décidé de faire immédiatement front à la charge de son ennemi. Au moment où il se lève, Royer-Collard lui murmure quelques mots à l'oreille.

En montant à la tribune de la Chambre, où il n'est pas tout à fait chez lui, Mathieu Molé sait qu'il joue gros. La cause de la majorité, qui s'identifie pour partie, dans la conjoncture, à celle de Louis-Philippe, repose en cet instant sur ses épaules ou, pour mieux dire, sur sa capacité d'expression et de riposte dont personne, pas même lui, n'est assuré. Il sait qu'après Guizot les autres maîtres de la parole vont donner contre lui. Pour cet homme à l'extrême sensibilité d'amour-propre, la dégelée que Guizot lui a assénée pourrait l'avoir pétrifié. En fait, par son excès même, qui a outrepassé les usages parlementaires, elle l'a stimulé en le blessant intimement. Le duel plusieurs fois différé avec un concurrent politique devenu un ennemi personnel va enfin avoir lieu ; la querelle doit être vidée, là, dans cette arène, devant un public de partisans et de connaisseurs dont le président Dupin a bien du mal à tempérer les manifestations en sens contraires. Cet après-midi du 7 janvier 1839, Molé surprend ses adversaires, ses amis, ses ministres, le roi, sans doute lui-même, par son sang-froid, sa pugnacité, sa présence d'esprit, trois des grands ressorts de la puissance parlementaire. Dès les premiers mots, il prend l'avantage grâce à l'arme que Guizot lui a imprudemment fournie, la citation de Tacite : « Messieurs, ce n'est pas des courtisans que Tacite disait ce qui vient d'être cité tout à l'heure, c'était des ambitieux. On me permettra sans doute de rétablir la vérité sur ce point. » Cette réplique, que l'on pourrait juger aujourd'hui simplement pédante ou anodine, eut un effet prodigieux. Elle est devenue l'une des plus célèbres des fastes parlementaires du XIXe siècle, et demeurée le seul monument de la grande crise de la coalition. De fait, comment mieux retourner une citation, et une situation, à son profit dans une pareille circonstance ? En effet, ou Guizot a intentionnellement altéré le sens du texte ancien, comptant que personne ne s'en apercevrait, ce qui est intellectuellement condamnable et moralement offensant, et discrédite l'ensemble de son intervention. Ou bien il a commis une erreur et le savant professeur de Sorbonne, l'historien de haute réputation volontiers donneur de leçons se révèle inférieur au grand seigneur pétri d'humanités. Dans les deux cas, c'est à Molé que revient la palme de la vérité, dont la bannière va désormais couvrir l'ensemble de ses propos. Enfin, Tacite lui-même, ainsi rectifié, écarte du président du Conseil l'accusation de courtisanerie et charge Guizot de celle d'ambition, qui en effet lui est prodiguée comme seule explication de son comportement autrement incompréhensible, comme l'avait, la veille, rappelé le *Journal des débats* : « La coalition, l'Adresse, tout tend au même but, il faut que M. Thiers et M. Guizot soient ministres ! » Molé, s'avançant désormais sur un terrain déblayé, enfonce le clou : « C'est un triste spectacle que de voir un homme aussi éminent et qui a rendu au pays tant d'éclatants services venir se débattre à cette tribune sous le coup de reproches auxquels il n'échappera pas [...]. La pire corruption, c'est celle des esprits. » Le président du Conseil, face aux « superbes dédains » de son adversaire, a choisi la modestie, bien plus efficace : « Je ne suis pas, je ne me donne pas ici pour l'un des princes de la parole ; je ne dis pas en parlant de moi : "Les capacités, c'est moi ; le ministère parlementaire, c'est moi." Je ne suis, Messieurs, qu'un vieux serviteur du pays »... Dans le groupe ministériel, les applaudissements succèdent aux approbations, qui ont manqué à Guizot, et, à l'issue d'un discours qui n'a guère duré plus de vingt minutes, Molé regagne le banc du Gouvernement au milieu des félicitations de députés qu'il a requinqués. À Thiers qui s'exprima ensuite, et qui n'était pas pour lui un ennemi d'une même qualité que Guizot – « de part et d'autre », se souvient d'Alton Shée, pair qui assista à la séance, « on sentait une rivalité d'ambition, une animosité personnelle qui n'existait pas au même degré chez les autres adversaires » –, le président Molé laissa au ministre de l'Intérieur, Montalivet, le soin de répondre.

Pour les coalisés, cette première séance n'avait pas été bonne. Le ministère, lui, avait rencontré un succès politique et moral inespéré, dont tout l'honneur revenait à son chef. Comme toujours en pareil cas, la lecture de la presse est à la fois éclairante et trompeuse. Le *Journal des débats* reprend, sans surprise, le ton et les arguments du président du Conseil : « Est-il possible qu'avec un esprit aussi éclairé, un cœur aussi généreux, l'épreuve même de la séance d'aujourd'hui ne fasse pas reconnaître à M. Guizot dans quelle fausse route il est entré ? » *La Presse* est plus incisive : « M. Guizot, pâle, ému, stupéfait des dispositions si nouvelles de la majorité à son égard, a péniblement consommé le sacrifice que lui imposaient ses récentes et déplorables alliances. » Au contraire, *Le Siècle* le félicite « d'accepter franchement la position nouvelle et difficile que ses antécédents d'une part, et de l'autre ses convictions lui ont faite ». Et le *Journal de Paris*, sans se prononcer sur la performance de Guizot, défend ce dernier contre les accusations d'ambition formulées par Molé : « vous qui, toute votre vie, vous êtes tenu à genoux devant le pouvoir »... Mais dans tous les cas il ressort que Guizot a surpris, agréablement ou non, en se montrant sous un jour nouveau, voire à contre-emploi.

Le chef des doctrinaires resta silencieux le lendemain, laissant Duvergier de Hauranne mener la charge avec une violence inouïe, provoquant de nombreux incidents de séance et réussissant à faire sortir Molé de ses gonds. Odilon Barrot, qui le suivit, approuva son nouvel allié en termes embarrassants pour ce dernier : M. Guizot « a présenté sa situation, non comme accidentelle, mais comme permanente. Il a eu raison. C'est une grave et difficile mission que celle qu'il a acceptée, de faire triompher le Gouvernement représentatif dans toute sa pureté ; elle lui prépare bien des épreuves contre lesquelles il faut qu'il s'arme de courage et de constance »... Voilà donc le chef de la gauche dynastique prodiguant ses conseils et sa sympathie, sur un ton légèrement protecteur, à son adversaire constant depuis la fin de 1830 jusqu'à l'été 1838, et l'annexant à sa cause. Ainsi se clôt en principe, le 8 janvier à 18 heures, la discussion générale sur le projet d'Adresse. En fait, elle reprend le 9, avec une intervention du porte-parole de l'extrême gauche, Garnier-Pagès, encore plus compromettante pour Guizot : « M. Guizot et ses amis votent, je ne dirai pas avec nous, mais votent comme nous [...]. J'adopte votre Adresse. Je suis obligé de m'associer à votre langage, parce qu'il a toujours été le mien. » Voilà donc Guizot acoquiné avec les révolutionnaires, pourtant son cauchemar depuis son entrée dans la vie politique. Ce reproche de palinodies que lui assènent avec véhémence les orateurs ministériels, en particulier Barthe, le garde des Sceaux, Guizot s'efforce maintenant de le purger, en proclamant son attachement permanent à la politique du juste milieu. Puis, ayant recouvré depuis l'avant-veille la plénitude de ses moyens, il entreprend de démontrer que, contrairement à ce qui est répété depuis trois jours sur les bancs du centre et du Gouvernement, l'Adresse n'est ni factieuse ni révolutionnaire. Écartant les interruptions du garde des Sceaux et les objections du ministre de l'Intérieur, en dépit d'un beau chahut sans doute organisé par quelques ministériels et qu'il paraît savourer, il conclut fortement que l'Adresse, qu'il tiendrait « à honneur d'avoir faite seul », tend à donner, par son dernier paragraphe, toute sa portée au principe de responsabilité ministérielle, seul moyen de couvrir réellement le Trône, ce qui requiert « une administration suffisante ». Il faut que « lorsqu'un acte politique est consommé, lorsqu'une parole est prononcée, personne ne puisse supposer que ce n'est pas l'administration elle-même qui agit ou parle. Voilà la doctrine constitutionnelle, voilà la doctrine vraiment royaliste ».

Guizot s'est placé sur un terrain favorable. Molé, qui tient à lui répondre directement, paraît reculer, concédant que le projet d'Adresse n'est ni factieux ni révolutionnaire, simplement, si l'on peut dire, inconstitutionnel. Il ne peut que protester du caractère pleinement parlementaire du ministère et accuser la coalition de « faire remonter jusqu'à la Couronne » le blâme qu'elle veut infliger aux actes de l'administration. Et pour le prouver, il annonce qu'il pose « la question de cabinet », c'est-à-dire la question de confiance, sur le premier amendement déposé sur le premier paragraphe du texte. En effet, les députés de la réunion Jacqueminot avaient décidé de rendre le projet d'Adresse plus agréable au cabinet et à la Couronne en le reconstruisant par voie d'amendements. Dès lors, chaque vote sur chaque amendement prendrait une signification pleinement politique, engageant l'existence même du ministère. Guizot, dans cette seconde intervention mieux réussie que la première, avait obtenu cette fois un soutien affiché et de son propre groupe et de la gauche, auquel fit écho le *Journal de Paris* : « Les interruptions du centre ministériel ont semblé donner des forces et un courage nouveau à l'orateur. Il a eu de ces mouvements, de ces élans sublimes qui sont le propre de son éloquence. » *Le Siècle* renchérit, qui reconnaît dans Guizot le digne successeur du grand ministre Casimir Périer, avec « son geste imposant, sa figure altérée par la souffrance et l'accent énergique et fier de sa voix ». *La Presse*, on s'en doute, a interprété tout autrement les interruptions du centre : « L'explication que M. Guizot a essayé de donner du passage de l'Adresse où l'on demande au roi un ministère qui le couvre de sa responsabilité est tellement déplorable que toute la chambre a protesté. »

Le premier amendement au premier alinéa du premier paragraphe, qui traite en termes généraux de prospérité et de paix, fut soumis au vote le 10 janvier en fin d'après-midi. Il avait pour auteur le député de Saint-Gaudens Pierre Amilhau, rallié au ministère par une de ces faveurs que, trois jours plus tôt, Duvergier de Hauranne, après bien d'autres, avait dénoncées à la tribune comme autant d'actes de corruption, en l'occurrence un très rapide avancement dans la magistrature, jusqu'à la présidence de la cour d'appel de Pau. « C'était », écrira son voisin en Haute-Garonne Charles de Rémusat, « un homme d'une laideur repoussante, vulgaire de sentiments et d'idées, envieux et faux, mais ayant quelque pratique des affaires, sans aucun talent ni la moindre instruction ». Il défendit comme il put son amendement, couvert par les cris d'obstruction des coalisés. Ce premier scrutin était attendu avec une extrême fébrilité, car il devait indiquer, pour le reste de la discussion, à quoi pouvait s'attendre le cabinet et si les attaques des coalisés, en particulier celles de Guizot, avaient produit quelque effet sur les députés du centre. Les pointages étaient incertains. Le vote eut lieu sous la forme solennelle du scrutin à la tribune : les huissiers procèdent à l'appel nominal des députés, qui montent l'un après l'autre déposer dans une urne soit une boule blanche – pour – soit une boule noire – contre. L'opération peut durer assez longtemps, car les élus ne sont pas toujours disciplinés et se présentent parfois dans le désordre. Puis l'urne est emportée dans une pièce attenante et les secrétaires de séance procèdent au décompte des boules. Pendant ce temps, députés et ministres, dans la salle des Conférences ou à la buvette, s'affairent en conversations. Retour dans l'hémicycle, le président Dupin annonce le résultat du scrutin : pour l'amendement, 216 ; contre, 209. La chambre a adopté l'alinéa ainsi modifié. Sept voix de majorité, c'était mathématiquement très peu, mais politiquement énorme, d'autant que la chambre s'était prononcée en masse, avec 425 suffrages exprimés sur un effectif théorique de 459, sachant que l'abstention n'existe pas en tant qu'expression d'un choix politique et que, parmi les 209, figuraient des légitimistes, à l'extrême droite, et des républicains, à l'extrême gauche.

Ainsi le cabinet et son chef, sous l'assaut, avaient-ils tenu bon, et ce succès en laissait logiquement prévoir d'autres. De plus, aucune majorité alternative tant soit peu cohérente ne se laissait entrevoir. On convint, avant de se séparer ce soir-là, de remettre l'examen du deuxième alinéa du premier paragraphe, qui portait sur la politique extérieure en général, après celui des sept paragraphes suivants, qui s'arrêtaient successivement sur les différents points où s'exerçait cette politique, y compris l'Algérie. Il s'agissait pour la coalition de convaincre que le cabinet, au-dehors, n'avait su nulle part préserver la dignité et faire prévaloir l'intérêt de la France.

Sur les affaires de Belgique, âprement débattues, l'amendement ministériel ne passa qu'avec quatre voix de majorité. Le parti gouvernemental semblait s'effriter. Aussi Guizot, qui avait laissé Thiers intervenir sur la Belgique, décida-t-il de porter un coup supposé fatal à propos de l'évacuation d'Ancône.

Dans ce port de l'Adriatique, qui appartenait au pape, avaient débarqué le 22 février 1832 des troupes françaises, à l'initiative du président du Conseil et ministre des Affaires étrangères Casimir Périer, pour répondre à l'entrée, le 28 janvier précédent, des Autrichiens, à la demande de Grégoire XVI, dans les Légations et la ville de Bologne, qui elles aussi faisaient partie des États pontificaux et où se développait une agitation libérale et patriotique. Le coup de force français, destiné à contrebalancer l'influence autrichienne en Italie, et singulièrement auprès du Saint-Siège, provoqua l'indignation au-dehors, spécialement celle de Metternich qui n'avait rien vu venir, et la satisfaction au-dedans, naturellement à gauche et chez Thiers, mais aussi chez Guizot. Pour régulariser la situation, une convention avait été signée le 16 avril entre l'ambassadeur de France à Rome et le cardinal secrétaire d'État, dont l'article 4 liait expressément la fin de l'occupation française d'Ancône à celle de l'occupation autrichienne à Bologne. Le ministère du 11 octobre 1832, dont Broglie, Thiers et Guizot faisaient partie, se conforma à cette interprétation, qui ne fut récusée qu'en 1836 par Thiers écrivant à l'ambassadeur à Vienne Sainte-Aulaire de faire comprendre au cabinet autrichien que l'évacuation d'Ancône était « impossible ». L'occupation continuait donc, autrichienne à Bologne, française à Ancône où flottait le drapeau tricolore à côté de la bannière pontificale. En octobre 1838, Metternich annonça comme en passant à Sainte-Aulaire, ami de Guizot comme de Molé, que les Autrichiens se retireraient de Romagne le 30 novembre. Le chancelier était rancunier, comme le souligne Sainte-Aulaire : « Nous ne l'avions pas averti quand nous étions entrés dans Ancône en 1832, et il riait sous cape des embarras qu'il nous préparait en sortant de Bologne sans nous consulter en 1838. » En effet, c'était l'Autriche seule qui décidait ainsi à sa guise du moment de l'évacuation. En application de la convention franco-pontificale, les Français devaient suivre. C'est ce qu'ordonnèrent aussitôt Louis-Philippe et Molé, et le 5 décembre les Français rembarquaient.

Auraient-ils pu se maintenir, ou au moins le gouvernement aurait-il pu obtenir quelque chose en échange, par exemple la garantie que le pape améliorerait réellement son mode de gouvernement, ou une satisfaction d'amour-propre, puisque la présence française à Ancône nourrissait depuis près de sept ans l'amour-propre national ? C'est à quoi tendait le projet d'Adresse, discuté à partir du samedi 12, et particulièrement incisif : « Vous nous annoncez qu'en vertu d'engagements pris avec le Saint-Siège, nos troupes sont sorties d'Ancône. Nous avons donné d'éclatants témoignages de notre respect pour les traités, mais nous regrettons que cette évacuation ne se soit pas effectuée en des circonstances plus opportunes et avec les garanties que devait stipuler une politique sage et prévoyante. » Molé, à la Chambre des pairs, avait déjà répondu sur ce point aux critiques de Victor de Broglie, lui opposant ses propres déclarations ou dépêches diplomatiques du temps qu'il était ministre. Devant les députés, le président du Conseil invoque le nom magique de son prédécesseur déjà lointain, dont tous les orateurs se réclament : « Nous ne sommes plus à Ancône, mais les Autrichiens ne sont plus dans les Légations : c'était toute la pensée de Casimir Périer. » L'amendement présenté par Jussieu, membre minoritaire de la commission de l'Adresse, traduisait cette pensée. Guizot, avant d'attaquer sur le fond, souleva un très vif incident de procédure, accusant Molé d'avoir dissimulé des documents à la commission et de n'avoir cité à la tribune que les pièces qui confortaient sa position. Il dénonça avec virulence, provoquant les clameurs, « le misérable effet d'une petite surprise du moment » et protesta au nom de la commission « contre la conduite que M. le président du Conseil a tenue ». Molé se défendit avec bon sens, dans une querelle qui n'était pas du niveau des deux protagonistes, et dont je ne trouve d'exemple dans aucune autre participation de Guizot à la vie parlementaire. Aussi cet échange, pourtant nourri, ne figure-t-il pas dans l'*Histoire parlementaire de France, recueil complet des discours prononcés dans les chambres par M. Guizot*, que celui-ci a publiée en complément de ses Mémoires. Mais telle était alors sa vindicte contre Molé qu'il faisait flèche de tout bois, même petit, tâchant, ce qui est exceptionnel chez lui, d'atteindre l'homme à travers le ministre. Le *Journal des débats* ne manqua pas de relever « une amertume incroyable et une violence qui a surpris ». La gauche, elle, s'enchante d'un ton qu'elle ne connaissait pas chez son allié de fraîche date et, lorsque Guizot intervient le lundi 14 sur le fond de l'affaire d'Ancône, ne lui ménage pas son approbation sonore quand il assène à Molé : « Messieurs, à chacun ses œuvres. À M. Casimir Périer l'occupation d'Ancône ; aux ministères qui lui ont succédé, le maintien de cette position, à vous l'évacuation. Laissez-nous notre part dans cet incident de notre histoire, nous ne vous contestons pas la vôtre ! » Un tonnerre d'applaudissements s'étendant jusqu'aux extrémités de l'hémicycle salua ce mâle propos, certainement le plus éloigné de la politique que son auteur avait professée jusque-là et qu'il conduira moins de deux ans plus tard. Car on peut tenir pour certain qu'à Ancône Guizot ministre n'aurait pas agi différemment que le cabinet Molé. Aussi bien le champ de bataille resta-t-il à ce dernier, puisque l'amendement Jussieu fut adopté par 228 voix contre 199. Le lendemain, Guizot, en termes plus modérés car le ministère était sur ce sujet peu vulnérable, participa à la discussion relative à la Suisse, c'est-à-dire à la présence dans ce pays du conspirateur Louis-Napoléon Bonaparte dont la France avait exigé l'expulsion et obtenu qu'il s'en aille. Cette fois, on reprochait à Molé, taxé de faiblesse pour Ancône, d'avoir blessé inutilement les Suisses par sa fermeté. La coalition ne réussit pas mieux, puisque le paragraphe de l'Adresse sur ce point fut purement et simplement supprimé par 221 voix contre 208. Elle se montra discrète sur l'attitude de la France à l'égard de l'Espagne, tant la divergence entre Thiers, partisan en 1836 d'une intervention, et Guizot, qui s'y était nettement opposé, était flagrante. Les paragraphes portant sur la Pologne et sur le Mexique n'appelèrent guère d'observations. Le 16 janvier après-midi, après le passage en revue de tous les dossiers contestés, le cabinet semblait donc avoir déjoué les terribles attaques de la coalition contre sa politique étrangère, en dépit, et peut-être en partie à cause de l'extrême pugnacité de Guizot.

Pourquoi alors la partie reprit-elle de plus belle, et connut-elle une issue différente ? C'est que, comme convenu huit jours plus tôt, le deuxième alinéa du premier paragraphe du projet d'Adresse revient en discussion : « Sous un gouvernement jaloux de notre dignité, gardien fidèle de nos alliances, la France tiendra toujours dans le monde et dans l'estime des peuples, le rang qui lui appartient et dont elle ne veut pas déchoir. » À ces derniers mots, un amendement Amilhau tend à substituer « la France occupe toujours [...] le rang qui lui appartient et dont elle ne saurait déchoir », plus avantageux pour le ministère. C'est aussi que l'un des orateurs les plus puissants de la Chambre, resté jusque-là silencieux, est monté à la tribune. À quarante-neuf ans, Pierre Antoine Berryer est au sommet de son immense talent, qu'il avait commencé de faire connaître en assurant avec son père la défense du maréchal Ney en 1815, puis, seul, celle de Cambronne. Car rien n'est plus profitable à la réputation d'un avocat que de plaider pour une personne dont les idées et le comportement sont à l'opposé des siens. Berryer, en effet, est légitimiste, indéfectiblement attaché aux Bourbons et à la cause de la monarchie traditionnelle, même s'il a comme député prêté serment à Louis-Philippe. Depuis 1830, le député de Haute-Loire, servi par une voix « qu'aucun sténographe, écrit Cormenin, ne reproduira jamais, dont les cordes vont remuer la fibre des organisations nerveuses », n'a cessé de critiquer le régime de Juillet et ceux qui l'ont servi. On s'attend bien à ce que Molé n'échappe pas à son courroux. Mais il s'en prend à lui avec des arguments que ne désavouerait pas la gauche la plus radicale, allant jusqu'à saluer le patriotisme de la Convention, prodiguant des éloges à Thiers et concluant, après avoir pourfendu l'œuvre des ministères auxquels Guizot a appartenu : « Je suis décidé à adopter le texte de l'Adresse, tel qu'il est, tel que l'a expliqué M. Guizot », ce Guizot qu'il avait toujours combattu, chez lequel il avait même dénoncé naguère « le cynisme des apostasies ». Dans son travail de démolisseur, le légitimiste Berryer, après le républicain Garnier-Pagès, compromettait Guizot comme jamais en s'associant à lui dans la coalition, décidément composée des idées et des talents les plus incompatibles. Guizot a senti le danger, d'autant plus grand que l'éloquence ravageuse de Berryer a provoqué une immense impression, y compris dans le groupe ministériel. Épuisé, la voix éteinte selon son propre aveu, il croit trouver l'échappatoire en imputant à la faiblesse du gouvernement actuel d'avoir rendu possible le discours de Berryer, tout en en récusant par ailleurs les critiques contre le ministère du 11 octobre 1832, dont Molé, répondant à Berryer puis Barrot, vient précisément d'affirmer qu'il poursuivait lui-même la politique : « Je suis », s'écrie Guizot, « aussi dévoué qu'aucun membre de cette Chambre à la politique qui a été suivie depuis 1830 ; mais je ne peux pas, je ne veux pas, mon honneur ne me permet pas d'accepter l'assimilation qu'on a voulu établir entre la politique du cabinet actuel et la nôtre...

Au centre : Allons donc !

Aux extrémités : Très bien ! Très bien !

Ce que vous avez fait, ce que vous faites, je ne l'aurais pas fait ; je vous blâme de l'avoir fait. » Gros tumulte. À ces pétitions de principe Thiers ajoute les siennes, relatives en particulier à la nécessaire intervention dans les affaires espagnoles, que Guizot, en d'autres temps, avait réfutées et réfutera, mais qui font mouche. Molé, très fatigué, ne souhaite plus s'exprimer sur sa politique extérieure, qui a déjà obtenu trois votes de soutien de la majorité. Le quatrième, qui récapitule l'ensemble, suivra naturellement. Le président du Conseil, en la circonstance, manque d'instinct tactique et politique. Il ignore à quel point la matière parlementaire est volatile, que paraître baisser la garde suscite le trouble dans la troupe, qui spontanément se tourne vers la plus forte apparence du moment, en l'espèce le quatuor Berryer/Barrot/Guizot/Thiers. Les lutteurs ont, le 16 janvier à 18 heures, le dernier mot. De qui est composée cette poignée de députés qui renversent alors la majorité ? Le secret du scrutin à la tribune les dissimule. L'amendement Amilhau n'obtient que 210 boules blanches, contre 219 noires. *Bruyantes exclamations*. C'est peu dire ! Guizot, engagé corps et âme, peut savourer ce soir la défaite de Molé, la seule victoire qui vaille à ses yeux. « J'aurais mis le feu au monde, plutôt que de supporter Molé plus longtemps », avouera-t-il quelque temps plus tard à Rémusat. Sous le coup de ce premier vote hostile, le président du Conseil va-t-il abandonner la lutte ? À supposer qu'il y songe, Louis-Philippe, qui lui prodigue quotidiennement des mots d'encouragement, n'y consentirait pas. « Il faut », relève *Le Siècle*, « que le ministère se sente soutenu par une force qui, évidemment, n'est pas en lui. » Le rejet de l'amendement ne vaut pas adoption de l'alinéa du projet d'Adresse, qui porterait seule condamnation de la politique extérieure du cabinet, et implicitement des Tuileries qui y sont étroitement impliquées. Thiers, le lendemain 17 janvier, s'y employa au cours de deux interventions. Molé, regonflé, recevant pour la deuxième fois le soutien de Lamartine, seul orateur d'envergure hostile à la coalition, plaça l'assemblée devant sa responsabilité : en adoptant l'alinéa, elle annulerait ses trois votes favorables au gouvernement et ainsi se déjugerait. Le président du Conseil laissa entendre qu'il en tirerait cette fois les conclusions politiques. Il fut entendu, par 220 voix contre 213. L'alinéa incriminé disparaissait, et la politique extérieure générale n'était plus ni approuvée ni blâmée. Surtout, le cabinet avait retrouvé une majorité, au moins provisoirement. Mais qu'en resterait-il au dernier jour ?

Ce dernier jour, le plus grand de ce grand débat, fut le samedi 19 janvier. La séance dura près de sept heures. Les premiers rôles – Barrot, Guizot, Thiers, Lamartine, Molé – montèrent tous à la tribune, jetant leurs ultimes forces dans l'ultime bataille, celle qui portait sur le dernier paragraphe. Jamais les deux principaux adversaires, le chef des doctrinaires et le président du Conseil, ne furent meilleurs que cet après-midi-là. Le premier déploya une habileté merveilleuse d'abord pour écarter, par une raison de principe, le soupçon d'ambition personnelle, dont l'évocation ne peut que polluer le fonctionnement du système représentatif : « Croyez-vous qu'il y aurait liberté dans les discussions de cette Chambre, si on ne pouvait venir ici exprimer son opinion, louer ou blâmer, sans être accusé d'ambition personnelle, de motifs honteux ? Cela serait un outrage envers nous et un danger pour vous. » Berryer, que le sténographe identifie facilement du fait de sa voix puissante, approuve chaleureusement, et bien d'autres avec lui. Puis Guizot accepte, comme y tend l'amendement du commissaire ministériel Debelleyme, de substituer dans le dernier paragraphe, au sujet des pouvoirs de l'État, « *agissant* à *contenus* dans leurs limites constitutionnelles ». Cette apparence de conciliation – « j'ai un grand mépris pour les pures querelles de mots » – est destinée à capter la bienveillance d'au moins quelques députés du centre, en leur montrant qu'il n'est pas crispé dans une opposition systématique : libérer de la solidarité gouvernementale ne serait-ce qu'une douzaine de voix assurerait la défaite de Molé. Enfin, il en vient à l'expression qui fâche, et que l'amendement veut faire disparaître, une administration « couvrant au-dedans le Trône de sa responsabilité ». Guizot, à ce point, argumente subtilement : la responsabilité légale et juridique du ministère ne fait aucun doute ; ce que les auteurs de l'Adresse incriminent, c'est le défaut de responsabilité politique et morale, cette responsabilité qui est au fondement du gouvernement représentatif. Or c'est à cette forme de gouvernement que la Couronne doit le principe de son inviolabilité. Seul un ministère vraiment parlementaire peut la tenir, comme il se doit, à l'écart du débat politique, de ses enjeux et de ses vicissitudes. Ainsi, « c'est dans l'intérêt de la Couronne que nous venons nous plaindre que le cabinet actuel n'est pas assez parlementaire », c'est-à-dire que l'influence de la Chambre ne pénètre pas suffisamment dans le Gouvernement et dans la pratique des affaires. En cantonnant le différend entre le Parlement et le ministère, Guizot tente donc de faire justice du reproche d'impliquer la personne et la fonction royales dans la critique que le projet d'Adresse dirige contre Molé : « Nous croyons servir la Couronne et le pays en marchant dans cette voie. » Un *vif mouvement d'adhésion à gauche* se manifeste lorsque Guizot descend de la tribune, après cette intervention ramassée, maîtrisée dans le ton, ferme sur le fond, intellectuellement relevée. De l'excellent Guizot.

Mais sa situation reste fausse et Montalivet, bien inspiré pour une fois, trouve aisément la parade. C'est bien le projet d'Adresse, et lui seul, qui a compromis la Couronne dans les délibérations de la Chambre. Pour le reste, jamais le cabinet du 15 avril 1837 n'a été sanctionné par une majorité, aucun grief précis ne lui est opposé, et il ajoute : « Ce n'est pas notre faute si les anciens chefs de la majorité n'y sont plus. Ce sont eux qui ont abdiqué. Mais cette majorité ne suit pas les personnes, comme vous l'aviez cru. » Après une dernière passe d'armes avec Lamartine, Guizot ne reprendra plus la parole, qui appartient pour finir au président du Conseil, dans une réponse générale fréquemment et vivement interrompue, parce qu'elle est efficace. À ses adversaires, au principal d'entre eux, il lance un défi : « C'est un fait remarquable dans les fastes parlementaires qu'une Adresse présentée par une commission, à la majorité de six voix contre trois, rédigée par des hommes qui s'intitulent les chefs de cette majorité parlementaire... (*Dénégations de MM. Thiers et Guizot*), par les hommes, je me plais à le reconnaître, les plus éminents par la parole dans cette enceinte, et de voir cette Adresse démolie pièce à pièce par le ministère "insuffisant" (*On rit*). » Puis il oppose l'argument le plus puissant : « Lorsque je vois ralliées dans un même effort des opinions si divergentes ; lorsque je vois des hommes qui s'étaient combattus avec tant de véhémence, se donner la main pour amener un changement d'administration, je leur demande au nom de mon pays : quel système prétendez-vous faire prévaloir ? Faites abstraction des noms propres, et dites-nous ici nettement ce que vous voulez ! » Théobald Piscatory, ami de Guizot et de tempérament emporté, lâche un aveu imprudent : « Le dernier paragraphe ! » Molé, très réactif, s'en saisit : « Le mot est précieux : tout le reste n'était rien, toute l'adresse est dans le dernier paragraphe. » Et il pousse aussitôt son avantage : parler de « pouvoirs contenus » suppose que l'un d'eux est sorti de ses limites constitutionnelles, évidemment la Couronne ; surtout, « en déclarant que le ministère n'était pas suffisant pour couvrir la Couronne, vous avez étendu la responsabilité au-delà du cabinet ». La gauche proteste vigoureusement, mais rien n'arrête plus Molé, confiant dans sa logique en effet solide et maintenant sûr de son effet. « Si vous adoptiez ce paragraphe, il résulterait que toute la partie de l'Adresse où il n'était question que du ministère aurait été rejetée et amendée selon le désir de l'administration, et que le dernier paragraphe où il n'est plus seulement question du cabinet (*Violente interruption à gauche*) serait le seul où le blâme aurait été conservé. » Les cris d'indignation de Thiers et de Guizot, un dernier propos d'Odilon Barrot n'y font rien : au scrutin public, l'amendement Debelleyme est adopté par 222 voix contre 213 et l'ensemble de l'Adresse, modifiée par l'ensemble des amendements ministériels précédemment adoptés, est approuvé par 221 boules blanches contre 208 noires. Des exclamations saluent ce résultat, et aussi ce chiffre de 221, exactement le même que neuf ans plus tôt, mais à front renversé, quand avait été adoptée l'Adresse qui avait conduit à la chute de Charles X.

À QUI LA VICTOIRE ?

Ainsi se terminait, le 19 janvier à 20 heures 30, la partie parlementaire de cet exceptionnel épisode de la coalition. Selon les connaisseurs anciens, jamais de tels torrents d'éloquence et un si grand engagement physique et politique ne s'étaient rencontrés depuis le temps de Mirabeau. À ses témoins, l'immense spectacle a laissé une impression impérissable. « Ce que je n'ai pu rendre », écrit trente ans plus tard d'Alton Shée, « c'est l'attente du public, l'émotion des tribunes, l'aspect houleux de l'assemblée, les courses rapides

des aides-de-camp, l'agitation fiévreuse des chefs, le tumulte des bravos et des murmures, les tempêtes furieuses, le silence de l'admiration et, derrière les grands orateurs renouvelant à la tribune les merveilles de l'éloquence, les sarcasmes du président Dupin, les scènes violentes ou grotesques de la salle des Conférences, les bons mots des couloirs, les calembours et jusqu'à des chansons. » Le hasard ajouta du piquant en désignant Guizot comme l'un des vingt membres de la grande députation chargée, le 20 janvier, de se rendre aux Tuileries présenter l'Adresse à Louis-Philippe...

En apparence il y avait un vainqueur, le ministère avec Molé, et un vaincu, la coalition avec Guizot. Mais tous deux étaient également mal en point. Jugeant sa majorité trop courte et ses forces étant épuisées, le président du Conseil remit sa démission. Le roi le maintint mais, par une ordonnance du 2 février, prononça la dissolution de la Chambre, les élections étant fixées au 2 mars. Tout était à refaire pour l'opposition, qui devait cette fois se transformer en majorité. La campagne fut aussi ardente et violente que l'avait été la discussion de l'Adresse. En présence des électeurs, et face aux 221 demeurés solidaires, les hommes de la coalition parvinrent à préserver une complicité de façade. Tandis que Charles de Rémusat, dans la *Revue française*, mobilisait toutes les ressources de son esprit subtil pour tenter de donner du sens politique à la coalition et des fondements intelligibles à ce qu'il appelait le « parti parlementaire », Guizot s'adressait à ses « commettants », entendons ses électeurs, pour justifier sa position récente, qui avait bien de quoi troubler ces paisibles Augerons : faisant l'éloge de la conciliation sincère et du rapprochement honorable, fustigeant l'idée que « les camps politiques seraient des prisons où les hommes demeureraient enfermés et farouches », il ajoutait : « sûr de n'avoir jamais déserté mon drapeau, je me prête sans embarras à tout rapprochement vrai, à toute coalition loyale ; je regarde celle qui s'est accomplie sur le terrain de l'Adresse comme un triomphe du gouvernement représentatif, et je ne crains pas plus de perdre dans l'avenir ma liberté que je n'ai craint d'en user en ce moment ». Ainsi le doctrinaire tenait-il aux

Lexoviens le même langage qu'à ses collègues du Palais-Bourbon. Le centre gauche et la gauche, dont les journaux reproduisirent le manifeste de Guizot, affectèrent de saluer et de savourer le Guizot nouveau. Ainsi *Le National* : « Homme d'intelligence et d'ambition, M. Guizot comprend que ses doctrines d'autrefois ne lui fournissent pas le point d'appui nécessaire. Ce point d'appui, où va-t-il le prendre ? Non pas dans cette démocratie faussement définie dont il nous parlait il y a quelques mois, mais dans le principe même de la souveraineté du peuple [...]. Nos amis puiseront dans l'écrit de M. Guizot de nouveaux motifs pour avoir confiance dans l'avenir de notre cause. » Et le *Journal des débats* d'ironiser : « M. Guizot jouit donc maintenant d'une sorte de popularité auprès des partisans du suffrage universel. » De fait, le *Journal de Paris* reconnaissait dans l'auteur de la lettre à ses commettants le « chef puissant et respecté de l'une des fractions les plus influentes du parti parlementaire, orateur du premier ordre, homme d'État éprouvé ». Ainsi l'opposition de gauche s'efforçait d'installer Guizot durablement dans son camp, qui était, du côté d'Odilon Barrot, celui de la réforme électorale, et du côté de Thiers celui d'une politique extérieure active pouvant conduire à la guerre, comme les partisans du ministère ne cessaient de l'affirmer. Guizot sentit le danger et la nécessité, sur ce point au moins, de redresser la barre. Il publia donc le 18 février une lettre ouverte à Pierre Leroy-Beaulieu, maire de Lisieux, dans laquelle il proclamait son attachement à la paix, rejetant sur « la faiblesse, l'imprévoyance, la légèreté du cabinet » le risque de guerre, ajoutant que, contre ce dernier, la « fierté nationale » était le plus sûr des boucliers. « M. Guizot se hâte de se mettre en règle », observa malicieusement la *Revue des Deux Mondes*. Le *Courrier français* pouvait bien affirmer, le 22 février, que « la coalition de 1839 est tout aussi morale, elle est plus pacifique que celle de 1830 ; elle survivra, comme celle-ci, aux circonstances qui l'ont formée », la situation de Guizot était fausse au point de devenir, à terme, politiquement suicidaire, sauf à renoncer en effet, de façon définitive, au conservatisme auquel il avait attaché son nom et son action depuis huit ans.

L'élan de la coalition, de fait, ne dura que jusqu'aux élections. Guizot, qui n'eut pas vraiment de concurrent à droite, et aucun à gauche, en profita pleinement : « J'ai eu un succès complet, comme il me convenait », écrit-il à la princesse de Lieven. « Les républicains et les carlistes se sont abstenus. Et j'ai eu presque l'unanimité, 477 voix sur 525, c'est-à-dire 156 voix de plus qu'à ma dernière élection, et 67 voix de plus que dans l'élection où j'en avais le plus obtenu. Le pays est charmé de moi et moi de lui. » Il en alla de même dans beaucoup de circonscriptions, de sorte que l'ensemble des opposants revinrent à la Chambre au nombre d'environ 240, contre moins de 200 pour l'ancienne majorité gouvernementale. Les doctrinaires comptaient, à peu près comme précédemment, une trentaine de députés. Cette fois, Louis-Philippe ne pouvait pas refuser la démission de Mathieu Molé. Guizot était parvenu à ses fins. Mais à quel prix ? Plusieurs semaines de crise ministérielle allaient le faire connaître.

Toute la stratégie de Guizot tendait désormais à ressaisir les rênes du pouvoir, soit comme ministre important, soit à défaut comme président de la Chambre, et à se replacer à la tête du parti conservateur, au centre droit, pour faire pièce à Thiers, désormais chef du centre gauche. Pour atteindre le premier objectif, il lui fallait rester acceptable pour Thiers et pour Odilon Barrot, et pour leurs amis souvent plus exigeants qu'eux, qui constituaient la majorité de la majorité ; pour réaliser le second, il devait peu à peu apaiser ceux qu'il avait si violemment affrontés et se faire reconnaître comme le meilleur des leurs. Ce double exercice était périlleux. La gauche, demeurée vigilante, s'inquiéta la première en découvrant dans les remerciements adressés par Guizot à ses électeurs des propos comme ceux-ci : « Cette majorité est aussi conciliante que décidée ; elle rallie tous les amis sincères de notre révolution de 1830, de notre monarchie de 1830, de la charte et de la dynastie de 1830. Séparés plusieurs années, ils viennent aujourd'hui de se rapprocher et de s'unir. » Le *Courrier français* se déclara déçu et demanda des explications nettes : « M. Guizot a combattu le cabinet avec une ardeur sincère.

C'est apparemment dans le but de faire triompher le principe du gouvernement des chambres en opposition au gouvernement du roi. Mais si cela est, il faut le dire. » Et, plus à gauche, *Le Commerce* renchérissait : « Son discours nous a beaucoup plus alarmés que satisfaits ; nous avons cru y reconnaître de grandes prétentions à recrépir une politique usée, finie ; nous l'en avertissons. » Dans les discussions destinées à mettre sur pied un cabinet faisant place aux trois chefs de la coalition, la méfiance entre les personnes s'ajoutait aux contradictions politiques : Guizot revendiquait, par « dignité personnelle et de parti », et comme il l'avait en vain réclamé du temps du premier cabinet Molé, le ministère de l'Intérieur pour lui-même, que Thiers, destiné aux Affaires étrangères, persistait à lui refuser, le pressant de reprendre l'Instruction publique. Les deux hommes, désormais, étaient trop en rivalité pour que l'un s'inclinât devant l'autre. En vain, leurs amis s'employaient à les réunir dans un ministère de « petite coalition », à « marier ces deux moitiés de Dieu, le pape et l'empereur », écrira drôlement Rémusat. Guizot se déclarait prêt à tout accepter, sauf renoncer à l'Intérieur, tandis que Thiers disait vouloir faire de l'accession de Barrot à la présidence de la Chambre une question de cabinet, ce qui, répondait Guizot, revenait à faire du ministère l'otage de la gauche. Conciliabules, palabres et négociations se multipliaient sans autre résultat que de creuser le fossé entre les anciens partenaires.

Du coup, tandis que le ton monte, la manœuvre s'engage de plus en plus nettement pour que Guizot réintègre, au premier rang, le parti conservateur. Le même jour, c'est le 13 mars, au *Journal des débats* qui souhaite « le retour des doctrinaires au pouvoir parce que, quand ils sont ministres, ils sont très conservateurs », le *Courrier français* répond vertement que ce souhait est pour les doctrinaires « une injure que nous leur laisserons le soin de repousser. Car, après avoir rompu avec la cour d'une manière aussi éclatante, s'ils reprenaient aujourd'hui leur ancienne livrée de parti conservateur, il serait bien constaté qu'ils recherchent le pouvoir pour le pouvoir, et nous n'aurions qu'à les livrer aux sifflets ». Et le journal de la gauche parlementaire va plus loin dans l'insinuation : « M. Guizot a déjà gouverné par procuration le ministère de l'Intérieur, dans l'intervalle du 6 septembre [1836] au 15 avril [1837], et les souvenirs qu'il y a laissés ne permettent plus de l'y rappeler [...]. M. Guizot a des principes, mais il a aussi des faiblesses. Il n'est pas possible de lui confier les attributions électorales et le service des fonds secrets ; les doctrinaires, à ce prix, nous coûteraient trop cher. » *La Presse*, après avoir déploré qu'un homme tel que Guizot ait été réduit « à aller tirer le cordon chez M. Thiers et chez M. Barrot », n'a plus, après cette charge de la gauche parlementaire, qu'à enfoncer le clou et préparer un retour au bercail : « C'est un heureux événement pour l'ancienne majorité, qui peut les recueillir, que l'espèce de déni de justice par suite duquel M. Guizot et ses amis sont exclus du partage ministériel [...]. Nous ne pouvons que louer M. Guizot et M. Duchâtel de la persistance qu'ils ont mise dans leur refus. Elle les réhabilite dans l'opinion de leurs anciens et nombreux amis. » Des amis, donc, qui les attendent, et qui n'attendront pas longtemps, même si tous ne voient pas revenir Guizot avec plaisir, tant les blessures récentes demeurent à vif. Pendant ces échanges, tandis que Molé expédiait les affaires courantes, la crise continuait, les combinaisons ministérielles se succédaient sans aboutir à rien, sous les sarcasmes, les impatiences et bientôt les inquiétudes et le dégoût de l'opinion. La convocation des chambres, fixée au 26 mars, fut reportée au 4 avril. Le 31 mars, Louis-Philippe prit sur lui de nommer un ministère transitoire, dont les hommes les moins faibles étaient, aux Affaires étrangères, le duc de Montebello, et à l'Intérieur l'ancien protégé de Guizot, Gasparin, dont l'insuffisance avait été constatée dans le premier cabinet Molé. Ce ministère prit un seul engagement ferme, auquel il se tint scrupuleusement, celui de ne rien faire. Le début de la session, qui pour la première et unique fois s'ouvrit sans le traditionnel discours du Trône, fut consacré à régler les comptes entre anciens alliés : le centre droit, que la plupart des doctrinaires avaient désormais réintégré, firent élire à la présidence Hippolyte

Passy, dissident du centre gauche, contre Odilon Barrot soutenu par Thiers. La rédaction du *Courrier français* s'étrangla d'indignation : « passer en deux mois d'un pôle à l'autre, se poser avant les élections en défenseurs du Parlement, après les élections en champions de la Cour : quelle honteuse palinodie ! M. Guizot et M. Passy ne sont plus que les chefs du parti conservateur ; ils ont renié le parti parlementaire, leur démarche est une abjuration [...] Oh, que M. Guizot et ses amis ont été bien nommés quand on leur a infligé le sobriquet de "jésuites tricolores" ! »

Les 22 et 23 avril vinrent les grands déballages et les reclassements définitifs. Guizot excipa de nouveau de « la dignité des personnes et de la dignité des partis » pour refuser d'entrer dans un ministère où il n'aurait pas eu l'Intérieur, ajoutant que ses anciens partenaires avaient également refusé de faire au parti conservateur la place qu'il méritait, et déniant à la gauche parlementaire la capacité de bien gouverner le pays. Sur le premier point, Barrot lui administra une leçon le lendemain : « Il y a dans notre société moderne un mal qui mérite toute votre sévérité : c'est cette personnalité orgueilleuse qui se décerne de beaux titres, qui s'appelle "dignité personnelle", comme si la vraie dignité n'était pas dans l'abnégation et le sacrifice, bien plutôt que dans des prétentions exagérées. (*Rumeurs sur les bancs des amis de M. Guizot, qui demande la parole*). » La coalition était loin, et Guizot l'enterra en déclarant : « Je désire que la politique qui a prévalu depuis 1830, que la politique du juste milieu soit maintenue. » Maintenue par qui, puisque les discussions pour la formation d'un vrai ministère continuaient d'achopper ? L'événement se chargea d'apporter la réponse : le 12 mai, l'émeute des Saisons, dirigée par Barbès et Blanqui, jeta l'épouvante dans Paris ; le soir même, le rassurant maréchal Soult formait un ministère où ne figurait ni Barrot, ni Thiers, ni Guizot et qui n'était certainement ni plus fort, ni plus parlementaire, ni plus consistant que celui de Molé. Seul Duchâtel, à l'Intérieur, signalait l'existence politique des doctrinaires. Guizot attendra le 29 octobre 1840 pour revenir au

Gouvernement, que cette fois il ne quittera plus qu'avec la monarchie de Juillet elle-même.

Grave erreur de M. Guizot

De cette grande crise de la coalition, quelles conclusions tirer ? De façon générale, bien des contemporains jugèrent rétrospectivement qu'elle avait durablement ébranlé le système représentatif tel que la monarchie constitutionnelle avait tenté de le fonder et de le pratiquer. Selon l'expression de l'époque, on s'était préoccupé exclusivement des personnes et non pas des choses. Au mi-temps de son parcours, le régime avait reçu un coup dont il ne devait jamais vraiment se remettre. Alors même que la culture politique française n'était guère propre ni à comprendre ni à exercer le parlementarisme, l'empoignade de 1839 contribua à l'en éloigner encore. Le régime et la dynastie que Guizot souhaitait enraciner dans le pays, il s'était employé à en meurtrir les racines, à en discréditer l'image en menant une bataille à front renversé. Le 23 décembre 1838, le *Journal des débats* se montrait prophétique : « Avec des coalitions comme celle dont on nous donne aujourd'hui le funeste exemple, n'est-il pas à craindre qu'il ne soit toujours trop facile de former des majorités pour détruire, et presque impossible d'en avoir pour gouverner ? Ce que font aujourd'hui M. Thiers et les amis de M. Guizot, pourquoi un jour ne le ferait-on pas contre eux ? Oui, coalition immorale, coalition funeste et qui pourrait devenir mortelle au gouvernement représentatif. » Deux ans plus tard, dans une note relative au cabinet Soult-Guizot du 29 octobre 1840, Tocqueville écrit avec une justesse lapidaire : « Vous renversez le 15 avril [1837], pour faire ce qu'on l'accusait d'être sa politique. » De fait, pendant sept ans, Guizot devait essuyer les mêmes reproches que les coalisés, dont lui-même, avaient assenés pendant plusieurs semaines à Molé : soumission à la volonté royale ; anesthésie du débat politique ; corruption généralisée ; abaissement devant l'Angleterre, dans l'affaire

Tahiti-Pritchard et plus généralement avec l'Entente cordiale ; puis provocation envers cette même Angleterre, avec les mariages espagnols ; maladresse à l'égard de la Suisse, durant la guerre du Sonderbund ; complaisance envers l'Autriche en Italie, envers la Russie en Pologne... Bref, abandon de cette pratique parlementaire et de cette fierté nationale dont Guizot se réclamait contre Molé. Ce qu'il écrivait à ses électeurs le 6 février 1839 – « la politique du cabinet, au-dedans et au-dehors, était faible et peu nationale » – lui sera resservi, surtout à la fin de son ministère, par ses adversaires, parmi lesquels se trouvaient d'anciens amis.

En effet, l'épisode de la coalition conduisit certains doctrinaires, alors très en flèche, à rester peu ou prou sur leurs positions de 1839 et à s'éloigner de leur ancien chef. Ce fut le cas, progressivement, de Rémusat, qui s'attacha à Thiers, et, dès 1841 et définitivement, de Duvergier de Hauranne, qui, fixé désormais à gauche, contribua à la chute de Guizot en février 1848. Le mentor tant admiré sous la Restauration, Royer-Collard, le plus à droite des libéraux, jugea avec beaucoup de sévérité le comportement de son ancien disciple et de ses amis, dénonçant en février 1839 à ses électeurs de Vitry-le-François « l'esprit révolutionnaire ; je le reconnais à l'hypocrisie de ses paroles, à la folie de son orgueil, à sa profonde immoralité ». Des amis moins engagés politiquement se désolèrent eux aussi. Ainsi Prosper de Barante, le 13 février, depuis son ambassade de Saint-Pétersbourg, visant nommément Broglie et Guizot : « Le projet d'Adresse était une rouerie, mais si dangereuse qu'elle était coupable. [...] J'ai de tristes craintes et j'éprouve un vrai chagrin à sentir en moi tant de blâme pour des hommes que j'aime et que j'estime. Pour peu que les honnêtes gens continuent à faire des coalitions avec les ennemis de tout ordre et de toute morale, nous pouvons aller loin et traduire en vrai chaos le chaos actuel des esprits et des opinions. » Sainte-Aulaire, son collègue à Vienne, se déclare de son côté découragé, et pensant à se faire moine. En vérité, Guizot perdit dans l'affaire nombre d'alliés possibles, de soutiens nécessaires, d'amitiés réelles, et la confiance d'une grande partie de l'opinion. Quand il s'installa durablement aux affaires à l'automne 1840, il n'avait plus auprès de lui, comme personnalités de poids, que Victor de Broglie, qui ne sortit de la Chambre des pairs que pour remplir quelques missions à l'étranger, et Tanneguy Duchâtel, inamovible ministre de l'Intérieur, progressivement réservé envers son chef le temps passant.

Guizot était trop lucide pour ne pas mesurer les dégâts ainsi causés. Dans la grande explication des 22-23 avril 1839, est-ce par pure modestie tactique à l'égard du parti conservateur qu'il déclare n'avoir pas « la sotte prétention de n'avoir jamais fait de faute, de ne m'être jamais trompé » ? Peut-être pas seulement. Au moment, vingt ans plus tard, de relater cet épisode dans ses Mémoires, il écrit à Barante : « Je termine les deux chapitres qui me plaisent le moins à écrire, l'un, *mon alliance et ma rupture avec M. Molé*, l'autre, la *coalition*. C'est l'époque où j'ai fait des fautes, au commencement et à la fin. » De fait il concède, démarche très rarement exprimée de sa part : « J'aurais mieux fait de n'y [la coalition] pas prendre une part active, et de rester immobile dans mon camp au lieu d'en sortir en armes pour aller combattre dans un camp de passage. [...] Je pouvais ne marquer mon blâme que par mon silence. Il [Molé] n'en serait pas moins tombé, et le parti de gouvernement se serait empressé de se rallier autour de moi. Ce parti fut au contraire irrité de mes attaques et de ce qu'il appela, de ma part, un mauvais exemple. Il me fallut beaucoup de temps et d'épreuves pour reprendre sa confiance et toute ma place dans ses rangs. » Les retrouva-t-il jamais tout à fait ?

Faire tomber Molé : tel restait, tant d'années plus tard, le motif avoué de tout ce fracas. Entre les deux hommes, et eux seuls, l'hostilité dépasse de beaucoup la rivalité politique. La coalition ne l'a pas créée, mais l'a renforcée profondément et durablement. Le 19 juillet 1839, le docteur Béhier, ami très proche de la famille, fait part à Guizot de son trouble : peut-il accompagner Molé aux eaux de Plombières, alors que celui-là est si mal avec celui-ci ? « J'ai complètement rassuré ses scrupules. » En 1846, écrivant sur Guizot une notice inachevée et haineuse, Molé le dépeint, « au temps de la coalition, grinçant des dents, laissant échapper de ses lèvres le souhait de ma mort ». À la Chambre des pairs, en janvier 1845, il va, dans une telle enceinte, aussi loin que possible dans l'invective : « Cessez de parler des ambitions personnelles qui vous attaquent et dont vous ne pouvez prendre ici l'idée que dans vos propres souvenirs », à savoir 1839. L'animosité s'inscrit aussi dans les détails. Après avoir un temps barré à Molé l'accès à l'Académie française, Guizot n'assiste pas à sa réception en décembre 1840. Quand il le peut, il fait supprimer son nom des invitations officielles. Le sort eut l'ironie de faire de Molé, le 23 février 1848 et pendant quelques heures, le successeur désigné de Guizot à la tête du gouvernement. Tous deux, le lendemain, furent emportés par la tempête. Molé releva la tête plus vite que Guizot, réfugié en Angleterre. De là, aux premiers jours de 1849, un échange, au nom de la défense de l'ordre, des mots de réconciliation. Puis on se retrouve à Paris dans les réunions qui tentent de faire avancer la fusion entre Bourbons et Orléans. Enfin on dîne ensemble, Molé invite même son ex-ennemi mortel à le visiter à Champlâtreux, son domaine de campagne, où il se rend avec Duchâtel en août 1851, puis de nouveau quatre ans plus tard. Mais, cinq jours avant la date convenue, le 23 novembre 1855, Molé décède soudainement. « La mort n'était pas nécessaire pour effacer, entre lui et moi, nos anciennes querelles », écrit Guizot à sa fille Henriette. « Elles avaient complètement disparu. Il avait tenu depuis 1848 une excellente conduite, digne et sensée, et nous étions d'accord sur toutes choses. Il mettait même, à ne vouloir jamais être d'un autre avis que moi, une attention qui m'a quelquefois touché et quelquefois embarrassé. Je le regrette. C'était un personnage, dans un temps où il n'y en a plus guère, et un centre de société pour les bonnes idées. » Victor de Broglie tint à assister au côté de Guizot au service funèbre. Un quart de siècle avait passé, et la monarchie, et la République.

Ai-je rapporté cet épisode de la coalition en termes trop sévères pour Guizot ? Peut-être. En entrant dans le détail de ces mémorables semaines, mon intention était de présenter une façon pour Guizot de faire de la politique, surtout de montrer à quel point il est politique. Car le propre de l'homme politique actif, hier comme aujourd'hui, est de pas regarder plus loin que le terrain sur lequel il évolue, et que le moment où s'exerce le rapport de forces. Guizot a des idées, des convictions, autant, plus, mieux même que la plupart de ses contemporains. De très bons livres, à commencer par les siens, en ont fait voir toute la richesse. L'objectif qu'il s'est assigné, construire et conduire une majorité de gouvernement cohérente et durable, n'est pas médiocre. Pourtant, à l'heure du combat qu'il a lui-même provoqué, tant il s'y épanouit, dans la chaleur de l'arène où il porte et reçoit les coups, à la tribune où il s'offre en représentation, lorsque le pouvoir est en jeu, c'est la passion qui l'emporte, et par laquelle il se laisse entraîner avec délice : seul Molé peut lui disputer la prééminence sur le parti conservateur, c'est donc Molé qu'il faut détester, éliminer, tuer ; à tout prix. Ce Guizot-là impressionne, irrite, séduit. C'est celui-là que j'aurais voulu voir et entendre, comme le voyait et l'entendait le rédacteur du compte rendu à la Chambre, aux grandes heures de janvier 1839.

De la voix et du geste

Cette éloquence, qui fit de Guizot l'incarnation et la voix même du système parlementaire et dont lui-même fit un instrument de gouvernement, de quoi procédait-elle ? La parole publique, alors et pour longtemps encore, requiert d'abord des dispositions physiques appropriées. Athlète de la tribune, Guizot pourtant n'en impose pas par la prestance corporelle. La peinture, le dessin, la gravure, la sculpture, la médaille, après 1848 la photographie ont laissé de lui de nombreux portraits. Celui de Paul Delaroche, réalisé en 1838, a été le plus reproduit, voire contrefait, mais il en est bien d'autres.

Les caricaturistes, surtout à mesure que grandit l'impopularité de Guizot, redoublent d'efforts pour saisir les traits marquants de son visage. Ils n'y parviennent pas aussi aisément qu'avec Thiers, et bien sûr Louis-Philippe. Voilà un homme de taille un peu inférieure à la moyenne – 160 cm au plus, comme le suggère son habit d'académicien toujours conservé –, mince de silhouette, sur laquelle la tête, enfoncée dans les épaules, fait masse et tire vers l'avant le haut du corps. Aussi Guizot prend-il soin, lorsqu'il est en représentation, de la rejeter vers l'arrière, cambrant le cou qu'il n'a pas. C'est cela qui frappe encore les témoins lorsqu'il entre pour la dernière fois dans l'hémicycle du Palais-Bourbon, le mercredi 23 février 1848 : le menton relevé, pour ne pas perdre un pouce de taille ni paraître ployer devant l'adversité en annonçant que le roi l'a démis, que la Révolution déjà l'a vaincu. Le crâne est dégagé, dès le début de l'âge mûr, jusqu'assez en arrière, ce qui donne au front une ampleur majestueuse. Un rare portrait-charge de profil dessine un nez proéminent, d'autant plus saillant que les joues demeurèrent longtemps creuses. Aucune prestance particulière donc qui le distingue au sein d'un groupe, au contraire. Ce n'est pas Lamartine si bien découplé, ni le bel avantageux Salvandy. Molé se souvient, en 1846 il est vrai, d'un jeune homme dont les proportions « tenaient du rachitisme ». Rémusat, méchamment, décrit « un bossu sans bosse », et le secrétaire d'ambassade russe Balabine découvre avec stupeur, en 1842, « l'enveloppe maigre et chétive d'un petit homme enfoui dans un fauteuil [...], quelque chose entre un professeur de langue française et un vieil acteur pensionné par l'administration des théâtres ». Dans cette apparence ordinaire, le regard frappe d'autant plus, Balabine comme tant d'autres qui ont relevé la sombre limpidité de grands yeux enfoncés dans les orbites et s'allumant d'une flamme qui s'aperçoit de loin sur les bancs de la Chambre, au point que Guizot se reconnaît généralement dans les caricatures de Daumier par son œil exorbité. Au total il n'y a pas là de quoi composer un tribun, même si Guizot a l'avantage de jouir d'une excellente santé, et d'une résistance physique et nerveuse qui lui permet de faire face à la dépense d'énergie, parfois intense, requise par le discours public. Durant toute sa vie, seuls une broncho-pneumonie à la fin de 1832, des crises de coliques hépatiques, un épuisement dû au surmenage au printemps de 1845 l'ont contraint à dételer quelques semaines.

Ce qui compte en vérité, c'est la voix, d'abord dans sa réalité matérielle, la gorge et les cordes vocales dont, comme un champion qu'il est, Guizot se préoccupe en permanence et prend grand soin. L'enrouement, le rhume, pire encore la bronchite, voilà les ennemis dont il faut chaque jour se défendre, au moins durant les sessions parlementaires. Éviter les courants d'air, sortir couvert, boire tous les matins, et souvent davantage, un grand verre de l'eau provenant d'Eaux-Bonnes, dans les Basses-Pyrénées, indiquée pour les voies respiratoires, telle est la recette propre à maintenir en bon état de marche le précieux organe. C'est qu'il lui demande beaucoup. On imagine mal aujourd'hui la puissance vocale nécessaire, en l'absence de sonorisation, pour remplir le volume de la Chambre des députés ou de la salle des séances de l'Institut, pour se faire entendre en plein air, à Lisieux, jusqu'au dernier rang d'un rassemblement de notables et d'électeurs, ou, à Falaise, devant l'assistance à l'inauguration de la statue de Guillaume le Conquérant. La voix elle-même, une fois assurée la soufflerie qui apparente l'exercice à une interprétation lyrique, est nettement et fortement timbrée, dans une tessiture chaude que les spécialistes classeraient aujourd'hui comme baryton Martin. Quelque chose de méridional y subsiste de l'enfance, laissant sonner distinctement consonnes et voyelles quel que soit le débit que l'orateur a soin de varier.

À la parole se joint le geste indispensable pour accompagner les sonorités et les inflexions, créer l'attente, prendre à partie, enfoncer le clou, orner la figure de rhétorique, marquer la pause. Pose et pause : Guizot y excelle. « Voyez-le à la tribune, sa pose est oratoire ; il promène ses regards sur l'assemblée ; il est là, dans le silence, attendant le calme, mais dans un silence qui n'a rien d'inquiet ni de troublé. Mirabeau et Vergniaud auraient reconnu dans M. Guizot un des leurs[1]. » Ce témoignage d'un obscur, avocat à la cour d'appel de Paris, on pourrait le multiplier, venant d'amis ou d'opposants, de Louis Blanc par exemple : « Provoqué par ses adversaires, il fixait sur eux un regard prompt à lancer l'insulte, et il relevait sa tête sur sa taille voûtée avec une indicible expression de colère et d'ironie. Son geste péremptoire, son ton dogmatique lui prêtaient quelque chose d'indomptable. » Tantôt se penchant en avant du côté de l'hémicycle auquel il s'en prend, presque toujours la gauche, tantôt se redressant les bras croisés en attendant que cessent les interruptions volontairement suscitées pour se relancer, il ne cède ni ne concède jamais. « Je crois, lui écrivit le général Bugeaud un jour de 1843, que vous aimez la lutte parlementaire encore plus que je n'aime la guerre. »

Ainsi, à mesure qu'à partir de 1830 Guizot s'impose progressivement comme le maître de la tribune, il fabrique un spectacle complet qui attire les amateurs, même peu férus de politique, et suscite l'admiration, voire la crainte, même des contradicteurs les plus déterminés. À l'annonce de chaque intervention, les demandes de cartes d'accès aux tribunes pleuvent. On sait comment Victor Hugo le poète et Rachel la tragédienne, parmi bien d'autres, ont exprimé l'envoûtement : « Quand son pied touchait la tribune, sa tête touchait le ciel », pour l'un ; « Je voudrais bien jouer la tragédie avec cet homme-là », pour l'autre. Cette déclaration de Rachel qui, à partir de juin 1838, avec sa première apparition à la Comédie-Française, est devenue à la scène ce que Guizot est déjà depuis quelques années à la tribune, a flatté son destinataire, à qui on l'a dite et qui l'a répétée, comme lui a fait plaisir la révérence que la même personne, en 1851, lui a adressée alors qu'en bourgeois il se promenait sur le boulevard ; et, surtout, que la star en vue ait pris la peine de reconnaître la star déchue.

Cependant, la maîtrise de la voix et du geste ne suffit pas à emporter la victoire. L'orateur prépare ses interventions, se renseigne soigneusement, couche sur le papier, en style

1. Oscar Pinard, *L'Histoire à l'audience*, Paris, 1848.

télégraphique, les points qu'il compte aborder – « des chances de succès ; des conséquences de l'échec » (28 mai 1843) –, les réponses aux objections qu'il pressent – « beaucoup de grandes choses faites depuis 1840 ; les énumérer » (8 mai 1847) –, le ton même qu'il convient de prendre – « répondre comme si on me parlait convenablement » (janvier 1848) –, sans que jamais, bien entendu, il lise à la tribune autre chose que des documents. Comme il le fait chaque jour, lorsqu'il est aux affaires et surtout à la veille de débats importants, il se promène seul, dans son bureau, sa chambre ou son jardin dont il fait le tour une demi-heure durant, pour s'éclaircir l'esprit, se concentrer sur ses idées, se détendre nerveusement. Alors, interdiction absolue de le déranger ! Dès lors, à son banc ou à la tribune, il est prêt. Pour le bonheur du service du compte rendu comme des journalistes, il va toujours au bout de sa phrase, lors même qu'elle est interrompue, sans manquer à une syntaxe ni à un vocabulaire impeccables. « La beauté du style vient en aide à la puissance du raisonnement. Ravir l'esprit est pour M. Guizot un moyen habituel de captiver la raison. » Qui écrit cela, en juin 1843 ? Liadières, qui le premier s'en prit à Guizot dans le débat de la coalition ! Ils se sont depuis lors retrouvés aux Tuileries. Surtout, l'esprit de repartie de Guizot, sa capacité d'improvisation dans l'échange font merveille. Lors de la formidable séance du 26 janvier 1844 à la Chambre, lorsqu'il est interpellé, agressé par les oppositions de droite et de gauche sur son voyage de 1815 à Gand auprès de Louis XVIII à la veille de Waterloo, quelle puissance de contre-feu ! Qui pourra oublier « la figure hautaine, altière, dédaigneuse de M. Guizot, acculé pendant deux heures, à la tribune, par cent adversaires ameutés, qu'il menace et qu'il brave à son tour. Les dernières paroles qu'il a prononcées retentissent encore à toutes les oreilles »... Paroles en effet inoubliables : « Quant aux injures, aux calomnies, aux colères extérieures, on peut les multiplier, les entasser tant qu'on voudra, on ne les élèvera jamais au-dessus de mon dédain. » Quel génie de la formule, quelle capacité de réplique, quelles ressources d'éloquence, au terme de l'assaut sans doute le plus violent qu'ait jamais subi un ministre dans une enceinte parlementaire, plus violent encore que celui de la coalition contre Molé ! Assurément ! Mais ces mots qui claquent sont-ils nés d'une inspiration soudaine provoquée par un mouvement spontané d'indignation ? Le 15 mars 1837, le ministre de l'Instruction publique Guizot, à l'issue d'une discussion relative à l'enseignement secondaire, prononçait devant les députés la phrase que voici : « Pour les injures, pour les calomnies, la Chambre me rendra cette justice que je ne m'en suis jamais inquiété ; on peut les multiplier, les entasser tant qu'on voudra, on ne les élèvera jamais au-dessus de mon dédain. » Cette phrase, il faut consulter *Le Moniteur universel* pour la trouver, car l'intervention dont elle est issue, pourtant assez substantielle, ne figure pas dans l'*Histoire parlementaire de France*, recueil de ses discours que Guizot, on le sait, a lui-même établi. Elle semble même venir de plus loin, essayée sous sa plume dans un écrit polémique de 1820 : « C'est sans étonnement que je lis les calomnies et les injures des journaux. Qu'ils continuent : leur cynisme ne parviendra point à épuiser mon mépris [1]. » Que conclure, sinon qu'un maître de l'éloquence ne s'aventure jamais sans biscuit, et que l'improvisation de 1844 doit beaucoup à celle de 1837, qui peut-être était elle-même préméditée, et à un style forgé de longue main ?

1. *Du gouvernement de la France depuis la Restauration et du ministère actuel.* Paris, 1820, préface à la troisième édition, pp. I et II.

CHAPITRE III

De l'amitié

Au plus fort de la coalition, le 12 janvier 1839, Delphine de Girardin, qui signe « Vicomte de Launay » un bulletin hebdomadaire dans *La Presse*, le quotidien dirigé par son mari, s'étonne de l'emploi répété par Guizot de la formule « mes amis politiques ». Des partisans, des associés, des disciples, soit ; mais que vient faire l'affection dans la politique ? « Hélas ! oui, Monsieur Guizot, vous avez des amis politiques, et c'est bien là votre malheur ; vous avez toujours agi non pas pour le pays, non pas même pour vous, mais pour eux, et c'est pour eux encore que vous agissez aujourd'hui. » Mme de Girardin a raison et tort. Guizot a cherché, dès la Restauration et surtout sous la monarchie de Juillet, à constituer un réseau consistant de relations politiques propre à former un véritable parti conservateur dont ses « amis » représenteraient le noyau dur. « Un fait fondamental pour moi, écrit-il en octobre 1838, c'est que j'ai des amis, des amis dévoués à mes idées et à ma personne. J'ai quelque chose d'un chef de secte ou d'école, en même temps que de l'homme politique. Il faut accepter ce fait avec ses inconvénients et ses avantages. C'est si rare et je dirai si beau d'avoir des amis ! » Et cette amitié, dans son cas plus que pour d'autres chefs politiques, a bien souvent débouché sur des relations personnelles revêtant une véritable dimension affective, intense dans certains cas. La politique amena beaucoup d'amitiés à Guizot qui sut les entretenir et les conserver au-delà des vicissitudes de sa carrière. L'amitié est, me semble-t-il, l'un des aspects les plus attachants de sa personnalité et de sa vie, dont beaucoup se comprend par ce biais.

Du lien politique à l'attachement personnel

Tenter pour Guizot ce qu'ont réussi jadis Gaston Boissier pour Cicéron ou Édouard Herriot pour Madame Récamier prendrait bientôt des proportions pharaoniques, tant furent nombreux ceux qu'il appelait ses amis. Parmi eux, il en est de plusieurs sortes, appartenant à des cercles différents, souvent concentriques. Passons vite, quoiqu'ils mériteraient mieux, sur ceux auxquels pense Delphine de Girardin et que Guizot nomme lui-même au hasard des circonstances, par exemple lorsque, seul dans la capitale, il dîne avec eux au Café de Paris tel soir d'août 1838 : Sylvain Dumon, député du Lot-et-Garonne et futur ministre des Travaux publics, Eugène Janvier, député du Tarn-et-Garonne, Alexandre d'Haubersaert, député du Nord et poids lourd du Conseil d'État, Louis de Guizard, ancien compagnon d'opposition sous la Restauration et député de l'Aveyron, Éloi Mallac, ancien du cabinet de Guizot à l'Instruction publique et présentement chef de cabinet du ministre de l'Intérieur, d'autres plus intimes comme Duchâtel et Vitet, que nous retrouverons. Ces amitiés-là, sans engager le fond du cœur, sauf les deux dernières, survécurent aux aléas politiques. Bien des années après la chute du régime de Juillet, dont il fut le dernier garde des Sceaux, Michel Hébert, fidèle d'entre les fidèles de Guizot, est invité par ce dernier à partager les cuissauds de chevreuil qu'envoie tous les ans à son ancien patron le baron Duval de Fraville, député de la Haute-Marne entre 1843 et 1848. De même, chaque année jusqu'en 1866 au moins, Emmanuel Poulle, ex-député du Var, fait parvenir à la famille Guizot une caisse de fruits confits du Midi, dont il sait que Guizot est friand, même si manquent parfois ces marrons que prise par-dessus tout l'ancien président du Conseil. Tous ces amis politiques, dont

Guizot a pour beaucoup fait ou accéléré la carrière, l'ont accompagné dans les jours glorieux. Nombre d'entre eux lui restèrent attachés quand il n'était plus rien, pour autant que Guizot ait jamais cessé d'être quelque chose. Ainsi demeurent vivantes des amitiés de trente ans et plus.

Comment devient-on l'ami de François Guizot ? Voici Félix de La Farelle. Il est né en 1800 dans le Gard, à Anduze dans l'arrondissement d'Alès, où sa famille possède d'appréciables biens fonciers. Résidant le plus souvent à Nîmes, il a été magistrat sous la Restauration à Millau, dans l'Aveyron. Depuis 1830, ce rentier désormais avocat à la cour royale de Nîmes s'intéresse aux questions de société et à l'histoire de Nîmes, sur lesquelles il a publié deux études remarquées. Il n'a, semble-t-il, joué jusque-là aucun rôle politique lorsque, en juin 1842, à la veille de la dissolution de la Chambre des députés, ce protestant très conservateur fait savoir à Guizot qu'il se porterait volontiers candidat, comme, affirme-t-il, on le lui demande, aux élections fixées au 9 juillet, pour représenter Alès. Des élections que Guizot, principal ministre depuis octobre 1840 et toujours en quête d'une majorité stable, prépare activement. Les deux hommes ne se connaissent que de loin, en dépit de leur origine gardoise et de leur religion communes, d'autant que la famille Guizot a quitté Nîmes pour Genève l'année précédant la naissance de La Farelle. Dans des lettres de 1839 et de 1841, le ministre donne du « monsieur » et adresse ses « sentiments distingués » à l'avocat. Quand ce dernier, le rencontrant à Paris, lui a fait part de ses souhaits électoraux, il reçoit, le 3 juin 1842, du « cher Monsieur » et, signe d'un premier pas franchi, on se rappelle « au bon souvenir de Madame de La Farelle », dont la sœur aînée est la femme de Ferdinand Girard, maire de Nîmes depuis 1832, ancienne et proche relation, cette fois, de Guizot et de sa famille. Ce lien ne suffirait pas néanmoins à faire agréer La Farelle comme candidat conservateur à Alès, car le siège est détenu par Chapel. « S'il se remettait sur les rangs, nous l'appuierions de tout notre pouvoir, car nous sommes fidèles ; nous soutenons qui nous a soutenus, et d'ailleurs M. Chapel est de mes amis personnels », de ceux qui, politiquement proches de Guizot, lui ont fait allégeance, lui garantissent leur vote et qu'en retour il protège et promeut, sans qu'existe avec lui une véritable intimité. Par chance, Chapel refuse absolument de se représenter et Guizot peut dès lors apporter la caution sollicitée : « J'espère donc que vous réussirez, et je compte que l'administration gardera envers vous une attitude mesurée et convenable. » Cette lettre est évidemment destinée à être montrée au comité électoral conservateur d'Alès, aussi au sous-préfet Cournon et au préfet Jessaint que le ministre de l'Intérieur Duchâtel aura par ailleurs pris soin de prévenir. Le ministère Soult et son chef réel Guizot auront ainsi un député bien à leur main. De fait, La Farelle est élu avec 200 voix sur 445 inscrits et 380 votants. Dans ces élections aux résultats plutôt décevants pour lui, même si le cabinet conserve la majorité, Guizot considère La Farelle comme « une acquisition personnelle ».

Dès lors, le nouveau député devient pour son mentor un de ses « amis personnels » de plus, un « cher collègue » du député de Lisieux qui a réalisé, lui, un de ses meilleurs scores. Dès la première et courte session de 1842, La Farelle a fait montre à la Chambre d'une « excellente attitude », d'une « indépendance digne et sage », c'est-à-dire d'un alignement complet sur les positions ministérielles. Que les électeurs d'Alès le sachent bien, et La Farelle le leur dira de la part du puissant ministre des Affaires étrangères, « c'est avec le concours d'hommes tels que vous que se fondent les gouvernements libres et réguliers ». Fichtre ! À l'éloge plus qu'appuyé s'ajoutent les sucreries qui entretiennent l'amitié fidèle. L'une des premières démarches du député, faisant comme il faut son métier, a été de demander la Légion d'honneur pour M. Noguier, maire d'Anduze où habite La Farelle et électeur influent. Guizot intervient aussitôt auprès de Duchâtel, qui s'exécute immédiatement. Cette lettre du 19 octobre 1842 marque un progrès dans la relation amicale, dont Guizot, bien entendu, possède seul la maîtrise : il donne et il demande des nouvelles des familles respectives, et fait part à son correspondant de ses « sentiments les plus affectueux ». La famille, l'affection sont chez Guizot des références qui engagent beaucoup plus que les civilités ordinaires. Désormais, La Farelle est des siens. S'inquiète-t-il du nouveau préfet qu'on pourrait donner au Gard ? Duchâtel en a un en vue « qui vous conviendra tout à fait », même s'il n'existe « parmi les préfets actuels personne que je puisse envoyer dans le Gard comme un ami ». Depuis le début de son mandat, La Farelle se démène en faveur du percepteur à Anduze, Bonifas. Guizot a la joie, en novembre 1843, de transmettre à son ami la lettre par laquelle M. Nouton, chef du personnel du ministère des Finances, annonce à Son Excellence que M. Bonifas est nommé percepteur à Bourbon-Lancy, avec des appointements de 3 028 francs, au lieu des 1 680 qu'il touchait à Anduze. Pour faire bonne mesure, la demande de croix pour Chapelain, nouveau sous-préfet d'Alès, est en instance d'être satisfaite. Voilà ce que peut valoir à ses concitoyens l'amitié du député avec l'illustre ministre, comme elle a valu quelques mois plus tôt à Sibert du Cornillon d'obtenir la place convoitée d'avocat général à la cour royale de Nîmes. Il assistera efficacement le nouveau procureur général Dufaut de Montfort qui, « tout à fait dans mes idées politiques », passe ainsi du Calvados au Gard, les deux départements d'élection de Guizot. C'est le 11 août 1843. Guizot assure La Farelle de son « amitié bien sincère, et qui sera ancienne un jour ». La perspective ainsi ouverte au désormais « cher ami » La Farelle est de taille : dans le lexique guizotien, l'« ancien ami », lorsqu'il est « cher », se situe au sommet de la hiérarchie affective. Faire partie de ses « plus anciens et plus chers amis » est réservé à un petit nombre de personnes, dont je nommerai plus loin quelques-unes. La Farelle, réélu facilement en 1846, et ses proches sont en cours d'agrégation à ce groupe : « Mes filles seront charmées de revoir les vôtres. » On n'écrit pas cela à tout le monde.

Cet attachement, à présent, déborde la sphère politique et, après les jours glorieux, se vérifie dans les jours sombres : « Mon cher ami, je ne vous ai pas remercié de votre fidèle amitié. Je n'ai même pas besoin de vous dire que j'y comptais », écrit en juin le vaincu de février 1848 exilé en

Angleterre. Pas plus que lui La Farelle ne reviendra en politique, sinon comme conseiller général du Gard en 1861. Dès lors on se voit à Paris, où l'on fréquente le même temple, on s'annonce les mariages et les naissances, en y mêlant les sentiments : « Je fais pour vous, mon cher ami, les mêmes vœux que pour moi ; que Dieu nous garde les enfants qu'il nous a donnés et le bonheur qu'il leur a donné. » En 1861, Guizot envoie même sa photo à son ami, qu'il consulte trois ans plus tard sur la possible candidature de Guillaume au conseil général pour l'arrondissement du Vigan. C'est alors, le 24 février 1864, que vient la consécration : « Croyez-moi, avec ma vieille amitié, tout à vous. » Venue de loin, il lui a fallu vingt-cinq ans pour s'épanouir, et elle durera huit ans encore. « Les vraies amitiés sont comme les bons vins, elles gagnent en vieillissant », écrivait Guizot en 1863 à Amélie Lenormant, l'une de ses plus chères et plus anciennes amies. Expert en amitié, Guizot était nul en œnologie : croyant honorer Thiers que, réconcilié par le Second Empire et le drame de la défaite, il recevait un jour de 1872 au Val-Richer, il fit déboucher les plus anciennes bouteilles qu'il put trouver et qui lui venaient de Duchâtel, propriétaire-éleveur de tout premier rang en Gironde, dont Guizot, au cours d'une dégustation sur place, avait naguère désespéré le maître de chai par l'insensibilité de ses papilles. Le château-lagrange avait, après trente années, tourné en piquette, mais Guizot ne s'en aperçut même pas. « Que pensez-vous, Thiers, de ce vin de Duchâtel ? – Il est comme nous, mon cher Guizot, il a de l'âge, trop d'âge ! »

Compatriotes et coreligionnaires

Félix de La Farelle possédait trois atouts propres à lui attirer et à fixer l'amitié véritable de Guizot : ses idées politiques très conservatrices, teintées même de légitimisme, qui conviennent au Guizot de 1840 et surtout d'après 1848, qui auraient moins convenu à celui de la Restauration et des débuts de la monarchie de Juillet ; son origine et son ancrage nîmois ; son appartenance à la religion et à l'Église réformées. La Farelle est ainsi entré dans un cercle d'amitiés protestantes et méridionales solidement et depuis longtemps formé. Guizot, hors de sa famille où il était de tradition, n'avait pas le tutoiement facile. Je ne l'ai trouvé sous sa plume d'adulte – mais je suis loin d'avoir tout lu – que pour un seul correspondant, ce qui n'exclut pas qu'il en existe quelques autres, mais certainement très rares : Édouard Verdier de Flaux. Guizot s'adresse à lui, dans une lettre de 1829, comme à un « ancien ami », l'assure de son dévouement en termes chaleureux, lui transmet le bon souvenir de sa mère et de son frère Jean-Jacques, se réjouit de lui faire connaître, dès qu'il reviendra à Paris, sa jeune épouse Élisa qui a récemment mis au monde une petite fille, Henriette en l'occurrence. En 1844, alors que Guizot a cinquante-sept ans, le ton reste le même. Bref, Édouard, qu'il désignera seize ans plus tard comme un « compagnon de sa jeunesse », tient de près à la famille Guizot. Avec ce tutoiement peut-être unique, nous touchons là sans doute à la couche la plus ancienne de la mémoire et des amitiés de Guizot, celle de l'enfance nîmoise, entre sa naissance en 1787 et son départ pour la Suisse en 1799, sur laquelle il s'est toujours montré plus que discret. Édouard et François, tous deux de bourgeoisie protestante, ont dû jouer ensemble à Nîmes, sous la Révolution et ses orages, et furent camarades de collège à Genève. Cet Édouard n'aurait valeur que d'une sorte de butte témoin s'il n'était pas arrivé que, en 1860, sa nièce Gabrielle, fille de son frère cadet Charles, épouse Guillaume Guizot au grand temple de Nîmes.

Est-ce parce qu'ils se connurent à Paris en 1806 seulement, sur les bancs de la faculté de droit, que François Guizot et Achille de Daunant ne se tutoyèrent jamais ? Toutes les conditions étaient réunies pour qu'ils fussent amis chers, intimes, anciens, et en effet ils le furent durant soixante et un ans. Leurs parents étaient liés, les Daunant étaient des réformés actifs, leur implantation nîmoise incontestable – le père d'Achille fut maire de Nîmes sous l'Empire. De dix-huit mois plus âgé que Guizot, Achille de Daunant, député libéral du Gard dès 1827, puis conservateur jusqu'en 1837, enfin, en partie grâce à son ami, membre de la Chambre des pairs, fut conseiller puis premier président de la cour royale de Nîmes de 1814 à 1848, où il démissionna sans esprit de retour. Guizot, qui lui survécut sept ans, lui vouait une affection fraternelle, parlant toujours de lui en termes émus, voire passionnés, comme il le fit encore dans la nécrologie qu'il tint à donner au *Journal des débats*, un geste qu'il réservait à ses amis les plus intimes : « Patriote vertueux, homme excellent, l'esprit toujours droit, le cœur toujours ferme, la tête toujours haute »... Daunant occupa pendant près de cinquante ans la tête du réseau gardois, et plus largement languedocien, que Guizot constitua et entretint jalousement, formé, on l'a vu, de Girard, le maire de Nîmes, que Guizot fit nommer à la Chambre des pairs en 1845, de son beau-frère La Farelle, de Gustave de Clausonne, également beau-frère de Girard, magistrat lui aussi à la cour royale de Nîmes et pilier du consistoire de l'Église réformée, dont la mère avait été jadis l'amie de Mme Guizot, dont le fils Émile, juge au tribunal d'instance de Nîmes, épousa du reste l'une des filles de La Farelle, et dont la fille Élise se mariera avec Henri Gervais de Rouville, président de la Caisse d'épargne de Nîmes, lui aussi protestant engagé. Avec Clausonne, Guizot est en rapport fréquent pour les affaires protestantes. Surtout, Achille de Daunant est nanti de deux beaux-frères naturellement protestants, Adrien et Auguste de Gasparin, de petite noblesse vauclusienne, qui ont épousé ses deux sœurs, Rosalie et Laure, cette dernière amie intime de Guizot, en 1809 et 1813. On a déjà rencontré Adrien, député, préfet, ministre de l'Intérieur en 1836-1837, membre de la Chambre des pairs. Ses deux fils, Agénor et Paul de Gasparin, sont eux aussi députés à la fin de la monarchie de Juillet. Auguste est, lui, député de la Drôme, maire d'Orange. N'oublions pas le frère cadet de Daunant, au beau prénom de Paradès, dont Guizot, qui l'a fait nommer à la tête du département de la Loire, écrit à sa sœur Laure que « l'on peut être un très gros et très bon préfet ». Guizot s'active pour eux tous, ils le soutiennent et l'entourent. « Je traite Agénor comme je traiterais mon fils », écrit-il à sa tante Laure en 1835 après avoir trouvé au jeune homme de vingt-cinq ans un premier emploi de cabinet. Son frère Paul a-t-il rédigé, en 1857, un travail digne d'intérêt ? On songe aussitôt pour lui à une distinction de l'Académie des sciences morales : « J'ai parlé d'avance du mémoire de Paul au duc de Broglie qui m'a promis de le lire et de s'en faire, au besoin, le rapporteur. » En décembre 1848, envisageant de revenir en politique par une élection dans le Gard, Guizot s'en ouvre à Achille et Paradès de Daunant, à La Farelle et à Girard, « tous les quatre, dans le Gard, mes anciens et vrais amis », et, douze ans plus tard, c'est chez Achille qu'il loge lors du mariage de Guillaume à Nîmes : « Les quinze jours que je viens de passer chez vous me laissent les meilleurs souvenirs. Ma longue vie m'a appris que, de toutes les satisfactions de ce monde, aucune ne vaut celles d'une véritable amitié. Vous m'avez bien pleinement donné celles-là. » Malheur donc à qui ne les a pas connues, ni pour les susciter ni pour en jouir ! Ainsi par exemple de Molé, croit discerner Guizot dont la compassion respire un peu le dénigrement : « Dans tout ce qu'on a dit de M. Molé, écrit-il après la mort de ce dernier à Barante, même vous, il n'y a pas eu un vif mouvement de cœur, un vrai regret d'ami. Ce très aimable homme n'avait pas d'amis. » Navrante épitaphe !

À côté de la tribu Daunant, avant elle peut-être, existe dans la vie et le cœur des Guizot le groupe des Chabaud-Latour. Les liens qui unissent les deux familles auront un prolongement politique, mais ils plongent bien plus profond, puisque Antoine Chabaud-Latour, ami d'André Guizot, le père de François, mis comme lui en accusation sous la Terreur, s'était réfugié chez lui en novembre 1793, puis, à la veille de son jugement, avait pu s'évader de sa prison nîmoise et gagner Genève, plus heureux que son ami guillotiné en avril 1794. Dès lors, Antoine Chabaud-Latour, qui fit une belle carrière politique le menant du Conseil des Cinq-Cents à la députation du Gard jusqu'à la veille de sa mort en 1832, protégea puis patronna François Guizot dans ses années de jeunesse.

Son épouse, Julie Verdier de Lacoste, et sa sœur Suzanne, qui avaient déployé des trésors de ruse et de courage pour le sauver, furent pour Mme Guizot mère d'intimes amies, surtout la seconde, surnommée Mira, née en 1773, pour laquelle le jeune François, placé un peu sous sa gouverne à son retour solitaire à Paris en 1805, s'enflamma d'une passion aussi violente que romanesque – « elle sera à moi, ou je mourrai ! » – que Mme Guizot, depuis Nîmes, et son amie, sur place, s'employèrent non sans peine à conjurer. Dès lors le sort des deux familles ne cessa de s'entremêler. Le fils d'Antoine, le désormais baron François Ernest de Chabaud-Latour, brillant officier né en 1804, attaché à l'état-major de Ferdinand d'Orléans, fils aîné de Louis-Philippe, puis de son fils le jeune comte de Paris, est très engagé dans l'Église réformée de Paris dont son beau-frère le pasteur Juillerat, pour finir époux de Mira, qui a marié François Guizot et Élisa Dillon en 1828 et baptisé leurs trois enfants, préside le consistoire à partir de 1836. Député ministériel du Gard de 1837 à 1848, très riche du chef de son épouse Mathilde Périer, nièce du grand président du Conseil Casimir, Ernest de Chabaud-Latour est en rapports quasi permanents avec les Guizot dans tous les domaines, et de façon si durable que Guizot aura le temps et le bonheur de voir son gendre Cornélis de Witt nommé en juillet 1874 sous-secrétaire d'État à l'Intérieur, à l'initiative du général-baron, titulaire de ce ministère dans le cabinet de Cissey. Depuis la mort de la seconde épouse de François Guizot en 1833, la sœur aînée d'Ernest, Rosette dite Rosine, célibataire aussi pieuse qu'endurcie, aide Mme Guizot mère dans l'éducation des enfants du ministre. Auteur d'un manuel d'anglais, elle est spécialement chargée de ce secteur d'instruction, et vit en osmose complète avec la famille, jusqu'à sa mort en 1860. Guillaume Guizot, qui donne un compte rendu de ses funérailles dans le *Journal des débats*, cite les paroles de son père – « jamais vie, jamais âme n'a été plus constamment, plus activement, plus généreusement dévouée à l'amitié, après la piété » – et conclut : « Elle a appartenu à notre famille autant qu'il est possible d'appartenir à une famille où l'on n'est point né. »

Avant d'entrer dans cette famille, où loge et se déploie tout entier le cœur de Guizot, je retiens encore deux groupes d'amitiés qui ont compté le plus pour lui : celui des amitiés nées purement des circonstances et qui se sont épanouies dans un rare et puissant attachement ; celui des amitiés féminines, qui chez Guizot prennent un tour si libre et si expressif qu'elles en sont parfois troublantes.

L'amitié à l'épreuve

Toutes les circonstances de rencontre n'ouvrent pas carrière à l'amitié, très loin de là. Sous l'Empire, le jeune Guizot s'était, comme d'autres mais avec l'élan particulier qui déjà le caractérise, pris d'admiration enthousiaste pour Chateaubriand, de façon comparable à son coup de cœur, au même moment, pour Mira Chabaud-Latour. À son arrivée à Paris en 1805, le *Génie du christianisme* avait procuré une consolation à son isolement, il avait, anonyme, écrit en vers son admiration au grand homme, il lui avait fait visite au printemps 1806. Quand parurent *Les Martyrs* en mars 1809, il leur consacra pas moins de quatre articles dans *Le Publiciste*, où quelques remarques critiques se mêlaient à l'éloge de fond. Chateaubriand, à qui il les avait communiqués avant parution, entra en correspondance avec lui. Lettres aimables du maître quadragénaire au débutant de vingt et un ans, dont la dernière se terminait par l'assurance « d'une amitié que nous commençons sous les auspices de la franchise et de l'honneur ». Guizot, en reproduisant ces lettres cinquante ans plus tard dans ses Mémoires, commente ainsi : « Entre M. de Chateaubriand et moi, la franchise et l'honneur ont persisté, à coup sûr, à travers nos luttes politiques ; mais l'amitié n'y a pas survécu. Lien trop beau pour ne pas être rare, et dont il ne faut pas prononcer si vite le nom. » Il n'a pas suffi de se rencontrer un moment pour se trouver toujours.

L'amitié véritable serait donc à l'épreuve de la politique. Peut-être la proposition inverse serait-elle tout aussi exacte. Comment en effet qualifier la relation de Guizot avec deux des hommes qui le connurent le mieux, le premier pour avoir été son mentor et le second son disciple, Pierre-Paul Royer-Collard et Charles de Rémusat ?

Est-ce par orgueil ou par simple constat que Guizot ne reconnaissait personne comme son maître et répugnait à avouer les influences que, tout comme un autre, il avait nécessairement reçues ? À une seule personne nommément désignée il admettait devoir beaucoup, et même l'essentiel : ce qu'il était devenu. Il avait vingt-cinq ans et Royer-Collard à peu près le double lorsqu'ils firent connaissance, en 1812. Guizot venait d'être nommé professeur d'histoire moderne à la faculté des lettres dont Royer-Collard était le professeur de philosophie et doyen depuis l'année précédente. L'aîné prit son cadet « en prompte et vive amitié », et aussi sous sa protection. On a oublié aujourd'hui et l'on n'imagine guère le rayonnement de Pierre-Paul Royer-Collard durant la Restauration et encore pendant la monarchie de Juillet. Seuls les habitués du quartier Latin savent qu'une petite rue du Ve arrondissement, assortie d'une impasse, porte son nom – il est vrai que Guizot n'est, à Paris, l'éponyme que d'une impasse seule, près de l'église Saint-Ferdinand. Avocat au parlement de Paris lorsque commence la Révolution, Royer-Collard, un moment proche de Danton, la soutint d'enthousiasme dans ses premiers pas, puis de raison jusqu'à la chute des Girondins. Ayant échappé aux proscriptions de la Terreur, il est élu au Conseil des Cinq-Cents en avril 1797, où il siège parmi les conservateurs. Cinq mois plus tard, le coup d'État de fructidor le rallie au légitimisme bourbonien. Il est du petit conseil secret qui prodigue pendant quelque temps informations et avis au futur Louis XVIII, le mettant en garde contre l'illusion d'un retour à l'Ancien Régime de droit divin. À partir de 1802 il s'enferme dans la méditation, jusqu'à ce que le grand maître de l'Université Fontanes, pontife du régime impérial mais capable de reconnaître et apprivoiser les talents, convainque d'entrer dans l'enseignement cet esprit porté à l'abstraction.

On entrevoit ce qui, en dépit ou à cause de la différence d'âge, a pu rapprocher les désormais collègues de la faculté. Royer-Collard découvre avec curiosité un jeune homme qui comme lui, et en vérité plus et plus profondément que lui, s'est formé par soi-même et dont le savoir précoce a de quoi l'impressionner. Élevé et grandi dans le jansénisme, il trouve dans l'éducation calviniste de Guizot bien des points de rencontre en fait de morale et de religion, qu'ils partagent bientôt dans leur admiration commune pour Bossuet. Aussi, contre le matérialisme et le sensualisme du XVIIIe siècle, contre Voltaire et Condillac qu'il poursuit d'une vindicte personnelle, Royer-Collard s'attache-t-il à enrôler son jeune ami au service du spiritualisme dont il a fait le fond de ses convictions et la substance de son enseignement. En l'éloignant à un moment décisif des tentations de l'Idéologie qu'il rencontrait dans d'autres salons où survivait l'esprit de l'*Encyclopédie,* il retint Guizot sur la pente du déisme et de la religion naturelle pour le rattacher fermement au christianisme. Il l'agrège à une petite société philosophique de la même inspiration, dont la figure la plus en vue, outre Royer lui-même, est le sous-préfet et député Maine de Biran, sans doute le seul véritable philosophe de la bande, avec lequel Guizot se lie durablement. Royer-Collard s'attache d'autant plus à Guizot que ce dernier est l'un des rares jeunes gens à trouver grâce aux yeux de ce passéiste invétéré : il trouve en lui un disciple en même temps qu'une personnalité à sa mesure. Père de deux filles, se serait-il découvert un fils en esprit, voire en affection ? Guizot, à ce moment de son existence, était propre à répondre à ce sentiment. Royer était à trois ans près du même âge que son père André, avocat comme lui, girondin écarté par la Terreur comme lui. Alors que Guizot, épousant, cette même année 1812, Pauline de Meulan qui avait comme Royer la mémoire directe du XVIIIe siècle et de la Révolution, entrait dans l'âge adulte, une figure de père pouvait lui être nécessaire. Qui mieux que Royer-Collard pouvait l'incarner ? De plus, chacun d'eux avait été élevé et protégé, dans des circonstances parfois dramatiques, par une mère attentive et énergique à laquelle il vouait un amour et un respect qui ne se démentirent jamais. Tous deux bourgeois attachés au moins autant à l'égalité civile qu'à la liberté politique, vivant chichement et s'étant épanouis dans l'austérité, ils refusèrent chacun le titre nobiliaire que Louis XVIII et Louis-Philippe leur proposèrent respectivement. À la fois héritiers et victimes de la Révolution, ils en défendaient les acquis tout en en redoutant les excès et en conjurant le renouvellement. L'autoritarisme impérial n'était pas davantage leur fait. C'est pourquoi ils considéraient comme souhaitable et, partant, nécessaire une monarchie héréditaire réglée par le droit et tempérée par un système représentatif raisonné, que la France n'avait pas encore expérimentée mais dont l'Angleterre indiquait la possibilité. Certainement Royer-Collard contribua-t-il de façon décisive à éclaircir et à fixer les idées du jeune Guizot en matière politique, en lui communiquant en particulier un rejet absolu de la primauté de la force sur le droit, de la puissance du nombre sur les vérités de la raison. Ajoutons pour finir qu'ils partageaient une volonté d'indépendance et une très haute opinion de soi-même, qui commencèrent par les rapprocher et devaient plus tard les irriter, quand le maître aurait vieilli et le disciple grandi.

Guizot s'était attaché à Royer-Collard sans esprit de calcul, mais devait bientôt en recueillir le fruit. En mai 1814, c'est uniquement grâce à lui qu'il est nommé secrétaire général du ministère de l'Intérieur où vient de s'installer l'abbé de Montesquiou, vieille connaissance de Royer devenu lui-même directeur de la Librairie. Guizot est-il alors la plume et Royer-Collard le cerveau ? Toujours est-il qu'ils élaborent ensemble un projet de loi sur la presse, puis une ordonnance de réforme de l'Université. Pendant les Cent-Jours, rendu avec Royer-Collard à l'enseignement universitaire, il fait partie du cercle de royalistes qu'anime Royer : comme en 1800, il s'agit d'informer Louis XVIII émigré à Gand de l'état de l'opinion en France, et bientôt de contrer l'influence que les ultras exercent sur le roi. Pour cela, l'envoi d'un émissaire s'imposait :

ce fut Guizot, sous l'égide et avec la caution de Royer-Collard. Ce voyage à Gand, du 23 mai au 3 juillet 1815, fut, à terme, lourd de conséquences pour son auteur. Sous la seconde Restauration, les deux amis font plus que jamais cause commune. Dans le groupe des doctrinaires formé à la fin de 1817, Royer-Collard fait figure de chef, au point qu'une tradition rapporte que la dénomination viendrait de ce qu'il a suivi jadis l'enseignement des Pères de la doctrine chrétienne, et Guizot de brillant second, aux côtés de Camille Jordan, ancien collègue de Royer aux Cinq-Cents, Hercule de Serre, Prosper de Barante, bientôt Victor de Broglie et le tout jeune Charles de Rémusat. Lorsque, avec l'assassinat du duc de Berry en 1820, se clôt la période libérale de la Restauration durant laquelle les idées doctrinaires sont au pouvoir, c'est ensemble que Guizot et Royer-Collard, avec Jordan et Barante, sont révoqués du Conseil d'État. Et c'est ensemble qu'ils entrent dans l'opposition, Royer-Collard modérément et dignement, par d'admirables discours à la Chambre, Guizot plus vivement et plus radicalement, par ses brochures et articles qui rencontrent un vif succès, et par son activité associative.

Des observateurs, d'ailleurs sympathiques aux deux personnalités, croient pourtant déceler entre elles un certain éloignement et comme un début de rivalité de la part de Royer-Collard. Barante, dans une note non datée mais assurément tardive, les fait remonter à la fin du ministère Decazes, en 1819 : « Il prenait M. Guizot dans une déplaisance qui peu à peu devint de l'antipathie. [...] M. Guizot était entré dans la philosophie comme disciple de M. Royer, dans la politique comme son protégé. » Or le disciple et protégé avait pris de l'assurance, s'était beaucoup élevé dans la vie publique et se jugeait promis à un avenir plus haut encore. « M. Royer-Collard ne s'y résignait pas. "Il me regarde, disait-il, comme une pièce dans son jeu d'échecs ; c'est ce que je ne veux pas souffrir." » Sans doute Royer-Collard, peu propre à l'action et inapte au pouvoir, faute de quoi il eût été ministre et de Louis XVIII et de Louis-Philippe, éprouva-t-il avec quelque douleur, et très normalement, le processus d'émancipation de son cadet. Au reste, il était de tempérament hypocondriaque, dont il se soignait par des mots d'amertume et de dénigrement qui n'épargnèrent à peu près personne. Pour le reste, je ne crois pas que l'amitié avec Guizot ait été altérée dans son intimité. Sinon, comment concevoir que, peu après la mort de sa femme Pauline en 1827, Guizot lui écrive des paroles comme celles-ci : « Je retrouve, dans des papiers qui sont l'unique charme de mes rares et tristes loisirs, quelques mots d'une vive sympathie pour vos discours, et je veux en relire les passages qui l'avaient émue. [...] Je me laisse aller avec vous à une complaisance pour moi-même que je ne permets guère. Lisez, je vous prie, quelques pages qu'Elle avait écrites à 21 ans, en lisant pour la première fois la *Corinne* de Mme de Staël. Je les ai copiées moi-même et deux personnes seulement les ont vues. Vous me rendrez ce papier. Il y a dans le monde quatre ou cinq personnes de qui il m'est doux qu'Elle soit un peu connue. » Même si Guizot a le goût de la pose, écrit-on cela à qui ne serait pas un véritable ami de cœur, d'autant que Royer-Collard, en revanche, a l'exhibitionnisme en horreur ? En 1833, après qu'Élisa a accouché de Guillaume, c'est Royer-Collard, l'ayant visitée, qui, attentif, met Guizot en garde contre sa santé fragile, et de fait elle décède quelques jours plus tard.

Dans le domaine politique, l'élection de Guizot à la députation, pour laquelle Royer-Collard s'était vivement activé, la chute de Charles X, à qui Royer-Collard, président de la Chambre, avait lu, accompagné par Guizot, la fatale Adresse des 221, leur interprétation restrictive de la révolution de Juillet et de l'avènement de la nouvelle dynastie, leur adhésion à la politique de résistance et de fermeté de Casimir Périer, tout avait contribué à les maintenir ensemble, même si Royer, de plus en plus éloigné des affaires, ne se privait pas de lâcher sur Guizot quelques piques que ses adversaires, après les avoir recueillies par ouï-dire plus que de la bouche de l'oracle, répétaient complaisamment, et de distribuer bons ou mauvais points à ses discours. Et il peinait à reconnaître au débutant qu'il avait patronné la stature d'homme d'État qu'il ne possédait pas lui-même. Pour lui et de plus en plus, rien ne valait la peine de rien et sa méchante langue, qu'il ne savait pas tenir, envenimait l'expression de sa misanthropie. Ministre de l'Intérieur en 1830, Guizot avait fait à son ami la bonne manière de recruter son neveu Hippolyte comme chef de la division des sciences. C'est pourtant d'une question de personne que jaillit la brouille : en 1834, Royer, raconte Guizot, « demanda, pour l'un de ses parents, un avancement considérable dans la haute administration ». Guizot, malgré son insistance, ne parvint pas à convaincre ses collègues. Royer-Collard le prit très mal. Au cours d'un dîner, « je ne sais plus quelle circonstance amena sur ses lèvres les paroles de Bossuet sur "l'illusion des amitiés de la terre qui s'en vont avec les années et les intérêts". Il les prononça d'un accent plein d'amertume, et en détournant vers moi ses regards. [...] Quelques jours plus tard, M. Royer-Collard me témoigna formellement, par quelques lignes amères et tristes, son désir de rompre nos anciennes relations ». C'est que, tout comme Guizot, l'illustre pontife que le devoir et la raison paraissaient posséder tout entier était habité de passions ardentes et parfois aveugles, et d'un puissant orgueil. Le parent en question était le mari d'une nièce de Royer, Genty de Bussy, intendant militaire qui, selon Rémusat, constitua un recueil des conversations de son oncle. « L'intention de ce recueil était de nuire à Guizot ; le chroniqueur avait retenu avec complaisance tous les propos désobligeants pour lui qui avaient échappé à l'homme le moins maître de sa langue. » Vengeance subalterne. La rupture personnelle se renforça d'une hostilité politique. En 1835, Royer-Collard prononça son dernier discours à la tribune pour combattre celle relative à la presse des lois répressives dites « de Septembre », présentées à la suite de l'attentat de Fieschi contre Louis-Philippe ; porte-parole du cabinet, Guizot lui répliqua sèchement. Lors de la coalition de 1838-1839, soutenant Molé, il jugea le comportement de Guizot en termes sévères. L'amitié ancienne et chère était-elle morte ? Non. Après vingt-quatre ans de présence éclatante à la Chambre, Royer-Collard ne s'est pas représenté devant les électeurs de la Marne en mars 1839. Il n'est plus rien qu'un grand souvenir, une butte témoin encore impressionnante. Chef officieux du gouvernement depuis octobre 1840, Guizot n'a pas cessé de se soucier de son opinion, que le vieillard lui fait connaître à l'occasion. Je le vois lui rendre visite, chez lui, le 2 août 1841, prendre des nouvelles de la famille. À son tour, à quatre-vingts ans, Royer passe le 4 mars 1843 boulevard des Capucines, le surlendemain d'un triomphe oratoire de Guizot sur Lamartine : « Je trouve votre carte. J'espère que vous n'êtes pas venu. J'aurais trop de regrets de vous avoir manqué. Vous m'aviez prédit que je gagnerais ma bataille. Je suis bien aise de vous avoir donné raison. J'irai un de ces matins causer avec vous. Tout à vous de cœur, comme jadis, comme toujours. » Après les terribles empoignades dans la discussion de l'Adresse en janvier 1844, et l'inoubliable séance sur la flétrissure, avec le rappel du voyage à Gand : « Voici ce que j'ai dit depuis quinze jours. Je sais que vous l'avez approuvé. J'en suis heureux. » À cinquante-six ans, Guizot est au sommet, Royer-Collard au crépuscule, avec des lueurs de tendresse et des murmures d'apaisement. 6 mars 1844 : « Je vous remercie de vos discours ; je les connaissais, mais j'aime à les tenir de vous. Je n'entre pas vivement dans la vivacité des discussions politiques, mais je suis toujours touché, croyez-le, des nobles paroles telles que celles-ci. » Et cet aveu sublime : « J'éprouve en vous lisant qu'il y a entre nous de l'ineffaçable » que le destinataire reprend au vol dès le lendemain : « J'ai toujours bien su et senti qu'il y avait entre nous de l'ineffaçable. Tout à vous de cœur. »

Royer-Collard mourut le 4 septembre 1845. Du château d'Eu où il se trouvait avec Louis-Philippe recevant la reine Victoria, Guizot écrivit à sa veuve son « profond chagrin. Je l'aimais comme autrefois, comme toujours. Nous nous sommes séparés tendrement. J'en jouirai toute ma vie. [...] Ma mère l'aimait vraiment ». Le même jour, à Dorothée de Lieven : « Je pense avec plaisir que nous nous sommes séparés en vraie amitié. C'était un esprit rare, charmant, un caractère très noble. Quatre personnes ont réellement influé sur moi, sur ce que je puis être, devenir et faire. Il est l'une de ces personnes-là. Le seul homme. » Et à sa fille

Henriette : « Certainement je garderai toujours de lui un affectueux et reconnaissant souvenir. Je l'ai fait, même dans le temps où il n'était pas bien pour moi. Il a fait bien plus que me rendre service dans ma carrière. Il a réellement contribué à mon développement intérieur et personnel. Il m'a ouvert des perspectives et appris des vérités que, sans lui, je n'aurais peut-être jamais connues. C'est là un service bien supérieur à tout autre, et plus rare. » Ces hommages inaccoutumés, partant du cœur, disent une amitié forte, que la politique et ses aléas mirent à l'épreuve sans en avoir raison. Au Val-Richer, dans son petit cabinet de travail, Guizot accrocha le portrait de Royer-Collard parmi ceux des gens qu'il aimait.

Né en 1797, fils d'un chambellan de Napoléon nommé préfet sous la Restauration et d'une dame d'honneur de l'impératrice, petite-nièce de Vergennes et cousine de Pasquier qui fut préfet de police à la fin de l'Empire et ministre de la Justice sous la Restauration, Charles de Rémusat n'avait pas besoin de soutien pour entrer dans le monde et y faire carrière, et certainement pas de celui de Guizot. Au contraire, celui-ci, admis dans le salon de la comtesse de Rémusat et la rencontrant dans plusieurs autres, bénéficia, dans les années 1810, de la bienveillance des parents du jeune Charles. Pourtant, tout comme Royer-Collard pour Guizot, ce fut ce dernier dont la rencontre décida pour partie de son existence. Dans ses Mémoires commencés en septembre 1858, l'année même où parut – et la concomitance n'est pas fortuite – le premier volume de ceux de Guizot, Rémusat écrit, au moins à deux reprises : « Guizot a dit quelquefois que les deux hommes qu'il avait le plus aimés, c'étaient Royer-Collard et moi. » Et lui aussi l'a aimé. À personne, dans ce récit extraordinaire dont une édition intégrale serait une nécessité publique, il ne consacre de lignes autant qu'à lui, admiratives, critiques, blessantes, passionnées

Entre eux, tout a commencé, précisément, le 10 septembre 1818. Guizot, alors conseiller d'État, vient d'être nommé à une commission coloniale dont Rémusat, alors au cabinet du ministre de la Marine, a été bombardé secrétaire. Mme de Rémusat, excipant de son ancienne relation avec

Guizot, lui adresse une lettre de recommandation en faveur de son tout jeune fils. Guizot répond le jour même d'une façon aussi aimable que spirituelle. Charles en prend connaissance : « Elle me ravit, cette lettre. Je ne lui ai jamais parlé, à cet homme ; il est clair que je l'entends, et qu'il me comprendrait. [...] La singulière chose que ces hommes qui ne se voient pas, et qui s'entendent et se répondent ! » Coup de foudre épistolaire ! Et aussitôt tout s'enclenche. Guizot a immédiatement repéré les dons aussi exceptionnels que précoces du garçon de vingt et un ans, à la maturité impressionnante et à la déconcertante facilité d'expression, qui fait merveille aussi bien dans des chansons que des écrits sérieux. Précisément, Charles – car « Charles » aussitôt il y a – vient d'écrire un article inspiré par les *Considérations sur la révolution française* de Mme de Staël. Barante, ami de la famille, l'a communiqué à Guizot. Décision est immédiatement prise de le publier, tel quel, dans les *Archives philosophiques, politiques et littéraires*, revue fondée et animée par François et Pauline Guizot, et organe du groupe doctrinaire. Paru fin novembre, et d'opinion nettement libérale, il fait grand bruit dans le microcosme.

Cette première publication du jeune prodige, assortie d'un préambule très obligeant de Guizot, vaut billet d'entrée en politique, par la gauche, et admission, après adoubement cordial du rigoureux Royer-Collard, sur le canapé des doctrinaires, que Rémusat chansonne avec bonheur. « J'enrôle votre fils dans un parti noble et fort », a affirmé Guizot à Mme de Rémusat un peu soucieuse. Dès lors, dans toutes les entreprises journalistiques et littéraires de Guizot sous la Restauration, Charles est en première ligne, plume intarissable, esprit en perpétuelle belle humeur : après les *Archives*, ce sont *Le Courrier*, *Le Globe*, la *Revue française*. En juin 1819, à l'orée de ce qui pour elle fait un peu figure d'aventure, Mme de Rémusat s'est entretenue avec Guizot : « Il m'a parlé de Charles avec la plus tendre affection ; il m'a dit qu'il comprenait et qu'il sentait aussi pour lui-même qu'il ne fallait pas faire simplement de notre enfant un journaliste, que l'entreprise de ce moment était réellement politique ; qu'il y avait admis Charles, précisément parce que c'était un service à rendre au gouvernement ; que tout son plan était de faire Charles maître des requêtes d'ici à l'hiver. [...] Enfin, j'en ai été contente au dernier point sur tout, et je me suis fortifiée dans la pensée que nous avions bien fait de lui confier notre enfant. » C'est en effet de cela qu'il s'agit. Charles est de plus en plus intégré à la famille Guizot, découvre et reconnaît les qualités d'esprit et de cœur de Pauline. Quarante ans plus tard, tout lui revient net à l'esprit : « Je fus tout de suite admis dans tout son intérieur. Sous des apparences de simplicité un peu austère, c'était le lieu du monde où l'on vivait le plus à l'aise. [...] On sent avec quelle sorte d'enthousiasme je me plongeai dans l'entretien de la femme et du mari. Il me semblait être descendu dans une mine où je n'avais qu'à me baisser pour ramasser des fragments de métaux précieux. Je n'ai pas eu en ce genre de plus grands plaisirs dans ma vie. » La connivence n'est pas seulement intellectuelle. Les circonstances approfondissent les attachements. Rémusat perd-il sa mère à la fin de 1821 ? « Dans le cours ordinaire de la vie, les plus profondes amitiés ne diffèrent guère extérieurement des autres relations habituelles, mais quand arrivent ces épreuves aiguës qui pénètrent jusqu'au fond de l'âme et manifestent toute la vérité, alors on voit qu'on aime et combien on aime. Je voudrais que vous sussiez combien j'ai été saisi de votre douleur. » Rémusat se marie en juillet 1825 avec la nièce de Casimir Périer ? « Certainement vous avez choisi à merveille, en vrai doctrinaire, en vous dirigeant d'après une idée générale dans une recherche individuelle. [...] Tout ce qui vit sous mon toit vous souhaite à vous et à votre femme toute sorte de bonheur. Sachez bien que je vous aime de tout mon cœur. » Les deux hommes ignorent que, dans la maison même des Guizot, la jeune nièce de Pauline, Élisa Dillon, se consume d'amour pour Charles depuis deux ans, et encore pour trois, jusqu'à ce que son oncle par alliance fasse d'elle sa seconde épouse, en 1828. En octobre 1826, meurt la jeune Mme de Rémusat. Plusieurs lettres apportent compassion et réconfort : « Rien ne se passe dans votre âme, pas un sentiment, pas une idée ne la traverse, que je ne devine, que je ne comprenne, que je ne partage. [...] Sachez bien que je souffre avec vous, pour vous, et laissez-moi vous embrasser aussi tristement, aussi tendrement que je le puis. Ma femme aussi vous aime et pleure avec vous. » En retour, lorsque disparaît à l'été 1827 Pauline de Meulan, c'est à Charles de Rémusat qu'est confiée la rédaction de ses notices nécrologiques, auxquelles Guizot attache un prix extrême : « Ce que j'écrirais, il n'y a qu'elle qui puisse le lire. Pour parler d'elle aux autres, vous me convenez seul. Dites-moi que vous le ferez. » Il le fit, en mots parfaitement justes dont il déclare, bien des années plus tard, qu'il n'en changerait pas un seul.

Je ne vois guère, dans l'existence de Guizot ni dans d'autres, d'empathie poussée à un degré plus élevé. De moitié dans les bonheurs et les chagrins, ils le sont aussi dans les succès que l'opposition libérale remporte à la fin de la Restauration. Durant la révolution et les débuts du régime de Juillet, Rémusat est présent au côté de Guizot. Élu député de Haute-Garonne à l'automne 1830, sous-secrétaire d'État à l'Intérieur dans le premier cabinet Molé dont Guizot est le ministre de l'Instruction publique et qu'il quitte avec lui, on l'a vu très actif dans le groupe doctrinaire durant la coalition. Rémusat, guère soucieux de se mettre en avant, intervenait peu à la tribune. Guizot, qui l'encourageait à le faire, saluait ses rares discours par de petits mots affectueux, déclarant se réjouir de ses succès comme des siens. En 1840, Rémusat fut ministre de l'Intérieur dans le cabinet Thiers, alors que Guizot était ambassadeur à Londres. Sans doute la rivalité entre les deux hommes du centre influa-t-elle sur les rapports entre Guizot et Rémusat. Lorsque Guizot devint le chef réel du ministère jusqu'à la fin de la monarchie, les liens se distendirent encore, même si les relations restaient courtoises. Sur la réforme parlementaire et électorale, Rémusat, partisan d'une évolution, soutint des positions contraires à celles de son ancien mentor. Il était devenu l'homme de Thiers, bien moins intime cependant qu'il l'avait été de Guizot.

Écartés de la vie politique, l'un en février 1848, l'autre par le coup d'État du 2 décembre 1851, ils se voyaient sous l'Empire à l'Institut, dans des salons, bientôt chez l'un et chez l'autre, d'autant que Guizot apprécie particulièrement la deuxième Mme de Rémusat, Pauline de Lasteyrie. On parle du temps passé, du beau temps du cabinet de 1832. Les enfants procurent des motifs d'émotion vraie. En 1855, Rémusat donne d'un essai de Guillaume sur Ménandre un compte rendu dans la *Revue des Deux Mondes* : « Sa jeunesse tient les promesses de son nom, sans doute la maturité tiendra toutes les promesses de son jeune âge. » L'heureux père commente : « Spirituel et très aimable. Çà et là des mouvements de retour sur lui-même et sur le passé qui m'ont touché. » La mort accidentelle, en 1862, de Pierre de Rémusat, le fils aîné, renoue avec l'époque des deuils partagés. Guizot écrit à sa fille Henriette : « J'ai le cœur navré pour ces pauvres Rémusat. J'ai vu la mère si heureuse de la naissance de Pierre, trois jours avant ta naissance à toi ! Il était lui-même si heureux. » Il assiste aux obsèques, visite plusieurs fois les parents désolés, partage et recueille leurs pleurs. Plus tard encore, on reprend des habitudes de travail en commun, lorsque Guizot accepte d'Émile Ollivier, en février 1870, la présidence d'une commission relative à la liberté de l'enseignement supérieur, dont Rémusat fait partie. Ce dernier, à la demande de Thiers, prend le ministère des Affaires étrangères en août 1871. Guizot le rencontre le 17 novembre : « J'ai été content de Rémusat. Très affectueux. » L'affection. Avait-elle jamais vraiment cessé entre eux ? L'attendrissement de l'âge avait-elle favorisé sa résurgence ? Rémusat, qui survécut moins d'un an à son aîné, écrit dans ses Mémoires, et comment ne pas penser à l'hommage rendu par Guizot à Royer-Collard ? : « Je crois qu'aucun homme n'a exercé plus d'influence que Guizot sur moi. » Et plus loin, donc plus tard (1860 ? encore au-delà ?), il ajoute : « Il est cependant vrai qu'il m'a aimé, et des juges assez clairvoyants disent qu'il m'aime encore. »

Je pense que c'était vrai. Guizot ne s'est jamais séparé de ceux qu'il avait reconnus pour ses véritables amis. Ce sont eux, comme Royer-Collard, comme Rémusat, qui se sont, un jour ou l'autre, pour un temps plus ou moins long, éloignés de lui, refroidis comme ils le dirent eux-mêmes. Peu capable de rancune durable, il répondait facilement aux démarches de réconciliation, les devançait même. Ainsi de son ancien fidèle Duvergier de Hauranne qui, passé en 1841 dans une opposition ardente, contribua à sa chute le 23 février 1848. Dix ans plus tard, Guizot se rend chez une amie : « J'y ai trouvé [...] M. Duvergier de Hauranne, sachant évidemment que je devais venir, et venu là pour ne pas me rencontrer pour la première fois devant le monde. Il s'est précipité vers moi rouge, ému, presque tremblant, et me disant : "Je vous demande la permission de..." Je ne l'ai pas laissé achever ; je lui ai tendu la main, il l'a serrée ; nous nous sommes assis ; nous avons causé indifféremment, pas un mot du passé. [...] La première fois que nous serons seuls, je lui dirai quelques mots significatifs, et ce sera fini. » Deux ans plus tard, il accepta d'aller chez Duvergier pour un concert, non sans relever qu'il tombait un 23 février : « Aller chez M. Duvergier de Hauranne un 23 février ! C'est bien chrétien de ma part. Personne n'y a songé. Légèreté humaine ! » Sans doute, mais dès lors la relation, apaisée, prend un cours régulier. Pas rancunier donc : au début de 1852, dans la *Revue des Deux Mondes*, le journaliste Gustave Planche tomba sur Guizot à plume raccourcie – on disait de sa plume qu'elle était un gourdin – à l'occasion de la réédition des *Études sur les Beaux-Arts* : « s'il est permis d'ignorer, il n'est jamais permis de parler des choses qu'on ignore » et de la publication des *Méditations et Études morales* : « une collection de lieux communs ». Or, à la fin de 1856, la *Revue* fut assignée en justice par le peintre espagnol Raimondo de Madrazzo parce que son critique, rendant compte d'une exposition, avait dit du mal d'un de ses tableaux qui ne s'y trouvait pas. Guizot intervint en faveur de Gustave Planche, qui fut acquitté, et Guillaume put dire à Buloz, directeur de la *Revue* : « Voilà comment mon père se souvient des *jugements* de M. Planche. »

Restent les amitiés anciennes, intimes et sans rupture ni refroidissement. Trois noms s'imposent, parce que Guizot leur consacra une longue notice biographique et même, à l'un d'eux, tout un ouvrage.

Un bien très précieux

Si le nom de Louis Vitet a pu survivre, il le doit en bonne partie à Guizot. Né en 1802, petit-fils d'un conventionnel qui fut maire de Lyon, ce jeune homme sans ambition particulière, à la plume habile, s'en vint, encore étudiant, trouver le doctrinaire lorsqu'il commençait d'être vraiment connu, en 1819. Dès lors on le retrouve auprès de Guizot, pour ne pas dire dans son ombre, jusqu'à sa mort en 1873. Sous la Restauration, il fait partie, avec son intime Tanneguy Duchâtel et leur jeune professeur de philosophie Théodore Jouffroy, avec Louis de Guizard, Prosper Duvergier de Hauranne, Charles de Rémusat, d'autres encore comme Thiers, Sainte-Beuve, Mérimée, de cette Jeune France libérale qui s'exprime d'abord dans les *Tablettes universelles* puis et surtout dans *Le Globe*, deux organes que Guizot patronne plus ou moins et où il pêche des recrues de talent. « Tous les jeunes gens distingués viennent à nous », écrit Guizot à Barante en octobre 1822. Nombre d'entre eux feront grâce à son appui carrière sous le régime de Juillet, y compris en politique, et rarement effet de génération fut aussi puissant. Au *Globe*, Vitet se spécialise dans le théâtre, la musique et surtout les beaux-arts, qui deviennent la grande affaire de sa vie. Il est encore, sous la présidence de Guizot, l'un des fondateurs, en 1827, de la société « Aide-toi, le Ciel t'aidera » qui est destinée à mobiliser l'électorat d'opposition et dont il rédige le manifeste, et très présent à la *Revue française*. Au fond, un Rémusat aux dons moins éclatants, le second des « amateurs en tout » puisque Charles, disait Royer-Collard, était le premier. En pointe dans la lutte contre le ministère Polignac et les ordonnances de 1830, il est nommé par Guizot en octobre 1830 au poste, créé pour lui, d'inspecteur général des monuments historiques. Député conservateur de Seine-Inférieure à partir de 1834, il est à la Chambre un soutien indéfectible des cabinets auxquels Guizot prend part, et un pilier du Conseil d'État. Du 18 au 20 février 1848, il s'employa activement, mais en vain, à ce que le banquet prévu à

Paris ne tourne pas à l'émeute. Mis le 2 décembre 1851, non sans démonstration de courage, hors du jeu politique, dans lequel il ne revint que vingt ans plus tard comme député à l'assemblée de Bordeaux, il continue de voir ses amis, particulièrement Duchâtel, auquel il consacra un opuscule après sa mort en 1867, et Guizot, qu'il rencontre à Paris au moins une ou deux fois par semaine « avec un soin affectueux », et dont il rend obligeamment et élogieusement compte des livres, à huit reprises, dans la *Revue des Deux Mondes*. On se voit aussi à l'Académie, dont est Vitet depuis 1845.

Chez Vitet, Guizot, comme très souvent, était intéressé par la femme, et par le couple qu'ils formaient. Mariée depuis 1832, elle était, elle aussi, l'une des nombreuses nièces de Casimir Périer. Elle a, semble-t-il, beaucoup plu à Guizot : « En apparence la plus froide personne, belle, sans physionomie, sans mouvement, sans langue, ne disant rien et n'ayant pas l'air de se soucier qu'on lui dît rien. En réalité, pleine de passion, d'esprit, de goût vif pour tous les plaisirs nobles, et ne donnant, ne montrant tout cela qu'à son mari seul. Jamais homme n'a possédé plus exclusivement une femme, et une femme valant bien la peine d'être possédée. » Il fallait donc que son mari eût fait des confidences à son ami. Les Vitet incarnaient ce que Guizot tenait pour « le plus grand bonheur en ce monde », l'amour dans le mariage, sur lequel il a écrit bien des phrases et même tout un livre. Aussi, quel désespoir lorsque mourut, en 1858, Cécile Vitet ! Guizot prodigue tous ses soins à l'époux désespéré. Mais « qu'est-ce que des amis pour apporter quelque soulagement à une telle souffrance ? En pensant à ce que je sens pour Vitet, je suis épouvanté du peu que vaut et que peut l'amitié ». Excellent et fidèle Vitet, auquel Guizot, apparemment, n'a jamais trouvé aucun défaut, parce qu'il l'a toujours trouvé près de lui, et le même pour lui : « Je cherche en lui un mauvais penchant. Je n'en trouve pas. [...] Point de lacune, point de nuage. » Pense-t-il ici à Royer-Collard et à Rémusat ? Lorsque Vitet mourut en juin 1873, Guizot vit partir le dernier de ses plus anciens, proches et fidèles amis. Il lui avait confié un jour – j'ignore au juste pourquoi – des caissettes en métal contenant les originaux de sa correspondance avec la princesse de Lieven, qu'il fallut récupérer aussitôt. Cette fidélité à ses idées et à ses amis, Guizot, tout fatigué qu'il commençait d'être, éprouva nécessaire de la saluer fortement. Il rédigea au début de 1874 une notice pour la *Revue des Deux Mondes* : « J'ai eu bien de la peine à rédiger ces 40 pages, et elles ne seront pas tout ce que j'avais voulu. » De fait, ce n'est pas du meilleur Guizot. Mais il avait quatre-vingt-six ans ! Elles se terminent ainsi : « Je n'ai point connu d'esprit plus charmant sans prétention, ni de caractère plus sûr sans promesse et plus digne avec simplicité. » Vitet était loin d'être un génie, mais il avait eu l'intelligence de reconnaître la force de Guizot et d'en concevoir de l'admiration et de l'attachement, et non pas de la jalousie et de la méfiance. Quel meilleur motif, quelle meilleure preuve d'amitié ? Aussi celle de Guizot ne lui manqua-t-elle jamais.

En 1839, Victor de Broglie rédigea son testament. Quand on l'ouvrit à sa mort en 1870, son fils Albert communiqua aussitôt à Guizot ce passage : « Je lègue à mon ami M. Guizot un ouvrage de son choix à prendre dans ma bibliothèque de Broglie ; je regarde notre longue amitié comme l'un des biens les plus précieux que Dieu m'ait accordés. » Ces mots si simples représentaient pour leur auteur le comble de l'émotion. Guizot les plaça en tête de la biographie de son ami qu'il publia en 1872. Il les plaça aussi dans le cadre de la photographie du duc, par André Salomon, accroché au mur de son cabinet du Val-Richer, tout près de celle de Prosper de Barante sur laquelle on pouvait lire : « Je ne terminerai pas ces pages auxquelles sont confiées mes dernières pensées, sans nommer les amis qui me restent. Je veux qu'ils sachent combien leur amitié m'a été douce, et qu'ils ne m'oublient pas lorsque je ne serai plus. Je prie donc que ce témoignage soit transmis à M. le duc de Broglie et à M. Guizot. » Ces dernières phrases du testament de Barante, mort à la fin de 1866, Guizot les cita aussi dans l'éloge funèbre qu'il prononça en mai 1867 devant les membres de la Société de l'histoire de France, dont la présidence lui échut à la mort de son ami, et qu'il reproduisit à la fin de sa très longue notice biographique publiée par lui peu après dans la *Revue des Deux Mondes*.

Cette double amitié avait duré exactement le même temps, cinquante-deux ans, puisqu'elle avait commencé avec Barante en 1815, avec Broglie en 1818. Son histoire serait celle du groupe doctrinaire, qui les réunit étroitement, avec des vicissitudes communes, Barante étant révoqué avec Guizot du Conseil d'État en 1820. À cette occasion, Barante refusa l'ambassade à Copenhague qu'on lui offrait en compensation, en partie par solidarité avec son collègue, que sa mise à pied laissait sans autre revenu que son maigre traitement de professeur, lequel même lui fut ôté lorsque son cours fut suspendu en 1822 par l'évêque Frayssinous, grand maître de l'Université. Respectivement plus âgé que Guizot de cinq et deux ans, le baron de Barante et le duc de Broglie, membres de la Chambre des pairs en 1819 et en 1815, n'avaient nul besoin de Guizot pour exister intellectuellement et publiquement. Par leurs ascendances aristocratiques et par leurs alliances dans le milieu libéral issu de la philosophie du XVIIIe siècle, ils appartenaient au meilleur monde et avaient ainsi par droit naturel, sinon de naissance, leur place dans la haute administration de l'Empire et dans le gouvernement de la Restauration. Barante, après, comme beaucoup d'autres dont Guizot pour une fois ne fut pas, s'être consumé d'amour pour Juliette Récamier, avait épousé en 1811 Césarine d'Houdetot, petite-fille de la protectrice de Rousseau dans le salon de laquelle Guizot aperçut peut-être Barante pour la première fois en 1810. De la belle Césarine, Rémusat, à dix-huit ans, fut l'amoureux déclaré, ce que le mari prit avec un détachement philosophique digne du doctrinaire conseiller d'État qu'il était. En 1816, Victor de Broglie se maria avec Albertine de Staël, fille de Germaine, dont je dirai plus loin ce qu'elle fut pour Guizot. Elle était depuis des années étroitement liée, par sa mère, à la famille Barante. En vérité, c'est par l'auteur des *Considérations sur la révolution française* que Barante, Broglie et aussi Rémusat entrèrent en libéralisme et en doctrine, où Guizot parvint par un autre chemin, celui de Royer-Collard, sur lequel Barante devait écrire bien plus tard deux forts volumes. Ce furent donc les idées qui scellèrent leur union, et leur souhait de les mettre au service de la chose publique.

S'y ajoutaient pour Guizot de l'ambition personnelle, le désir de parvenir. Sentiments que Barante ne possédait guère puisqu'il était le baron Prosper Brugière de Barante, préfet, fils de préfet sous l'Empire, que Broglie, bien plus grand seigneur, ne concevait même pas, puisqu'il était le duc Victor de Broglie, petit-fils d'un maréchal de France, issu d'une dynastie qui avait donné de grands serviteurs à la monarchie, ce dont il ne tirait du reste ni morgue ni gloire, bien au contraire. Sans doute Barante et Broglie, tout comme Molé et Rémusat, commencent-ils leurs Souvenirs ou leur Mémoires en évoquant et en invoquant, dès les premières lignes, leurs parents et aïeux, ce qu'on chercherait en vain dans les *Mémoires pour servir à l'histoire de mon temps* de Guizot. En effet, pour les trois hommes, la Révolution était passée dans leur vie, ou plutôt dans leur condition, comme une terrible mise à niveau. Elle avait promu, au total, le bourgeois Guizot, mais non sans que son père fût décapité, deux mois avant celui de Victor de Broglie, qui avait accueilli favorablement et servi aux armées les nouvelles institutions, tout comme le père de Barante, ensuite recherché, emprisonné et n'échappant de justesse à l'exécution que grâce à Thermidor. Rappelons que le père de Molé fut guillotiné presque le même jour qu'André Guizot. À la différence des émigrés, Barante et Broglie, passés comme bien d'autres par le sas de l'Empire, avaient compris ce qui s'était réellement produit, en méditaient les leçons et voyaient que la monarchie devait composer avec la liberté politique, l'égalité civile et les intérêts des classes moyennes en début d'ascension. Aussi, avec le bourgeois et homme nouveau advenu dès 1814 à de hauts postes par son seul mérite, traitèrent-ils immédiatement et sans ambages de pair à compagnon. Peut-être trouvèrent-ils aussi chez lui ce qui leur manquait : une prodigieuse capacité de travail, qui toujours impressionnera Barante, un entrain permanent et une vitalité inentamable, qu'appréciait Broglie souvent pessimiste et parfois dépressif, une énorme confiance en soi, rassurante, aussi la facilité d'expression puis le talent oratoire, dont Broglie ressentait le besoin auprès de lui, de sorte qu'il n'accepta, en 1830, en 1832 et en 1835, de participer au gouvernement et un moment de le diriger que si son ami Guizot en était aussi. Avec Barante, auteur d'ouvrages historiques comme une monumentale *Histoire des ducs de Bourgogne* qui lui valut l'Académie française dès 1828, Guizot partageait des affinités littéraires et intellectuelles qui le conduisirent, par exemple, à le pousser à la présidence de la Société de l'histoire de France dont il avait, comme ministre de l'Instruction publique, encouragé et soutenu la création en 1833. Ce n'était qu'un juste retour des choses : en 1825, Barante avait donné un élogieux compte rendu des *Essais sur l'histoire de France* de Guizot et, attention bien plus appréciée encore, avait publié l'année suivante tout le bien qu'il pensait du traité *De l'éducation domestique* de Pauline. Engagé dès 1830 dans la diplomatie, Barante était ambassadeur à Saint-Pétersbourg lorsque Guizot prit en 1840 les Affaires étrangères, ce qui faisait de lui son patron. Il n'y avait là, du reste, nul embarras. Tout comme Guizot avait servi sous Thiers à Londres en 1840, il envoya Broglie au même poste en 1847, dans des circonstances particulièrement délicates. À cette époque, dans les permutations à des fonctions diverses, il n'entrait aucune acception de personnes. Peu actif en politique intérieure durant la monarchie de Juillet, Barante, tout en portant parfois un œil critique, ne se sépara jamais de Guizot et, tout comme lui, ne reprit après février 1848 aucune responsabilité publique. Guizot entrait aussi dans ses affaires de famille : ce n'est pas par hasard que Prosper fils fut nommé préfet de l'Ardèche en 1845, et son frère cadet Ernest secrétaire d'ambassade à Dresde en 1842. Lorsque, plus tard, ce dernier fut interné pour maladie mentale, Guizot compatit vivement, auprès de son ami, à « ce cruel malheur ». Les Souvenirs de Barante ont été publiés entre 1890 et 1901 par son petit-fils. Ces huit volumes sont pour l'essentiel composés de correspondances, où Guizot tient une place considérable. Les deux dernières lettres, de juin 1866, sont à et de Guizot. Barante termine la sienne ainsi : « Ce qui ne diminue pas, c'est mon amitié pour vous. » Et Guizot : « Adieu, mon cher ami, gardez-moi tout ce que vous m'avez donné il y a bien longtemps. » Tendres et émouvants vieillards ! Guizot vit se clore avec mélancolie ces « plus de cinquante ans de vraie amitié, et d'accord habituel en politique, religion, littérature ». À Mrs Austin, il parle même de « cinquante-cinq ans de relations sincères, sérieuses et confiantes ». C'était remonter à 1810.

Avec Victor de Broglie, ces relations furent plus encore. Elles furent uniques. De 1818, lorsque Broglie rejoignit les doctrinaires, jusqu'au 25 janvier 1870, lorsque Guizot visita son ami quelques heures avant sa mort, il est inutile de s'arrêter à toutes les étapes et à toutes les expressions, innombrables, de leur existence commune. Ce furent Montaigne et La Boétie qui auraient mûri et vieilli ensemble. Jamais les affaires publiques et les relations personnelles ne furent si étroitement mêlées, sans que ni les unes ni les autre subissent aucune altération. « Plus nous vécûmes l'un près de l'autre, écrit Guizot dans sa biographie, plus nous devînmes d'événement en événement, je pourrais dire de jour en jour, et sans presque nous l'exprimer, de plus sérieux et plus intimes amis. » Ces rapports fusionnels, en dépit ou à cause de tempéraments différents, dégagent une unité de pensée, une intensité affective et une profondeur de vérité dont il serait vain de produire la multiplicité des traces, même si l'extraordinaire pudeur du duc ne les laisse pas toutes apercevoir facilement. Sans doute, en telle ou telle circonstance, ne furent-ils pas toujours du même avis et Guizot, je crois, n'a pas suffisamment suivi les conseils de son ami, lors même qu'il reconnaissait leur pertinence. Mais on ne voit pas qu'ils aient jamais tant soit peu rusé entre eux. Au contraire, ils se sont toujours dit exactement le fond de leur pensée.

Ce n'est pas seulement de pensées qu'il s'agissait. Les deux familles s'intéressaient chacune jusque dans le détail à ce qui touchait l'autre. Lorsque Victor et sa femme purent se réinstaller au château de Broglie, mis à mal sous la Révolution, en 1825, les Guizot – madame mère, François et Pauline, François junior – furent des premiers à y séjourner : « Nos hôtes vont nous quitter dans huit jours, écrit à Barante la duchesse Albertine après déjà cinq semaines de séjour. Je les regrette plus que je ne puis l'exprimer. C'est un charme de caractère et une variété d'esprit qu'il est bien pénible de ne plus retrouver. » Jusqu'à l'acquisition du Val-Richer en 1836, ce fut à Broglie que Guizot alla enfouir ses deuils, montrer ses joies, achever un travail, mener sa campagne électorale. Par la suite, la proximité des deux maisons facilitait les échanges de visites.

Les Broglie, ce ne sont pas seulement Victor et Albertine. Il y a le frère de la duchesse, le baron Auguste de Staël, pilier avec Guizot et Victor de la Société de la morale chrétienne, membre comme Guizot du consistoire de l'Église réformée de Paris et d'autres sociétés protestantes, décédé prématurément en 1827, à trente-sept ans. Guizot rédigea pour cet ami véritable une nécrologie sensible dans *Le Globe*. Sa veuve, Genevoise née Adélaïde Vernet, accompagna les Guizot jusqu'après la mort du patriarche. Ce sont encore les enfants Broglie, Louise devenue comtesse Othenin d'Haussonville en 1836, et voilà les d'Haussonville adoptés, d'autant que le comte devient député ministériel en 1842 ; Albert, né en 1821, sorte de petit frère pour François Guizot fils, qui l'emmène deux fois par semaine à l'école de natation, Albert, que Guizot lance en 1843 dans la carrière diplomatique et qui, à la mort de Victor, lui dira : « Je vous demande la permission de ne rien faire sans vous consulter. Vous êtes, pour moi, un second père. » Et de fait Guizot, privé de son fils aîné en 1837, avait suivi de près l'adolescence d'Albert, orphelin de mère en 1838, et ce lien a persévéré dans l'âge mûr. Aussi, quelle affliction lorsque Albert, en novembre 1860, perd son épouse Pauline : « Trente-quatre ans, belle, excellente, charmante, un mari très distingué, cinq garçons, heureuse selon le monde et devant Dieu. C'est une maison désolée. Il faut les connaître comme je les connais pour savoir tout leur malheur. Ils souffriront bien plus qu'on ne le croira. Ils sont très peu expansifs. » Les petits-enfants à leur tour sympathisent : « Maurice [de Broglie, sept ans] me paraît le préféré de Marie [de Witt, quatre ans]. » Paul de Broglie, dernier fils de Victor, fit durant des années équipe avec Guillaume, d'un an son aîné. 1851 : « Paul de Broglie est dans un accès d'amitié pour Guillaume, qui est, dit-il, ce qu'il y a de plus amusant au monde. Je désire qu'ils se lient sérieusement. Paul me plaît. » Mais Paul, en 1855, s'engage dans la marine, part pour un tour du monde et servira à Tahiti. En 1867, il entrera au séminaire pour devenir l'abbé de Broglie. Il faudrait encore citer bien des prénoms Broglie, Haussonville et Staël, comme le dernier fils d'Albert, Emmanuel, né infirme, auquel Guizot porte une attention particulière. Dans l'autre sens, tous les Guizot, et de Witt à partir de 1850, sont reçus à bras ouverts, en particulier lors du séjour annuel de Guizot à Broglie. On se fait compliment affectueux des discours et écrits des uns et des autres. Au début de 1859, Guizot songe un instant à un mariage possible pour Guillaume avec Mathilde d'Haussonville, fille de Louise. C'eût été une catastrophe. Bref, l'amitié de François et de Victor induit une véritable osmose entre les deux familles.

Évoquant, en termes poignants, la mort de son ami Victor – « Je perds mon plus ancien, mon meilleur et mon plus rare ami » –, Guizot lui associe, au même degré d'affection, lord Aberdeen, dont je reparlerai – « les deux hommes auxquels j'ai porté le plus d'estime et de confiance ». Sans doute, exprimant à bien des reprises son sentiment passionné pour son ancien collègue du Foreign Office – « Il m'aimait et je l'aimais. [...] Une amitié vraie, intime, je dirais volontiers tendre s'il fallait dire cela entre hommes » –, est-il sincère. Sans doute aussi l'illusion entre-t-elle parfois pour quelque chose dans l'amitié. Mais il se trompe. Outre qu'il l'a connu tard, 1840, et perdu tôt, 1860, il n'a pas passé avec lui, au total, l'équivalent de plus de trois semaines. C'est en jours, en heures même que se comptent leurs rencontres. Et il n'y a pas ou peu de femmes avec eux. Or, dans la relation entre Broglie et Guizot, on manquerait à mon avis l'essentiel si l'on ne faisait pas toute sa part à celle sans laquelle on ne comprendrait rien à cet attachement, Albertine de Staël, duchesse de Broglie. Et c'est avec elle, la mieux placée certainement pour cela, que j'entre dans les affections féminines de François Guizot. Une affaire considérable !

CHAPITRE IV

Affaires de femmes

Parmi les trois femmes dont Guizot laisse entendre en 1845 qu'elles eurent une véritable influence sur lui, les deux premières sont à coup sûr sa propre mère et sa première épouse, Pauline de Meulan. Mais la troisième ? Davantage que dans Élisa Dillon, la seconde épouse, née en 1804, donc plus jeune que son mari de près de dix-sept ans, je crois la reconnaître dans la duchesse Albertine de Broglie. En 1839, la princesse de Lieven, qui file avec Guizot le parfait amour, lit dans *L'Écho français* qu'il avait voulu épouser Albertine de Staël parce qu'elle était riche, qu'il avait chargé Victor de Broglie de la négociation, mais que ce dernier s'était substitué à lui... Pure affabulation !

L'Ange gardien

La jeune Mme de Broglie vient de passer vingt ans lorsque Guizot fait véritablement sa connaissance, en 1818. Durant vingt ans et autant que le permettait la relation étroite entre Victor de Broglie et Guizot, elle fut la confidente de plus en plus intime des joies et des malheurs de ce dernier et de sa famille. Grandie dans les plus hautes sphères de la société et de l'intelligence dont sa mère était prodigue, elle s'enfonçait, ou s'élevait, dans le piétisme protestant issu du Réveil, ce mouvement de régénérescence venu d'Angleterre et de Suisse faisant des élans du cœur et de la méditation intensive de la Bible la substance de la foi. Elle était, pour anticiper Baudelaire, l'Ange gardien, la Muse et la Madone, comme la montre son portrait par Ary Scheffer, le peintre des âmes, et ceux mêmes à qui elle devenait incompréhensible à force d'irénisme, comme Cordélia de Castellane, ne cessèrent jamais de l'estimer et de l'aimer. Nulle part, je crois, ne se trouve à son sujet l'expression de critiques, voire de réserves. Les esprits forts eux-mêmes s'abstenaient. Bref, pour Guizot en l'occurrence, elle était sublime, et d'elle à lui un flot de tendresses – je me sers du mot de leurs lettres, où je trouve même, d'elle à lui, « mille tendresses bien intimes », sans doute le maximum autorisé – s'écoulait sans mesure, et s'étendait à l'ensemble de la famille. Lorsqu'elle perdit un fils à la naissance, en 1826, les époux Guizot lui firent part de leur semblable douleur douze années plus tôt, et elle répondit ainsi à Pauline : « Aimez-moi, aimez pour moi ce cher enfant que je n'ai plus, et pensons que nous le retrouverons, vous et moi, une fois là où il n'y aura plus ni larmes ni deuil. » Elle travaillait ainsi à placer Pauline et à remettre François dans les voies du Seigneur les plus ferventes, et il me semble qu'elle obtint quelques résultats, si puissant était son rayonnement. Avec quelle délicatesse aussi, lorsque Guizot lui annonça son projet d'épouser Élisa, l'ancra-t-elle dans cette conviction, bien satisfaisante, que Pauline de Meulan avait souhaité non seulement qu'il se remarie, mais précisément avec sa nièce : « Elle n'a point nommé Élisa, mais il est bien clair qu'elle y pensait. » D'une telle phrase, que personne d'autre n'aurait pensé à lui dire, et à lui dire ainsi, comment Guizot pouvait-il n'être pas touché et reconnaissant du fond du cœur ? La mort d'Élisa en 1833, celle de sa sœur cadette Pauline Decourt en 1835, surtout celle de François fils en 1837 sont autant d'occasions de communion : « Ce pauvre François, je l'aimais tendrement, il avait grandi avec mes enfants et aimait beaucoup Pauline » (fille aînée des Broglie, morte au tout début de 1832 à l'âge de quatorze ans) ; « ils se seraient peut-être attachés l'un à l'autre si Dieu les eût laissés sur cette terre ». C'est à quoi Guizot aussi avait pensé lorsque, en 1836, François jeune avait éprouvé une déception sentimentale du côté de Louise, la fille aînée. Bref, Albertine de Broglie avait placé l'amitié avec Guizot au premier rang des bienfaits de la Providence. Surtout, elle fut sans doute la personne extérieure à sa famille qui, avec Rémusat, le comprit le mieux, à la fois dans son esprit et dans son caractère. À preuve, parmi beaucoup d'autres, cette appréciation de 1828 : « Il a l'air qu'il a toujours, c'est-à-dire de vivre dans la pensée plus que dans toute autre chose, et de se créer à loisir une manière d'être pour tout le reste qui est tout à fait normale ; je crois qu'il est tellement habitué à dominer ses impressions par l'intelligence que, lorsqu'il s'est dit qu'il sentait une chose, il ne met pas en doute qu'il ne la sente et en réalité, il n'affecte jamais rien : voilà ce que je dois éprouver et voilà ce que j'éprouve sont deux synonymes pour lui. » Cette dernière phrase me paraît la plus juste, je dirais la plus opératoire pour saisir le fond de la personnalité de Guizot, et ses manifestations en de multiples domaines.

Elle mourut le 22 septembre 1838. Dans le délire qui accompagna ses derniers jours, « elle a beaucoup parlé de moi. Elle causait avec moi ». Guizot accouru à Broglie fut l'un des quatre hommes qui la portèrent en terre. « Excellente et charmante personne. L'une des personnes à qui j'ai le plus dit ce que je pensais, peut-être la personne avec qui j'ai le plus parlé de mon passé, de tout ce que j'ai aimé et perdu. Elle les a tous connus et aimés. Nous avions tant de souvenirs communs ! Je la regretterai tant qu'il y aura en moi un cœur pour regretter. »

De quelle affection Albertine de Broglie aima-t-elle Guizot ? Peut-être, épurée et sublimée, de celle que beaucoup de femmes lui portèrent, et qu'il rechercha et cultiva lui-même jusqu'à la fin de son existence. Sur la séduction, et même sur la séduction réciproque, il est difficile de s'exprimer tout à fait. Guizot, toujours, se plut dans la compagnie des femmes, de celles qu'il voyait régulièrement comme de celles qu'une circonstance particulière lui faisait un instant approcher. Auprès des dames âgées qui le recevaient dans leur salon ou leur salle à manger sous l'Empire, comme

Mme de Rumford, la veuve de Lavoisier, il faisait assaut d'amabilités et, à la même époque, trouvait auprès de Mme Stapfer, alors qu'il tenait lieu de précepteur à ses enfants, le plaisir de douces confidences, sans les pousser toutefois aussi loin que Julien Sorel avec Mme de Rênal. Soixante ans plus tard, le voici à Versailles, en novembre 1871, pour le grand dîner donné par Thiers, récipiendaire de la Toison d'Or : « Mlle Jacquemont, peintre de grand talent, assistait au dîner, à côté de M. Guizot, toujours vert, particulièrement galant avec sa jolie voisine, qui dînait du bout des lèvres pour ne point perdre un mot de sa conversation pétillante. » Dans ce rôle mille fois endossé avec un entrain toujours renouvelé, Guizot est insurpassable. Le genre féminin l'attire physiquement, le touche affectivement et l'intéresse intellectuellement et moralement. Cette attention, qui bien entendu revêt des formes et une intensité variées, ne s'est jamais démentie. Ses amitiés masculines peuvent se passer, au moins quelque temps, de ce qu'il appelle la « présence réelle », et même indirecte, c'est-à-dire épistolaire. Ses attachements féminins réclament en revanche une proximité plus forte, d'autant que la mort les lui a souvent soustraits. C'est pourquoi ils ont laissé des traces si considérables, principalement des correspondances d'une ampleur exceptionnelle, et encore ne sont-elles pas toutes ni intégralement parvenues jusqu'à nous. Leur publication serait d'intérêt public. Encore manquerait-il l'essentiel, je veux dire les conversations, dont les lettres ne sont à ses yeux que l'insatisfaisant prolongement. Que de fois je trouve sous sa plume des variations autour de ce thème, par exemple à l'adresse de Laure de Gasparin : « Je crois à la puissance de la conversation. Il faut voir les hommes[1] et leur parler. L'écriture est une parole morte. Il faut un visage derrière les paroles. Il n'y a pas d'âme sans visage. » Cela vaut pour la belle Laure, cela valait même pour cette créature séraphique qu'était la duchesse de Broglie : « La beauté de sa figure était l'image de son âme. »

1. Faut-il préciser, au risque de la honte, qu'en 1837 et pour quelque temps encore les femmes font partie de l'humanité, et donc que, pour

Que Guizot apprécie la beauté des corps et d'abord des visages n'a, bien entendu, rien d'original. Jusqu'à la fin de sa vie, il prend plaisir à la rencontrer, et à la signaler, y compris à sa fille Henriette qui n'a pourtant que dix ans, lorsque, ambassadeur à Londres en 1840, il fréquente le salon de la reine Victoria : « Les plus belles dames étaient la marquise de Douro, femme du fils du duc de Wellington, et lady Seymour », qui a reçu à la cour le titre de Reine de beauté. Bien des années auparavant, en 1807, à la table de Mme de Staël à Ouchy, il avait découvert une autre reine de beauté, bien plus éclatante, alors dans la gloire de ses trente ans, Juliette Récamier : « Je la trouvai très belle, plus encore parce que tout le monde le disait que par ma propre impression. Il y avait à mon goût, dans sa beauté, plus de charme que de grandeur, et pas assez de feu pour tant d'éclat. » En 1857, à bientôt soixante-dix ans, il parvient à dîner, « en petit comité », avec la comtesse de Castiglione, qui en a vingt-deux, et dont on connaît la fonction auprès de Napoléon III : « Vraiment très belle ; beauté parfaite de la cour de Louis XV, la Vénus du temps et du genre dont Mme de Pompadour est la reine. [...] Décidément le type romain et le type anglais sont les deux types de beauté qui me plaisent. » Le vieil éternel jeune homme fait compliment à la presque encore enfant, déjà bien rouée cependant, de sa robe bleu turquoise mais, lui trouvant « l'air vaniteusement égoïste, froid et même un peu dur », et donc pas à son goût, il plante là la société pour aller causer chez Victor de Broglie. M. Guizot est bien difficile : il lui faut « une âme sous la beauté ». N'est pas Albertine de Broglie qui veut, ni non plus Dorothée de Dino, que je vais bientôt présenter, les deux seules très intimes dont, à ma connaissance, Guizot ait fait expressément acception de l'apparence physique, surtout pour la seconde, peut-être parce qu'elle était plus disponible.

Guizot, les hommes sont tout autant, et en l'occurrence peut-être davantage, des femmes ?

Le coin chaud des femmes

Belles ou moins belles, Guizot s'intéressait aux femmes pour elles-mêmes, et c'est par là aussi qu'il leur plaisait. Qui est-elle au juste, qu'aurait-elle pu être, et implicitement mais clairement, qu'aurait-elle été si je m'étais occupé d'elle ? Cette question lui vient spontanément à l'esprit. Il avait regardé de près, je l'ai dit, à l'originale Mme Vitet. Autre femme d'ami, Pauline de Lasteyrie, comtesse de Rémusat : « C'est grand dommage que sa vie n'ait pas été arrangée autrement. Il y a bien du fond, et je me plais toujours à le retrouver, et elle se plaît à sentir que je le retrouve. » Qu'est-ce à dire ? Comment le sent-elle, sinon qu'il le lui manifeste ? À propos d'Adèle d'Osmond, comtesse de Boigne, de six ans plus âgée que lui, dont il fréquenta le salon, irrégulièrement, de 1814 jusqu'à sa mort en 1866, et dont il rédigea une longue nécrologie, il écrit en 1857 à son amie Amélie Lenormant : « Les plus froids ont un coin chaud, les femmes surtout. Elles meurent quelquefois sans que personne l'ait trouvé. » Lui l'a trouvé chez certaines, a su le faire apparaître, parce qu'il les considère, chacune avec son identité propre, à la fois comme différentes des hommes et comme leurs égales, chacune comme différente de lui et égale à lui. Cette différence donne à cette relation, quelle que soit sa nature, un caractère de liberté qui se rencontre moins chez les hommes entre eux, pris dans des enjeux communs qui peuvent conduire à une concurrence ou à des conflits d'intérêts. En même temps, ne considérant jamais sa vis-à-vis avec condescendance ou légèreté, ne mettant entre lui et elle aucun soupçon de supériorité masculine, il livre plus facilement ses sentiments en même temps qu'il entre volontiers dans les circonstances et les dimensions multiples de l'existence, passant sans inhibition d'un registre à l'autre, du plus familier au plus élevé, du plus matériel au plus abstrait. Dès lors, avec une femme, sous condition de confiance réciproque, Guizot peut parler ouvertement de tout et de fait il ne s'en prive pas, suscitant un échange sur le même ton. C'est pourquoi ses correspondances féminines possèdent un charme et une variété dont les masculines, si senties et substantielles soient-elles, sont moins bien pourvues. En 1868, Guizot publia un volume de *Mélanges biographiques* regroupant ses notices sur six personnes qu'il avait connues, dont quatre femmes (Mmes de Rumford, Récamier, de Boigne et de Lieven). Alfred Cuvillier-Fleury, proche de Guizot qui fut en 1860 témoin au mariage de sa fille Clémentine, dernier des amis, avec sa femme Henriette Thouvenel, à l'avoir vu vivant au Val-Richer, Cuvillier-Fleury donc rendit compte de l'ouvrage dans le *Journal des débats* : « Les vrais juges des femmes, ce sont les hommes sérieux. Les femmes le savent bien. » Guizot, je pense, a apprécié ce propos, car il mène sérieusement ses amitiés féminines, les approfondissant par une pédagogie de la connaissance réciproque. Se connaître mieux par la fréquentation et la conversation de plus en plus en tête à tête, apprendre à « se goûter », voilà l'éducation progressive qui conduit à l'attachement vrai. Il y faut du volontarisme, de l'esprit de suite et un entretien soigneux.

Le 24 octobre 1860 mourut le duc Élie Decazes, l'ancien ministre favori de Louis XVIII, auquel Guizot avait à l'époque prodigué conseils et soutien et avec lequel il est toujours resté en relation. Voilà plus de quarante ans que Guizot connaît et fréquente également sa femme, Égédie de Sainte-Aulaire, fille d'un diplomate et pair de France dont il a été proche, chez qui il a même séjourné en août 1823. Pourtant il lui écrit dès le 26 : « Comptez-moi, je vous prie, parmi vos amis à vous. Je vous demanderais ce nom quand même je n'aurais pas été l'ami de votre mari. » Cette proposition d'amitié fut acceptée. Au fil de rencontres plus qu'hebdomadaires à Paris, et d'une correspondance régulière autrement, se construit la relation, qui a besoin de quelques années pour s'épanouir. Le 1er janvier 1865, Guizot peut enfin écrire : « Ma chère duchesse, votre amitié *vraie* me plaît beaucoup. Il n'y a pas bien longtemps, ce me semble, que nous nous connaissons. Il faut se connaître vraiment pour prendre plaisir à se voir. » Il était temps ! Guizot a soixante-dix-huit ans, la duchesse presque soixante-dix. C'est une amitié du même type qu'il développe avec lady Alice Peel, belle-sœur du Premier ministre tory Robert Peel, connue par l'intermédiaire de son amie Dorothée de Lieven, et renforce après la mort de cette dernière. Ces amitiés affectueuses sont de cœur et d'agrément, et Guizot les cultive soigneusement. D'autres sont plus intenses et plus profondes, nourries par des expériences communes. Née en 1793, Mrs Sarah Austin était belle, semble-t-il, ardente, cultivée. Francophile et francophone, elle avait rencontré Guizot quand il était à l'Instruction publique, et résidé à Paris les cinq dernières années de la monarchie de Juillet. Elle était devenue amie de la famille. En 1849, elle traduisit en anglais le *Discours sur l'histoire de la révolution d'Angleterre* que Guizot plaça, en janvier 1850, en tête de la réédition des deux premiers volumes de cette *Histoire*.

D'Amélie Lenormant, de treize ans plus jeune que Mrs Austin, j'ignore si elle était belle. En 1864 Xavier Marmier – mais il est si malveillant – la voit « figure osseuse, nez pointu, menton en galoche », mais j'imagine que Juliette Récamier n'aurait pas, en 1811, transformé sa nièce par alliance en fille d'adoption si la petite Amélie Cyvoct ne s'était pas montrée, de visage aussi, une enfant prometteuse. Sous l'aile d'une telle marraine, et irradiée par Chateaubriand dont elle défendit par la suite ardemment la mémoire, Amélie grandit en affectivité, en savoir et en distinction. En 1826, un jeune archéologue, Charles Lenormant, l'épousa. De retour d'Égypte et de Grèce, il collabora au *Globe* et à la *Revue française*. C'est dans ces années que Guizot rencontra ces jeunes gens bien assortis et se prit d'attachement pour eux deux. Dans sa correspondance, il fait remonter leur amitié à 1830, donc, comme toujours avec lui, après quelques années d'incubation. Ce fut la femme qu'assurément il préféra, mais il s'attacha étroitement le mari, dont il fit un chef de la division des Beaux-Arts au ministère de l'Intérieur en 1830, puis un conservateur à la Bibliothèque royale, son suppléant au cours d'histoire moderne à la faculté des lettres, un membre de l'Institut. De Charles Lenormant, Sainte-Beuve, qui l'a bien connu, a tracé en 1853, dans une *Causerie du lundi*, un portrait anonyme assez malveillant d'enflure professorale et de fatuité intellectuelle, et ce fut lui qui fit les frais, par de beaux chahuts sorbonniques, de la suspension des cours de Michelet et Quinet au Collège de France en 1845. Les familles Guizot et Lenormant se touchent d'autant plus près que les enfants sympathisent, deux filles et un garçon d'âge voisin des deux côtés, en particulier les filles aînées Henriette et Juliette. Surtout, une circonstance particulière scella une affection infrangible : le 22 février 1848, ce furent chez les Lenormant que Guizot envoya à l'abri sa mère et ses enfants, et ce furent eux, elle surtout, qui les protégèrent et organisèrent leur transfert en Angleterre ; comme ce furent Sarah Austin, et son mari John, qui accueillirent à Londres la famille Guizot en fuite et lui prodiguèrent les premiers soins moraux et matériels, organisant son installation. Guizot conçut pour les deux femmes une reconnaissance qui ne faiblit jamais. Lorsqu'en 1859, à Athènes, mourut Charles Lenormant, qui lui avait rendu de signalés services politiques et intellectuels durant l'exil londonien, et qui travaillait avec lui à réaliser la fusion entre légitimistes et orléanistes, Guizot prit la veuve effondrée et le jeune François Lenormant alors âgé de vingt-deux ans sous sa protection : à François il obtint, pour des raisons alimentaires, une place de sous-bibliothécaire à l'Institut en 1862, en même temps que, pour les mêmes raisons, il réussit à faire nommer le second gendre de Mme Lenormant, Louis de Loménie, professeur de composition française à l'École polytechnique ; Loménie renverra l'ascenseur en acceptant que le velléitaire Guillaume Guizot le remplace dans son cours au Collège de France en 1866. À Sarah Austin, qui mourut en 1867, à Amélie Lenormant, qui lui survécut, Guizot porte une affection qu'il qualifie lui-même de fraternelle. À celle-ci il écrit après son veuvage : « Je vous ai dit quelquefois que je vous aimais fraternellement ; vous ne le croirez jamais assez, jamais trop. » De celle-là il dit à son neveu Henry Reeve, en 1852 : « J'ai pour votre tante une vraie et profonde amitié. Elle serait ma sœur que je ne l'aimerais pas davantage. » Ainsi, la relation très étroite qu'entretint

Guizot avec ces deux femmes tombait sous le coup anthropologique de la prohibition de l'inceste. De fait je ne vois rien, de lui à elles, qui ferait sa part, même indirecte ou voilée, à la libido.

INCLINATIONS RÉCIPROQUES

Elle est sous-jacente, en revanche, dans les puissants rapports qu'il nourrit, au long de trente-cinq années, avec Laure de Daunant, la sœur d'Achille, devenue Mme Auguste de Gasparin en 1813, à vingt-trois ans, et, un peu moins longtemps, avec Juliette Dutilleul, née en 1785, dame d'honneur de la reine Marie-Amélie et épouse depuis 1802 du ministre du Trésor de Napoléon, le comte Nicolas Mollien, pair de France sous la monarchie de Juillet, dont elle devint veuve en 1850. L'étroitesse du lien avec Laure de Gasparin se mesure, en négatif, par le fait que, selon sa volonté expresse, Guizot brûla, comme c'est grand genre à l'époque, les lettres qu'elle lui avait adressées : est-ce à dire qu'elles contenaient des mots qui ne devaient pas sortir d'entre eux deux ? En positif, la substance et l'expression des sentiments de Guizot pour son amie sont éloquentes, tout au long de ses quelque quatre cents lettres qu'a éditées André Gayot en 1934, avec l'autorisation des descendants des deux épistoliers, même s'il n'est pas certain que toutes aient été transmises, et l'aient été intégralement. Rien n'est plus sensible, intelligent, vif, drôle parfois, que ces six cents pages, magnifique morceau de littérature et d'histoire vivantes. Commencée doucement en 1830 – mais ils se connaissaient de bien avant –, l'amitié s'élève avec force jusqu'à un sommet en 1836, entre la disparition d'Élisa Dillon en 1833 et l'apparition de Dorothée de Lieven au milieu de 1837. Des rencontres à Paris on ne peut rien affirmer, même si les lettres entre Paris et le Midi en distillent un écho très assourdi. 8 mai 1836 : « Que de choses que je ne vous écris pas, et que je vous dirais, chère amie !

Les unes trop petites, les autres trop intimes pour être écrites. J'apprendrai, j'espère, l'art de vous les envoyer si loin ; je ne le sais pas encore ; je ne sais pas transformer en lettres nos conversations si douces, si libres ! Et tout ce que je ne vous dis pas me pèse ! » Et quelques jours plus tard : « Quand je vous écris ou quand je lis vos lettres, alors seulement je me sens dans la voie de l'harmonie et du bien-être intérieur. » Et encore, le 5 juin : « Il y a au fond de notre cœur un si ardent désir de complet abandon, un plaisir si vif dans l'absence de toute réticence, de toute contrainte et dans la certitude d'un laisser-aller réciproque, qu'auprès de la femme qu'on aime, qu'on aime tout à fait, qui vous aime tout à fait, on se livre quelquefois et avec un entraînement plein de charme, à une liberté de pensée, de parole, d'imagination et d'expression qui, dans toute autre relation, serait insupportable et impossible. » Eh bien ! D'autant qu'il ajoute qu'après avoir connu cet état délicieux – avec ses deux épouses – « je sens que je pourrais, avec le même plaisir, retrouver le même abandon, également partagé. L'amour vrai, l'amour complet est sans voile ». Il lui parle, comme il fait avec d'autres, d'Abélard et Héloïse, de celle-ci surtout, parangon d'amour total, et aussi, à elle seule, du comte de Guibert et Julie de Lespinasse, dont il a lu des lettres autographes inédites puisque sa belle-mère, Marguerite de Meulan née Saint-Chamans, était légataire de tous les papiers de la demoiselle. Et encore ceci, insolite sous la plume de Guizot, étonnamment inspirée par Laure : « Que manque-t-il à l'Arabe qui enlève sa maîtresse sur son cheval, dans les plaines du désert, au Canadien qui erre avec la sienne sous ses froides et sombres forêts ? Là où est le bonheur, tout y est. » Et puis, dans ces semaines-là, on écrit presque tous les jours, parfois plusieurs fois par jour, on guette le facteur – « Pas de lettre aujourd'hui, contre mon attente » –, on termine la sienne par cet « Adieu, adieu ! » qui porte chez Guizot le cachet de l'extrême intimité. Que s'est-il concrètement passé entre Laure et François ? Vraisemblablement rien, même en cet ardent printemps de 1836 où chacun a fait sentir à l'autre qu'il y songeait, elle sans doute au moins autant que lui. Laure est mariée, Auguste de Gasparin est un ami, elle habite le plus souvent dans le Vaucluse ou les Bouches-du-Rhône.

La comtesse Mollien a un époux aveugle de vingt-sept ans plus vieux qu'elle, elle est bientôt veuve, elle vit le plus souvent à Paris ou dans sa campagne de Jeurs, elle s'ennuie, c'est par Laure que Guizot l'a rencontrée. Un portrait de Laure de Gasparin vers 1850 montre un visage séduisant et une expression spirituelle, comme on dit. Je ne sais pas comment était Juliette Mollien quand Guizot commença à la fréquenter. Comme toujours avec lui, l'approche est à la fois lente et décidée, et, à l'en croire, plus prompte de l'autre côté : « Elle m'a paru bien aise de me voir » (novembre 1839). « Elle est très aimable, et je crois qu'elle pourrait l'être beaucoup plus » (novembre 1846). J'en passe ! Après 1850, et surtout après la disparition de la Lieven en 1857, Guizot la fréquente désormais assidûment. Elle est alors septuagénaire, mais l'attirance, aux yeux de Guizot, est hors d'atteinte de l'âge. Dans ces années, les relations avec Laure demeurent tendres, mais ont pris un cours plus paisible. Raison de plus pour lui parler de leur amie commune, en termes étonnamment directs. 12 janvier 1852 : « Elle me plaît toujours beaucoup, et si je la voyais souvent, je crois que j'irais assez loin avec elle en fait d'intimité. Mais ma vie est déjà bien pleine », pleine de Lieven. Il n'empêche. 28 janvier 1854 : « Vous savez qu'elle me plaît, quoique je ne la connaisse que superficiellement. On ne connaît vraiment une femme qu'à une condition qui manque ici. » À ce compte, connaît-il vraiment Laure ? Il insiste : « Malgré ce qui manque à notre intimité, nous causons intimement. Il arrive bien toujours un moment où l'on s'aperçoit qu'on est au bord d'un fossé qui sépare et qu'on ne franchit pas ; mais pendant tous les moments qui précèdent celui-là, la conversation est animée et douce. » C'est en décembre 1857, Guizot vient d'avoir soixante-dix ans et la comtesse soixante-douze : admirable sensualité de fin d'automne. À partir des années 1860, il va la voir deux ou trois fois par semaine, alors qu'elle perd progressivement et complètement la vue. Ainsi de Chateaubriand et Mme Récamier. La lettre qu'il lui adresse le 22 mai 1874 est d'une écriture tremblée. Dans moins de quatre mois, il sera mort. C'est dans doute son dernier autographe, peut-être sa dernière lettre, pour elle. Sentant sa fin toute prochaine, il dit à sa fille Henriette : « Tu l'écriras toi-même à Mme Mollien. » Les lettres conservées de Guizot à son amie, entre 1849 et 1874, forment un paquet de 1 200 feuillets manuscrits, là encore inédits. Qu'attend-on ?

Alors, histoires d'amour successives, avec Laure de Gasparin puis Juliette Mollien ? Plutôt des affections demeurées au seuil du complet accomplissement, non sans l'avoir désiré, entrevu et même nommé. Guizot, il l'écrit à Laure en 1858, ne croit pas à l'amour platonique. De la passion entre Héloïse et Abélard, dont il a édité la correspondance et qu'il cite fréquemment comme l'amour parfait, c'est l'élément charnel, tel que l'exprime Héloïse, qu'il retient principalement. Sans alcôve, la relation entre homme et femme demeure infirme, et sur les plaisirs du sexe Guizot ne craint pas les allusions transparentes, ni dans sa correspondance ni dans sa conversation. Il fut l'amant ardent et satisfait de ses deux épouses, surtout de la plus jeune, Élisa, comme l'attestent des lettres qu'ils n'auraient pourtant pas eu besoin de s'échanger puisqu'ils étaient sous le même toit, voire dans la même pièce. Ce fut l'amour dans le mariage, à traiter à part comme Guizot l'a fait lui-même. Restent deux femmes dont l'une, Dorothée de Lieven, fut assurément une maîtresse. Et l'autre ?

Dorothée et Dorothée *bis*

Le 12 mai 1858, Guizot indique à Laure de Gasparin, décidément dépositaire de toutes ses confidences, en particulier sentimentales, au risque d'exciter sa jalousie, qu'il a eu le plaisir de retrouver à Paris, l'hiver dernier, la duchesse de Dino : « Je l'ai beaucoup vue. Elle s'est prise, ou reprise de goût pour moi. Encore belle à soixante-cinq ans. Les mêmes yeux, la même taille. Toujours Circé. Et le même esprit ; toujours grand, libre, ferme, simple, sympathique. C'est dommage qu'elle soit redevenue une grande dame allemande, et qu'elle vive presque toujours en Silésie. » Pour l'Ulysse du Val-Richer, « goût » est un mot très riche de sens. À ses yeux, la déesse ensorceleuse, dont on sait que le fils de Laërte partagea la couche, brille par la tournure du corps autant que par celle de l'esprit. Cette unité, on l'a vu, a pour Guizot valeur de séduction. Cette attirance mutuelle, j'ai la conviction, sans en avoir la preuve mais je commence à bien connaître mon héros, qu'elle a reçu son plein effet au moment où écrit Guizot ; et peut-être aussi jadis, car en 1858 elle et lui se connaissent depuis plus de quarante ans. Cette liaison a eu son jour avant et après la double décennie Lieven, et peut-être n'a-t-il pas tenu à beaucoup qu'il n'y ait eu auprès de Guizot qu'une seule Dorothée, comme tend à le prouver la rivalité acharnée dont il fut l'enjeu entre elles deux.

Dans les *Lettres de M. Guizot à sa famille et à ses amis* qu'a publiées en 1884 sa fille Henriette de Witt, celle-ci en reproduit une adressée le 25 août 1828 à Théobald Piscatory, partisan ardent de la cause grecque, proche de Guizot qui le rencontre en particulier à la Société de la morale chrétienne. Il lui annonce son prochain mariage avec Élisa Dillon, sur laquelle Piscatory a peut-être eu des vues, naguère. Henriette, dans son édition, a supprimé le passage suivant : « Dites-moi si en effet Mme de Dino se trouve vraiment mieux depuis qu'elle est à Rochecotte [un château proche de Langeais qu'elle a acquis quelques mois plus tôt] ; j'ai besoin de le savoir et de le croire. Certainement j'ai pour elle une véritable amitié et je tiens beaucoup à la sienne. Je lui écrirai un de ces jours à Valençay. » À coup sûr, Guizot n'ignore pas que Piscatory est l'amant de la duchesse de Dino, de six ans plus âgée que lui. Sait-il que son ami est le père depuis septembre 1827 d'une petite Antonine Piscatory, que la duchesse ne reconnaîtra pas plus que ses autres enfants naturels, ayant assez de ses trois légitimes ?

Guizot a rencontré pour la première fois Dorothée de Courlande, comtesse de Talleyrand-Périgord depuis 1809, lorsqu'il était secrétaire général du ministère de la Justice, à l'été 1815, dans le gouvernement dirigé par Talleyrand, oncle par alliance de Dorothée et déjà sans doute son amant. Personne ne doutait – et, précise Rémusat, Talleyrand moins que personne – que Pauline, née en 1820, fût leur fille. Depuis 1817, par la grâce du roi des Deux-Siciles, Dorothée est duchesse de Dino, un îlot calabrais. Elle sera duchesse de Talleyrand en 1838, et de Sagan (alors en Prusse, aujourd'hui en Pologne) en 1845. Il n'y a alors pas plus chic en Europe. Elle a tenu, à Paris et à Valençay, la maison de son oncle jusqu'à sa mort en 1838 non sans s'autoriser beaucoup de distractions, captant les hommes, jeunes de préférence, par ce que Sainte-Beuve appela « la clarté d'enfer » de son regard. Sous la Restauration, elle a fréquenté l'opposition libérale, guidée en particulier par Royer-Collard que Talleyrand honore de sa sympathie, et par Barante devenu un ami proche. Guizot n'est donc jamais bien loin. En fait, par le salon de Talleyrand qu'elle anime rue Saint-Florentin, elle connaît tout ce qui compte en Europe. Durant ces années, elle a tourné d'assez près autour de Guizot, surtout après son premier veuvage en 1827, provoquant bientôt la jalousie d'Élisa. Elle recommence lorsqu'elle revient de l'ambassade de Londres avec Talleyrand en 1834, et que Guizot est veuf à nouveau. En mai 1836, au moment le plus chaud avec Laure de Gasparin, celle-ci apprend qu'il a eu avec la duchesse « cette longue conversation tant attendue ». Quels comptes s'agit-il de solder ? De la soixantaine de lettres adressées par la duchesse de Dino à Guizot entre 1827 et 1857, il est difficile d'inférer davantage que des gracieusetés. Qu'en fut-il des conversations particulières ? De plus, aucune des lettres de Guizot à sa correspondante ne nous est parvenue, et celles de la duchesse à partir de 1858 ont disparu, certainement par les soins d'Henriette de Witt qui n'en reproduit non plus aucune de son père à la même dans son recueil de 153 lettres. Il est vrai qu'elle ne traite pas mieux Dorothée de Lieven. On peut en imaginer la raison.

C'est le 15 juin 1837, à dîner chez les Broglie, que Guizot et la princesse de Lieven se découvrirent mutuellement, et, le 24 juin, chez la comtesse de Boigne qu'ils scellèrent leur alliance de cœur, qui deviendra aussi de corps peu après. Elle était née, croit-on, en 1785 au plus tard. Raconter tout ce qu'elle fut jusqu'à sa rencontre avec le dernier homme de sa vie serait bien long. J'ai du mal à m'intéresser à la princesse de Lieven, mais puisque Guizot l'aima vraiment et passa vingt années avec elle, que leurs deux noms sont associés pour leurs contemporains comme pour la postérité, je ferai du mieux possible. Dorothée de Benkendorff, d'origine estonienne, devenue sujette du tsar par son mariage en 1800 avec le comte, puis prince en 1826, Christophe de Lieven, avait été ambassadrice de Russie à Londres de 1812 à 1834. Maîtresse sans doute du prince de Galles et futur George IV, à coup sûr de Metternich au congrès d'Aix-la-Chapelle en 1818, elle connaissait tout ce qui portait couronne, diadème, titre ronflant et portefeuille politique et diplomatique en Europe, particulièrement en Angleterre et en Russie, beaucoup moins en France où, séparée de son mari, elle arriva en septembre 1835. Accueillie à Paris par Dorothée de Dino, qui avait tenu l'ambassade de France de Londres occupée par Talleyrand entre 1830 et 1834 et était devenue de la sorte une amie, et par l'épouse de l'ambassadeur d'Angleterre lady Granville, elle refit, rue de Rivoli, la seule chose qu'elle savait faire parce qu'elle n'avait jamais rien fait d'autre, recevoir chez elle et lier par la conversation, art que personne ne lui contesta jamais, les personnalités politiques françaises et étrangères les plus considérables à ses yeux. Delphine de Girardin, rarement bienveillante, écrit en décembre 1836 : « La société de Mme de Lieven semble le type de la politique dans une époque de haute civilisation. [...] Elle a choisi le seul rôle politique qui convienne à une femme : elle n'agit pas, elle inspire ceux qui agissent ; elle ne fait pas de politique, elle permet que la politique se fasse par elle. [...] Dans son salon, *elle règne et ne gouverne pas.* » La politique, qui était son plus puissant intérêt dans la vie, peut-être le seul véritable hormis son propre ego, n'était en effet conçue par elle que comme une affaire de rapports personnels et d'échanges de paroles à l'intérieur d'un milieu, ce qu'elle appelait son monde, étroitement confiné. Peu après son arrivée à Paris, lady Granville, une amie pourtant, aurait prévenu : « C'est une femme purement politique, il lui faut des gens au pouvoir. Si aujourd'hui on faisait le bourreau président du Conseil, elle serait enchantée de le recevoir chez elle. » Que d'amitié ! Dans son petit salon cosmopolite ouvert tous les soirs, elle tenait à voir figurer les importants du jour. Noailles, Broglie, Decazes, Berryer, Thiers, Molé, Guizot, parmi bien d'autres, étaient de ceux-là. Ç'aurait pu être Thiers, encore que... Pas Broglie, en tout cas, qu'elle trouve « trop boutonné ». François Guizot n'a pas lieu, de sa part, d'encourir ce reproche. Ce fut donc lui. Peut-être eût-elle voulu Thiers et Guizot, qu'elle s'efforça de concilier, et força, chez elle, à s'entretenir.

François et Dorothée se parlèrent vraiment pour la première fois à dîner chez Broglie sans doute dans l'hiver 1835-1836 et éprouvèrent l'un de la sympathie, l'autre de la curiosité. Dès le printemps de 1836, ils se firent des coquetteries et des aguichements, par exemple le 30 avril chez, précisément, la duchesse de Dino, surtout, un mois plus tard, à l'ambassade d'Angleterre, avec un tête-à-tête dans un cabinet fermé à clef qui fit jaser. On en est encore aux bagatelles mondaines, assez ridicules vues d'aujourd'hui de la part de deux quinquagénaires ayant beaucoup vécu. Guizot s'en explique comme il peut avec Laure de Gasparin alarmée : ces dîners intimes avec la princesse ont servi à contrarier des adversaires politiques – et Guizot pense certainement à Thiers qui passe alors beaucoup de temps chez elle. « Il leur déplaisait de voir Mme de Lieven si empressée d'être et de paraître bien avec moi. » Rien de plus qu'un « pur plaisir de malice. Personne ne fait moins de cas que moi de ces petits succès de la vie du monde ; mais il faut les avoir de temps en temps, pour montrer qu'on peut les avoir. Et puis on les poursuit ou on les laisse là, selon qu'ils ont ou qu'ils n'ont pas quelque sérieuse utilité ». On les poursuivit, par utilité sans doute, mais surtout en raison d'une circonstance qui n'est pas médiocre.

En mars 1835, Dorothée de Lieven avait perdu en Russie, emportés par la scarlatine à quelques jours d'écart, ses deux plus jeunes fils – elle en avait cinq –, âgés de dix et quatorze ans. Ce chagrin nouveau pour elle l'accabla, elle devait désormais en porter perpétuellement le deuil. C'est dans ces couleurs que la montre, exécuté sans doute vers 1845, un portrait de Valentine Delessert : oiseau de nuit décharné au grand regard fixe et presque mort, impressionnant. « Visage aigu et mésavenant » pour Chateaubriand qui l'a rencontrée du temps de son ambassade à Londres puis au congrès de Vérone et qui ne l'aime pas, et qu'aime sans doute encore moins Juliette Récamier, « grande haquenée, maigre et anguleuse, pointue » pour Rémusat. Plus jeune, sous le crayon de Thomas Lawrence et le ciseau de Thomas Campbell, elle ne manque ni d'allure ni de charme. Ni le prince de Galles ni le grand-duc Constantin de Russie n'auraient mis dans leur lit un laideron. Ni même Guizot, mais lui transfigurait ce qu'il voyait, le plomb en or. Ce qu'il vit donc, c'est une mère éplorée ; ce qu'elle vit en lui, c'est un père brisé par la mort de son fils François le 15 février 1837. Dès le 16, elle lui a écrit sa « vive et tendre compassion ». Puis ce furent quelques billets, une ou deux visites, seul à seule. C'est elle qui avance et, à l'anniversaire de la mort de ses enfants, fait fort plus que subtil : « Je cherche de la sympathie, je cherche aussi de la distraction. Vous êtes homme, vous êtes fort. Moi je suis faible, bien faible. [...] Je sais bien peu me faire comprendre si vous ne vous êtes pas aperçu du plaisir que me donne votre présence » (19 mars). Il s'en était aperçu, et le sentiment chemine. Le 16 ou le 17 juin, il lui a dit ce qu'elle attendait, ou n'attendait plus, le sésame imparable : « Vous n'êtes plus seule. » Comment, seule ? Tous les jours des dizaines de personnes, et pas n'importe lesquelles, se pressent chez elle, elle a des amis, des amies surtout, comme lady Granville, peut-être encore la duchesse de Dino, déjà la duchesse de Broglie, tant d'autres. C'est vrai, mais au fond, quand le salon s'est vidé, le soir vers dix heures et demie, ou qu'elle est rentrée d'un dîner chic, elle est seule, sinon avec une nièce ou une demoiselle de compagnie. Elle s'ennuie, elle est triste, de santé médiocre. Pour elle non plus, le courrier, dont elle est prodigue, ne remplace pas la conversation, l'intimité. Elle a eu un grand malheur, un autre vient d'en éprouver un, le même, c'est un ministre, un grand chef politique, il fleure le pouvoir, la force, la sensibilité aussi. Et lui ? Veuf inconsolable mais réparé et disponible, père foudroyé mais supérieur à sa peine, il est, malgré sa famille, ses enfants, ses activités publiques, seul aussi, et homme au monde le moins propre à le supporter. Intolérable solitude. Il le dira plus tard à Amélie Lenormant, veuve d'un mari excellent : « Tout entouré et heureusement entouré que je suis, je sais ce que c'est d'être seul. On est seul quand on n'est pas deux. » Propos immense en sa brièveté. Et à Mme Mollien : « Ce qui me serre le cœur pour vous, c'est votre solitude. Il faut avoir quelqu'un à qui parler, et parler de tout. »

C'est bien par le sentiment que commença la liaison, et c'est dans le sentiment qu'elle s'acheva. De son intensité, dont les années sans doute apaisèrent l'expression, peu filtra à l'extérieur. La correspondance, heureusement conservée, incomplètement et imparfaitement éditée mais à laquelle je renvoie, en fournit la mesure, d'autant que Guizot place la relation sous le signe d'un mot très actuel, la « transparence ». Donnons-leur simplement la parole à chacun une seule fois, mettons deux. Elle : « Je vous aime, je vous aime, je vous attends ; je vous le dirai autrement, quand vous serez là devant moi, près de moi. Quel plaisir ! Adieu. » Et quand la fièvre la prend, le tutoiement lui vient : « Mon bien-aimé, je voudrais t'envoyer des paroles d'amour aussi vives, aussi tendres que l'amour que je ressens. » Lui : « Tout sentiment vrai est nouveau. J'ai la prétention de vous dire des choses qu'aucune voix d'homme n'a jamais dites et ne dira jamais. Et que sont les choses que je vous dis auprès de celles que je sens ? Mon cœur est infiniment plus riche que mon langage et mes émotions, en pensant à vous, infiniment plus nouvelles, plus inouïes que mes paroles. Laissez donc ce papier et entrez dans mon cœur. Lisez ce que je ne vous écris pas. Entendez ce que je ne vous ai jamais dit. » Et encore : « L'envie m'a pris de sortir de notre terre, de traverser l'espace, d'aller je ne sais où, goûter je ne sais quels plaisirs, pénétrer je ne sais quels mystères. Et ce mouvement d'imagination m'a porté vers vous. Je vous ai appelée ; je vous ai prise avec moi. Et tous mes désirs se sont concentrés en un seul désir :

Partons, dans un baiser, pour un monde inconnu. »

Ces mots-là ne viennent pas de n'importe où, de la *Nuit de mai,* et seul vers de Musset qu'il avouait aimer. Et voilà bien Guizot, le même, au fond, ici comme ailleurs. À cette femme tour à tour excitée et geignarde, de courte intelligence, que les idées, le savoir et les livres indisposent ou fatiguent, imbibée de Sainte Alliance, d'un snobisme pyramidal même pour lui qui n'est pas sans faiblesse de ce côté-là, ne soupçonnant pas que toute une société existe en dehors de ses coteries mondaines, grande dame si cette expression a un sens, intrigante assurément, il invente, au sens propre, une identité, lui insuffle l'esprit et la sensibilité qu'il possède pour deux, l'élève à ses propres yeux et lui révèle une intériorité demeurée jusque-là chez elle à l'état latent. Ce « bonheur voulu » est bien celui dont parlait dix ans plus tôt Albertine de Broglie et qui parfois confère aux phrases de Guizot quelque chose de forcé, comme s'il cherchait à trop prouver : « Votre cœur, votre esprit, votre caractère, votre grandeur et vos malheurs, vos souvenirs beaux ou cruels, votre air, vos regards, votre voix, vos paroles, vous, vous tout entière, je vous aime, j'aime tout, tout m'est cher, et nécessaire, et me plaît et m'occupe. » Quoi encore ? Bon, elle aime ça, il lui en faut beaucoup, lui ne plaint ni son papier ni sa plume – en septembre 1839 il a des loisirs –, et il croit ce qu'il dit puisqu'il le dit. Elle, jamais rien de semblable ne lui est arrivé, Clemens de Metternich ne parlait pas ce langage, d'ailleurs il s'est remarié avec une pas grand-chose, Guizot enchante son automne, elle lui en conçoit, malgré ses plaintes, une reconnaissance et un attachement éternels, elle le prouvera en lui conservant, après sa chute en 1848, quand il n'est plus rien qu'un impressionnant retraité du pouvoir, un amour intact, jusqu'à l'heure ultime du 25 janvier 1857, lorsque ses derniers mots seront pour lui. Et il faut que Guizot l'ait vraiment connue et aimée pour écrire quelques instants après sa mort ces mots si clairs : « Son âme était aussi grande que son esprit était charmant. Ses qualités étaient à elle et venaient de sa nature ; ses défauts lui venaient de son éducation et de son monde. » Par là sans doute la plupart de ses contemporains l'ont méconnue, ou n'ont pas connu celle que Guizot a découverte et construite. Albert de Broglie : « J'ai vu si rarement l'expression de la sensibilité sur le visage de Mme de Lieven... » D'autres assurent ne l'avoir jamais vue. Mais n'en disait-on pas autant de Guizot lui-même, le doctrinaire au cœur sec ?

Si le malheur les rapprocha, si l'amour les réunit, la politique, leur commune passion, les empoigna, singulièrement la politique internationale. En 1837, Guizot ne s'est guère occupé jusque-là que d'affaires intérieures. Même s'il s'intéresse à la vie de l'esprit au-dehors, il n'est jamais sorti de France. Or les grandes destinées politiques se sont fondées sur les affaires étrangères, poste ministériel au reste le plus en vue et généralement associé à la présidence du Conseil, celui qu'ont occupé Talleyrand et Richelieu sous la Restauration, Molé, Broglie et tout récemment Thiers sous la monarchie de Juillet, où s'illustrent Nesselrode, Metternich et Palmerston. La princesse, elle, connaît ce monde par cœur, tout au moins ses acteurs. Peut-être est-ce sous son influence que Guizot y est venu, d'abord en 1840 comme ambassadeur à Londres, là où elle-même a naguère déployé ses talents, et le fait profiter de son expérience en allant y passer deux mois durant son ambassade, puis comme titulaire des Affaires étrangères jusqu'à la fin de la monarchie de Juillet. De plus en plus, même si l'élément sentimental demeure vivace, la correspondance entre la princesse et Guizot, lorsqu'ils sont séparés, et certainement leurs conversations dans le salon de la rue Saint-Florentin où Guizot, lorsqu'il est à Paris, se rend une ou deux fois par jour comme chez lui, d'abord en un tête-à-tête d'environ une demi-heure réputé mystérieux puis ouvertes au personnel politique et diplomatique, portent principalement sur les questions européennes, généralement considérées sous l'angle des personnalités et éclairées par les informations, réelles ou supposées, que se flatte de recueillir et de détenir la princesse.

Cette liaison hautement affichée dès ses débuts ne manqua pas de susciter des commentaires. Non pour des raisons de convenances sociales ou morales. Le comte Molé et la comtesse de Castellane, le chancelier Pasquier et la comtesse de Boigne, le vicomte de Chateaubriand et Mme Récamier, naguère le prince de Talleyrand et la duchesse de Dino offraient des exemples analogues d'Hercule/Omphale ou Numa/Égérie. Mais, entre l'intellectuel bourgeois réputé rigide et l'aristocrate tenue pour légère et répandue dans les cours et les salons européens, la compatibilité semblait improbable. Surtout, sujette et confidente du tsar de Russie dont elle a défendu les intérêts à Berlin puis à Londres, quel usage fera-t-elle de sa position auprès d'un des hommes d'État français les plus considérables, bientôt ministre des Affaires étrangères et chef réel du cabinet pendant près de huit ans ? *Le Temps* fut le premier journal à en plaisanter, et à s'en émouvoir, dès le 18 septembre 1837 : « Savez-vous par quel chemin veut s'avancer le sévère disciple de Calvin ? Savez-vous ce que faisait à Paris le grand orateur de la doctrine, celui que M. Royer-Collard a si bien appelé un "austère" politique ? Il était... devinez ! Il était amoureux. [...] Malgré toutes les grâces de l'objet aimé qui expliqueraient de reste un penchant tout inspiré par ses yeux, l'amour du puritain doctrinaire ressemble beaucoup à un calcul politique. » Cet amour conduirait Guizot à répudier l'alliance anglaise pour l'alliance russe : « En faisant sa cour à la belle dame, on faisait sa cour à l'Europe. » Selon Charles Bresson, ambassadeur à Berlin, qui en aurait averti la belle-mère de Thiers, Mme Dosne, la princesse tiendrait un journal de tout ce que disent Thiers et Guizot, pour le soumettre au tsar Nicolas. Alors, Guizot « Sigisbée d'une déité de chancellerie » ? Le persiflage mit la princesse dans une colère qu'elle alla déverser sur le président du Conseil Molé, dont *Le Temps* était réputé proche. On rit dans Paris. Dans le chapitre des

Mémoires d'outre-tombe où Chateaubriand habille proprement Mme de Lieven, il conclut sa charge : « Le ridicule attendait à Paris Mme de Lieven. Un doctrinaire grave est tombé aux pieds d'Omphale. » Les salons bruissent de la romance en cours : « Rien n'égale les coquetteries Lieven-Guizot. » « On trouve matin et soir M. Guizot chez Mme de Lieven, et on s'en amuse ! » Dorothée de Dino est jalouse, et Dorothée de Lieven paraît l'être d'elle, au moins dans les commencements. Son amant la rassure. 27 octobre 1837 : Mme de Dino le presse à nouveau de venir à Rochecotte. « Je n'ai pas besoin de vous dire que je n'irai pas. » Et Mme de Lieven ? Avril 1840 : « Savez-vous que j'ai un parfait mépris pour Mme de Talleyrand ? [...] Mme de Talleyrand m'engage à aller chez elle, ce que je ne ferai pas. » Le dépit mord le cœur de la duchesse : « La princesse de Lieven reprend tous les goûts de la jeunesse et du bonheur » (2 juillet 1841). C'est vrai, et Guizot l'éprouve pour lui-même : « C'est une impression singulière que celle des sentiments de la jeunesse éprouvés quand on n'est plus jeune. » Et toute cette idylle, mauvais goût parfait, dans les lieux où vivaient à Paris Talleyrand et sa nièce, rue Saint-Florentin, dans la chambre même où le prince reçut de l'abbé Dupanloup les derniers sacrements le 17 mai 1838, et où Dorothée de Lieven s'est installée l'année suivante ! Amertume que remâche Dorothée de Dino encore dix ans plus tard : « J'ai dîné avant-hier chez Mme de Lieven. J'ai eu la satisfaction qu'elle m'a trouvée stupide et qu'elle me l'a dit assez clairement pour me faire espérer qu'elle le dirait et répéterait dans ses lettres. » Ainsi Guizot est l'enjeu pour lequel se dressent l'une contre l'autre les deux anciennes amies, comme dans ce dîner de l'automne 1847 donné à la duchesse par la princesse qui raconte au diplomate autrichien Rodolphe Apponyi : « Figurez-vous Mme de Sagan assise entre Guizot et Salvandy [alors ministre de l'Instruction publique]. D'abord elle n'ouvrit la bouche que pour manger. [...] J'avais à peine commencé à parler à M. de Salvandy que Mme de Talleyrand lui chuchote quelque chose à l'oreille, tout juste assez pour interrompre sa causerie avec moi, puis elle l'abandonne de nouveau pour souffler quelques autres mots dans l'oreille de Guizot. » C'en est trop pour la princesse, en vérité placée par sa naissance un barreau moins haut que la duchesse sur l'échelle de l'aristocratie internationale : « Je me suis bien promis de ne jamais plus l'inviter à dîner seule de son espèce ! » Elle ne tiendra pas parole, comme on a vu.

Aux cancans de salon s'ajoutèrent bientôt des imputations plus graves, que laisse pressentir l'article du *Temps* : l'influence voire l'immixtion de l'illustre et influente étrangère dans la diplomatie française. Bien entendu, la duchesse de Dino est la première à donner corps à ce soupçon. Par exemple, si Guizot, ambassadeur en Angleterre, s'est laissé surprendre, le 15 juillet 1840, par la conclusion, dans le dos de la France, du traité entre les quatre puissances relatif à la question d'Orient, c'est que la princesse, alors présente à Londres, l'aurait assuré « qu'il ne pouvait rien y avoir de fait, puisqu'elle l'aurait su ». Mais aussi, que faisait-elle à Londres ? Son amie lady Palmerston, épouse du secrétaire du Foreign Office, l'avait mise en garde : « La plupart [des diplomates] craignent votre arrivée ici, et seront prêts à mettre quelque interprétation à toutes vos paroles et à toutes vos démarches, même les plus innocentes. Je ne voudrais pas vous voir dans une fausse position. Les entours de M. Guizot ici et de son parti en France, à ce qu'on dit, sont fort jaloux de votre influence et de l'amitié qu'il vous porte. » Elle se mêlerait non seulement des nominations dans le corps diplomatique, mais du programme des spectacles parisiens. Une amie indique à la duchesse, en janvier 1842, que « les rapports de M. Guizot et de Mme de Lieven ont pris un tel caractère que l'opinion s'en émeut et qu'il est possible qu'on en parle à la Chambre des députés. Les journaux, à ce qu'il paraît, ne s'en gênent pas. » Non, on n'en parla pas à la Chambre, dans les antichambres seulement, y compris aux Tuileries où Louis-Philippe prit le parti d'en sourire, à en croire Victor Hugo : « Quand une femme du Nord a affaire à un homme plus jeune, elle le suce jusqu'à la moëlle » ; et les journaux, au total, font preuve d'une étonnante et louable discrétion. Tout au plus le *Charivari*, comme c'est son rôle, daube-t-il « les deux pigeons » ou telle « course en tilbury au clair de lune ». Et Delphine de Girardin, dans *La Presse,* ne fait que répéter sans insister ce qui se dit : « C'est une très haute inconvenance pour un ministre français que d'afficher une Égérie étrangère. » Guizot, bien entendu, n'ignore rien de ce qui se murmure. Sûr de lui là comme ailleurs et méprisant le qu'en-dira-t-on, il ne redoute pas une certaine provocation, utilisant la rue Saint-Florentin, fréquentée par tout ce qui comptait en Europe, en annexe du boulevard des Capucines. « Il va la voir trois et quatre fois par jour, note Apponyi en 1844. Elle-même passe des heures dans son bureau et, à cet effet, il a fait faire un fauteuil tout exprès pour elle ; puis, aussitôt qu'elle le quitte, c'est un échange de billets interminables qui se succèdent du matin au soir. M. Guizot quitte les affaires les plus pressées pour servir Mme de Lieven. » À la belle saison, il séjourne à Auteuil dans une maison contiguë à celle que loue la princesse. Bref, le ministre est-il manipulé ? Les meilleurs connaisseurs, qui ne sont pas les plus bienveillants, ne le pensent pas. « Son amitié a été aussi loyale que fidèle » selon Albert de Broglie. Charles de Rémusat opine dans le même sens : « Je ne crois pas que Mme de Lieven ait trahi Guizot, ni pour l'empereur Nicolas ni pour aucun cabinet. Elle lui a nui en lui rendant précisément les services qu'il attendait d'elle. Elle a achevé de le mettre dans le monde diplomatique. Elle a pleinement satisfait cette ambition puérile, à laquelle Guizot n'échappait pas, de se voir incorporé dans la clique des Metternich de tous les pays, sans cesser d'être un bourgeois, un savant, un orateur, un puritain. » Sans doute. Cependant, dans l'étrange « composé chimique d'affection et de politique » qui étonnait Albert de Broglie, l'affection l'emportait. Autrement, ce composé n'aurait-il pas précipité sous l'effet de la catastrophe de 1848 qui retira Guizot de la politique active ? Quand elle rouvre son salon en 1849, il n'est plus guère qu'une sorte de lanterne magique, instrument qu'affectionne la princesse, où se profilent désormais les silhouettes du passé. « J'ai été le soir chez la princesse de Lieven, note en décembre 1852 le maréchal de Castellane, dont le fils est le gendre de la duchesse de Dino. Je m'y suis trouvé un moment avec quatre anciens ministres : le comte Molé, qui l'a été sous l'Empire et sous Louis-Philippe, MM. Guizot et Dumon, sous Louis-Philippe ; M. de Chasseloup-Laubat, sous le Président [Louis-Napoléon]. » Il y viendra encore bien du monde, y compris la future impératrice Eugénie.

Si la princesse entra tout à fait dans l'existence publique de Guizot, elle demeura à l'écart de sa vie familiale. Ce n'est pas qu'elle n'ait pas tenté d'y pénétrer. À peine Guizot parti à Londres, elle se précipite rue de La-Ville-l'Évêque : « Je suis allée hier chez votre mère. Elle m'a reçue avec bonté. Vous ne sauriez croire comme elle me plaît. » Mais Victor de Broglie est là, bougon, et elle s'en va. « Vos enfants ont couru à ma rencontre dans la cour, cela m'a fait plaisir. » Et elle insiste, comme pour se faire accepter là où elle n'a pourtant pas sa place : « Votre mère a été bien polie et affectueuse pour moi. » Naturellement, cette visite sans prévenir a été bientôt sue de tout Paris. Guizot, lui, paraît encourager son amie : « Je suis charmé que vous alliez voir ma mère. Elle m'a dit votre troisième visite avec plaisir » – la troisième en trois semaines. Les visites continuent, Mme de Lieven donne à leur père des nouvelles de ses enfants : « Vos filles faisaient de la musique. Guillaume jouait avec son fusil. » 3 juin 1840 : « Votre mère et vos enfants me traitent avec une bonté familière qui me plaît infiniment. » Dorothée est dans l'erreur, ou s'abuse, et Guizot, après qu'elle lui a fait une scène de jalousie épistolaire sur une escapade familiale qui la prive de sa présence, le lui dit nettement : « Puisque le mot *jalousie* est venu là, sachez que vous êtes, vous, dans ma maison, pour ma mère surtout, un objet d'immense jalousie » (14 août 1843). Là est la clef qui ferme à la princesse la porte de Guizot à Paris quand il s'y trouve en famille, celle du Val-Richer où elle a passé tout juste quelques heures en août 1847. C'est en croyant faire plaisir à leur père que Henriette et Pauline portent à Beauséjour, sa maison d'Auteuil, des brioches chaudes à la princesse, ou que Henriette, durant une villégiature à Trouville, déclare qu'elle lui tiendra compagnie autant qu'elle le pourra. Pour la mère et la petite-fille, qui savent exactement à quoi s'en tenir, c'est déjà beaucoup, c'est déjà trop qu'à Paris leur grand homme, que ses fonctions gouvernementales accaparent, consacre l'essentiel de ses loisirs à une personne qu'elles ont bien des raisons, bonnes ou moins bonnes, de ne pas apprécier. Pour Guillaume, enfant qui se sent alors abandonné, la blessure sera peut-être plus cruelle encore. Aussi les amants vieillissants ne vivront-ils jamais ensemble, Guizot l'eût-il voulu, ce dont je doute fort tant son existence, en particulier son travail quotidien d'écriture, sa maison, ses habitudes en eussent été perturbés. Souvent, quand son amie le poursuit, réclame qu'il soit à elle seulement, il oppose ses devoirs, qui passent avant tout, devoirs envers ses enfants, envers sa mère, envers lui-même aussi qui a une œuvre à poursuivre. Au demeurant elle n'eût pas supporté plus de trois jours à la campagne et Guizot réside, après 1849, de plus en plus longuement au Val-Richer, où sa lettre quotidienne vient le trouver. C'est pourquoi aussi, en dépit des nombreux bruits qui coururent, en particulier au moment de la mort de Dorothée, ils ne se marièrent pas. Du reste la princesse de Lieven aurait dit à la princesse de Nesselrode – mais que ne fait-on pas dire à des princesses russes ? – qu'elle n'imaginait pas se faire annoncer dans les salons comme Madame Guizot ; assurément Guizot non plus. Il doit néanmoins rassurer Laure de Gasparin, qui s'est alarmée : « Ce qu'on vous a dit n'a pas le sens commun. J'ai beaucoup d'affection pour Mme de Lieven et elle tient en effet beaucoup de place dans ma vie. Mais tout le reste est faux. Et mal inventé de plus, car qui peut ignorer que, dans notre société française, un mariage secret est parfaitement impossible ? » Que signifient alors ces mots de Dorothée : « Le 30 août était un dimanche. Demain, huit semaines révolues depuis que nous nous sommes donnés bien solennellement l'un à l'autre, pour cette vie, pour l'éternité ! Adieu, mon bien-aimé chéri » ? À défaut d'union civilement reconnue, peut-on supposer que, dans un moment d'exaltation tournant en ferveur, le calviniste et la luthérienne aient conçu une liturgie de leur invention, dans l'obscurité de quelque chapelle londonienne, par laquelle ils auraient, sans témoin, échangé des serments solennels ne valant que pour eux ? La tendre et brûlante logorrhée qui s'épanche dans leur correspondance donne à penser qu'ils auraient pu prononcer aussi ce genre de paroles-là. La duchesse de Dino prétend que, après la mort de la princesse, Guizot écrivait « des lettres sur du papier à larges bords noirs, papier de veuf ».

Dorothée de Lieven mourut courageusement, et dignement, après avoir reçu le pasteur Cuvier, dans la nuit du 26 au 27 janvier 1857. La veille, quand il comprit que la fin était là, Guizot songea à partir au Val-Richer : « Il me semble que je fuirais le coup que je vois venir. Misérables illusions de notre faible cœur ! Comme de raison je reste, je resterai. Je ferai tout ce que j'ai à faire. » Il resta en effet, auprès d'elle : « Elle s'est éteinte sans souffrance, en pleine possession de son âme, et de son âme parfaitement sereine, et aussi grande que son esprit était charmant. » Après tout, on peut le croire : l'époux de Pauline de Meulan, l'ami d'Albertine de Broglie s'y connaissait en âme et en esprit. Il en avait beaucoup donné à Mme de Lieven, qui malgré tout ce qui dans sa personne gêne assez aujourd'hui et gênait un peu en son temps Guizot lui-même avait su le lui rendre, vingt ans durant. Inhumée dans le domaine des Lieven près de Mitau (aujourd'hui Ielgava en Lettonie), elle léguait à Guizot 8 000 francs de rente, dont il se fit verser en fait le capital, et sa voiture. Guizot, l'un des hommes d'État les plus importants du demi-siècle, écrivain du premier rang, n'avait jamais eu de voiture à lui personnellement. Trop cher. « De tous les accompagnements de la fortune, écrit-il à Laure de Gasparin, le seul qui me manque quand je suis hors des affaires, ce sont des chevaux. Cela donne à la vie une facilité et une promptitude dont elle a besoin. » Les deux fils Lieven, Alexandre et Paul, y ajoutèrent deux vases de Chine qui se trouvaient dans sa chambre.

En 1857, les nouvelles technologies aidant, l'information circule vite, surtout quand on l'attend. Mme de Lieven n'était pas encore sous terre que Circé, comme par enchantement, réapparut. Depuis Berlin où elle se trouvait, Dorothée de Dino guettait. Dès le dimanche 1er février, car la poste fonctionne aussi ce jour-là, Guizot reçoit une lettre de fausses condoléances et de véritable ouverture : « C'est à vous surtout que je pense. [...] Il y a dans le cœur des coins cachés et oubliés qui se retrouvent quand on vient y frapper. » Ce cœur-là n'est pas celui qu'il vient de perdre, à lire ce qu'elle écrit à Barante au même moment : « On n'attire que par la grâce ; elle n'avait que bel air. On n'attache que par le cœur, il ne dominait pas en elle. » Les mots qu'a su trouver Dorothée de Dino pour réchauffer des souvenirs partagés frappent – et charment ? – à ce point Guizot qu'il les répète aussitôt à sa fille Henriette. Non pas qu'il oublie aussitôt la Dorothée disparue. Le 8 août, depuis le Val-Richer, il fait part encore de sa solitude à Barante : « Je n'ai pas encore appris à ne pas attendre tous les matins la lettre à laquelle je répondais tous les jours. » Mais, chez lui, deuils et souvenirs sont cumulatifs : l'un ne remplace ni n'efface le précédent, au contraire ils s'appellent les uns les autres. Le voici début novembre au château de Broglie : « J'ai eu le cœur saisi en entrant dans l'ancien salon de la duchesse de Broglie, dont son mari avait fait son cabinet et qu'il a rendu cette année au public. Rien n'y est changé, mais elle n'y est plus. » Soutenir que la duchesse de Dino remplace la princesse de Lieven auprès de Guizot serait exagéré. Non parce qu'il a soixante-dix ans et que la duchesse marie cette année sa petite-fille. Circé, on l'a dit, n'a pas d'âge, et lui-même ne s'en sent pas. Renoue-t-on avec 1835-1836, ou à frais nouveaux ? Pendant trois ans, avec les intermittences provoquées par les séjours de la duchesse hors de France et ceux de Guizot au Val-Richer, les anciens amis se redécouvrent, paisiblement mais non sans élans, d'autant que chez Guizot la température s'élève rapidement. Lorsque Dorothée *bis* est à Paris, on se voit deux ou trois fois par semaine, en particulier chez Mme Mollien, tendre amie commune qui leur ménage le tête-à-tête, mais pas là seulement. Chez elle aussi, et souvent. C'est la beauté inentamée de la duchesse qui séduit Guizot autant que son esprit, alors que du visage de la princesse je ne connais de lui aucune appréciation. En avril 1858, ont lieu deux scènes emblématiques. La première, la plus importante, se produit le mardi 6. Elle : « J'ai une faveur à vous demander. J'y tiens beaucoup. Ne me refusez pas. C'est une petite place au Val-Richer, dans votre cabinet, pour une assez belle lithographie qu'on a faite de moi à Berlin. » Elle est bien renseignée, sait qu'un buste et un pastel de la Lieven se trouvent déjà dans cette pièce intime. Petite revanche ! Le lendemain, Guizot reçoit la lithographie, « grande et belle en effet, avec un billet qui finit par cette phrase : "J'ai eu l'outrecuidance de mettre en bas le mot *ami*. Vous n'en êtes pas importuné, n'est-ce pas ?" Elle a écrit en bas : "À mon illustre ami M. Guizot, Dorothée, duchesse de Sagan." » Non, il n'est pas importuné, au contraire, et il accrocha la reproduction là où Dorothée le désirait. Il l'eut ainsi devant les yeux seize ans durant. Le 21 avril, Guizot vient chez son amie pour une explication sur ce qu'il a écrit de Talleyrand dans le premier volume de ses Mémoires. Rien de bien méchant, mais la nièce est susceptible pour la mémoire de l'oncle bien-aimé. Elle : « Il a passé condamnation avec une humilité qui ne lui est pas habituelle. [...] Il me *demandait pardon* de ne pas m'avoir montré ce passage manuscrit. Bref, il a voulu être singulièrement doux. » Les douceurs se disent, s'écrivent, s'éprouvent délicieusement. Elle lui manque, il lui manque. À la fin du printemps 1860, elle quitte Paris pour n'y plus revenir, et finit ses jours dans son domaine silésien de Sagan. Elle y mourut le 19 septembre 1862, et l'on peut découvrir tout ce qu'elle fut dans sa *Chronique*, pourtant bien partielle, publiée en quatre volumes en 1909 par sa petite-fille. Belle, intelligente, réellement cultivée, grande lectrice, intéressée par les idées et attentive aux personnes, chère à ses amis, épargnée par la morgue, l'âge mûr l'avait bonifiée. La fin d'automne qu'elle partagea trop brièvement avec Guizot laissa chez ce dernier des traces profondes. « La mort de la duchesse de Sagan a été pour moi une peine, une vraie peine, écrit-il à Amélie Lenormant. Pendant longtemps nous nous étions beaucoup rencontrés en nous connaissant peu ; depuis quelques années, nous nous étions vus de plus près et beaucoup plus goûtés mutuellement. C'était un esprit supérieur, une âme grande et tendre à travers les emportements de sa vie, et une société charmante. » Et puis, il y avait ses yeux, « ces yeux tour à tour si brillants et si profonds ».

Des yeux comme ceux de Guizot. Est-ce par là d'abord que, depuis plus de cinquante ans, il leur plaisait, à ces dames, les conquérait ? Les qualités, les charmes qu'il leur prête, et sur lesquels il est prolixe, ne sont-ils pas au miroir des siens ? Son regard, qui était sa forme de beauté à lui, ne laissait pas indifférent. La richesse de sa conversation, l'ampleur de sa réflexion et de son savoir, la clarté de son expression, sa simplicité de ton et de manières dans les relations privées, la passion qui parfois s'en mêlait attiraient. Le succès littéraire, l'exercice du pouvoir politique, avec le prestige de l'éloquence parlementaire, n'ont pas compté pour rien. La sûreté de son amitié – « je ne livre jamais mes amis », disait-il et c'était vrai – inspirait confiance. Mais le ressort de sa séduction tient à mon sens à la force qui l'habitait, et qui rayonnait. Force physique, en dépit de sa chétive apparence, qui lui laisse la pleine disposition de ses sentiments et de son esprit ; force de caractère, qui le rend omniprésent partout où les choses se passent, et ne le laisse jamais désemparé ; force morale, qui le garantit contre la tentation de l'abandon ou du néant lorsque le sort le frappe si durement. On parlait jadis de vitalité, on dirait aujourd'hui libido, entreprenante et communicative, qui efface les obstacles et dont il est conscient, en particulier des effets sur les femmes. Avec Cordélia de Castellane il serait, à l'en croire, allé jusqu'où il aurait voulu. L'épouse du peintre ami Ary Scheffer, savez-vous, écrit-il sans ambages à Amélie Lenormant, pourquoi « elle avait de l'humeur contre moi » ? C'est qu'« elle aurait voulu me posséder ». Énergie infatigable, bonne humeur jamais lasse, disponibilité quasi permanente à autrui, autant de vertus propres à susciter et retenir de grands attachements. La vie de Guizot en fut magniquement remplie. En octobre 1863, à Laure de Gasparin, celle des amies qu'au fond il aima le mieux, pour laquelle il fait montre le plus de verve, d'entrain et de complicité, de vraie tendresse aussi, il écrit, trois mois avant qu'elle meure : « Il n'y a de plaisir qu'à tout répandre. J'ai beau vieillir, rien ne s'en va, excepté les années. » Une telle vigueur, comment n'aurait-elle pas traîné bien des cœurs après soi ?

CHAPITRE V

Le cœur de M. Guizot

« Il n'y a que deux choses en ce monde qui vaillent la peine d'être désirées : le bonheur domestique et la gloire. » Cette formule définitive que Guizot adresse en septembre 1842 au général Bugeaud, avec lequel il entretenait des relations cordiales et rugueuses, est bien dans sa manière. L'ambition, le désir de gloire, il les affichait hautement et beaucoup de ses contemporains ne lui voyaient que cela, à la surprise indignée de ses proches. Ces derniers connaissaient, pour l'avoir lue, entendue ou simplement ressentie, une autre formule qui approfondit l'allusion, très sincère chez Guizot, au bonheur domestique : « La vie est dans le cœur, et le cœur est dans la famille. »

L'orphelin et la veuve

À cette famille, celle dans laquelle il est né et tout autant celle qu'il s'est agrégée et qu'il a engendrée par ses deux mariages, Guizot a consacré ce qu'il avait de meilleur, en regard de ce que, estimait-il, elle lui avait apporté et qui était rien de moins que le bonheur, du moins dans l'idée qu'il s'en faisait. Dès lors qu'il reconnaît et qu'il exalte la puissance de ses attachements familiaux, on attendrait qu'il en remonte à la source, qu'il s'exprime sur ceux dont il est issu. Or il est sur ce point d'une discrétion rare, et pas seulement dans ses

Mémoires, où il n'a pas un mot pour ses aïeux, ni Guizot, sur lesquels le protestant et l'historien auraient à dire puisqu'ils appartiennent au passé huguenot de la France, ni non plus, du côté de sa mère, Bonicel, qui eux aussi furent partie prenante de la geste camisarde et cévenole, risquant parfois leur vie dans les assemblées clandestines au Désert. Dans sa correspondance, en particulier avec ses enfants, dans les conversations qui furent rapportées il ne fait guère allusion, sinon pour évoquer des cousinages anciens ayant notamment fait souche en Angleterre, à ses origines et à ses racines en pays gardois. Pour un homme cultivant à ce point, comme on verra, son cher passé, ce mutisme est surprenant. Plus troublant encore, le silence sur le père. Dans les 961 lettres conservées qu'il a adressées trente-huit ans durant à sa fille Henriette, il ne lui nomme jamais son grand-père paternel, et elle, dans ses réponses aussi nombreuses, pas davantage. Comment douter pourtant que la mise à mort d'André Guizot, le 8 avril 1794, ait été l'événement fondateur de toute sa vie ? Et les couleurs du deuil que porte sa mère Sophie Bonicel pendant cinquante-quatre ans, jusqu'à son dernier jour, avec sur sa poitrine la lettre d'adieu ultime du seul homme qu'elle eût aimé, ne lui rappellent-elles pas en permanence la figure paternelle, à lui qui ressentit et exerça si intensément sa paternité ? D'autant que de son père il a conservé le souvenir vivant, fixé une dernière fois dans un moment poignant, la visite dans la prison de Nîmes, peu avant l'exécution dont l'enfant de six ans et demi, d'intelligence précoce, n'a pas pu ignorer ce qu'il en était ; et il a gardé les quelques lettres à lui écrites personnellement par ce père dont tout laisse entrevoir l'attachement à ses deux fils, à l'aîné surtout, déjà éveillé. De fait, le silence de François Guizot est tout le contraire de l'indifférence ou de l'oubli, comme il en fait à sa mère, en avril 1808, l'exceptionnel aveu : « Je ne te parle presque jamais de mon père. [...] Si tu savais comme son souvenir m'est toujours présent, comme je m'en occupe sans cesse. » Et l'orphelin de vingt ans exprime alors sa « douleur ». Trente-deux ans plus tard, à l'occasion de l'anniversaire de Guizot, sa mère, comme elle le faisait parfois en pareille occasion, lui raconte encore le jour de sa naissance, lui représentant son « excellent père, qui était aussi tendre pour ses enfants que tu peux l'être pour les tiens ». Et l'inconsolable veuve ajoute, pour ce fils de cinquante-trois ans : « J'avais besoin de te parler de ton père, je l'ai fait trop rarement peut-être. [...] Et cependant il y a entre lui et toi des rapports et beaucoup, et toutes les fois que j'ai pu les saisir, j'en ai éprouvé une douce consolation. » Pauvre description de quelques phrases, que Mme Guizot n'a pas bien éloquentes, mais la seule : Guizot, qui s'emploie à rassembler les portraits – dessins, peintures, photographies – de ceux qu'il aime, qui jeune homme a assez bien portraituré lui-même sa mère, n'en possède aucun de son père qui puisse renouveler la mémoire de son visage, empêcher ce qu'il redoute le plus, l'effacement sous l'effet du temps.

L'image du père... La psychologie des profondeurs n'est pas de celles qui conviennent à Guizot. Le refoulement n'est pas son fort. Sur ses chagrins, ses souffrances comme aussi ses joies, il s'est exprimé abondamment, sur le moment et par la suite. L'absence d'un père, tragiquement disparu de surcroît, l'a sans doute privé d'une part d'enfance, et l'a convaincu très tôt de la fragilité des êtres, un sentiment que l'expérience lui confirmera à maintes reprises. Surtout, elle a créé avec sa mère un rapport d'une exceptionnelle intensité. D'une jeune femme gaie et spirituelle, le veuvage, à vingt-neuf ans, fit une personne dure, amère et autoritaire, frémissante d'affection et incapable de l'exprimer. Son fils aîné devint d'un coup et resta tout pour elle ; elle eût voulu, elle exigea qu'elle fût tout pour lui et ne négligea rien pour cela, ni plaintes, ni chantage, ni jalousie : ne jamais faire oublier qu'elle avait souffert, et qu'elle avait tout sacrifié à la protection et à l'éducation de ses fils, ce qui était vrai. Ce dévouement sublime devait créer dans l'esprit et le cœur de François Guizot un respect et une reconnaissance sans borne. Il n'y manqua jamais, mais la chance voulut que sa mère, pour des raisons matérielles, résida à Nîmes, après la période de Genève, jusqu'en 1823 où elle s'installa à Paris chez son fils. De sorte que longtemps le joug, uniquement épistolaire, pesa moins rudement. Mais elle n'épargnait pas à son fils les maximes du genre de celles-ci – il a dix-huit ans – : « Les malheurs de ta mère ne peuvent être allégés que par les vertus et la conduite de son fils. » Et aussi : « Le but de la vie n'est pas le bonheur, mais seulement de nous en rendre digne. » Guizot écoutait respectueusement, mais en réalité, et heureusement, n'entendait guère : « On a toujours raison d'être heureux », devait-il écrire bien plus tard. Et, en dépit de sa mère, il en prit très tôt les moyens. Lorsque Mme Guizot fit savoir tout le déplaisir que lui causait la perspective du mariage de son fils avec Pauline de Meulan, et d'ailleurs toute perspective de mariage, il plaida patiemment, et ne céda rien. Au reste les deux femmes ne se virent pour la première fois qu'en 1814, deux ans après la noce. Quand, veuf une première fois en 1827, Guizot se rapprocha affectivement et physiquement de la nièce de Pauline, Élisa, qui vivait déjà sous leur toit, Mme Guizot, semble-t-il, fit à son fils de véritables scènes, dont les convenances n'étaient que le prétexte, et la seconde et jeune épouse eut bien du mal à conquérir sa redoutable belle-mère. Cette dernière eut sinon sa revanche, du moins la douloureuse satisfaction, qui allait bien à son tempérament, de régner seule dans le foyer de son fils après la mort d'Élisa en 1833, retrouvant pour ses quatre petits-enfants, surtout les trois plus jeunes, la fonction et la mission qu'elle avait exercées pour ses fils quarante ans plus tôt. Elle y employa tout ce qu'elle avait de savoir-faire, d'énergie et de cette tendresse qu'elle travaillait si bien, ou si mal, à dissimuler. Elle avait aussi à tenir et soutenir le train de maison et la sociabilité de son fils député et ministre, nécessaires à sa carrière. Médiocrement cultivée, elle en avait néanmoins les capacités, dopées par sa foi en Dieu et en son fils, je veux dire François, qui plus d'une fois la chargea, en particulier durant son ambassade à Londres en 1840, de recevoir ou de visiter en son nom telles personnalités d'importance, à Paris ou dans le Calvados.

Les amis et connaissances de Guizot étaient toujours impressionnés et parfois séduits par sa mère. Royer-Collard l'appréciait, et elle le révérait, sachant ce qu'il était pour son fils. La duchesse de Broglie l'apprivoisa comme elle faisait de tous ceux dont elle partageait la piété, et celle de Sophie Guizot était au moins égale à la sienne. « Mme Récamier, écrit sa nièce Amélie Lenormant elle-même très proche de Mme Guizot, reçut une impression très vive de la présence de Mme Guizot » à Auteuil où séjournait aussi la famille Guizot au printemps 1844. « Austère et passionnée, cette âme héroïque avait toutes les délicatesses de la sensibilité, et gardait à quatre-vingts ans une vivacité d'esprit, une chaleur d'enthousiasme, une grâce de bonté merveilleuses. La rigidité de son costume, qu'elle avait adopté dans la fleur de sa jeunesse, au moment où son mari avait péri sur l'échafaud, ajoutait à l'éclat de ses beaux yeux, limpides et brillants comme à vingt ans. » Mme Guizot admirait Chateaubriand qui, depuis longtemps assez brouillé avec son fils qu'il appelait « un de ces petits messieurs », voulut bien la rencontrer chez la belle Juliette. L'entrevue se passa si agréablement qu'il apporta peu après la première partie du manuscrit des *Mémoires d'outre-tombe* pour que, honneur insigne, Mme Lenormant en fît la lecture à sa « vieille et sainte amie », selon Mme Récamier, qui « la trouve si bonne et si aimable que j'ai pour elle autant de goût que de vénération ». Pour d'Alton Shée, « ses traits semblaient taillés dans un marbre antique légèrement jauni », qu'Ary Scheffer a bien rendus dans un tableau saisissant. « Au terme d'une longue vie, ajoute le pair de France, ses qualités, à l'état pur et natif, n'avaient pas été usées par le frottement du monde. Elle était ce que son fils aurait voulu être, la chose la plus rare en France, un caractère. » Assurément Sophie Guizot n'était pas n'importe qui et le portrait que dresse d'elle Mme Lenormant rejoint celui, bien connu, de Sainte-Beuve, écrit en 1864 : « Je crois la voir encore (et de ceux qui ont eu l'honneur de la voir une seule fois, quel est celui qui peut l'avoir oubliée ?). La vénérable mère de M. Guizot, dans cette mise antique et simple, avec cette physionomie forte et profonde, tendrement austère [...], cette mère du temps des Cévennes à laquelle il resta jusqu'à la fin de ses jours le fils le plus déférent et le plus soumis, je crois la voir encore dans ce salon du ministre où elle ne faisait que passer et où elle représentait la foi, la simplicité, les vertus subsistantes de la persécution et du désert. » Dernier croquis, analogue, par Victor Hugo soi-même, en 1846 : « La vieille mère de M. Guizot a quatre-vingt-quatre ou cinq ans. Elle assiste aux soirées, assise au coin de la cheminée, en guimpe et en coiffe noire, parmi les broderies, les plaques et les grands cordons. On croit voir, au milieu de ce salon de velours et d'or, une apparition des Cévennes. »

Faire ce qu'on croit être tout son devoir, obstinément et quoi qu'il en coûte, et s'en remettre à Dieu : Guizot se reconnaissait dans cette courte morale que sa mère avait appliquée plus de cinquante ans durant. Mais lui y mettait de la bonne humeur, elle de l'âpreté. Il en souffrit et l'avoue en 1857 à sa fille Henriette qui, élevée en grande partie par sa grand-mère, en souffrit aussi : « Grand cœur et grand caractère avec un esprit insuffisant pour régler sa passion et éclairer sa vertu. [...] Elle m'a offensé deux fois dans mes plus chères affections. L'impression m'en est toujours restée. » Est visée l'attitude de Mme Guizot envers Pauline de Meulan puis Élisa Dillon. Mais cette ombre est peu de chose face à la protection, à l'immunité même dont Guizot entoura toujours sa mère. Dorothée de Lieven lui reproche-t-elle, avec l'égoïsme qui la caractérise, un voyage inopiné en août 1843 au Val-Richer avec sa famille – « pour peu que votre mère ait une fantaisie, vous ne trouvez d'autre ressource que de vous y soumettre » –, il répond d'une douceur ferme : « Le spectacle d'un fils qui n'est pas pour sa mère ce qu'il doit être m'a tellement blessé que cela a tourné au profit de la mienne. [...] Il est vrai qu'elle et mes enfants avaient un très vif désir de ce voyage. Il m'a plu de leur donner ce plaisir. » Quoique lucide, il défend aussi sa mère contre sa belle-sœur Aline de Meulan, veuve du plus jeune frère de Pauline, qu'il recueille et accueille au Val-Richer et dont la cohabitation avec Mme Guizot ne va pas sans heurts. « Chère amie, j'aime et je respecte infiniment ma mère. C'est avec Pauline la personne à qui j'ai dû, de qui j'ai reçu le plus en ce monde. Elle règne et doit régner chez moi. [...] C'est mon devoir et mon dessein que tout dans ma maison, autour de moi, soit doux et agréable à ma mère. À elle je ne puis et ne veux demander ni effort ni sacrifice. Je connais ses défauts. J'en ai quelquefois souffert. Je n'y puis rien. » Il l'aurait pu, s'il n'avait pas éprouvé pour sa mère un attachement puissant, à l'épreuve de toutes les vicissitudes, et une considération, une admiration inébranlables. Il se fait plaisir autant qu'à elle en le lui écrivant : « Je sais si bien à quel point je vous aime, tout ce que vous êtes pour moi, le besoin que j'ai de vous, de la douceur de votre vie » (1825). « Ce que vous avez fait pour moi quand j'étais enfant et n'avais plus de père, vous le faites aujourd'hui pour mes enfants qui n'ont plus de mère. Il y a en vous deux choses inépuisables, infinies, la tendresse et le courage » (1840). Quatre ans plus tard, à la tribune de la Chambre, au milieu des hourvaris, il criera : « J'ai l'honneur d'assurer qu'on peut épuiser mes forces, mais qu'on n'épuisera pas mon courage ! » Ces mots-là lui sont venus de sa mère, qui partagea son sort et celui des siens à tous risques : à la chute du régime de Juillet, elle-même à bout de souffle, elle rejoignit à Londres ses chers exilés, alors que rien ne l'y contraignait. Arrivée le 15 mars 1848, déclarant alors qu'à présent elle pouvait mourir, elle le fit en effet quinze jours plus tard, maîtresse d'elle-même jusqu'au tout dernier moment. « Elle s'est éteinte sans maladie, presque sans souffrance, le corps à peu près aussi tranquille que l'âme », écrit-il à Laure de Gasparin, et dans des termes quasi identiques, comme souvent les grands épistoliers, à Amélie Lenormant et Prosper de Barante. « Personne ne sait mieux que vous ce que je perds. Je n'ai point connu d'âme plus forte ni de cœur plus inépuisable. » Rien ne ressemble plus à cette mort calvino-stoïcienne que celle de Guizot lui-même, vingt-six ans plus tard. « Nous l'avons conduite à sa dernière demeure, au cimetière de Kensal Green, Harrow-road ; il y a là un terrain réservé aux dissidents, presbytériens ou autres. » C'est là qu'elle voulait avoir sa tombe, qui s'y trouve encore.

L'AMOUR DANS LE MARIAGE

La personnalité de Mme Guizot mère, témoigne sa petite-fille Henriette, était « pénétrée jusqu'à la moëlle des traditions et des doctrines qui ont fait le vieil esprit huguenot », et je conçois bien ce dont il s'agit. Guizot, vivant avec elle jusqu'à la soixantaine, conserva par là quelque chose de cet héritage, qui sans elle se serait dissipé sans doute. En effet, Guizot était entré très jeune dans une autre famille qui ne tenait en rien à celle dans laquelle il était né. La dynastie Meulan, encore nombreuse lorsqu'il fit sa connaissance à partir de 1807, il s'y attacha avec une passion extraordinaire. Venus de l'aristocratie militaire et financière du XVIIIe siècle, cultivée, libérale, déiste et très fortunée jusqu'en 1789, les Meulan, dont les hommes portaient volontiers le titre de comte, s'étaient relevés des ruines de la Révolution par leur énergie et leur esprit. Marguerite de Saint-Chamans, veuve de Meulan depuis 1790, tenait salon à Paris du mieux qu'elle pouvait, son premier fils Édouard faisait carrière à la Cour des comptes, le second, Théodore, se distinguait dans les armes jusqu'à être promu général à la fin de l'Empire, sa dernière fille, Henriette, veuve en 1807 de l'ingénieur d'origine irlandaise Jacques Dillon, constructeur du pont des Arts, chez laquelle Guizot logea à partir de 1809, était jolie plus qu'intelligente à en croire Rémusat, du moins comparée à sa sœur aînée Pauline, née en 1773.

Pauline existait depuis longtemps, par elle-même et aux yeux du monde lorsque Guizot l'épousa, le 9 avril 1812. Sans elle, il est possible qu'il ne fût pas devenu tout ce qu'il a été. Aussi bien en eut-il toujours la certitude. Écrivain à son compte, mais pas toujours sous son nom, dès 1799, Pauline de Meulan est à la tête d'une œuvre qui n'occupe pas moins de quinze colonnes du catalogue des imprimés de la Bibliothèque nationale de France, pourtant bien incomplet à son sujet. Entrée en journalisme en 1801, autant par nécessité matérielle que par tournure d'esprit, grâce à Jean-Baptiste

Suard, fondateur et directeur du *Publiciste*, et bientôt célébrée, y compris par Mme de Staël, c'est par le journalisme qu'elle connut Guizot, dans des conditions romanesques qui allaient bien aux vingt ans du jeune homme et qui forment comme le point de départ de son existence, selon son propre aveu. C'est pourquoi le récit en a souvent été fait : Pauline étant, par souci de santé et de famille, empêchée de rendre en mars 1807 ses deux articles hebdomadaires, elle reçut la proposition anonyme de la suppléer, et de fait lui arriva dès le lendemain un premier article, qui lui convint et fut publié. Le manège dura quinze jours, au bout desquels Guizot se fit connaître, et la rencontra le 13 avril. Il leur fallut trois ans pour se découvrir tout à fait, tant ils différaient par le milieu et les idées, et par l'âge, convolant elle à trente-huit ans, lui à vingt-quatre. Aussi leur union ne manqua-t-elle pas de surprendre. « On fait des critiques sur la supériorité d'âge de la dame, on dit qu'ils n'ont rien ni l'un ni l'autre, ce qui est assez vrai, mais ils s'aiment », écrit le Suisse Marc-Auguste Pictet, auprès de qui un ami s'exclame : « Vous représentez-vous Mlle de Meulan faisant des enfants ? » Ce M. Marignié avait tort : Pauline mit au monde deux fils, tous deux prénommés François ; le premier, en août 1813, mourut sur ses genoux à six semaines, le second, deux ans plus tard, vécut vingt et un ans. En fait, ce mariage insolite plut autant qu'il intrigua, à Mme de Rémusat par exemple, et à son fils Charles, qui voyait en Pauline « une fille assez agréable, quoique déjà sans jeunesse, très estimée, très appréciée pour sa conduite et son esprit ». Dans une notice écrite sans doute en 1846 de l'encre la plus fielleuse envers son « mortel ennemi », Molé se donne le plaisir et la justice d'affirmer que Pauline « inspira à M. Guizot le sentiment le plus estimable peut-être et le meilleur qu'il ait jamais ressenti. J'ai su tous les détails de cette union, qui les honorait tous deux, et je n'hésite pas à prononcer que ces années de la jeunesse de M. Guizot formèrent comme un oasis dans sa vie ». Qui aujourd'hui pourrait croire, ajoute Molé, que « M. Guizot ait été capable d'une union toute romanesque, et d'aimer, sinon avec tendresse, du moins avec passion » ? Si : ce furent entre eux, quinze ans durant, tendresse, passion, fusion. Leur correspondance à aucun moment ne faiblit en intensité de sentiments, renforcée par la présence du jeune François, qui les émerveille. Elle : « Cher bien-aimé, quel doux intérêt que celui de ce bien à nous deux ! et quelle bonté de la Providence d'avoir ajouté un pareil charme à un bonheur comme le nôtre ! [...] Oh ! combien peu de gens savent ce que c'est que le bonheur ! mon ami, que je t'aime ! comme mon âme vole à chaque instant vers toi ! [...] Tout ce qu'il y a en moi de meilleur s'est assimilé à toi » (1821). Lui : « Ton esprit répond pleinement à mon esprit. [...] Tu es presque aussi nécessaire à ma pensée qu'à mon bonheur. [...] Je t'aime tant parce qu'il n'y a rien de toi qui ne retentisse en moi, rien en moi que tu ne comprennes et n'accueilles. [...] Tu es demeurée la femme que tu étais par toi-même en confondant toute ton existence dans la mienne » (1822). Tout entre eux, dans leurs échanges permanents, est de la même veine. Après la mort de Pauline, Guizot a recopié toutes leurs lettres pour former un livret, et il a même entamé avec elle une correspondance posthume.

Guizot fut donc un époux comblé. Son volontarisme, relevé par Albertine de Broglie et par d'autres, pourrait nuancer l'authenticité de ce sentiment si Pauline de Meulan, qui n'était pas construite du même bois, n'en avait pas témoigné, pour elle et pour lui, avec une effusion qui ne devait rien à l'autosuggestion. L'amour dans le mariage fut pour eux deux une découverte qui, à respectivement vingt-cinq et quarante ans, n'était pas assurée. Ce n'est pas que cet état fût inconnu des contemporains, même dans le milieu doctrinaire et apparenté. Les lettres de Mme de Rémusat mère à son mari, telles que leur petit-fils Paul les a publiées, montre leur vif attachement réciproque, cristallisé comme chez les Guizot par un fils unique – les Rémusat en avaient un second, mais lourdement handicapé – et chéri. La tendresse des époux Broglie ne fait aucun doute, même si le duc, dont l'épanchement n'était pas le fort, n'en a rien exprimé qui soit parvenu jusqu'à nous. On sait l'élan charnel qui poussait Tocqueville vers sa femme. Mais Guizot, lui, toujours démonstratif, faisait profession d'amour conjugal, non seulement dans ses conversations et sa correspondance avec ses proches, mais aussi littérairement. En 1855 il publia dans la *Revue des Deux Mondes* une « étude », bientôt éditée en un petit livre qui remporta un vif succès, sous le titre *L'Amour dans le mariage*. Situé dans le XVIIe siècle anglais, et parfaitement avéré historiquement, le récit transpire une évidente analogie autobiographique : un vertueux cadet de famille noble, William Russell, et une dame très distinguée, Rachel Vaughan, fille du comte de Southampton, se prennent de sentiments l'un pour l'autre. Elle est plus âgée et plus fortunée que lui, et de plus haut parage, « mais il y avait entre eux trop de sympathie native et intime pour que les considérations et les hésitations du monde les tinssent longtemps séparés ». 1670 ressemble beaucoup à 1812, à moins que ce soit l'inverse. L'union entre eux est dès lors parfaite, « c'est le paradis reconquis ». En témoigne, comme il convient, une correspondance admirable. 1678 : « Mon bien-aimé, la chair et le sang ne peuvent avoir de leur bonheur un sentiment plus vrai et plus vif que ne fait votre humble et dévouée femme. [...] Vous écrire est le charme de ma matinée ; vous avoir écrit sera la consolation de ma journée. [...] Aimez-moi et trouvez bon que je vous aime comme je le fais. » Comme le fait aussi Pauline, « lady Russell ne se bornait pas à entretenir son mari de son amour ; elle le lui témoignait activement, dans les plus petites comme dans les plus grandes choses, en s'associant à toutes ses relations, à tous ses goûts... » La suite de l'histoire, avec en particulier la mort tragique de William Russell treize ans après son mariage, laissant Rachel avec trois jeunes enfants, comme Guizot juste cent cinquante ans plus tard à la mort d'Élisa, justifie bien le fin mot du récit : « Lady Russell n'est point pour moi une étrangère ; ses sentiments me touchent, son sort me préoccupe, comme si elle était là, vivante et sous mes yeux. »

La mise en scène par Guizot du bonheur conjugal franchit un degré avec le décès de Pauline, emportée par la tuberculose le 1er août 1827 au retour d'un dernier et étrange voyage. En juin, Pauline, qui comme son mari se savait perdue sans l'admettre, voulut au moins se changer les idées en allant à la station thermale de Plombières. Guizot décida alors que tout son monde accompagnerait la phtisique en proie aux pires souffrances mais saisie par l'excitation ultime qui précède l'extinction. Et voilà que se mettent en route, avec le couple, le fils de douze ans, la mère de soixante-deux et la nièce Élisa dans la fleur de ses vingt-trois ans, cortège hétéroclite et impressionnant de cette marche funèbre dont la liturgie laisse songeur. À l'illusion encore joyeuse de l'aller – on rencontra même à Épernay un apothicaire qui avait été auditeur de Guizot à la faculté – succéda l'effrayant accablement du retour. Suivant, là comme ailleurs, son tempérament, Guizot consignait tout, comme si rien n'existait qui ne fût exprimé, décrit par le menu. Au côté de son père, et aussi d'Élisa, le jeune François vit sa mère entrer en agonie, le 1er août, avant que Guizot s'enferme avec Pauline. Guizot écrivit à ses amis, dans le détail, ces derniers instants, tragiquement beaux comme l'antique ou plutôt comme le Grand Siècle, puisqu'elle passa tandis qu'il lui lisait, en guise d'oraison funèbre, le sermon de Bossuet sur l'immortalité de l'âme : « Nous nous sommes séparés aussi tard qu'il se peut ; elle a vécu aussi avant dans le tombeau, je l'y ai accompagnée aussi loin qu'il peut nous être donné. » Dans le lit qu'elle occupait encore la veille, Guizot voulut coucher dès la nuit du 2 août. Puis, dans les semaines et les mois qui suivirent, il ne se priva pas d'exprimer sa douleur, à la mesure du parfait bonheur qu'il avait connu, en même temps qu'il s'attachait, ostensiblement, à s'en rendre maître. Rémusat en témoigne, certes trente ans plus tard, mais il était dans le salon jouxtant la chambre mortuaire, le mercredi 1er août 1827, et sur ordre de Guizot, lui qui avait perdu sa première épouse l'année précédente, il embrassa le premier la défunte : « Il aimait véritablement sa femme. Il ajoutait à ce sentiment ce qu'il ajoute à tout sentiment même sincère, un certain orgueil de l'éprouver et de remplir exemplairement le rôle qu'il impose. »

La représentation, dans l'acception du mot la plus étendue, est bien l'une des clés de la personnalité de Guizot. Elle n'exclut nullement la sincérité, mais elle l'organise. Guizot affirmait ne vouloir ni ne pouvoir jamais être consolé par l'effet du temps qui passe : il fallait être au bout d'un an comme on était le premier jour. Pour en finir ici avec Rémusat juge de Guizot, je livre cette phrase étonnante dans son entortillement : « Je crains que ceux qui, pour ne pas accorder au temps le pouvoir d'apaiser le premier trouble de leur douleur, s'efforcent d'avoir dès le début la douleur sans le trouble, ne devancent pour ne pas changer le temps où ils changeraient, et que pour n'avoir pas la faiblesse de se consoler un jour, ils n'aient le courage de se consoler tout de suite. » Un an exactement après la mort de Pauline, Guizot annonçait ses fiançailles avec Élisa Dillon, qu'il épousa donc le 8 novembre 1828. En fait, ils s'aimaient depuis mai. Dix mois avaient donc suffi. Inconsolable, vraiment ? Le soupçon vient alors que les choses auraient pu se nouer plus tôt, lorsque la santé de Pauline avait commencé, en 1826, de s'aggraver durablement. Vivant sous le même toit depuis 1823, n'étaient-ils pas, Élisa et lui, en contact quotidien ? C'est une conjecture qu'il faut totalement écarter, tant chez elle que chez lui. Partout et d'aussi près que j'aie pu le voir, jamais Guizot ne donne dans la duplicité. Rémusat, pourtant critique dans ses Mémoires à l'égard de Guizot, le purge entièrement sur ce point. Ni avant la mort de Pauline, car il n'aimait et ne voyait qu'elle, ni non plus dans les semaines suivantes il ne songea à la remplacer. Dans les deux prodigieuses lettres posthumes qu'il a écrites à Pauline en octobre et novembre 1827 à la date de leurs anniversaires respectifs, Guizot confesse : « Je ne me suis pas encore senti la force de rien préparer, de rien projeter. » Et encore, de retour d'une visite sur sa tombe : « Il m'a pris un ardent désir d'ouvrir cette terre, de m'étendre là, avec toi, d'y rester, d'y mourir près de toi. » Ce qu'il avait perdu était irremplaçable, et le restera longtemps dans sa vie. Élisa n'effaça pas Pauline, elle la redoubla, la renouvela selon cette formule stupéfiante qui vint plus tard sous la plume de Guizot, mais dont sans doute il se persuada au printemps de 1828 : « Élisa, c'était Pauline jeune. » Cette révélation rendait possible la nouvelle union, la légitimait même. Il eut besoin de lui donner corps, commandant à Auguste Couder un tableau représentant Pauline sur son lit de mort plaçant la main d'Élisa dans celle de son époux. Cet effet de réel *a posteriori* est invraisemblable, sauf pour la séraphique duchesse de Broglie, et Rémusat, qui s'entretenait avec Pauline encore la veille de son décès, n'y croit pas un instant : « Elle était femme par le cœur, et je serais fort surpris qu'elle ait jamais insinué à son mari d'en aimer une autre. » Sainte-Beuve, lui, dans le portrait qu'il publia d'elle en mai 1836, insinue autre chose, à sa manière suavement perfide : « En avançant vers la fin, ne devint-elle pas, elle raison si forte et si sûre, une âme douloureuse aussi ? Au milieu de tant d'accords profonds et vertueux, le désaccord enfin prononcé des âges ; ses vœux secrets, une fois sa fin entrevue, pour le bonheur du fils et de l'époux avec une autre qu'elle, avec une autre elle-même... » C'est dire qu'elle fut peut-être saisie par la jalousie, voyant ensemble un mari jeune encore et une nièce bien plus jeune, auxquels sa disparition aurait ouvert une perspective de bonheur.

Au fond, chacun tentait d'expliquer pourquoi Guizot n'avait pas porté les couleurs du veuvage durant un temps proportionnel à sa douleur. Ce serait confondre peine et désespoir, ignorer la vitalité indéracinable, si meurtrie fût-elle, de François Guizot pour lequel, au reste, la solitude était proprement inconcevable. Il lui fallait quelqu'un pour continuer de tout partager, esprit, cœur et corps. Élisa était intelligente et instruite au contact de sa tante Pauline, de son oncle François et de leurs amis, elle était bonne et généreuse, elle était jeune, ardente et sembla belle à Guizot qui, dépourvu comme il était d'imagination, ne chercha pas plus loin, convaincu d'être amoureux et l'étant de ce fait. Élisa ne demandait pas mieux, tenant depuis plus d'un an la maison où logeaient aussi son beau-père Jean-Marie Devaines, préfet en disponibilité et second mari de sa mère Henriette de Meulan, et le fils qu'il avait eu avec cette dernière, Maurice, du même âge que le jeune François Guizot. Pour Élisa, Guizot retrouva dans ses lettres, qu'ils s'écrivaient aussi bien d'une pièce à l'autre que séparés, les accents qu'il avait pour Pauline, en plus brûlant peut-être car la situation, et aussi ses propres ardeurs, s'y prêtaient davantage. Il aima donc sa seconde épouse comme, *mutatis mutandis*, il avait aimé la première. Le cœur de M. Guizot ne s'était ni asséché ni durci, bien au contraire, et était assez large pour contenir et le souvenir inentamé de l'une et l'attachement puissant pour l'autre. Élisa, écrit Rémusat, « était d'une humeur égale, elle l'aimait, elle était fière de lui ; et lui, de son côté, l'aimait avec une sorte de fatuité qui pouvait faire sourire, mais qui s'alliait à une affection véritable. Cette union a été courte et heureuse ».

Guizot, comme il le fera plusieurs fois, recommençait, réenchantait sa vie. Élisa pour cela faisait tout ce qu'il fallait, l'épaulant dans son travail universitaire, puisqu'il avait repris son cours en Sorbonne sur un vaste et nouveau sujet, l'histoire de la civilisation, et dans son activité politique, alors que la Restauration s'approchait de sa crise ultime et que l'opposition redoublait de vigueur. De surcroît, elle mettait au monde, entre août 1829 et janvier 1833, Henriette, Pauline et Guillaume, que leur grand frère François prenait sous sa protection. Sous la figure tutélaire et inoubliable de Pauline de Meulan, l'offre et la demande affectives si puissantes chez Guizot purent s'épanouir tout à l'aise, tous les siens, des deux côtés, étant rassemblés autour de lui comme il en avait le désir et le besoin, dans la maison du 2, rue de La Ville-l'Évêque, dans le quartier de la Madeleine, qui appartenait à Élisa. Il retrouvait et savourait tout le bonheur qu'il avait goûté dix et quinze ans plus tôt, le succès en plus puisqu'il était désormais consacré comme professeur, historien, dirigeant politique, bientôt député, enfin ministre d'un régime qu'il avait contribué à fonder. « Que Dieu me protège, écrivait Élisa à la veille de son mariage, car je suis une trop heureuse créature ! » Et lui, en écho, deux ans plus tard : « Ne crois pas, mon amie, que j'aie un sentiment moins profond, moins immuable que toi de notre bonheur. » Une épouse aimante et aimée, des enfants charmants, des parents affectionnés, des amis fidèles et de qualité : à quarante-cinq ans, le cœur de M. Guizot est plein, débordant même.

Les déchirures

Il y a bien plus dans la réalité que dans l'imagination, dans la vie que dans le roman, aimait à dire Guizot : « Je méprise le roman. » Le malheur, après le bonheur, le lui confirma. Le décès d'Elisa, en mars 1833, deux mois après la naissance de Guillaume, sans doute en raison d'une fièvre puerpérale qui ne lui épargna pas le délire avant la mort, ouvrit un gouffre sous les pieds de Guizot. Pour exprimer son amour et sa déchirure, il retrouva, là encore, les mots et les gestes qu'il avait eus moins de six ans auparavant, en plus poignants et douloureux peut-être, car le coup était imprévisible, et le laissait encore plus désemparé. Naturellement, égal à lui-même, il le surmonta, mais le sentiment de la perte ne s'effaça jamais. D'autant que, dans le cœur de Guizot, les blessures se succédèrent ces années-là, cumulant en 1837 dans une suprême épreuve. En janvier 1835, mourut Pauline Dillon, sœur cadette de deux ans d'Élisa, mariée depuis quatre ans à Jean-François Decourt, dont Guizot avait fait dès septembre 1830 un sous-préfet de Louviers, puis, en janvier 1833, un préfet du Lot. Les deux sœurs avaient été extrêmement proches, et Guizot aimait particulièrement sa belle-sœur. C'est auprès d'elle surtout qu'il épancha sa douleur de la mort d'Élisa : « Si quelque chose pouvait m'être un soulagement, ce serait que mon amour pour elle éclatât maintenant plus que jamais ; je voudrais ne parler que d'elle, ne paraître occupé que de sa mémoire, que tous ceux qui me connaissent vissent mon cœur toujours plein d'elle et plein d'elle seule. » Encore ce besoin pour Guizot de montrer et de se montrer... Et il ajoute : « Avec vous seule, ma chère sœur, je puis me laisser aller, à vous seule je puis tout dire. [...] Personne après moi ne l'a aimée, ne l'a connue autant que vous. Je vous appartiens à ce titre ; elle vous a léguée à moi, vous et tout ce qui vous intéresse. » De fait, Pauline Decourt laissait un petit garçon, Julien, exact contemporain de Guillaume. « Je n'ai pas besoin de vous dire que cet enfant sera toujours pour moi ce qu'il eût été si nous eussions, vous et moi, gardé notre bonheur », écrit Guizot à son beau-frère, et en effet, devenu son tuteur, il ne cessa de s'occuper du sort de son pupille bien au-delà de sa majorité : « Je suis décidé, dit-il à sa fille Henriette en 1852, à le surveiller et à le soutenir toujours, comme le ferait votre mère si elle était là. » C'est bien ce qu'il fit. À ce deuil particulier s'ajoutait pour Guizot une souffrance plus large, lié à son sentiment intense de la famille : de la tribu des Meulan qu'il avait tant aimée, qui lui avait tant apporté, à commencer par ses deux femmes, « de cet intérieur si animé, si rare », il ne restait à peu près rien, personne en tout cas qui en portât le nom, sinon son beau-frère sourd Édouard, conseiller à la Cour des comptes et sans enfant, tout comme sa belle-sœur Aline, veuve du général depuis 1832, que Guizot gardera avec lui jusqu'à sa mort en 1846. Le fil se rompait, et la rupture était ce que Guizot supportait le moins. Sur la mort d'Élisa se brocha un épisode surprenant. Le thrène de la jeune femme fut chanté par une inconnue bien plus jeune encore. En effet, le 19 juin 1833, le préfet des Deux-Sèvres transmit au ministre de l'Instruction publique un poème composé à la mémoire de Mme Guizot par une demoiselle de dix-huit ans, Élise Moreau, décrite comme sans fortune et sans éducation, dont les vers ne couvraient pas moins de trois pages. En voici deux strophes :

Dieu de bonté, pourquoi rappeler de la terre
Celle qui promettait tant de jours de bonheur
Au tendre époux, à l'heureux père
Dont sa mort a brisé le cœur ?

Ange qui m'apparus, colombe douce et tendre,
Inspire à ton époux de sourire à mes vers ;
Qu'à ta prière il daigne entendre
Et protéger une enfant des déserts.

Un vers plut particulièrement à Guizot, qui le cite à Dorothée de Lieven cinq ans plus tard : *Ses regards pleins de douceur et d'empire* – « C'était à croire qu'elle l'avait vue, car ce mélange-là était précisément le caractère original de sa physionomie comme de sa nature. » L'appel du pied au « savant et noble génie/Qui redit de nos jours l'histoire d'Albion » ne resta pas sans suite. Ému et flatté, Guizot écrivit à Élise Moreau, en réalité Élise Derus, née à Rochefort en 1813 et fille d'un pauvre aubergiste, pour la remercier et s'engagea à l'aider. L'auberge fut vendue, Élise vint à Paris avec père et mère, « dans une charrette traînée par un cheval que son père avait gardé pour ce voyage ». Le ministre donna « quelques avis et une petite pension » à cette jeune fille « parfaitement décidée à chercher, par ses vers, la fortune et la gloire », obtint une modeste place à son père et fit organiser à l'Académie française une lecture publique de ses œuvres en 1837. La protection du ministre de l'Instruction publique envers cette très jeune personne ne laissa pas de surprendre. Son prénom y fut-il pour quelque chose ? On voit encore Élise Moreau, qui est passée au roman, augmenter de « moralités en vers » la réédition, en 1859, de *L'Amie des enfants*, conte moral de Pauline de Meulan. Morale de l'histoire : « Elle aura obéi à son instinct et coulé selon sa pente. C'est le vrai secret de bien des vies. » Quel miroir Élise Moreau tendait-elle donc à Guizot ?

Pour célébrer Élisa, une autre poétesse, plus expérimentée, fut également mise à contribution : Mme veuve Tastu, née Amable Voïart en 1798, célébrée par Lamartine avant de côtoyer la misère, consacrait dans ses *Poésies nouvelles* publiées en 1835 une pièce à la mémoire d'Élisa :

> Mais plus heureuse l'âme à tous nos maux ravie
> Qui meurt jeune et pleurée est morte au champ d'honneur.
> Quel cœur instruit du monde, hélas ! ne porte envie
> À qui voit la fin de sa vie
> Avant la fin de son bonheur !

L'année suivante, elle se fendait encore d'un éloge d'Élisa, en prose cette fois, dans un article de la *Revue de Paris*.

Guizot prit désormais Amable Tastu sous sa protection, lui confiant la continuation d'un autre conte moral de Pauline, *Une famille*, demeuré inachevé, lui faisant obtenir un premier prix de l'Académie française et favorisant la carrière diplomatique de son fils. Car qui avait touché en bien à la famille de Guizot était considéré par lui à tout jamais comme un des siens.

Après le côté Meulan, le côté Guizot. Un mois après Pauline Decourt, ce fut, le 20 février 1835, le tour de Jean-Jacques Guizot, à quarante-cinq ans. Selon une configuration courante, le cadet était resté dans l'ombre de son aîné. Assurément il ne tenait pas la même place que lui sinon dans le cœur, au moins dans les ambitions de leur mère. Il n'avait ni la vigueur d'esprit ni le tempérament conquérant de son frère, avec lequel il s'entendait parfaitement. Il est décrit léger, fantasque et généreux, ébloui en tout cas par François, nullement jaloux. Ce dernier le prit naturellement sous son aile : « Tu sais comme je l'aime, écrit-il à sa mère en décembre 1809. Il n'est rien que je ne fisse pour lui. Je le regarde comme mon enfant. » Jean-Jacques vivait alors à Nîmes avec sa mère chez les grands-parents Bonicel, sans rien faire de bon. Il fallait, pour des raisons matérielles et morales, lui trouver un emploi. Son frère songea à faire demander pour lui une sous-lieutenance à Napoléon, ou une place au ministère de la Guerre à Naples... Ce fut, en 1812, un poste à la Régie des tabacs. Installé à Paris, il ne quitte plus son frère, qui le place en 1815 au bureau des subsistances, dépendant du ministère de l'Intérieur. Directeur général de l'administration départementale au ministère de l'Intérieur, Guizot tente, en mars 1819, de le faire nommer au Conseil d'État. Voici sur quel ton il s'adresse à Hercule de Serre, garde des Sceaux dans le cabinet Decazes : « Je vous prie en grâce d'en finir le plus tôt que vous pourrez ; je le dois à mon frère et à la bonne grâce avec laquelle il a renoncé, sur mon avis, à la préfecture qui lui avait été positivement promise. Je mets au prompt succès de cette demande, qui à coup sûr n'a rien d'excessif, la plus grande importance, et je l'attends tout à fait de votre amitié. » Voilà l'éloquence que suscite l'esprit de famille ! En vain d'ailleurs, et Jean-Jacques est propulsé par son frère sous-préfet de Saverne, puis de Marvejols l'année suivante.

Révoqué en 1823 par la réaction ultra, comme son frère suspendu de l'Université, il se livre à des travaux de traduction de l'anglais et de l'allemand, rend des services à sa famille, attentif auprès de son filleul le jeune François Guizot, très attaché à lui. Sitôt la révolution de Juillet, son frère le prend au ministère de l'Intérieur comme chef du personnel, puis le met, avec la Légion d'honneur, au Conseil d'État comme maître des requêtes, donc avec dix ans de retard. C'est beaucoup ? Le futur maréchal de Castellane, dans son Journal, en juge autrement : « C'était un brave garçon, petit et laid et bien ridicule. On ne l'appelait jamais que "J.-J.". Quoiqu'il fût frère d'un ministre, on n'avait jamais osé en faire plus qu'un maître des requêtes au Conseil d'État. » Cette grande institution, dépotoir du népotisme ? En parcourant la liste de ses membres, comme ceux de la Cour des comptes et aussi du corps préfectoral, on y rencontre en effet des noms illustres, assortis de prénoms plus obscurs. Après la mort d'Élisa, Guizot s'appuya beaucoup, et y comptait encore davantage, sur Jean-Jacques et Amélie, sa femme depuis 1826, issue d'une très bonne famille nîmoise, les Vincens. Ses oncles avaient été députés du Gard l'un à la Législative, l'autre sous les Cent-Jours, son père Émile est directeur au ministère du Commerce et conseiller d'État non sans que le frère de son gendre y soit pour quelque chose. Le couple, qui n'avait pas d'enfants, regardait ceux de Guizot comme les siens, François surtout. Et puis, c'était un lien avec la prime enfance nîmoise, avec l'adolescence genevoise, tant de souvenirs en commun, Jean-Jacques c'était un petit soi-même, et Amélie était charmante, comme, Guizot en était convaincu, tous ceux qu'il avait sous les yeux et dans le cœur. Or, dix-huit mois après son mari, Amélie décédait. Encore une plaie ouverte, très vive, dans les affections familiales. « Je dîne demain lundi à la rue Thiroux », au 8, là où habitaient Jean-Jacques et Amélie, où demeure Émile Vincens. « Je n'entre jamais dans cette maison sans un serrement de cœur si amer. Nous avions là deux créatures qui nous étaient si profondément attachées, dévouées, à vous, à moi, à mes enfants ! Et je n'en retrouve aucune ! Et je ne puis aller prendre là mon pauvre frère, ni la bonne Amélie, pour les emmener avec moi à la campagne ! Et si je les y trouvais, si je les emmenais, quel vide ils y trouveraient ! Comme ils chercheraient en vain ! » Guizot écrit cela à sa mère le 10 septembre 1837. Quel vide ? Le pire qui pût advenir à Guizot, après la mort de ses deux épouses : celle de son fils aîné, François, le 15 février 1837.

Le début du XIXe siècle, en dépit des progrès de la médecine, avec en particulier la vaccination, relève encore de la condition sanitaire d'Ancien Régime. Bien plus profondément qu'aujourd'hui la vie y est tissée avec la mort, qui creuse dans les familles des brèches profondes. Pas plus que les Guizot, les Broglie par exemple ne sont épargnés. L'épidémie demeure capable de grands ravages, comme le choléra entre 1831 et 1833. 16 000 Parisiens en sont morts, dont le président du Conseil, Casimir Périer, et Guizot lui-même en a réchappé d'assez peu. Surtout, les infections pulmonaires, pneumonie et tuberculose, laissent la thérapeutique impuissante, et toutes les couches sociales sont vulnérables. Chez les Meulan, le mal de poitrine paraît récurrent. C'est lui qui tue beaucoup d'entre eux, notamment Pauline et à présent son fils François. À vingt et un ans, il emportait de grandes espérances. Après avoir réussi le concours de Polytechnique, école pour laquelle Guizot n'éprouvait guère de considération, il s'était engagé dans des études de droit qui l'auraient conduit, selon son souhait, à la magistrature, en attendant peut-être – mais là c'est le père qui s'exprime *post mortem* – que la politique lui fasse signe. Un portrait du jeune homme, que Guizot conserva toujours à portée de regard, montre un visage fin, un peu mélancolique, avec les grands yeux noirs de son père, et une tête de plus que lui. Mais il savait aussi être joyeux, et était riche en amitiés. En août 1836, Guizot avait acheté le Val-Richer dans la pensée de le lui confier, et François en avait aussitôt fait son affaire. C'est là qu'à la fin de l'automne 1836 il prit froid. Au rhume succéda la bronchite, puis la pleurésie. Au début de février 1837, il doit s'aliter. Son père, jour par jour, heure par heure, au milieu du grand débat parlementaire sur l'enseignement secondaire, suit la progression fatale de la maladie : « Quand je passe une demi-heure assis à côté du lit de mon fils, je saisis une fois, deux fois, l'éclair d'un regard ou d'un sourire affectueux. [...] Je crois qu'il souffre peu ; et pourtant la souffrance est empreinte dans tous ses traits. Il ne faut pas que je laisse ma pensée se fixer là. Je ne pourrais plus l'en rappeler. » Un peu plus tard : « Je sors de la chambre de mon pauvre enfant. [...] À travers son sommeil, de moment en moment, il me regardait ; deux ou trois fois, j'ai cru entrevoir qu'il y prenait plaisir, un dernier et triste plaisir. Pourquoi ne suis-je pas toujours là ? » Et pour finir : « Il vient de me quitter. J'ai entendu ses derniers soupirs. Ils m'ont éveillé. Je suis arrivé à temps pour les recueillir, pour recevoir son dernier regard. [...] Mon pauvre enfant ! Il m'aimait tant ! Il savait si bien combien je l'aimais ! Nous avons tout aimé ensemble, comme il me le disait il y a quatre jours ! » Le lendemain : « La blessure est profonde. Je cherche tout le jour la figure détruite, la parole éteinte de mon pauvre enfant. C'était encore lui. Rien ne ressemble au mal consommé, à l'absence complète. » La mort de François Guizot fils était aussi un événement public. Dès le 16 février, *Le Moniteur universel*, qui n'est rien d'autre que le journal officiel, diffuse la nouvelle : « L'aménité de son caractère et l'élévation précoce de son esprit en avaient fait un ami cher à toute la jeunesse de Paris, et un élève précieux aux hommes qui enseignent la science. » Le 18, à la Chambre, le président Dupin salue en début de séance ce collègue qui « a montré, par sa vertueuse résignation, jusqu'où peut aller le courage dans la douleur ». Le *Journal des débats* retrace les obsèques en termes saisissants. Dans la cour du ministère, la foule est considérable, amis et adversaires politiques mêlés. « Au milieu d'une émotion et d'un froissement que la plume se refuse à décrire, M. le ministre de l'Instruction publique a paru, le visage pâle, le front chargé d'amères pensées, ferme cependant, et assez maître de sa douleur pour se montrer sensible à cet immense témoignage de l'estime publique. » Le cortège emprunte alors la rue de Grenelle puis le quai d'Orsay, franchit la Seine au pont Royal, remonte la rue Saint-Antoine jusqu'à la Bastille, enfile la rue de la Roquette et achève le trajet à pied jusqu'au cimetière de l'Est, aujourd'hui du Père-Lachaise, « par un chemin fangeux que M. Guizot ne connaît que trop car en moins de six années c'est le quatrième deuil qu'il conduit ! Arrivé en face du caveau funèbre, M. Guizot s'est arrêté ; et là, sans mouvement, sans larmes, sans voix, il a voulu assister pourtant à cette cérémonie douloureuse et suprême : l'inhumation. Le malheureux père, courbé par la douleur, a fléchi le genou devant le corps de son fils, pendant que le ministre protestant appelait les bénédictions du ciel sur ce jeune mort, objet de tant d'amertumes et de regrets sur la terre. »

Guizot, en dépit de sa robuste complexion mentale et affective, se remit-il jamais complètement d'un coup qui anéantissait une part du passé, puisque François était le dernier lien direct avec Pauline de Meulan et son groupe, et beaucoup de l'avenir, que François incarnait comme un autre lui-même ? « J'avais tant à transmettre à mon fils ! » D'aucun de ses chers disparus Guizot n'a si constamment ramené le souvenir vivant à sa mémoire et à celle de ses correspondants, en particulier lorsqu'un deuil analogue les frappait à leur tour. Parmi tant d'autres, cette lettre de juin 1863 à lady Alice Peel, dont le fils aîné venait de mourir : « Moi aussi j'ai perdu, il y a vingt-six ans, un fils charmant, et je le vois, je l'entends comme si je l'avais perdu hier. » Et plus discrètement encore, à Amélie Lenormant, en juin 1848 : « J'embrasse François [Lenormant, âgé de onze ans] spécialement. Il ne sait pas ce que c'est pour moi que d'écrire ou de prononcer son nom. » Dix ans durant, le cœur de Guizot avait été meurtri dans ce qu'il aimait le plus au monde. « Il n'y a pas, dans tous les bois qui m'entourent, écrit-il du Val-Richer à Laure de Gasparin le 26 juillet 1837, un chêne plus mutilé que moi, et qui souffre plus douloureusement dans les rameaux qu'il a perdus. »

La fibre paternelle

Il lui en restait à qui vouer sa tendresse : « Ces trois petites créatures qui m'entourent, que deviendraient-elles si je n'étais pas là ? » À cinquante ans, Guizot s'installe dans un emploi de père extraordinairement attentif et affectionné. Puisque là est son devoir, peu importerait que cela lui plaise ou non. Mais justement cela lui plaît, car depuis toujours il s'intéresse à l'enfance et aux enfants. Et surtout il les aime. Précepteur des deux jeunes Stapfer, il écrit à sa mère en avril 1808 : « Je n'aimerais pas plus mes enfants que je n'aime ceux-là : la seule idée d'un danger pour eux glace mon sang et ils me le rendent bien. » Aveu étonnant chez un garçon de vingt ans, occupé alors à tout autre chose. En plaçant l'amour pour les enfants à la racine de toute éducation, il rejoint la méthode de Pestalozzi, qui est encore pionnière sous le Premier Empire et dont traitent amplement les *Annales de l'Éducation*, périodique qu'il fonde et anime avec Pauline de Meulan en 1811-1814 ; mieux encore, il rencontre son propre sentiment personnel, qu'il exprime dans l'introduction au premier numéro de ces *Annales* : « Ces êtres si faibles, si inutiles pour nous [...] ont dans leur voix, dans leurs regards, dans leurs mouvements, dans leurs paroles les plus insignifiantes, quelque chose de puissant qui nous charme par un mélange de faiblesse et de confiance, de vivacité et de douceur. » Quarante-cinq ans plus tard, heureux grand-père, il écrit à Dorothée de Lieven : « On ne regarde pas d'assez près aux enfants ; c'est un monde aussi curieux à observer que celui des hommes. » Et sa correspondance est toute remplie de la description attentive, bienveillante et sensible de ce monde-là.

En février 1837, rentrant rue de La Ville-l'Évêque après l'enterrement de François, Guizot se jeta sur le lit de sa fille Henriette, âgée de bientôt huit ans et désormais l'aînée, en lui murmurant : « Je n'ai plus que toi. » Quarante-cinq années plus tard, elle s'en souvenait comme d'hier. Guizot, tout en prenant part à l'éducation de ses enfants, s'en était jusque-là remis à Pauline puis à Élisa de leurs soins matériels et des détails de leur existence. Définitivement veuf, et surtout après la mort de François, « dont j'étais sûr qu'à mon défaut il soignerait, il élèverait ses sœurs et son frère avec une affection paternelle », il sentit que sa propre mère, limitée intellectuellement et âgée de soixante-douze ans, ne suffirait pas à la tâche, du moins telle qu'il l'entendait. Henriette, Pauline et Guillaume ont alors respectivement huit, six et quatre ans. Guizot, jusqu'en février 1840, n'est plus directement aux affaires. Le Val-Richer, en cours d'aménagement, devient le lieu où se concentre et s'épanouit la famille. Le père s'occupe de tout ce qui touche à ses enfants : « Je mène demain mes filles à Caen, chez leur dentiste de province. Elles ont deux dents de lait à faire ôter. Il n'y a pas moyen d'attendre Paris. Les dents nouvelles poussent derrière. Cette course me dérange un peu. Mais je suis mère. » Leur santé est une véritable obsession, portant en particulier sur le rhume et la toux, qui risquent de dégénérer en mal de poitrine mortel. Pas un éternuement, pas un bobo dont il ne s'alarme, à la proportion de sa funèbre expérience : « Comment ne pas trembler, la santé est un si grand mystère. Que se passe-t-il dans ce sanctuaire impénétrable de la vie ? » Pour le savoir, Louis Béhier, l'ami intime de François fils, docteur en médecine en 1836, que Guizot protège comme il fait de tous les amis de son cher défunt, est à tout moment convoqué rue de La Ville-l'Évêque, comme au Val-Richer le docteur Hue de Lisieux. Parfois, on frappe plus haut, à la porte de l'illustre Gabriel Andral, gendre de Royer-Collard et successeur de Broussais. Guizot fixe encore la périodicité des bains – une ou deux fois par mois –, approuve le régime fortifiant au lait d'ânesse, reprend sa fille sur la nécessaire propreté de sa chevelure, organise les séjours de mer à Trouville, dont la mode se développe, s'emploie à ce que ses enfants se nourrissent de façon consistante. « Je veux vous voir engraisser » est un mot d'ordre permanent, l'embonpoint étant un signe infaillible de bonne santé. La viande tient là un rôle central, dont il tire une véritable anthropologie familière : « Plus j'y regarde, écrit-il à sa mère depuis Londres en 1840, plus je demeure convaincu que la force, évidemment supérieure, des Anglais, tient à l'excellente viande dont ils se nourrissent habituellement. » En conséquence, aux jeunes appétits qui peuplent la salle à manger de Paris ou du Val-Richer, « donnez de bonnes pièces de bœuf, de veau et de mouton. C'est presque toujours ce qu'ils aiment le mieux. Les petits ragoûts ne sont pas du goût du Nord comme du Midi. » Une fois l'estomac ainsi garni, il faut faire de l'exercice : « Du loisir, du mouvement, de la liberté, c'est là ce qu'il faut soigner pour eux. Il n'y a point de liberté pour les enfants s'ils ne sont pas un peu seuls, livrés à eux-mêmes. L'intervention, la simple présence d'une grande personne, même dans leurs plaisirs, leur enlève quelquefois ce laisser-aller, cette verve qui leur sont très bons. » Guizot, pourtant, loin de dédaigner de se mêler à leurs jeux, s'y complaît, pour leur plus grande joie, que l'on bêche au jardin, que l'on donne à manger aux canards et aux cygnes, que l'on ramasse les fraises, que l'on compose des charades ou que, le soir, on dispute une partie de loto-dauphin. « Le bonheur de mes enfants fait plaisir à voir. Ils n'ont pas assez de jambes, pas assez de voix pour y suffire. » Le grand moment est celui de la lecture, un rite qui a puissamment façonné le cœur et l'esprit des enfants, et plus tard des petits-enfants. Récit d'une chasse au tigre en Inde, romans de Walter Scott – *Ivanhoë* au premier chef –, la voix, la diction, le geste de Guizot, ses commentaires aussi font merveille ; trop peut-être : « Vous n'avez pas idée de l'état d'exaltation où cela les met. Elles bondissent sur leurs chaises, elles en rêvent la nuit d'après. Cela ne vaut rien. [...] Je choisirai avec soin mes lectures. J'éviterai celles qui ébranleraient trop fort ces petits nerfs. » Puis on en vient à Villehardouin et Joinville, aux grands classiques du théâtre français. « Je n'ai avec mes enfants point d'apprêt ni de pruderie ; je ne prétends pas arranger toutes choses autour d'eux de telle sorte qu'ils ignorent le monde, et ses imperfections et ses mélanges, jusqu'au moment où ils y seront jetés. Mais je veux que leur esprit se nourrisse d'excellents aliments comme le corps de bon pain et de bon bœuf. L'atmosphère et le régime, c'est l'éducation, morale comme physique. Je veille beaucoup à cela, et puis de la liberté, beaucoup de liberté. [...] J'ajoute beaucoup d'affection » (août 1839). Là est bien l'essentiel, où loge le cœur de Guizot. À son fils François, il écrivait : « Je t'aime plus que je ne te le dirai jamais. » Rare déclaration d'un homme de quarante-neuf ans à un garçon de vingt et un. Et, quatre ans plus tard, depuis Londres : « Que Dieu protège mes enfants ! Que Dieu me garde mes enfants ! Je sais, je sens tout ce qu'il y a encore en eux, pour moi, de bonheur et d'espérance. Je voudrais qu'ils sussent combien je les aime. On ne sait jamais cela. Une affection vraie est toujours bien plus que ne croit celui qui en est l'objet. »

Les enfants le savent, parce qu'il le leur dit, parce qu'il n'oublie jamais un anniversaire, cherchant le cadeau qui fait plaisir, conformément à une tradition familiale qui s'étend à tous les membres de la tribu. Le savent en particulier les deux filles, et surtout l'aînée, Henriette. En elle Guizot voit peu à peu revivre l'Élisa qu'il avait vue grandir, et le lui dit quand elle entre en adolescence. Henriette à son tour s'applique à plaire à son père, lui vouant ce qui ressemble à de l'adoration. En vérité il est l'homme de sa vie, comme elle le lui écrit alors qu'elle n'a encore que neuf ans. Entre les deux, et jusqu'à la mort de Guizot, la complicité intellectuelle, l'échange affectif, le lien fusionnel atteignent et conservent une intensité impressionnante, d'autant que le tempérament d'Henriette, sa capacité de travail, son esprit de sérieux soutiennent la vigueur de ceux de son père. Il faut lire leur correspondance pour en prendre toute la mesure. Les lettres avec Pauline, en revanche, n'ont été que partiellement conservées ou retrouvées. La cadette, de santé délicate, apparaît plus fantasque, artiste, excellente musicienne, en perpétuelle gaieté quand son corps ne la trahit pas. Son père, auquel la princesse de Lieven prétend qu'elle ressemble – « elle a vos yeux » –, l'aime assurément d'une tendresse égale à celle qu'il porte à Henriette, avec plus d'inquiétude en raison de sa fragilité, avec moins de dilection sans doute car ils ont moins d'intérêts communs. Et puis Henriette, dès ses quinze ans, occupe la fonction de maîtresse de maison, y compris au ministère des

Affaires étrangères, où elle reçoit, dans les cérémonie officielles, au côté de son père sur lequel elle veille étroitement. « Mes deux filles sont très unies, note-t-il dès août 1838. Tout est commun entre elles. C'est un appui et un repos dans la vie qu'une vraie intimité fraternelle. Et puis ce spectacle me plaît. Mes filles sont, dans leur famille, la troisième génération qui me la donne. Et toujours l'aînée supérieure à la cadette et la plus dévouée, la plus prompte aux sacrifices, maternelle pour sa sœur. » De fait, elles s'avancent dans la vie en se tenant par la main. C'est ainsi qu'elles épousèrent, respectivement en mars et en mai 1850, Conrad et Cornélis de Witt. Ce dernier, né en 1828, camarade d'études d'Anatole Prévost-Paradol et surtout d'Hippolyte Taine, qu'il introduisit dans la famille Guizot, avait fait connaissance au collège de Bourbon, aujourd'hui lycée Louis-le-Grand, de Guillaume, nettement plus jeune mais très en avance et en vue dans son établissement. Les deux garçons s'étaient liés, partageant les leçons particulières d'un jeune professeur d'histoire, Camille Rousset, que Guizot engagea bientôt comme répétiteur pour ses filles. À partir de 1846, Cornélis de Witt, accompagné parfois de son frère Conrad, de quatre ans plus âgé, fréquente l'appartement du ministère des Affaires étrangères, boulevard des Capucines, où réside désormais la famille Guizot. Les frères de Witt plaisent fort au ministre, surtout Cornélis, intellectuellement solide, porté sur l'histoire et la tête déjà politique. « Il est né gendre de monsieur votre père », dira Sainte-Beuve à Guillaume. Il se fit encore mieux apprécier en rendant visite aux Guizot dans leur exil londonien au tournant de 1848-1849. L'homme d'État revenu à l'histoire lui prodigue ses conseils, et l'adopte comme il le fait de tous les amis de ses enfants, d'autant que les jeunes de Witt sont orphelins de père et de mère depuis 1838, chaperonnés, avec leur sœur Élisabeth dite Betsi, par leurs tantes maternelles. Lorsque, en juillet 1849, on réintègre le Val-Richer, Conrad et Cornélis sont les premiers invités. Ce mois d'août est décisif, comme en témoigne le journal que tient désormais Pauline. Guillaume sert de confident et d'intermédiaire, et, au début de mars 1850, au cours du culte familial, « mon père nous a donné sa bénédiction à toutes deux, sous le portrait de notre mère, en nous disant : “elle serait bien heureuse aujourd'hui” ». Du Guizot pur jus ! De fait, il était enchanté et disposé à trouver à ses gendres toutes les qualités, puisqu'il les avait agréés comme époux de ses filles.

Par chance ils en avaient beaucoup, en particulier d'être des calvinistes fervents et de disposer des débris d'une fortune acquise par leurs ancêtres dans la compagnie des Indes néerlandaises, mais pas celle de descendre directement du grand pensionnaire de Hollande Jan de Witt, comme le déclarait pourtant leur nouveau beau-père à qui voulait l'entendre, à commencer par l'ancien roi Louis-Philippe. Fils d'un grand notable hollandais qui fut ambassadeur de la République batave en Suisse, le père de Witt a été naturalisé français en 1806 et nommé sous-préfet d'Amsterdam durant l'Empire. Mais Guizot est ici toujours le même : ceux qui sont entrés dans son alliance sont pourvus de toutes les vertus, et aucun doute ne put désormais ébranler cette conviction : « J'ai été bien préoccupé de l'avenir de mes filles, écrit-il à Cornélis en 1852. J'étais très difficile et par conséquent très inquiet pour elles. Vous avez, votre frère et vous, réalisé mes rêves et dépassé mes espérances. Je trouve votre bonheur intérieur si complet et si bon que je ne demande pour vous rien de plus. » Quel bonheur d'avoir des gendres ! Désormais Conrad et Cornélis sont ses enfants à part entière, comme il l'écrira dans son testament. Avec eux, on épouse toute la famille : la vieille tante Adélaïde Temminck, dite Alida, qui ne quittera jamais le ménage Conrad jusqu'à sa mort en 1868 et que Guizot traite avec de grands égards. Il y a aussi la sœur Élisabeth de Witt. À elle non plus, « cette bonne Betsi », Guizot ne voit aucun défaut alors qu'Henriette, qui doit davantage la supporter, n'est pas exactement du même avis. Il faut la caser, alors qu'elle va sur ses vingt-huit ans. Gaston Gaillard, de bonne famille protestante gardoise et fonctionnaire des Finances, se présente providentiellement. Naturellement, Guizot prend l'affaire en main : « Il a toujours l'air fort empressé et ses lettres me plaisent », c'est donc qu'on les lui montre. « Il viendra chez moi jeudi soir. Je l'observerai avec soin. » L'observation est concluante et la noce est célébrée le 4 mars 1854. L'alliance Guizot-de Witt se poursuivra et se redoublera en 1878, lorsque Sophie Gaillard, fille et aînée de Gaston et Betsi, épousera Robert de Witt, deuxième fils et troisième enfant de Cornélis et Pauline. Guizot n'aura pas vu ce mariage, mais il aura pu s'adonner, de 1851 à 1874, à la joie d'être grand-père de neuf petits-enfants (cinq filles et quatre garçons), auxquels il s'attacha très vivement, avec peut-être une prédilection pour Jeanne, la deuxième fille d'Henriette, née en 1855 : « Elle m'aime de tout son cœur, et elle a en moi une confiance sans limites. [...] C'est curieux le degré de sympathie qui peut exister entre un homme de mon âge [il a soixante-dix ans] et une enfant de trois ans. » Pour eux il retrouve les préoccupations, les gestes, les lectures et les jeux qu'il avait pour ses propres enfants. Des leçons familiales d'histoire sortiront les cinq volumes de l'*Histoire de France racontée à mes petits-enfants*, immense succès de librairie. Le cher grand-père y ajoute des gâteries, en particulier la distribution quotidienne de bonbons, dont il est lui-même friand. Guizot avait voulu que le Val-Richer devînt une maison de famille. Après de premiers mécomptes, il y avait pleinement réussi puisque ses filles, ses gendres et leurs enfants y vécurent ensemble jusqu'en 1867, les Cornélis s'installant définitivement à Paris à cette date alors que les Conrad, exploitants du domaine depuis 1855, y résidèrent toujours. L'été, la tribu se reconstituait autour du patriarche comblé, qui l'aurait été jusqu'à la fin si, le 28 février 1874, sa fille Pauline n'avait pas été, à quarante-trois ans, emportée elle aussi par la tuberculose qui la minait depuis longtemps. Guizot ne la vit pas mourir, comme il avait fait pour ses deux femmes et son fils aîné, car elle se trouvait en villégiature médicale à Cannes. Entourée de son mari et de ses sept enfants, elle mourut lentement dans les bras d'Henriette qui subrogeait là son père : « Elle est si belle et si douce dans son éternel repos. Elle vous ressemble, et à François », non pas le jeune fils de Pauline, mais, toujours lui, l'aîné mort tout juste trente-sept ans auparavant. Guizot, à l'extrême soir de sa vie, murmura simplement, dans sa dernière lettre à Henriette :

« La mort surprend toujours, ma fille. C'est ma seule surprise. J'attends la douleur depuis longtemps. » C'est sur son gendre Cornélis qu'il s'attendrit, sachant d'expérience ce qu'il éprouvait exactement. On croit que ce dernier coup précipita la fin de Guizot : comment, à quatre-vingt-six ans, reprendre pied encore une fois ?

Un fils accablé

Et Guillaume ? Sur lui pesa, des trois enfants, le sort le plus lourd. Sa venue au monde avait entraîné la perte de sa mère. Guizot avoue à sa belle-sœur Pauline Decourt, deux mois après sa naissance : « J'ai eu un bien mauvais temps sur ce pauvre petit garçon. Je ne pouvais m'accoutumer à sa vue ; et cependant j'étais très combattu par la pensée de tout ce qu'il était, de tout ce qu'il eût été pour elle [Élisa], du désir passionné avec lequel elle l'avait attendu. [...] Le combat a cessé ; je sens que je l'aimerai comme elle l'eût aimé. » Il l'aima en effet, d'autant que seul il avait les yeux bleus de sa mère. Guillaume, enfant d'une extrême sensibilité, n'éprouva-t-il jamais une culpabilité que des allusions lui auraient suggérée ? Quand mourut son frère François, il avait quatre ans. La douleur éprouvée par son père ne lui échappa pas. Lut-il un jour, plus tard, les mots ambigus, terribles en un sens, qu'adressa Guizot en octobre 1837 à Laure de Gasparin, qu'il dut dire sans doute à d'autres : « Mon bon petit Guillaume est mon enfant ; mais ce n'est pas mon fils. Et qui sait s'il le sera jamais ? » D'une certaine façon, il ne le deviendra pas, tant l'exigence était grande, tant le nom et la déploration du frère mort lui font de l'ombre avant même qu'il le sache : « Dieu m'avait donné, dans mon cher François, de quoi satisfaire tout mon ambition paternelle », écrit Guizot à sa mère en juillet 1840. « Il me l'a retiré. Je suis devenu, sans savoir pourquoi, infiniment moins ambitieux pour ce pauvre petit Guillaume. [...] Gardez ceci pour vous. Je ne voudrais pas causer à cette douce créature la moindre impression pénible. » Il l'a causée pourtant, même si, très tôt et durant des décennies, ses sœurs chérirent et protégèrent Guillaume. Car il avait besoin d'être protégé. Quand il a sept ans, son père devient, pour plus de sept années, le principal ministre. L'enfant ressent une absence, un délaissement paternels dont Guizot n'a pas conscience, car il donne à ses enfants beaucoup du rare temps dont il dispose, entrant dans leurs chambres plusieurs fois par jour, les faisant venir dans son bureau, se rafraîchissant, dit-il, auprès d'eux. C'est insuffisant pour l'orphelin qui grandit, et qui doit faire ses preuves. Scolairement, il y parvient sans peine, tant il est littérairement doué. Henriette recopie pour son père à Londres l'œuvre du poète de sept ans :

Que ne suis-je en Normandie,
Cette deuxième patrie,
Avec mes deux amies,
Mes sœurs chéries,
Ainsi que mon bon père,
Et ma bonne grand-mère.

Dès l'âge de treize ans, il cueille les lauriers dans les concours généraux, qu'on appelle alors grands concours. Son père y trouve plaisir et honneur. Dîner du grand concours en août 1846 chez le ministre de l'Instruction publique : « J'ai eu hier, au milieu de cette jeune foule, tous les triomphes possibles de la popularité, en entrant, en sortant, au nom de mon fils », écrit-il à la princesse de Lieven. À coup sûr, Guizot s'occupe de lui, parle, dîne, se promène avec lui, le prend à coucher dans sa chambre quand il est souffrant, reçoit ses amis, nombreux car le jeune homme, plein d'esprit et joyeux camarade, est la coqueluche du collège de Bourbon. C'est pourquoi le coup de tonnerre de février 1848 le frappe, dans la famille, plus que personne. Arraché à quinze ans, du jour au lendemain, à son environnement cordial et facile, le voilà, dans la gêne matérielle et un pays qu'il ne connaît pas, en tête à tête avec son père, qui lui tient lieu de répétiteur :

« Je tâcherai de remplacer le collège pour mon fils. Je rapprendrai ce qu'il a à apprendre. Nous avons déjà recommencé à lire ensemble Tacite et Thucydide. » Le 5 octobre, Pauline écrit à Ary Scheffer, le peintre grand ami de la famille : mon père « s'occupe beaucoup de Guillaume, qui devient pour lui un véritable ami ; je crois qu'il ne lui dirait plus comme il le faisait quelque temps après la mort de François : "Oh mon petit, tu es trop petit." Il y avait là-dedans bien des choses ; mais j'espère que chaque jour davantage mon frère sera pour son père ce qu'était ce fils qui est parti. » Pauline contribue ainsi à alourdir le poids dont la mort de François a chargé Guillaume. L'adolescent de seize ans cherche alors les mots qui plairont, et parviendront à le faire exister aux yeux paternels. Et c'est déchirant : « Il me semble que je ne fais pas ce que je devrais faire, et alors je suis inquiet de ce que tu voudrais me voir faire. Je voudrais t'être plus utile, servir plus à ton bonheur et à ton repos », comme on lui ressasse que son frère aîné y parvenait si bien. Et il ajoute : « Je n'ai jamais osé te parler de mon pauvre frère François ; mais je sais combien de tendresse, de confiance pour le présent et pour l'avenir tu avais placé en lui [il reprend les propres morts de son père si souvent entendus]. Ce n'est pas sa place que je voudrais prendre : le cœur, n'est-ce pas ? n'a pas besoin de chasser un sentiment pour en admettre un autre. » Guizot, qui lui répond cinq jours plus tard, le 16 octobre 1849, croit avoir compris la détresse de son enfant, et pourtant il enfonce le clou, ramenant toujours tout à l'aîné : « Ta lettre de jeudi m'a été au cœur. [...] J'aime ton frère François comme s'il était toujours là, et je t'aime, toi, comme si tu avais toujours été mon seul fils. Je te dirai combien il était excellent et charmant, et pourquoi je fondais sur lui tant d'espérances. Ce sera toi, mon cher enfant, qui seras chargé de les réaliser. J'y compte, et je t'y aiderai en te donnant, en toute occasion, mes sincères avertissements et conseils. » Lesquels pleuvront, en effet, sur Guillaume pendant vingt-cinq ans.

C'est que Guizot commence à s'impatienter et à s'inquiéter, et que l'on trouve sous sa plume des expressions qui ne cesseront plus, et s'aggraveront même : si Guillaume, toujours, est d'un « naturel aimable », a « l'esprit distingué » et « très bon cœur », ce sur quoi chacun s'accorde, il « ne fait à peu près rien, et surtout sans suite ». Incapable d'activité soutenue, il élude, dissimule. Le retour à Paris, dans une tout autre position que celle qu'il a quittée, n'arrange rien. Naturellement, il survole ses classes de première et de rhétorique, aussi à l'aise en langues anciennes que modernes. Mais pour l'essentiel, il s'amuse, fume de gros cigares, dont la mode fait rage, et s'émancipe dans une vie de garçon dont les parties fines ne sont vraisemblablement pas absentes. Sa sœur Henriette et surtout son père, ne fût-ce qu'en constatant que l'argent file et que Guillaume, le matin, paraît bien fatigué, devinent quelque chose. Guizot écrit du Val-Richer à sa fille le 18 octobre 1851 : « Cornélis m'a donné hier des détails qui me donnent lieu de croire que tes appréhensions ne sont pas sans fondement ; je vais tâcher de faire, d'ici, quelque chose pour qu'il ne s'engage pas dans quelque grand tort et grand embarras. » Que faire ? Guizot, à Paris, tient avec son fils, presque tous les jours, une conférence destinée à « extirper les mauvais germes de la mauvaise philosophie » auxquels Guillaume, par ses études, surtout par ses fréquentations, pourrait bien être exposé. Ces conférences, il les prépare soigneusement, dans le souci d'introduire dans l'esprit de son fils « l'harmonie entre la pensée enseignée et la pensée libre ». S'y ajoute régulièrement une exhortation paternelle « dont je ne suis pas sûr qu'elle soit aussi efficace que je le voudrais ». Il évite de le pousser dans ses retranchements, Guillaume fait le gros dos, cache comme il peut son embarras et sans doute son impatience, proteste de sa bonne volonté. Puis il sort dîner, au Café de Foy ou ailleurs, avec ses amis Boissieu, Figarol, Cerfberr, Desportes, Nau de Champlouis et d'autres plus connus, comme Arsène Houssaye et Eugène Pelletan, ou encore l'éditeur Michel Lévy, auprès duquel il défend les intérêts de son père alors attelé à la rédaction de ses Mémoires, fait la fête avec des actrices, avec Rachel en particulier avec laquelle il est du dernier bien, lorgne à l'Opéra et aux Italiens les belles étrangères, a ses entrées dans des cercles de jeu interlopes. « Je suis ma politique de rester souvent à la maison jusqu'à 8 heures et demie du soir, écrit-il en décembre 1856 à un très cher camarade. J'y trouve mon compte, étant plus libre que jamais. On ne me demande plus où je vais ni ce que je fais. Le saurait-on ? » En juillet 1857, séjournant en Allemagne, il est allé à Hombourg, la capitale européenne du jeu dont les tentations sont grandes. Y a-t-il résisté ? Il est fou aussi de littérature, de celle qui provoque le bourgeois et, comme écrit Hugo, crée un frisson nouveau. Il admire *Madame Bovary* et son auteur et surtout, la même année 1857, salue chaudement la parution des *Fleurs du mal,* dont il est l'un des tout premiers dédicataires. C'est que le spleen exprimé par Baudelaire rencontre le fond de son tempérament : Guillaume est un dépressif joyeux. Comment s'en confierait-il à son père, pour qui le mot et la chose sont dépourvus de toute signification ? Avec qui partager son enthousiasme pour Wagner après la première de *Tannhaüser,* à laquelle il assiste le 13 mars 1861 ? Chez lui, c'est Rossini, qui jadis fréquenta le salon de son père, que l'on va applaudir. Guizot fait des efforts, déclare apprécier en partie *Les Misérables,* surtout le deuxième tome, accorde plus tard : si « je suis l'un des hommes dont le sentiment intime et le goût littéraire sont le plus blessés par les poètes de ce temps-ci, certainement il y a des poètes ; non seulement de grands poètes, mais de la poésie dans les petits ». C'est le plus qu'il puisse dire.

Le travail serait le remède, d'autant que le jeune homme est riche de tous les dons littéraires, et contribuerait, à l'instar de ses sœurs, aux ressources de la famille, désormais aléatoires. On le pousse, il s'applique. En 1853, il partage un prix de l'Académie française pour une étude sur la comédie de Ménandre, qui deviendra un livre deux ans plus tard. En 1856, pour la « Bibliothèque des chemins de fer » lancée par Louis Hachette, c'est un essai sur *Alfred le Grand, ou l'Angleterre sous les Anglo-Saxons*. La presse amie réagit favorablement. Il mène mollement des études de droit qui l'ennuient. Travailler, vivre aussi le fatigue. Au sein de la ruche Guizot-de Witt, en intense et perpétuelle activité, il détonne. De quel bois est-il donc fait ? Quel emploi fait-il de son temps, ce temps dont la religion réformée soutient que Dieu l'a donné à sa créature pour le faire fructifier ? « Mets-toi à l'œuvre, à tes œuvres diverses, lui serine son père qui naturellement est convaincu de bien faire. Ne perds point de temps ; ne retombe dans aucune ornière ; ne change pas, à tout moment, de chemin » (3 novembre 1858). Il s'irrite de ses silences, des lettres qu'un bon fils devrait écrire à son père et qu'il n'écrit pas, des mystères qu'il paraît entretenir. Guillaume, quand le vase déborde, se défend avec une finesse que son père pourrait lui envier : « Je t'ai toujours trouvé le plus indulgent, le plus facile, le plus libéral que j'aie jamais vu. Mais cela ne m'empêche pas de savoir que tu as, à part toi et pour ton propre compte, des idées très sévères, des principes très arrêtés, des règles invariables. [...] Je t'aurais parlé de bien des choses, n'était la crainte que mon père n'en parlât à M. Guizot » (12 mars 1856).

À défaut du travail intermittent, le mariage fixerait Guillaume, en même temps qu'il assurerait la perpétuation du nom, à quoi Guizot est très attaché. À la fin de 1851, une perspective paraît s'ouvrir, sous les traits d'Amélie Hottinguer, au pedigree impeccable : son père le baron Henri, chef de la célèbre maison de banque, est régent de la Banque de France et protestant actif, sa mère est née Stéphanie Delessert, fille de François, député sous la monarchie de Juillet, lui aussi régent et président de la Caisse d'épargne de Paris, très engagé dans l'Église réformée comme ses frères les banquiers Benjamin et Gabriel, ce dernier ancien préfet de police. La fortune, la religion, la distinction, tout concourt à rendre alléchant ce parti. Les jeunes gens se connaissent depuis l'adolescence, se sont baignés ensemble à Trouville. Le lien, maintenant, paraît se nouer plus sérieusement. Mais Guillaume n'a que dix-huit ans. Son père, bien entendu, est à la manœuvre : « Il faut qu'il plaise à Amélie de plus en plus et se fasse de plus en plus estimer de ses parents. » Quand une occasion se présentera d'avancer, on ne la laissera pas passer. Catastrophe ! Les Guizot ont-ils été trop pressants, les Hottinguer trop accueillants ? Au début de mars 1852, la grand-mère d'Amélie, Julie Delessert, rend visite à Pauline pour s'inquiéter de la familiarité, voire de l'intimité régnant entre Amélie et Guillaume, qui va jusqu'à appeler la jeune fille par son prénom. *Horresco referens !* Pour couper court au drame bourgeois, Guizot va trouver deux jours plus tard Henri Hottinguer en son hôtel de la rue Bergère. La mise au point est nette : « Mon fils est trop bien élevé pour ne pas savoir ce qui convient et, je tiens beaucoup à vous le dire moi-même pour lui, il n'a jamais fait que répondre aux bontés que Mme Hottinguer, Mme Delessert et tous les vôtres lui ont témoignées. » S'ils souhaitent maintenant que Guillaume s'éloigne d'Amélie, ils n'ont qu'un mot à dire. Embarras du baron, protestant que tout lui convient sinon l'âge de Guillaume, qui interdit tout engagement. Guizot, qui dissimule son dépit, comprend qu'il ne faut plus regarder de ce côté-là. Mais enfin les Hottinguer, madame surtout, ont fait preuve d'une regrettable légèreté en se montrant d'abord si empressés, puis si soudain négatifs. Guillaume, lui, a le cœur gros. Pour le consoler et le distraire de ce chagrin, le deuxième de ce type paraît-il mais on ne sait rien du premier, son père, moyennant « la moitié du petit rouleau d'or » qu'il a en réserve, l'expédie aussitôt à Rome auprès de Conrad et Henriette, à qui Guizot a offert le séjour là-bas pour les consoler, eux aussi, de la mort à quatre mois, le 25 septembre 1851, de leur fille Élisa. Pendant quelque temps, plus de mariage en vue. Guillaume a mieux à faire de ses soirées, vouées à une noce d'un autre genre, et se soucie « comme d'un fêtu » des gens qui veulent le marier. On est déjà fin 1856. « Je crois que ma famille y renonce. Mon père ne m'a point induit dans la conversation définitive à laquelle je m'attendais. Sans doute il trouve que Pauline peuple assez. » Sa sœur attend en effet son quatrième enfant. Lui partage de tendres sentiments, et plus encore – « je n'avais jusque-là aucune idée de ce que peuvent être ni l'amour ni le plaisir ni le bonheur » –, avec une certaine Élizabeth qui n'est apparemment pas du même monde, une liaison « coupable et dangereuse » aux yeux de sa famille dont la pression monte pour qu'il la rompe, ce qu'il fait, après deux ans, en juillet 1858.

Pourquoi ne le laisse-t-on pas être heureux ? Pauline, sa très chère sœur, lui dit : « Tu es mon seul chagrin. » Profondément blessé, il s'ouvre à son ami Victor Figarol : « Est-ce qu'on doit à sa famille de prendre son bonheur à soi là où elle le rêve pour vous, et non là où on le trouve ? » Je crois comprendre, dans une lettre à son beau-frère Cornélis, qu'un enfant serait né et aussitôt mort de cette union. Et il faut abandonner là cette femme profondément aimée ? « Comme c'est dur, un devoir qui prend la forme d'une mauvaise action ! »

En janvier 1859, Guillaume a vingt-six ans et le temps commence à presser, autant que le besoin d'argent pour faire face à ses dépenses et à ses dettes. On regarde vers Mathilde d'Haussonville, la petite-fille de Victor de Broglie, et aussi vers Julia Dassier, fille d'un banquier protestant bien établi dans les compagnies de chemin de fer et d'assurances. Duchâtel signale aussi un parti bordelais, une certaine demoiselle Poupillier, qui aurait du répondant. On cite encore deux nièces jumelles de l'ancien député ministériel Roger du Nord. Guizot prospecte, s'informe. Guillaume est assailli de furoncles, ce qui ne facilite pas les entreprises. Rien n'aboutit. Pour finir, c'est à Nîmes que se trouve l'issue. Un correspondant signale l'existence d'une jeune fille de vingt ans, Gabrielle Verdier de Flaux. Elle appartient à une famille depuis longtemps liée, comme on l'a déjà lu, aux Guizot. Sa sœur aînée, Berthe, est mariée à Émile Abric, fils d'un compagnon d'études de Guizot à Genève. Ses parents, Charles et Louise-Philippine, elle issue d'une dynastie de soyeux, sont bien pourvus en vertus morales et religieuses, et aussi en domaines et en capitaux. On peut s'attendre à 500 000 francs de dot et à une succession d'un million. Les Guizot n'en ont jamais vu autant. Le 17 janvier 1860, Guillaume est à Nîmes pour une première rencontre et étalonne aussitôt, pour sa famille, sa future : « Elle est grande, elle a une belle tournure, la figure est agréable et distinguée, elle n'a qu'à gagner au mariage et à l'âge, ses yeux me plaisent, sa chevelure est forte, l'air intelligent et aisé, bonnes manières. » Début février, la chose est considérée comme faite et le mariage est célébré le 26 avril au grand temple de Nîmes par le pasteur Jean Monod, à la pleine satisfaction de Guizot fêté pour son retour dans sa ville natale.

Curieusement, mais peut-être n'est-ce pas si curieux, Guizot n'a guère influé sur les choix conjugaux de ses filles ; en revanche, le mariage de son fils est presque entièrement arrangé par ses soins. Quelle part de lui-même Guillaume y a-t-il engagée ? Grande, me semble-t-il, lorsqu'il écrit à Figarol : « Toutes les femmes qui rendent leurs maris heureux sont pour moi comme les prêtres d'une religion à laquelle je viendrais de me convertir. » Naturellement, sa belle-fille convient et plaît à Guizot, puisqu'elle est sa belle-fille. Elle, arrachée à son milieu de province paisible et corseté à l'extrême, où Flaubert et Baudelaire ne sont guère parvenus, et placée auprès d'un inconnu nanti d'une famille impressionnante, paraît pour le moins mal à l'aise. Alors Guizot, égal à lui-même, trouve ici à s'employer. Par des petits riens, des petits soins, naturellement une correspondance soutenue, il joue au père de substitution ; au père et à l'ami des jeunes femmes, à bientôt soixante-quinze ans ? Inconsciemment peut-être, quand Gabrielle peut lire : « Je vous aime plus que je ne vous le dis », « Aimez-moi filialement car je vous aime paternellement » ? Et quand il minaude : « Vous dirai-je *Madame et chère belle-fille* ou bien *Charmante Gabrielle*, ou bien *Ma chère Gabrielle* ? »... Il a pour elle des égards et une affection que peut-être elle ne trouve pas suffisamment chez son mari. Ils partagent tous deux un goût très vif pour les aubergines, dont Gabrielle lui procure des graines mais auxquelles le climat du Val-Richer ne convient guère. Guillaume, gentil et détestant la contrariété, tâche de se faire bien voir, trousse des vers charmants à son épouse, et aussi à ses beaux-parents qu'il n'est pas parvenu, il le reconnaît, à tourner en sa faveur. Guizot expose à Gabrielle les raisons qu'elle a d'être heureuse et qui dans son esprit sont le bonheur lui-même. En réalité, il doute. 31 décembre 1861 : « J'ai eu une longue conversation avec Guillaume. Je lui ai tout dit, au moins comme conseils, et il a tout accepté. Il n'oppose point de résistance à la vérité et au bien. Il a l'esprit aussi juste que fin et le cœur excellent. Tout irait bien s'il savait résister à la tentation ou au déplaisir. Se laisser aller à ce qui lui plaît et la promptitude à éluder, n'importe comment, ce qui lui déplaît, son mal est là. Je ne vois rien de grave entre Gabrielle et lui, sinon que leurs natures sont très différentes. » Et il dit et répète autour de lui, en particulier à Laure de Gasparin qui s'en fera l'écho dans le Midi, combien les jeunes gens s'aiment et sont heureux, ce qui du reste est en partie vrai. En fait, Guizot soupçonne que son fils n'a pas complètement renoncé à ses joyeuses habitudes de célibataire. Il constate surtout qu'il ne fait rien sinon, à petite vitesse, des traductions des *Essais* de Thomas Macaulay, qui naguère, à Londres, avait reconnu son précoce talent. Il faut beaucoup d'insistance pour qu'il donne suite à l'aimable proposition du gendre d'Amélie Lenormant, Louis de Loménie, de le remplacer, au premier trimestre 1866, dans son cours de littérature française moderne au Collège de France. À la veille de la première leçon, le 4 janvier, Guillaume n'a à peu près rien rédigé, comme l'avoue Gabrielle à son beau-père. Il s'en sort relativement bien, puis, à chaque leçon, de mieux en mieux. Son anxiété n'est pas due à la seule impréparation. Au même moment se produit en effet la catastrophe qu'il savait inévitable.

Le 1er février 1866, les Goncourt écrivent dans leur Journal : « L'opposition des Écoles a applaudi, l'autre jour, le cours du jeune Guizot. J'ai appris, depuis, qu'après une grosse perte au jeu, il avait reçu de l'empereur, de la main à la main, 60 000 francs. C'est Doucet qui a été le maquereau de la négociation, moyennant quoi il est arrivé, par la voix de Guizot et de ses amis, à l'Académie. » Directeur de l'administration des théâtres impériaux, le dramaturge Camille Doucet, auteur de pièces opportunément intitulées *La Chasse aux fripons*, *Le Fruit défendu* ou *La Considération*, est une relation ancienne des Guizot. Étudiant en droit, il a connu le jeune François et continue de fréquenter son camarade Béhier, le médecin de la famille. À la suite d'une manœuvre compliquée appuyée en partie par Guizot, ce bonapartiste a été élu le 6 avril 1865 à l'Académie française, en même temps, par contre-poids, que le jeune orléaniste Anatole Prévost-Paradol, lui franchement soutenu par Guizot. Rien, à ma connaissance, ne donne prise à l'imputation de trafic académique dont les Goncourt font état. Est-elle parvenue aux oreilles de Guizot ? Ce n'est pas impossible, sans qu'on sache exactement sous quelle forme. En tout cas, il est le 26 janvier alerté, ou confirmé dans ses craintes, par une lettre de Gabrielle : Guillaume ne peut plus cacher qu'il doit faire face à des dettes immédiatement exigibles. Il répond aussitôt : « Je suis ému jusqu'au fond du cœur ; aussi ému que triste. Si je pouvais faire tout ce que vous désirez, ce serait fait tout de suite ; mais je ne puis suffire à tout. Je demande à Guillaume de vous dire tout ce que j'ai déjà fait deux fois, pour lui, en pareille épreuve. [...] Certainement, il faut que toutes les dettes soient payées. C'est le seul moyen de faire disparaître sans retour toutes les calomnies, toutes les suppositions folles et hostiles. » Lesquelles ? Guizot ignore-t-il alors, ou ne veut-il pas croire à la démarche de Guillaume auprès de Napoléon III, révélée après la chute de l'Empire et pour laquelle Camille Doucet a pu en effet servir d'intermédiaire ? Pourtant le bruit en courait avant même que les Goncourt s'en fassent l'écho. Xavier Marmier, dans son Journal, notait fin 1864 qu'on dit en riant dans Paris : « Monsieur Guizot publie ses Mémoires pour payer ceux de son fils », ce méchant garçon qui dépense des fortunes en dîners avec des cocottes au Café anglais. En dépit de ses objurgations, son fils ne lui a certainement pas tout dit. Sans cela, comment Guizot aurait-il pu, sans ciller, se rendre aux Tuileries le 18 mars pour présenter à l'empereur les nouveaux récipiendaires, Doucet, justement, et Prévost-Paradol ? Reste qu'il a immédiatement fait pour son fils, et sa belle-fille, les gestes nécessaires pour étouffer la rumeur dans l'œuf, en avançant à Guillaume 37 000 francs sur les 52 000 de dettes avouées, grâce en partie à l'indemnisation pour expropriation d'une maison rue Mauconseil qu'il tenait de son frère Jean-Jacques. La vieille tante Alida Temminck a été de son côté mise à contribution.

Cette solidarité illustre ce qu'écrivait à Cornélis, cinq ans plus tôt, Hippolyte Taine de retour du Val-Richer : « Il me semble que j'ai appris chez vous ce que c'est que la famille, la maison et l'héritage. [...] Ce qu'il y a de mieux, c'est que je vous crois capables de subir le malheur, sans vous désorganiser ni vous troubler. » Le malheur est grand pourtant, plus, on le comprend, celui de Gabrielle que de son beau-père : « Elle est triste et abattue. Nous nous sommes trouvés seuls un moment ; elle m'a provoqué affectueusement et en pleurant. Elle est triste parce qu'elle n'est plus inquiète. Elle a besoin d'être encouragée et soutenue. » Il la soutient, sans un mot de reproche envers Guillaume. À quoi bon ? À présent, il faut le pousser à rédiger la thèse sur Montaigne qu'il a entreprise et qui lui ouvrirait les portes de la Sorbonne, après le remplacement du Collège de France. Tous les amis universitaires de Guizot, comme Saint-Marc Girardin, le ministre Duruy lui-même, qui est venu voir Guizot chez lui tout exprès, sont remplis de bonne volonté. Mais Guillaume, encore une fois, paresse, traîne, se plaint à bas bruit, n'avance pas. L'occasion qui se présente à Pâques 1868 doit à tout prix être saisie. Mais « l'urgence qui vient du dehors le trouble plus qu'elle ne le pousse ». Et puis, des arriérés de dettes, longtemps dissimulés, ressurgissent, comme avec le banquier bordelais Wustemberg ; « il faut encore vider ce sac-là, si c'est possible ». Impossible enfin de savoir où il en est de son travail, dont son père, ou même sa sœur Henriette, ne feraient qu'une bouchée en quelques jours. A-t-il seulement commencé ? « Je viens de lui parler aussi affectueusement que franchement. Il ne se défend pas du tout. Il est triste et abattu. Moi, je suis triste. Pour plus d'une raison. J'ai peur que mon pauvre fils n'ait des ennuis intérieurs. » Le ménage irait donc mal. Pourquoi, après huit ans, toujours pas d'enfant ? Béhier examine à fond son patient de trente-cinq ans : rien de grave, la poitrine, talon d'Achille de la famille, est en bon état. « Mais il y a une excitation et en même temps une faiblesse nerveuse qui tiennent à la fumerie excessive, à l'irrégularité du régime, aux mauvaises habitudes. » Il fallut donc renoncer à la Sorbonne, qui aurait assuré une position et un revenu. Guillaume reprend le cours du Collège de France, en tant que suppléant titulaire cette fois, et non plus remplaçant, continuant à commenter son cher Montaigne [1], correspondant avec George Sand sur les rapports entre l'auteur des *Essais* et Rousseau. En avril 1870, Guizot obtient d'Émile Ollivier, auquel il a apporté son soutien politique, que Guillaume soit nommé, au ministère de la Justice, sous-directeur des Cultes non catholiques, mais, en juin-juillet 1871, lorsqu'il s'agit d'une ambassade à Athènes, promise par Thiers et Jules Favre, Guillaume renonce alors que l'affaire était considérée comme faite. « Dans la diplomatie, en ce moment-ci, tente-t-il d'expliquer à son père, il y a plus de difficultés et d'échecs à prévoir que de succès à se promettre ou même de services à rendre. » Savait-il qu'aux Tuileries on avait trouvé des traces compromettantes de sa démarche de 1865, sous la forme d'une lettre, deux peut-être, de reconnaissance à Napoléon III ? Lui fit-on subir une sorte de chantage en menaçant de mettre au jour ses connexions impériales ? Eut-il peur que fussent révélées ses frasques ? Une autre hypothèse : Guillaume ne souhaitait pas, au fond, rentrer dans la carrière dont son père, par transfert de tempérament et de génération, voulait pour lui, ne concevant pas qu'il préférât Paris, ses fréquentations, sa vie littéraire plutôt qu'un tête-à-tête avec Gabrielle dans une résidence étrangère. « Il n'y a pas que la diplomatie », lui écrit-il. *Volens nolens*, il évita ce nouvel écrasement paternel et obtint, non sans l'aide de son père, ce qu'il désirait vraiment, la chaire de langues et littératures d'origine germanique au Collège de France, en février 1874, tout en conservant sa sous-direction des Cultes. Cette année-là, la dernière de la vie de Guizot, il causa à son père un dernier chagrin, avec la divulgation dans le grand public, sans doute à l'initiative de l'impératrice Eugénie, veuve depuis un an, de ce qui était resté jusque-là confidentiel, la libéralité de Napoléon III. Peut-être n'est-ce qu'en ce printemps de 1874 que Guizot apprit, ou admit, la complète réalité. Il entendit

1. Il n'en tirera jamais un livre mais en 1899, sept ans après sa mort, paraît sous son nom chez Hachette *Montaigne, études et fragments*, publié par Auguste Salles, avec une préface d'Émile Faguet.

alors rembourser l'impératrice du capital et des intérêts, entamant une procédure judiciaire dans ce sens et vendant pour cela le tableau de Murillo que lui avait donné en 1846 la reine Isabelle d'Espagne, et qu'acheta Henri Greffulhe pour 120 000 francs. Sa mort emporta tout.

Guillaume fut une écharde dans le cœur de son père, qui la supporta aisément grâce à la robustesse de son tempérament. Mais lui, sensible, charmant, d'une finesse extrême même si elle paraissait mal employée, souffrit bien plus encore. Il aurait désiré contenter tout le monde et lui-même. Dans cette citadelle de vertus actives qu'était sa famille, face à un père écrasant même et peut-être surtout dans le souci qu'il prenait de lui, sous le poids d'un nom qui obligeait à l'excellence et à l'hyperactivité, la personnalité de Guillaume n'était pas de taille, y compris pour prendre une fuite salutaire. Ses sœurs, en dépit de l'amour et du dévouement qu'elles ne cessèrent de lui prodiguer, surtout Pauline, ne remplacèrent pas la mère qui lui manqua toujours, et dont la mort le poursuivait. « Je ne me console pas, écrit-il à Henriette en 1860, de n'avoir pas connu ma mère, et surtout de l'avoir tuée », comme on le lui a toujours fait sentir, au point de ne jamais, seul de la famille, célébrer son anniversaire, trop lié à celui du décès d'Élisa. « Ma vie ne vaut pas cette vie qu'elle vous a coûté à tous. Depuis deux ans, ce regret qui a presque pris l'âpreté d'un remords va croissant en moi. » Aveu bouleversant, qu'il n'aura jamais osé faire à son père, lequel en revanche n'hésitait pas à lui écrire, le 10 janvier 1863, ces mot confondants d'inconsciente cruauté : « Tu as trente ans demain. Quelle joie ! Et pour aboutir à quelle douleur ! Devant de tels troubles de l'âme, il n'y a que le silence. » Trop différent, Guillaume chercha ailleurs des satisfactions : les plaisirs faciles, l'amitié, la littérature surtout, avec un goût et un éclectisme où son père était incapable de le suivre. Guillaume fut une victime dorée, attachant autant qu'exaspérant dans ses faiblesses, séduisant par tant de dons.

L'HONNEUR DU NOM

À la fin de sa vie, Guizot savait qu'il n'aurait pas de descendant portant son nom, puisque ni son frère ni ses deux fils n'avaient eu d'enfant. Ce n'est pas qu'il n'existât point d'autres Guizot à proximité, au sort desquels il se montra efficacement attentif. Ernest Guizot, fils de l'oncle paternel de Guizot, Pierre-Guillaume, est dans ce cas. Né en 1800, ce fonctionnaire des finances bénéficie, de la part de son cousin, d'un sérieux coup de main puisque, receveur à Carpentras en 1830 grâce à lui, il est, dix ans plus tard, propulsé receveur général à Agen, où son fils Georges, né en 1847, s'établira comme banquier. Ernest et son épouse Isaline habitent à Layrac, près d'Agen, dont Guizot fait venir son vin rouge ordinaire, où il va même séjourner à l'automne 1859, lui qui se déplace si peu volontiers. Il s'occupe également de faire nommer à la chaire d'hébreu de la faculté de théologie protestante de Montauban Ernest Bonifas, fils de Zélia Guizot, la sœur aînée d'Ernest, démarchant personnellement le ministre de l'Instruction publique Hippolyte Fortoul. Il fait de même auprès de Magne, ministre des Finances, pour obtenir une bonne recette à Émile Oberkampf, gendre d'Ernest Guizot. Bref, entre cousins Guizot, on se fréquente et on se prodigue de l'affection. L'attachement au nom s'étend plus loin. François Guizot est issu de la branche cadette de la famille, qui s'est séparée de la branche aînée au tout début du XVIIe siècle. À cette dernière, passée au catholicisme à une date que j'ignore, appartint un certain Paul Guizot qui, établi comme son père à Saint-Domingue, y épousa une esclave émancipée par la suite. Leur fils Louis, guillotiné en 1794 comme son lointain cousin André, est l'arrière-grand-père d'Edmond, « un jeune capitaine de la Garde impériale qui porte mon nom et que j'ai fait élever », écrit Guizot dans une lettre de 1867, qui aurait pu ajouter que c'est lui qui avait sollicité en 1863 le maréchal Regnaud de Saint-Jean-d'Angély de le faire entrer dans cette unité d'élite, où il servit en effet au 2e régiment de voltigeurs. Il semble qu'Edmond naquit l'année même de la mort de son père Louis, en 1829. Sa mère, Julie Blanchelay, est décrite par son fils comme une femme honnête et pauvre. Veuve avec à charge cet enfant unique, elle se tourna bientôt vers son illustre parent, sollicitant aussi le bon cœur d'Henriette. Signer « Veuve Guizot » était de nature à déclencher un mouvement de sympathie et de compassion, puisqu'un homonyme leur était mère et grand-mère. Guizot juge d'abord sans indulgence le tout jeune homme, débouté du concours de Saint-Cyr. Mais il est de la famille, par son nom plus que par son ascendance. Guizot assurera donc son éducation et sa carrière dans l'armée, qui le conduit à Rome alors occupée par une division française, puisqu'il y visite à plusieurs reprises Henriette et Conrad durant leur séjour début 1852. Edmond reçoit encore le soutien de son vieux cousin en 1868, lorsqu'il s'agit d'épouser une veuve bien dotée, puisque tout officier, pour se marier, doit obtenir une autorisation administrative et disposer d'un pécule. Guizot, Pauline, Guillaume et Gabrielle sont présents à la signature du contrat. Edmond, à la mort de Guizot, exprima à la « chère madame Henriette » sa reconnaissance : « Ce que tout le monde ne connaît pas, c'est la bonté si douce et si modeste de ce grand homme. Enfant, il m'a pris par la main pour faire de moi un homme. » On n'invoque pas en vain le nom de M. Guizot !

C'est qu'il tenait son nom à honneur. En 1846, après la réussite des mariages espagnols, la reine Isabelle offrit au ministre des Affaires étrangères français de le faire grand d'Espagne et duc, de San Antonio paraît-il. Guizot fut flatté. Il aimait les décorations, dont il a récapitulé de sa main la longue liste des siennes, qu'il portait en chaque occasion, et même à tout propos, disaient les malicieux, en particulier le cordon de grand-croix de la Légion d'honneur, décerné en 1840 en tant qu'ambassadeur à Londres, et, depuis 1844, la Toison d'or dont il était l'un des très rares titulaires en France. Sa première carte d'électeur à Paris le désigne, en août 1815, comme « le chevalier Guizot », parce qu'il vient d'obtenir le premier grade de la Légion d'honneur. Il remplit d'aise ses habits brodés et avec épée de haut fonctionnaire, d'ambassadeur, de ministre et d'académicien. Il est là en représentation de lui-même, autant que du gouvernement et du pays. C'est que les croix, les plaques, les titres, il estime les devoir à son seul mérite. Rien ne lui est acquis par héritage, seuls les honneurs venus couronner ses travaux jettent de la lumière sur son nom à l'origine obscur, qui de soi-même ne lui ouvrait droit à rien. Né et se revendiquant bourgeois, il tient à illustrer sa condition par des signes extérieurs de grandeur, et non pas à la transformer par une noblesse d'emprunt. Il apprécie, il recherche l'aristocratie chez les autres, ceux qui lui appartiennent par la naissance, ou même par cet autre baptême qu'est la faveur du prince. On a vu ce qu'il aimait de princier et de ducal chez Mmes de Lieven et de Dino. Il prend soin, voire affectation d'appeler par son titre tout ce qui en porte : à Égédie Decazes il ne donne que de la chère duchesse, Clotilde Molé, fille de Mathieu, est toujours et partout comtesse de La Ferté-Meun, et sa nièce duchesse d'Ayen, elle-même belle-fille du duc Paul de Noailles, historien prétendu de Mme de Maintenon dont il n'est pas sûr qu'il sache écrire, mais porteur d'un des plus grands noms de France. Guizot écrit ainsi à Henriette, en février 1852 : « Dimanche, dîner chez le duc de Noailles, comme je te l'ai déjà dit. » Il ne le dira jamais trop, même à sa fille, surtout lorsqu'au dîner se trouvent aussi la duchesse de Galliera, le duc de Montebello et autres inscrits au Gotha. Dans ses lettres, dans ses agendas, il égrène avec contentement titres, particules et patronymes sonores, dans un chapelet digne de l'abbé Mugnier et qui eût enchanté le bourgeois Marcel Proust. Et comment ne pas sentir transpirer sa satisfaction à peine étonnée lorsque, traitant de pair à compagnon avec Charles-Maurice de Talleyrand-Périgord, il lui écrit le jour même de la constitution du ministère du 11 octobre 1832 : « Faites en sorte, mon Prince, que notre situation soit bien comprise » à Londres, et signe, avec un orgueil tout simple : « Tout à vous, Guizot. » Lui, M. Guizot, homme nouveau parti de rien, adressant des conseils, voire des instructions au sang le plus ancien et le plus bleu de France ! Et, jusqu'à la fin de sa vie, il ne se lassera pas de raconter les mots d'esprit, toujours les mêmes, qu'il échangeait naguère, puis jadis, avec le prince de Bénévent. Snobisme ? Certainement, qui vient de loin, lorsqu'il rappelle volontiers qu'il fréquentait à dix-neuf ans chez la duchesse de Duras et qui se renforce lorsque, après 1848, étant rendu uniquement à lui-même, les nobles fréquentations le maintiennent en situation aux yeux du monde et aux siens propres. Mais il prouve et éprouve surtout, dans cette sociabilité, le mouvement ascendant et capillaire de la classe moyenne, auquel il a tant contribué et qui lui permet désormais de pénétrer un milieu lui-même capable et désireux de faire sa place au talent individuel qui a conduit à l'exercice du pouvoir. Guizot n'est pas différent sur ce point de Thiers et, à sa génération, de quelques autres, encore assez rares dans la première moitié du siècle, bien plus nombreux après 1848. Au fond, indépendamment des sentiments, bien réels, qui l'attachent à certains détenteurs de noms illustres, à commencer par les Broglie, ceux-ci contribuent, comme les distinctions qu'il a lui-même reçues, à l'honneur de son nom, ce nom ordinaire qui ne doit qu'à son titulaire d'être sorti de l'ombre et auquel il importe d'autant plus de demeurer attaché, sans y rien changer. Si, comme l'a écrit à Stendhal son ami Hyacinthe de Latouche, Guizot a « l'art de faire une perruque avec un seul cheveu et de se draper avec une ficelle », sur l'essentiel il ne sacrifie aux apparences, rhétoriques ou sociales, que ce qui lui convient.

C'est pourquoi Guizot déclina la proposition de la reine d'Espagne ou celle, moins sérieuse, de Louis-Philippe d'être fait duc en France. « Je ne fais cas que de deux choses, écrit-il à l'ambassadeur à Madrid. De mon vivant, ma force politique ; après moi, l'honneur de mon nom. Si je croyais que la grandesse et le duché dussent ajouter quelque chose, aujourd'hui à ma force, plus tard à mon nom, je les accepterais avec plaisir. Je crois le contraire. Je crois qu'il y a pour moi aujourd'hui plus de force et un jour plus d'honneur à rester M. Guizot tout court. » De l'honneur de son nom, vingt-cinq ans plus tard, il parle encore dans son testament. Pour le perpétuer, il fit ce qu'avait fait par exemple le chancelier Pasquier avec son petit-neveu d'Audiffret, devenu duc d'Audiffret-Pasquier en 1862, demander et obtenir que « l'un des fils de ma fille Pauline de Witt prenne et porte mon nom », ce qui échut à François, né en 1870. Mais François de Witt-Guizot, mort en 1939, eut quatre filles, et le nom issu d'André Guizot s'arrêta là.

Ce nom qui fit tant parler de lui, comment le prononcer : *Gui-zô* ou *ghi-zô* ? L'une et l'autre manière compte deux syllabes, en sorte que les vers par lesquels Guizot fut souvent chansonné ne fournissent aucune clé. En février 1870, participant à la rédaction d'une *Biographie universelle*, Edward Magill, principal de Swarthmore College, dans le Delaware, écrivit à Guizot pour lui demander laquelle il préférait y voir figurer. Il semble que c'était la première, telle qu'elle avait cours à Paris, mais Guillaume tenait pour la seconde, en usage à Nîmes, et aussi aux États-Unis. Pour une fois, le fils l'emporta sur le père, et ainsi *ghi-zô* est resté. L'honneur du nom de Guizot était dans son cœur, pas dans son apparence.

CHAPITRE VI

Instruire

Pas plus que Charlemagne n'a inventé l'école à l'orée du Moyen Âge, Guizot n'a fondé l'enseignement primaire moderne. Reste qu'aujourd'hui, si son nom rencontre encore, ici ou là, un écho positif, il provient de la loi du 28 juin 1833 relative à l'instruction primaire, toujours appelée loi Guizot, même s'il lui manque d'être l'éponyme d'établissements scolaires, au contraire de Jules Ferry qui a pourtant reconnu sa dette envers son prédécesseur de la monarchie de Juillet. Très rares sont les détracteurs de Guizot qui n'ont pas consenti à reconnaître et saluer son œuvre dans le domaine de l'enseignement, autant et plus que dans le domaine de l'histoire, et la postérité, sur ce sujet, n'a pas été ingrate envers un ministre décrié, voire discrédité sur tant d'autres points, comme on verra.

La compétence

Le 11 octobre 1832, dans ce cabinet Soult dont il est l'une des trois « talents » avec Broglie et Thiers, Guizot ne reçoit et n'accepte que par défaut, semble-t-il, le ministère de l'Instruction publique, réputé ne pas conférer à son titulaire un poids politique déterminant, à la différence de l'Intérieur qu'il aurait désiré sans doute et qu'il avait occupé en 1830. De fait, à l'exception peut-être du second, Victor de Broglie, ses six prédécesseurs ne sont pas d'envergure à lui porter ombrage et n'ont guère laissé de trace. Désigné par une compétence qui ne faisait aucun doute, et qui vaudra à ses deux collègues du glorieux professorat de la Restauration, Villemain et Cousin, d'être à leur tour appelés à l'Instruction publique, Guizot était-il résigné à remplir une mission technique dans un ministère de seconde catégorie ? C'eût été mal le connaître. Là comme dans ses autres postes, il était déterminé à faire de la politique, d'autant qu'il s'imposa bientôt comme l'orateur principal du cabinet. Cependant, sur ce terrain et dans ce milieu qu'il connaissait bien et qui le reconnaissait comme l'un des siens, il en fit autrement, sans avoir à confronter ses idées à celles d'adversaires qui en auraient eues de toutes contraires. Aussi cet autre Guizot a-t-il réussi.

Son intérêt pour l'éducation, on le sait, remonte à vingt ans déjà, à l'époque des *Annales de l'Éducation* qu'il avait fondées et rédigées trois ans durant avec sa femme Pauline, elle-même auteur d'ouvrages de pédagogie et de morale. Il avait adhéré, dès sa fondation en 1815, à la Société pour l'instruction élémentaire, qui soutenait en particulier l'enseignement mutuel, venu d'Angleterre et alors très en vogue. La même année, il est encore, à la fois comme universitaire et comme secrétaire général à l'Intérieur, le principal artisan de l'ordonnance royale du 17 février relative à la réforme de l'Instruction publique. Ce texte, dont les circonstances empêchèrent l'application, mais qui contient en 86 articles tout un plan de réorganisation décentralisée de l'Université en 17 académies, indique dans son préambule que « l'éducation nationale a pour véritable objet de propager les bonnes doctrines, de maintenir les bonnes mœurs et de former des hommes qui, par leurs lumières et leurs vertus, puissent rendre à la société les utiles leçons et les sages exemples qu'ils ont reçus de leurs maîtres ».

Surtout, Guizot est conduit, contre les attaques de la majorité réactionnaire de la Chambre élue en août 1815 et prônant le contrôle du clergé catholique sur l'enseignement, à prendre la défense de l'Université, dont son maître et ami Royer-Collard est alors le grand maître – autrement dit le ministre –, et à préciser ses propres idées dans une brochure substantielle parue dans la seconde moitié de 1816, l'*Essai sur l'histoire et sur l'état actuel de l'instruction publique en France*, à la réalisation duquel a participé l'illustre luthérien Georges Cuvier, son collègue au Conseil d'État, secrétaire perpétuel de l'Académie des sciences et futur grand maître en 1820. Ce texte vigoureux se ressent des circonstances, puisque Guizot y soutient le monopole de l'Université, institution d'État qui constitue à ses yeux le meilleur de l'héritage napoléonien et qui est conçue ici comme « un grand corps, soumis à un gouvernement spécial et puisé dans son sein ». Cependant, bien des éléments se retrouveront plus tard dans la politique du ministre de l'Instruction publique de Louis-Philippe, à commencer par la première page qui assied un principe : « L'État donne l'éducation et l'instruction à ceux qui n'en recevraient point sans lui, et se charge de les procurer à ceux qui voudront les recevoir de lui. » Guizot distingue ensuite les trois niveaux d'instruction – primaire, secondaire, spéciale – et précise leurs contenus, en premier lieu « les préceptes de la religion et de la morale ». En effet, explique l'auteur, alors que l'ignorance « rend le peuple turbulent et féroce », comme le prouvent les excès de la Révolution française, largement dus à l'état d'abandon dans lequel se trouvait l'enseignement primaire au XVIIIe siècle, l'éducation nationale permet d'établir « soit entre le gouvernement et les citoyens, soit entre les diverses classes de la société, une certaine communauté d'opinions et de sentiments qui deviendra un lien puissant, un gage de repos et un principe d'ordre efficace », bref un moyen de lutte contre la dissolution et le bouleversement de la société tels qu'ils ont sévi vingt-cinq ans plus tôt, et continuent de faire sentir leurs néfastes effets. Religion et morale au service du « gouvernement des esprits » et de l'ordre social au moyen de l'instruction qui a pour objet et pour vertu de substituer la raison aux passions, l'essentiel est dit déjà de ce que sera l'action de Guizot au pouvoir et qui n'a rien d'original, sinon la mise en œuvre. Ainsi, entre 1810 et 1830, Guizot consacre beaucoup d'intérêt intellectuel et d'activité professionnelle à l'éducation et à l'instruction, grâce auxquelles lui-même est parvenu à s'élever dans la société. En 1829, dès sa création, il siège au comité de la Société pour l'encouragement de l'instruction primaire parmi les protestants de France, qui fait montre rapidement d'une grande efficacité. Bref, lorsqu'il entre au ministère de l'Instruction publique, il est solidement armé pour agir vite et résolument. Il va l'occuper jusqu'au 15 avril 1837, avec en 1836 une interruption de sept mois et demi.

Ce ministère est encore, en octobre 1832, presque une nouveauté en dépit du nombre de ses titulaires. C'est en janvier 1828 qu'il a été détaché des Affaires ecclésiastiques pour former un département particulier. Dix-huit mois plus tard, Polignac les réunissait de nouveau et la monarchie de Juillet maintint d'abord cette association, mais en en inversant les termes, avec un ministère de l'Instruction publique et des Cultes. Le premier soin de Guizot, arguant de sa qualité de protestant qui pouvait susciter la méfiance de la hiérarchie catholique, fut de les dissocier, l'administration des Cultes passant à la Justice. Ayant accepté la fonction, il était résolu, conformément à son tempérament, à s'y sentir heureux personnellement et à en tirer tout le parti politique, intellectuel et moral qu'elle recelait et qu'il fit prospérer. Heureux, il l'était, écrit sa femme Élisa dix jours après sa nomination, « de se retrouver au milieu des compagnons et des travaux de sa jeunesse ; l'instruction publique le repose de la politique générale ». Privé volontairement des Cultes, tout en pensant qu'il aurait su les administrer plutôt mieux qu'un autre précisément en raison de son appartenance à une Église minoritaire, il obtint, pour « seconder le progrès de la civilisation intellectuelle », selon sa propre expression, d'étendre le champ de ses compétences, et donc de les faire entrer directement dans le giron de l'État, à des institutions et des établissements tels que l'Institut de France, la Bibliothèque royale, le Muséum d'histoire naturelle, le Collège de France, les Écoles des chartes et des langues orientales, les bibliothèques publiques, la faculté de médecine et l'école de pharmacie, l'encouragement aux sociétés savantes... Pour autant, l'administration centrale demeure des plus légères. Le cabinet du

Mme Guizot mère,
née Élisabeth Sophie Bonicel, vers 1833,
par Auguste Couder.
Coll. part. Photo François Louchet.

Jean-Jacques Guizot,
dans l'ombre de son grand frère.
Coll. part. Photo François Louchet.

Pauline de Meulan,
à l'époque de son mariage avec Guizot.
Gravure d'après un tableau d'Auguste Couder.
Coll. Musée de Lisieux.

Bustes de Guizot et d'Élisa Dillon, sa seconde épouse, sculptés par Denis Foyatier après la mort de cette dernière.
Coll. part. Photo François Louchet.

François Guizot fils,
dont la mort à 21 ans
laissa son père inconsolable.
Coll. part. Photo François Louchet.

Portraits à l'aquarelle de Henriette et Guillaume Guizot en 1843,
par Clotilde Gérard-Juillerat.
Coll. part. Photo François Louchet.

Portrait à l'aquarelle de Pauline Guizot en 1840,
par François Grenier.
Coll. part. Photo François Louchet.

Henriette de Witt-Guizot vers 1855 par Mme Mollien,
et son mari Conrad de Witt photographié vers 1876.
Coll. part. Photo François Louchet.

Guillaume Guizot et son épouse Gabrielle Verdier de Flaux, photographiés vers 1865.
Coll. part. Photo François Louchet.

Pauline de Witt-Guizot
et son mari Cornélis de Witt
en 1857, par François Grenier.
Coll. part. Photo François Louchet.

Albertine de Staël, duchesse de Broglie,
celle qui comprit le mieux Guizot,
par Ary Scheffer.
Coll. du château de Coppet.

Dorothée de Benckendorff,
princesse de Lieven, la vieille amante,
par Valentine Delessert.
Coll. part. Photo François Louchet.

Laure de Daunant, comtesse de Gasparin,
la confidente préférée.
Coll. part. Photo François Louchet.

Dorothée de Courlande, duchesse de Dino :
« À mon illustre ami Monsieur Guizot ».
Coll. part. Photo François Louchet.

Pierre-Paul Royer-Collard, « le seul homme qui ait réellement influé sur moi », par Théodore Géricault.
Musée de Versailles. © Roger-Viollet.

Le duc Victor de Broglie, photographié vers 1860 : « Mon plus ancien, mon meilleur, mon plus rare ami. »
© Bridgeman Art Library.

George Hamilton, comte d'Aberdeen, copié par Henry Landseer sur l'original de Thomas Lawrence : une entente personnelle plus que cordiale.
Coll. part. Photo François Louchet.

Charles de Rémusat, photographié par Charles Reutlinger : il perça Guizot à jour sans cesser de l'aimer.
© Avant-Demain / Kharbine-Tapabor.

Louis Vitet, compagnon sans défaut
de toute la vie de Guizot.
© Mary Evans / Rue des Archives.

Le général baron François Ernest
de Chabaud-Latour, dont la famille protestante
et nîmoise était associée à celle de Guizot
depuis les années 1790,
photographié par Disdéri.
Coll. part. Photo François Louchet.

Le jardin et la maison
de Guizot à Paris,
2, rue de La Ville-l'Évêque.
Coll. part.
Photo François Louchet.

Enveloppe autographe de la lettre par laquelle Guizot annonce à sa fille Henriette,
le 11 août 1836, sa première visite du Val-Richer,
et le bâtiment peu après son acquisition.
Coll. part. Photos François Louchet.

Guizot et Shakespeare,
par Auguste Couder :
le grand homme souffle
à l'oreille de son émule
la traduction de ses œuvres
en français.
Coll. part.
Photo François Louchet.

Guizot en 1846
par Eduard von Heuss :
le ministre des Affaires étrangères
en majesté, qui fit don de son
portrait au musée de Lisieux.
Coll. Musée de Lisieux.

LE PERROQUET DE MR GUIZOT

« Vos injures n'atteindront jamais à la hauteur de mon dédain ! »

Caricature
d'Honoré Daumier
faisant écho à la fameuse
apostrophe adressée
aux députés de l'opposition
le 26 janvier 1844.
Coll. Musée de Lisieux.

Par Honoré Daumier, Guizot
député du juste milieu en 1832.
Terre crue polychrome.
Coll. Musée d'Orsay.
© RMN / Hervé Lewandowski.

Le roi déchu et le ministre défait ruminent leur échec en exil de l'autre côté de la Manche. Caricature d'Honoré Daumier. Coll. part.

L'hiver du patriarche. Guizot et sa célèbre pelisse photographié par Conrad de Witt dans la serre du Val-Richer en 1872. Coll. part. Photo François Louchet.

ministre, dont le chef, Auguste Génie, procuré par Rémusat, entame avec Guizot une relation aussi étroite que durable, et que nous retrouverons, et son secrétariat. Trois divisions : celle du personnel et de l'administration, dirigée par Delbecque, un agrégé qui soutiendra la discussion parlementaire auprès du ministre, et répartie en cinq bureaux dont le dernier est consacré aux Affaires protestantes, une nouveauté ; celle de la comptabilité générale et du contentieux, dirigée par Petitot, avec trois bureaux ; enfin la division des sciences et des lettres, dirigée par Hippolyte Royer-Collard, neveu de Pierre-Paul, et ses deux sections. Avec les deux caissiers de l'administration centrale, on ne compte guère, au 116 *bis*, rue de Grenelle, plus d'une vingtaine de fonctionnaires à plein temps.

Il est vrai que Guizot fait appel à des concours extérieurs, comme celui de Charles de Rémusat qui, surtout dans les débuts, tient souvent la plume pour le compte du ministre, et dont il est étonnant qu'il dénigre dans ses Mémoires l'œuvre et l'homme auxquels il avait apporté une collaboration si efficace ; comme celui aussi de Paul Lorain. Ce dernier, normalien de la promotion 1817, est professeur de rhétorique à Falaise, dans le Calvados, lorsque ses opinions libérales – le recteur de Caen le désigne comme « révolutionnaire prononcé et impie » – lui valent d'être suspendu de ses fonctions en 1823 et empêché de présenter l'agrégation jusqu'en 1828. En 1824, d'anciens professeurs de l'École normale le recommandent à Guizot, lui-même enseignant suspendu, qui lui confie le préceptorat de son fils François et lui accorde désormais pleine et entière confiance. Nommé en 1828, sur la recommandation de son mentor, professeur agrégé suppléant de seconde au collège Louis-le-Grand, il fait désormais office de répétiteur auprès du jeune François élève du collège de Bourbon. C'est encore sur l'intervention du nouveau ministre de l'Intérieur Guizot auprès de son éphémère collègue à l'Instruction publique Bignon que Lorain est nommé, le 11 août 1830 – il n'y a pas de temps perdu –, professeur titulaire de rhétorique au collège de Bourbon, au poste d'un certain Ragon qui est déplacé d'office à Louis-le-Grand. Dénoncée par *La Gazette des Écoles*, périodique animé par des libéraux non ralliés au régime de Juillet, comme « une faveur exorbitante » accordée par Guizot à son « protégé », la nomination de Lorain est annulée à la demande même de ce dernier, qui retourne en octobre à Louis-le-Grand, comme agrégé titulaire. Vindicative, *La Gazette* poursuit de ses attaques M. Guizot, et aussi Mme qui interviendrait avec lui dans les promotions universitaires. Elle s'en prend même au jeune François qui au collège de Bourbon, « depuis que son père est passé du canapé [doctrinaire, NdA] sur la chaise curule de ministre, a sans cesse le mot de destitution à la bouche. Il tranche en petit homme d'État, cite à tous propos des noms propres de professeurs, les traduit comme à sa barre, enfin scandalise même ses camarades par le ton de suffisance et le cynisme doctrinaire qui accompagne ses jactantieuses prophéties[1] ». Voilà la famille Guizot habillée pour longtemps dans un certain milieu enseignant réputé progressiste, deux ans avant l'entrée du père à l'Instruction publique.

Grand maître de l'Université, le ministre est aussi ès qualités président du Conseil royal de l'Instruction publique, qui réunit six membres autour de lui parmi lesquels Cousin et Villemain, le grand médecin Orfila et aussi Ambroise Rendu, dont il fait un auxiliaire très précieux. Du Conseil dépendent les douze inspecteurs généraux auxquels s'ajoute, assimilé au même grade, le directeur de l'École normale supérieure, alors Joseph Guigniaut. Guizot, qui connaît déjà nombre de ses collaborateurs, interlocuteurs et administrés, accorde à chacun, à en croire ses Mémoires, une attention particulière car, « de tous les départements ministériels, l'instruction publique est peut-être celui où il importe le plus au ministre de ménager l'opinion des hommes qui l'entourent, et de s'assurer de leur appui dans ses entreprises. [...] Dans aucune branche du gouvernement le choix des hommes, les relations du chef

1. Cité par Christian Nique dans *Comment l'École devint une affaire d'État (1815-1840)*, Paris, Nathan, 1990, p. 183, ouvrage qui éclaire la personne et le rôle de Paul Lorain.

avec ses associés, l'influence personnelle et la confiance mutuelle ne jouent un si grand rôle ».

Instruire les petits

Ainsi équipé et entouré, Guizot peut se mettre à la tâche qui, il le sait, est double. D'abord, selon une opinion depuis longtemps exprimée et des tentatives plus récentes, refonder en France l'enseignement primaire, véritablement délaissé par la puissance publique depuis la fin de l'Ancien Régime. Sous la Restauration, des projets avaient été esquissés, le plus sérieux étant dû à Vatimesnil, ministre de l'Instruction publique dans le cabinet Martignac, annonçant en mars 1829 un texte destiné à « fournir à tous les moyens de recevoir cet enseignement, à le procurer aux classes aisées moyennant une juste rétribution et aux classes pauvres gratuitement, et à faire intervenir de façon équitable les communes et l'État dans l'acquittement des dépenses ». Autant de principes que reprendra la loi Guizot, comme elle le fera de dispositions du projet déposé en octobre 1831 par Montalivet, prédécesseur de Guizot, et rapporté par Daunou, pilier de l'Institut, garde général des Archives du royaume et ancien Idéologue rallié à la liberté de l'enseignement. En effet, et c'est le second point, le gouvernement était tenu de mettre en œuvre l'article 69 de la Charte révisée et promulguée le 14 août 1830, disposant que « il sera pourvu successivement par des lois séparées et dans le plus court délai possible aux objets qui suivent », parmi lesquels, en huitième et avant-dernière position, « l'instruction publique et la liberté de l'enseignement ». Cette liberté, qui figurait dans le programme radical du 31 juillet dit de l'Hôtel de Ville, était aussi réclamée par la tendance libérale et ultramontaine du catholicisme. Guizot, au reste, contribua suffisamment à la rédaction de cette nouvelle Charte pour que les dispositions de son article 69 ne lui aient pas échappé, même si la liberté de l'enseignement, à la différence de l'instruction publique, ne figurait pas dans le projet qu'il avait élaboré le 5 août avec Victor de Broglie ; sur ce point comme sur quelques autres, la commission puis la Chambre avaient retenu le projet, plus à gauche, de Simon Bérard. Peut-être, sur le moment, Guizot ne mesura-t-il pas toutes les conséquences de la constitutionnalisation de la liberté de l'enseignement, encore moins la Chambre qui adopta le projet de Charte à l'issue de quatre heures d'une discussion dans laquelle le 8° de l'article 69 ne tint aucune place. Or les jours devaient venir où la question de la liberté de l'enseignement se poserait en termes concrets, et de plus en plus vifs, compliquant singulièrement la tâche du ministre de l'Instruction publique.

Cette question s'inscrit plus largement dans celle des rapports entre l'État et les Églises, réglés juridiquement par le Concordat et les articles organiques de 1802, mais aussi par des textes spécifiques et variables selon la conjoncture politique, en particulier l'ordonnance du 16 juin 1828 sur les écoles secondaires ecclésiastiques qui frappe directement les Jésuites et soumet les petits séminaires à l'agrément de l'Université. S'y ajoute l'anticléricalisme parfois virulent marquant les débuts de la monarchie de Juillet, en réaction contre la collusion du trône et de l'autel et le supposé parti-prêtre de la monarchie précédente, qui conduit bien des ecclésiastiques à s'habiller par prudence en bourgeois, et dans lequel la majorité parlementaire n'est pas en reste. Le ministre de l'Instruction publique aura à tenir compte de cet état d'esprit et, quelques mois avant sa prise de fonctions, exprime sa position personnelle à la Chambre lors de la discussion d'un amendement tendant à diminuer de moitié – une mesure parmi bien d'autres du même genre – les crédits de bourses pour les séminaires. Cette intervention du 16 février 1832 vaut d'être citée un peu longuement : « Quand je repousse cet amendement, ce n'est pas que je me fasse la moindre illusion sur le rôle et la disposition du clergé en général dans la lutte qui s'est engagée depuis 1789 pour l'établissement d'un gouvernement libre. [...] Quand je suis entré pour la première fois dans les fonctions publiques, j'ai été à l'instant même dénoncé comme protestant et comme philosophe ; et quand j'en suis sorti, il y a onze ans, pour avoir voulu m'opposer aux progrès de la contre-révolution, la seule chose qui me restât, la parole dans l'enseignement supérieur, l'influence ecclésiastique me la fit retirer à l'instant même. » Guizot fait là allusion à l'abbé Frayssinous, évêque d'Hermopolis, grand maître de l'Université dans le cabinet Villèle. Il poursuit : « Je sais tout ce que cette influence a eu d'hostilité au progrès des idées et des institutions nouvelles ; je sais tout ce qu'il peut y avoir en elle de malveillant pour la révolution de Juillet. [...] Mais la situation du clergé est bien changée. Comme pouvoir politique, sa défaite est complète. Le clergé n'a pas été expulsé de France comme Charles X, mais comme pouvoir politique il n'a pas été moins détrôné que lui. [...] La religion est un principe éminemment social, l'allié naturel, l'appui nécessaire de tout gouvernement régulier. [...] Pour fonder véritablement le gouvernement constitutionnel, pour lutter avec succès contre les forces qui l'attaquent », révolutionnaires et contre-révolutionnaires, « nous avons besoin de l'appui de la religion et du clergé comme établissement religieux ». Cette conviction autant politique qu'intellectuelle et morale, Guizot en fait l'axe de toute son action, et en 1833 elle a notablement progressé dans l'opinion et la société politique, même si les passions ne sont pas encore apaisées.

C'est pourquoi son projet de loi en cinq titres et vingt-deux articles relatif à l'instruction primaire fut bien accueilli dans l'essentiel de ses dispositions. Mis en chantier dès octobre 1832 au sein du Conseil royal de l'Instruction publique, il fut présenté à la Chambre des députés le 2 janvier 1833. Le ministre se remettant péniblement d'une broncho-pneumonie dont on crut un moment qu'il pourrait ne pas se relever, son discours fut lu par le député de la Somme et rapporteur du projet Charles Renouard, relation ancienne de Guizot à la Société pour l'instruction élémentaire et à la Société de la morale chrétienne, qui lui avait décerné en 1824, sur le rapport de Guizot, un prix pour son mémoire intitulé *Considérations sur les lacunes de l'enseignement secondaire*. La loi y est décrite comme « essentiellement pratique », dépourvue de tout esprit de système et « n'ayant réellement d'autre objet que celui qu'elle se propose ouvertement, le plus grand bien de l'instruction du peuple ». Néanmoins, la question des grands principes ne pouvait pas être éludée, et Guizot reconnaît que s'agissant de l'obligation et de la gratuité, elle se posait réellement. Un rapport commandé à Victor Cousin et publié en 1833 sur « l'état de l'instruction publique dans quelques pays d'Allemagne, et particulièrement en Prusse », dont l'auteur avait recueilli les éléments sur place, faisait apparaître les forces et les faiblesses de l'obligation. Guizot la rejeta comme contraire à la liberté des familles, partie intégrante des libertés générales dont un grand pays comme la France s'était progressivement doté ; au demeurant, ni la Grande-Bretagne ni les États-Unis ne l'avaient adoptée. Cependant, sera dressé dans chaque commune « un tableau des enfants qui, ne recevant pas à domicile l'instruction primaire, devront être appelés aux écoles publiques, avec l'autorisation ou sur la demande de leurs parents », ce qui était pour le moins une incitation forte à la scolarisation. La gratuité ne fut pas davantage retenue, essentiellement pour des raisons matérielles, mais les familles pauvres étaient exemptées de contribution scolaire et leurs enfants bénéficiaient de la gratuité des manuels. Enfin, troisième principe, la liberté d'enseigner était contenue dans la formule : « L'instruction primaire est ou publique ou privée. » Cette liberté, qui découlait de l'article 69 de la Charte, est reconnue, s'agissant des écoles privées, à tout individu, sous réserve de conditions d'exercice déterminées par la loi, à savoir un brevet de capacité et un certificat de moralité délivrés par l'autorité publique. Les écoles publiques, sur lesquelles porte naturellement la quasi-totalité du texte législatif, sont entretenues par les communes, les départements ou l'État, chaque commune ou groupe de communes devant entretenir une école primaire – pour deux à trois mille habitants, précisera une circulaire – avec un instituteur rétribué et logé, chaque département une école normale d'instituteurs. Un comité local de surveillance a l'inspection sur les écoles publiques et privées de la commune, et un comité d'arrondissement sur toutes celles de son ressort, ce comité nommant les instituteurs publics sur présentation de candidats par le comité communal. Enfin, un ultime article ouvre la possibilité d'établir des écoles communales de filles, une initiative vivement soutenue par le banquier et philanthrope protestant François Delessert, ami proche de Guizot, mais que rejettera le Parlement sans véritable opposition du ministre.

Au total ce texte court, comme doit l'être toute vraie grande loi, tendait à établir, autant qu'une concurrence, une complémentarité entre l'État et les Églises – essentiellement la catholique – pour diffuser l'instruction primaire au sein de la population française. Sa discussion ne donna lieu à aucune véritable objection de fond, car développer l'enseignement primaire était une idée d'autant mieux admise que ni les élus ni la plupart des électeurs n'envoyaient leurs enfants dans les écoles primaires. Seul un point important fut vivement débattu : la présence d'un ministre d'un culte reconnu – curé ou pasteur, puisque le régime concordataire ne s'appliquait pas encore à la confession israélite – au sein du comité local de surveillance, composé pour le reste du maire et de trois conseillers municipaux. La majorité de la commission de la Chambre, refusant d'accorder au clergé, dont l'acceptation des idées modernes et aussi du nouveau régime ne lui semblait pas suffisamment acquise, une influence officiellement consacrée, demanda de « laisser aux conseils municipaux le soin de décider du choix des membres qui devront composer les comités ». Guizot s'opposa à l'amendement, arguant que la présence, dans le comité d'arrondissement, du « curé du chef-lieu et d'un ministre de chacun des autres cultes reconnus par la loi, qui résidera dans l'arrondissement et qui aura été désigné par son consistoire », n'est pas contestée. Et puis, ajoute-t-il et cela est pour lui fondamental, comment, après avoir unanimement approuvé, à l'article 1er, que « l'instruction morale et religieuse » figure en tête de l'enseignement primaire, écarter de la surveillance des écoles « le magistrat moral et religieux » qu'est le curé ou le pasteur dans chaque commune ? D'autant que, le ministre y insiste, l'instruction morale et religieuse n'est pas une leçon comme le calcul ou l'orthographe, « c'est l'atmosphère même dans laquelle les enfants doivent être élevés. [...] Le développement intellectuel séparé du développement moral et religieux devient un principe d'orgueil, d'insubordination, d'égoïsme, et par conséquent de danger pour la société ». Pour convaincre la Chambre, Guizot usa enfin d'un artifice passablement spécieux : si le curé est bienveillant, le comité s'en trouvera bien, s'il ne l'est pas, ce qui peut en effet se produire, mieux vaut l'avoir au-dedans, annihilé par les quatre laïcs, qu'au-dehors, où il risque de fonder une école rivale de l'école publique qu'il décriera de toutes ses forces, tandis que, par son exclusion légale, le clergé tout entier, dont la quasi-totalité est saine, se trouvera offensé inutilement. La majorité des députés se rallia néanmoins à l'avis de la commission, par défiance envers l'Église. Mais, hostile aussi à l'intervention de l'État qu'elle jugeait excessive, elle repoussa également une disposition capitale de la loi qui définissait un véritable statut de l'instituteur, fonctionnaire de l'État institué par le ministre de l'Instruction publique. Sur ces deux points, le ministre trouva une oreille mieux disposée à la Chambre des pairs où le rapporteur, Victor Cousin, ayant déclaré que « l'école publique est un sanctuaire » et que « la religion y est au même titre que dans l'église ou dans le temple », convainquit ses collègues de rétablir le curé dans le comité local de surveillance dont les compétences furent néanmoins réduites, la présentation des candidats instituteurs passant au conseil municipal ; il en alla de même pour le statut de l'instituteur. Chez les pairs, l'opposition vint du vieux gallican Montlosier, ardent pourfendeur des religieux, qui déclara ne concevoir « rien de plus flasque et de plus pernicieux » que cette loi, comme faisant la part trop belle au clergé, et du libéral ultramontain Montalembert, qui estimait au contraire que la liberté d'enseignement était bafouée au détriment des écoles catholiques et qui jugea onze ans plus tard que « la moralité du pays, loin d'avoir augmenté, a diminué dans la proportion même de l'accroissement de l'instruction primaire donnée comme le veut cette loi » de 1833. Il en donnait cette preuve admirable que, « sur 250 enfants condamnés à Paris l'année dernière, il n'y en avait que 25 dépourvus de cette instruction primaire ». Mais ces deux voix, pour tonnantes qu'elles fussent, ne rencontrèrent alors guère d'écho. En seconde lecture, les députés acceptèrent la rédaction adoptée par les pairs, non sans résistance, le député de gauche Laurence prophétisant au ministre : « Vous n'aurez fait qu'aiguiser imprudemment ce glaive dont la poignée est à Rome et la pointe partout » – on aura reconnu la Compagnie de Jésus –, tandis que son collègue Taillandier ajoutait : « C'est une pomme de discorde que vous jetez dans toutes les communes si vous laissez le maire et le curé exercer simultanément une surveillance sur l'école. » La loi, adoptée en première lecture par les députés le 3 mai par 249 voix contre 7, et par les pairs le 28 mai par 114 voix contre 4, le fut en seconde lecture au Palais-Bourbon le 18 juin par 219 voix contre 57, enfin au palais du Luxembourg le 22 juin par 86 voix contre 11. Elle fut promulguée six jour plus tard.

Ce texte, au total peu novateur sinon par sa cohérence, était le fruit ambigu d'un compromis nécessaire. Là sans doute se trouve la cause profonde de son succès et de sa longévité, et là Guizot se montra autant grand politique qu'habile praticien. L'obligation d'ouvrir des écoles communales et normales, l'élévation de l'instituteur à la dignité de fonctionnaire public, le recrutement partout de maîtres reconnus comme capables, la surveillance exercée par les autorités publiques sur l'ensemble des établissements consacraient l'État comme responsable et garant de l'instruction primaire. Pour autant, et bien qu'encadrée, la liberté de l'enseignement était réelle, même si l'État imposait désormais aux écoles privées une concurrence que beaucoup d'entre elles auraient du mal à supporter, et Guizot, explicitement, y comptait bien. Le clergé, sans être écarté du fonctionnement des écoles publiques, était tenu à juste distance, et la religion, au sein de l'enseignement, était placée au premier rang.

Quelle religion, et pour quoi faire ? La loi, sur ce point, n'est pas claire, vraisemblablement à dessein, puisque l'article 2 dispose que « le vœu des pères de famille sera toujours consulté et suivi, en ce qui concerne la participation de leurs enfants à l'instruction religieuse ». Que comprendre ? Le 4 mars, le rapporteur Renouard précise que l'instruction religieuse donnée par les instituteurs est constituée par « la partie morale, la partie historique de l'instruction religieuse », tandis que « la direction des pratiques religieuses demeure exclusivement réservée aux ministres de chaque culte, qui conservent ainsi le droit soit de compléter, soit de rectifier l'enseignement ». En revanche, le 30 avril, Guizot indique que le maître « ouvre et ferme l'école par la prière ; il fait dire la leçon dans le catéchisme ; il donne des leçons d'histoire par la lecture de l'Écriture sainte. L'instruction religieuse et morale s'associe à tous les actes du maître d'école et des enfants ». Comment concilier cette déclaration avec l'article 2, avec l'explication du rapporteur, et aussi avec la précision du ministre au député protestant André Koechlin qu'« on ne demande à aucun enfant, quand il se présente à l'école, de quelle communion il est » ? Ces questions seront résolues par voie d'ordonnances et de circulaires, mais il est clair que la religion à laquelle songe ici Guizot, et dont l'éclectique Victor Cousin s'est fait l'apôtre inattendu, n'a pas de caractère confessionnel ni de contenu théologique. Il s'agit de faire pénétrer dans les classes laborieuses les notions d'ordre, d'obéissance, d'acceptation ici-bas de leur situation, faute desquelles la stabilité sociale serait en danger. C'est pourquoi aussi le programme de l'enseignement primaire élémentaire, organisé en trois divisions – de six à huit ans, de huit à dix ans, de dix ans à la sortie de l'école avec le certificat d'études primaires –, est étroitement cantonné aux connaissances de base, qui ne débouchent pas sur des idées politiques et des ambitions sociales au-dessus de la condition de ceux qui les reçoivent. Le ministre le rappelle dans une circulaire d'août 1835 : « L'instruction primaire est uniquement dévouée au développement de la moralité individuelle et au maintien de l'ordre social. » Pourtant, à l'homme de gouvernement répondent l'historien et le philosophe qu'il est aussi, et qui n'ignore pas que l'instruction, même populaire, est un puissant ressort d'élévation. En témoigne la création d'une instruction primaire supérieure, vouée davantage aux populations urbaines, mais destinée à « faire la transition entre les écoles populaires proprement dites et nos collèges », sur le développement desquels elle influera certainement. C'est dire que Guizot n'est pas un intégriste du *statu quo*, puisqu'il envisage et fait en sorte que des enfants, y compris de familles indigentes, issus de l'école primaire élémentaire, puissent accéder à l'enseignement secondaire, fréquenté pour l'essentiel par les rejetons des classes moyennes. En mai 1837, il déclare à Odilon Barrot : « Quand je me suis appliqué à répandre l'instruction dans ce pays, quand j'ai cherché à élever, dans l'ordre intellectuel, les classes qui vivent de salaires, à leur faire acquérir des lumières plus grandes, à monter plus haut, c'était le commencement de cette œuvre de civilisation, de ce mouvement ascendant et général qu'il est dans la nature humaine de souhaiter et dans le devoir des gouvernements de seconder. » Il reste là une contradiction que Guizot ne se soucie pas de résoudre, entre l'insistance sur les vertus de patience et de résignation que doit faire prévaloir chez les enfants de basse condition l'instruction primaire imprégnée de morale et de religion, et les perspectives d'élévation qu'ouvre nécessairement le savoir chez ceux qui le reçoivent et en tirent parti : des « notions élémentaires de géographie et d'histoire, et surtout de la géographie et de l'histoire de la France », ne sont-elles pas inscrites au programme de la troisième division de l'instruction primaire élémentaire ? Contradiction analogue, lorsqu'il s'emploie à former des instituteurs éclairés tout en les vouant explicitement, dans la célèbre circulaire du 18 juillet 1833, à l'obscurité matérielle et sociale. En fait, Guizot politique donne alternativement des gages à la gauche et, plus massivement, à la droite.

La loi de 1833 ne partait pas de rien, comme le prouva une inspection générale de toutes les écoles primaires lancées juste après l'adoption de la loi, par laquelle 490 « hommes spéciaux », c'est-à-dire compétents en matière scolaire, visitèrent en quatre mois les 33 456 écoles et les 47 écoles normales existantes. La situation de l'enseignement variait beaucoup d'une académie à l'autre. Ainsi, dans celle de Caen qui comprend dans ses trois départements celui du Calvados cher à Guizot, les choses sont en gros satisfaisantes, avec un lycée à Caen, seize collèges communaux, trois écoles normales et 2 340 écoles primaires, alors que dans l'académie de Poitiers, qui regroupe quatre départements, on ne compte qu'une école normale et 1 536 écoles primaires. Cette inspection donna lieu à une synthèse établie par Paul Lorain dans un *Tableau de l'instruction primaire en France* d'une exceptionnelle richesse d'informations. Ce succès conduisit Guizot à transformer en février 1835 l'inspection primaire en institution permanente. Reste qu'une puissante impulsion fut ainsi donnée à l'enseignement primaire, notamment grâce à des moyens budgétaires en continuel accroissement. Les crédits de l'Instruction publique passèrent ainsi de 7,8 millions en 1832 à 12,4 millions en 1835, pour atteindre 19,2 millions en 1848. L'enseignement primaire bénéficia de l'essentiel de la hausse, puisque son budget passa de un million en 1832, pour 1,7 million au secondaire, à 5,9 millions contre 2,6 millions en 1837. Surtout, l'application de la loi, pour laquelle le ministre de l'Intérieur Thiers avait mis le corps préfectoral et les maires à la disposition de son collègue de l'Instruction publique, donna lieu à un nombre considérable d'instructions et de circulaires, plus d'une centaine, dont certaines, fort longues et argumentées, témoignent du souci du ministre d'insuffler une dynamique efficace chez tous les intéressés à la réussite de l'entreprise la plus importante jamais lancée dans le domaine de l'éducation, en s'adressant directement à eux, en les mobilisant, en les bousculant au besoin, en particulier par des questionnaires assortis de délais de réponse très brefs, aussi par des injonctions en matière de comportement.

La circulaire la plus célèbre, rédigée par Rémusat, est celle du 4 juillet 1833, adressée le 18 à tous les instituteurs communaux, avec le texte de la loi, pour leur expliquer l'esprit et les moyens avec lesquels accomplir leur mission. Celle, aussi du 4 juillet, aux recteurs et aux préfets précise qu'entrent également dans le champ de l'instruction primaire publique les salles d'asile, « où sont reçus les petits enfants de deux à six ou sept ans, trop jeunes encore pour fréquenter les écoles primaires proprement dites, et que leurs parents, pauvres et occupés, ne savent comment garder chez eux. [...] Elles sont la base et, pour ainsi dire, le berceau de l'éducation populaire ». Il convient donc de stimuler leur développement tout comme, à l'autre bout, celui des écoles d'adultes, « où la génération déjà laborieuse, déjà engagée dans la vie active, puisse recevoir l'instruction qui a manqué à son enfance ». Encouragement est aussi donné à créer des écoles primaires de filles soumises aux mêmes conditions que les autres écoles qui accueillent filles et garçons, sous réserve « qu'ils soient séparés dans tous les exercices », et en évitant qu'ils entrent et sortent en même temps, en application des décisions prises par le Conseil royal de l'Instruction publique dans sa séance du 25 avril 1834. Les conseillers, ce même jour, sont entrés dans bien des détails dont certains d'importance comme, pour chaque élève, l'obligation de justifier qu'il a eu la petite vérole ou qu'il a été vacciné, et pour les maîtres le rappel de l'interdiction absolue de frapper les élèves. Autre problème qui n'est pas oublié, celui du chant, dont la loi dispose qu'il fait partie de l'instruction primaire supérieure, car « il est reconnu que, dans les écoles populaires, non seulement le chant est un délassement agréable à l'enfance, mais qu'il contribue à élever les âmes, à adoucir les mœurs, et peut devenir, entre les mains d'un maître habile, un utile moyen d'éducation morale ». Mais justement les maîtres habiles à l'enseignement du chant ne sont pour le moment pas légion, et les recteurs pourront accorder des délais de mise en conformité, les plus courts possibles. La lecture de l'ensemble impressionnant que forment ces textes réglementaires donne l'impression que le ministre et son équipe ont pensé et veillé à tout ce qui touche à l'instruction primaire, venant en appui et en stimulation permanents auprès de tous ceux qui concourent à cet enseignement, avec un sens aigu du détail concret.

C'est aussi dans cet esprit que, dès son arrivée rue de Grenelle, Guizot créa un *Manuel général de l'Instruction primaire,* destiné à informer les maîtres et les membres des comités locaux de surveillance de toutes les questions, méthodes, publications relatives à l'enseignement primaire. Il confia la direction de ce périodique, édité par quatre libraires parmi lesquels Louis Hachette, au professeur luthérien Jacques Matter, promu en même temps inspecteur général, puis, en mai 1833, à Paul Lorain. Le ministre, à la suite de ses prédécesseurs, veilla à l'édition et à la diffusion des manuels scolaires, distribués gratuitement aux enfants indigents. Ces derniers, en 1833, représentaient 23 % des élèves du primaire en moyenne, mais plus de la moitié dans certains départements. 450 000 exemplaires furent ainsi envoyés dans les écoles en 1833, avec largement en tête l'*Alphabet et premier livre de lecture,* dont l'auteur anonyme était Ambroise Rendu, suivi du *Petit Catéchisme historique* de Fleury et de la *Petite Arithmétique raisonnée* de Vernier, tous trois publiés par Hachette dont Guizot fut accusé de favoriser ainsi outrageusement les affaires, les collaborateurs de l'éditeur étant souvent les mêmes que ceux du ministre, à commencer par Lorain. En 1834, Guizot ajouta à la liste le *Livre d'instruction morale et religieuse* signé par Victor Cousin en personne, édité cette fois par Levrault.

Accentuant et systématisant un mouvement déjà à l'œuvre depuis 1828 et surtout 1830, la loi Guizot, en dépit des obstacles et des lenteurs inévitables, procédant souvent de collectivités locales pingres ou méfiantes et d'un corps enseignant laissant beaucoup à désirer, produisit des résultats impressionnants. Le rapport du ministre au roi du 14 avril 1834 fait état de 33 695 écoles primaires publiques de garçons (31 420 en juillet précédent), 1 650 000 élèves (contre 1 200 000), et 62 écoles normales (contre 47). À la fin de 1847, le bilan s'établit à 43 514 écoles comptant 2 176 000 élèves, et 76 écoles normales. De plus le niveau des instituteurs, dont un grand nombre est désormais issu d'écoles normales elles-mêmes de meilleure qualité, paraît s'être sensiblement élevé. M. l'instituteur commence, au village, d'être quelqu'un.

Enseigner les moyens

Le professeur de collège, à la ville, était déjà quelque chose lorsque Guizot s'attaqua à la réforme de l'enseignement secondaire. À la différence du primaire, il s'agissait là bien moins de fonder que de faire évoluer, en introduisant, dans ce deuxième étage de l'instruction, la liberté promise par la Charte. En effet, l'enseignement secondaire existait déjà bel et bien, légalement et socialement, lorsque Guizot s'installa 116 *bis*, rue de Grenelle. Depuis 1808, l'Université en possédait le monopole et si elle en avait usé, au total, avec discernement et modération pendant près de trente ans, ses membres n'étaient pas disposés à y renoncer. Guizot, dans ses Mémoires, a trouvé une formule imagée pour décrire la situation dans laquelle ses fonctions et la Charte même le plaçaient : « J'avais à introduire la liberté dans une institution où elle n'existait pas, et en même temps à défendre cette institution elle-même contre de redoutables assaillants. Il fallait à la fois garder la place et en ouvrir les portes. » Ce langage tout militaire n'est pas déplacé, tant l'affrontement était vif. La bonne solution, ajoute-t-il, eût été de « renoncer complètement aux principes de la souveraineté de l'État, et adopter franchement celui de la libre concurrence entre l'État et ses rivaux, laïques et ecclésiastiques, particuliers et corporations ». Politiquement, il n'en avait pas la possibilité, ni sans doute la volonté. Les difficultés que lui fit entrevoir la discussion de la loi sur l'instruction primaire l'incitaient à temporiser. « C'est bien volontairement, dit-il aux députés le 29 mai 1835, que je n'ai pas demandé que cette loi [sur l'enseignement secondaire] vous fût présentée plus tôt ; c'est que les questions qui s'y rattachent ne sont pas, pour moi-même, suffisamment résolues. » Et puis il existe depuis longtemps un enseignement secondaire, qui n'est pas si mauvais, même s'il laisse à désirer puisque, en 1835, selon certaines estimations, on comptait un élève pour 493 habitants contre un pour 382 cinquante ans plus tôt. Guizot a constaté, pour le compte de son fils François qui quitte le collège royal de Bourbon, autrement dit le lycée Henri-IV, en 1832, que « l'enseignement est trop maigre et trop lent. Il y a trop loin de l'atmosphère intellectuelle du monde réel à celle du collège. Les méthodes sont adaptées à des classes très nombreuses, ce qui fait que les élèves forts sont sacrifiés aux élèves médiocres, et les classes sont très nombreuses parce qu'une foule d'enfants, ne trouvant nulle part à apprendre ce dont ils ont envie et besoin, viennent là apprendre ce dont ils n'ont ni besoin ni envie ». Si telle était la situation dans l'établissement le mieux pourvu de Paris, que dire de la masse des autres ? Au vrai, ils n'étaient pas si nombreux. La majorité des chefs-lieux de département ne possédait pas de collège royal, et l'ensemble des lycées scolarisaient 14 500 élèves. Au niveau inférieur, les collèges communaux, deuxième type d'établissements secondaires publics, n'en accueillaient que 23 700. Les établissements privés en recevaient un peu plus, 28 000 dans les institutions et pensions, 16 600 dans les 121 petits séminaires autorisés. Soit au total moins de 83 000 élèves. Mais il s'agissait principalement des enfants des classes moyennes et surtout supérieures, dans lesquelles se recrutaient les électeurs et les élus, de sorte que les enjeux politiques et idéologiques s'en trouvaient renforcés, voire exacerbés. Pouvait-on abandonner cette jeune élite à l'influence de l'Église romaine et aux intérêts de l'industrie privée ? Devait-on, à l'inverse, accepter que l'Université, réputée par certains voltairienne, voire anticléricale, lui impose un esprit irreligieux ? Le projet déposé par Guizot en février 1836 tentait de donner satisfaction aux uns et aux autres. Sa situation était délicate, quoiqu'il prétende, car il continuait d'appartenir à l'Université, à laquelle il devait une grande partie de son élévation, même s'il n'avait jamais fréquenté l'enseignement secondaire français, et conservait sa chaire de professeur d'histoire moderne, dont Charles Lenormant, après Michelet, assurait à ce moment la suppléance. Il proposa donc de maintenir l'Université et ses prérogatives, en installant à côté d'elle une liberté d'enseignement dont l'exercice était soumis à des conditions précises.

La discussion du texte, rapporté par le prudent et ductile Saint-Marc Girardin, à la fois universitaire et libéral, ne commença que le 14 mars 1837. Lamartine, qui s'y distingua, en résuma bien la physionomie dans son intervention du 24 mars : « Les uns se préoccupent de ce fantôme de jésuitisme que l'on fait sans cesse apparaître ici et qu'il faudrait déclarer plus puissant que jamais, s'il avait la force de nous faire reculer devant la liberté. Les autres semblent appréhender que le clergé ne possède pas exclusivement la jeunesse, et que l'esprit du temps représenté par l'Université exerce le monopole sur l'élément traditionnel et religieux représenté par des corps enseignants. » C'est ce double mécontentement qui conduisit le député de Mâcon à soutenir « le ministre sincère et courageux ». Lequel ministre avait, comme en 1833, rappelé que « tout ce qui est d'intérêt général, tout ce qui se rattache aux grands intérêts moraux des citoyens ou des familles est du ressort de l'État seul », et qu'en même temps la religion est « le moyen le plus efficace pour faire rentrer dans les âmes cette paix intérieure sans laquelle vous ne rétablirez jamais la paix extérieure et sociale ». De la concurrence ouverte par la loi et qui s'imposerait aux institutions privées, Guizot escomptait, dit-il clairement aux députés, « le triomphe des établissements publics, nécessaire à l'intérêt de la société ». Ce fut aussi l'occasion pour lui, encore qu'il ne fît là que reprendre un poncif dont en son for intérieur il n'était plus tout à fait assuré, de proclamer la primauté des lettres classiques sur l'enseignement scientifique et professionnel, dont le développement était réclamé par les saint-simoniens tout comme par des savants comme François Arago. Et encore de préciser fermement que les petits séminaires ne pouvaient exister et recevoir une aide publique que s'ils se contenaient dans leur seule mission de former des prêtres.

Le projet fut donc voté le 29 mars par 161 voix contre 132, indice d'une majorité hésitante et d'un ministre peu convaincant, voire peu convaincu. Deux semaines plus tard, Guizot avait du reste quitté le gouvernement et le projet adopté en première lecture disparut avec lui. Au cours du débat, il n'était pas parvenu à éviter l'adoption, par la gauche et aussi une partie de sa majorité, d'un amendement disposant que le candidat à la création d'un établissement d'enseignement secondaire devrait déclarer « n'appartenir à aucune association ou corporation non autorisée ». À l'évidence était ici désignée « surtout une société », tonna le député Vatout auteur de l'amendement, « qui, pour avoir été proscrite en 1762, ne fait aujourd'hui au gouvernement qu'une guerre ténébreuse et souterraine. Eh bien ! lorsque vous aurez voté la loi, elle marchera enseignes déployées, et enrôlera toute la jeunesse dans des doctrines ou des principes contraires à toutes nos institutions ». De fait, à partir des années 1840, souligne Guizot dans ses Mémoires, « la question de la liberté de l'enseignement devint, entre l'Université et les Églises, c'est-à-dire entre l'État et l'Église, une guerre à outrance », dont les champions parlementaires les plus en vue furent Victor Cousin pour l'Université, Montalembert pour l'Église catholique. Dans l'opinion, dans la presse, dans l'édition, la violence des coups échangés était extrême. À partir d'octobre 1840, le ministre des Affaires étrangères laissa ses collègues de l'Instruction publique, Villemain en 1841 et 1844, Salvandy en 1847, déposer et parfois discuter des projets relatifs à l'enseignement secondaire sans pousser beaucoup à leur aboutissement, dont il constatait que la situation politique et l'état des esprits le rendaient impossible. Il se borna à répéter de loin en loin ses grands principes, comme dans le discours du 31 janvier 1846, prodigieusement applaudi mais demeuré sans suite : « Le gouvernement du roi est fermement résolu à exécuter les promesses de la Charte. Il est fermement résolu à maintenir les droits de l'État sur l'enseignement public. Il est fermement résolu aussi à maintenir la paix religieuse en présence de la liberté religieuse et de la liberté de la pensée, dont la coexistence fait l'honneur de notre société. » Il était surtout résolu, dans une matière à ce point inflammable, à ne rien faire.

Les supériorités

Ce que Guizot échoua à accomplir dans l'enseignement secondaire, il ne le tenta même pas pour l'enseignement supérieur. Y introduire la liberté telle qu'annoncée par la Charte, susciter ou seulement autoriser une concurrence privée avec la Sorbonne, le Collège de France ou le Jardin des plantes n'aurait eu aucun sens, surtout si l'on songe que, en vertu du régime concordataire, les facultés de théologie faisaient partie intégrante de l'enseignement public. C'eût été aussi toucher, sans véritable nécessité, à ce qui lui tenait de plus près, les institutions et organismes en cause étant peuplés de collègues, de relations et même d'amis personnels. Sans doute déplorait-il que Paris concentrât à l'excès les capacités universitaires, même s'il existait de bonnes facultés de province comme Grenoble, Aix ou Strasbourg. Là encore il se borne, dans ses Mémoires, à exprimer ses regrets de n'avoir pas pu vivifier l'enseignement supérieur en province, ou créer des sortes de cités universitaires où les étudiants vivraient comme en famille. Ses décisions les plus importantes, ou les plus délicates, portèrent sur la nomination de professeurs, singulièrement au Collège de France où les places étaient très convoitées. Le ministre ne peut nommer à ces chaires que des candidats présentés par le Collège et par l'Institut. Mais il peut influer sur la composition des listes et ne pas porter son choix sur les noms proposés par l'une ou l'autre de ces deux institutions. C'est ce qu'il fit pour trois des quatre chaires vacantes à la fin de 1832, au risque de susciter le déplaisir, voire la contestation du monde académique, puisque aucun des trois candidats de l'Institut ne fut retenu. Ces derniers étaient pourtant de poids, avec l'illustre Népomucène Lemercier pour la littérature française et surtout, pour l'économie politique, le secrétaire perpétuel de l'Académie des sciences morales et politiques, Charles Comte, qui outre ses mérites réels avait celui d'être le gendre de Jean-Baptiste Say, précédent titulaire de la chaire que sa mort laissait vacante.

Le cas était singulièrement difficile pour Guizot, qui venait de rétablir la deuxième classe de l'Institut, fondée en 1795 et supprimée par le Premier Consul en 1803, sous le nom d'Académie des sciences morales et politiques, plaçant beaucoup d'espérances dans « les avantages présents et futurs de cette éclatante confiance du pouvoir dans la liberté laborieuse et réfléchie de l'esprit humain » dont les nouveaux académiciens devaient former l'élite. Il s'agissait, là encore, de contribuer au développement du savoir et de la pensée libres. Pour réussir dans cette entreprise, il fallait d'abord rappeler les anciens membres de la deuxième section, dont douze sur trente vivaient encore, afin de former l'Académie, qui se compléterait ensuite par cooptation. Parmi eux la figure la plus notable, outre Talleyrand alors à l'ambassade de Londres, était Emmanuel-Joseph Sieyès, que la Restauration avait exilé à Bruxelles et que la révolution de Juillet avait ramené à Paris. Guizot comptait sur lui pour préciser les modalités d'organisation de l'Académie. Il alla donc, au 119 rue du Faubourg-Saint-Honoré, voir non pas le régicide qui avait voté la mort – « sans phrase », ajoute une légende qui est restée – de Louis XVI, bien que ce souvenir fût encore pesant en 1832 même si le père du roi des Français avait émis un vote identique, ni non plus le comte Sieyès, premier président du Sénat créé par Bonaparte, mais l'ancien vicaire général de Chartres. On peut croire que ce fut avec curiosité, voire avec considération, qu'il envisageait de s'entretenir avec l'auteur, au début de 1789, de *Qu'est-ce que le tiers état ?*, dont la prodigieuse diffusion avait pesé si lourd dans la conscience publique à l'orée de la Révolution. Et puis, le tiers état, c'était les classes moyennes, c'était l'assise du régime de Juillet, c'était Guizot lui-même qui, comme le tiers, avait aspiré à être quelque chose, et l'était devenu grâce à la liberté et à l'égalité civiles établies par la Constituante dont l'abbé avait été l'un des oracles. Grande fut sa déception de ne trouver, paralysé par la goutte dans son fauteuil, qu'un vieillard sénile. Il se tourna alors vers Louis Roederer, ancien procureur-syndic du département de la Seine transformé lui aussi en conseiller d'État, sénateur et comte d'Empire et rentré à la Chambre des pairs après juillet 1830, qui fit en sorte, avec anciens et nouveaux collègues, que l'Académie des sciences morales et politiques, où des régicides côtoyaient des émigrés, tînt sa première séance plénière le 4 janvier 1833. Alors réapparut une personnalité oubliée de tous : Joseph Lakanal, membre de la Convention jadis connu pour abaisser la hauteur des demeures aristocratiques mais aussi l'un des fondateurs de l'enseignement scientifique, se rappela au souvenir du ministre du fin fond de l'Alabama où il s'était depuis longtemps installé, se présentant comme un doctrinaire avant l'heure. Guizot n'a pas résisté au plaisir de reproduire en annexe de ses Mémoires la lettre de ce revenant, à qui son siège de 1795 fut rendu. Le ministre s'était tenu à l'écart des nominations, toutes obtenues par voie d'élection à partir du noyau d'origine des survivants, mais ce que Guizot ne dit pas dans ses Mémoires, c'est qu'il fut désigné dès le second vote, le 8 décembre 1832, par un acte de déférence qui aurait pu passer pour de la flagornerie si l'Académie et son parrain n'avaient été à l'évidence au-dessus de ces petitesses.

C'était donc un académicien moral et politique qui, dans l'exercice de sa fonction ministérielle, récusait son confrère et secrétaire perpétuel Charles Comte pour enseigner au Collège de France. C'était, souligne-t-il lui-même plus tard pour s'en glorifier, aller au-devant de beaucoup d'embarras et de responsabilité de ne pas retenir les candidats académiques. Mais « je ne connais guère l'embarras, et je ne crains pas la responsabilité ». Puisqu'il le dit... De fait, il ne fut pas plus gêné ici qu'ailleurs de promouvoir amis et connaissances, et de faire en outre le choix de la jeunesse, au risque de faire crier au favoritisme et au copinage. Jean-Jacques Ampère, fils de l'illustre physicien, obtint ainsi à trente-deux ans la chaire de littérature française. Son principal antécédent, outre de s'être consumé d'amour pour Mme Récamier tout comme un autre, était d'avoir collaboré au *Globe* et à la *Revue française* auprès de Guizot. Ce futur ami intime de Tocqueville justifia pleinement la confiance du ministre, ses cours et surtout sa correspondance se lisent de nos jours encore avec plaisir et intérêt. Autre collaborateur du *Globe*, où son article « Comment les dogmes finissent » avait fait grand bruit en 1825, puis professeur suppléant de philosophie à la Sorbonne en 1828, Théodore Jouffroy reçut au Collège de France l'enseignement de la philosophie grecque et latine, à trente-six ans. Guizot s'était étroitement lié avec ce normalien, élève émancipé de Victor Cousin, dont la profondeur d'esprit, la probité et une forme de candeur lui ont valu un beau portrait et dans les Mémoires de Guizot et, plus nuancé comme à l'accoutumée, dans ceux de son ami Rémusat. Élu député en 1831, il fut consulté par Guizot qui s'interrogeait sur les chances de sa politique de juste milieu à la fin de 1841, rare démarche et signe de grande confiance de la part de quelqu'un dont le doute, en apparence, n'était pas le fort. La tuberculose ayant interrompu en 1835 son enseignement au Collège de France, il fut missionné par Guizot pour effectuer des recherches en Toscane tout en soignant son mal. Le ministre agissait ainsi en politique autant qu'en ami. Il eut en effet à combattre les critiques de députés de l'opposition, comme de la majorité, dénonçant les prétendues facilités ainsi accordées. Bravant « cette parcimonie jalouse qui s'acharne contre le bien-être d'hommes laborieux, la plupart distingués, quelques-uns illustres, presque tous sans fortune native, et qui leur marchande les fruits, toujours bien modestes, de leur longs travaux », il s'employa à procurer une ressource, pas assez vite au gré de l'intéressé, à Augustin Thierry aveugle et infirme, à défendre Geoffroy Saint-Hilaire contre les imputations calomnieuses du député Lherbette l'accusant d'occuper au Jardin des plantes une maison de fonction de soixante pièces alors qu'elle n'en avait que trois ou quatre, à racheter et à publier les manuscrits de Champollion tout juste décédé en faisant une pension à sa veuve, comme à celle de Cuvier dont l'État acquit l'immense bibliothèque qui forme encore aujourd'hui une bonne part du fonds ancien de celle de l'École normale supérieure. Théodore Jouffroy, entouré d'une réputation et de regrets justifiés, et dont les deux volumes de *Mélanges philosophiques* méritent particulièrement d'être revisités, mourut au début de 1842. Charles de

Rémusat lui succéda à l'Académie des sciences morales et politiques, pour son plus grand bonheur selon son propre aveu : « Cette élection a été un des bonheurs de ma vie. J'aimais la compagnie où elle me faisait entrer ; j'en avais toujours soutenu la création si souvent attaquée. En la connaissant de plus près, je m'y attachai encore davantage. Ses séances étaient intéressantes ; on y discutait bien des questions sérieuses. Elle a rendu de bien réels services en provoquant d'excellents travaux, et même des ouvrages remarquables. »

Après Ampère et Jouffroy, la plus grosse affaire, au Collège de France et plus généralement dans le milieu intellectuel et politique, fut la nomination, inattendue et très controversée, de Pellegrino Rossi à la chaire d'économie politique. Rossi était venu à Guizot, au milieu de la Restauration, par la filière Staël-Broglie. Les idées libérales de ce juriste italien natif de Carrare, exact contemporain de Guizot, l'avaient conduit, après avoir servi Murat dans sa tentative de reconquête du royaume de Naples, à se réfugier en 1816 à Genève, où il était devenu citoyen suisse, professeur, membre du Grand Conseil et une sorte de jurisconsulte de la Confédération helvétique. La *Revue française* avait publié, sous l'égide de Guizot, quelques articles de lui. Il était très lié à la duchesse de Broglie, ce qui valait tous les certificats s'il en avait eu besoin. Cet itinéraire plaisait à Guizot, lui aussi émigré à Genève. Dès avant 1830, il appréciait Rossi au point que, dès qu'il le put, il décida « de l'attirer et de le fixer en France ». La chaire du Collège de France en fut le premier moyen. Deux ans plus tard, il vint au ministre de l'Instruction publique l'idée de créer une chaire de droit constitutionnel à la faculté de droit de Paris. Cet enseignement, qui n'existait pas jusque-là en France, était destiné, explique le ministre dans un rapport au roi du 22 août 1834, à « l'exposition de la Charte et des garanties individuelles comme des institutions politiques qu'elle consacre ». Ce cours serait obligatoire pour les étudiants en année de licence. À cette chaire, et en dépit du cumul qui s'ensuivait pour lui, Rossi fut aussitôt nommé, à croire que Guizot l'avait fait créer pour son ami. Il fallait que le ministre fût bien convaincu de la valeur du professeur désormais naturalisé français pour l'imposer au monde universitaire très réticent, et même pour partie ouvertement hostile. Les premières leçons furent l'occasion d'un chahut étudiant qui obligea à les interrompre. Mais Guizot avait bien jaugé la personnalité de Rossi, qui dès 1843 devenait doyen de la faculté de droit. En 1839, il avait été nommé à la Chambre des pairs et siégeait à l'Académie des sciences morales et politiques. Davantage encore, Rossi fut envoyé au début de 1845 pour tenir l'intérim de l'ambassade de France à Rome, où il obtint que la Compagnie de Jésus s'autodissolve en France, puis il fut nommé en 1846, avec le titre de comte, ambassadeur de France à Rome, en dépit de la confession protestante de son épouse qui dut accepter de ne pas résider à l'ambassade. La destinée de Rossi fut plus extraordinaire encore : lorsque les États pontificaux se dotèrent d'une Constitution libérale en avril 1848, il devint Premier ministre de Pie IX, et fut assassiné le 15 novembre sur les marches du palais Farnèse le jour où se réunissait le premier Parlement romain élu. En 1851, Guizot insista auprès de son gendre Conrad, qui séjournait avec sa femme Henriette à Rome, pour qu'il photographie le buste et le tombeau de son ami Rossi dans l'église Saint-Laurent-hors-les-Murs. Par un étonnant concours de circonstances, Guizot reçut seulement à la fin de 1857 la dernière lettre que Rossi lui eût écrite, le 6 avril 1848, peu après la chute de la monarchie de Juillet qu'il avait servie avec tant de distinction dans des postes si divers.

Guizot éprouvait-il une dilection particulière pour les libéraux italiens de l'émigration ? Il fréquentait parfois le salon de la princesse Belgiojoso, amie de Musset, de Mignet et d'Augustin Thierry, il avait sympathisé, lors de son ambassade à Londres et au moment de l'exil, avec Anthony Panizzi, carbonaro de Modène devenu en 1831 conservateur de la bibliothèque du British Museum, et l'on sait l'affection qu'il portait à Rossi. En 1824, âge de vingt et un ans, s'était installé à Paris le comte Guillaume Libri Carrucci della Sommaia, mathématicien reconnu, originaire de Florence et naturalisé français en 1833. Il entra dans les bonnes grâces de Guizot, qui le nomma professeur de calcul des probabilités à la faculté des sciences de Paris. Il obtint ensuite la chaire de mathématiques du Collège de France. Guizot accordait une protection et une confiance particulières à ce membre de l'Académie des sciences très répandu dans le monde, dont le ministre de l'Instruction publique Villemain fit en 1841 le secrétaire d'une commission chargée d'établir le catalogue des manuscrits possédés par les bibliothèques départementales. Rien ne pouvait plaire davantage à ce bibliophile passionné, connu pour la richesse de sa bibliothèque en continuel renouvellement, et qui payait de sa personne en visitant les fonds départementaux ou en faisant venir les manuscrits pour examen chez lui, dans l'appartement de fonction qu'il habitait à la Sorbonne. Toujours prêt à rendre de multiples services à son ami le ministre des Affaires étrangères, à le faire profiter de sa connaissance des questions italiennes, à soutenir sa politique dans les journaux, il occupait ainsi, à la fin de la monarchie de Juillet, une place de choix dans l'entourage le plus proche de Guizot, presque à l'égal de Génie qui devint son compère, et s'était introduit jusqu'au sein de la famille, qu'il comblait d'attentions, surtout Guillaume, et parfois de cadeaux, car il semblait jouir d'une aisance financière certaine. Des soupçons pesaient sur l'origine de cette dernière, que Guizot ne pouvait pas ignorer, d'autant que Libri lui-même vint le prévenir, à la fin de janvier 1848, qu'une enquête était en cours, portant sur la provenance de deux livres très précieux vendus l'année précédente aux enchères pour son compte. À sa demande, le président du Conseil effectua une démarche auprès du garde des Sceaux Hébert. Celui-ci, de fait, était destinataire, le 4 février, d'un rapport du procureur du tribunal de grande instance de la Seine Boucly, faisant état de la disparition de livres et manuscrits de grand prix à la suite de visites effectuées par le professeur et académicien Libri dans les bibliothèques publiques concernées, et dont certains étaient réapparus dans des ventes publiques en Angleterre. Il y en aurait eu pour des centaines de milliers de francs. Le rapport fut transmis à Guizot le 19 ou le 20 février et, assure Libri, comme il était rédigé en termes vagues et ne reposait que sur des dénonciations anonymes, « il n'y attacha aucune importance sérieuse[1] ». Ce document se trouvait dans son bureau le 24 février 1848 quand les émeutiers y pénétrèrent, et fut publié par *le Moniteur universel* le 19 mars. Dès le 28 février Libri était parti pour Londres, averti de menaces qui pesaient sur lui. La justice instruisit et, en juin 1850, il fut condamné par contumace à dix ans de prison et à la privation de ses droits civiques. Depuis l'Angleterre, qu'il ne quitta plus jusqu'à la veille de sa mort à Florence en 1869, il se débattit comme un beau diable, multipliant les brochures, mobilisant ses amis, connaissances et protecteurs, Mérimée au premier chef, qui jadis avait connu de près, sous le nom de Mélanie Double, la future Mme Libri, dont il avait adopté en quelque sorte le conjoint. Guizot intervint lui aussi avec constance pour faire reconnaître l'innocence improbable de celui qui était désormais un fidèle. N'était-il pas chez les Lenormant auprès de la mère et des enfants Guizot le 23 février 1848, quand leur univers s'effondrait ? Ne fut-il pas l'un des premiers, quelques jours plus tard, à accueillir à Londres son ancien patron exilé ? Guizot ne cessa de conserver et témoigner confiance et amitié à un personnage convaincu du crime le plus grave que pût concevoir un historien et un homme public, le vol d'éléments constitutifs du patrimoine national précisément placés sous sa sauvegarde. L'amitié, le dévouement valaient pour lui immunité, voire présomption inamovible d'intégrité. Aussi, de retour en France, continua-t-il à charger Libri de commissions en Angleterre, le rencontrant chaque fois qu'il s'y rendait et acceptant ses cadeaux sans s'interroger sur leur origine, comme ce portrait sur bois de Leibniz de la fin du XVIIe siècle, offert en 1857 et selon toute vraisemblance dérobé à la Sorbonne une dizaine d'années auparavant. Dans son choix du professeur de mathématiques, Guizot avait mal joué du calcul des probabilités mais il n'en fit, à ma connaissance, nulle part l'aveu, bien au contraire.

1. Cf. *Réponse de M. Libri au rapport de M. Boucly*. Paris, Chez tous les libraires, 1848, p. 8.

Tout à la fin de sa vie, Guizot eut l'occasion de renouer avec l'enseignement supérieur. En février 1870, à la suggestion du principal ministre Émile Ollivier, qui s'était naguère reconnu son disciple, Guizot accepta la proposition de Napoléon III de former et de présider une commission tendant à établir, enfin, la liberté de l'enseignement supérieur. Thiers et d'autres, méchamment mais peut-être non sans raison, affirmèrent que Guizot se rapprocha du régime impérial et de son chef pour ouvrir à son fils Guillaume la porte de la sous-direction des Cultes non catholiques. Il recruta d'anciens amis comme le général Chabaud-Latour, Saint-Marc Girardin et surtout Rémusat. La commission travailla activement, Guizot en remit les conclusions à l'empereur au milieu de mai et les événements se chargèrent bientôt d'anéantir, avec le régime, un projet qui remontait à quarante ans. Mais l'idée de liberté demeurait puisque, en octobre 1871, Guizot adressa depuis le Val-Richer et le *Journal des débats* publia une lettre ouverte à Émile Boutmy, élève de Taine et ami de Guillaume Guizot, et Vinet pour les encourager dans leur fondation d'une faculté libre des sciences politiques : « L'ignorance ou la connaissance superficielle de leur propre histoire sont, dans la vie des nations, une cause d'égarements déplorables que l'étude solide des sciences politiques, c'est-à-dire des divers faits sociaux, de leurs lois naturelles et de leur cours historique, préviendrait ou arrêterait à temps. [...] Vous avez raison de faire de votre entreprise une œuvre libre, conçue et exécutée au nom des droits et par les procédés de la liberté intellectuelle. » L'ancien ministre de l'Instruction publique fut ainsi l'un des parrains de Sciences po, comme de bien d'autres institutions et établissements destinés à instruire ses contemporains et leurs successeurs, à quoi lui-même consacra tout au long de sa vie, sous diverses formes, le meilleur de ses forces.

CHAPITRE VII

Les patries de M. Guizot

Il préférait – que de fois l'a-t-il écrit ! – les personnes aux choses, les livres aux voyages, et il se trouvait bien là où il était, où qu'il fût, à condition de n'en point bouger ni de n'y pas être trop dérangé. Guizot ne quitta jamais un lieu qu'il n'y fût obligé par les circonstances, qu'elles lui vinssent de l'extérieur ou qu'il se les eût faites. Et pourtant, il ne se sentait pas de nulle part. Si « patrie » n'est pas des mots qui lui viennent spontanément ni couramment, il en use plus volontiers s'agissant d'autres pays que pour désigner la France. Lui-même s'en reconnaît quatre, dont il a cultivé l'attachement avec de fortes variations d'intensité.

Nîmes et Genève

Le 22 avril 1860, Guizot, s'adressant dans le grand temple de Nîmes à une foule nombreuse réunie à l'initiative des sociétés protestantes de secours mutuel et de patronage de la ville, désigna celle-ci comme « notre patrie ». La cité de son père et de sa mère et de beaucoup de ses aïeux, il n'y était pas venu depuis trente années, et c'est le mariage de son fils qui lui en fournit, voire lui imposa l'occasion. Quelques jours plus tôt, il s'était exprimé devant les membres de l'académie du Gard, où il avait été élu cinquante-trois ans auparavant, à laquelle il avait donné ses premières et presque seules productions poétiques, telles que *Sully à Saint-Denis, La Mort de Corinne* ou *La Mort du Tasse*, entre 1807 et 1811. Le séjour de 1807, premier retour après huit ans d'absence, fut suivi de quatre autres, en 1809, 1814, 1821 et 1830, ce dernier tout politique puisque depuis 1823 Mme Guizot habitait chez son fils à Paris : il s'agissait d'aider à l'élection de libéraux après la dissolution de la Chambre des députés prononcée par Charles X le 16 mai. Guizot, élu du Calvados depuis janvier, aurait aimé être porté par son département et sa ville. Bien qu'assuré de sa réélection à Lisieux, il s'était rendu éligible dans le Gard, où il vota. Lorsque, à la fin de 1848, il songe depuis l'Angleterre à se présenter aux élections pour l'assemblée législative de mai 1849, « celle de mon pays natal », écrit-il à Achille de Daunant, « me conviendrait plus que toute autre ». Plus tard encore, sous le Second Empire, et même juste après sa chute, quand il imagine sans y croire qu'il pourrait revenir, c'est au Gard, c'est à Nîmes qu'il pense, au « pays natal », expression lamartinienne. La ville, qui toujours restera la sienne, toujours il l'orthographie *Nismes*, comme on l'écrivait au temps de son enfance, comme on ne l'écrit plus depuis 1830. À défaut de redevenir lui-même politiquement le Nîmois qu'il n'a jamais cessé d'être affectivement, son fils pourrait réaliser la réimplantation, qu'il a commencée par son mariage avec une enfant d'origine locale, puisque les Verdier de Flaux ont une maison avenue Feuchères, la grande artère montant de la gare vers les arènes, et qu'il tente de parachever en 1864 aux élections cantonales : « Je serai bien aise qu'il retrouve et reprenne dans mon pays les racines de ma famille. » Quelquefois, Guizot imagine, mais il imagine mal, qu'il habiterait Nîmes à nouveau : « C'est dans ce coin de la Fontaine que je voudrais vivre », écrit-il à Laure de Gasparin en août 1860, au nord-ouest de la ville, non loin de son quartier natal, quand dans la sombre rue Caguensol, qui reliait la place de l'Horloge à l'actuel boulevard Gambetta, s'élevait, au n° 2, l'étroite et haute maison familiale achetée par André Guizot. La rue a depuis lors disparu, quand des travaux d'urbanisme, dans les années 1850, ont conduit à aménager à son emplacement une nouvelle voie. Cette dernière reçut, à la fin de 1855, le nom de Guizot, qui se déclara « sensible à cette marque de bon souvenir de ma patrie ». Cette rue est aujourd'hui, à ma connaissance, la seule en France à porter ce nom, puisque n'existe à Paris qu'une « villa » Guizot, en forme d'impasse. Il fit remercier le maire de Nîmes, Duplan, qui n'avait pu agir qu'avec l'accord du préfet et vraisemblablement du ministre de l'Intérieur Billault, ancien membre du cabinet Thiers en 1840 et qui avait souvent bataillé contre Guizot à la Chambre à la fin du régime de Juillet au nom de la liberté et en faveur des réformes avant de servir l'Empire autoritaire. Mais il ne profita pas de la circonstance pour se rendre sur place. Et pourtant, lorsqu'il doit enfin venir pour la célébration du mariage de Guillaume, il « se promet un grand plaisir de ce voyage et de revoir tous ses amis du sol natal », dont on a vu qu'il conservait et entretenait avec eux des liens étroits. Mais alors, pourquoi ne passe-t-il qu'une dizaine de jours dans sa « patrie », alors que tout le monde lui fait fête, que chacun le réclame et qu'il affirme éprouver du regret des invitations qu'il n'a pas pris le temps d'honorer ? Parce que toujours le temps le presse, le travail, les livres, le courrier, et tout ce qui reste à faire pour être tout ce qu'on se doit. Il ne retournera plus jamais à Nîmes, qui garde tant de lui pourtant, des souvenirs qu'on s'efforce d'exploiter, comme ce solliciteur en détresse qui en novembre 1835 se rappelle au ministre de l'Instruction publique comme « bon et ancien voisin d'enfance à Nismes (Baron Cadet fabricant de soie à coudre) ». Ou encore, venant des profondeurs du temps, telle supplique d'Isidore Paton, professeur de collège à Aix-en-Provence, qui en 1868 fait agir auprès de Guizot son grand-père Bonicel, descendant d'un frère cadet du propre grand-père maternel de Guizot, et habitant toujours Felgerolles, hameau du Pont-de-Pontvert, haut lieu camisard où sont enracinés les Bonicel depuis au moins deux siècles.

Lui conserve de l'enracinement nîmois l'ineffaçable des sensations primitives, celles qu'il a accumulées lorsqu'il jouait au jardin du mazet du grand-père Bonicel, au pied de la tour Magne, lorsqu'il visitait les vignes et les olivettes paternelles de Saint-Geniès-de-Malgoirès, au nord-est de Nîmes, village berceau familial dont ses ancêtres avaient été consuls, après trois heures de marche à travers la garrigue, brûlante au cœur de l'été et chargée de senteurs fortes. Qu'un demi-siècle plus tard un voyageur arrivé de Syrie lui dépeigne à Paris ce bleu d'Orient dans lequel la mer et le ciel se confondent, et le voilà rendu à la vie d'autrefois, au soleil et à la chaleur qu'il porte en lui comme un souvenir et un désir. Que de fois il y revient ! À Guillaume en route pour Rome en 1852 : « Je ne suis pas surpris de l'impression que fait sur toi la lumière du Midi. J'ai gardé si vive cette impression de mon enfance qu'aujourd'hui même, après cinquante ans de vie dans le Nord, quand je ferme les yeux, c'est le ciel et le soleil du Midi que je vois. J'ai cette lumière-là dans l'âme comme elle était devant mes yeux il y a cinquante ans. » Et à Mme Mollien, en 1869 : « Pour moi-même, je n'aime que le soleil et la chaleur. Physiquement je suis resté toute ma vie et je reste à mes quatre-vingt-un ans très méridional. » Il lui reste même les goûts et les saveurs du Sud, les aubergines, les figues, les prunes d'ente, les abricots et les châtaignes, qu'il n'a jamais cessé d'aimer, depuis qu'enfant il en mangeait au pays natal. Enfin, dans quelle ville de France rencontre-t-on davantage de protestants qu'à Nîmes, de cette huguenoterie historique inscrite dans les lieux, dans les familles, dans les mémoires et à laquelle Guizot, qui est né en plein dedans et y tient par tant de générations, n'a jamais cessé culturellement d'appartenir ? La Bible, le pasteur, le temple sont dès l'origine des repères familiers, reçus à Nîmes pour toute sa vie.

Des temples, des pasteurs et des bibles, il en trouve, et plus nombreux encore, à Genève, même si la « cité de Calvin », la « Rome protestante », appellations qui ont encore cours, ne compte pas plus d'habitants que le chef-lieu du Gard. Lorsque la mère et les fils Guizot, conduits par le grand-père Bonicel, y arrivent en août 1799, ils n'ont pas pour autant quitté la République française, puisque, depuis seize mois, la ville est préfecture du nouveau département du Léman. Genève ne fut donc pas pour Guizot un exil, mais, par rapport à Nîmes, à la fois un prolongement et une rupture. Un prolongement parce qu'il est, et surtout sa mère, en pays de connaissances, tant sont étroits et vivants, depuis des décennies, les liens entre les deux cités, qui passent à travers les familles d'appartenance réformée, les alliances entremêlant les généalogies. Pour des Nîmois, l'existence de cousins genevois, venus là par contrainte de conscience ou par intérêts d'affaire, est une évidence, même si l'on n'a jamais eu l'occasion de les rencontrer. Pour les Guizot, l'occasion est venue, et les cousins prennent corps. Ils s'appellent Ami Dumas, important bourgeois de Genève apparenté à la mère d'André Guizot, Henriette Gignoux ; Jacqueline Laurens, cousine, par un biais compliqué vu d'aujourd'hui, de Mme Guizot, et épouse du pasteur genevois Charles-Antoine Peschier, professeur à l'auditoire de philosophie de l'Académie de Genève fréquenté Guizot à partir d'août 1803, et dont leur fils Charles devint pour lui un bon camarade. Et encore Henriette Rath, d'une famille alliée aux Guizot lointainement par le sang mais proche en nîmoiserie, deux demoiselles Rath de Genève, sœurs du père d'Henriette lui-même marié à une Rolland de Nîmes, ayant épousé dans les années 1730-1740 deux Nîmois d'importance, un Bresson et un Castanet, dont des filles deviendront par mariage là Mme Verdier de La Coste, grand-mère d'Ernest Chabaud-Latour, ici la mère de Jean-Baptiste Say. Avec ces Peschier, qu'il appelle « mes cousins » et qu'il déclare aimer très fort, avec Dumas, avec Henriette Rath, il restera en correspondance, parallèlement avec sa mère bien plus active sur ce point, jusqu'à leurs morts respectives, leur annonçant par exemple son mariage avec Pauline de Meulan. Tous ceux-là, d'autres encore n'étaient pas pour les Guizot des inconnus lorsqu'ils s'établirent dans leur petit logement genevois, au 3 de la rue Verdaine, à deux pas du collège où furent inscrits les deux garçons.

À Genève, les Guizot demeurèrent, sans sortir du département dont le préfet depuis mars 1802 est Claude-Ignace de Barante, père de Prosper, pendant cinq ans et neuf mois. François était à la veille de ses douze ans en y entrant, dans l'année de ses dix-huit ans quand il en partit. Dans les romans, on appelle cette période les années d'apprentissage, de formation ou d'initiation, qu'il s'agisse de Wilhelm Meister ou de Frédéric Moreau. Il paraît que beaucoup de l'existence et de la personnalité s'y joue. Guizot, au seuil de la vieillesse, en gardait pleine conscience, écrivant en 1859 à son camarade d'études de ces années-là, Jean-Louis Le Fort : « Genève est mon berceau intellectuel. » Les fées principales qui s'y penchèrent furent ses professeurs de philosophie, Charles-Antoine Peschier, déjà nommé, qui enseignait la physique et la religion, et surtout Pierre Prévost, dont le cours portait sur une autre partie de la physique et sur la philosophie naturelle. Ces deux fées, surtout la première, n'étaient pas des génies, mais elles ouvrirent l'esprit de l'étudiant bien doué à des questions et à des lectures à côté desquelles il serait complètement passé s'il était resté à Nîmes pour ses études secondaires. À Genève, on connaissait et on discutait des auteurs allemands et britanniques, écossais en particulier, italiens aussi, dont les noms mêmes étaient inconnus dans le Gard, et alors guère davantage à Paris. Prévost parle d'Adam Smith et de Malthus à ses étudiants, qui lisent la « Bibliothèque britannique » qu'anime son beau-père Marc-Auguste Pictet avec son frère Pictet de Rochemont dont le fils est un condisciple de Guizot, esprits encyclopédiques comme le sont leurs amis Augustin de Candolle, Théodore de Saussure, Jean Rilliet ou Charles Sismondi [1]. Tous ces hommes, le jeune Guizot les a vus, entendus, rencontrés à Genève, il les retrouvera plus tard, quand il aura grandi en réputation, et cela vient vite : dès septembre 1807, Marc-Auguste Pictet signale à son gendre Prévost un article sur la romancière Mme Cottin « extrêmement juste et bien fait. L'auteur est, à ce qu'on m'a dit, un jeune Guizot que vous avez, je crois, vu à Genève ». C'est la première collaboration officielle et régulière de Guizot au *Publiciste*. Avec Prévost, il continue de correspondre quelques années. Avec Sismondi, avec les Candolle

1. Rien, sur ce milieu, n'est plus instructif que l'ouvrage de Jean Cassaigneau et Jean Rilliet, *Marc-Auguste Pictet ou le rendez-vous de l'Europe universelle*, Genève, Slatkine, 1995.

père et fils, avec les Rilliet que Henriette et Conrad retrouvent à Rome en 1852, Guizot entretient durant sa vie et la leur des rapports fidèles et réguliers. Et le rayonnement de Coppet, où Mme Guizot, sans son fils, est présentée à la famille Necker à l'été 1802, où lui-même ira, comme on sait, cinq ans plus tard, chauffe et anime le cœur de Genève et des jeunes gens qui s'y activent.

Car Guizot, en dépit de la gêne matérielle et de la pesanteur affective et morale qui règne rue Verdaine, profite de la vie d'étudiant, écrit, déclame, fait société à la fois savante et joyeuse, en représentation déjà, forge des camaraderies, bref s'amuse comme il peut, en même temps qu'il se forme et se transforme. À Nîmes, il se serait amusé peut-être, en dépit des tristes souvenirs accumulés, mais il n'aurait rien appris de ce qu'il rapporte de Genève. Quand il retourne dans sa ville natale, en 1814 pour présenter son épouse à sa famille, et en 1821, il constate pour les déplorer la médiocrité et le confinement de la vie intellectuelle et morale. Le séjour à Genève, qui était l'étranger en dépit de sa situation administrative, fut pour lui une chance qu'il devait à sa mère courageuse. Dans ses Mémoires, ce séjour ne vaut que quatre lignes : « J'avais été élevé à Genève, dans des sentiments très libéraux, mais dans des habitudes austères et des croyances pieuses, en réaction contre la philosophie du XVIIIe siècle plutôt qu'en admiration de ses œuvres et de son influence. » Ces quelques mots sont trop lapidaires pour être exacts. De ce que fut et demeura pour lui Genève, il reste heureusement d'autres traces. En rapporta-t-il ce fameux « esprit de Genève », au demeurant indéfinissable ? S'il s'agit de la rigidité calvinienne, ou prétendue telle, il n'avait pas besoin de Genève, car il en avait suffisamment d'exemples autour de lui. Certains, car personne ne paraît ignorer que Guizot a séjourné à Genève, ce qui aurait pu pourtant ne passer que pour une circonstance marginale, lui imputent d'autres traits supposés de caractère, par exemple Loeve-Vemars, collaborateur de la *Revue des Deux Mondes*, alors affidé de Thiers et hostile à Guizot, qui écrit en mai 1834 : « Il y apprit cette rigoureuse manière d'apprécier et d'enchaîner les faits, particulière à l'école de Genève ». Cormenin, quatre ans plus tard, pousse dans le même sens : « Comme tous les prédicants de l'école genevoise, cette école sèche et rogue, il procède dogmatiquement. » Loeve-Vemars continue : « Il y puisa ce goût pour l'aristocratie bourgeoise, cette fierté et cet orgueil plébéiens qui éclatent dans tous ses écrits et dans tous ses discours. [...] Il étudia, peut-être involontairement, l'art de gouverner despotiquement le peuple en déclamant contre le despotisme des classes élevées, de marcher pas à pas et d'un grand air de franchise à un but secret, de reculer à propos devant la force, de revenir à propos encore. [...] M. Guizot, esprit méditatif et sérieux, dut certainement recevoir du tableau que lui offrait l'ancien état politique de Genève, une impression bien forte, et c'est à elle qu'il doit sans doute certaines nuances d'habileté et de finesse qui semblent quelquefois incompatibles avec un génie aussi absolu que le sien, et avec l'aspérité dogmatique de son esprit. » C'est beaucoup présumer d'un adolescent de dix-sept ans, même précoce, mais c'est insinuer que l'hypocrisie bourgeoise et protestante propre à Genève, à croire le folliculaire, l'aurait subrepticement imprégné. Eugène de Mirecourt, vingt ans plus tard, enfoncera le clou, à sa manière plus grossière : « Élevé à Genève, dans cette patrie de la forme et des dehors hypocrites, M. Guizot y a puisé tous les éléments de son être : manières gourmées, ton pédant, mœurs roides et cassantes, dignité perpétuelle dans le mensonge et la déraison... »

Genevois serait donc une épithète péjorative à Paris dans le deuxième tiers du XIXe siècle ? Auguste de La Rive le laisse entendre. Ce député au Conseil représentatif et professeur de physique à l'académie de Genève prend la défense de Guizot, sorte pour lui de compatriote, face à Tocqueville devenu un adversaire du gouvernement, à qui il écrit le 1er janvier 1845 : « Permettez-moi modestement de vous dire que je ne comprends pas l'opposition au ministère Guizot d'un homme tel que vous, d'un penseur, d'un philosophe, d'un homme qui voit le fond des choses, et non la forme. [...] Mais pardonnez-moi, vous savez que je suis un peu suspect, car on dit quelquefois à M. Guizot pour l'insulter qu'il est un Genevois, et j'avoue que j'en suis fier. » Genevois d'adoption, Guizot, annonçant à Henriette Rath, en mai 1842, qu'il a obtenu de

Louis-Philippe la Légion d'honneur pour « vos deux grands paysagistes genevois, MM. Diday et Calame », ajoute : « Je serai toujours charmé de faire quelque chose qui soit agréable à Genève, et à mes amis à Genève, et à vous entre mes amis. » Et trois ans plus tard il accroche, boulevard des Capucines, un paysage de François Diday « qui me fait extrêmement plaisir à regarder. Il me rend les souvenirs très doux d'un très beau lieu. Quand M. Diday viendra à Paris, j'espère qu'il viendra le voir chez moi ».

Son lien particulier avec Genève lui fait d'autant plus apprécier la décision du canton de se tenir à l'écart de la querelle du Sonderbund qui depuis 1843 déchire la Confédération helvétique : « Genève vient de se conduire avec bien de la sagesse et de la fermeté. » Que la Suisse dans son ensemble n'en fait-elle autant, « car, écrit-il en mai 1845 toujours à Henriette Rath, je l'aime presque comme si elle était ma patrie ! » Il exprime le même sentiment, en termes plus diplomatiques, dans le dernier volume de ses Mémoires, où il traite de la politique française à l'égard de la Suisse : « Dès mon entrée au ministère des Affaires étrangères, j'eus un vif sentiment des devoirs et des difficultés de cette situation ; elle était peut-être plus délicate pour moi que pour tout autre : j'avais été élevé en Suisse ; j'en avais emporté d'affectueux souvenirs ; j'y conservais des amis personnels ; je portais à la Suisse, après les années de jeunesse et d'étude que j'y avais passées, la même bienveillance »... C'est dire que la Suisse n'était pas pour lui comme étaient l'Espagne ou l'Italie. Lorsque, au cours de 1846, la crise s'aggrave entre les cantons, et aussi à l'intérieur de chacun d'eux, entre conservateurs et radicaux, autonomistes et centralistes, catholiques et protestants, les radicaux font courir le bruit que le gouvernement conservateur de Genève pourrait retirer le canton de la Confédération et le conduire à l'indépendance sous la protection de la France. Cette démarche serait inspirée par Guizot qui, dit-on encore, communique ses avis « par l'entremise de Mlle Rath, avec laquelle il est en correspondance, et cette dame lit les lettres du ministre français aux directeurs des affaires genevoises ». Pur bobard, même s'il est vrai que la vieille amie de Guizot lui transmet « de très utiles et très intéressants renseignements sur les affaires de la Suisse » recueillis aux meilleures sources. Aussi quelle consternation lorsque, à son tour, Genève subit en octobre 1846 la révolution qui installe à sa tête le parti radical dirigé par James Fazy : « J'ai le cœur fidèle, aussi je suis triste sur Genève, car je l'aime toujours. » Et Guizot ne parvient pas, l'année suivante, à éviter à sa presque patrie la guerre civile qui en novembre 1847 se conclut par la victoire des fédéralistes, sous le commandement du général genevois Dufour assisté du colonel Rilliet-Constant, également genevois. Il n'est pas sûr qu'à Genève, alors, tous aient compris que le protestant libéral qui à Paris, sous la Restauration, honorait de sa sympathie les jeunes progressistes suisses comme Henri Druey, devenu l'un des chefs radicaux du canton de Vaud, ait soutenu les cantons catholiques et conservateurs du Sonderbund. Il n'empêche, la chute de Guizot en février 1848 suscita à Genève « un intérêt affectueux » pour sa personne qui lui « va au cœur », à en croire Henriette Rath et lui-même. Eût-il eu le temps de choisir son lieu d'exil, peut-être ne serait-il pas parti pour Londres. Et, par complaisance pour sa vieille amie, mais sans doute aussi par conviction, il lui écrit en septembre 1848 : « Bien souvent je me suis dit que, lorsque les mauvais jours viendraient, ce serait à Genève que j'irais chercher sécurité et liberté. Il n'a pas pu en être ainsi. Ne laissez échapper, je vous prie, aucune occasion de témoigner aux personnes qui veulent bien se préoccuper de ce qui me touche, combien j'en suis reconnaissant. J'ai, sur Genève, des souvenirs qui ne me quitteront jamais. »

Les souvenirs suffisaient donc. Il avait quitté Genève en juin 1805, il y revint pour quelques jours en août 1807, puis jamais plus. Rien pourtant ne lui eût été plus facile, soit dans les années 1820, soit surtout après 1848, d'accomplir non pas un pèlerinage, ce n'est pas dans sa manière, mais d'aller revoir des amis, qui lui importent plus que les lieux, Henriette Rath par exemple, qui vécut jusqu'en novembre 1856, son camarade Le Fort devenu secrétaire d'État, les Candolle, les Rilliet, et à Coppet la baronne de Staël. Mais non ! Comme Nîmes, où seules parvinrent à l'attirer des nécessités inéluctables, Genève s'est gravée dans son cœur et sa mémoire où il lui suffit de puiser. Ses deux patries d'enfance sont en lui, non pas lui en elles. Il peut ainsi les conserver avec soi, où qu'il se trouve.

L'Angleterre

De sa troisième patrie, l'Angleterre, Guizot ne provient pas. Il y est venu, et physiquement assez tard. Dans ce pays, avant qu'il en prenne connaissance et possession, il n'y a pour lui ni père, ni mère, ni enfance qui tienne. Même s'il se trouvera, opportunément, des alliances familiales anglaises du reste fort éloignées, remontant avant la révocation de l'édit de Nantes, ce qui vaut à sir John Boileau et à sa tribu l'appellation de cousins, l'Angleterre fut pour lui une patrie d'adoption volontaire, de part et d'autre car les Anglais, je veux dire évidemment une certaine élite, l'admirent presque comme un des leurs.

« M. Guizot est arrivé et est très populaire, tant ses manières sont distinguées et agréables[1] », écrit, en anglais, lady Palmerston à son amie Dorothée de Lieven le 3 mars 1840. Le nouvel ambassadeur de France avait foulé pour la première fois le sol anglais le jeudi précédent et avait été présenté le surlendemain matin à la reine Victoria, avant d'être reçu l'après-midi chez le secrétaire du Foreign Office et son épouse lady Palmerston, dans leur demeure de Carlton Terrace. « Il a été le lion de ma *soirée*[2] », s'enchante la maîtresse de maison. Un lion en automne, puisqu'il a maintenant cinquante-deux ans, mais c'est aussi l'âge de son hôtesse. Déjà, par sa distinction et son brio, Guizot fait merveille,

1. *The Lieven-Palmerston Correspondence*, ed. lord Sudley, Londres, 1943, p. 182.
2. En français dans le texte.

auprès des dames au moins autant que des messieurs. C'est aussi qu'il est précédé à Londres d'une réputation flatteuse, « son ouvrage sur la révolution anglaise étant regardé comme le meilleur et le plus impartial sur ce sujet ».

Lady Palmerston a raison. Les deux premiers volumes de son *Histoire de la révolution d'Angleterre*, traduits et publiés en anglais en 1838, lui avaient acquis outre-Manche un public élargi et constitué un beau capital d'estime et de sympathie. Il n'est pas certain que lady Amelia les ait lus, même en anglais. Mais elle connaît et répète ce qu'en ont dit des experts, par exemple l'historien Henry Hallam, auteur en 1827 d'une *Constitutional History of England*, que Guizot a fait aussitôt traduire en français et précéder d'une introduction élogieuse. Juste retour des choses puisque Hallam avait salué dans sa préface « la vaste science et l'impartialité si remarquable de M. Guizot » traitant de l'histoire d'Angleterre, au point que, s'il poursuit, « il aura droit d'être placé, sans exception peut-être, au-dessus de tous nos écrivains nationaux, et de servir de guide à travers cette grande époque du XVIIe siècle ». Le nom de Guizot est ainsi connu en Angleterre avant que sa personne le soit.

Si la rencontre intellectuelle remonte haut, en vérité, dès que Guizot entre en histoire, il est surprenant qu'il n'ait jamais fait le voyage que tous les jeunes gens de son entourage ont accompli sous la Restauration de façon quasi initiatique, comme Duvergier de Hauranne, Duchâtel, Rémusat, Guizard, tant d'autres, ne fût-ce, dans son cas, que pour réunir ou compléter sur place la documentation nécessaire à son grand travail historique. Mais, on le sait, Guizot ne se déplace qu'avec répugnance et ce sont les papiers, pas lui, qui font la traversée. Aurait-il continué à s'intéresser à l'Angleterre, autrement que pour son histoire, et à l'apprécier à distance si la conjoncture politique française ne l'avait pas conduit au début de 1840 à accepter une ambassade, et naturellement la plus prestigieuse, celle de Londres ? Rien jusqu'à cette date ne donne à penser qu'il ait conçu le projet d'un séjour outre-Manche. Pourtant, n'est-il pas membre associé de la Royal Sailing Society depuis 1832, de l'English Historical Society peu après, de la Royal Society of Literature en 1839 ? Il aurait pu vouloir assister, au moins une fois, aux séances de ces institutions, qu'il aurait ainsi honorées et qui lui auraient procuré des rencontres. Mais non, il lui suffit de causer, quand ils viennent à Paris, avec les illustres Anglais de passage, qui rapportent en Angleterre l'écho de ces conversations, que suit parfois une correspondance. C'est ce que fait par exemple le philanthrope Zachary Macaulay qui, rencontrant Guizot en 1823, voit en lui « l'un des hommes les plus capables qu'il y ait en France », et tout naturellement son fils Thomas, à l'orée de son exceptionnelle carrière d'historien, place Guizot en tête des personnalités qu'il souhaite rencontrer lors de son premier séjour en France en 1830. Henry Hallam, lui aussi, commence à Paris sa relation personnelle avec lui, tout comme, à un degré moindre, lord Henry Brougham, l'un des Anglais les plus illustres en son temps dans son pays et dans le monde, élu membre associé de l'Académie des sciences morales et politiques dès sa création. Bien d'autres pourraient être cités, par exemple le libéral et très francophile lord Holland, ou le marquis de Lansdowne. On sait en Angleterre le rôle de Guizot dans la diffusion en France d'œuvres majeures de la littérature et du savoir anglais, l'édition de Gibbon en 1812, celle de Shakespeare avec l'essai introductif qu'il lui consacre en 1821 [1], naturellement la *Collection des Mémoires relatifs à la révolution d'Angleterre*, qui retraversent la Manche avec succès. Les revues les plus importantes, comme la *Quarterly Review*, conservatrice, dont Guizot a rencontré à Paris le directeur John Croker, l'*Edinburgh Review*, libérale, ont publié des comptes rendus favorables et remarqués sur ses travaux.

Ainsi les voies ont-elles été préparées au sein de la bonne société anglaise, dans laquelle son arrivée provoque la curiosité

1. Cet essai a suscité, plus qu'en France, un intérêt durable en Angleterre. Cf. *The Romantics on Shakespeare*, ed. Jonathan Bate, Londres, 1992, pp. 30-31 et 203-217. Par ailleurs, le peintre Auguste Couder a souligné le lien entre Guizot et Shakespeare en dessinant un lavis portant ce titre et montrant le professeur inspiré par le génie du dramaturge.

et suscite l'engouement. Guizot y fut aussitôt sensible, et l'empathie, depuis longtemps mûrie intellectuellement, s'épanouit socialement et affectivement. Les quelque huit mois passés à Hertford House, résidence de l'ambassadeur de France, ne furent pourtant pas de tout repos pour ce dernier, aux prises avec les affaires d'Orient ponctuées par le traité du 15 juillet conclu à son insu, qu'il éprouva comme un affront en dépit de sa bonne contenance et dont il conçut à l'égard de Palmerston une rancune durable, politique et aussi personnelle, ce qui ne lui est pas accoutumé ; peut-être aussi parce qu'il vit en lui un adversaire à sa mesure, tenace et bardé de certitudes. Il n'empêche : cette contrariété n'altéra pas son jugement sur les hommes et sur les choses. Lui-même, de ce premier long séjour, laissa un bon souvenir. Lady Palmerston force-t-elle intentionnellement son sentiment, pour conjurer le mauvais procédé de son mari et pour être agréable à sa correspondante Dorothée de Lieven, dont elle sait qu'elle répète à tout Paris ce qui lui vient de Londres, lorsqu'elle lui écrit le 23 octobre, au moment où Guizot quitte son poste pour former à Paris un nouveau ministère : « Nous avons un vrai penchant pour lui et sommes profondément désolés de le perdre. [...] Tout en lui révèle un *gentleman*, au sens le plus profond du terme » ? En vérité, il a plu aux Anglais dans l'exercice de ses fonctions, accomplissant des gestes inconcevables de la part de ses prédécesseurs Talleyrand et Sébastiani. Il paie de sa personne. L'un de ses premiers discours, encore en français, devant l'Académie royale des Beaux-Arts, « a eu l'immense succès qui suit partout M. Guizot à Londres », à en croire *Le Moniteur* évidemment bien disposé. Dans un anglais encore hésitant – mais il apprend vite –, il se lance, un soir chez le lord-maire, où les toasts s'accumulent, un autre jour face aux trois mille participants du meeting de la Société des écoles anglaises et étrangères : tonnerres d'applaudissements. Il s'exprime aussi dans un banquet donné par la ville de Southampton à l'occasion de la construction du chemin de fer de Paris à Rouen qui un jour, *via* Le Havre, espère-t-on, atteindra Londres. Il visite l'école populaire de Norwood, où des centaines d'enfants pauvres ou abandonnés sont « dressés pour un honnête avenir », puis le collège d'Eton et ses courses de bateaux sur la Tamise. Il assiste à l'office solennel à la cathédrale Saint-Paul au côté de l'évêque de Londres, il attire à l'ambassade Mrs Elizabeth Fry, figure emblématique des quakers, il participe avec le prince Albert à un meeting contre la traite des esclaves avec « grand applaudissement à mon nom et à ma personne », mais aussi il joue aux courses, une fois au moins à Epsom, davantage peut-être. Sa communauté de religion avec la majorité des Anglais le sert, et lui ouvre bien des portes en dehors de la politique : « Cela me réussit fort ici d'être le premier ambassadeur protestant venu de France depuis Sully. » Ce constat l'enchante, il l'exprime à tout bout de champ dans sa correspondance d'alors, il demande même à Léonce de Lavergne, chef de cabinet du ministre de l'Intérieur Rémusat, de s'efforcer d'en faire état auprès de l'opinion publique. En fait, il est attendu partout, accepte les invitations qui pleuvent de tous côtés, en refuse davantage. La toute jeune reine Victoria, mariée depuis quelques semaines seulement, lui fait des gracieusetés : « J'ai votre portrait, je l'ai acheté. La gravure est très belle, on dit que le tableau est bien beau aussi » (il doit s'agir de celui de Paul Delaroche). Elle l'invite plus d'une fois en séjour à Windsor où, un soir de juin, il cherche à regagner sa chambre. Il entrouvre une porte, aperçoit une femme assise qui se déshabille, referme précipitamment la porte et retrouve la sienne. Le lendemain à dîner, Victoria lui dit en riant : « Savez-vous que vous êtes entré chez moi à minuit ? » C'est donc qu'elle l'avait reconnu. La confusion fait place au rire et la reine autorise son visiteur d'un soir à rapporter l'anecdote dans ses Mémoires, s'il les écrit un jour « comme Sully ou Saint-Simon » ; toujours modeste... Au reste, il ne fera pas usage de la permission.

La porte anglaise que Guizot a ouverte en grand cette année-là, il ne l'a jamais refermée. Il a trouvé par elle ce qu'il n'avait jamais éprouvé dans son propre pays depuis qu'il est entré en politique active, une sympathie générale : « Je suis touché, très touché de l'accueil que je reçois ici, du respect très bienveillant et presque affectueux qu'on me témoigne dans toutes les opinions, dans toutes les classes. » Il en garde une si forte impression qu'il consacre un tome entier de ses Mémoires à son ambassade de Londres, et dans ce volume le chapitre relatif à « La société anglaise en 1840 » compte à mon avis parmi les plus belles pages de toute son œuvre. Son tropisme anglais s'épanouit désormais sur tous les plans, y compris au sein de sa famille puisque, naturellement, la gouvernante de ses filles, Mrs Wisley, recrutée en 1845 *via* Sarah Austin, est anglaise.

Ce tropisme, il a l'occasion de le cultiver en séjournant à plusieurs reprises en Angleterre, six fois exactement après 1840, et jusqu'en 1866. Comptons pour rien la visite à Windsor avec la famille royale en octobre 1844, les obsèques de Louis-Philippe en septembre 1850 et leur premier anniversaire, même si, en cette année 1851, il se donne le plaisir de visiter l'exposition universelle de Londres, la première du genre, et encore le bref déplacement à la mort de la reine Marie-Amélie en avril 1866.

Huit ans exactement après sa glorieuse entrée à Londres comme ambassadeur extraordinaire et plénipotentiaire, c'est un Guizot déchu, en fuite, qui débarque le 3 mars 1848. Entre-temps, ce fut l'affaire des mariages espagnols, très mal ressentie outre-Manche, et la politique intérieure jugée par les libéraux anglais au pouvoir excessivement conservatrice. Le whig Thomas Macaulay, vieille connaissance de Guizot, qui en 1840 lui faisait longuement et savamment visiter l'abbaye de Westminster où il devait être lui-même inhumé vingt ans plus tard, croit d'abord devoir faire le délicat. « J'ai laissé ma carte chez Guizot, écrit-il le 13 mars, mais je n'ai pas demandé à le voir. J'ai délibérément décliné une rencontre avec lui vendredi chez lord Holland », pourtant figure de proue du même parti. « La vérité est que j'apprécie et que j'estime l'homme, mais que je juge la politique du ministre détestable. À l'intérieur tout était corruption, à l'extérieur tout tricherie. Je ne peux pas lui tenir un langage d'entier respect et sympathie sans faire violence à la vérité ; et dans les circonstances présentes, je ne peux pas être conduit à montrer la moindre désapprobation. » Cette attitude ambiguë dure peu. Il donne bientôt à Guizot des conseils sur le collège dans lequel envoyer Guillaume, le voit de façon régulière, l'invitant par exemple chez lui à un *breakfast* en décembre 1848, au moment même où paraissent les deux premiers volumes de son *Histoire d'Angleterre depuis l'avènement de Jacques II*[1], qui fut l'un des succès les plus considérables de l'édition anglo-américaine du XIXe siècle, alors que Guizot a repris ses travaux sur la révolution d'Angleterre. Ils ont ainsi bien des sujets de conversation, d'autant que Macaulay est revenu de ses préventions de mars 1848, et écrira à l'avènement du Second Empire : « Quel mal les révolutions de 1848 n'ont-elles pas fait ? Les seules révolutions dont l'issue a été positive furent des révolutions défensives : la nôtre en 1688 et la révolution française de 1830. La révolution américaine fut, jusqu'à un certain point, du même type. » Ces lignes paraissent directement transcrites du *Discours sur l'histoire de la révolution d'Angleterre* que Guizot a commencé d'élaborer précisément dans les derniers jours de 1848 et qui paraît à Paris et à Londres au début de 1850. Les liens cordiaux et mutuellement admiratifs entre Guizot et Macaulay ne cessèrent pas jusqu'à la mort de ce dernier en 1859 et si Guizot n'a pas poursuivi, comme il le projetait initialement, de pousser l'histoire de la révolution d'Angleterre jusqu'à son achèvement en 1688, c'est pour une grande part parce que son ami britannique avait pris triomphalement le relais pour les années postérieures à 1660. En 1853, Guizot s'était donné le plaisir de le faire élire membre associé de l'Académie des sciences morales et politiques, et de le lui annoncer par une lettre personnelle. Enfin, les noms de Guizot et de Macaulay continuèrent d'être associés puisque Guillaume traduisit et publia chez Michel Lévy, entre 1860 et 1882, six volumes des *Essais* de Macaulay qui l'avait connu et encouragé jeune homme.

1. Une nouvelle édition de la traduction française de 1875 a été établie par Michel Derouard en 1989, chez Robert Laffont, en deux volumes de la collection « Bouquins ».

L'un de ces essais est consacré à Henry Hallam, qui se trouvait aussi au *breakfast* du 13 décembre 1848. Tout autant lié que Macaulay aux libéraux de l'*Edinburgh Review*, il avait, lui, accueilli Guizot à bras ouverts et leur amitié, étendue à leurs familles respectives, s'approfondit durant ces dix-sept mois d'exil. Il avait en commun avec Guizot, outre les affinités intellectuelles et morales, d'avoir perdu soudainement en 1833 un fils charmant de vingt-deux ans, fiancé à la sœur de Tennyson qui écrivit sur sa mort d'admirables vers élégiaques. Dix-sept ans plus tard, il en perdit un autre à peu près du même âge, non moins doué, dont il évoquait le souvenir avec Guizot lorsqu'il séjourna au Val-Richer en 1853. Son ami français tint à le visiter lorsqu'il passa à Londres en 1858, mais il ne trouva plus qu'une ombre, qui disparut l'année suivante. Quelque temps auparavant, il avait, comme Guizot en 1846, refusé d'être anobli, préférant garder comme lui les six lettres de son simple nom. Guizot fut l'un des premiers à souscrire pour le monument édifié à sa mémoire.

Les soins que Hallam eut pour Guizot et les siens en 1848, ce dernier les trouva à peu près partout, comme si rien n'avait changé depuis 1840. Charles Greville, secrétaire du Conseil privé de la reine, était à ce dîner du 13 mars où Macaulay n'alla point : « Il va partout, il est très en train, et fait bonne figure ; tout le monde est très poli avec lui, et il apprécie la bienveillance de cet accueil, d'autant plus qu'il sait qu'il a été plus détesté depuis les mariages espagnols. » L'université d'Oxford lui fit des avances, lui proposant de l'élire à une chaire de langue et littérature françaises, alors même que des candidats indigènes postulaient. Il déclina très poliment : « J'ai dit que je ne pouvais et ne voulais rien faire qui eût seulement l'air de m'établir hors de mon pays. » Il n'empêche. En juillet 1848, il fut reçu à Oxford, à l'occasion d'une grande solennité universitaire groupant trois mille personnes, « avec des *hourras* et des *cheers* plus prolongés, plus *enthousiastic* que n'en a obtenu la reine elle-même ». Et cela, il ne le cache pas, lui a fait grand plaisir, comme toutes les attentions dont il est l'objet et qui lui font sentir qu'on le juge digne d'être anglais. La reine Victoria, même si lui-même se montre discret pour ne pas gêner la Couronne britannique au moment où la situation en France est instable, est revenue à son égard de la colère provoquée par l'affaire des mariages espagnols. Plus tard, c'est à Guizot qu'elle confie ce qu'elle a de plus cher, la mémoire de son époux adoré le prince Albert, pour qu'il la fasse connaître en France. Ainsi parut en 1863, « traduit de l'anglais par Mme de W... » – on aura reconnu Henriette –, *Le Prince Albert. Son caractère. Ses discours*, préfacé par Guizot. La reine le remercia en lui envoyant « un bel exemplaire du texte anglais, relié en maroquin blanc, avec ces lignes écrites de sa main en tête du livre : “À M. Guizot, en souvenir du meilleur des hommes, avec l'expression de reconnaissance pour l'hommage sincère qu'il lui a rendu. De la part de sa malheureuse veuve”. » Le dédicataire en conçut un plaisir et une fierté que, à son habitude, il eut soin de ne pas dissimuler.

Cette nation, cette société anglaise, quelles vertus lui reconnaît-il qui fassent qu'il s'y sente si à l'aise, dès avant de la fréquenter directement ? C'est, écrit-il en 1828 dans sa préface au grand livre de Hallam, qu'elle est « terre de résistance et de liberté », deux notions qui résument la démarche de toute sa vie politique à lui. Il admire, il envie même les Anglais d'avoir mené à son terme une révolution aussi nécessaire que modérée, et de l'avoir close une fois pour toutes, de sorte qu'elle est pour le pays tout entier un élément d'unité et non pas, comme celle de France, de division. Il s'ensuit une nation « où la santé morale et sociale est plus forte que les maladies morales et sociales », où l'aristocratie et la bourgeoisie vivent en bonne intelligence. Dans la seconde, il salue « une moralité, une modestie, une élévation de mœurs sans prétention d'esprit, une piété chaude et bienveillante que j'ai un plaisir infini à rencontrer », comme il l'écrit à sa mère en juillet 1840. Mais c'est l'aristocratie surtout qui l'attire et le séduit, plus encore qu'elle le fait en France, car elle est plus fortement constituée, plus active, plus ouverte, en raison même de sa continuité qu'aucun accident de l'Histoire n'a brisée. Ce sens de la continuité, du reste caractéristique de l'ensemble de la société, se manifeste par l'intérêt porté à l'histoire, comme Guizot l'explique à ses enfants en septembre 1840 : « Il n'y a pas de pays où chaque comté, chaque ville, chaque village, chaque famille sache aussi bien son histoire et y mette autant d'importance qu'en Écosse et en Angleterre. Non seulement cela est agréable, comme un intérêt de plus dans la vie ; mais cela est bon moralement. » Il se manifeste aussi dans les demeures aristocratiques que Guizot aime à fréquenter, avec leurs archives, leurs bibliothèques et leurs galeries de tableaux, comme Lansdowne House, du nom de son propriétaire, Sion House, chez le duc de Northumberland, ou Kimbolton Castle, chez le duc de Manchester, qui sont comme des conservatoires vivants de traditions restées intactes. Il se manifeste enfin par la vénération portée aux grands hommes, par exemple Wellington dont Guizot trace un portrait saisissant à l'occasion de sa mort en 1852, tel qu'il l'avait encore vu trois ans plus tôt : « Quoiqu'il ne fût plus de rien dans les affaires, il était beaucoup dans les esprits. Parlement, reine et pays croyaient encore qu'avec son dos voûté, ses jambes chancelantes, ses paroles tombant une à une et sa figure d'idiot, il serait encore, dans un moment de crise, l'homme qui donnerait le meilleur conseil. Bel exemple de mémoire et de respect. »

Dans la société anglaise, Guizot appréciait aussi « la grandeur et la précision », qui fait qu'on accorde une attention égale aux choses importantes et à celles qui sont réputées l'être moins, et la force, voire l'entêtement des convictions. Il en donne un exemple dans l'ouvrage en forme d'hommage qu'il a consacré en 1856 à Robert Peel, un homme d'État qu'il a particulièrement apprécié lorsqu'il dirigeait, de 1841 à 1846, le cabinet britannique quand lui-même était le principal ministre de Louis-Philippe, à l'époque de l'entente cordiale, et qui, dans son dernier discours parlementaire en juin 1850, avait parlé de lui en termes très agréables. « L'abolition de la traite et de l'esclavage est, depuis près d'un siècle en Angleterre, écrit Guizot, une vraie foi, une partie intégrante de la foi chrétienne, une passion morale. [...] Elle a poursuivi son but à travers tous les obstacles, tous les efforts, tous les sacrifices. » Aussi est-ce un pays qui ne se paie pas de mots, que les apparences ne trompent pas, que la frivolité épargne. On y cultive les bienfaits de ce que Guizot apprécie le plus, la conversation sérieuse, « ce mélange de la vie mondaine et de la vie publique et cet art de les faire servir l'une à l'autre », dans des salons tels qu'il n'en existe plus guère en France, où se forment des opinions et s'expriment des jugements, où la discussion menée au-dedans pèse sur les décisions prises au-dehors. Bref, comme l'écrit Guizot à Laure de Gasparin en septembre 1857, « l'Angleterre est le boulevard de la dignité et de la liberté humaine. Aucune nation, depuis que le monde existe, n'est devenue, comme celle-là, grande et riche, sans s'énerver ni se corrompre. Elle doit cela à son christianisme protestant et à son gouvernement parlementaire ». Comment Guizot ne se sentirait-il pas en communion de pensée avec les habitants de cette « grande et honnête nation », dans laquelle dominent « la moralité, la sincérité, la fierté, l'énergie, la persévérance » ?

À l'été 1858, il décida d'accomplir une promesse qu'il s'était faite et avait faite depuis plusieurs années : retourner voir, un peu à loisir, ses amis britanniques. En vérité, il faisait ce voyage pour un seul d'entre eux, lord Aberdeen, tant cet Écossais était pour lui l'Angleterre même, « le dernier des Anglais », dit Victor de Broglie à l'annonce de sa mort, en décembre 1860. Sauf la proximité d'âge – George Hamilton Gordon, futur IVe comte d'Aberdeen, était né en 1784 –, rien en apparence n'était fait pour rapprocher le bourgeois méridional, vif, prolixe, perpétuellement en mouvement et en action et le grand seigneur écossais lent, silencieux, flegmatique – du moins tel était-il quand Guizot commença de vraiment le connaître en 1840. La correspondance de Guizot avec Mme de Lieven, qui a mis son amant en garde contre la dissimulation d'un homme auquel elle a touché de près, montre comment ils se découvrent et s'apprivoisent. Comme l'y conduit son tempérament, Guizot fait les premiers frais, les premiers pas, et reconnaît en Aberdeen « un homme de bien ». Ce n'est pas encore un ami qui lui adresse des vœux de réussite quand se constitue à Paris le cabinet du 29 octobre 1840, mais c'est déjà une relation véritable. À partir de septembre 1841, lorsque Aberdeen reprend dans le ministère tory de Robert Peel le Foreign Office qu'il avait déjà occupé entre 1828 et 1830, commençant alors un chassé-croisé de vingt-cinq ans avec Palmerston, la politique extérieure commune, qui se déploie durant cinq années, nourrit une amitié que les circonstances, souvent agitées, approfondissent en la mettant à l'épreuve. Tisser l'amitié avec la politique, rien ne convient mieux à Guizot, ne l'épanouit davantage. L'entente cordiale entre la France et l'Angleterre, qui est leur œuvre commune, prend entre eux deux la forme d'une intimité de plus en plus étroite. Établissant, à côté et en renfort des canaux diplomatiques ordinaires, une correspondance directe [1] d'une parfaite franchise et, surtout de la part du ministre français, quasi à cœur ouvert, ils s'engagent personnellement l'un envers l'autre dans les décisions qu'ils concertent en commun. Durant ces cinq années de gouvernement concomitant, ils ne se rencontrèrent qu'à trois brèves reprises, quand Victoria vint en France en 1843 et 1845, quand Louis-Philippe se rendit à Windsor en 1844. Mais la conversation entre eux ne cessait pas. Elle prend chez Guizot une intensité grandissante, qui se mesure à la longueur progressive des missives et surtout à la formule de politesse, qui passe d'un « bien sincèrement » initial au « tout à vous », puis « tout à vous de tout mon cœur », voire « du fond de l'âme » de juillet 1846, ce qui, je crois, est beaucoup de la part d'un ministre dans l'exercice de ses fonctions. Plus sobre, Aberdeen s'en tient, lui, à un *believe me ever most truly yours* quasi inamovible. Mais Guizot sait voir le feu qui brûle sous la glace. Peut-être même, prêtant à son correspondant sa propre ardeur, en voit-il plus qu'il n'y en a.

Mais il y en a de fait beaucoup puisque, paraît-il, Aberdeen eut un malaise lorsqu'en février 1848 parvint jusqu'à lui le bruit, infondé, que son ami aurait été arrêté. En juillet 1849,

1. Cf. *La Fondation de l'entente cordiale. Lettres inédites de lord Aberdeen et François Guizot 1843-1846*. Présentation du prince Gabriel de Broglie. Notes historiques de Laurent Theis. Association François Guizot-Val Richer, 2006. Hors commerce.

au moment de rentrer en France où il ne sait pas trop ce qui l'attend, Guizot a confié à la garde d'Aberdeen ce qu'il a de plus cher, quelques-unes de ses décorations, dont la Toison d'or, et des lettres, dont celles de la princesse de Lieven. Il ne récupérera cette boîte précieuse qu'en 1857. Hors des affaires, auxquelles Aberdeen revint en décembre 1852 à la tête d'un cabinet dont l'existence se termina assez mal en février 1855 avec une mise en accusation d'incurie dans la guerre de Crimée, les échanges entre les deux hommes se poursuivirent, d'autant que l'ancien ministre des Affaires étrangères britannique se mêla un moment, à la demande de Guizot et d'autres, du processus d'impossible fusion entre les Bourbons et les Orléans. Les sentiments que Guizot exprime confinent à la passion : « Votre amitié est bien plus qu'un plaisir pour moi ; c'est un des bonheurs de ma vie. Je n'en vois jamais une nouvelle marque sans en être heureux et touché jusqu'au fond de l'âme. » Et encore, cette même année 1849 : « Je ne sais si je vous ai assez dit combien je suis touché de votre amitié, et combien la mienne pour vous est profonde. À coup sûr, je ne vous l'ai pas dit autant que cela est. » Il en a pourtant beaucoup dit. Et enfin, en juillet 1860, peu avant la mort d'Aberdeen : « Hors de votre famille intime, il n'y a personne qui pense à vous plus souvent et plus affectueusement que moi. » En 1847, ils ont échangé leurs portraits, accrochés respectivement au Val-Richer et à Haddo House, la résidence de la famille Hamilton Gordon en Écosse. Aberdeen n'est jamais allé au Val-Richer, et Guizot découvre Haddo House en 1858 seulement, au cours de ce voyage qui sonne comme un adieu. Dans l'admirable parc, les deux hommes déjà d'un autre temps causèrent moitié marchant moitié sur un banc. Guizot voyait de ses yeux cette aristocratie encore vivante, pas si éloignée des récits de Walter Scott qu'il aimait tant : « Il a plus de 900 fermiers. Il est le dernier des grands *laird* écossais qui puisse réunir sur son appel 3 ou 4 000 hommes. C'est la grande existence la plus modeste et la plus libérale. [...] Il est impossible de laisser percer plus d'esprit et de cœur à travers des formes lentes, froides et tantôt un peu embarrassées, tantôt un peu ironiques. » Les deux amis se quittèrent dans une scène belle comme l'antique, et pourtant parfaitement sincère. Aberdeen serra la main de son ami avec ces paroles : « Nous ne nous reverrons pas ; mais je n'oublierai jamais que vous êtes venu si loin pour moi. » Et Guizot d'ajouter, pour sa correspondante Laure de Gasparin : « J'irai bien plus loin pour le revoir. » Ce sera seize ans plus tard.

Lorsque Aberdeen mourut, Guizot répartit entre ses amis de brefs éléments d'un portrait dont il regretta lui-même de ne l'avoir pas rédigé comme il fit pour Broglie, Barante, Vitet ou même Robert Peel, bien moins proche de lui. À Laure de Gasparin : « Sournois d'apparence comme un Anglais, tendre comme une femme. [...] Toutes les qualités de sa nation sans ses défauts. Fier et modeste. » À Prosper de Barante : « C'était le caractère le plus vraiment anglais et l'esprit le plus européen que j'aie rencontré dans son pays. [...] Étant aussi conservateur qu'aucun de ses contemporains, il était le plus libéral de tous. Libéral sans le moindre faste et la moindre recherche de popularité, uniquement par justice et par prévoyance. » Vraiment, Guizot a aimé Aberdeen, il a surtout aimé l'Angleterre à travers lui, dans l'image, idéalisée sans doute comme y conduit heureusement l'amitié, qu'il lui en dressait. Vivant en pensée et en communion avec lui, il vivait « à la fois en France et en Angleterre », comme il l'écrit en 1851 à un autre ami anglais, Henry Reeve, neveu de Sarah Austin. Et c'est au même qu'au soir de sa vie, en mars 1874, il met sur le papier les mots qu'il avait depuis longtemps dans l'esprit et dans le cœur : « Je vis aussi en Angleterre. C'est beaucoup d'avoir deux vies et presque deux patries. »

En Normandie

« Ces sages et bons Normands, écrit Guizot en 1840, je me félicite d'avoir planté ma famille au milieu d'eux. » Personne, pourtant, ne paraissait moins propre que lui à s'enraciner, avec les siens, en Normandie. Tout ce que son tempérament et sa complexion, on l'a vu, avait de méridional était à l'opposé du climat normand. Quoi de commun entre le causse ouvert à tous les vents et le pays coupé, entre la canicule étincelante et la touffeur humide, entre la vigne et l'olivier et la prairie grasse, entre le Gardon impétueux en ses gorges et la Touque débonnaire qui, aux abords de Lisieux, déambule à fleur de terre ? Comme il y a loin du protestantisme ancestral avec chaque village possédant son temple aux bourgs de la vallée d'Auge dont certains ignorent même, dans les années 1830, ce qu'est un réformé ! Quelle distance encore entre l'extraverti prompt au commerce avec autrui et l'Augeron réputé, peut-être à juste titre, taiseux et renfermé ! Ni la pluie ni les haies, ni la dévotion toute catholique ni la réserve teintée de méfiance qui caractérisent la haute Normandie n'étaient de nature à attirer Guizot. De fait, elles furent longtemps sans l'attirer, d'autant que rien ne l'attire moins que ce qu'il ne connaît pas. Ce fut la politique qui, inopinément, l'y conduisit peu avant ses quarante-cinq ans.

À vrai dire, il avait entrevu la Normandie à la faveur de l'amitié, celle de Victor et Albertine de Broglie, puisque, à partir de 1824 il séjourna à plusieurs reprises dans leur château tout juste restauré. Broglie, c'est l'Eure, ce n'est pas encore le Calvados, mais c'est déjà la Normandie. Dire qu'il la découvrit à cette occasion serait excessif, car il ne paraît pas qu'il se soit jamais aventuré au-delà de la grille du parc. Et pourtant, à partir de 1830, Guizot le Nîmois de souche, le Genevois d'éducation et le Parisien par fonction commença de devenir Normand, par une de ces greffes improbables mais réussies comme celles auxquelles, au soir de sa vie, il s'adonnait volontiers dans son potager. Cette alchimie progressive prit forme, le 15 octobre 1829, par une perte douloureuse pour la chimie, celle de l'illustre Nicolas Vauquelin, découvreur du chrome et lui véritable enfant du Calvados, dont il libéra par sa mort la 4e circonscription. Guizot, en quête d'élection à la Chambre depuis deux ans, et qui faisait tout naturellement fond sur le Midi, saisit l'occasion offerte. Dans ce pays d'agriculture et de petite industrie, très catholique et plutôt légitimiste, le nom de Guizot, qui n'est rien de tout cela, est à peu près inconnu. Des patronages nationaux et locaux, recrutés jusqu'à l'extrême gauche, imposent difficilement sa candidature puis emportent son élection, acquise le 24 janvier 1830 par 281 voix sur 446 et 554 inscrits. Il ne l'apprend pas immédiatement, car il a fait campagne par correspondance, depuis Paris. Le 23 juin, lors du scrutin provoqué par la dissolution de la Chambre prononcée par Charles X le 16 mai, le député sortant n'est pas davantage sur place : il est allé soutenir ses amis libéraux à Nîmes. Il n'empêche, il améliore son score de 49 voix. Pour rendre compatibles sa position de député et sa fonction du ministre, en vertu d'une règle nouvellement édictée, il subit l'épreuve du suffrage une troisième fois cette année 1830, le 24 octobre, avec un succès croissant, 410 voix sur 436 se portant sur son nom. Sur son nom seul, puisque les Lexoviens n'ont toujours pas vu sa personne. Comme quoi le parachutage politique n'est pas une pratique nouvelle, et le suffrage censitaire le facilite beaucoup car les agents électoraux, sur place, peuvent rencontrer personnellement la quasi-totalité des électeurs et leur faire passer directement les messages et les promesses du candidat. Cependant, à la différence d'une démarche courante, Guizot ne présenta jamais de candidatures multiples, sauf en juillet 1831, car les arrondissements de Lisieux et de Pont-l'Évêque étant désormais séparés, il figura sur les deux listes et n'arriva en tête que dans la première. À cette date, Guizot a franchi un grand pas dans son processus de normandisation puisqu'il a enfin accompli sa première tournée sur le terrain, même si l'élu qu'il est devenu n'y est toujours pas électeur, continuant à voter à Paris jusqu'en 1837.

Ce voyage initiatique, tel qu'il le rapporte dans sa correspondance, n'est pas loin du récit ethnographique, trois ans après l'entrée de René Caillié à Tombouctou. Le visiteur découvre avec étonnement et bienveillance les mœurs et coutumes des quelque 130 000 autochtones qui forment la population des arrondissements massivement ruraux, assez riches et bien peuplés de Lisieux et Pont-l'Évêque. Guizot, au tout début de mai 1831, a établi son camp de base à Broglie, en terre connue. Laissant là son épouse Élisa enceinte de leur seconde fille, il a entamé son périple par Honfleur, que baigne une mer qu'il n'a jusque-là jamais vue et dont il fait à son épouse une description émerveillée. Les indigènes ne le surprennent pas moins que leur environnement : « Ils ne savent pas, ils ne comprennent pas. Ils n'ont pas le secret des paroles, le fil des faits. Nous ne nous doutons pas de ce qu'ils ignorent... » Alors, il enfourche, pour la première fois depuis quinze ans, une charmante petite jument, parce que bien des chemins, même de chefs-lieux de canton, ne sont pas carrossables, pour aller instruire de toutes choses ces populations primitives, estimables et un peu farouches : « Ces hommes-là commencent par se méfier de la supériorité d'esprit et de situation ; qu'on leur inspire confiance une fois, et cette supériorité devient près d'eux une grande force, car ils l'acceptent de très bonne grâce. » Cette confiance ne lui a jamais manqué, puisque les électeurs de l'arrondissement de Lisieux, dont le nombre double presque durant ses dix-huit ans de mandat, principalement par l'augmentation du nombre de propriétaires ruraux, l'ont élu quatorze fois, toujours au premier tour, avec au pis 62 % des voix, en 1837, au mieux 93 %, en 1846. S'y ajoute, en octobre 1840, le docteur Legrand, maire de Saint-Pierre-sur-Dives, démissionnant pour lui faire place, le conseil général du Calvados où, élu par 102 voix sur 105, il représente le canton de Saint-Pierre-sur-Dives et Mézidon, et qu'il préside un an plus tard, porté par 21 voix sur 28. De fait, la campagne se donne plus facilement que la ville, où les débuts sont plus agités. Guizot entre pour la première fois à Lisieux le 10 mai 1831 : « J'ai quitté mes paisibles herbages, mes électeurs de campagne, point unanimes, mais sans colère. Me voici au milieu de toutes les cabales, de toutes les passions d'une ville. Lisieux est en feu. » L'opposition essaie de saboter l'entrée du député, faisant taire l'harmonie municipale. Mais le soir, devant 500 personnes, c'est Guizot qui fait taire l'orateur adverse Demortreux, président du tribunal et très agressif contre la personne même du député, et se taille un joli succès, à la grande joie de ses partisans. Les élections de juillet 1831 donnèrent ainsi lieu à une vive bataille, Guizot essuyant à la fois les coups des légitimistes et ceux de ses anciens associés de gauche. Mais il l'emporta par 346 voix sur 546, principalement grâce au soutien des électeurs ruraux.

Ces succès ne doivent rien à l'improvisation. La dimension nationale du député, ministre durant plus de quatorze ans, n'y est pas pour rien. Mais la présence politique de Guizot en Normandie s'appuie sur un réseau local soigneusement tissé et fermement tenu en main. D'abord les Lexoviens Paul Target, avocat que Guizot transforme en préfet du Calvados, Louis Nasse, banquier, qui devient sous-préfet de Lisieux dont son père avait été maire, l'avocat Pierre Leroy-Beaulieu, maire et plus tard député, Fournet, qui succède à Leroy-Beaulieu à la mairie, et Duchesne, juge de paix tout comme Antoine Labbey, tous trois importants manufacturiers textiles, l'avoué Michel Jeanne, que Guizot fait nommer juge au tribunal civil, Perrier, président du tribunal de commerce, Hélix d'Hacqueville, procureur du tribunal de grande instance et secrétaire de la société d'émulation de Lisieux... À Honfleur s'active le maire Lecarpentier, chez qui Guizot loge en 1831, à Orbec Lefrançois, qui commande la garde nationale, à Pont-l'Évêque Thil, conseiller à la Cour de cassation et député, à Falaise le député Charles Édouard Leclerc, que Guizot fait entrer à la Chambre des pairs et dont le fils est maire de la ville... Il faudrait citer bien d'autres noms. En octobre 1832, pour faire pièce au *Patriote,* hebdomadaire local d'opposition de gauche, Guizot suscite *Le Normand,* en réunissant un capital de 15 000 francs dont il souscrit quelques-unes des trente actions, en plaçant deux ou trois autres chez Victor de Broglie, davantage chez les industriels lexoviens, et en obtenant une aide du ministère de l'Intérieur. Dès l'année suivante, avec 165 abonnés, *Le Normand* l'emporte sur *Le Patriote,* qui n'en compte que 111 et cesse d'être un journal politique en 1837. L'hebdomadaire conservateur s'attache à décrire par le menu les faits et gestes du député, et il est parfois repris par *Le Moniteur,* quotidien national officiel. Car Guizot continue, sur place, à payer de sa personne. Suivons-le visitant sa circonscription, selon une liturgie désormais bien établie. À Lisieux, le 22 septembre 1834, le député ministre de l'Instruction publique fait son entrée, glorieuse cette fois, en calèche puis à pied, précédé d'un cortège fleuri. L'accueil, lit-on dans *Le Moniteur*, est « cordial et animé ». La foule est réunie dans le jardin du sous-préfet pour saluer son élu. Un banquet suit, « dans la vaste salle d'enseignement mutuel nouvellement construite » et inaugurée par Guizot. « Plus de 200 électeurs étaient à table, et l'on avait été obligé de refuser beaucoup de souscripteurs. » Allocutions et toasts vont bon train. Après une courte nuit à la sous-préfecture, puisque le député n'est toujours pas domicilié dans sa circonscription, visite de l'hospice général, de la maison de travail des jeunes filles pauvres et de l'hôpital des malades, toutes institutions auxquelles Guizot n'a pas ménagé les bienfaits gouvernementaux. Déjà, en août, il avait convaincu Louis-Philippe, qui se déplaçait peu en province, de venir à Lisieux avant de l'accompagner à Saint-Pierre-sur-Dives et à Livarot. Se montrer avec le roi à ses électeurs, quelle meilleure consécration ? En octobre 1837, Guizot découvre Mézidon, auquel il accède à cheval faute de chemin praticable en voiture. Là encore, cortège, sonneries de cloches, tirs de mousqueterie, banquet, toasts et discours.

Lorsqu'il n'est pas sur place, le député, depuis Paris, n'oublie pas un instant sa circonscription, sur laquelle pleuvent les subventions : 16 000 francs de l'État en 1831 pour les nouvelles halles de Lisieux, 7 000 francs l'année suivante pour les hospices, 5 000 francs de secours à l'arrondissement lors du choléra de mai 1832, 3 000 francs la même année pour faire construire l'école d'enseignement mutuel, don de 3 000 volumes à la bibliothèque municipale... « À partir de ce moment, les dons faits aux arrondissements de Lisieux et de Pont-l'Évêque par M. Guizot, par son intermédiaire et sous ses auspices deviennent si nombreux que nous ne pouvons qu'énumérer succinctement ici les principaux d'entre eux[1]. » L'auteur de ce naïf aveu est Émile Piel, époux de la

1. Cf. *Étude locale. Monsieur Guizot. Ses rapports avec les arrondissements de Lisieux et de Pont-l'Évêque, par Émile Piel. Œuvre posthume.* Lisieux, Typographie de Mme veuve Émile Piel, Grand-Rue, 63, 1874, p. 36.

femme de chambre d'Élisa Guizot puis bonne d'Henriette et dont Guizot a fait un rédacteur en chef du *Normand,* avant qu'il s'installe comme imprimeur-libraire à Lisieux. Parmi ces dons, les ornements d'église – très important, les ornements d'église ! – tiennent une grande place. Deux tableaux portent la marque personnelle de Guizot. Celui de Gosse, représentant Jean Le Hennuyer, évêque de Lisieux, sauvant la vie aux protestants de cette ville le jour de la Saint-Barthélemy, accroché en 1835 dans la grande salle de l'hôtel de ville, et son propre portrait par Heuss, offert en 1846. Placé dans le musée des Beaux-Arts de Lisieux dont Guizot avait favorisé la création et qui présenta sa première exposition de tableaux en 1838, il fut heureusement enlevé et roulé au grenier du musée par son directeur Lemesnier en février 1848, grâce à quoi il se trouve toujours à Lisieux. Nouveau bienfait, l'adoption, en 1845, du tracé très contesté de la ligne de chemin de fer Paris-Cherbourg *via* Lisieux, qui mettra la capitale à six heures de train, alors que les diligences Laffitte-Caillard, partant à 16 heures de Paris, n'arrivent à l'hôtel de France de Lisieux qu'à 8 heures du matin. Enfin, promotions, décorations, attribution de perceptions, de bureaux de tabac, d'emplois administratifs, de bourses scolaires, dérogations accordées même aux bouilleurs de cru, interventions en faveur des fabricants de toiles, rien n'est trop pour les Augerons. L'opposition peut bien crier à l'électoralisme, à la corruption même, la propagande ministérielle, pour les élections de 1846, fait valoir « la restauration de nos monuments publics, la construction de nos presbytères et de nos écoles, l'amélioration de nos anciennes grandes routes, la création de nouvelles et nombreuses voies de communication, le bien-être de nos populations industrielles et laborieuses... » L'influence et le succès sont à ce prix. Comment un élu dont les mains ruissellent de biens et d'avantages de toute nature ne serait-il pas adopté par la population qu'il sert avec tant d'ardeur généreuse ?

Ces liens d'intérêt réciproques ne suffiraient cependant pas à faire de la Normandie la quatrième des patries métaphoriques de Guizot. La racine pivotale qu'il y a poussée, très profondément, s'appelle le Val-Richer. C'est lors de son voyage de 1831 qu'il songe, semble-t-il, à se possessionner en Normandie. Il écrit ainsi à Lefrançois, son agent électoral à Orbec, le 11 juillet : « Je voudrais bien que vous m'aidassiez à trouver dans votre canton une petite habitation d'été, quelque chose de 30 à 50 000 francs. De toutes les portions de la Normandie que j'ai parcourues, votre vallée est celle où j'aimerais le mieux passer trois ou quatre mois de la belle saison. » Cette intention ne prit corps qu'en août 1836, et rien ne dit qu'entre-temps Guizot ait beaucoup poussé son idée, ni qu'il ait arpenté le pays pour chercher la perle rare. Mais, en 1836, son fils aîné François atteint vingt et un ans. Il est devenu très proche de son père veuf depuis trois ans, qui, en partie à cause de ses quatre enfants, juge venu le temps de s'établir dans un domaine familial à la campagne. Les circonstances ont voulu qu'il n'en ait point reçu par héritage, comme en possèdent la plupart de ses collègues et amis : Broglie à Broglie et Barante à Barante, ce qui est l'idéal ; Molé à Champlâtreux, Decazes à La Grave, Sainte-Aulaire à Étiolles, autant d'ancrages pour des dynasties comme celle que Guizot entend établir à son tour avec son fils. Aux deux François Guizot, le Val-Richer fut un projet commun, qu'ils avaient besoin l'un de l'autre pour entreprendre. Si l'assise politique locale fournit un motif sérieux, là n'est certainement pas l'essentiel. Le Val-Richer, sitôt acquis, dépasse les enjeux de pouvoir. C'est en vérité de sentiments qu'il s'agit.

Parmi les lettres, presque identiques, par lesquelles Guizot annonce son acquisition, celle qu'il adresse de Lisieux à sa fille Henriette le 11 août est la plus connue, mais pas au point qu'on se dispense de la citer : « Demain je sortirai dès que je serai levé pour aller voir, à trois lieues de Lisieux, une petite terre qu'on me propose d'acheter. La maison est une ancienne abbaye, grande, bien bâtie et assez bien arrangée ; il y a de beaux bois tout autour, une source à côté de la maison, et un fort ruisseau qui traverse les prés. Par malheur il y a, pour y arriver, une lieue de mauvais chemin. [...] Cette terre s'appelle le Val-Richer. » Ce domaine, situé dans l'arrondissement de Pont-l'Évêque, le canton de Cambremer et la commune de Saint-Ouen-le-Peingt – aujourd'hui le Pin –, lui a été signalé par le manufacturier Fournet. De l'abbaye cistercienne que vint fonder Nivard à l'instigation de son frère saint Bernard sollicité par l'évêque de Bayeux, et où Thomas Becket proscrit séjourna autour de 1170, ne demeure que le logis de l'abbé, reconstruit au milieu du XVIIe siècle. L'église et les bâtiments conventuels ont été entièrement démolis en 1802 par l'entrepreneur Leterrier, qui cède le domaine à Guizot moyennant 85 000 francs, soit peut-être 350 000 euros. Il comporte 75 hectares de prés et terres labourables et 100 hectares de bois, qui rapportent environ 2 500 à 3 000 francs par an. Cet achat et surtout la restauration et l'aménagement de la maison et de ses abords pèseront lourdement sur les finances de la famille.

Ainsi commença un attachement de quarante années que ne rompirent ni la mort du jeune François un an plus tard ni le désaveu électoral de 1849 où Guizot, qui il est vrai n'était pas officiellement candidat, obtint du suffrage universel quatre fois moins de voix que trois ans auparavant, alors que les votants, dans ce scrutin de liste départemental, étaient cinquante fois plus nombreux. Après tout, rentrant d'Angleterre avec sa famille, après cet échec retentissant voire humiliant, sifflé en débarquant au Havre, l'ancien homme fort du régime de Juillet et du Calvados aurait pu planter là la Normandie et les Augerons ingrats, et s'établir sous d'autres cieux, méridionaux par exemple. Il n'y songea pas un instant, pour deux raisons qui en réalité n'en font qu'une : Guizot est largement dépourvu d'imagination, ce qui est au fondement de son inaltérable optimisme, et il est réellement attaché au pays d'Auge, le seul qu'il connaisse en France à l'exception de Nîmes, et à ses habitants, puisqu'il a choisi de vivre parmi eux. Or chez lui, ce que la raison et la volonté commandent, la sensibilité l'adopte. Oui, il aime la nature normande, et le caractère de ses populations. Écoutons-le, doctrinaire enchanté : « Je passe une bonne partie de ma journée à regarder la nature qui m'entoure, et je me sens devenir aussi tranquille qu'elle. Ce lieu est vraiment beau, d'une beauté à la fois riante et sauvage. » Et encore, en 1837 : « Ce pays-ci est vraiment très agréable. Et j'y rencontre un empressement, une bienveillance qui me touchent. » Surtout, il a porté dès l'origine une attention extrême à l'aménagement de sa nouvelle demeure, entrant dans les plus petits détails dont il s'entretient d'abord avec sa belle-sœur Aline de Meulan, qui, dans les premières années en porte largement la charge, puis avec sa fille Henriette, qui avec son mari Conrad réside le plus souvent au Val-Richer, jusqu'à devenir exploitants du domaine à partir de 1855. Le jardin est pour lui objet de passion. « Je voudrais, écrit-il à sa belle-sœur en 1840, que le Val-Richer devînt célèbre en fait de fleurs par le luxe des roses ou des dahlias, en fait de fruits par l'excellence des cerises et des pommes. » On se préoccupe de la plantation de la cour : « Je n'ai de doute que sur les tulipiers mêlés aux marronniers rouges pour la demi-lune devant la porte. Le tulipier est un arbre délicat, moins grand que le marronnier. S'il ne vient pas bien ou s'il vient inégalement, ce sera laid. Ne mettez là que des marronniers rouges. » Après discussion, il accepte « les frênes à fleurs mêlés aux marronniers rouges ». Le potager, l'orangerie, la serre, la volière, les cygnes et canards sur la pièce d'eau, le type de clôtures, le sable des allées, les parquets et papiers peints, naturellement l'arrangement de la bibliothèque où il transfère la plupart de ses livres de Paris au début de 1860. En août 1854, la famille Broglie rend visite au Val-Richer, avec Ximénès Doudan qui décrit à Adèle de Staël : « Ce Val-Richer est des plus agréables. C'est la retraite de M. Guizot selon les règles de l'Idéal. On y voit dans une juste mesure les marques de l'homme d'État, du savant, de grands portraits de rois, de princes, de généraux, de ministres, une vaste bibliothèque, quelques restes de luxe bien placés dans le cadre d'une fortune modeste ; enfin l'archevêché de Cambrai n'était pas mieux approprié à Fénelon que le Val-Richer à M. Guizot. Le site est extrêmement agréable ; une petite vallée qui est occupée presque tout entière par le jardin et cernée par des collines boisées ; un bruit d'eaux modestes et vives ; des fleurs ; des oiseaux ; des arbres bien cultivés ; une vie réglée ; un grand courant d'idées ; une politesse aimable et tranquille ; enfin un charmant oasis intellectuel dans ces vallées un peu rudes de mœurs de la Normandie. » Au sommet de la grille d'entrée se lit la devise, reprise de saint Bernard de Clairvaux, dont Guizot s'est doté : *Via recta brevissima*. Elle lui vaut une plaisanterie de Metternich exilé en Angleterre en même temps que Guizot : si le chemin le plus court est le meilleur, « il a aussi l'avantage qu'on n'y rencontre personne »...

Ainsi, la chute et l'exil de 1848 n'ont entraîné aucune rupture et en Normandie, en pays d'Auge, au Val-Richer, Guizot se trouve toujours davantage chez lui. Dès son retour en juillet 1849, les Augerons paraissent lui avoir pardonné la sanction qu'ils lui ont infligée, et lui-même ne leur en conserve aucun ressentiment. Étonnant Guizot : battu à plate couture, il a la santé d'écrire : « On vient d'élire M. Leroy-Beaulieu, mon plus fidèle ami dans le pays. Je l'ai désigné. C'est un choix excellent, en soi et pour moi. » Et quelques semaines plus tard il a retrouvé ses Normands comme si rien ne s'était passé : « Je suis allé hier soir à la fête de mon village de Saint-Ouen, jolie fête, quatre à cinq cents paysans et paysannes, très bonnes gens qui m'ont très bien reçu. » Désormais et de plus en plus, puisque le voilà déchargé des affaires mais non pas dépourvu de toute influence, il fait localement société. Dès l'origine de son implantation, il se met bien avec le curé de Saint-Ouen et prend soin de son église. En 1851, c'est l'abbé Valbrun, dont il obtient qu'une parcelle du cimetière paroissial soit réservée aux protestants de la famille, à l'occasion du décès à quelques mois de sa première petite-fille Élisa. Sa fille Pauline suivra en février 1874, et il la rejoindra en septembre. Donnant suite à sa propre loi de 1833 sur l'instruction primaire, il fait don à la commune, et à son maire l'excellent M. Letavernier, d'une maison destinée à recevoir l'école primaire et son instituteur. Suivant de bons renseignements, on recruta un jeune chrétien exemplaire, M. Tabourel, qui commença en janvier 1852 un enseignement de qualité remarquable. En juin 1852, l'école compte vingt-cinq garçons et onze filles, et on en attend une dizaine de plus à la rentrée. Les trois piliers de la commune, le maire, le curé et l'instituteur, sont « toujours en harmonie et contents les uns des autres », se réjouit Guizot qui les patronne. Cette alliance fut encore plus étroitement scellée lorsque, en 1867, l'abbé Valbrun maria l'instituteur Tabourel avec l'institutrice de Rumesnil, un village proche. Toute la famille Guizot assista à l'office et signa le registre de mariage. Longtemps Tabourel, durant les vacances, se rendit au Val-Richer donner des leçons aux petits et arrière-petits-enfants Guizot, comme s'en souvient Jean Schlumberger : « Il m'a fait tracer mes premiers bâtons avec une pose archaïque de la main et du porte-plume qui rendaient l'écriture à peu près impossible. »

À un niveau plus élevé de la hiérarchie locale, Guizot se met en frais, offrant au Val-Richer des dîners très convoités. Voici celui du 9 septembre 1856 : à la place d'honneur, le nouvel évêque de Bayeux-Lisieux, Pierre Didiot, « simple, ouvert, le langage sensé », plus proche de Dupanloup que de la curie romaine et entouré d'une dizaine de prêtres du diocèse ; parmi les puissances laïques, le sous-préfet de Lisieux, Alfred Demanche, comme il se doit, le député Leroy-Beaulieu, l'avoué Fauque, maire de Lisieux et conseiller général, comme le juge au tribunal civil Bourdon, Jean Fournet déjà présenté, l'industriel et juge de paix Duchesne... Parfois on va à Trouville ou Villers-sur-Mer, à trois heures de route, retrouver du beau monde en villégiature, et aussi ramasser des coquillages qui rejoignent le cabinet de curiosités du Val-Richer. Bien entendu, Broglie est une destination fréquente. Plus près, c'est la visite à Formentin, chez l'érudit Amable Floquet auprès duquel Guizot nourrit sa passion pour Bossuet, ou, plus proche encore, La Roque-Baignard acquise par les Rondeaux, des protestants de Rouen dont la fille Juliette, après consultation de Guizot, épouse le professeur Paul Gide, un protestant méridional, dont naîtra en 1869 l'auteur de *La Symphonie pastorale,* familier du Val-Richer où défilent toutes sortes de visiteurs, jusqu'au président de la République Adolphe Thiers, en 1871, et au prétendant Philippe d'Orléans, comte de Paris, en 1873. À Manerbe, à sept kilomètres au nord-est du Val-Richer, se trouve le château acquis par un étrange personnage, le prince valaque Handjeri, marié à une princesse de Holstein, avec lesquels on voisine assidûment. Naturellement, le notable académicien et ancien ministre de l'Instruction publique préside les distributions des prix à Saint-Ouen, Bonnebosc ou Cambremer.

Depuis longtemps il est impliqué dans la vie associative et culturelle normande. Déjà, en 1838, il présidait à Caen la séance solennelle de la Société des antiquaires de Normandie. Trente-cinq années plus tard, le 1er décembre 1873, à quatre-vingt-six ans, il prononce sa dernière allocution publique et reçoit ses derniers applaudissements en annonçant aux Antiquaires de Normandie qu'il a obtenu une subvention de 45 000 francs pour la restauration du Mont-Saint-Michel. Laissons-là bien d'autres interventions, par exemple en tant que président d'honneur de la Société de l'instruction publique de Pont-l'Évêque, pour insister sur une journée qui laissa à Guizot une vive et durable impression, celle du 26 octobre 1851. C'est à Falaise, chef-lieu d'un arrondissement du Calvados où l'ancien président du conseil général n'était jamais allé. L'y voici enfin, pour l'inauguration de la statue équestre de Guillaume le Conquérant, œuvre du sculpteur normand Louis Rocher : « Vingt à vingt-cinq mille personnes venues de tous les points de la Normandie. Sept à huit mille réunies autour de la statue de Guillaume. » Parlent successivement, après la grand-messe de onze heures dans l'église de la Trinité, le curé, le maire, le préfet Morisot, le député Charles Paulmier, enfin et surtout Guizot. « L'effet a été très grand et a très bien réussi. À cinq heures, banquet de 150 personnes. Un toast pour moi, auquel j'ai répondu en peu de mots. Le toast et la réponse fort applaudis aussi. Banneville prétendait qu'il fallait faire l'élection sur-le-champ, qu'on m'aurait élu. Après le banquet, grand bal à l'hôtel de ville. J'y ai passé une heure et demie. » Gaston de Banneville est l'un des jeunes protégés normands de Guizot, qui l'a pris à l'ambassade de Londres en 1840 à l'orée d'une grande carrière diplomatique, tout comme Édouard Herbet, natif de Colmar mais normand d'adoption, gendre de Jean Fournet et bientôt conseiller général du Calvados, et encore le petit-fils du maire de Honfleur Olivier Lecarpentier, Albert Sorel, que Guizot fait entrer en 1866 au ministère des Affaires étrangères. Mais c'est en faveur de l'implantation politique de ses gendres en Normandie que Guizot s'active le plus. Pour conforter l'élection de Conrad au conseil général, les églises de Bonnebosc, Gerrots, Saint-Pair et Saint-Laurent-du-Mont, justement situées dans le canton de Cambremer que représente Conrad de Witt, reçoivent des secours bienvenus de la part du ministre des Cultes Rouland, qui faisait partie de la majorité ministérielle à la Chambre entre 1846 et 1848 et que son ancien patron a fortement sollicité. Il agit de même pour que Cornélis soit élu député du Calvados, ce qui se produit, après deux tentatives sous l'Empire, en 1871, son second gendre entrant même au gouvernement comme sous-secrétaire d'État à l'Intérieur en 1874.

François Guizot mourut le 12 septembre de cette année-là au Val-Richer, entouré de sa famille et de l'estime affectueuse de beaucoup parmi ces Normands qui l'avaient choisi quarante-cinq ans plus tôt, au milieu desquels il choisit lui-même de vivre et d'être enterré. « Ce beau pays, cette intelligente et bienveillante population » à laquelle il s'adressait à Lisieux en 1846, il les avait faits siens. Longtemps son souvenir y resta puissant, voire fabuleux : un vieux fermier que rencontre à Lisieux en 1912 Conrad Schlumberger, arrière-petit-fils de Guizot, croyait que ce dernier, qu'il avait aperçu jadis, avait été ministre de Napoléon Ier. L'intéressé aurait bien ri.

CHAPITRE VIII

Le temps passé

Pensée des morts

En mars 1840, Henriette recopie pour son père alors à Londres quelques vers des *Harmonies poétiques et religieuses* de Lamartine :

> Et quand je dis en moi-même
> Où sont ceux que ton cœur aime ?
> Je regarde le gazon.

Et encore, et surtout :

> C'est une mère ravie
> À ses enfants dispersés
> Qui leur tend de l'autre vie
> Ces bras qui les ont bercés.

La fillette, qui n'a pas encore onze ans, sait à quel point elle vise juste, exprimant les sentiments de son père qui, là comme ailleurs, sont aussi les siens : « Il y a longtemps que j'admire et que j'aime les vers que tu m'as cités », répond-il. Et de fait ils figurent, avec beaucoup d'autres de Pétrarque et Dante, Ronsard et Schiller, et encore Hugo, recopiés de la main de Guizot dans un cahier que Jean Schlumberger, son arrière-petit-fils, a intitulé « Sympathies », et qui portent pour la plupart sur la perte de l'être aimé, la douleur et le souvenir.

Cahier achevé sans doute en 1838 ou 1839, puisqu'il cite à la dernière page ces deux vers des *Voix intérieures* :

> Tu pars du moins, mon fils [souligné par Guizot],
> avec ta robe blanche !
> Tu retournes à Dieu comme l'eau qui s'épanche.

Tous ces textes choisis évoquent à l'évidence Pauline, Élisa et François, encore Albertine de Broglie, dont Lamartine déplora la mort cruelle en strophes admirables elles aussi, celle-ci par exemple, que Guizot dut ressentir particulièrement :

> Oh ! qui jamais s'approcha d'elle
> Sans éprouver sur son tourment
> D'une brise surnaturelle
> Le divin rafraîchissement ?

« Pensée des morts » – c'est le titre de l'Harmonie qu'appréciait Henriette – fait écho à l'un des traits les plus constants de l'âme de Guizot et c'est pourquoi, en dépit de l'éloignement politique croissant de Lamartine à son égard à partir de 1842, et de la compassion un peu méprisante, voire diffamatoire quant à ses mœurs qu'il exprimera envers l'artiste déchu après 1850, il lui accorde une place particulière parmi les poètes contemporains, sur lesquels son jugement est plutôt convenu, préférant à Musset Victor de Laprade, son successeur à l'Académie française. Il attendra très longtemps, l'année même de sa mort, pour revenir sur le renouveau littéraire à partir de 1815, où « Lamartine, Victor Hugo, Alfred de Musset ouvraient aux imaginations et aux âmes des régions bien autrement poétiques que celles où se promenaient avant eux Saint-Lambert et l'abbé Delille ». En tout cas, il est reconnaissant à l'auteur des *Méditations*, qu'il a rencontré peu après leur publication en 1820, de rendre sensible au cœur l'écoulement du temps, et d'en conserver les échos. Il s'efforce, tâche ingrate, d'en faire partager l'émotion à Dorothée de Lieven, comme il le faisait si heureusement avec son fils

François, « à qui la poésie allait d'elle-même et comme par harmonie spontanée ». Dans son insaturable mémoire, il pioche pour elle :

Éternité, néant, passé, sombres abymes,
Que faites-vous des jours que vous engloutissez ?
Parlez. Nous rendrez-vous les extases sublimes
Que vous nous ravissez ?

La lyre de Lamartine lui rend, dit-il, des sons qu'il a jadis entendus, ceux des voix chères qui se sont tues, celle d'Albertine de Broglie par exemple. C'est justement à elle qu'en 1835, quatre ans avant la déploration de Lamartine, il dévoile sa propre pensée des morts qui, si différente, n'est pas inférieure à l'autre : « Mon cœur est avec les morts ; j'ai besoin de rechercher les dates, les lieux, d'ôter la mousse, de relever la pierre, de saluer en passant. Et non seulement pour ceux que j'ai aimés, mais pour tous ceux que j'ai un peu connus. Ils sont aussi sur l'autre rive, ils y sont avec ceux qui ont emporté là mon âme. » Vingt-cinq ans plus tard, alors que les rangs se sont éclaircis autour de lui, il persévère dans ses Mémoires, ou auprès de la duchesse Decazes : « J'aime les morts avec compassion et je recherche leurs souvenirs. L'oubli est si prompt et m'indigne tellement ! » Or la constance du souvenir donne la mesure de l'attachement passé. Car si tout passe, rien ne doit se perdre. La hantise de la perte habite Guizot tout au long de son existence, et contre elle la mémoire est la seule parade. Il rejoint par là un esprit pour le reste antithétique du sien, Auguste Comte, pour qui l'humanité est plus faite de morts que de vivants. La pensée des morts est gage de cette continuité à laquelle Guizot est puissamment attaché affectivement. « Cette tendre fidélité à ce qui n'est plus, écrit-il à propos de la duchesse de Broglie, est le plus pieux et peut-être le plus pur des sentiments humains. »

Les filets de la mémoire

Aussi ne cesse-t-il d'aller à la recherche du temps aboli, d'en mesurer l'épaisseur qui donne consistance à sa propre existence. Cette anamnèse, bien entendu, tire sa force de l'éloignement progressif. Comme toujours chez lui, elle s'inscrit dans un cadre, voire un calendrier historique et politique. Dans les années 1850, il ne s'enfonce pas au-delà de la fin du séjour genevois et de ses études, au début de 1805 : « Mes souvenirs ne remontent pas plus loin. C'est alors que j'ai commencé de vivre », il veut dire par là être entré en pleine possession des forces de son esprit et avoir pris conscience du monde dans lequel il se trouve. Puis il se rapproche de la source, écrivant à Henry Reeve en juin 1871, à quatre-vingt-trois ans : « Quelle vie que la mienne ! Mon plus ancien souvenir politique est d'avoir vu de loin, du haut d'une terrasse de la petite maison de campagne où ma mère s'était réfugiée pendant la Terreur en 1794, les Jacobins poursuivis et assommés par la réaction contre Robespierre au 9 thermidor. J'assiste, de la campagne aussi, à la chute des nouveaux Jacobins, vrais héritiers et élèves de la Terreur. Et que n'ai-je pas vu, en fait d'événement, dans cet intervalle de 77 ans ! » Se plaçant en surplomb de son propre parcours, entre la Révolution française et la Commune de Paris, Guizot convoque le passé pour mieux comprendre et éprouver l'instant présent et le mettre en perspective. Aussi est-il plus qu'un autre attaché à l'effet de génération. Il en mesure toute la portée en histoire et en politique, consacrée par son essai placé en tête de l'édition de ses discours parlementaires, en 1863, et intitulé, précisément, *Trois générations*. Entre celles de 1789 et 1848, lui se rattache explicitement à la seconde, celle de 1815, appelée particulièrement à fonder la liberté politique parce qu'elle était libre de toute attache avec l'Ancien Régime comme avec l'autoritarisme impérial. Cet effet de génération, Guizot le mesure aussi dans le cours de la vie sociale. En octobre 1865, la duchesse Decazes assiste, au premier rang, au mariage de Bernard-Othenin d'Haussonville avec Pauline d'Harcourt. Né en 1843, le marié est le fils d'Othenin d'Haussonville, député sous la monarchie de Juillet, et de Louise de Broglie, fille de Victor et d'Albertine ; son grand-père, le comte Bernard d'Haussonville, siégeait à la Chambre des pairs, sous la Restauration, avec le duc de Broglie, le comte de Sainte-Aulaire et son gendre le duc Decazes, et a continué avec les mêmes pendant la monarchie de Juillet, côtoyant au palais du Luxembourg le marquis Georges d'Harcourt, né en 1808, père de la mariée et beau-frère de la duchesse Decazes dont il a épousé la sœur Paule de Sainte-Aulaire. Il y a là beaucoup de monde, du meilleur, et de tout âge. Guizot les connaît tous, la plupart intimement, depuis le temps qu'il les fréquente. « Je comprends votre impression de ce mariage, écrit-il à la duchesse Decazes. En voyant passer les deux ou trois générations qui étaient là, vous voyiez en effet repasser les cinquante dernières années de votre vie, de notre vie. [...] J'y vis encore très habituellement. J'aime le passé, et mon passé. »

Pas seulement son passé politique et intellectuel. Il s'attache aussi à raviver son passé plus intime, à renouer la chaîne du temps intérieur. Parmi bien des exemples, celui-ci est plein de charme. Le 18 août 1849, Guizot, qui va sur ses soixante-deux ans et dont l'existence, avec l'éloignement des affaires, prend un cours nouveau, propice au retour sur soi, écrit à sa vieille amie Henriette Rath, illustre peintre genevois qui avait fait naguère le portrait de sa mère à laquelle elle était très liée : « Ce n'est pas seulement aujourd'hui que ma pensée se reporte souvent vers les jours de ma jeunesse. [...] Laissez-moi vous demander une chose qui m'est venue plus d'une fois à l'esprit. [...] Si vous avez un portrait de Clémentine, laissez-le moi. Je suis, après vous, la personne qui garde d'elle le souvenir le plus affectueux et le plus doux. » Guizot remonte ainsi quarante-deux ans en arrière, à son séjour de quelques jours à Genève en été 1807. Là, il rencontra, ou plutôt retrouva car il l'avait connue petite, la jeune Clémentine, née vers 1790. Henriette Rath avait, disait-on, recueilli cette enfant abandonnée qui l'appelait Maman et à qui elle avait donné son nom. En 1790, Mlle Rath avait vingt-sept ans ; cette fillette mise providentiellement sous ses pas ne serait-elle pas secrètement la sienne ? Guizot, sitôt qu'il la revit, décida de l'épouser. Mais elle, l'aimait-elle ? Clémentine, harpiste à ses heures, jouait de son instrument favori quand le fringant François annonça à Maman Rath, gros mensonge destiné à être entendu, qu'il devait se battre en duel. Clémentine tomba en pamoison comme il convient, même à Genève, quand on a dix-sept ans et qu'on a lu des romans. Cet aveu tacite fit sensation dans le cœur du jeune homme qui, Mme Guizot s'opposant à cette union inassortie à ses yeux, n'en repartit pas moins pour Nîmes puis Paris et ne revit jamais son amour d'un instant. Mais les images et les visages, chez Guizot, ne s'effacent jamais. Ils prennent leur place dans l'immense palais de sa mémoire, d'où il les tire intacts et bien rangés comme les livres de sa bibliothèque. Oui, le portrait existe de Clémentine à sa harpe, répondit Henriette Rath, qui compléta le souvenir de Guizot en précisant que sa mère avait regretté d'avoir refusé son consentement. Et lui, regrettait-il ? Sans doute, comme on regrette de n'être pas allé au bout de ce qui aurait pu être quand on avait vingt ans, et qui n'a pas été. En tout cas, il y pensait assez, tant d'années plus tard, pour accomplir une démarche où l'insistance se mêle à un certain embarras. Bien sûr, Henriette Rath pourrait conserver jusqu'à sa mort le portrait de sa fille. Mais après, il ne fallait pas le laisser perdre, ni avec lui le sentiment qui lui donnait sens et vie. En fait, la miniature parvint à son destinataire déclaré dès janvier 1850. Et Clémentine ? Il paraît qu'elle mourut de consomption, en Italie, dix ans après son premier évanouissement, en pleine jeunesse[1]. Guizot, lui, avait fait en sorte, par attachement et rattachement à son passé, que la belle et mystérieuse apparition ne disparaisse pas dans l'oubli, ni de son temps ni du nôtre, puisque la voilà présente encore après deux cents ans.

1. Mon ami Maurice Denuzière, travaillant pour sa belle série *Helvétie*, a retrouvé et bien voulu me communiquer deux lettres adressées à Clémentine Rath par Isabelle de Montolieu, malheureusement impossibles à dater. L'une d'elles fait apparaître que Clémentine séjournait alors seule à Coppet.

Cette conviction que la vie est tissée avec la mort, cette lutte contre la perte et l'oubli, ce sentiment de la continuité à maintenir entre les générations, que Guizot exprime plus nettement à mesure qu'il avance en âge, ont-ils partie liée avec son œuvre d'historien ? Son rapport personnel à son propre passé a-t-il suscité et nourri son travail historique par le désir de mettre en lumière cette « chaîne des temps », dont il souligne dans sa leçon d'ouverture le 7 décembre 1820, à la faculté des lettres, le besoin partout éprouvé de la renouer ? De fait, il paraît bien passer du particulier au général lorsqu'il écrit : « C'est un désordre grave et un grand affaiblissement chez une nation que l'oubli et le dédain de son passé. » Chez une nation comme chez un homme, pour la France comme pour Guizot.

Qu'il ait été aux deux sens du terme le premier professeur d'histoire de son temps, qu'il soit devenu l'historien le plus considérable du premier XIXe siècle n'était pourtant écrit nulle part. À vingt ans, il ambitionnait d'être, dans le monde des lettres, Chateaubriand ou du moins quelque chose. Surtout, il lui fallait vivre. La première publication, encore anonyme, qu'on lui connaisse est, dans le *Journal de l'Empire* en février 1807, un éloge en vers d'Étienne Méhul, heureux compositeur, l'année précédente, de *Uthal* et des *Aveugles de Tolède*, et connaissance personnelle qu'il admire. Il cumule traductions, notices biographiques, articles de journaux et revues dans lesquels l'histoire ne tient pas une place particulière. Lorsque, en 1808, le libraire Maradan signe un contrat – on dit alors traité – pour une nouvelle édition française de l'*Histoire de la décadence et de la chute de l'Empire romain* d'Edward Gibbon, c'est sur le seul nom de Pauline de Meulan, qui d'ailleurs en révise seule la traduction, Guizot se chargeant pour sa part de l'introduction et des notes critiques, du reste très érudites et fouillées. L'idée de cette entreprise en treize volumes, achevée au début de 1812 revient semble-t-il davantage à Jean-Baptiste Suard et à Pauline qu'à Guizot lui-même. Elle scella l'alliance entre ces deux derniers autant et plus qu'elle ne détermina la vocation historienne de Guizot. Entre-temps il a publié, pour la première fois sous son nom,

De l'état des beaux-arts en France et du Salon de 1810, paru en 1811, exercice auquel sacrifièrent aussi, avec davantage de bonheur, Stendhal, Gautier et Baudelaire. C'est dire que son territoire n'est pas encore défini et que l'important pour lui, alors qu'il songe à se marier et qu'il tend à devenir quelqu'un dans le monde, est de s'établir dans un emploi fixe et régulièrement rémunéré : « inspecteur des études, chef de bureau dans un ministère, bibliothécaire, interprète », voilà, en août 1811, ce qu'il envisage. Quelques mois plus tard, il fait un essai, non concluant, de rédacteur au ministère des Relations extérieures. C'est alors que ses amis et protecteurs, principalement Suard, l'adressent à Fontanes, grand maître de l'Université. Précisément, le titulaire de la chaire d'histoire à la faculté des lettres de Paris vint à mourir en mars 1812. Son adjoint, Charles de Lacretelle, le remplaça, ce qui libérait une place. Or Guizot était connu et apprécié du nouveau professeur, auquel il avait consacré opportunément, entre 1808 et 1810, pas moins de sept comptes rendus flatteurs dans *Le Publiciste,* dont Lacretelle était directeur, pour son *Histoire de France pendant le* XVIIIe *siècle.* Fontanes accéda volontiers aux démarches de ses deux confrères de l'Académie française Suard et Lacretelle, et Guizot fut nommé d'abord suppléant en avril, puis titulaire en juillet de la chaire d'histoire moderne créée pour lui, Lacretelle conservant l'histoire ancienne. Ce fut donc un incident particulier qui valut à Guizot d'entrer en histoire plutôt qu'en une autre discipline, et le choix de Fontanes se porta sur lui en partie parce qu'il avait critiqué dans ses notes l'irréligion de Gibbon et que le grand maître souhaitait restaurer le christianisme dans une Université où prévalait la philosophie du XVIIIe siècle Il n'est pas inimaginable que la nomination de Guizot, alors enthousiaste des *Martyrs,* ait aussi dû indirectement quelque chose à Chateaubriand, meilleur ami de Fontanes.

Cependant, la circonstance fortuite qui installa Guizot dans l'enseignement de l'histoire à moins de vingt-cinq ans rencontrait une disposition profonde de sa personnalité. Des deux femmes qui le connurent le mieux, la première, Pauline de Meulan, lui écrivait dès juillet 1808 : « Votre talent me paraît éminemment propre à l'histoire » ; la seconde, sa fille Henriette, soulignait en février 1874, quelques mois avant sa mort : « L'histoire est votre vraie passion. » Dans Guizot historien, l'esprit et le sentiment se sont joints pour une exceptionnelle fécondité. Et puis, en 1812, il avait le besoin de réussir et le désir de se distinguer, afin de commencer à devenir, selon une formule qu'il affectionne, tout ce qu'il peut être. Le cours à la faculté débutait en décembre. Il avait juste cinq mois pour s'y préparer, et le préparer. Ce fut sa chance. Il dut en effet sinon improviser – ce n'était pas dans sa manière –, du moins s'avancer sans véritable préparation ni idées préconçues sur un terrain presque entièrement nouveau pour lui. Il était, alors surtout, d'esprit original. Les circonstances firent qu'il dut l'être davantage. Sa conception et sa pratique de l'histoire, il les tira de son propre fond. Lorsqu'il se mit à la tâche, et avec lui, naturellement, Pauline de Meulan qui le soutint et le documenta, il s'aperçut qu'il ne savait rien, ce qui l'effraya un peu, et qu'il n'avait guère sur quoi s'appuyer pour l'entreprise dans laquelle il se lançait, traiter de l'histoire des peuples barbares, sinon des masses de faits impliquant d'immenses lectures : « Ce que j'ai à lire m'effraye », écrit-il en août à son ami Claude Fauriel, érudit et ami de cœur de Mme de Condorcet chez laquelle il l'a rencontré. Du coup, il dut inventer son sujet, et la manière de le traiter. Le 11 décembre, devant un petit groupe d'étudiants rassemblés dans une salle du collège du Plessis où loge alors la faculté des lettres, il prend pour la première fois la parole devant un public inconnu. Pour qu'il ait reproduit dans ses Mémoires, quarante ans plus tard, le texte intégral de cette leçon d'ouverture, il fallut que ce moment eût pris, rétrospectivement surtout, bien de l'importance dans sa vie. Voici d'abord la démarche : définir ce que l'esprit humain « a réellement besoin de savoir dans ce qu'il cherche si ardemment à connaître », ce qui conduit à distinguer entre deux passés, « l'un tout à fait mort, sans intérêt parce que son influence ne s'est pas étendue au-delà de sa durée, l'autre durant toujours par l'empire qu'il a exercé sur les siècles suivants, et par cela seul réservé à notre connaissance ». Le contenu de cette connaissance se déduit de ce constat : « Chercher dans l'histoire des peuples celle de l'espèce humaine ; démêler quels ont été, dans chaque siècle, dans chaque état de civilisation, les idées dominantes, les principes généralement adoptés qui ont fait le bonheur ou le malheur des générations soumises à leur pouvoir, et qui ont ensuite influé sur le sort des générations postérieures. » C'est dans cette perspective qu'il convient d'établir et d'interpréter les faits. Car que sont des idées sans faits, sinon des systèmes philosophiques à la manière du XVIIIe siècle, et que sont des faits sans idées, sinon « un travail innocent mais vain » ? Prononcée dans une quasi confidence par un quasi débutant de vingt-cinq ans, cette toute première leçon ne manque ni d'ampleur, ni d'ambition, ni, déjà, de maîtrise. En entrant dans cette carrière intellectuelle, Guizot est convaincu comme toujours qu'il a fait le bon choix, même s'il n'en avait alors pas d'autre. Sa conception et sa pratique de l'histoire s'affirment nettement dès l'origine, même s'il les approfondira et les développera à partir de 1820 en reprenant son cours interrompu au printemps 1814. Avant les autres, il a trouvé une voix, et une voie, toutes personnelles.

Ce faisant, il précède d'une courte longueur une vague qui va enfler sous la Restauration et s'étaler sous, ou plutôt sur, la monarchie de Juillet : le désir d'histoire.

Parmi les historiens

Le besoin d'histoire qui s'affirme partout grandissant autour des années 1820 procède d'une exigence et d'une frustration. L'exigence, c'est de comprendre, si c'est possible, la séquence inouïe d'événements apparemment extraordinaires qui ont bouleversé la société française, et en vérité toute l'Europe, durant les vingt-cinq dernières années. Il appartient à la génération nouvelle, qui arrive alors à l'âge adulte, d'entreprendre ce travail afin de savoir, tout simplement, dans quel monde elle vit et ce qu'elle peut y faire. Si l'on excepte Fauriel, né en 1772, qui publie tard et peu, et Barante, qui a déjà trente-trois ans en 1815 mais qui écrit de l'histoire plus qu'il n'en conçoit, Guizot fait figure, dans la classe d'âge qui se presse, d'ancien sinon de précurseur. Les autres le suivent comme une couvée de canards : parmi ceux dont le nom est resté, Augustin Thierry (1795) et son frère Amédée (1797) qui compta à l'époque autant que lui, Auguste Mignet (1796), Jules Michelet et Adolphe Thiers (1797), puis, tardillons, Edgar Quinet (1803) et Alexis de Tocqueville (1805). Ceux-là, et bien d'autres plus obscurs mais non moins actifs, chercheront dans le passé, moderne ou médiéval, des sujets de réflexions, des fondements à leurs convictions et des motifs d'espérances ; et aussi des moyens de se faire connaître.

La frustration, bien plus généralement partagée, tient aux traités de 1815, qui consacrent la France comme une vaincue de l'histoire. Des milieux ultra-royalistes à la mouvance républicaine, et quelque explication qu'on en donne, cet état d'abaissement, durement ressenti, conduit à réinvestir le passé et dans le passé, pour conjurer le présent et répondre de l'avenir. Qu'on les recherche dans les origines et les fastes de l'ancienne monarchie ou dans la marche du peuple français vers le progrès, l'identité et la gloire nationales, quelle que soit la façon dont on les entend, sont à l'ordre du jour, on devrait même dire à la mode. Et la clé s'en trouve dans l'étude et la connaissance de l'histoire. Alors que la philosophie, reine du XVIIIe siècle, a montré ses limites, voire conduit à l'impasse sinon à la catastrophe, l'histoire se substitue à elle comme instrument de description et d'intelligence du monde et du temps, et tout le monde s'y met. Les propos à l'appui de ce besoin irrépressible, qu'Augustin Thierry, l'un des tout premiers, a éprouvé pour lui-même dès 1817, formeraient à eux seuls un volume. Voici, inattendue, Albertine de Broglie, qui n'est certes pas un bas-bleu mais dont le frère et l'époux ont publié en 1818 l'ouvrage posthume, et d'immense retentissement, de sa mère Germaine de Staël, les *Considérations sur les principaux événements de la Révolution française* :

« L'histoire est la muse de notre temps ; nous sommes, je crois, les premiers qui ayons compris le passé », écrit-elle en 1825 à son ami Barante, qui fait état, trois ans plus tard, de cette « fièvre historique » dont il est lui-même saisi et qui a suscité son *Histoire des ducs de Bourgogne* en douze volumes. Chateaubriand, comme souvent, fournit la formulation qui absorbe et dépasse toutes les autres, revenant en 1831, dans l'étonnante et perspicace préface de ses *Études ou discours historiques*, sur l'élan historiographique de la décennie précédente : « Les temps où nous vivons sont si fort des temps historiques, qu'ils impriment leur sceau sur tous les genres de travail. On traduit les anciennes chroniques, on publie les vieux manuscrits. [...] Tout prend aujourd'hui la forme de l'histoire, polémique, théâtre, roman, poésie. »

Si tout prend, en effet, la forme de l'histoire, l'histoire elle-même prend son autonomie. En 1818, Royer-Collard, grand maître de l'Université, crée au lycée Louis-le-Grand la première chaire d'histoire dans l'enseignement secondaire, la confiant à Auguste Trognon, normalien de 1813 qu'emploie Guizot aux *Archives philosophiques*, qui le suppléera quelques semaines à la Sorbonne en 1822 et l'accompagnera dans l'aventure doctrinaire puis orléaniste. Ainsi, signe des temps, l'histoire commence-t-elle de devenir une discipline universitaire et scolaire à part entière. Elle cesse aussi par là même d'être une simple branche de la littérature, accédant à la dignité de savoir constitué, même si son expression reste souvent littéraire et artistique, comme le souhaite par exemple et par l'exemple Augustin Thierry, désireux de faire à la fois de l'histoire et de l'art par ce qui prend la forme, chez lui et chez bien d'autres comme Barante, d'une peinture écrite, à la manière de ce qu'a réussi Walter Scott par le roman. C'est en effet autour de 1820 que l'illustre Écossais commence d'être traduit, obtenant immédiatement un succès prodigieux ; Augustin Thierry, à la veille d'entamer son *Histoire de la conquête de l'Angleterre par les Normands*, salue « le plus grand maître qu'il y ait jamais eu en fait de divination historique », tandis que Trognon, un peu plus tard, s'émerveille de voir partout se répandre « l'exemple contagieux de Walter Scott », auquel il sacrifie lui-même dans des récits historiques.

Si admiratif qu'il soit de Walter Scott, Guizot ne cherche pas dans les romans la vérité historique, et il ne fut jamais tenté d'en écrire lui-même. Heureusement. Ce ne sont pas non plus la couleur locale, la restitution authentique et fidèle du passé à laquelle sont attachés ses amis Thierry et autres Barante, Trognon et Vitet, pour ne rien dire de Chateaubriand, qui le retiennent. Sa formation de germaniste, sa connaissance de l'historiographie juridique et institutionnelle allemande, son imprégnation philosophique aussi le mettent en garde. Comme tout le monde, à partir des années 1820, il relève, pour s'en féliciter, que « nous avons repris non seulement le goût de l'histoire, mais l'instinct de la vérité historique. Les compilations des érudits et les combinaisons systématiques des philosophes ne nous contentent plus ». Il le disait déjà en 1812. Lorsque, révoqué du Conseil d'État par son ancien ami Hercule de Serre, il reprend son cours à la faculté le 7 décembre 1820, à raison de deux séances par semaine, le jeudi à une heure et demie et le samedi à une heure, il combine l'érudition et la philosophie en exposant l'« histoire des origines du gouvernement représentatif en Europe ». Le sujet retenu, que Guizot avait déjà abordé à la faveur de la conjoncture ministérielle et dans un esprit polémique par une brochure intitulée *Du gouvernement représentatif en France, en 1816*, n'est pas politiquement innocent. Depuis sa destitution, Guizot s'est engagé dans une opposition grandissante envers les ministères ultra-royalistes de Richelieu et surtout de Villèle. Tandis qu'il professe à la faculté, il publie des écrits très engagés dans le ton et sur le fond : *Du gouvernement de la France depuis la Restauration et du ministère actuel* en 1820, *Des moyens de gouvernement et d'opposition dans l'état actuel de la France* l'année suivante. Il s'agit ici de l'interprétation et de la pratique du système représentatif établi en France par la Charte de 1814, là de la façon dont, au cours des siècles, ce système s'est établi au cœur des institutions de l'Europe depuis la fondation des États modernes, essentiellement la France et l'Angleterre.

Loin de masquer ou de contester le lien entre l'histoire et la politique, Guizot l'avoue hautement : « Si l'histoire éclaire la politique, la politique rend, plus largement encore, le même service à l'histoire », écrit-il en 1857, après bien des vicissitudes, et il le pensait au moins aussi nettement vingt-cinq ans plus tôt. De fait, de façon concomitante ou alternée, l'enseignement et l'écriture de l'histoire furent pour Guizot la continuation de la politique par d'autres moyens. Le constat vaut pour nombre de ses contemporains, mais, me semble-t-il, à un degré moindre.

En effet, chez Guizot le désir et la volonté d'agir dans le domaine politique sont d'une rare intensité, que seul peut-être Thiers possède à un égal degré, mais Guizot y réussit bien mieux, en tout cas plus fortement et plus durablement sous la monarchie constitutionnelle. De plus, et là sans nul doute, il est bien plus profondément historien et bien plus grand professeur qu'aucun de ses amis ou concurrents. S'il est venu à l'histoire par produit des circonstances autant que par sensibilité au passé, c'est la politique qui le pousse et l'installe dans l'étude de l'histoire. En rentrant dans l'enseignement en 1820, Guizot continue explicitement à servir la même cause qu'il venait de soutenir dans la vie publique : « J'essayai d'expliquer l'origine et les principes du gouvernement représentatif, comme j'avais essayé de le pratiquer. » Il le fait même bien plus qu'il ne l'indique dans ce propos de 1851, en tête de l'édition définitive, et sensiblement remaniée, de ce cours dont n'existait jusque-là qu'un compte rendu relativement sommaire établi, comme c'était l'habitude, par les auditeurs à l'époque. Expliquer le système représentatif, c'était encore le défendre, et plus profondément tirer les conséquences politiques, sociales et morales de la Révolution française, question nodale à trancher, à partir de 1815 et pour encore longtemps, entre Ancien Régime et France nouvelle, selon une terminologie dont Guizot usera avec une fréquence variable mais n'abandonnera jamais. Le ministère Villèle ne s'y trompa point. En suspendant en octobre 1822 pour un an renouvelé jusqu'en 1828 son cours d'histoire moderne, c'est bien l'opposant qu'il frappait, comme il faisait en même temps pour les cours de littérature de Villemain et de philosophie de Victor Cousin.

À la différence de Mme de Staël en 1816, de Thiers en 1823 ou de Mignet en 1824, pour ne citer que les plus importants sous la Restauration, Guizot n'a jamais consacré d'ouvrage portant exclusivement ou même principalement sur la Révolution. Ses cours de 1820-1822 et de 1828-1830 ont à peine effleuré, en conclusion, le XVIIIe siècle. Sa dernière grande publication, l'*Histoire de France racontée à mes petits-enfants*, s'arrête à 1789, et encore le cinquième et dernier volume, paru en 1875, est-il pour l'essentiel l'œuvre de sa fille Henriette de Witt, qui publiera plus tard deux volumes encore placés sous le patronage de son père mais rédigés entièrement de sa plume, allant de 1789 à 1848. Sans doute a-t-il été tenté, principalement pour des raisons financières ; au point de s'être engagé, un peu légèrement, en 1839. Cette année-là, l'avoué Gabriel Bodiment approche Guizot, qui n'est pas au gouvernement, par l'intermédiaire d'un parent éloigné d'Élisa, Patrick W. Dillon, que Guizot soutient dans la vie. Ayant, dit-il, assisté à la séance de 1834 à la Chambre où Guizot jeta à la tête d'Odilon Barrot : « Je vous connais ; il y a quarante ans vous vous appeliez Pétion ! », Bodiment a reconnu en lui « l'historien futur de la Révolution française ». S'offrant à être le « fermier littéraire » de Guizot pour les dix prochaines années, il propose de lui acheter les droits de publication de trois volumes de « Mélanges historiques ». Contrat est signé le 22 novembre 1839, pour 12 000 francs et un tirage de 3 500 exemplaires, le manuscrit étant à remettre un an plus tard. Le même jour est passée une autre convention, portant sur une « Histoire de Mirabeau », à remettre sous deux ans, et prenant une option pour une « Histoire de la Constituante », éventuellement suivie d'une histoire de la Convention et du Directoire. Chaque volume, tiré à 17 000 exemplaires, serait payé 20 000 francs. Le surlendemain, Bodiment crée une société en participation pour ces publications avec un certain Mariano de Bertodano, à la condition que ce dernier fournisse « tous capitaux nécessaires pour cette opération », dans la limite de 60 000 francs. Voilà qui fleure les chevaliers d'industrie. Les sommes inscrites aux contrats sont, s'agissant de librairie, très élevées, mais Guizot est alors, et restera, une valeur sûre, et surtout la Révolution est un thème porteur. Las ! Bodiment meurt en 1840, laissant à sa mère un gros paquet de dettes. Pour réaliser les actifs de la succession, elle vend aux enchères « des feuilles imprimées formant la moitié du premier volume d'un ouvrage de M. Guizot intitulé *Mélanges historiques et politiques* », 340 rames de papier, et « des droits pouvant provenir de conventions verbales arrêtées le 22 novembre 1839 entre M. Guizot et M. Bodiment ». La mise à prix est de 2 000 francs et c'est, comme par hasard, Bertodano, seul enchérisseur, qui emporte la vente, pour 2 010 francs, le 25 août 1843. Entre-temps, il s'était préoccupé de récupérer auprès de Guizot la somme de 5 400 francs touchée à titre d'avance sur les Mélanges restés inachevés et donc impubliables, augmentée des frais de papier et d'imprimerie engagés pour cet ouvrage, et désormais perdus, soit au total plus de 11 000 francs. Guizot fait dire par Dillon, à la fin de 1842, qu'il est disposé à rembourser l'avance, mais pas les frais. Après de nombreuses et infructueuses tentatives menées, au nom de Bertodano, par l'avoué Cibot auprès du cabinet du ministre des Affaires étrangères dont le chef, Auguste Génie, l'envoie promener proprement, un accord est conclu pour solde de tous comptes, le 18 mars 1844, aux termes duquel est constaté que Guizot a remboursé à Bertodano 8 266 francs et 30 centimes. Un volume de *Mélanges politiques et historiques*, composé de divers brochures et articles publiés entre 1816 et 1828, paraîtra en 1869 chez Michel Lévy, souvenir peut-être de l'entreprise amorcée trente ans plus tôt. Guizot avait-il commencé à travailler sur Mirabeau ? Une chemise portant ce titre écrit de sa main se trouve dans ses archives : à l'intérieur, quelques notes au crayon relatives davantage à Napoléon qu'à Mirabeau.

L'histoire de la Révolution française par Guizot n'a donc pas eu lieu. Mais le thème, comme on dirait en musique, occupe largement sa pensée, détermine pour partie son action et parcourt toute son œuvre. Elle est en vérité, comme pour toute sa génération, la grande affaire de son existence, et c'est pourquoi peut-être il ne l'a pas traitée directement, craignant d'entrer dans des personnalités, de remuer des passions voire des plaies encore ouvertes. C'est qu'en fait elle est toujours présente, et à l'œuvre. En 1816, dans la préface à sa traduction de *De la souveraineté et des formes de gouvernement* de Frédéric Ancillon, Prussien d'origine huguenote, il écrit : « Il est impossible d'entendre sans effroi tant de gens répéter : “La révolution est finie.” Comme si une révolution pouvait finir à jour fixe et par l'effet magique d'un seul événement ! Une révolution n'est pas un être unique dont un seul coup tranche l'existence ; nous avons déjà vu finir trois ou quatre révolutions, et nous en avons vu renaître de nouvelles. Qui osera affirmer que des causes analogues, des fautes du même genre ne reproduiront jamais au milieu de nous quelque secousse semblable ? » Il ne croit pas si bien dire, lui qui tentera, avec et après la révolution de 1830, de clore la séquence ouverte depuis quarante ans en la fixant aux principes de 1789, et qui sera politiquement éliminé par celle de 1848. Aussi la crainte de l'esprit révolutionnaire rallumé au préjudice des acquis de la Révolution inspira-t-elle sa conception et sa pratique gouvernementales. Révolution revendiquée, de plus en plus hautement, entre 1815 et 1830, par exemple en ces termes dans la brochure de 1820 : « La révolution, amenée par le développement nécessaire d'une société en progrès, fondée sur des principes moraux, entreprise dans le dessein du bien général, a été la lutte terrible, mais légitime, du droit contre le privilège, de la liberté contre l'arbitraire. » Révolution à fixer, et de plus en plus à contenir, entre 1832 et 1848, comme dans le grand discours du 5 mai 1837 : « La nation française n'a pas entendu vivre toujours en révolution comme elle a vécu pendant vingt ans ; elle a entendu arriver à un état de choses régulier, stable. [...] Je ne veux pas que mon pays recommence ce qu'il a fait. J'accepte 1791 et 1792 ; les année suivantes même, je les accepte dans l'histoire, mais je ne les veux pas dans l'avenir. » Révolution décriée, après 1848, en particulier à l'occasion des tentatives de fusion entre royalistes légitimistes et monarchistes constitutionnels, ce qui conduisit Guizot à écrire, en 1853, un article à la gloire des Bourbons de Henri IV à Louis XVI, et à la charge de 1789, quand « le mouvement révolutionnaire, par violence et par ruse, s'est saisi de la France », qui « ouvrit de ses propres mains l'abîme dans lequel elle se précipita[1] » ; en 1789 et non pas deux ou trois ans plus tard. Sans aller jusqu'à se contredire au fond, Guizot, qui à la fois s'en est dit fils et s'en jugea victime, fit de la Révolution un usage politique, adapté aux circonstances, autant qu'intellectuel et historique, parce que la politique fut sa plus grande et constante passion.

En août 1822, Guizot écrivait à Barante son « projet d'exposer, d'une part, en la cherchant dans ses racines, la philosophie du gouvernement représentatif ; de l'autre, son développement de fait, en écrivant son histoire en Angleterre ». Suspendu de la Sorbonne deux mois plus tard, il était décidé à poursuivre son travail sous une autre forme. Déjà, le cours de 1821-1822 avait traité de l'histoire des institutions anglaises, de Guillaume le Conquérant à la fin de la dynastie de Lancastre. Le cours n'étant pas publié, Guizot en reprend la substance, en 1823, dans des *Essais sur l'histoire de France*, dont le sixième et dernier porte sur « les causes de l'établissement du gouvernement représentatif en Angleterre ». La combinaison de la conjoncture politique et de la préoccupation historique conduisirent Guizot à répondre à la question qu'il formule rétrospectivement dans la préface de 1857 à la réédition des *Essais* : « Pourquoi, en Angleterre, le ferme établissement de la liberté politique avec le maintien des éléments essentiels de la vieille société anglaise, et en France le mauvais succès des tentatives de liberté politique avec la destruction à peu près complète de l'ancienne société anglaise ? » C'est donc en Angleterre que se trouvait pour partie l'explication du sens de la Révolution française.

Lorsqu'en 1823 Guizot ouvre ce chantier, le plus important sans doute de son œuvre historique et même de son activité intellectuelle, il ne fait pas tout à fait figure de pionnier,

1. « La France et la maison de Bourbon avant 1789 », *Revue contemporaine*, avril 1853, pp. 5-21.

même dans sa génération. Augustin Thierry n'a que vingt-deux ans, en 1817, lorsqu'il fait paraître dans *Le Censeur européen* un volumineux article dans lequel, sous le titre « Vue des révolutions d'Angleterre », il se propose rien de moins que de « décrire simplement et avec vérité les principales révolutions qui ont changé l'état des hommes en Angleterre ». Deux ans plus tard, Abel Villemain, enfant prodige des lettres françaises, suppléant de Guizot en 1814-1815 puis son collègue à la faculté, publie le premier vrai livre d'histoire nouvelle, c'est-à-dire fondé sur des sources de première main, relatif à la révolution d'Angleterre : *Histoire de Cromwell* en deux volumes. Guizot, sept ans plus tard, dans la préface de sa propre *Histoire de la révolution d'Angleterre*, lui rend un hommage appuyé, pointant ce qu'il doit au renouveau de la perspective : « Sans parler des avantages du talent, M. Villemain a eu ceux de la situation ; il a regardé et jugé la révolution d'Angleterre du sein de la révolution française ; il a trouvé, dans les événements et les hommes qui se sont déployés sous ses yeux, la clef de ceux qu'il avait à peindre ; il a puisé la vie dans son propre temps, et l'a portée dans le temps qu'il voulait ressusciter. » C'est aussi souligner d'un trait léger le risque de l'anachronisme auquel Villemain n'a pas toujours échappé et dont Guizot, dans toute son œuvre, s'est toujours gardé, ce qui signale là aussi le grand historien. Thierry, Villemain, bien d'autres auteurs français ou anglais, traduits ou non, nourrissent et révèlent un intérêt vif et grandissant, dans le public, à l'égard du XVIIe siècle anglais. Chateaubriand n'est pas le moindre qui, en 1826, rédige un essai de « politique historique » consacré aux « Quatre Stuart », d'assez bonne facture, et destiné à « faire sentir les principales ressemblances et différences des deux révolutions, de la révolution de 1640 et de 1688 et de la révolution de 1789 et de 1814 ». Il faudrait y ajouter, beaucoup plus probante encore, l'imprégnation par de multiples instruments – littérature de toutes sortes, théâtre et opéra, presse, peinture – des noms et des événements de l'histoire et de la civilisation anglaises dans les esprits français du début du XIXe siècle.

Sur ce terrain ainsi préparé et en partie labouré, Guizot se mit au travail. À la tête d'un chantier énorme, il forme autour de lui une équipe d'ouvriers dans laquelle son épouse Pauline, comme dans toutes ses entreprises littéraires, tient une place prépondérante. Sa nièce Elisa y a aussi sa part, et sans doute son frère Jean-Jacques, qui lit et traduit l'anglais. Il faut compter aussi avec un groupe d'anciens étudiants et de jeunes gens qu'il a rencontrés et mobilisés dans ses activités journalistiques, ou encore des personnes que l'orientation réactionnaire du régime à partir de 1820 a rendues disponibles. Tout ce monde lit, traduit, fait des notes pour le patron. De plus, Guizot possède un réseau étendu de relations à l'intérieur de l'administration française, facilitant la recherche et la mise à disposition de livres et de documents, et il peut compter aussi sur de nombreux correspondants à l'étranger, en particulier en Angleterre et aux Pays-Bas, dont le souverain lui a fait ouvrir l'accès des archives de sa Couronne, communiquées en copies par De Jouge, l'archiviste du royaume. Pour constituer commodément et surtout valoriser sa documentation, en même temps qu'il commence à rédiger le premier volume de son *Histoire*, Guizot conclut avec le libraire Béchet, qui siège au 47, quai des Augustins à Paris et possède une succursale à Rouen, un contrat portant sur la publication d'une collection de *Mémoires relatifs à la révolution d'Angleterre*. Entre 1823 et 1825, quinze écrits majeurs, portant sur la période 1625-1690, furent ainsi traduits et chacun précédé d'une notice signée F.G., l'ensemble formant vingt-cinq volumes. Intellectuel avant tout, l'objet de cette série réalisée avec une rapidité et une qualité confondantes était aussi matériel, sinon alimentaire, car Guizot ne perçoit plus, depuis octobre 1822, aucune rémunération. Le succès fut à la mesure de l'effort, puisque une réimpression complète suivit en 1827. Chateaubriand a salué cette réalisation, dans laquelle il a puisé pour son essai sur les Stuart.

Quelque aidé qu'il ait pu être dans sa documentation, Guizot lit personnellement des milliers de pages, en copie de substantiels extraits, élève son échafaudage : « Les travaux préparatoires de l'*Histoire de la révolution d'Angleterre*, écrira bien plus tard sa fille Henriette qui en avait conservé les traces, étaient l'objet de ses recherches scrupuleuses. Il était arrivé à former des tableaux qui en classaient jour par jour les moindres événements. » Lorsqu'il prend la plume, sans doute durant l'été 1824, il ignore encore jusqu'où son élan le conduira : quatre, puis six volumes sont envisagés, pour atteindre 1688 et l'avènement de Guillaume d'Orange, donc la révolution d'Angleterre dans son entier. En attendant, le premier volume, dont il a lu avec succès des morceaux en août 1825 chez la duchesse de Broglie – « C'est une grande fête intellectuelle », écrit-elle –, est terminé en janvier 1826 et publié chez Leroux et Chantpie en avril, au prix de sept francs. Par accord avec Béchet, qui est également distributeur de l'ouvrage, une réduction d'un franc est accordée aux souscripteurs des *Mémoires relatifs à la révolution d'Angleterre*. Le deuxième tome paraît en juin 1827, dans les mêmes conditions, formant avec le premier l'*Histoire de Charles Ier depuis son avènement jusqu'à sa mort (1625-1649)*, qui constitue elle-même la première partie de l'*Histoire de la Révolution d'Angleterre, depuis l'avènement de Charles Ier jusqu'à la restauration de Charles II*, ce qui paraît exclure pour le moment de pousser jusqu'à la Glorieuse Révolution de 1688.

Le retentissement de cette double publication fut considérable. Guizot, qui avait besoin, à tous égards, de ce succès, ne négligea rien pour l'obtenir. Comme il le fera plus tard pour ses autres ouvrages, en particulier ses Mémoires et ses Méditations, il mobilise la presse amie, et provoque l'adversaire. Aussi prend-il personnellement les devants, en janvier 1825, alors qu'il est en train de rédiger son premier volume, en rendant compte, dans *Le Globe*, de l'ouvrage de George Brodie, *A History of the British Empire*. Il conclut ainsi : « Personne ne croira trouver dans le travail de M. Brodie la véritable histoire de la révolution d'Angleterre, et on y apprendra qu'elle n'est pas non plus dans celui de Hume. » Voilà qui laisse ouvertement le champ libre à un nouvel historien de cette révolution, qui va bientôt se faire connaître. En mars 1826, dans le même journal dont on sait à quel point il est lié à Guizot, débute une opération de promotion de grande envergure du premier volume, réitérée un an plus tard pour le second : publication de bonnes feuilles, précédées d'une présentation prometteuse, quelques semaines avant la parution ; compte rendu copieux et très favorable au moment de la mise en vente, la première fois par Louis de Guizard, la seconde par Théodore Jouffroy, qui se fait un peu tirer l'oreille : « M. Guizot m'a prié de faire un petit article sur son *Histoire*. C'est un service qui me coûte mais que je lui dois » ; enfin, une « Lettre anonyme à l'éditeur du *Globe* », œuvre dans les deux cas d'Auguste Trognon, le plus enthousiaste des jeunes gens gravitant autour de Guizot, complète le dispositif décidément très fourni du *Globe*, d'autant que la partie de l'article de Guizard d'avril 1826 censurée pour ses allusions trop antiministérielles est publiée, lorsque la censure est levée, en novembre 1827. Ainsi, *Le Globe* aura traité à sept reprises, et bien sûr avec éloges, de l'*Histoire de la révolution d'Angleterre*, seul ouvrage à avoir bénéficié dans ce périodique d'une telle couverture. La presse libérale, comme *Le Constitutionnel*, ou le *Journal des débats* sous la plume de Salvandy, y va aussi de son accueil favorable, tandis que les journaux conservateurs, avec *Le Spectateur français*, émettent des réserves et que les feuilles ultras – *La Gazette de France*, *L'Étoile* – profèrent des invectives.

Car la portée politique de l'ouvrage n'a bien entendu échappé à personne et fut pour une bonne part dans sa réussite. « Je me souviens, écrit en 1854 le journaliste des *Débats* Silvestre de Sacy, à vrai dire particulièrement bienveillant pour Guizot, de l'impression que produisit la publication de ces deux volumes. [...] Le professeur disparaissait pour faire place à l'homme d'État. Les deux volumes furent lus avec avidité. [...] Quel sujet de conversation, non seulement dans les salons lettrés et aristocratiques, mais dans la mansarde des étudiants et sous les ombrages du Luxembourg ! » Ce double ouvrage, en même temps qu'il consacre un historien de toute première force, est reçu, non sans raison, comme l'expression d'une conception engagée de l'histoire, se servant d'une révolution étrangère ancienne pour faire valoir, face au ministère ultra de Villèle, les idées et les acquis de la Révolution française. La conjoncture le confirme puisque, le même mois où paraît le second volume, Guizot s'engage plus avant dans la lutte contre le cabinet en prenant la présidence de la société « Aide-toi, le Ciel t'aidera » à l'initiative de l'équipe du *Globe,* avec pour objectif d'encourager et de contrôler les inscriptions sur les listes électorales, dans la perspective des élections de novembre 1827. Faute de majorité à la Chambre, Villèle est remplacé le 4 janvier 1828 par Martignac, plus modéré. Un mois plus tard, les cours de Cousin, Villemain et Guizot peuvent reprendre, et ce dernier fait son grand retour en avril devant le public de la faculté des lettres. Il consacre son cours, selon son titre même, à l'« Histoire de la civilisation en Europe depuis la chute de l'Empire romain jusqu'à la Révolution française », brossée à grands traits entre avril et juillet 1828, et approfondit sa démarche, de décembre 1828 à mai 1830, en la concentrant sur l'« Histoire de la civilisation en France », en trente-neuf leçons. On a tout dit, et écrit, sur ce concept de civilisation, qui embrasse à la fois le développement social et politique et le développement moral de l'individu, et dont l'histoire, écrit son concepteur, « est le résumé de toutes les histoires ; il les lui faut toutes pour matériaux, car le fait qu'elle raconte est le résumé de tous les faits ». L'idée développée par Guizot vient de loin, on la trouve déjà chez lui en linéaments dès 1808 puis en 1812, en substance et même explicitement dans le cours de 1820-1822 et les *Essais sur l'histoire de France,* en acte dans l'*Histoire de la révolution d'Angleterre*. Mais le coup de génie de 1828 est de se l'être appropriée de façon éclatante, et de l'avoir développée avec une puissance et une maîtrise inconnues jusque-là, de sorte que Guizot est depuis lors, et pour longtemps, reconnu et désigné comme « l'historien de la civilisation » sans qu'il soit même besoin de citer son nom. Pendant deux ans, on fait deux fois par semaine la queue devant les portes de la salle de cours, on s'y entasse par centaines, on y applaudit à tout rompre en dépit des appels au calme du professeur grave et ravi, on s'arrache les fascicules sitôt imprimés. Cet enseignement a marqué directement de son empreinte toute une génération d'auditeurs, de Montalembert à Tocqueville qui se sont déclarés les écoliers de Guizot, puis, aussi différents que Taine et Marx, les très nombreux lecteurs des cinq volumes de ce cours d'histoire moderne, énorme succès de librairie constamment réédité jusqu'en 1882, diffusé de Washington à Bucarest, de Madrid à Stockholm. Michelet, comme beaucoup d'autres mais avec son emphase accoutumée, écrit dans l'introduction à son *Histoire de France* en 1833 : « Sous l'histoire des faits, il a vu l'histoire des idées. Il n'existait point avant son cours une telle analyse des grands faits sociaux et intellectuels. Si je voulais énumérer mes obligations envers l'illustre historien, la liste serait longue. Il en est une que je ne reconnaîtrai jamais selon mon cœur ; je parle du bienveillant intérêt qu'il a toujours pris à mes travaux. » Guizot, de fait, avait patronné, intellectuellement et matériellement, les débuts de sa carrière. Lorsque Michelet se sépara de son maître, il crut bon de supprimer dans les éditions ultérieures l'hommage de 1833.

En même temps qu'il professe, Guizot fonde et dirige *La Revue française*, organe doctrinaire par excellence, à laquelle collabore une bonne partie des gens du *Globe*. Dès lors, c'est la suite de l'*Histoire de la révolution d'Angleterre* qui est renvoyée à un avenir indéterminé, mais dont son auteur n'imagine pas qu'il n'adviendra qu'en 1854-1856, quand paraîtront les quatre volumes conduisant jusqu'à 1660. C'est qu'elle ne le quitte pas en esprit, et dès qu'un loisir paraît poindre il songe à s'y remettre, non sans que la conjoncture influe sur le désir et la conception qu'il en a. Ainsi, le 7 juillet 1832, entre deux ministères, il écrit à Victor de Broglie : « Je reprends ma révolution d'Angleterre, avec affection et inquiétude, comme on retrouve un ami longtemps absent et dont on ignore s'il ne faudra pas se séparer encore une fois » – ce qui se produit trois mois plus tard, sans qu'il ait rien pu écrire. Il compte y montrer, au terme du processus révolutionnaire anglais, « le triomphe du bon sens, et d'un bon sens fort peu populaire, de toutes parts attaqué et pourtant invincible », exactement la ligne politique qu'il préconise alors pour le régime de Juillet, surtout après les émeutes sanglantes de juin 1832, et qu'il va mettre en œuvre avec ses collègues du ministère Broglie formé le 11 octobre. Ainsi la révolution d'Angleterre est-elle toujours pour lui d'actualité.

Mais quand le temps lui est enfin donné, contre son gré, de renouer vraiment avec son grand chantier, une autre révolution, après celle de 1830, s'est produite, et sa situation personnelle s'est transformée du tout au tout. C'est encore elle, dans la nouvelle conjoncture politique et sociale, qui le pousse, dès le printemps 1848, après vingt ans d'interruption, à reprendre et à poursuivre le récit de la révolution anglaise, parce qu'il faut comprendre ce qui vient de se passer et aussi parce que, dans l'exil londonien et face à un avenir incertain, il faut vivre, lui et les siens. Pour l'une et l'autre raison, l'Angleterre offre de nouveau une ressource. De là provient, dans l'immédiat, sans doute le texte le plus solide, le mieux médité, le plus achevé de François Guizot. Il répond à l'intention, exprimée à Charles Lenormant en novembre 1848, de dresser « un tableau général de la révolution d'Angleterre, dans tout son cours, de 1625 à 1688 », à placer en tête d'une réédition des deux premiers volumes, « tableau que je voudrais rendre assez complet et assez précis pour que, sans rapprochement ni comparaison explicites, par le seul éclat des faits, il en sortît quelques vives lumières sur notre Révolution, à nous, et sur notre situation actuelle ». Une situation qui n'est assurément plus celle de la fin de la Restauration, mais l'installation d'une République, par une révolution sanglante en février et des convulsions non moins meurtrières en juin, sur les ruines de la monarchie constitutionnelle jetée bas en trois jours. Le *Discours sur l'histoire de la révolution d'Angleterre* – ainsi est intitulé l'essai conçu à la fin de 1848 – était donc destiné à faire parler l'histoire, et à la faire entendre aux contemporains.

À la fin de 1848, Guizot passa ainsi contrat, par l'intermédiaire de Charles Lenormant, avec Victor Masson, ancien commis de Louis Hachette devenu libraire en 1836 et sis 17, rue de l'École-de-Médecine, pour une nouvelle édition des deux volumes avec le *Discours* placé en tête, en réservant ses droits pour la langue anglaise, car il tenait à faire paraître, sous forme d'un opuscule imprimé à part, le *Discours* en même temps à Paris et Londres, conclure deux traités séparés étant nettement plus rémunérateur. De fait, il traitera avec le libraire londonien John Murray qui publiera l'essai, dans une traduction de la chère Sarah Austin, sous le titre *On the causes of the success of the English Revolution*, qui exprime bien le propos de l'auteur, la révolution ayant même réussi deux fois, en Angleterre et aux États-Unis, alors que la France poursuit jusqu'ici vainement ce solide succès. Comment expliquer ce dernier ? C'est que, « défensive dans son esprit, cette révolution fut en même temps précise et limitée dans son objet ». De plus, « cette révolution fut accomplie, non par des soulèvements populaires, mais par des partis politiques organisés, dans des vues de gouvernement régulier, non dans un esprit révolutionnaire ». Enfin, « la révolution de 1688 a fait, dans l'ordre politique, les deux choses les plus populaires que connaisse l'histoire : elle a proclamé et garanti, d'un côté les droits personnels et universels des simples citoyens, de l'autre la participation active et décisive du pays dans son gouvernement. Toute démocratie qui ne sait pas que c'est là tout ce dont elle a besoin et droit de réclamer, méconnaît ses plus grands intérêts, et ne saura ni fonder un gouvernement, ni garder ses propres libertés ». La chance de l'Angleterre fut que la cause du peuple fut prise en main et conduite à bon port par l'aristocratie. Ainsi furent évités les déchirements et les impasses dus à l'esprit d'impiété et d'anarchie, autrement dit de démocratie sociale, qui a mené la France au bord du gouffre en 1793 et aujourd'hui, en 1848-1849. Les 182 pages ainsi publiées à part le 27 janvier 1850 sous le titre *Pourquoi la révolution d'Angleterre a-t-elle réussi ? Discours sur l'histoire de la révolution d'Angleterre*, plus percutant que celui de simple *Discours...*, lequel forme 120 pages placées en tête de la réédition concomitante des deux volumes de 1826-1827, répondaient pleinement au programme que Guizot résumait le 5 octobre 1849 pour Laure de Gasparin : « Sans la moindre allusion forcée, sans aucune altération de la vérité, je rendrai, j'espère, le miroir si clair qu'on aura envie d'y regarder et qu'on ne pourra pas se dispenser de s'y reconnaître. » L'envie fut en effet au rendez-vous et Guizot, comme chaque fois, ne négligea rien pour qu'il en fût ainsi. Le 1er janvier, il donne lecture d'un extrait à l'Académie française, dont la presse se fait l'écho et que Sainte-Aulaire se désole d'avoir manqué tant la séance fut applaudie. Le 25 janvier, le *Journal des débats*, que son concurrent *Le National* a surnommé « le journal de M. Guizot », annonce dans son numéro daté du 26, sur toute la largeur de la « une », la parution pour le lendemain de la quatrième édition des deux premiers volumes de l'*Histoire de la révolution d'Angleterre*, « précédée d'une introduction entièrement nouvelle, dans laquelle on retrouvera toute la profondeur de pensée et toute l'élévation de langage de l'illustre historien ». Suit un assez long extrait de ladite introduction, dont le même quotidien donne le 29 juin un compte rendu très favorable. Sainte-Beuve, dans *Le Constitutionnel* du 4 février, Charles Lenormant dans *Le Correspondant* du 25, puis Léonce de Lavergne, ancien collaborateur de Guizot au ministère des Affaires étrangères et ex-député du Gers, dans la *Revue des Deux Mondes* du 15 juillet s'expriment longuement, les deux premiers non sans nuances, le troisième en termes dithyrambiques. Mais l'écho rencontré et l'effet produit par cette publication très attendue se font sentir bien au-delà du cercle auquel Guizot est traditionnellement attaché. Ainsi la presse légitimiste accorde-t-elle une extrême attention au *Discours* : *L'Union* et *L'Opinion publique* en publient de larges extraits tandis que la *Gazette de France*, quotidien royaliste de sensibilité démocratique et populaire, ne lui consacre pas moins de trois articles, reprochant à son auteur à la fois d'admettre la nécessité des révolutions et de refuser au peuple l'exercice de sa légitime souveraineté. Tous ces journaux, au reste, décèlent dans cet essai historique une intervention politique actuelle, au point que Lavergne donne pour titre à son article : « Guillaume III et Louis-Philippe, 1688 et 1830 », et que Sainte-Beuve constate : « Il range encore une fois ses idées et ses raisons en bataille, comme s'il n'avait pas été atteint » par la chute de la monarchie constitutionnelle.

Guizot ne néglige rien non plus pour que, de l'autre côté de la Manche, la presse fasse bon accueil à son écrit. Il en annonce, fin janvier, la prochaine parution anglaise à Henry Reeve, auquel il suggère de rédiger au moins une note pour le *Times*, d'autant que sa tante est la traductrice, et à lord Aberdeen, son ancien collègue et ami du Foreign Office, qui est sollicité d'agir pour que passe dans ce même quotidien « quelque bon article où l'on expliquât bien le sens et l'utilité politique, pour la France, de mon appréciation de votre révolution et des vraies causes de son succès ». De fait, la presse britannique ne tarde pas à réagir, la *Quarterly Review* par son directeur Croker, ultra-conservateur, dès son numéro de mars et, significativement, dans une rubrique intitulée « French Revolution of February », l'*Edinburgh Review* en juillet, de façon très approfondie. Au total Guizot obtint les réactions qu'il escomptait, et d'autres auxquelles il ne s'attendait certainement pas, comme celle du docteur Karl Marx, qu'il avait fait expulser au début de 1845 de Paris et du territoire français à la demande du gouvernement prussien et qui, dès la livraison de mars 1850 de la *Neue Rheinische Zeitung* paraissant alors à Hambourg, expose clairement sa démarche avant de lui reprocher de recourir à une phraséologie religieuse lorsqu'il ne parvient plus à expliquer en termes rationnels l'évolution de l'Angleterre, concluant en français : « Les capacités de la bourgeoisie s'en vont », comme si l'historien de 1828-1830, qu'il admirait fort, avait décliné.

« Je n'ai, de ma vie, prostitué l'histoire au service de la politique, déclarait Guizot à Lenormant dans la lettre de novembre 1848 déjà citée. Mais quand l'histoire parle, il est bon que la politique l'écoute. » Rien n'est plus lucide que cet énoncé : Guizot fut autant politique en histoire qu'historien en politique, sans que jamais l'un se confonde avec l'autre, ou l'emporte sur l'autre. Et c'est bien sa conception et sa pratique de l'histoire qui fondèrent son prestige et sauvegardèrent sa mémoire. Elles se déploient et s'enrichissent tout au long de son enseignement et de sa production qu'on pourrait dire savants, même s'ils touchent un très large public, et qui, commencés véritablement en 1820, interrompus pour l'essentiel entre 1830 et 1849, s'achèvent en 1856, avec la publication des deux volumes de l'*Histoire du protectorat de Richard Cromwell et du rétablissement des Stuart (1658-1660)*, formant la troisième et dernière partie de l'*Histoire de la révolution d'Angleterre*. Guizot historien, comme je l'ai déjà laissé entrevoir, a conçu très tôt l'outillage intellectuel par lequel il a élaboré son œuvre, en commençant par de l'historiographie rétrospective. La discipline historique, explique-t-il en 1821 en ouvrant la seconde partie de son cours sur les origines du gouvernement représentatif, s'est constituée en trois apports successifs : d'abord la pure narration des événements, telle que la livrent en particulier les chroniques médiévales et les mémoires qu'il éditera lui-même en 1823-1825 ; ensuite ce qu'il appelle la « philosophie historique », c'est-à-dire la mise en ordre des faits selon des idées générales, caractéristique de l'histoire au XVIIIe siècle, celle de Hume, de Montesquieu et de Voltaire ; enfin l'histoire nouvelle, qui prend en compte la dimension politique de l'évolution des sociétés. La conjonction et la combinaison de ces trois démarches, à mener ensemble sans en sacrifier ni négliger aucune, ouvrent la voie au travail historique développé par Guizot, qui permet de dégager les fondements, l'organisation générale et l'évolution de la société, lesquels en constituent la vérité. Car l'histoire tend à établir la vérité, et à faire ainsi œuvre de justice. Guizot s'en explique dans la notice qu'il consacre à Thomas May, auteur en 1647 d'une *Histoire du Long Parlement*. Il y a en effet beaucoup à prendre dans ces notices courtes et parfois profondes qu'il a consacrées aux auteurs édités dans sa *Collection des mémoires relatifs à la révolution d'Angleterre*. Il écrit donc dans cette notice : « La justice exacte et envers tous ; la vérité complète et sur toutes choses. C'est là le droit et le devoir de l'histoire. [...] Si l'histoire n'allume pas le flambeau de la vérité, si, en arrivant au terme, elle n'a point de conclusion à prendre, point d'arrêt à porter, elle perd toute valeur rationnelle, toute dignité morale. [...] Elle perd en même temps toute importance pratique. L'histoire n'a des enseignements sérieux à nous offrir qu'autant qu'elle conclut et juge. Si elle se borne à faire passer sous nos yeux le spectacle de l'activité humaine, sans nous en révéler le sens et l'effet, elle peut prétendre encore à nous amuser ; elle n'est plus le porte-voix de l'expérience, le flambeau du passé éclairant nos pas vers l'avenir. » Vérité et justice, tels sont les objectifs.

Quels sont les éléments dont dispose l'historien pour les atteindre ? Là encore, Guizot s'en explique mieux que personne, par exemple dans un texte peu connu et non signé, rendant compte, en janvier 1828, dans le premier numéro de la *Revue française*, de l'*Histoire des maires du palais* de G.H. Pertz : dans l'humanité comme dans l'individu, trois éléments distincts se rencontrent : « Les faits proprement dits, extérieurs, matériels ; les forces et les lois naturelles, générales, immuables, d'après lesquelles les faits se lient et se modifient ; les actes libres de l'homme lui-même, la vie morale des individus au sein de la vie sociale du genre humain. » C'est l'ensemble de ces trois ordres de faits qui constituent l'histoire. Guizot ne se serait pas exprimé tout à fait ainsi quelques années plus tôt, lorsqu'il accordait la place principale à ces « lois générales » dans le processus historique, mettant en avant par exemple, en 1823, dans les *Essais sur l'histoire de France*, « la force des choses » dont parlait aussi Saint-Just, ou assénant des formules telles que : « Cet enchaînement nécessaire des événements qui fait qu'ils naissent constamment les uns des autres, et que le premier jour portait dans son sein l'avenir tout entier », et encore : « Les événements sont plus grands que ne le savent les hommes, et ceux-là même qui semblent l'ouvrage d'un accident, d'un individu, d'intérêts particuliers ou de quelque circonstance extérieure, ont des sources bien plus profondes et une bien autre portée ».

Ce déterminisme rigoureux, selon lequel les choses arrivent imparablement parce qu'elles devaient advenir, que l'origine est grosse de tous ses développements comme les prémisses contiennent assurément la conclusion, caractérise ce que l'on appelle alors l'école fataliste, illustrée par Germaine de Staël, Sismondi, relation proche de Guizot depuis 1813 et auteur d'une *Histoire des Français* publiée à partir de 1821, Mignet, Jouffroy et Guizot, contestée par Chateaubriand et par Daunou, qui enseigne alors l'histoire au Collège de France et qui écrit en décembre 1823 dans le *Journal des savants*, à propos des *Essais* de Guizot : « En général, les vicissitudes humaines nous paraissent un peu plus dépendantes d'accidents particuliers. [...] Sans doute, à force de raisonnements, on parvient toujours à expliquer, enchaîner et en quelque sorte prédire les faits qui se sont accomplis ; on démontre qu'ils étaient inévitables. Mais, pour admettre sans restriction cette espèce de fatalité, ne faut-il pas circonscrire un peu trop l'indépendance et l'influence des déterminations de chaque volonté humaine ? » Sans du tout rejoindre le parti des accidentalistes que patronne Daunou et auxquels se rattachent Augustin Thierry, Armand Carrel et Sainte-Beuve, qui écrit encore en 1850 que la conception de l'histoire de Guizot « est beaucoup trop logique pour être vraie », ce dernier modère le caractère abrupt du mécanisme des causes et des effets en histoire par lequel il avait commencé. Assurément, et en dépit de ce qu'affirme Marx, il ne substitue pas à la stricte nécessité la toute-puissance providentielle. Dieu, comme *ultima ratio*, est certes au début et à la fin de tout, mais hors de la vue des hommes. Aussi Guizot ne l'introduit-il dans sa démarche intellectuelle qu'à titre de référence suprême, et en fait purement rhétorique le plus souvent. Ce peut être même un moyen de faire passer son propre point de vue. Sans doute, « Dieu a voulu que », « le dessein de la Providence fut que » sont des expressions qui reviennent de loin en loin, mais c'est le cours des choses et son résultat qui importent, et qu'il s'agit d'interpréter avec les moyens intellectuels dont dispose l'esprit humain. C'est d'ailleurs ce que lui reprochent des philosophes providentialistes comme l'Espagnol Jacques Balmès[1] et le Français Auguste Nicolas[2] qui relève que, chez Guizot, « toutes les causes secondes de la civilisation européenne sont admirablement exposées, mais que la cause première y fait

1. *Le Protestantisme comparé au catholicisme dans ses rapports avec la civilisation européenne*, Paris, 3 vol., 1851. L'ouvrage de l'abbé catalan a paru en Espagne en 1844.

2. *Du protestantisme et de toutes les hérésies dans leur rapport avec le socialisme, précédé de l'examen d'un écrit de M. Guizot*, Paris, 1852.

absolument défaut », ce qui prive son travail de toute vérité. On se contentera donc, avec Guizot, des causes secondes, qui n'ont pas besoin de la première pour produire de la bonne histoire. Parmi ces causes figurent les volontés libres des individus, dont Guizot perçoit de mieux en mieux l'importance, et qui sont tout autre chose que « les folies, les ambitions personnelles, les mille accidents bizarres » que Sainte-Beuve croit reconnaître à l'œuvre dans l'histoire, ce qui, aux yeux de Guizot, la rendrait inintelligible.

Ces hommes qu'on nomme grands

En outre, pour lui, les individus en tant que sujets de l'histoire ne sont pas d'abord à rechercher parmi les grands hommes, comme l'histoire ancienne et traditionnelle s'y est employée. Dans une autre de ses notices décidément bien éclairantes, consacrée à Thomas Herbert, Guizot écrit, de façon qui me paraît très novatrice : « Les grands hommes ont le monopole de l'histoire. C'est l'une des principales causes de ses lacunes et de ses erreurs. [...] Les hommes supérieurs, qui ont été les chefs de leurs contemporains, n'en sont pas toujours les représentants les plus fidèles. [...] Il faut connaître aussi les hommes médiocres, les hommes obscurs, pour bien connaître un temps et un peuple. L'histoire vraiment publique, c'est celle des hommes qui n'ont point d'histoire. » Quant aux grands hommes, qu'il est impossible néanmoins de méconnaître, ce ne sont pas eux d'abord qui font cette histoire qui n'est pas la leur. Ils ne sont au reste, à lire les ouvrages de Guizot, guère nombreux. Qui sont-ils au juste ?

Le 18 février 1852, Guizot, à qui revient de recevoir Montalembert à l'Académie française, le conduit à l'Élysée pour le présenter, comme c'est l'usage, au chef de l'État, le président Bonaparte, qui du reste connaît bien le récipiendaire. On en vient à parler de Cromwell, dont Montalembert signale le retour de faveur et de grandeur en Angleterre. « Oui, a dit le président, on a délibéré sur la question de placer sa statue dans les nouvelles salles du Parlement. » « La question, ai-je dit, a été de savoir si on le placerait dans la série des rois d'Angleterre ou dans celle des grands hommes ; on a décidé qu'il serait dans celle des grands hommes. » Avis au prince Louis-Napoléon que l'on peut être un grand homme sans être un souverain, si d'aventure il était tenté de faire ce à quoi Cromwell ne s'était pas résolu, coiffer la couronne. En vérité, les grands hommes, chez Guizot, sont bien plus rares que les rois. Leur bon usage en histoire est à considérer avec précaution. Il s'en explique dans la vingtième leçon du cours d'histoire de la civilisation en France, lorsqu'il en vient à traiter de Charlemagne. L'activité et le rôle d'un grand homme se répartissent en deux parts. Avec la première, il comprend mieux que personne ce dont a besoin la société de son temps pour se développer, et il parvient mieux que personne à diriger les forces sociales dans cette direction. Il est alors compris et suivi par tous. C'est sa part d'utilité et de gloire. Mais voilà qu'il s'évade ensuite de la réalité pour entrer dans des combinaisons et des ambitions personnelles. On le suit un certain temps sur ce chemin aventureux, puis on s'inquiète, on se lasse, on l'abandonne, et il tombe : « Et toute la partie purement personnelle et arbitraire de ses œuvres tombe avec lui. » C'est ce qui est arrivé à Charlemagne et, mille ans plus tard, à Napoléon, autre grand homme incontestable dont je traiterai ailleurs des rapports avec Guizot tant ils sont liés à la destinée politique de ce dernier. Louis XIV, à la rigueur, pourrait trouver place entre Charlemagne et Napoléon dans cette typologie. Outre ces deux ou trois-là, qui régnèrent, Guizot ne s'arrête guère qu'à deux autres, qui pesèrent sur les affaires de leur temps au point de laisser des traces ineffaçables : Cromwell en Angleterre, Washington aux États-Unis, dont la part d'aventure personnelle fut moindre et qui du coup ne tombèrent pas, surtout le dernier. Entre les deux, un peu en retrait, Guillaume d'Orange, devenu Guillaume III d'Angleterre en 1688, fondateur d'une monarchie constitutionnelle rénovée et toujours vivante. Voilà la galerie de Guizot. Rien au reste n'est arrivé à ces six hommes, ou à d'autres réputés grands, eux-mêmes n'ont rien accompli qui ne s'explique par l'état de la société dans laquelle ils ont agi, par un mouvement venu de plus loin qu'eux, par ces causes profondes qui engagent infailliblement le sort des nations et des peuples. Ils ont su se saisir de forces dont ils n'étaient pas les auteurs, discerner les chances qui s'offraient à eux, imprimer au cours des événements la marque de leur génie personnel, mais ont anéanti leurs propres acquis ceux qui ont voulu sortir du lit de la nécessité ; ainsi de Charlemagne et de Napoléon entraînés dans une dilatation insensée de leur empire et dans l'accaparement de tous les pouvoirs.

Parmi ces grands hommes, Cromwell est celui dans la familiarité duquel Guizot est entré le plus avant. « Je vis tête à tête avec Cromwell, écrit-il à Léonce de Lavergne en juillet 1848, le plus singulier et le plus sensé des grands personnages révolutionnaires ; le seul qui ait joué les deux rôles, faire et défaire la révolution, pousser et retenir, commencer et finir. Je m'amuse à le bien comprendre. » Son côté « joueur aussi prudent qu'effréné » l'amuse en effet, rétrospectivement du moins car je ne crois pas que le Protecteur, violent et rusé, eût plu à Guizot de son vivant. Mais il satisfait son goût du spectacle, de la mise en scène et de la représentation, un aspect de la politique que Guizot n'a jamais négligé, et qui fait de Cromwell un grand tragédien. À force de le fréquenter, il entre en sympathie avec lui : « Je suis dans la maladie et la mort de Cromwell, écrit-il en janvier 1854 à sa fille Pauline, et je m'y arrête avec un intérêt presque affectueux. » De fait, son récit est là un moment de grande littérature. C'est avec regret, et seulement « à la dernière extrémité », qu'il se sépare de lui. Dans le *Discours*, il tire la morale de l'histoire : « Dieu [invoqué ici pour donner de la hauteur au propos, NdA] avait marqué Cromwell pour être un exemple éclatant de ce que peut et de ce que ne peut pas un grand homme. Sa destinée était accomplie. Il s'était fait, par son seul génie, le maître de son pays et de la révolution qu'il avait faite dans son pays ; il resta, jusqu'à sa dernière heure, en pleine possession de sa grandeur ; et il mourut, consumant sans succès son génie et sa puissance à tenter de refaire ce qu'il avait détruit, un Parlement et un roi. » Séduit par Cromwell, autant par ses excès que par son bon sens, il ne paraît pas que Guizot se soit identifié à lui, sinon à la marge, et d'ailleurs s'est-il jamais considéré comme un grand homme, un titre et un hommage que le présent ne peut rendre qu'au passé ? Le rôle, ambigu, qu'il leur accorde dans le processus historique est assez mince pour donner à penser qu'il se méfie d'eux, et il n'en discerne aucun dans l'Europe contemporaine, ni parmi les souverains ni parmi des célébrités comme Wellington, Metternich ou Talleyrand. Reste qu'il en est un avec lequel il éprouve des affinités et pour lequel il conçoit une admiration sans mélange, au point peut-être de songer à lui ressembler.

En 1838, le pasteur américain Jared Sparks, ancien rédacteur en chef de la *North American Review* et bientôt professeur d'histoire à Harvard, se tourna vers Guizot pour lui demander de patronner une édition française, abrégée, de *The Writings of George Washington*, qu'il avait fait paraître en douze tomes à Boston entre 1834 et 1837. Non seulement Guizot accepta de choisir les lettres destinées au public français, mais il rédigea, en plus de 150 pages, une « Introduction sur l'influence et le caractère de Washington dans la révolution des États-Unis d'Amérique », placée en tête des six volumes publiés en 1840 par Charles Gosselin, dont la librairie se trouvait 9, rue Saint-Germain-des-Prés. Toujours soucieux de ses intérêts éditoriaux, Guizot fit paraître cette introduction en un ouvrage à part en 1842 chez le même libraire, « éditeur de la bibliothèque d'élite ». Elle est, sans aucune restriction, à la gloire du premier président des États-Unis et le général Lewis Cass, ambassadeur à Paris depuis 1836, n'eut pas tort en la lisant de juger que Guizot avait repeint Washington aux couleurs orléanistes. À des couleurs plus personnelles même. À qui songe-t-il lorsqu'il montre Washington éprouvant « cette espérance pleine d'inquiétude et de travail, la seule que permette aux esprits élevés l'imperfection si profonde des affaires humaines, mais qui suffit à soutenir leur courage » ? Ou bien : « Il ne faisait rien qu'il ne crût avoir raison et droit » ? Ou encore : « Il avait ce rare courage de s'attacher fermement à une vue principale, et d'accepter sans murmure les imperfections et les inconvénients du succès » ? Guizot se faisait même ainsi, en 1839, prophète de lui-même, en décrivant les attaques dont Washington fut injustement victime en 1794 de la part de l'opposition démocratique lorsqu'il décida de refuser la guerre avec l'Angleterre et de passer traité avec elle, ce qui lui arrivera entre 1842 et 1846. La même remarque vaut pour la conclusion de son étude : « Il fit les deux grandes choses qu'en politique il soit donné à l'homme de tenter. Il maintint, par la paix, l'indépendance de son pays. Il fonda un gouvernement libre, au nom des principes d'ordre et en rétablissant leur empire. » Un bilan que Guizot, à la fin de sa carrière politique, se serait volontiers attribué. Mais il lui a manqué ce qu'il approuve chez Washington, quitter librement le pouvoir, au bout de huit ans de présidence : précisément le temps que Guizot a passé aux affaires au moment où il rédige la biographie de son modèle. En 1850, dans le *Discours* conçu à la lumière des années 1840-1848, il renforce le rapprochement : « Il disait au peuple américain ce qu'il croyait vrai, et maintenait, en le gouvernant, ce qu'il croyait sage avec une fermeté aussi inébranlable que simple, et un sacrifice de la popularité d'autant plus méritoire qu'il n'en était point dédommagé par les joies de la domination. » S'y ajoute que, à la différence de Cromwell, corrompu, Washington, « de tous les grands hommes, a été le plus vertueux et le plus heureux ». Au fond, en dépit de sa modestie, ou à cause d'elle, Washington est aux yeux de Guizot le plus véritablement grand homme auquel il reconnaisse d'avoir contribué au développement de son pays et d'avoir répondu le plus justement, en son époque, à l'appel de l'histoire.

Faire de l'histoire

Si Guizot n'écrit pas de l'histoire pour rien, ni seulement pour le plaisir, l'esprit dans lequel il le fait et les méthodes auxquelles il recourt ne concèdent rien aux objectifs qu'il se fixe ni aux jugements qu'il en tire. L'érudition, qui forme à ses yeux l'un des trois éléments constitutifs de l'histoire, il ne la sacrifie pas, sauf lorsque parfois il est saisi par l'urgence, par exemple au début de 1828 quand il obtient la réouverture de son cours. C'est pourquoi l'*Histoire de la civilisation en Europe* ne comporte ni ces références, ni ces citations parfois longues, ni ces tableaux synoptiques ou récapitulatifs, ni ces chronologies qui peuplent les quatre volumes de l'*Histoire de la civilisation en France*, et qui déjà se remarquaient pour partie dans les *Essais sur l'histoire de France* et dans les deux premiers volumes de l'*Histoire de la révolution d'Angleterre*, pour ne rien dire des notes abondantes et pointues de l'édition Gibbon de 1812 et des documents justificatifs qu'il fait figurer, de plus en plus nombreux, à la fin de chacun des six volumes de l'*Histoire de la révolution d'Angleterre*, et qui représentent au total 819 pages. Dès l'origine, et de plus en plus à mesure qu'il construit son œuvre, en particulier relative à l'Angleterre, il s'attache scrupuleusement à réunir la documentation la plus complète, à s'appuyer sur les éditions les plus récentes et les plus fiables, à critiquer les sources. Même s'il se fait aider, il lui en coûte du temps et aussi de l'argent. Le voici, exemple entre cent, qui écrit en février 1828 au diplomate russe très cosmopolite Alexandre de Tourguéniev, oncle aîné du romancier Ivan – heureuse époque où il suffit de mentionner sur l'enveloppe « Monsieur, Monsieur Alexandre de Tourguéneff, à Londres. Angleterre » –, pour s'enquérir du prix de la collection des *Somer's Tracts* publiée en 13 volumes par Walter Scott entre 1809 et 1815 : « Elle contient des choses dont j'ai besoin mais elle doit être chère, et je ne veux pas la faire venir sans savoir à quoi je m'engage ». Il en demande autant pour la *Baxter's Life*, « devenue, dit-on, assez rare et qui me serait utile ».

C'est que, s'il construit une histoire selon les nécessités de la raison, il ne se dispense pas d'entrer dans la reconstitution fidèle et vérace de la vie en société. « Ce temps-là et son monde [il parle de l'Angleterre des années 1640] ont fini par devenir pour moi une véritable société ; je sais l'âge de chacun, sa figure, ses entours, ses goûts ; je parle, on me répond » (à Barante, 19 octobre 1826). Trente ans plus tard, à son ami l'illustre lord Macaulay qui s'étonne qu'un étranger se mette en peine d'un détail aussi minuscule, il réclame de lui préciser la place exacte qu'occupaient les Lords au moment de l'entrée de Charles II à Londres le 29 mai 1660. Dans toute son activité d'historien, d'essayiste et de mémorialiste, Guizot ne cessera de bombarder ses amis et connaissances, même éloignées, de demandes de livres, de documents, de renseignements, s'irritant chez les autres et se reprochant, plus rarement, à soi-même telle traduction à contresens, telle référence erronée, telle source négligée. Et ses réflexes d'historien le mettront en garde contre des bourdes, des anachronismes ou des approximations que n'éviteront pas nombre de ses collègues et confrères. Les documents qu'il réunit, les textes qu'il consulte, il sait en tirer la meilleure substance. Outre la *Collection des mémoires relatifs à la révolution d'Angleterre*, Guizot et son équipe, toujours avec Pauline de Meulan, parfaite latiniste, en première ligne, avaient lancé, également en 1823, une *Collection des mémoires relatifs à l'histoire de France jusqu'au* XIIIe *siècle*, tous textes donnés dans une première ou nouvelle traduction, dont vingt-neuf volumes parurent jusqu'en 1826, allant de Grégoire de Tours à Guillaume de Poitiers. Cette entreprise était encore plus alimentaire que l'autre, même si, dans ses travaux historiques à partir de 1820, Guizot éprouvait le besoin d'accéder commodément à ces récits, surtout pour la plus haute époque. Le traité signé le 8 septembre 1823 avec Jean-Louis Brière, libraire au 68, rue Saint-André-des-Arts, était relativement juteux. Guizot s'acquitta promptement du travail, à l'exception de l'article 5 du contrat disposant qu'il devait composer une introduction formant un volume « où serait exposée l'histoire des peuples barbares, principalement celle des Francs, avant la chute de l'Empire romain d'Occident et la fondation de la monarchie française ». Le temps passa, le texte ne fut jamais remis, et il faut croire que Brière fit de mauvaises affaires et but un gros bouillon financier puisqu'il se répandit, à la fin des années 1830, contre Guizot dans des lettres larmoyantes, décrivant sa famille quasi réduite à la famine. Il était pourtant devenu, depuis le début du régime de Juillet, directeur du 4e bureau de Poste de Paris, 23, rue de l'Échiquier. N'empêche : il contraignit le ministre Guizot, en avril 1844, à lui verser 4 000 francs pour être libéré des clauses de l'article 5 et de tout engagement envers lui. C'était juste un mois après le solde de l'affaire Bodiment/Bertodano. Décidément, si Guizot était un auteur exigeant, ses éditeurs étaient eux aussi coriaces.

Comme pour l'Angleterre, les *Mémoires relatifs à l'histoire de France* sont précédés de notices signées F.G., là aussi d'une remarquable perspicacité, s'agissant en particulier des récits du haut Moyen Âge, jusque-là traités soit par le mépris, soit par la dérision, comme expressions d'une funeste ou bizarre barbarie, avant qu'Augustin Thierry les transcrive, sans guère les interpréter, dans ses *Récits des temps mérovingiens*. Guizot, lui, porte sur eux un regard quasi ethnologique, un mot qui apparaît précisément dans ces années-là, en particulier sous la plume d'Amédée Thierry traitant des Gaulois [1]. La notice relative à la Vie de Dagobert Ier, écrite vers 830, vaut d'être citée : « Ces croyances du berceau des peuples, ces monuments de leur vive et naïve crédulité sont-ils moins curieux à étudier que les événements clairs et certains de leur carrière politique ? [...] Ces fables nous instruisent de l'état des esprits et des mœurs bien mieux que ces chroniques sans miracles, où rien ne se trouve si ce n'est quelques dates et quelques noms. » Et voici encore, dans la présentation du chanoine Flodoard, auteur au milieu du xe siècle d'une *Histoire de l'Église de Reims* : « Il y a dans l'histoire quelque chose de plus que les événements ; les mœurs et les croyances nationales valent

1. Sur Amédée Thierry, voir Laurent Theis, « Amédée, l'historien des Gaulois », *Commentaire*, n° 80, hiver 1997-1998, pp. 968-974.

aussi la peine d'être connues ; et c'est aussi de l'histoire que cette série de miracles, ces innombrables aventures religieuses, ces détails des pratiques dévotes, qui parlaient si vivement alors à l'imagination des peuples. » Cela est écrit en 1823-1824. Il faudra attendre près d'un siècle et demi, et passer par-dessus l'histoire positiviste de la fin du XIXe et du premier tiers du XXe siècle, pour retrouver, avec l'histoire des mentalités, une telle attention aux systèmes de représentations.

Si Guizot historien voit loin, il sait aussi aller vite. C'est en quoi le professeur, chez lui, ne se sépare jamais longtemps du politique, et que l'action sort tout armée de la réflexion et de l'étude. De la Sorbonne, où il enseigne encore en mai 1830, il bondit au 101 de la rue de Grenelle, siège du ministère de l'Intérieur, où l'a placé, le 1er août, le régime né de la fin de Juillet, où en vérité il s'est autodésigné à la faveur de l'improvisation. Tout est à faire ou presque, surtout dans ce département ministériel, pour refonder la monarchie constitutionnelle et son administration. Pourtant, dix semaines à peine après son entrée en fonction, voilà le nouveau ministre qui saisit le nouveau roi de la façon d'inscrire la révolution nouvelle dans le fil de la précédente sur les murs de la Chambre des députés, alors en cours de rénovation, par un programme décoratif plaçant la prestation de serment de Louis-Philippe le 9 août 1830 entre Mirabeau renvoyant Dreux-Brézé le 23 juin 1789 et Boissy d'Anglas saluant la tête de Féraud le 20 mai 1795 : ni arbitraire de droit divin ni dictature de la populace, tel s'affirme le génome orléaniste. Le ministre de l'Intérieur, de qui dépendent les sciences, les lettres et les arts, consacre à l'exécution de ce projet pédagogique beaucoup de soin et de temps ; on se demande où il les trouve. Un mois plus tard, il adresse au roi un second rapport qui est tout autant un cours d'histoire et d'archéologie sur l'« admirable enchaînement de nos antiquités nationales, qui fait de notre sol un si précieux objet de recherches et d'études ». C'est que, pour fonder le nouveau régime, il importe autant, et aussi urgemment, de l'enraciner dans la mémoire nationale que de changer les préfets ou de juger les ministres de Charles X. Aussi Guizot conclut-il à la nécessité de créer

« une place d'inspecteur général des monuments historiques », au traitement annuel de 8 000 francs, somme assez modeste au regard de la tâche titanesque assignée à ce haut fonctionnaire, rien de moins que « parcourir successivement tous les départements de la France, s'assurer sur les lieux de l'importance historique ou du mérite d'art des monuments et recueillir tous les renseignements qui s'y rapportent ». Le premier titulaire en fut Louis Vitet, nommé en novembre par Montalivet, successeur de Guizot. En 1834, Prosper Mérimée le remplaça, pour un très long mandat. Dans son cours, le professeur Guizot avait montré l'importance et la signification des églises et des châteaux forts dans le développement de la civilisation en France. L'homme d'État était désormais en mesure de joindre le geste à la parole. Il n'y manqua pas. L'histoire nationale devenait ainsi, et aussi, affaire de gouvernement. Le gouvernement des esprits.

Le principe en est que la confiance dans l'avenir – celui du système représentatif en particulier – repose sur la connaissance et la conscience du passé, notamment du Moyen Âge. Là se trouve le point d'équilibre dans l'appréciation des choses, la distinction entre ce qui est possible et nécessaire et ce qui est chimérique et impossible. Guizot, sous une forme ou une autre, va partout répétant cette conviction qui est aussi un programme d'action, par exemple le 27 août 1838 à Caen, où il préside l'assemblée générale de la Société des Antiquaires de Normandie : « Les études historiques obligent l'intelligence à considérer attentivement les faits, lui enseignent à les apprécier, à n'en rien omettre, à tirer les idées des faits mêmes. [...] Elles auront la vertu d'animer et de régler, de relever et de contenir à la fois la pensée humaine encore arrogante et pourtant abattue. [...] Là où sont à la fois un respect affectueux pour la mémoire des générations passées et une sollicitude pleine d'espoir pour le sort des générations futures, là sont aussi la moralité et l'activité, la règle et la force, la stabilité et le progrès. »

Parce qu'elle a partie liée avec la légitimité même du régime de Juillet, la gestion de la mémoire nationale est une affaire trop grave pour être abandonnée, comme sous la Restauration, à la seule initiative privée. Sur ce point comme sur d'autres – par exemple l'instruction primaire mais aussi le développement des chemins de fer ou la réglementation du travail des enfants –, Guizot ministre, loin d'être un libéral au sens de partisan du laisser-faire, est sinon un jacobin du moins un centralisateur, attaché à l'intervention de la puissance publique, seule capable de concevoir et de mener durablement une vaste entreprise intéressant le pays tout entier. On l'a vu avec l'inspection générale des monuments historiques, on le constate, trois ans plus tard, avec l'inventaire et la publication du patrimoine archivistique de la France. Le mouvement avait été lancé pendant la Restauration, sous la forme de grandes initiatives éditoriales comme celle de Petitot, avec les 52 volumes, entre 1819 et 1826, de sa *Collection complète des mémoires relatifs à l'histoire de France depuis le règne de Philippe Auguste jusqu'au commencement du* XVIIe *siècle*, ou les 46 tomes de Buchon rassemblant les *Chroniques nationales françaises, écrites en langue vulgaire du* XIIIe *au* XVIe *siècle* parus de 1826 à 1828. Guizot lui-même, à titre personnel, s'était modestement joint au mouvement, comme on sait, avec les *Mémoires relatifs à l'histoire de France depuis la fondation de la monarchie française jusqu'au* XIIIe *siècle*. À présent qu'il est aux affaires, et que le pouvoir soucieux de légitimité compte bien se faire un auxiliaire du passé national, les choses prennent une tout autre ampleur.

« Quelques-uns de mes amis, raconte Guizot dans ses Mémoires qui accordent une large place à cet aspect de ses activités, vinrent me parler de leur projet de fonder, sous le nom de Société de l'Histoire de France, une société spécialement vouée à publier des documents originaux relatifs à notre histoire nationale. » Cette démarche, qui s'adresse autant à l'historien qu'au ministre de l'Instruction publique qu'il est devenu en octobre 1832, pourrait bien avoir été suscitée par Guizot lui-même. En politique, n'appartient-il pas aux amis de faire ce que leur chef attend d'eux ? En tout cas, lors de la réunion fondatrice du 27 juin 1833, dans la salle du conservatoire de la Bibliothèque royale dirigée alors par Letronne, professeur d'histoire et de morale au Collège de France et membre de l'Académie des inscriptions, Guizot est désigné comme le patron de l'entreprise et figure en tête sur la liste du premier comité de vingt personnes qui se cooptent ce jour-là, dont on peut croire qu'il les a lui-même pressenties : Molé, Thiers et Pasquier, Barante et Mignet, Fauriel et Vitet sont de ceux qu'il côtoie ou fréquente depuis longtemps. S'y ajoutent, lorsque le 23 janvier 1834, rue Taranne, la Société de l'histoire de France se dote de ses statuts définitifs et d'un conseil d'administration de trente membres, des collaborateurs du ministre comme Hippolyte Royer-Collard, chef de la division des sciences et des lettres, et Charles Lenormant, conservateur adjoint au département des médailles de la Bibliothèque royale. Prosper de Barante est nommé président et le restera jusqu'à sa mort en 1866, Guizot lui succédant alors. L'objet de la société est de « populariser l'étude et le goût de notre histoire nationale dans une voie de saine critique, et surtout par la recherche et l'emploi de documents originaux ». C'était, comme Guizot l'avait voulu, conjuguer la démarche politique et le travail intellectuel, à l'usage d'un public plus large que le cercle particulier des historiens. C'est pourquoi les ouvrages publiés par la Société comportent, lorsque c'est nécessaire, outre introduction et annotation, une traduction en français. Les premiers volumes firent la part belle au Moyen Âge, culminant avec l'édition, à partir de 1841, des cinq tomes des procès de Jeanne d'Arc par Jules Quicherat, monument qui jusqu'aujourd'hui n'est pas remplacé. À cette date, la Société compte environ 400 membres, qui font d'elle la société savante la plus importante de l'époque. Elle existe toujours et en 1868 elle avait désigné son président François Guizot comme commissaire responsable de la publication, par Mme de Witt née Guizot, des *Mémoires de Madame de Mornay*. Reste que le programme de publications fut toujours ralenti par la pénurie de moyens, puisque la Société ne se rémunérait que par les cotisations de ses adhérents et la vente des livres publiés sous ses auspices, rarement tirés à plus de 700 exemplaires. Apparaissaient là les limites de l'initiative privée, face à une tâche d'ampleur considérable. Or, aux yeux de l'historien-ministre, la mémoire nationale ne pouvait pas attendre. Il revenait donc à l'État de passer à la vitesse supérieure.

Aussi, dès novembre 1833, le ministre de l'Instruction publique demande-t-il à tous les préfets de faire rechercher dans les bibliothèques publiques et les archives départementales et communales « les manuscrits qui ont rapport à notre histoire nationale ». Comme toujours, Guizot presse le pas. Le 31 décembre, il remet au roi un rapport signalant la création de la Société de l'Histoire de France et concluant qu'« au gouvernement seul il appartient de pouvoir accomplir le grand travail d'une publication générale de tous les matériaux importants et encore inédits sur l'histoire de notre patrie ». Conformément à sa méthode et à son tempérament, Guizot déclare qu'« il est urgent que l'entreprise soit mise à exécution, et qu'elle reçoive immédiatement une assez grande extension », et demande en conséquence l'ouverture dans son budget d'une allocation extraordinaire. Au cours de la discussion budgétaire, en mai 1834, Guizot rencontra une résistance, dans la majorité pour des raisons d'économie, dans l'opposition de gauche pour des motifs politiques et idéologiques : selon Barrot et Garnier-Pagès, ne s'agirait-il pas, de l'aveu même du ministre, de détourner certains jeunes gens d'activités littéraires et politiques jugées dangereuses par le gouvernement ? Guizot ne contesta pas cette interprétation et, peut-être aussi grâce cet argument, obtint aisément le crédit de 120 000 francs qu'il demandait, soit quarante fois plus que ne produiraient les cotisations de la Société de l'Histoire de France. « La Chambre, commente Guizot dans ses Mémoires avec un humour indécis, avait confiance en moi pour de telles questions, et se plaisait aux mesures d'un caractère libéral qui n'altéraient point la politique d'ordre et de résistance. » De fait, loin de l'altérer, elles en faisaient partie intégrante, et ce fut la force de Guizot de se présenter à la fois en historien éminent conservateur du patrimoine national et en politicien de centre-droit conservateur des intérêts de la classe moyenne, en liant consubstantiellement les deux éléments de son action, comme il le faisait aussi, à peu près au même moment, dans le domaine de l'instruction primaire.

Sitôt ce premier succès obtenu de la représentation nationale, le ministre accélère encore l'allure. Par un arrêté du 18 juillet 1834, il institue auprès de lui un « comité chargé de diriger les recherches et la publication de documents inédits relatifs à l'histoire de France », tenu de se réunir tous les quinze jours. Ainsi naquit ce qui existe encore aujourd'hui sous le nom, depuis 1884, de Comité des travaux historiques et scientifiques. Les onze membres qui entourent le ministre, et dont les plus en vue sont Villemain, vice-président, et Daunou, garde général des Archives du royaume, sont tous des hommes de savoir et de compétence. Ce sont aussi pour la plupart des proches de Guizot, en particulier Mignet, Fauriel et Vitet, perpétuels compagnons de ses entreprises historiques et intellectuelles. Tous les trois, avec aussi Guérard, Champollion-Figeac et Desnoyers, appartiennent également au conseil de la Société de l'Histoire de France, que Guizot, dans une séance du 2 juin, avait appelée à « lier et combiner le plan de ses publications avec celles qu'il se propose lui-même d'entreprendre au nom du gouvernement, en sorte que leur ensemble pût former un jour un seul et même grand monument historique ». Dans le même mouvement, il adresse le 23 juillet une lettre « aux diverses sociétés savantes des départements » pour solliciter leur concours à son entreprise, leur suggérant d'établir des relations fréquentes et régulières avec le gouvernement, « protecteur naturel de l'activité intellectuelle aussi bien que de l'activité matérielle du pays », dont il leur promet l'appui. Il comptait également trouver par le biais des sociétés savantes, comme aussi des préfets, des correspondants du Comité, hommes de terrain connaissant bien l'histoire et les ressources archivistiques locales, et possédant au moins des rudiments de paléographie. Sur ce dernier point, il avait aussitôt commandé à Natalis de Wailly, chef de la section administrative des Archives, des *Éléments de paléographie*, publiés en 1838 et demeurés irremplaçables jusqu'à une période récente. Ces « correspondants historiques du ministère de l'Instruction publique », au nombre de quatre-vingt-sept dès la fin de 1834, reçurent au mois de décembre une circulaire leur fournissant des instructions très précises sur la manière de procéder dans la recherche, l'identification, l'inventaire et la description des documents.

Le 27 novembre 1834, cinq mois seulement après la création du Comité, Guizot pouvait adresser à Louis-Philippe un rapport assez circonstancié sur l'état d'avancement d'une entreprise conçue « en l'honneur des origines, des souvenirs et de la gloire de la France ». Il précise en particulier qu'il a confié à Augustin Thierry le soin de diriger la collection des chartes concédées aux communes et aux corporations médiévales, afin de « mettre dans tout leur jour les nombreuses et diverses origines de la bourgeoisie française, c'est-à-dire les premières institutions qui ont servi à affranchir et à élever la nation ». La charge idéologique de ce programme historique apparaît ici, elle aussi, dans tout son jour. Augustin Thierry, au reste, ne devait jamais venir à bout de ce chantier pharaonique, ni même l'avancer substantiellement. Aussi bien le projet global du ministre de l'Instruction publique – rechercher et publier tous les documents inédits pouvant contribuer à la connaissance de l'histoire nationale – était-il, à vue humaine, démesuré. Naturellement, son inspirateur en était le premier conscient. Mais, note-t-il dans ses Mémoires, « dans l'ordre intellectuel comme dans l'ordre politique, c'est par les grandes espérances et les grandes exigences qu'on provoque à d'énergiques efforts la sympathie et l'activité humaines ». Aussi, loin de se borner à l'histoire politique et civile, Guizot complète-t-il son dispositif en créant, le 10 janvier 1835, un second comité, « chargé de concourir à la recherche et à la publication des monuments inédits de la littérature, de la philosophie, des sciences et des arts considérés dans leurs rapports avec l'histoire générale de la France ». Victor Cousin, parèdre de Villemain, en est le vice-président ; s'y retrouvent Louis Vitet, décidément partout, et Charles Lenormant, aux côtés de l'inspecteur général Prosper Mérimée et de Victor Hugo, bientôt rejoints par Sainte-Beuve auquel Guizot demande le 19 septembre « un compte rendu précis et complet des divers travaux entrepris sur notre ancienne littérature nationale depuis les trois derniers siècles ». Rien de moins ! Ce ministre voit décidément très large.

En vérité, les compétences jointes des deux comités, celles du second s'étendant, précise le ministre dans une nouvelle lettre à ses correspondants historiques dans les départements, aux « monuments d'art, bâtis ou meubles, religieux, militaires, civils etc. », recouvrent l'ensemble des matériaux propres à élaborer l'histoire de la civilisation en France telle que Guizot l'a enseignée en 1829-1830. Le ministre faisait preuve, à l'égard de l'historien, d'un impressionnant esprit de suite.

Un mouvement était lancé. Le 2 décembre 1835, trentenaire symbolique de victoire, Guizot adressait à Louis-Philippe un troisième rapport dressant un bilan détaillé de ses initiatives : dans la nouvelle *Collection de documents inédits sur l'histoire de France publiés par ordre du Roi et par les soins du ministre de l'Instruction publique*, ont déjà paru deux volumes, établis par Mignet, consacrés aux « Négociations relatives à la succession d'Espagne » ; un autre, portant sur « L'histoire de la guerre de succession d'Espagne », et un quatrième, avec traduction, le « Journal des États généraux tenus à Tours en 1484 » de Jehan Masselin. De nombreuses autres éditions sont annoncées sous presse, en particulier par Victor Cousin, des « Fragments inédits d'Abailard », dont le manuscrit du *Sic et Non* vient d'être retrouvé à Avranches, tandis que Michelet, que Guizot a fait nommer en 1830 chef de la section d'histoire aux Archives, va remettre incessamment un rapport sur les résultats de sa tournée dans les bibliothèques et archives départementales du Sud-Ouest. « Une utile impulsion a été donnée, conclut Guizot, et je crois pouvoir assurer que les résultats obtenus en garantissent de plus importants encore. Ainsi, la France devra à la haute protection de Votre Majesté, aidée du concours éclairé des Chambres, une illustration plus complète de ses annales, et, ce qui n'est pas un moindre bienfait, une carrière nouvelle ouverte aux hommes actifs et laborieux qui veulent se vouer à l'étude sérieuse du passé de notre patrie ; étude non seulement pleine d'attrait, mais propre à élever l'esprit et la moralité de la nation. » Ce dernier point, dans le projet et l'action de Guizot, n'est de fait pas le moindre. Il ressortit d'une volonté de pédagogie collective qui s'exprime dans d'autres domaines, et qui conjugue mémoire, histoire et politique.

Mémoires de combat

Ces trois notions, qui structurent son esprit et sa personnalité, Guizot les combina et les mit en œuvre dans la conception et la rédaction de ses Mémoires. Du moins le crut-il, ou le donna-t-il à croire. Cette entreprise, la plus ample de sa vie intellectuelle puisqu'elle compte près de 4 500 pages en huit volumes publiés entre 1858 et 1867, auxquels s'ajoutent cinq volumes de discours parlementaires, est celle à laquelle il tenait le plus. Il en conçut le projet dès après la révolution de février 1848, écrivant le 11 septembre à sa vieille amie Henriette Rath : « Je n'écris point et je n'écrirai point l'histoire de mon temps. Pas même l'histoire de la révolution française en général. C'est trop près de nous et de moi. Il est très difficile d'être impartial et impossible d'être cru impartial. Je voudrais laisser de quoi faire bien connaître ma propre histoire, ce que j'ai pensé et ce que j'ai fait, le livrant à l'appréciation de ceux qui viendront après moi. » Exilé, il sentait bien que la ruine de la monarchie constitutionnelle lui serait imputée, et il voulait tenir prêt un dossier opposable aux futurs historiens. L'avènement et la consolidation du Second Empire, qui tout naturellement appelaient le dénigrement du régime précédent, le confortèrent dans la conviction qu'il ne fallait laisser à personne le soin d'exposer les tenants et aboutissants de son action politique. Surtout, comme il le laisse transparaître, il ressentait l'exercice comme un défi, lancé à lui-même autant qu'aux autres. Quittant, en 1856, l'histoire de la révolution d'Angleterre, peut-être mû, l'année suivante, par l'ébranlement que provoque provisoirement dans sa vie la mort de Dorothée de Lieven et qui transforme du présent en passé, il investit le champ de l'histoire contemporaine, immédiate même, ce qu'il n'avait jamais fait jusqu'alors en dehors des essais purement polémiques et politiciens des années 1820.

Naturellement, l'idée n'avait rien d'original. Jamais les mémorialistes ne se sont autant donné libre cours que durant le XIXe siècle. Quiconque avait pris quelque part, fût-elle subalterne, aux événements de la Révolution et de l'Empire se croyait appelé à consigner ses souvenirs, et trouvait souvent à les publier. La bibliothèque de Guizot en était pleine. Ses contemporains, ceux qui avaient joué durant la Restauration et la monarchie de Juillet les premiers rôles, on savait qu'eux aussi rédigeaient des Mémoires : Villèle, Pasquier, Molé, Victor de Broglie, Barante, Odilon Barrot, bientôt Rémusat tenaient à témoigner à leur tour de ce qu'ils avaient vu et fait. Aucun d'eux pourtant ne les publia de son vivant, ni ne les mena à leur terme ou ne les laissa en état achevé pour la parution. Pas même Chateaubriand, dont l'établissement du texte des *Mémoire d'outre-tombe* a posé tant de difficultés d'abord de convenance, puis d'érudition. Guizot s'y prit tout autrement, à sa manière inimitable faite de détermination, de promptitude et de front haut. Sans doute affecta-t-il quelque hésitation, ainsi à Amélie Lenormant, le 20 avril 1857 : « J'ai, en effet, vendu mes Mémoires, mais en gardant le droit de ne les publier qu'au moment qui me conviendrait. Je choisirai ce moment. J'y ai bien pensé, avant de me décider à en publier ainsi une partie de mon vivant, car je ne publierai pas tout. » En vérité, il s'agit là d'une opération d'intoxication, sachant que sa correspondante, très introduite dans certains milieux et bavarde impénitente, va répandre la nouvelle qu'un ouvrage considérable et intriguant est en préparation. En fait, Guizot, qui commence à rédiger, est bien décidé à publier chaque volume sitôt prêt – il en prévoit alors six. Du reste son éditeur, Michel Lévy, qui a payé cher cette acquisition, d'autant que l'auteur s'est réservé les droits en langue anglaise, a déjà vendu la mèche. « Mon éditeur, a écrit Tocqueville à Henry Reeve dès le 5 avril, m'a dit que M. Guizot allait publier bientôt des espèces de Mémoires qu'il intitule : *Mémoires pour servir à l'histoire de mon temps.* » Tocqueville aurait préféré des Mémoires posthumes.

C'est évidemment la grande affaire : comment parler sincèrement, librement et justement d'événements encore brûlants impliquant des personnes pour la plupart toujours en vie ? Comment se garder également de l'autocensure et des règlements de comptes, de l'eau tiède et du vitriol ? Autrement dit, l'expression « histoire de mon temps » n'est-elle pas un oxymore ? Guizot écarte superbement l'objection. La scène se passe le 5 janvier 1858 dans le salon de l'ambassadeur d'Autriche, Hübner, qui raconte, suffoqué : « "Thucydide et Machiavel, m'a-t-il dit, ont écrit et publié l'histoire contemporaine ; pourquoi n'en ferais-je pas autant ? Ces *Mémoires* serviront à l'Histoire." Comme c'est Guizot ! » En effet. Ailleurs, il convoque aussi, « orgueil de comparaison mis à part » tout de même, Salluste et Tacite. À la troisième page des Mémoires, il ajoute à la liste des glorieux précédents Xénophon, César et Clarendon. Mais c'est aussi, tout en se plaçant sous leur patronage, pour se distinguer d'eux : lui n'écrit pas « l'histoire complète » de son époque, mais son « histoire propre et intime », « ce que j'ai pensé, senti et voulu dans mon concours aux affaires de mon pays ». Guizot mesure bien les inquiétudes de ses amis, que lui expriment Vitet, Barante, surtout Victor de Broglie, qui préférerait de beaucoup qu'il poursuive l'histoire de la révolution d'Angleterre jusqu'en 1688 plutôt que de s'engager dans une aventure indiscrète et périlleuse. Il se fait rassurant, à Amélie Lenormant : « Point de fiel permet beaucoup de franchise. C'est la personnalité qui envenime la vérité. » À Barante : « Je veux faire bien connaître ce qui s'est fait de bien et ce qui s'est fait de fautes parmi nous et par nous. » À Laure de Gasparin : « Il n'y aura dans mes Mémoires rien que de vrai ; mais tout le vrai n'y sera pas. C'est impossible, pour la vie publique comme pour la vie privée. » Et, précise-t-il, il écartera ce qui fâche le plus, la révolution de 1848 : « Je n'ai pas besoin de vous dire, indique-t-il au cher lord Aberdeen en juillet 1860 alors qu'il a déjà achevé le troisième volume, que je m'arrêterai en décembre 1847, à l'ouverture de notre dernière session. Il me serait impossible aujourd'hui de raconter avec vérité et liberté la révolution de Février. Je laisserai ce récit-là à mes enfants. »

En septembre 1863, alors que le tome VI est à l'impression, il affirme encore à Barante : « Quant à la révolution même de Février, je la laisserai écrite à mes enfants ; elle ne peut pas, c'est-à-dire je ne veux pas la publier aujourd'hui. » Pourtant, face à l'obstacle, le vieux lutteur ne se dérobe pas : le quarante-huitième et dernier chapitre des Mémoires traite de « La chute du ministère du 29 octobre 1840 », et le récit est conduit jusqu'à la sortie définitive de Guizot du gouvernement, le 24 février à huit heures du matin. Car il tient à établir, ou plutôt à rétablir la vérité sur ses derniers gestes et ses dernières paroles en la circonstance : dans une tragédie, le dénouement pèse lourd, et il est la scène que le public retient le mieux.

Sur l'établissement des faits, l'historien dépasse le mémorialiste, car Guizot ne se fie pas intégralement à sa mémoire, qu'il a pourtant excellente. Comme pour ses ouvrages proprement historiques, la *Révolution d'Angleterre* en particulier, il pourchasse l'erreur ou l'approximation, sollicitant de ses amis, anciens collaborateurs et en réalité de tout un chacun précisions et vérifications, qu'il s'agisse, avec Charles Lenormant, du projet de sculpture du fronton de la Madeleine ou, avec Camille Rousset, de la date précise de la démission définitive de Bugeaud comme gouverneur général de l'Algérie. Ce souci du détail lui vaut en 1861 une controverse avec Napoléon III lui-même qui, par une lettre autographe transmise par le ministre d'État Walewski, ancien agent de Guizot aux Affaires étrangères, conteste, à la page 203 du volume IV, le récit de son embarquement à Lorient pour les États-Unis le 15 novembre 1836 : non, le sous-préfet ne lui a pas remis 15 000 francs en or de la part de Louis-Philippe, mais lui en a restitué 5 000. Guizot, en termes très respectueux, lui oppose une lettre du préfet du Morbihan au ministre de l'Intérieur du 14 novembre 1836. De fait, le mémorialiste cherche et accumule les documents, qu'il date toujours précisément et reproduit abondamment, au point que les nombreux chapitres consacrés aux Affaires étrangères prennent parfois la forme d'un montage de dépêches diplomatiques et que les « pièces historiques » figurant en annexe occupent une place croissante. « J'ai la manie, écrit-il à Rousset en octobre 1864, d'en savoir plus que je n'en emploierai et de savoir les choses très exactement. » Le professeur d'histoire se reconnaît encore dans l'exigence de rigueur et de logique du récit, dans l'enchaînement des causes et des effets placé sous le signe de la « nécessité », notion dont l'extension l'emporte sur la compréhension, dans le refus des digressions et même dans la rareté des morceaux de bravoure ou des moments de détente qu'il s'autorise. Il écarte les notations affectives et personnelles, au regret de Renan, puisque ce sont l'histoire et la politique qui s'expriment à travers lui, et se fait un devoir, dans ses jugements sur les personnes, de tendre à l'équanimité, voire à la bienveillance. Grâce aux « nerfs de bronze » que lui reconnaît Ximénès Doudan, il donne l'impression d'y réussir. Du coup, certains de ses amis lui reprochent de ne pas parler assez d'eux, ou pas assez en bien, comme Duchâtel. Pourquoi tirer à ce point la couverture à soi, se demande Sainte-Beuve dans son grand compte rendu des quatre premiers volumes en octobre 1861, pourquoi « mon » temps et non pas « notre » temps ? Il n'a pas pu lire la lettre de Guizot à Vitet du 30 juin précédent : « Je n'ai pas besoin de vous dire quelle importance j'attache à mes mémoires. C'est notre temps, et moi dans notre temps. » Dans l'autre sens, écrit-il à Alice Peel, « on se plaint que je ne parle pas assez de moi-même et de ma vie intime. Mon intention est de n'en pas parler du tout. [...] Il ne faut pas ouvrir le sanctuaire à la curiosité des indifférents. C'est ma vie politique que je veux retracer et expliquer. »

À très peu d'exceptions près, c'est en effet ce qu'il fait. Fiable sur la réalité des faits qu'il rapporte, il l'est moins par ceux qui n'y sont pas, qu'il les taise inconsciemment ou qu'il les écarte quand cela l'arrange. Auguste Chambolle, très proche ami de Thiers, cite dans ses propres Mémoires posthumes[1] un exemple précis, et ajoute que « l'on remarque bien d'autres lacunes ». Rémusat, qui estime qu'au total Guizot a eu raison de publier ses Mémoires de son vivant, constate cependant qu'« il omet tout ce qui le gêne, comme on fait à

1. *Retours sur la vie*, Paris, Plon, 1912.

la tribune. Il feint d'ignorer et souvent ignore réellement l'autre côté des questions dont il n'a présenté qu'une face ».

La tribune. Maintenant qu'elle lui est ôtée pour jamais, et qu'il n'a plus sur ce point les espérances et les illusions de 1849-1850, Guizot cherche à renouer par la plume les succès qu'elle lui a naguère valus. Les Mémoires, dans son esprit, serviront d'autant mieux à l'histoire de son temps qu'elles serviront davantage sa cause. Il a beau, dans les premières lignes, faire profession d'irénisme – « l'âge et la retraite ont répandu, pour moi, leur paix sur le passé » –, c'est Tocqueville qui a raison : « Il est et sera, je crois, jusqu'à sa mort, batailleur par tempérament, pourvu qu'on soit vu dans la bataille. » Alphonse Peyrat, en 1860, confirme dans *La Presse* : « Ce qui distingue M. Guizot, c'est une ardeur belliqueuse qui ne l'abandonne jamais. » La bataille, Guizot, dès la page 3, en circonscrit le champ et la reprend à son compte : « Tant que la liberté n'aura pas hautement rompu avec l'esprit révolutionnaire et l'ordre avec le pouvoir absolu, la France sera ballottée de crise en crise. » Entre l'Empire et la démocratie sociale, seule la monarchie constitutionnelle offre le salut au pays. C'est tout le sens des Mémoires et dans le récit Guizot, encore une fois, se met en représentation. L'auteur de la pièce est aussi son principal acteur, le rôle est écrit sur mesure. Le beau rôle ? Pas nécessairement ; mais assurément le principal, jusqu'à l'hypertrophie. De là, comme le relève Sainte-Beuve, le recours constant à des formules donnant à croire qu'il possède la maîtrise de tout : « J'ai la confiance de croire que... Je ne me trompai point quand... Je le fis sans hésiter... Je décidai sur-le-champ... » Le doute, dans son récit et ses commentaires, ne transparaît guère et lorsqu'il veut bien se reconnaître des torts, c'est pour aussitôt s'en exonérer. Telle est la condition pour prendre sur soi la responsabilité de toute une politique : ne rien concéder à l'adversaire en prenant l'initiative, en occupant le terrain et en se présentant dans la position la plus avantageuse. Pour illustrer cette stratégie qui a si bien réussi à Guizot dans les enceintes parlementaires, et qu'il continue sur un terrain désormais ouvert au grand public, Rémusat use d'un vieux terme juridique : « Il a, pour ainsi dire, le possessoire pour lui. C'est aux adversaires, c'est aux critiques de le lui enlever. » De fait, la critique s'y est peu hasardée. D'abord parce que les amis comme Vitet, Lavergne, Cuvillier-Fleury, Saint-Marc Girardin, Théophile Foisset s'emploient aux éloges dans les journaux favorables. Ensuite parce que les autres comme Renan, qui doit pour une part à Guizot son élection, en 1856, à l'Académie des inscriptions et belles-lettres après l'avoir assuré de son « admiration pour son génie » et qu'il l'a « étudié comme son maître », comme Sainte-Beuve, vieille connaissance, comme Charles de Mazade, se laissent impressionner par la puissance de l'œuvre et la vitalité de son auteur, et il y a en effet de quoi, en sorte que leurs réserves, parfois sérieuses, sur l'action de Guizot sont timidement exprimées. Le mémorialiste combattant a au total atteint son objectif, puisque Paul Thureau-Dangin dans les sept volumes de son *Histoire de la monarchie de Juillet*, publiée entre 1884 et 1892 et qui demeure jusqu'à présent le seul travail complet sur cette seule période, reprend l'essentiel des interprétations de Guizot, dont il cite abondamment les Mémoires et la correspondance qu'Henriette de Witt veut bien lui montrer, comme elle la montre à d'autres pour présenter une autre image de son père, moins homme de marbre que ne le décrit Renan, par exemple, dans son article de la *Revue des Deux Mondes*.

En soulignant à maintes reprises sa clairvoyance, Guizot est convaincu de prouver le bien-fondé de sa politique. Parvenu, en août 1866, au huitième et dernier volume, il ne peut s'empêcher, à propos de l'affaire des mariages espagnols qui lui fut tant reprochée, d'écrire à son ancien collaborateur et ami Léonce de Lavergne : « Je n'ose pas dire à quel point je trouve que nous avons eu raison ; je ne m'en gênerai pourtant pas. » Et c'est pourquoi seule la déraison, autrement dit les mauvaises passions, a emporté le régime de Juillet. Sur lui-même, est-il plus lucide ? Assurément pas, et s'il l'était, ce ne sont certes pas ses Mémoires qui en porteraient la trace tant ils ont pour fonction de légitimer ses idées et son action, et donc, au-delà, de lui fournir l'instrument et l'occasion de « faire son salut historique », comme le souligne Pierre Nora à propos des auteurs des grands Mémoires d'État[1], parmi lesquels Guizot tient une place éminente. Sans doute s'est-il reconnu dans la figure du grand chancelier Clarendon, dont il cite le nom au début des Mémoires. Mais a-t-il à l'esprit le portrait qu'il dresse du principal ministre de Charles II dans la notice placée en tête de son édition des Mémoires de ce dernier, en 1827 ? « Au bout de sept ans sa vertu devint trop importune, son habileté ne fut plus de saison, ses mérites et ses torts tournèrent également contre lui ; le pouvoir lui échappa. [...] Lorsqu'il eut obtenu en France un asile contre l'ingratitude de son maître et la haine de ses ennemis, il ne s'inquiéta plus que de faire bien connaître, à d'autres générations, et son temps et lui-même. Il apporta dans ce travail [ses Mémoires] les mêmes opinions, les mêmes sentiments et presque le même genre d'habileté qu'il avait montrés dans le cours de sa carrière, et ses écrits sont, avec ses actions, dans une rare harmonie. La constance, l'immobilité même fut peut-être le trait distinctif de son caractère. [...] La raison avait devancé en lui l'expérience ; l'expérience n'élargit point son esprit, n'éleva point ses idées ; son antipathie pour toute innovation et tout progrès était bien plus qu'un principe ; elle tenait à sa propre nature ; nature sage, droite, bien ordonnée, mais froide, roide, peu féconde, étrangère aux mouvements énergiques de l'âme et aux grandes ambitions de la pensée. » Guizot juge de François, autoportrait à charge, involontaire et anticipé, sans doute encore plus juste que ceux de Renan ou de Sainte-Beuve ! Et il faut encore citer ceci, qui précède le passage ci-dessus et qui témoigne, à mes yeux, de la fonction déterminante, très tôt, de la mémoire dans la personnalité de Guizot : « Nul homme de son temps, si ce n'est Cromwell, n'a tenu plus de place dans l'histoire ; nul n'a pris tant de soin pour transmettre à la postérité sa propre histoire dans celle de son temps. [...] Clarendon tenait fortement à ce

1. Dans *Les Lieux de mémoire. La nation II.* « Les Mémoires d'État », Paris, Gallimard, 1986.

qu'il avait fait ou pensé, à ce que penserait de lui l'avenir. Il raconta sa vie, non seulement parce qu'elle avait été grande et pour se complaire dans les souvenirs de son éclat, mais pour prouver qu'il avait bien jugé, bien agi, pour défendre et légitimer, non seulement ses actions, mais ses idées. »

Cette anticipation véritablement prophétique, formulée trente ans avant d'entreprendre à son tour la rédaction de ses Mémoires, et d'autant plus frappante que nulle part il ne se l'applique à lui-même ni n'y paraît songer, décrit bien la part de l'historien dans le mémorialiste. Guizot apporte sa contribution magistrale à l'immense collection de Mémoires dont il s'est jadis fait l'éditeur et dont la succession et l'enchaînement composent le récit historique national. Mais pas plus qu'il ne se reconnaît dans le miroir que Clarendon lui tend par ses propres soins – le personnage roide, étroit d'idées et arc-bouté contre tout changement –, il ne fait repasser sous ses yeux ou dans son esprit ce qu'il écrivait dans une autre notice, relative cette fois aux Mémoires de Ludlow : « Lorsqu'au fond de sa retraite il écrivit ses Mémoires, sa préoccupation fut la même ; en revenant sur le passé, il n'y aperçut rien de ce qu'il n'avait pas su voir en y assistant, et ses souvenirs furent aussi étroits que l'avait été son jugement en présence des faits. [...] Rien ne put éclairer Ludlow sur les torts de son parti ; il ne désapprouva dans sa conscience et ne désavoua dans ses paroles aucun des actes auxquels il avait concouru. » Si haut soit le niveau auquel s'élèvent les Mémoires de Guizot au-dessus de ceux de Ludlow, lui-même personnage d'infiniment moindre importance, ce que dit le premier du second vaut pour lui-même. Obnubilé par la volonté, plus encore par le besoin, là comme ailleurs, de ne rien laisser perdre, Guizot s'imposa la tâche énorme, et délicieuse, de recomposer son passé politique pour l'intégrer à l'histoire. L'exigence de l'historien dans l'établissement des faits, qui distingue ses Mémoires de bien d'autres, ne s'étend pas jusqu'à leur interprétation dont la pertinence, voire la bonne foi, sont sujettes à caution. La conception, pugnace, et l'écriture à la première personne ne permettent guère qu'il en soit autrement. Les *Mémoires pour servir à l'histoire de mon temps* n'ont pas l'ampleur et la pénétration intellectuelle et historique de l'*Histoire de la révolution d'Angleterre*, à laquelle ils pourraient se comparer, encore moins celles de l'*Histoire de la civilisation*, d'un genre et d'une ambition tout différents. Mais ils donnent à mesurer la variété du talent de Guizot qui à quatre-vingts ans, ayant achevé son dernier volume, pouvait se déclarer « l'esprit en repos sur moi-même après moi ». Sans savoir quand commencerait cet « après », ni s'il conserverait quelque chose de lui. Cette inquiétude du passé aboli, ce souci du temps qui s'échappe, qu'il faut retrouver et renouer, Guizot les a à la fois aiguisés et conjurés par son œuvre, et en a tiré un surcroît de vigueur intellectuelle et de vitalité existentielle.

CHAPITRE IX

Les journées de M. Guizot

Matinée

« Je viens de me donner un plaisir que tu ne connaîtras jamais, celui de me raser après soixante heures de barbe », écrit Guizot à Henriette en décembre 1871, alors qu'il a quatre-vingt-quatre ans. Outre l'humour qui est bien dans sa manière épistolaire, le rasage est chez lui une activité d'importance. Même dans sa jeunesse, il paraît n'avoir jamais porté ni moustache ni barbe, à la différence de son frère Jean-Jacques. Il est de la génération des glabres, issue de l'Ancien Régime, comme la plupart de ses amis et contemporains en politique, d'autant qu'il y va de la gravité de l'homme public. La pilosité apparente, sous la monarchie constitutionnelle, est la propriété des militaires et des artistes ; et encore. Ensuite, Guizot est trop âgé pour arborer, à partir de 1845, la royale, qui devient bientôt impériale, ou le collier. À peine laissera-t-il prospérer de minces et fins favoris, d'autant plus discrets qu'il a lui-même blanchi. Au reste, Guizot, sauf dans ses tout débuts où il était amateur de gilets brodés et de pantalons collants, et aussi durant son ambassade à Londres où il croit devoir faire profession d'élégance, ne s'est jamais beaucoup soucié, dans son apparence physique, d'être à la mode, même dans les brèves périodes de son existence où il en eut les moyens. En revanche, dans le soin de sa personne, l'entretien de son visage tient une place de choix. Dans les nombreuses descriptions de son emploi du temps qui parsèment sa correspondance, et pas seulement aux très proches, la toilette figure presque toujours, et avec elle le rasage qui vient la conclure et en représente l'opération la plus considérable. Il est chez lui quotidien, ce qui n'est pas le cas le plus répandu à l'époque, et il l'effectue de sa propre main. Ce n'est d'ailleurs pas un moment d'hygiène intime et, lorsqu'il est aux affaires, il met à profit ces quelques minutes d'immobilisation pour recevoir. Talleyrand, on le sait, avait transformé sa toilette en un morceau de liturgie où se pressaient les fidèles. Plus modeste chez d'autres, cette habitude est pourtant répandue. Quand Guizot était ministre des Affaires étrangères, rapporte Victor Hugo dans *Choses vues* à la date de 1847, « il occupait précisément l'appartement qu'avait occupé vingt ans auparavant M. de Chateaubriand. Il se rasait le matin dans le petit cabinet qui donne sur le boulevard, et il recevait ses intimes et ses dévoués tout en faisant sa toilette, comme dans ma jeunesse j'avais vu faire à M. de Chateaubriand, à la même heure dans cette même chambre ». Il prend également, par un brossage régulier, grand soin de ses dents, dont s'occupent successivement les docteurs Brewster, Lesterlin et Goldenstein, ce dernier particulièrement habile dans la fabrication et la réparation du dentier devenu, assez tard, nécessaire, tout comme les lunettes venues remplacer, pour la lecture et l'écriture, le lorgnon occasionnel. Les bains complets, qui demandent une certaine préparation et du temps devant soi, sont occasionnels, deux ou trois fois par mois environ, sauf exigence thérapeutique, en particulier après la grande crise hépatique de 1845 qui entraîne l'observation d'un régime : « Toutes les dix semaines, je bois pendant quinze jours des eaux de Vichy. Je me baigne. »

Lors donc que Guizot passe à sa toilette, et donc à son rasage, sa journée est déjà bien entamée. Je parle du Guizot d'après 1830, lorsque sa situation sociale et professionnelle, si j'ose dire, familiale aussi, est bien établie et, par le fait même, son existence régulièrement organisée. Depuis 1828, la famille Guizot habite une maison près de la Madeleine, au 2 rue de La Ville-l'Évêque, qui appartient à Élisa. Lorsque

Guizot, à son extrême contrariété, est exproprié pour cause de percement du boulevard Malesherbes, moyennant 300 000 francs et beaucoup de politesses de la part du préfet Haussmann, qui l'appelle « son ancien chef » parce qu'il avait jadis patronné ses débuts de sous-préfet et lui avait fait avoir sa première Légion d'honneur, il s'installe en janvier 1860 dans un appartement 52, rue du Faubourg-Saint-Honoré, qu'il quittera neuf ans plus tard pour un quatrième étage 10, rue Billaud, aujourd'hui rue Washington. À cette résidence privée parisienne s'ajoute naturellement, en 1836, le Val-Richer, où ses séjours sont généralement brefs sous la monarchie de Juillet, et où il habite jusqu'à la moitié de l'année à partir de l'été 1849. Membre du gouvernement, il occupe avec les siens un logement de fonction au ministère de l'Instruction publique, rue de Grenelle, puis aux Affaires étrangères, boulevard des Capucines, et seul, durant huit mois en 1840, la résidence de l'ambassadeur de France à Londres, Hertford House, à Manchester Square.

Quand le maître de maison verse le contenu d'un demi-broc d'eau froide, parfois très froide, dans une cuvette pour procéder à son débarbouillage quotidien, il fait déjà grand jour, même en hiver, puisqu'il peut être 9 heures et demie, parfois un peu plus tard encore. Il est levé depuis plus de trois heures, voire quatre quand des affaires le pressent. Son premier geste est d'allumer le feu préparé la veille au soir dans son cabinet de travail si la saison le commande, parfois dès septembre dans le Calvados car Guizot déteste le froid et l'humidité, et il veut travailler dans une pièce chauffée à treize ou quatorze degrés, ce qui est beaucoup alors. Il importe que la cheminée tire parfaitement, car Guizot a la fumée en horreur et n'épargne rien pour l'éviter, à lui et à ses hôtes. Il s'assied à sa table, un étroit bureau à tiroirs à Paris, un plateau à peine plus large au Val-Richer, et se met à rédiger lettres, discours, ouvrage en cours. Ainsi jusqu'à huit heures. Puis il appelle son valet de chambre qui lui apporte un verre d'Eaux-Bonnes, à moins qu'il prenne une tasse de chocolat avec du beurre. C'est le signal du bonjour paternel pour les enfants éveillés depuis une heure, soit qu'ils accourent chez lui en poussant des cris, soit qu'il entre dans leurs chambres, tant qu'ils n'ont pas atteint l'adolescence. Pendant qu'ils avalent une soupe, il se promène un peu, au Val-Richer dans le jardin ou par mauvais temps dans la galerie du premier étage, à Paris dans le petit jardin dont on fait le tour en quelques minutes. Après un nouveau verre d'Eaux-Bonnes, retour dans la chambre. Alors seulement arrive la toilette. Encore une heure de travail, et c'est le culte familial, en tout cas au Val-Richer, le dimanche en présence des domestiques, tous protestants et pour la plupart recrutés en Suisse, comme font à l'époque beaucoup de familles protestantes, dans le cabinet de Guizot les autres jours. Henriette et avec elle, après 1850, son époux Conrad de Witt récitent les Commandements et dirigent les prières et les chants, à Guizot revient le principal, la lecture biblique. Instant saisissant : « Je n'ai jamais entendu lire la Bible comme il la lisait », témoigne son petit-fils Cornélis près de cinquante années plus tard, et la romancière anglaise Charlotte Yonge, amie d'Henriette séjournant au Val-Richer en août 1869, admire la beauté de la diction, cette voix claire et timbrée qui n'est pas du tout celle d'un vieillard, les inflexions de ton et la précision du geste.

La cloche sonne à 11 heures précises – tout est précis chez Guizot –, c'est l'heure de passer à table. M. Guizot n'aime pas s'attarder à déjeuner, opération nécessaire mais de médiocre intérêt. À Paris, quand il le peut mais c'est rare, il le prend seul avec plaisir. Ce 5 août 1869, au Val-Richer, il a pris place au centre de la grande table ovale, avec à sa droite Mrs Frances Martin, qui a traduit en anglais pour l'éditeur Mac Millan sa double biographie de *Saint Louis* et *Calvin*, tout juste parue à Londres, à sa gauche Charlotte Yonge dont Henriette a traduit en français, pour Grassart qui le fait paraître ces jours-ci en deux volumes, *Le Collier de perles*. Le patriarche, dans un anglais quasi courant, anime la conversation qui roule sur Rome et Genève, sur les mérites comparés des pères Lacordaire et Hyacinthe, sur les évêques Manning et Dupanloup. Si les mots sont étincelants, la chère est simple : des rissoles, qui sont des sortes de pâtés à la viande, des pommes de terre frites, des fruits du jardin – pommes et poires en cette saison, fraises quand c'est possible, dont Guizot raffole –, le tout arrosé d'un vin ordinaire, provenant sans doute de chez le cousin Ernest Guizot, à Layrac, puis une petite tasse de thé ou de café. Pas de café pour Guizot, cela l'empêche de dormir, or, depuis quelques années, il s'autorise une courte sieste. Il est peu probable que Conrad allume un cigare en présence de son beau-père, qui le supporte d'autant plus mal que Guillaume en a abusé. Guizot avoue n'avoir jamais fumé qu'une seule fois, dans les années 1820 : « J'en ai été ivre, de la plus désagréable et maladive ivresse. Je n'ai pas recommencé. » Le repas expédié, une courte promenade dans les prés et les bois tout proches est de rigueur, pour le plaisir et pour l'hygiène. Les enfants, qui sont admis à table très jeunes et autorisés à parler, sont de la partie. Longtemps leur père a couru avec eux. Le grand-père ne le peut plus.

Que fait le facteur ?

On rentre, parce que c'est l'heure du facteur, dimanche compris, à moins qu'il soit venu juste avant le déjeuner déposer le courrier avant sa tournée. De toute façon, il vient toujours trop tard, et Guizot bout d'impatience intérieurement : « Je suis descendu deux fois pour voir si la poste arrivait. Elle arrive enfin. » Au moins, ce mardi 19 septembre 1837, y a-t-il comme de juste du courrier, généralement très abondant comme presque tous les jours. Mais le 9 janvier 1854 ? « Nous n'avons pas eu de lettre hier. Personne. » C'est pour Guizot le constat du malheur, l'expression de la pure angoisse, qu'il a inoculée à ses filles. Que signifie ce silence ? Désaffection ? Pire encore, accident de santé ? La correspondance, pour cette famille qui vit le papier sous les yeux et la plume à la main, est un véritable fil de vie qui supplée la présence réelle, toujours préférable. Comme le cœur, elle doit observer un rythme implacablement régulier ; aller et retour, systole et diastole. Dès qu'ils sont séparés plus de quarante-huit heures, Guizot envoie chaque jour une lettre soit à sa mère, soit à ses filles réunies, et doit en recevoir une en retour de l'une des trois. L'échange avec Dorothée de Lieven est également quotidien, voire davantage, même s'ils se voient dans la journée à Paris. L'enveloppe compte presque autant que le contenu, car elle est à soi seule une présomption d'existence et une marque d'attachement. C'est pourquoi aucun effort n'est trop grand pour assurer le bon acheminement de la lettre qui, postée à Paris avant la sixième levée, à cinq heures du soir, parvient au Val-Richer le lendemain à mi-journée. Qu'un dysfonctionnement entrave la correspondance, et Guizot s'enflamme. Ainsi le 10 juillet 1847 : « Je fais faire une enquête pour la lettre qui vous a déjà manqué. En voilà une seconde. C'est intolérable. Il faut absolument que je découvre la cause de l'inexactitude. » Le comte Benjamin Dejean, directeur général des Postes depuis trois semaines, peut s'attendre à une mercuriale de la part du ministre des Affaires étrangères. Heureusement, tout s'arrange le lendemain, enfin presque : « Je suis charmé que la lettre perdue te soit revenue. Mais laquelle ? Car il y en a eu deux. » Beaucoup de bruit pour rien ? Ce serait mal apprécier le caractère sacro-saint de la lettre dans le système Guizot. Hors du pouvoir, il ne lâche pas prise, suggérant des procédures propres à acheminer le courrier le plus tôt possible. En avril 1861, après être intervenu auprès de Malhéné, inspecteur départemental des Postes, il obtient satisfaction : « Un facteur supplémentaire a été créé au bureau de Lisieux. Il se rendra directement au Val-Richer, et pendant que vous préparez votre courrier, il fera sa distribution dans le reste de la commune de Saint-Ouen-le-Pin. Il reviendra ensuite au Val-Richer pour recevoir tout ce que vous voudrez lui remettre. » Malheureusement, ce facteur ne sera pas le fidèle et excellent Routier, qui attendait jusque-là dans la cuisine, où on le cocolait, que le courrier à partir soit prêt. Il ne faut pas longtemps pour que le dispositif cesse de donner entière satisfaction aux épistoliers les plus actifs et les plus exigeants de l'arrondissement. Le 1er août 1868, Guizot écrit depuis Paris à Henriette : « Je n'ai rien eu de toi hier, ni le matin ni le soir. Je me plaindrai à M. Vandal [directeur général des Postes] de ces irrégularités de la poste de Lisieux qui sont assez fréquentes, à ce qu'on me dit ici. » Car il n'imagine pas un instant que Henriette ait pu manquer à son devoir épistolaire.

Quel bonheur, en revanche, quand tout se passe comme prévu, car la prévision a été extrême, comme on va voir. Fin octobre 1851, Henriette et Conrad sont arrivés à Rome pour plusieurs mois. « À ma grande joie, ma chère fille, écrit Guizot le 6 novembre, ta lettre du 26 est arrivée ce matin. J'ai beau vieillir, je ne m'accoutume ni à l'absence ni à l'attente. Aujourd'hui, j'ai le cœur gai et je me donne le plaisir de t'écrire *hors tour*. Tu auras certainement reçu une lettre de moi le lendemain du jour où tu as écrit à ta sœur ; je t'avais écrit, si je ne me trompe, le samedi 18 octobre, précisément pour que tu trouvasses une lettre en arrivant à Rome. Ma lettre y sera bien arrivée, j'espère, le 27 ou le 28 au plus tard. » Que de calculs, qu'un grain de sable postal peut hélas déjouer ! Mais l'affection se mesure aussi à la régularité et à l'intensité de l'échange épistolaire. C'est en quoi surtout Guillaume l'exaspère : « Si je t'écrivais pour mon plaisir, je ne t'écrirais pas car tu ne me réponds pas. Tu es certainement la seule personne qui ne me réponde pas. » Guillaume qui alors a trente-cinq ans.

Quoi qu'il en soit, le courrier est là. Rédigées le matin, les lettres au départ, parfois près d'une vingtaine, et à destination de l'Angleterre presque autant que de la France, n'ont pas été fermées, afin d'y inclure accusé de réception ou brève réponse au vu des lettres arrivées, avant que le facteur emporte le paquet assez tôt pour être confié en fin d'après-midi à la malle – poste et, à partir de 1855, au chemin de fer qui dessert désormais Lisieux. Encore, pour arriver à destination, faut-il s'assurer de la bonne adresse. Guizot, du Val-Richer, désire écrire à la duchesse Decazes dans son domaine de La Grave, en Gironde : « Quelque agréable que soit La Grave, il ne tient pas encore assez de place dans le monde pour qu'on puisse mettre sur une lettre *à La Grave* tout court. J'ai donc écrit à Paris pour faire demander chez vous par où il fallait vous écrire. On me répond : par *Saint-Denis-de-Pille*. À la bonne heure ; voilà un nom de ville célèbre. Je vous écris donc par *Saint-Denis-de-Pille*. J'espère que ma lettre va vous trouver à La Grave »... Et puis, il faut dater les lettres avec précision, ce que Henriette, à la différence de Pauline, néglige trop souvent, ce que Guillaume ne fait à peu près jamais. Ainsi se tisse et s'entretient, par une correspondance véritablement acharnée, que l'activité politique ralentit à peine et qui forme peut-être l'ensemble le plus important du XIXe siècle français, le mieux conservé aussi car Guizot a copié de sa main beaucoup de ses propres lettres et a tout classé soigneusement, lui ou après lui Henriette, un immense réseau européen de relations mondaines, intellectuelles, politiques, amicales et familiales, où les femmes tiennent une place considérable.

La lecture des journaux et revues, dont plusieurs britanniques, le matin à Paris, l'après-midi au Val-Richer, prend du temps, car s'ils dépassent rarement quatre pages, leur format est immense, et les quotidiens paraissent même le dimanche. Pas d'envois de complaisance : Guizot paie ses abonnements lorsqu'il n'est pas au gouvernement. Puis, dans son cabinet de travail, il se met à la rédaction de l'œuvre en cours, ses dossiers bien classés sous la main. Là, il est étonnant de concentration et de promptitude, de plaisir aussi. En passant devant la porte fermée, on l'entend fredonner. Car Guizot est de tempérament heureux, ses familiers vous le diront, et même d'autres comme Louis Véron, qui fait allusion à son charmant sourire là où certains, il est vrai, croient déceler un rictus de supériorité, comme si même sa bouche et ses lèvres étaient inaptes au relâchement. D'Alton Shée, qui s'éloigne de Guizot en 1845, lui trouve ainsi un « sourire indulgent et fin ; son rire, au contraire, dérange et vulgarise la noble expression de ses traits ». Simple question de zygomatiques ? Il faut en effet la pathologie morbide de Frédéric Amiel pour déclarer que « Guizot n'a jamais su rire », que « son sérieux ne dételait jamais ». L'opinion, il est vrai, en était accréditée ici et là, et jusqu'à Rome où Grégoire XVI déclarait à Pellegrino Rossi envoyé en 1845 par Guizot pour régler la question des Jésuites : « C'est un grand ministre ; mais on dit qu'il ne rit jamais. » En somme, Guizot sérieux comme un pape ? Il se plaint au contraire de n'avoir pas l'occasion de rire plus souvent, il attend le retour à Paris de Laure de Gasparin pour rire avec elle : « Vous savez si je sais me distraire et rire. » En chanson, la plume court sur le papier : « pas une hésitation, pas une fatigue ; jamais un jambage qui bronche », relève Sainte-Beuve qui se fait graphologue. La plume, et souvent le crayon à papier sur des feuillets étroits prédécoupés et cousus à la suite par de la petite ficelle. Le travail est interrompu vers quatre heures pour assister ou participer au goûter, modeste : anchois marinés, pain, fruits... Vers cinq heures et demie, ce peut être lecture et leçon d'histoire aux enfants. À sept heures dîner, puis, l'été, arrosage du jardin, moment important car Guizot prend le plus grand soin de ses plantes, dont je reparlerai en visitant le Val-Richer. Après quoi, divertissements en tous genres, comme musique, saynètes, aussi jeux de société, car Guizot est volontiers joueur, en particulier de tric-trac : il souffre de n'en pas disposer à Londres durant son ambassade au point de faire venir le sien du Val-Richer ; il est bien heureux alors de trouver dans le premier secrétaire Bourqueney un partenaire consentant. Sinon, quelques parties de whist ou de *robbers* font l'affaire et, quand il est seul, deux ou trois patiences.

À Paris

Tout cela conduit à 10 heures. Il se lève, signant ainsi le moment de se séparer, y compris aux invités, car les hôtes ne cessent de se succéder au Val-Richer. Il est bien connu, de Victor Hugo par exemple, que M. Guizot a besoin de beaucoup de sommeil, qu'il a du reste excellent jusqu'à la fin de sa vie : au moins sept heures, huit de préférence. Il gagne sa chambre, se couche et lit une demi-heure un morceau de roman anglais, de récit de voyage, quelques sonnets de Pétrarque dans le texte pour se rafraîchir le cœur et l'esprit quand il est accablé d'affaires, à Paris. Car son existence est d'autant plus régulière qu'il avance en âge, et qu'il est éloigné de Paris. Dans la capitale, il faut composer avec la nécessité. Le ministre, en dépit de sa capacité d'organisation, est en permanence pris *in a hurry*, selon l'expression qu'il affectionne, et fait tout « en courant ». 11 décembre 1841, ministère des Affaires étrangères : « Je travaillais ce matin dans mon lit à cinq heures. J'ai quitté le travail à une heure pour aller au Conseil. J'en viens et je travaille. J'ai un dîner de Cabinet ; et peut-être ce soir, vers dix heures, irai-je me reposer une demi-heure au fond d'une loge aux Italiens et entendre le finale de *Lucrezia Borgia*. » Entre-temps, ce sont les lettres officielles, cette énorme correspondance diplomatique que le ministre des Affaires étrangères rédige le plus souvent de sa main. Ce sont ces conversations à la fois mondaines et politiques, qui forment une bonne partie de l'action gouvernementale. Ainsi ce mot, à l'instar de centaines d'autres, toujours de sa main, écrit un vendredi à neuf heures : « Mon cher ami, pourriez-vous venir me voir un moment avant midi ? Vous seriez bien aimable. J'ai deux choses de quelque importance à vous dire. » Le ministre a rédigé lui-même l'enveloppe, assortie de la mention « pressé ». Le déjeuner sert aussi à régler des affaires, à entretenir les amitiés politiques, à faire des politesses aux diplomates. Et il faut placer la visite quotidienne à Dorothée de Lieven. Le député, quand il n'est pas ministre, ne dispose guère de davantage de temps, car c'est lui alors qui rend des visites, qui se rend aux séances et commissions des trois académies dont il est membre, et qu'il ne néglige pas, en particulier celle des Sciences morales et politiques qu'il a rétablie, comme ministre de l'Instruction publique, en 1832. Prix et élections, avec les tâches qu'ils requièrent et le jeu d'influences qu'ils mobilisent, fourniraient presque à soi seuls un emploi à une personnalité moins active et moins prompte que Guizot. Les dîners qui s'enchaînent et que, veuf, il rend moins facilement sont presque chaque jour suivis d'une heure donnée à tel ou tel salon ami ou utile. Aussi, à Paris, Guizot n'est-il guère couché avant onze heures, plus tard même, surtout s'il a fini la soirée à l'opéra.

Ce n'est pas souvent, car Guizot n'est pas spécialement mélomane. Dans l'art lyrique, c'est Rossini qu'il préfère, et par-dessus tout *La Gazza ladra*, mélodrame qui, à chaque représentation, n'est pas loin de lui tirer des larmes. Mais il ne va guère au concert, se contentant des soirées musicales organisées par Mme Duchâtel, les meilleures de Paris, dit-on, mais où le brouhaha de la foule empêche d'entendre et même d'apercevoir véritablement les interprètes. Aussi Guizot reste-t-il rarement jusqu'au bout. Dans les réceptions données au ministère des Affaires étrangères, il fait volontiers jouer du Beethoven, par exemple le septuor, tout comme, du même compositeur, à Londres en juin 1840, il écoutait Liszt et Batta jouer la *Grande Sonate*. Au total, la musique ne compte guère dans sa vie, même s'il se plaît à écouter sa fille Pauline au piano et s'il fait semblant de s'extasier sur un morceau ou un autre pour être agréable à Dorothée de Lieven. De même, il ne fréquente les théâtres, et rarement, que par désœuvrement, autant dire très peu. Les bonnes pièces, classiques forcément, il préfère les lire, et les réciter car il en sait quantité par cœur. Les expositions de peinture le mobilisent un peu plus, parce qu'il est là davantage dans son élément, avec sa belle-sœur Aline de Meulan, sœur de l'excellent peintre Théodore Turpin de Crissé et habile dessinatrice elle-même, son neveu Maurice de Vaines, dont le talent est reconnu, avec surtout Ary Scheffer, l'ami et le portraitiste de la famille. Au reste, plus généralement, le régime de Juillet fait œuvre de mécénat en peinture et sculpture, et Guizot ministre intervient dans la commande publique, ce qui le conduit à fréquenter peintres et sculpteurs de renom. Enfin, il se fait lui-même volontiers portraiturer, par Scheffer, Delaroche, Healy, Say, Watts, Heuss, Baudry, sculpter par David d'Angers, Foyatier, Bra, toujours avide de représentation et soucieux de laisser sa trace en son temps.

Et quand il n'est plus ni ministre, ni député, ni rien que M. Guizot, ses journées parisiennes ne sont pas moins remplies que précédemment. L'Institut est plus que jamais l'objet de toutes ses attentions, car c'est là que demeurent ses plus fortes capacités d'intervention dans le monde, et il est bien décidé à en user autant et le plus longtemps qu'il le peut ; et il le pourra jusque dans les derniers mois de sa vie. À l'Académie française, il pèse, juge-t-il et croit-on, de huit à dix voix. C'est dire s'il est sollicité, si, vingt-cinq ans durant, les invitations et les visites pleuvent à cette fin. Les affaires académiques occupent d'autant plus que, sous l'Empire, elles prennent parfois une portée politique, puisque l'Institut est devenu le réduit, voire la place forte, de l'opposition monarchiste et libérale. Voici Auguste Poirson, que Guizot a naguère connu comme professeur d'histoire au lycée Henri-IV, puis proviseur du lycée Charlemagne. En 1853, il est mis à la retraite d'office pour dissentiment avec le ministre de l'Instruction publique. En 1857, il publie trois gros volumes d'une *Histoire du règne de Henri IV*, qui a tout, auteur et sujet, pour plaire à Guizot. Ce dernier se met en devoir de lui faire obtenir le prix Gobert de l'Académie française. Le 12 mai, grosse discussion à la commission des prix ; Guizot mène l'offensive, rallie les hésitants comme Mignet, échoue avec le seul Rémusat, rédige aussitôt un rapport favorable que l'Académie votera le surlendemain. En revanche, il échouera à faire élire Poirson aux Inscriptions, en 1863. Ce même 12 mai, on parle de la succession d'Alfred de Musset, mort dix jours plus tôt. Victor de Laprade, poète plutôt hostile à l'Empire, a ses chances. « J'en ai beaucoup causé à droite et à gauche. Parmi les adversaires quelques-uns sont bien aises, sans le dire, de voir arriver un poète honnête à la place d'un poète déshonnête. » Et puis Charles Brifaut, qui n'a pourtant que cinquante-quatre ans, « est très mal et mourra, dit-on, un de ces jours ». Enfin, à gauche, ce sera le tour de Jules Sandeau, selon un équilibre tacite. De fait, Laprade et Sandeau seront successivement élus, à la satisfaction de Guizot, dont la correspondance est pleine de récits et de considérations académiques.

Sa conversation même le fait rechercher des étrangers de passage, depuis la princesse albanaise Scanderberg jusqu'au prince sud-africain Bassouto, fils du grand chef Moschech, comme de la haute société parisienne. Au hasard, la journée du jeudi 27 novembre 1862 : neuf visites reçues le matin, huit lettres arrivées, cinq écrites ; l'après-midi, visites chez Broglie, la duchesse de Galliera, Mme Lenormant, puis séance à l'Académie ; dîner chez Mme Mollien avec cinq convives de choix. Le lendemain, dîner chez Broglie, le surlendemain chez Léonce de Lavergne, dimanche chez Amélie Lenormant, lundi chez l'ancien garde des Sceaux Hébert, mardi chez la comtesse de Sainte-Aulaire, mercredi chez la duchesse Decazes, jeudi chez la comtesse Mollien, vendredi de nouveau chez Broglie. Il se regarde et se montre ainsi vivre avec enchantement, faisant mine d'être débordé – « je suis assiégé » –, ravi au fond d'être et de rester à la mode, y compris chez ceux qui, à l'époque de son pouvoir, lui étaient hostiles ou demeuraient inaccessibles, comme le gratin du faubourg Saint-Germain. Il en vient à tenir des agendas où il note chaque jour scrupuleusement, en une liste impressionnante, les noms des auteurs et destinataires de ses lettres, de ses visites, des déjeuners et dîners. « Je ne me ruinerai pas chez les restaurateurs », lance-t-il.

Plaie d'argent

Ce n'est qu'à moitié une plaisanterie. Il a repris l'habitude de recevoir le jeudi en fin d'après-midi, après la mort de la princesse de Lieven. Mais plusieurs dizaines de personnes à sustenter et abreuver coûtent cher. Il faudra se contenter de thé et de gâteaux secs. C'est aussi par économie autant que par hygiène que Guizot, dans Paris, se déplace le plus souvent à pied, parfois sur de longues distances, jusqu'à un âge avancé, bravant le froid et les intempéries en dépit des objurgations de ses enfants. Il s'est en effet rapidement défait, contre argent, de la voiture que Dorothée de Lieven lui avait léguée. Guizot vit médiocrement, sinon petitement. Toujours il s'est senti libre vis-à-vis de l'argent, dès lors qu'il en avait suffisamment, par son travail, pour subvenir aux besoins ordinaires, et ses inquiétudes ne se portent pas de ce côté-là. Il lui suffit de bien régler sa dépense sur ses ressources. De son tempérament et de sa situation il s'est fait, comme souvent, une doctrine qu'il expose en juillet 1835 à Laure de Gasparin : « Ma fortune est très petite, mais elle est en bon ordre. J'aurais pu bien souvent, pendant que j'ai été dans les affaires, l'augmenter beaucoup sans manquer à ce que le monde appelle la probité ; mais en toutes choses, et pour ma vie privée comme pour ma vie publique, c'est moi-même que je consulte et que je crois, et non pas le monde. » L'achat et surtout l'aménagement du Val-Richer pèsent lourd sur cette très petite fortune, essentiellement composée de biens immobiliers hérités des Meulan-Dillon. Aussi Guizot indexe-t-il les travaux sur la conjoncture politique et sur sa position officielle, qui lui est liée. En avril 1840, sous le cabinet Thiers, le notaire Ovide de Remilly, député de Versailles, dépose une proposition de loi tendant à interdire la promotion des députés à des fonctions publiques ou leur avancement pendant la durée de leur mandat législatif. Pour le centre droit, cette réforme est inacceptable et Guizot est résolu, si le gouvernement la prend en considération, à démissionner aussitôt de l'ambassade de Londres, ce qui supprimerait ses émoluments. Dans cette perspective, qui ne se réalisera pas, il suspend les engagements de dépenses au Val-Richer. C'est lorsqu'il est au gouvernement que sa situation est la plus aisée, même si, lorsqu'il accède aux Affaires étrangères, il réduit sa dotation de 20 % par rapport à son prédécesseur. Mais là encore il garde à l'esprit que tout peut cesser d'un jour à l'autre et, à ses enfants qui jouissent à l'hôtel du boulevard des Capucines des facilités qui y sont attachées, il souligne préventivement en juin 1846 : « Ne vous accoutumez pas à regarder toutes ces grandeurs, tous ces conforts, tous ces agréments comme nécessaires. Je désire et j'espère que vous ne passerez pas par des situations aussi étroites que celles où quelquefois je me suis trouvé. [...] En tout cas, des embarras, des gênes, des épreuves de fortune ne vous seront peut-être pas épargnés. Maintenez-vous bien au-dessus de ces épreuves-là. [...] Il faut accepter et supporter les épreuves de fortune non seulement avec courage et dignité, mais tranquillement, gaiement, comme des égratignures dans la vie et non comme de vraies blessures. »

Cette leçon est bonne à prendre, quand on sait ce qu'il adviendra. À compter du 25 février 1848, Guizot et ses enfants n'ont plus aucun revenu régulier, sinon la pension qui lui est liquidée lorsque, le 5 juillet 1849, il est admis à faire valoir ses droits à la retraite de professeur de la faculté des lettres, désormais honoraire. Le Val-Richer, en effet, ne rapportera jamais rien. Lui a toujours refusé, par principe et par liberté, d'entrer dans des conseils d'administration aux jetons rémunérateurs, même si les propositions n'ont pas manqué et s'il a déployé beaucoup d'efforts, avec succès, pour en procurer à son gendre Cornélis. C'est alors qu'avec sa fille Henriette il commence à tenir des comptes d'une extrême précision, jusqu'aux sommes les plus minuscules, pour savoir où il en est, ce qui est possible et ce qui ne l'est pas. Le train de vie quotidien est marqué du sceau de l'économie. Ainsi le linge sale de Paris est-il envoyé pour lessive au Val-Richer, et c'est là-bas aussi que Guizot se fait faire ses cols et ses chemises. Il n'hésite pas à dire ouvertement que c'est aussi et peut-être d'abord par besoin d'argent qu'il déploie une telle activité littéraire et négocie avec rigueur des contrats auprès des éditeurs, allant au mieux offrant, pour lui et aussi pour Henriette qui traduit et publie à tour de bras. Cette façon de se procurer des moyens d'existence, au total assez rémunératrice puisque, par exemple, il aurait touché 185 000 francs entre 1857 et 1870 du seul éditeur Michel Lévy, est la seule qui convienne à sa dignité, même s'il la paie d'un inconfort et d'une frugalité très remarqués par ses contemporains. Sarah Austin écrit ainsi en mars 1849 à Victor Cousin, pourtant ancien collègue et proche de Guizot : « Vous m'étonnez en me disant que vous ne saviez pas combien M. Guizot est peu à son aise. Je croyais que tout le monde connaissait cette pauvreté respectable. Il gagne quelque argent en écrivant ; et même, ses chers enfants ont traduit un livre anglais. » En 1850, il est contraint de vendre aux enchères à Londres quelques centaines de livres de sa bibliothèque. Et vingt ans plus tard, lorsque Guizot habitait un petit appartement au quatrième étage rue Billaud, Alfred de Falloux qui, ministre de l'Instruction publique, avait signé sa mise à la retraite, gravissant l'escalier pour l'aller visiter, aurait déclaré : « Mon respect pour lui grandit à chaque marche. » Le propos fit le tour de Paris. Cette réputation de pauvreté ne pouvait pas déplaire à Guizot, même s'il ne la cultivait pas ostensiblement. Elle est en réalité usurpée. Guizot et les siens n'ont jamais, de son vivant, manqué du nécessaire. Ils ont très rarement connu le superflu. Guizot n'était pas riche, et ne tenta pas sérieusement de le devenir. Cela lui était égal, il est l'homme du monde qui se contente le mieux de ce qu'il a, sans jalousie ni aigreur. Le contentement est dans sa nature profonde, il en a aussi les bons côtés. Aux préoccupations d'argent, le déroulement de ses journées ne fait à peu près aucune part.

Sweet Home

Aussi n'est-ce pas seulement par souci d'économie que les voyages tiennent si peu de place dans l'emploi de son temps. Il trouve toujours mieux à faire que de voyager, et ce ministre des Affaires étrangères durant quatre-vingt-huit mois a très peu la curiosité de l'étranger par contact direct. Les lieux, les paysages, les monuments, il lui suffit de lectures, de gravures, de conversations surtout pour se les représenter. Ce sont, toujours et partout, les personnes qui comptent à ses yeux : « Je n'ai jamais eu de goût pour les voyages, écrit-il à Henry Reeve en novembre 1869. Je franchirai volontiers cent miles pour une heure de conversation avec telle ou telle personne ; mais les miles ne m'intéressent guère en eux-mêmes. » Même le voyage en Italie, séquence obligée au XIXe siècle pour tout homme de culture, pour lui en particulier pétri d'histoire ancienne et féru de littérature italienne, il ne paraît pas qu'il y ait réellement songé. Ce qui ne l'empêche pas de se faire, depuis Paris, le guide indicateur de Henriette et Conrad en séjour à Rome en 1851-1852, et de demander à son gendre de photographier pour lui Saint-Jean de Latran, le Vatican et le Forum. Sauf Genève, durant son enfance, et l'Angleterre à l'occasion de son ambassade puis à trois brèves reprises pour des visites protocolaires ou amicales, Guizot a en tout et pour tout, en soixante-dix ans d'existence adulte, passé dix jours en Allemagne, à Ems où la princesse de Lieven prenait les eaux en été 1850, et une semaine pour visiter la même à Bruxelles en octobre 1854. Rien d'autre, et pas de vrai désir exprimé d'aller voir ailleurs. En France non plus, hors les déplacements pendulaires entre Paris et le Calvados, pas d'élan vers des endroits inconnus. Guizot, qui n'a vu la mer pour la première fois qu'en mai 1831 à Honfleur, ne va sur les plages que pour la santé de ses enfants, sans s'attarder, essentiellement à Trouville et Villers-sur-Mer. Il ne se baigne pas, ne sachant ni nager ni même faire la planche. Au mieux déambule-t-il à la recherche de beaux galets et de coquillages, qu'au reste il préfère acheter. Pas de séjours en montagne, alors que la Haute-Savoie, et aussi les Hautes-Pyrénées, sont de plus en plus courues et parcourues par la haute société. En octobre 1859, une courte virée chez Duchâtel à La Grange, dans le Bordelais, sans vrai plaisir : « On me mène tous les jours voir quelque chose, un site, une ruine, un château, un vignoble, des caves. Je suis, comme tu sais, le moins curieux des hommes. Je me prête pourtant. Quand on ne veut pas être complaisant pour les goûts des autres, il ne faut pas sortir de chez soi. » Et de fait il en sort très rarement. De La Grange à Fongrave, chez les Ernest Guizot près d'Agen, il n'y a pas très loin. On y passe quatre jours, essentiellement dans l'attente du courrier, en dépit de l'accueil affectueux : « Je suis chaque jour plus pressé de rentrer »... Sur le chemin du retour, arrêt à Jeurs, près d'Amboise, où Mme Mollien réside à la belle saison. On y dîne sans même y coucher. Et c'est enfin le bonheur du chez-soi, et le redoublement de travail pour rattraper un retard somme toute fâcheux. Même le séjour nîmois pour le mariage de Guillaume, en avril 1860, est réduit au minimum minimorum ; c'est pourtant la terre natale.

Ce n'est pas que Guizot ignore complètement le sentiment de la nature et de ses beautés. On sait à quel point il aime les fleurs et les arbres. Il est sensible à la lumière : « Le soleil brille ce matin ; ses rayons percent avec éclat une vapeur légère et fine qui flotte encore sur les bois et les prés les plus verts du monde. » Il a quelques lignes émues sur l'intérieur des arènes de Nîmes éclairées par la pleine lune, à Ems sur « la très jolie nature sauvage qui m'entoure » et sur les ruines du vieux château de Nassau entourées de bois sombres, mais, et c'est l'important, « je serai revenu ce soir à six heures pour l'arrivée de la poste ». La découverte de la mer l'inspire davantage : « J'ai senti mon âme s'épanouir naturellement, facilement, comme si l'espace lui eût manqué jusque-là, et qu'en présence de cet espace immense, égal, elle retrouvât la plénitude de son existence et la liberté de ses mouvements. » Tant mieux si les circonstances le conduisent à apprécier ce qui lui tombe sous les yeux. Mais il ne prendra pas de chemin de traverse, il ne perdra pas un jour pour découvrir de ses yeux ce qu'il ne connaît pas, et qui le charmerait pourtant. Guizot est l'homme du temps compté, dans sa journée comme dans sa vie. Pour lui comme pour Leibniz dont il a le portrait au Val-Richer dans son cabinet de travail, « c'est partout comme ici ». Chaque journée ressemble à la précédente, et chaque jour M. Guizot se ressemble.

CHAPITRE X

À bas Guizot !

Le 24 février 1848, les émeutiers suivis par la foule ont pénétré dans le palais des Tuileries que viennent d'abandonner, sitôt signée l'abdication, Louis-Philippe et une partie de sa famille. Dans l'un des appartements privés on trouva, paraît-il, un vieux perroquet criant de toutes ses forces : « À bas Guizot ! » On en fit un héros et on le bourra de friandises[1]. Les plus fins connaisseurs des habitants des Tuileries pensent que ce dressage tout politique était l'œuvre du prince de Joinville, le plus hostile des fils du roi au chef du cabinet en fonction depuis le 29 octobre 1840. Au reste, ce perroquet, s'il était digne de la réputation que l'on prête à son espèce, aurait fort bien pu, pour apprendre son couplet, n'avoir besoin de personne d'autre que de la rumeur publique, qui enflait jusqu'aux fenêtres de la résidence royale comme de la Chambre des députés et du ministère des Affaires étrangères. À ce cri étaient associés deux autres, en quelque sorte commentaires du premier : « À bas l'homme de Gand ! », depuis plusieurs années, et, plus récemment : « Vive la réforme ! » En eux se résument et se concentrent, à l'extrême, les motifs, réels ou non, de la mort politique et du désaveu historique de Guizot : trahison, corruption, aveuglement, et ce qui va avec : opportunisme, arrogance, impopularité, absence de sentiment national, conservatisme répressif.

1. *Un Anglais à Paris. Notes et souvenirs*, Paris, Plon, 1893, t. 1, p. 302.

Il n'est pas dans mon intention de laver Guizot des macules qui entachèrent sa personnalité de son vivant, son image après lui. Il a chargé d'autres d'y travailler, lorsqu'il était encore aux affaires, et surtout s'en est chargé lui-même, dans ses Mémoires. Sa chute en février 1848, et avec la sienne celle du régime de Juillet – mais laquelle a entraîné l'autre ? –, ne trouvent pas leur origine dans son action au ministère de l'Intérieur en 1814, ni dans son voyage aux Pays-Bas auprès de Louis XVIII en 1815. Mais son exposition à la critique, au dénigrement, voire à la haine ne tient pas seulement au fait que, trente-cinq ans durant, il ait été suprêmement actif aussi bien dans l'opposition qu'au pouvoir. Il y a quelque chose de particulier, voire de personnel, dans la violence, voire dans le caractère des traits qui lui furent décochés, des coups qui lui furent portés, d'un bord comme de l'autre du monde politique, mais aussi de plus loin, de ce que, à défaut d'un terme plus précis, on doit bien appeler le pays, non seulement légal mais réel, puisque, déjà sous la monarchie constitutionnelle, la double expression fait florès. Ses contemporains et rivaux furent sans doute maltraités en leur temps, mais aucun d'eux ne s'en tira aussi mal que lui : Molé par son insignifiance apparente, Lamartine grâce à son verbe magique et au printemps de 1848, Tocqueville parce qu'il n'eut à exercer que son intelligence, Barrot parce qu'il n'avait rien à faire que d'être là, et surtout Thiers, le seul vrai concurrent, parce que 1848 ne l'a pas frappé personnellement même si le coup est passé près, et parce qu'il a permis la République après l'Empire.

L'homme de Gand

Lorsque, le 23 mai 1815, Guizot se met en route pour la petite cité de Gand, refuge de la légitimité bourbonienne, il célèbre, au jour près, le premier anniversaire de son entrée dans les allées du pouvoir. C'est en effet le 24 mai 1814 qu'il a été officiellement nommé secrétaire général du ministère de l'Intérieur dans le cabinet présidé par Talleyrand. Il exerçait en fait la fonction depuis le début du mois, recruté par le ministre et abbé de Montesquiou à la suggestion de Royer-Collard, directeur de la Librairie dans le même ministère. Si Guizot est depuis quelques années introduit dans le monde, son expérience politique et administrative est nulle. Ses idées, déjà, sont accommodées aux faits et la réalité du moment, c'est Napoléon à l'île d'Elbe et Louis XVIII à Paris. La Charte, quand Guizot entre au ministère, n'est encore ni proclamée ni même rédigée. On sait seulement, depuis la déclaration de Saint-Ouen le 2 mai, que le roi affirme tenir sa légitimité de droit divin. Au moins symboliquement, la chaîne des temps paraît renouée par-dessus les vingt-cinq dernières années. La volonté du roi est la source de la loi. De cette restauration dont on ignore alors qu'elle n'est que la première, Guizot se fait l'honnête serviteur sous la férule paresseuse d'un ministre seigneur d'Ancien Régime tempéré par les événements. Le secrétaire général se signale, outre une compétence acquise avec une merveilleuse promptitude, par des révocations et des déplacements au sein du corps préfectoral au total modérés mais que, plus tard, les libéraux et les nostalgiques de l'Empire lui reprocheront comme l'exercice d'un arbitraire rétrograde. Car les reproches, les critiques et les accusations, qui m'intéressent ici, viendront vingt ans après, et je n'en indique donc que les faits générateurs.

L'un d'eux, inscrit davantage encore au débit de Guizot, est le projet de loi sur la presse, rédigé par le secrétaire général et le directeur de la Librairie, présenté le 5 juillet avec un exposé des motifs dû à la plume de Guizot, adopté par la Chambre des députés, avec adoucissement, le 11 août et promulgué le 21 octobre. Ce texte, qui tend principalement à établir l'autorisation préalable, c'est-à-dire la censure, pour les publications de moins de trente feuilles – chacune représentant généralement huit pages après pliage –, a donné lieu à une vive controverse. Benjamin Constant le dénonce, avant même sa présentation officielle, dans son factum *De la liberté des brochures, des pamphlets et des journaux*, auquel Guizot réplique par *Quelques idées sur la liberté de la presse*, avant que les deux hommes aient une vive dispute un soir d'août à dîner chez Raynouard[1], un député opposant à Napoléon et aussi à la loi, et que Guizot défende le dispositif lui-même dans *Sur le nouveau projet de loi relatif à la presse* où se trouvent des phrases comme celle-ci : « Ceux qui font commerce de drogues vénéneuses s'offensent-ils des précautions que prend la police pour qu'ils ne les livrent qu'à des pères de famille incapables d'en abuser ? » L'analogie n'est pas du meilleur goût, surtout venant de quelqu'un qui fit sous l'Empire profession de journalisme. On peut lire encore cette déclaration, dont la logique ne doit rien aux grands principes : « L'inconvénient de retenir mal à propos pendant quelque temps une ou deux brochures dans le portefeuille de leurs auteurs est-il comparable à l'avantage de prévenir tant de troubles et de dangers ? » Et enfin : « Ne nous laissons point entraîner par de vaines théories ; nous avons des faits, et ces faits nous prouvent que, de longtemps en matière de libelles, la crainte d'être jugé après coup ne sera pas un préservatif suffisant. » Moyennant quoi le projet est présenté par son auteur comme respectueux de la liberté, la vraie, et du reste, comme toujours en pareil cas, de caractère provisoire, simplement pour répondre aux nécessités du moment. Les théories, vaines ; les faits, substantiels : Guizot est là, sinon tout entier, au moins en grande partie. Il faudra revenir sur ce point, et désormais ne pas le perdre de vue. Certes, ni en 1814 ni jamais Guizot n'est animé ou possédé d'une passion répressive. Le fond de son tempérament, hors de toute considération extérieure, est porté à la bienveillance. Mais justement les considérations extérieures, autrement dit les situations nées des rapports de force, pèsent lourd. Comme pèsera lourd, dans l'argumentation de ses adversaires, le nom de Guizot figurant sur la liste des censeurs royaux nommés par

1. Benjamin Constant note dans son *Journal intime* : « La loi a passé. Adieu la Constitution et au diable la France ! Quels fous que les gouvernants qui tuent l'opinion qui était pour eux. » Il ajoute à l'intention de Guizot : « Le plus petit pouvoir est un grand corrupteur. »

l'ordonnance du 24 octobre 1814 en application de la nouvelle loi, même si aucun acte de censure ne peut lui être effectivement imputé. Au prix d'une certaine mauvaise foi, et parfois d'une mauvaise foi certaine, quelques écrits ou choix de Guizot pendant la période très confuse de la première Restauration purent fournir matière à ses contempteurs au cours de la monarchie de Juillet. Même Chateaubriand rappellera ironiquement, dans les *Mémoires d'outre-tombe*, comment « M. Guizot élabora cette première loi de liberté ». Mais c'était menue monnaie par rapport au voyage de Gand.

Le 30 octobre 1836 le général et député Bugeaud, depuis son domaine d'Excideuil en Dordogne, écrit à Guizot avec ce ton qui n'appartient qu'à lui : « Vous savez que je suis de vos amis, quoique vous fussiez à Gand quand je battais les Autrichiens dans les Alpes. » Tout est dit, même si les deux hommes restèrent amis politiques, et même un peu plus, jusqu'à la chute du régime de Juillet. Que diable Guizot était-il donc allé faire à Gand ?

Le 19 mars 1815, alors que Napoléon est à Fontainebleau, Louis XVIII a quitté Paris et pris la route du Nord. Dans la nuit, le cabinet Talleyrand se dissout, et Montesquiou disparaît. Le lendemain, Guizot résigne ses fonctions, le 23 il est officiellement remplacé. Le voilà rendu à ses activités universitaires, pour lesquelles il prête serment en présence du doyen de la faculté, Royer-Collard, le 17 mai. Quel serment ? Celui imposé à l'ensemble des fonctionnaires par les régimes successifs, sans allégeance personnelle à l'empereur. Guizot devra pourtant se défendre d'une attaque plus grave, dont la première trace apparaît, à ma connaissance, à la veille des élections générales de juillet 1831. Lefrançois, l'un de ses agents électoraux dans le Calvados, lui demande que répondre à une insinuation du journal local d'opposition *Le Patriote* : il aurait continué à servir au ministère de l'Intérieur comme chef de division pendant les Cent-Jours sous Lazare Carnot et aurait souscrit personnellement l'Acte additionnel aux Constitutions de l'Empire, avant d'être révoqué au début de mai ; pis encore, peu après il se serait saisi nuitamment du registre portant sa signature, sur laquelle il aurait opportunément renversé de l'encre afin d'effacer la preuve de son forfait. Guizot adressa à Lefrançois, par une lettre du 27 juin 1831, un démenti formel sur les trois points, qu'il renouvela par une lettre ouverte au maire de Lisieux Leroy-Beaulieu.

Tout part d'un article du *Moniteur universel* du 14 mai 1815, signalant que le ministre de l'Intérieur Carnot « vient de faire quelques changements dans ses bureaux », pour des motifs qui peuvent être en effet politiques. Mais, est-il précisé, « il est si faux que le refus de voter pour l'acte constitutionnel ait influé en rien sur la décision du ministre, que des employés qui ont signé oui pour l'acte constitutionnel, notamment M. Guizot, n'en ont pas moins reçu leur démission, tandis que d'autres employés, à qui leur conscience n'a point dicté un vote aussi empressé que celui de M. Guizot, n'en sont pas moins conservés ». Pour les adversaires du ministre de la monarchie de Juillet qui ont retrouvé ce document, il n'existe qu'un seul Guizot. Or, explique François Guizot, il s'agit en fait de son frère Jean-Jacques, alors chef de bureau au ministère de l'Intérieur et en effet destitué au début de mai 1815. Cette confusion – volontaire ou non – entre eux deux, qui fut servie à satiété durant la monarchie de Juillet, eut la vie si dure, y compris dans l'historiographie réputée sérieuse, que Guizot crut devoir la rectifier une fois encore dans une longue note du chapitre III de ses Mémoires, plus de quarante ans après les faits supposés. Quant à l'incident de l'encrier, que relance une brochure[1] commanditée, dit-on, par Molé en 1843 pour se venger de Guizot et de la coalition, quelle peut être son origine ? Personne n'est jamais allé vérifier, pas moi plus qu'un autre, s'il a jamais existé un registre de ce genre, et si en ce cas il porte effectivement un pâté d'encre à la page incriminée. Au reste, des bobards peuvent fort bien ne reposer sur rien. Dans le premier volume de ses *Mémoires d'un bourgeois de Paris*, Louis Véron, dans un portrait de Guizot flatteur et visiblement bien informé, livre une piste : apprenant que son frère avait signé l'Acte additionnel,

1. *Le Cabinet du 29 octobre, la Chambre, le prochain ministère.*

Guizot « l'en blâma vivement et le détermina à rétracter son vote, en rayant sa signature », ce qui provoqua sa révocation immédiate. Du biffage au pâté d'encre, il n'y a pas loin. Véron publie son volume en 1853. Or, un an plus tard, Eugène de Mirecourt, dans sa série « Les Contemporains », maintient l'épisode dans son portrait-charge particulièrement fielleux. Ainsi, l'acte d'accusation en trahison et en lâcheté instruit contre Guizot se nourrissait d'imputations calomnieuses remontant aux premiers moments de sa vie politique. Tout en affectant le mépris qu'elles méritaient, il ne les prenait pas à la légère, et il avait raison. Dans une opinion publique en voie de formation, il commençait d'accumuler des handicaps qui pourraient lui nuire un jour.

Sous la monarchie de Juillet, face à ses détracteurs, il soutint qu'en partant et en séjournant à Gand au printemps de 1815 il avait pleine conscience des conséquences qui s'ensuivraient pour sa réputation. Est-ce si sûr ? Dès le mois d'avril, les anciens du ministère Montesquiou demeurés à Paris se réunissent régulièrement autour de Royer-Collard et Pasquier. Leur objectif est de faire connaître à Gand l'état d'esprit du pays, et de faire contre-poids auprès de Louis XVIII aux ultra-légitimistes qui poussent le roi à un retour à peine aménagé à l'Ancien Régime. Les avis et recommandations adressés par courrier paraissant insuffisants, il fut décidé de recourir à la présence réelle et d'envoyer sur place un émissaire. Guizot fut pressenti, ou se proposa. Il était le plus jeune du groupe et semblait le plus disponible. Pourtant, son épouse Pauline était enceinte de six mois et il lui coûtait de se séparer d'elle. De plus, en quittant le territoire français sans autorisation, il encourait les foudres de la loi prise le 9 mai contre les émigrés, comme au beau temps de la Révolution. Enfin, les partisans de la Charte et du système représentatif ne manquaient pas à Gand : Lally-Tollendal, Chateaubriand à sa manière, Jaucourt, proche de Talleyrand, le baron Louis, Mounier, Beugnot, ancien collègue de Guizot à l'Intérieur. Qu'est-ce que la venue de Guizot, personnage de faible autorité même si son nom n'est pas inconnu à la cour émigrée, pourrait ajouter ? Surtout, lorsqu'il part le

23 mai, personne n'ignore que la guerre est proche, que 600 000 hommes se massent aux frontières, puisque, le 25 mars, les Alliés ont déclaré Napoléon Bonaparte « ennemi et perturbateur du monde », et comme tel « livré à la vindicte publique ». Qui est alors l'ennemi : Napoléon empereur des Français, ou les Puissances coalisées ? Beugnot, dans ses Mémoires, soutient que Guizot est allé à Gand se mettre à l'abri des représailles impériales que pourrait lui valoir son hostilité bien connue à l'empereur. De fait, outre son action jugée partisane au ministère de l'Intérieur, en particulier dans la gestion du personnel bonapartiste, n'a-t-il pas adressé aux préfets des instructions pour résister par tous les moyens au retour de l'usurpateur ? On peut surtout penser que Beugnot, ancien haut fonctionnaire impérial devenu directeur de la Police puis ministre de la Marine de Louis XVIII, étend à Guizot ses propres craintes. Mais il prête aussi des sentiments plus honorables à ceux qu'à Gand il appelle les « hommes d'affaires ou de gouvernement », pour les distinguer du parti de la Cour : « S'ils réussissaient, la fortune leur arrivait par un beau côté ; s'ils ne réussissaient pas, ils avaient la vie devant eux pour réparer un premier échec qui encore n'aurait pas été sans gloire. » Cette gloire, Guizot veut sans doute la conquérir pour Pauline, comme il le lui écrit le surlendemain de son départ. Mais cette mission à Gand répond d'abord à l'ambition qui grandit en lui, et qui se fonde alors sur une certitude : la défaite de Napoléon est inéluctable, Louis XVIII est la seule chance de la France, et s'il est orienté dans le bon sens, celui de la monarchie constitutionnelle, sa chance à lui, Guizot. Comment envisagerait-il alors que la postérité lui en fasse un jour grief ?

À Gand, il est fraîchement reçu. Que vient faire ce jeune homme dans un jeu dérisoire de brigues et d'intrigues, où s'active en pure perte un gouvernement fantôme divisé en factions et rivalités personnelles, sous l'étroite surveillance des ambassadeurs alliés ? Prétend-il faire pencher la balance royale du côté des constitutionnels, représentés par Jaucourt et Louis, et aussi Chateaubriand, contre les absolutistes incarnés par le comte de Blacas et le chancelier Dambray manipulés par le comte d'Artois ? Guizot, à son arrivée, rencontre les uns et les autres. Le 1er juin, il est reçu par le roi. Dans ses Mémoires, il compose un récit emphatique de cet entretien, reconstituant une conversation approfondie qui n'a certainement pas eu lieu sous cette forme. Il a beau déclarer « n'avoir nul goût pour l'étalage minutieux et arrangé de semblables entretiens », il se donne le beau rôle en affirmant que le roi le garda plus d'une heure, et qu'il ne craignit pas de mettre nommément en cause Pierre de Blacas. En fait, à suivre le compte rendu détaillé qu'il fait parvenir à son épouse, il est plus que douteux que, devant la majesté royale, il ait, du haut de ses vingt-huit ans et de sa position précaire, suggéré le renvoi du favori. Au reste, précise-t-il lui-même, l'entretien n'a duré qu'un quart d'heure : « Je lui ai parlé, écrit Guizot à Pauline en sortant du cabinet royal, des protestants du Midi, des luthériens d'Alsace et des acquéreurs des biens nationaux. » En la circonstance, qu'a à faire l'exilé de Gand des deux premiers points ? « Qu'on est sot la première fois qu'on se trouve en tête à tête avec un roi ! [...] J'avais mal débuté. [...] Je commençais à en dire beaucoup et à le bien dire quand le roi m'a fait un signe de tête et je suis sorti. » Ce n'est pas ce qu'on appelle un succès. Ce même 1er juin, Guizot a rencontré l'ambassadeur de Prusse auprès de Louis XVIII, Goltz, et lui a remis une note sur l'état de la France ; Goltz, la veille, avait reçu de Clarke, ministre de la Guerre, un mémoire récapitulant les renseignements que lui avait fournis Guizot sur l'état des armées napoléoniennes. C'était s'avancer sur le chemin de l'intelligence avec les ennemis de Napoléon, dont les soldats n'étaient pas moins français que les réfugiés de Gand. Guizot, qui s'est assurément posé la question de l'intérêt national, est ancré dans la certitude que « Buonaparte », ainsi qu'il écrit comme tout le monde autour de lui, est un fléau pour le pays et que ses jours sont comptés. Les Bourbons sont dès lors une nécessité. Pour qu'ils soient aussi une chance, il faudrait écarter « les hommes de Gand », qui ne comprennent rien à « la métamorphose politique » qu'a connue la France depuis la Révolution, et « remettre les affaires à des hommes de notre temps capables d'entendre la nation, de lui parler sa langue et d'en être entendu à leur tour », bref d'établir un gouvernement « moderne et national ». On ne fait pas mieux comme autoportrait dans ces lettres adressées à Pauline. Guizot lutte contre l'ennui et l'abattement en se convainquant « n'avoir été conduit à Gand que par des sentiments honorables et désintéressés », animé, écrit-il, par l'amour de son pays et la haine contre Buonaparte, qui sont à ses yeux les deux faces de la même monnaie. Il redoute, avec lucidité et même prémonition, d'être « confondu dans la foule de ceux qui ont quitté la France par calcul ou par crainte ». Par crainte, rien ne le justifie, mais par calcul ?

En tout cas, dans la petite ville flamande, on n'a plus rien d'autre à faire qu'à attendre les événements, en tournant en rond, jouant au billard ou au tric-trac, et en vivant chichement. « Nous dînions à table d'hôte à trois francs par tête, se souvient Beugnot. Nous déjeunions avec une jatte de lait, et nous soupions avec un verre d'eau sucrée. » Mais les discussions vont bon train, et « M. Guizot occupait bien sa place ». Parfois c'est fête, lorsque s'organise une partie de campagne dont le point d'orgue est, sur la terrasse d'une guinguette, la dégustation d'un gros poisson blanc, spécialité locale arrosée de bière de Louvain. Chateaubriand, dans les *Mémoires d'outre-tombe*, y consacre des lignes prodigieuses, avec pour finir ce trait écrasant : « M. Guizot daignait nous honorer de sa présence »... L'ancien admirateur, il est vrai, se tient à l'écart de son idole de naguère. A-t-il cherché à collaborer au *Moniteur de Gand*, journal officiel que Chateaubriand, ministre de l'Intérieur par intérim, Montesquiou étant passé à Londres, a entrepris de publier avec le concours des frères Bertin, propriétaires du *Journal des débats* et également exilés ? Non seulement il encourut plus tard ce reproche, mais il fut accusé d'y avoir « lâchement insulté sa patrie [1] », en particulier dans un article au lendemain de Waterloo que cite,

1. Dans *Histoire peu française de lord F. Guizot, organe des intérêts anglais dans le cabinet et ministre des étrangers en France*, Paris, 1842. L'auteur de ce pamphlet anonyme est un certain Mathieu Dairnvaell.

dans son édition de 1842, le *Petit Dictionnaire de nos grandes girouettes*, dont l'auteur, Napoléon Gallois, reprend lui aussi toutes les attaques contre l'homme de Gand : « La victoire la plus complète vient d'être remportée sur l'ennemi et l'oppresseur de la France par une partie des forces destinées à châtier le perturbateur de la paix publique. » Guizot n'écrivit jamais ces lignes, ni aucune autre, dans le *Moniteur de Gand*. Mais ses détracteurs auraient pu utiliser, si le texte en était venu sous leurs yeux, ce que Guizot écrivait à Pauline le 22 juin, trois jours après Waterloo : « La plus complète des victoires nous a remis sur la route de Paris. [...] Je ne doutais pas de l'issue qu'aurait enfin la guerre, mais la victoire que nous avons apprise le 19 est venue nous rassurer tout à fait. Et quelle victoire ! Elle m'a comblé de joie et cependant j'ai eu peine à en supporter les détails ; jamais l'armée française n'avait déployé tant de bravoure et essuyé un si affreux revers. Quel dommage que la bravoure ne soit qu'une vertu aveugle. »

De retour à Paris le 3 juillet, Guizot se trouve conforté dans ses choix lorsque Pasquier, principal ministre du nouveau cabinet Talleyrand, le nomme auprès de lui secrétaire général du ministère de la Justice dix jours plus tard, poste qu'il conserve lorsque Barbé-Marbois remplace Pasquier le 25 septembre dans le ministère Richelieu. Face à la Chambre « introuvable » très majoritairement contre-révolutionnaire, élue le 22 août 1815, le ministère en général, Barbé-Marbois particulièrement, et Guizot nettement, s'efforcent, avec le soutien du roi, de tenir une ligne modérée. Il n'empêche que, jusqu'au 9 mai 1816 et le départ de Barbé-Marbois qui entraîne le sien, Guizot et son nom sont nécessairement associés aux excès de la réaction ultra-royaliste, à la Terreur blanche, aux lois d'exception comme celle de sûreté générale tendant à suspendre les libertés individuelles, présentée par le ministre de la Police Decazes, ou celle relative à « la répression des cris séditieux et des provocations à la révolte », élaborée par Guizot, mais notablement durcie par les députés et adoptée le 9 novembre, le jour même où le maréchal Ney comparaît devant le conseil de guerre, sans compter, soutenue par Royer-Collard, la loi sur les cours prévôtales, dont le seul énoncé fait frémir, enfin la rigoureuse loi sur l'amnistie aggravée par les ultras. S'y ajoute une épuration administrative relativement sévère, qui s'étend jusqu'à l'Académie française. Surtout, la présence des armées étrangères d'occupation, auxquelles les Bourbons sont supposés devoir leur retour, entretient le discrédit rétrospectif qui pèse sur les débuts de la seconde Restauration. Guizot lui-même, écrit-on en 1842, n'a-t-il pas été « remis en possession de son poste au ministère de l'Intérieur par un piquet de Kosaques » ? Mirecourt, en 1854, persiste : le rédacteur du *Moniteur de Gand*, dont « chacune des colonnes était consacrée à l'éloge des armées cosaques », a lui-même, en toute logique, été ramené à Paris « par un Cosaque » ; qui le portait en croupe, précise utilement Hippolyte Castille [1]. Ainsi se forme l'image, qui s'enrichira notablement sous la monarchie de Juillet, d'un Guizot créature de l'étranger, tirant profit d'une catastrophe nationale.

Être allé à Gand, avoir été haut fonctionnaire du temps de la Chambre introuvable, Guizot n'en souffrit pas dans les quinze années qui suivirent. En soutenant de plus en plus vivement, comme membre du Conseil d'État, comme fondateur et rédacteur des *Archives philosophiques, politiques et littéraires*, comme conseiller officieux du gouvernement, les principes et la pratique de la monarchie constitutionnelle, il s'attire l'hostilité croissante des ultras, au point qu'en 1819, pour l'éloigner et le compromettre, Vitrolles, l'un de leurs propagandistes les plus actifs, fait courir le bruit, repris par quelques journaux, qu'il va être nommé commissaire à Sainte-Hélène, autrement dit geôlier supplétif de Napoléon [2]. Guizot tombe donc à gauche, après l'assassinat du duc de

1. *Portraits historiques et politiques au* XIX*e siècle. M. Guizot*, Paris, 1857.

2. Cf. la lettre écrite le 1er octobre 1819 par la mère de Guizot à sa cousine genevoise Jacqueline Peschier, citée par Marguerite Maire dans « Guizot et ses cousins genevois d'après des lettres inédites », dans *Mélanges Paul-Edmond Martin*, Genève, 1961, pp. 581-592.

Berry et la chute du cabinet Decazes, lorsqu'il est révoqué du Conseil d'État le 16 juillet 1820, alors que ses anciens amis de Serre et Pasquier demeurent au gouvernement jusqu'à l'avènement du ministère ultra de Villèle, en décembre 1821. La suspension de son cours de Sorbonne, en octobre 1822, ajoute encore à son image libérale, et à une popularité qu'après juillet 1830 il ne retrouvera jamais plus. C'est que son opposition au ministère prend une forme très active, qui lui fait donner la main aux éléments les plus radicaux de la Chambre, et même en dehors. Il trouve ainsi grâce, et même mieux, aux yeux du général Foy, grand orateur libéral et patriote de la Chambre, qui note dès mai 1821 : « Guizot, plus je le vois, plus il se présente à moi comme un esprit supérieur. » Six mois plus tard, à la publication de l'ouvrage le plus vigoureux et le plus substantiel de Guizot contre le cabinet, *Des moyens de gouvernement et d'opposition dans l'état actuel de la France*, où les principaux ministres sont personnellement pris à partie, et dont bien des pages devaient lui être opposées quinze ans plus tard, Foy relève de nouveau : « Guizot est fort content de son œuvre. Au fond il doit l'être. C'est un homme de talent et de conviction. Il a rapporté des idées d'un voyage qu'il vient de faire en Languedoc et en Nivernais. Et surtout il a fait cadrer son voyage avec ses idées », ce qui en effet le caractérise bien. Et, de son propre aveu, l'attachement de Foy pour Guizot, chez lequel il se rend plus d'une fois, va grandissant. Ainsi, ce vétéran des guerres de la Révolution et de l'Empire, blessé à Waterloo, écrit au futur « homme de Gand » : « Vous gagnez sans nous des batailles pour nous. » Aussi Guizot ne laisse-t-il à personne le soin de rédiger, pour *Le Globe*, une chaleureuse notice à la mort du général en 1825 : « Il a servi deux nobles causes, les deux causes qui font battre le plus vivement les cœurs, l'indépendance de la patrie, puis ses libertés. »

Mais Guizot étend plus à gauche encore ses connexions, là où ses amis doctrinaires ne le suivraient pas, où de fait il s'éloigne d'eux. Ainsi, Royer-Collard, dans un dîner de janvier 1823, parle à Maximilien Foy, toujours lui, « des visites fréquentes de Guizot chez Manuel ». On trouve ces deux noms associés dès avril 1817, évidemment en dehors d'eux, par Mme de Rémusat écrivant à son mari à propos de la parution d'une brochure intitulée *Le Paysan et le Gentilhomme* et qu'elle juge « excessivement démocrate et même quelque chose de plus », au point que « l'on y retrouve bien les phrases des écrits de 1792 ». Or, précise l'épistolière, « on attribue ce pamphlet à Guizot, et d'autres, avec plus de raison, à ce Manuel dont on redoute tant la nomination ». De fait, cet avocat naguère proche de Fouché et résolument hostile aux Bourbons, s'il est battu en septembre 1817, est l'année suivante envoyé par la Vendée bleue à la Chambre où il siège à l'extrême gauche. Avec d'autres députés comme Dupont de l'Eure, Voyer d'Argenson et Lafayette, il a patronné, d'un peu loin, cette « conspiration du Bazar » destinée à renverser le régime et éventée le 19 août 1820, qui a conduit Guizot à faire paraître quelques semaines plus tard *Des conspirations et de la justice politique*, naturellement dirigé contre le gouvernement incapable d'assurer la véritable justice. Au printemps suivant apparut une société secrète, la Charbonnerie, faite d'éléments républicains et bonapartistes mêlés, dans laquelle les mêmes députés, et notamment Manuel, étaient impliqués, lui fournissant une sorte de couverture officielle et la dirigeant de fait. De décembre 1821 à mars 1822, la Charbonnerie suscita diverses tentatives de soulèvement militaire, dont les plus connues sont celles du général Berton et des quatre sergents de La Rochelle. Face à la presse et à la majorité gouvernementales qui demandait la tête des conjurés, et qui l'obtint dans douze cas, Guizot rédigea en hâte un nouveau factum, *De la peine de mort en matière politique*, qui allait très loin dans la dénonciation du ministère et la justification à peine dissimulée sinon de l'insurrection, du moins de ses auteurs. Guizot peut bien écrire dans ses Mémoires, en 1858, que ces deux écrits « ne furent point, de ma part, des actes d'opposition » ; c'est pourtant bien ainsi, et à juste titre, qu'ils furent reçus sur le moment de la part des autres, à droite et à gauche. C'est ainsi, toujours à en croire les Mémoires, qu'en 1821 Guizot reçut la visite d'un dirigeant de la Charbonnerie, qu'il ne nomme pas mais dans lequel on peut reconnaître

Lafayette, pour le remercier d'avoir écrit *Des conspirations* en pareille circonstance et lui proposer, en vain, d'entrer dans la société secrète ; et surtout que, en 1822, Jacques Manuel vint le voir, pour le sonder sur la perspective d'un changement de dynastie, par exemple au profit de Napoléon II. Guizot déclare ne s'être attendu ni à la visite ni à la conversation, et conclut : « Nous nous séparâmes, pensant bien, je crois, l'un de l'autre, mais persuadés l'un et l'autre que nous n'agirions jamais en commun. » Est-ce si sûr ? Manuel était tout sauf imprudent et n'aurait pas risqué une telle démarche sans l'idée que son interlocuteur pourrait l'entendre en quelque façon. Et les visites au même Manuel en 1823, peu avant que le député de Vendée soit exclu physiquement de la Chambre pour avoir envisagé publiquement que les Bourbons pourraient bien finir comme en 1688 avaient fini les Stuart, et surtout affirmé que « ce fut parce que les puissances étrangères entrèrent en France que Louis XVI fut décapité », dont les Mémoires ne soufflent mot ? Il est bien certain que Guizot n'envisageait rien de plus qu'une opposition légale, et du reste la mort de Manuel en août 1827 clôt définitivement la discussion. Mais dans cette opposition-là, il est prêt à côtoyer les extrêmes.

Ainsi, en ce même été 1827, est-il porté à la présidence de la société « Aide-toi, le ciel t'aidera » destinée à former et développer l'esprit public, et à encourager les électeurs à exercer leurs droits. Cette action civique est lancée dans le but avoué de faire battre la majorité ministérielle sortante. La jeunesse libérale, pour une bonne part disciple de Guizot, fournit les bataillons de cette société très dynamique et vite implantée en province, dont des républicains déclarés ne sont pas absents, y compris au comité directeur. Dans les nombreuses brochures qu'elle diffuse, le ton n'est pas à la modération. On lit ainsi, dans un *Dernier avis aux électeurs*, à la veille des élections des 17 et 24 novembre, rédigé sans doute par Duchâtel sous Guizot président, et dénonçant « les ministériels, valets des jésuites » : « Il s'agit de savoir si vous pourrez vous marier sans être soumis aux caprices des curés ; si vos enfants pourront apprendre à lire et à écrire ; s'il vous sera permis de penser à votre gré, et non à la volonté de quelques agents du jésuitisme ; si le sol de notre belle patrie ne sera pas hérissé de couvents ; enfin, ce qui n'est pas pour le cœur généreux d'un Français la considération la plus légère, si notre pays sera libre et glorieux, ou asservi et humilié. » Guizot et son équipe font fort et efficace, puisque les élections entraînèrent la démission de Villèle remplacé par Martignac. Et lorsque, au printemps 1828, la société « Aide-toi... » accentua son orientation à gauche par le départ de quelques proches de Guizot qui estimaient leur mission remplie et par leur remplacement par des sociétaires plus radicaux, lui-même conserva la présidence. Enfin, dans la même logique, lorsqu'il se porta candidat en novembre 1829 à une élection partielle dans le Calvados, c'est d'abord à des personnalités d'extrême gauche comme Lafayette, Dupont de l'Eure et Bignon, également député de l'Eure, qu'il demanda et obtint leur soutien avant de solliciter Chateaubriand qui, bien entendu, attribue le succès à sa seule intervention : « Dans cette année 1829, M. Guizot eut besoin de moi pour son élection ; j'écrivis aux électeurs de Lisieux, il fut nommé. [...] Les journées de Juillet ayant trouvé M. Guizot député, il en est résulté que je suis devenu en partie la cause de son élévation politique : la prière de l'humble est quelquefois écoutée du ciel. » Guizot entre ainsi à la Chambre par la porte de gauche. Comme le dira bien plus tard à Émile Ollivier le baron d'Eckstein, légitimiste qui a connu Guizot à Gand, « dans ses Mémoires, il a dissimulé le véritable caractère de son opposition sous la Restauration, qui fut très ardente ». Lorsqu'il est candidat à Lisieux et élu le 24 janvier 1830, personne, semble-t-il, n'a songé à lui opposer son attitude durant les Cent-Jours. Et pourtant ce passé-là ne tarde pas à le rattraper, dès la campagne pour les élections du 5 juillet 1831.

C'est qu'entre-temps Guizot a commencé de s'installer dans la position politique qu'il occupera, avec quelques inflexions, jusqu'à la fin de sa carrière, et qui était du reste celle de ses débuts : constitutionnelle au sens de la Charte révisée en 1830 sans aucun ajout ni développement, libérale et antirévolutionnaire. Dès avant les journées de Juillet, il s'en ouvre ainsi à Tocqueville qu'il reçoit en mai 1830 : « Il aborda la politique et montra une modération extrême. [...] "Pour moi", ajouta-t-il avec cette prononciation nette et sonore qui ajoute tant de fermeté à sa pensée, "je compte faire une scission éclatante avec les hommes de l'extrême gauche. Ils ne veulent pas modifier, mais détruire". » Ces hommes, ce sont pourtant des membres de la société « Aide-toi... », à laquelle il continue d'appartenir, ce sont certains de ceux qu'il a beaucoup fréquentés à la fin de la Restauration, qui l'ont aidé à être élu. Alors naîtra bientôt le soupçon, chez ceux-là et aussi chez ses adversaires de droite, qu'il n'a pratiqué une opposition aussi vive que pour se frayer une voie vers le pouvoir. Ce reproche récurrent, on le trouve chez bien des mémorialistes. Pasquier, dans un portrait de Guizot écrit en 1828, signale son « intraitable ambition », qu'il illustre par les mots que Guizot aurait adressés à ses collègues du Conseil d'État à la chute du premier ministère Richelieu, en décembre 1818 : « Mais vous ne voyez pas qu'avec ce ministère, vous et moi serions pendant des siècles restés en arrière, et ne serions peut-être jamais arrivés à la position qui nous est due ? » Que, dès janvier 1821, il ait tâté le général Foy « pour savoir s'il pourrait, par moi, être nommé dans l'Aisne plus tard », quand il aura l'âge légal de quarante ans, n'est pas surprenant, ses amis politiques étant déjà parlementaires.

Mais d'autres s'en agacent, voire s'en offusquent. Pierre Leroux par exemple, le fondateur, avec Paul Dubois, du *Globe* en 1824, et bientôt socialiste saint-simonien, s'exaspérait, raconte-t-il en 1842, du « Quand viendra notre ministère » que, paraît-il, Guizot jetait à tout vent dans les années 1825-1830 : « Un jour, au bureau du *Globe*, il m'adressa son "quand viendra notre ministère" d'un tel air que le rouge me vint à la figure. Depuis ce jour, j'ai toujours eu de tristes pressentiments relativement à ce ministère que m'annonçait M. Guizot. J'avais saisi ce leurre grossier qu'un ambitieux vulgaire jette à la vanité de ceux qu'il veut séduire, ce leurre que M. Guizot porte toujours avec lui dans ses relations avec les hommes et qui faisait dire à M. Dubois : "Il se croit fin, il n'est que maladroit ; il se révèle et ne vous prend pas ; quant à moi, je l'entends toujours venir avec ses gros sabots". » Deux déçus de gauche de Guizot, qui quelques années fut pour ainsi dire leur chef de file. La lettre ouverte que lui adresse, dans *Le National* du 14 mars 1834, Armand Carrel, qui l'accompagna dans sa vie intellectuelle et politique depuis 1825 jusqu'après juillet 1830, et désormais républicain résolu, sonne plus amèrement encore : « C'est un malheur qu'au lieu de vous jeter sur un portefeuille avec l'impatience d'un homme qui n'avait travaillé que pour se faire ministre, vous ne soyez pas demeuré parmi nous, professant l'opposition et nous enseignant l'usage modéré de ces précieuses libertés dont vous vous étiez servi pendant dix ans avec une habileté incontestable, habileté dont on n'a bien saisi le caractère que depuis qu'on vous a vu arriver par elle au pouvoir. » À l'accusation, banale, d'ambition personnelle, Guizot a apporté maintes fois, à la tribune et ailleurs, la réponse habituelle et quasi mécanique en pareil cas : dédain pour les places, ambition sans réserve pour ses idées et les moyens de les mettre en œuvre. Il n'empêche : durant le régime de Juillet, le politique ambitieux par excellence désigne François Guizot davantage qu'Adolphe Thiers auquel il est souvent associé [1]. Et c'est déjà le désir de faire carrière, à n'importe quel prix, qui l'aurait poussé à Gand et lui aurait permis de se trouver ainsi « du bon côté de la glissoire », comme le lui a dit Louis XVIII le jour de son départ pour la France [2].

C'est donc d'abord par la propagande électorale et par la presse que Guizot, après qu'il a quitté le ministère fin octobre 1830 et adopté un discours puis une pratique décidément conservateurs dits de résistance, apparaît comme

1. Par exemple dans la chanson « La bascule » composée, « sur l'air de la Codaqui », par Lucien de La Hodde en 1842 : « Comme faiseur de bons tours/Notre système cumule/Mais son plus complet toujours/Fut celui de la bascule/Voyez-le nous offrir tantôt/Et Guizot et Thiers, et Thiers et Guizot/L'un avance, l'autre recule/Et l'on sert ainsi les gens à souhait/Çà, Thiers vous déplaît ?/Bien ! Guizot est prêt/Un coup de bascule, et le tour est fait. »

2. C'est ce que raconte Guizot à Dorothée de Lieven dans une lettre du 1er novembre 1839.

l'homme de Gand. À preuve, on l'a vu, la campagne électorale de juin 1831 dans le Calvados. Dans un opuscule publié par l'éditeur républicain Pagnerre[1], la loi sur la presse de 1814 et la fonction de censeur sont mises sur le tapis, avec cet ajout : « C'est un transfuge de Gand, et cependant il est ministre d'une nation qui vient de chasser la cour de Gand. » L'accusation, ainsi mise en route, mit quelque temps avant de parvenir et de s'exprimer à la Chambre des députés, où elle devenait par le fait même un argument politique. En 1834, s'adressant au garde des Sceaux Félix Barthe, carbonaro repenti qui reprochait au régime de la Restauration d'avoir été imposé par l'étranger, Berryer évoqua « les noms de ceux qui sont rentrés en France à la suite des étrangers et en passant par le champ de bataille de Waterloo », en fixant Guizot des yeux sans le citer dans cette allusion transparente au voyage de Gand. Le ministre de l'Instruction publique ne répondit pas, et les mots de Berryer ne furent relevés par personne.

La première véritable explication eut lieu le 25 novembre 1840, un mois après la formation du cabinet Soult et l'accès de Guizot aux Affaires étrangères. Dénonçant les factions qui veulent pousser le pays à la guerre, il s'écrie : « Quel droit avez-vous pour vous croire plus fiers, plus patriotes que d'autres ? N'avons-nous pas tous été »... Et c'est l'interruption, depuis les travées de gauche, de Jules Taschereau : « Nous n'avons pas été à Gand »... Ce journaliste, fondateur de la *Revue rétrospective*, est député d'Indre-et-Loire depuis l'année précédente. Il a collaboré avec Guizot comme membre du comité directeur de la société « Aide-toi... » et aussi à la *Revue française*, sans que le voyage à Gand et le retour après Waterloo, qu'il ne pouvait ignorer, y fissent alors obstacle. Plutôt inattendue de sa part, son attaque soulève une petite tempête parlementaire à laquelle Guizot prend plaisir à faire front, en commençant par remercier l'auteur de « cette interruption que j'attends depuis longtemps. On m'a depuis longtemps prodigué à ce

1. *Les Hommes du mouvement et les hommes de la résistance*, Paris, 1831.

sujet la calomnie et l'injure. J'y répondrai enfin. Oui, j'ai été à Gand [...] quand il m'a été évident que la maison de Bourbon rentrerait en France ». Et il explique, dans un certain silence, les raisons de sa démarche : porter à Louis XVIII les conseils des royalistes constitutionnels, jusqu'à ce que Marcellin Guyet-Desfontaines, député de Vendée, siégeant avec Odilon Barrot sur les bancs de la gauche dynastique, s'exclame : « Et pendant ce temps-là la France courait aux combats. » Mais Odilon Barrot lui-même, au début des Cent-Jours, ne s'est-il pas enrôlé dans les volontaires royaux mobilisés contre Buonaparte par les préfets précisément à l'instigation de Guizot, secrétaire général à l'Intérieur ? Jamais, à ma connaissance, ce dernier ne s'est servi de ce petit fait contre son opposition. Affirmant alors avoir prévu les calomnies que lui vaudrait « cet acte important de ma vie », Guizot assène que, de 1814 à 1830, il a combattu constamment « pour la cause qui a triomphé en 1830 », ce qui est pour le moins osé, et conclut : « Je m'honore, quoi qu'il ait pu m'en coûter, quoi qu'il puisse m'en coûter encore, de tout ce que j'ai fait pendant cette époque. (*Adhésion au centre. Murmures prolongés à gauche.*) » Dans cette contre-attaque, il a reçu la caution de Royer-Collard sur l'interprétation de Gand et le soutien de son collègue à l'Instruction publique Villemain, qui reconnaît à sa réponse l'homme d'État.

Cette séance du 25 novembre 1840 est la répétition, moins intense mais parfois au mot près, de la grande dramaturgie du 26 janvier 1844. Dans l'édition de ses discours parlementaires Guizot souligne, non sans orgueil, que ce fut « la scène la plus violente qui ait eu lieu dans les Chambres de 1830 à 1848 », et c'est pourquoi il prend soin de n'omettre aucune interruption. Le dernier paragraphe de l'Adresse au roi, sur lequel porte la discussion du jour, tend à « flétrir de coupables manifestations », celles auxquelles se sont livrés cinq députés venus, parmi quelques centaines d'autres légitimistes, porter leur hommage au duc de Bordeaux, petit-fils de Charles X, le 29 novembre 1843 à Belgrave Square, lieu de séjour à Londres du prince que ses partisans saluèrent comme « notre roi ». Antoine Berryer avait fait partie de cette délégation. Le ministre des Affaires étrangères, après plusieurs jours de débat et donc de chauffe, monte, ce 25 novembre, à la tribune pour appuyer le texte de la commission relatif à la « flétrissure », au nom de la moralité politique violée à Londres, puisque les parlementaires en cause ont prêté serment au roi des Français et à la Charte. Guizot descend alors de la tribune, où Berryer, qui n'a pas particulièrement brillé dans les séances précédentes, lui succède. Son collègue La Rochejacquelein, lui aussi « flétri » de Belgrave Square, l'encourage : « Dites tout maintenant », tout ce qu'il n'a pas dit jusqu'alors et à quoi chacun, opposition, majorité et gouvernement, s'attend à présent qu'il le dise. Car le coup a été préparé, et c'est en vérité un jeu de rôles qui commence. Comment, s'exclame Berryer, ose-t-on, à lui et à ses collègues, donner des leçons de moralité politique ? D'abord l'insinuation : « Je ne reporterai pas mes souvenirs sur d'autres temps, je ne demande pas ce qu'ont fait les hommes qui viennent aujourd'hui dire qu'on a perdu »... La Chambre, les tribunes retiennent leur souffle, Berryer soigne ce premier effet en partant dans une justification de la démarche auprès du prince infortuné, puis revient à l'essentiel : « Je le demande, si nous étions allés aux portes de la France »... Guizot a compris que c'est pour maintenant, il demande aussitôt la parole, pour faire savoir qu'il répondra. Berryer poursuit : « Devant l'Europe assemblée en armes, porter, quoi ? des conseils politiques, aurions-nous manqué à la moralité politique ? Vous ne le pensez pas. Vous vous en êtes glorifié. » Et Berryer provoque : si vous pensez, comme le signifie l'Adresse, que nous avons manqué à la moralité politique et trahi nos devoirs de citoyen, vous devez nous expulser de la Chambre. Sur ces propos qui provoquent une *vive agitation*, La Rochejacquelein renchérit : « Je suis étonné que M. Guizot, en présence de ce qu'il a fait en 1815, ose me flétrir. »

Dans l'hémicycle, les bruits divers sur de nombreux bancs commencent à enfler. On le sent, le grand moment est arrivé lorsque Guizot se lève et, d'un pas lent, se dirige vers la tribune au-dessus de laquelle le président Sauzet paraît de plus en plus débordé. C'est bien M. Guizot, et non pas le ministre des Affaires étrangères, qui s'apprête à « vider un incident tout personnel ». Se rejoue alors, mais sur un mode passionné dont la violence va *crescendo*, la partition du 25 novembre 1840. Guizot improvise sans doute, comme toujours, mais il sait où il va, quelles formules feront mouche. Il les a déjà expérimentées avec succès. Ses arguments, il les possède parfaitement, bien rodés. Mais ce qui est nouveau pour lui, cet après-midi, c'est sa solitude : l'extrême droite a pris l'initiative du combat, l'extrême gauche, par une habituelle homothétie, la rejoint, la gauche dynastique de Barrot, puis le centre gauche de Thiers, qui au début se bornent à compter les coups, perçoivent le parti qu'ils peuvent tirer de cette mise en cause personnelle, et se joignent aux imprécateurs. La majorité, éberluée et inquiète, se tait et tardera à apporter à son chef de file un soutien collectif. Durant toute la séance, les secrétaires du compte rendu, qui identifient un grand nombre d'interrupteurs, ne repèrent que le garde des Sceaux, Hébert, pour appuyer son collègue. Chaque fois que l'orateur, délibérément, lance : « Je suis allé à Gand », les vociférations l'interrompent et il reprend sans se lasser : « Aucune interruption, aucun murmure ne m'empêchera d'aller jusqu'au bout. Je répète, car il faut que je répète, je répète que je suis allé à Gand (*Nouvelle et plus bruyante interruption*). » Et ainsi pendant une heure et demie.

Nul doute qu'en ces instants Guizot éprouve une jouissance extrême, celle du lutteur qui refuse de plier devant le nombre, feignant de s'étonner des invectives que provoque aujourd'hui ce que la Chambre a déjà entendu naguère dans le calme, ce que connaissaient, vingt ans plus tôt, ses ennemis d'aujourd'hui dont à l'époque « les journaux, les discours me comblaient de leurs remerciements et de leurs éloges, à cause de l'appui que je leur apportais dans la guerre d'opposition contre la Restauration ». Il renvoie alors ses adversaires dos à dos : « Voici les royalistes de la Restauration qui se font une arme contre moi de ce que j'ai été m'entretenir avec Louis XVIII ! Et voici des libéraux, des constitutionnels qui se font une arme contre moi de ce que j'ai été parler à Louis XVIII de charte et de liberté ! » Et voilà la majorité, requinquée par la vigueur de son champion, qui donne de la voix pour l'encourager dans sa contre-attaque, lorsqu'il tend vers la gauche un index accusateur : « Vous n'avez jamais su fonder ni un pouvoir ni une liberté. Vous avez toujours perdu et les libertés et les pouvoirs ! » De cette séance inoubliable, où le total engagement physique, nerveux et intellectuel de Guizot lui permit de prendre le dessus, les témoignages surabondent. Des admirateurs anonymes lui firent frapper une médaille, les acteurs et les spectateurs échangèrent ou consignèrent leurs impressions, Louis-Philippe était aux anges, l'Europe entière fut informée, les formules de Guizot furent partout reproduites et commentées et leur écho, aujourd'hui, n'est pas encore éteint : « Ces interruptions me ralentiront, mais ne m'empêcheront pas de dire ce que je pense » ; « Quand je défends mon honneur, je ne suis pas fatigable » ; « On peut épuiser mes forces, mais j'ai l'honneur de vous assurer qu'on n'épuisera pas mon courage » ; enfin la dernière avant de regagner sa place, la plus célèbre, qui, on s'en souvient, a déjà servi mais n'a jamais brillé de tant d'éclat : « Quant aux injures, aux calomnies, aux colères extérieures, on peut les multiplier, les entasser tant qu'on voudra, on ne les élèvera jamais au-dessus de mon dédain. » Assurément. Mais en dépit, ou à cause de ce succès oratoire qui ranime un passé trentenaire que beaucoup eussent préféré en effet prescrit, Guizot, de son propre et superbe aveu, reste plus que jamais l'homme de Gand. C'est aussi, accessoirement, l'occasion d'un bon mot d'André Dupin : « Quelle tempête pour un petit tour à Gand ! »

Dans les cris qui furent jetés à la face de Guizot ce jour de 1844, avec une haine qui était loin dans bien des cas d'être feinte, revient principalement l'accusation de trahison et aussi une autre, qui en est distincte : « C'est le langage d'un Anglais ! » dit Ledru-Rollin. Et Garnier-Pagès : « Vous n'avez pas le sens national. »

Lord Guizot

De toutes les attaques que Guizot eut à endurer, celle de s'être fait le valet de l'Angleterre et d'avoir mis le pays à la remorque de son voisin fut la plus répandue. La qualité de français lui fut même alors déniée, symboliquement et peut-être un peu plus. Innombrables en furent les moyens d'expression, en particulier des chansons comme ces *Adieux de lord Guizot au peuple français*, du jour de Noël 1842 :

On a parlé, quelle ignorance !
De vingt pouvoirs que j'ai trahis !
Morbleu ! Puis-je trahir la France ?
Je ne suis pas de ce pays.

Ou encore ce refrain, trois ans plus tard :

Je suis Anglais,
Turc, Hollandais,
Russe, Prussien, Suédois, Portugais ;
Mais, c'est là ma plus belle gloire,
Je n'ai jamais été Français !

C'est à partir de la fin de 1840, lorsqu'il devint ministre des Affaires étrangères, que Guizot encourut massivement ce reproche. Jusque-là, il avait soutenu, globalement, la politique extérieure des cabinets successifs, qui consistait à faire admettre la nouvelle monarchie, née d'une Révolution, à des cours européennes majoritairement absolutistes et qui toutes redoutaient, plus ou moins sérieusement, la reprise des ébranlements révolutionnaires et de l'impérialisme conquérant des années 1789-1815. La France cherchait ainsi à recouvrer sa place dans le concert européen tel qu'il découlait du traité de Vienne de 1815, avant, si possible, de le faire évoluer. Ce qui n'empêchait pas de tenir compte des intérêts du pays, et aussi de sa dignité, comme le souligne Guizot lui-même dans un discours de janvier 1831. Il approuva donc, comme à peu près tout un chacun, les interventions françaises, y compris armées, de 1831 et 1832 en faveur de l'indépendance de la Belgique, et l'occupation d'Ancône pour faire pièce à l'Autriche auprès du pape, en mars 1832. La politique extérieure française consistant, de façon générale, à « être bien avec tout le monde », Guizot blâma le projet, venu à l'esprit de Thiers en août 1836, d'une expédition guerrière en Espagne, qui aurait provoqué la colère des membres de ce qui était encore la Sainte-Alliance. Surtout, la qualité des rapports avec l'Angleterre, nation avec laquelle le régime de Juillet, ses institutions et ses hommes, à commencer par Louis-Philippe, ont le plus d'affinités, est la préoccupation essentielle des dirigeants français et particulièrement du duc de Broglie, de Guizot et de leurs amis. L'intérêt, voire la nécessité pour la France de bonnes relations avec l'Angleterre autant et plus qu'avec tout le monde ne sont pourtant pas facilement admis non seulement dans l'opposition de gauche, mais dans une large partie de l'opinion, telle du moins qu'elle s'exprime par la presse et que la mesurent les rapports des préfets. Les souvenirs de la Révolution et de l'Empire, de Waterloo surtout, pèsent lourd. Outre-Manche, la situation n'est pas différente. « Quel mal, note Rémusat dans ses Mémoires, n'a pas fait, quel mal ne fera pas encore le préjugé, toujours renaissant en France, de la duplicité de la *perfide Albion*, en Angleterre de la versatilité sans parole et sans foi de la France ! » La tension entre les deux pays, dont les intérêts ne se recouvrent évidemment pas toujours, est prompte à s'élever, et le ton à monter. La question d'Orient, en 1840, qui aboutit au traité de Londres du 15 juillet conclu à l'initiative du ministre Palmerston par les quatre puissances européennes à l'insu de la France alors représentée en Angleterre par l'ambassadeur Guizot, et réglant la question égyptienne aux dépens du protégé de la France Méhémet-Ali, provoqua une crise virulente entre les deux pays, voire une menace de guerre si Louis-Philippe n'avait pas, pour finir, repris en main puis débarqué le président du Conseil et ministre des Affaires étrangères Thiers dont les démonstrations belliqueuses commençaient à inquiéter sérieusement.

Ce même Thiers, remplacé boulevard des Capucines par Guizot le 29 octobre, décrit parfaitement, dans le grand débat du 18 novembre à la Chambre, la configuration nouvelle : « L'Europe le sait, ce qu'on appelle le cabinet de la paix a succédé à ce qu'on appelle le cabinet de la guerre. » Son successeur, sur ce point, est en effet parfaitement net : « La grande politique, l'intérêt supérieur de l'Europe et de toutes les puissances en Europe, c'est le maintien de la paix, partout, toujours. [...] Au règne de la passion et de la force, il faut substituer celui de la justice, du droit, du droit maintenu, et le défendre avec les seules armes de l'intelligence, sans recours à la force matérielle, par les seuls moyens tranquilles et réguliers de gouvernement. » Et il conclut : « Il ne faut pas que la France se trompe sur ses moyens d'influence en Europe. La révolution et la guerre, comme moyens d'influence, sont usés pour la France. » Ce qui convient aujourd'hui au pays, « c'est de conquérir partout, non pas des territoires, mais des intelligences et des âmes ». Ces principes, la plupart des prédécesseurs de Guizot ne les auraient pas désavoués sur le fond. Mais lui non seulement les affirme, les affiche, mais les revendique, parfois jusqu'à la provocation. Savoir, à la fin de 1840, si la Syrie appartiendra au sultan Mahmoud ou au pacha d'Égypte Méhémet n'est pas pour la France un cas de guerre, et il le dit publiquement. De même sur une question très sensible, lorsque l'Autriche, en dépit des traités de 1815, incorpore en novembre 1846 la République de Cracovie, faisant disparaître la dernière parcelle de Pologne indépendante, le gouvernement français adresse à Vienne une protestation claire et nette, mais le ministre des Affaires étrangères se croit obligé de préciser à la Chambre qu'il ne voit pas là un cas de guerre, « et là où il ne voit pas un cas de guerre, il ne tient pas le langage, il ne fait pas le bruit, il ne prend pas l'attitude de la guerre ». Les gesticulations, qu'il appelle de la « badauderie », ne sont pas son fait. En vérité, c'est son style, autant que le fond de sa politique, que l'on reproche à Guizot. Lamartine, Tocqueville, qui progressivement s'éloignent de lui, Barrot et Thiers qui politiquement le combattent, naturellement l'extrême gauche, mais aussi la droite et parfois, à mots couverts, jusque dans son propre camp, beaucoup le lui disent : il méconnaît le légitime amour-propre de son pays, justement meurtri par la mise en quarantaine de la France dans le traité du 15 juillet 1840 alors qu'il n'y voit, lui, qu'un mauvais procédé, il accepte facilement d'apparentes concessions dès lors qu'il estime que l'essentiel est à ses yeux préservé, il ne ressent pas l'humiliation comme le devrait le chef du gouvernement de la France, il n'a pas le véritable souci de sa grandeur. Bref, le sentiment national lui fait absolument défaut, et ainsi il subit sans réagir, sans peut-être bien en avoir conscience, l'abaissement de la France. Lamartine, qui perçoit beaucoup mieux que lui ces choses-là, car il est autant politique que lui, mais autrement, le lui dit le 15 février 1842, encore avec ménagement car il conserve un pied dans la majorité : « Il y a en France un certain sentiment, pénible pour le gouvernement, honorable, glorieux pour la nation, qui contriste l'opinion publique : je ne dirai pas un sentiment d'abaissement de la France, la France ne sera jamais abaissée, mais le sentiment de nos intérêts froissés, murés dans le monde européen d'aujourd'hui ; je dis que ce n'est pas dans un moment pareil que celui qui préside aux affaires extérieures de son pays doit se désintéresser complètement d'une impression si nationale. »

Si, Guizot entend bien le langage de l'opposition et l'impatience de l'opinion, mais ils lui paraissent dénués de tout fondement, aussi bien, du reste, à l'étranger qu'en France. « Toutes les fois qu'il se passe en France un mouvement un peu vif, un peu désordonné, l'Europe voit une révolution ; toutes les fois que les puissances se rapprochent, se concertent dans un but déterminé, la France voit une coalition », dit-il le 26 novembre 1840. Toute la politique extérieure de Guizot tend à sortir de l'alternative entre 1792 et 1813, la guerre révolutionnaire d'un côté, la Sainte-Alliance de l'autre. Dénonçant, en mars 1843, « ces déclamations permanentes, ces phrases stéréotypées sur l'abaissement continu de la France » qui ne correspondent à aucune réalité, il s'explique en janvier 1844 avec Thiers dont, dit-il, « c'est un des caractères de la politique de traiter avec beaucoup de ménagement l'opinion quotidienne sur les affaires extérieures ». Or, « quand on attache tant d'importance à ces impressions si mobiles, si diverses, si légères, si irréfléchies, qui constituent cette opinion quotidienne étrangère aux Chambres, la politique s'en ressent profondément. Je sais qu'on appelle cela le sentiment national ». Guizot s'en fait une autre idée : le sentiment national est « l'opinion qui reste dans vos esprits, dans le pays, quand une longue et forte discussion y a passé ». Face aux entraînements de la passion populaire, qui rejaillit parfois sur l'opinion parlementaire, il importe que la raison impose le renversement de la charge de la preuve : « Situation vraiment étrange », répond-il le 2 mars à Lamartine qui a annoncé, entonnant désormais l'hymne du volontarisme national, que cette fois il se séparait du parti ministériel décidément trop timoré, « que celle à laquelle on prétend nous réduire aujourd'hui, quand on nous oblige à venir sans cesse justifier la politique de la paix. Mais c'est la politique de la guerre qui est obligée, quand elle se présente, de venir prouver qu'elle a raison. La guerre est une exception déplorable »...

À ces idées, les travaux pratiques ne manquèrent pas, principalement dans les rapports entre la France et l'Angleterre. Celles-ci prirent un tour nouveau lorsque, en août 1841, le cabinet Melbourne, whig, fit place à un cabinet tory dirigé par Robert Peel, dans lequel George Hamilton Gordon, comte d'Aberdeen, succédait à Henry Temple, vicomte Palmerston, au Foreign Office. À Guizot et Aberdeen, qui établirent rapidement entre eux une exceptionnelle relation de confiance puis d'étroite amitié dont témoigne une correspondance également exceptionnelle, autant qu'à Victoria et Louis-Philippe, est due la construction de ce que le ministre anglais appelle le premier, en octobre 1843, « *a cordial good understanding* », que consacrent, chacun devant son Parlement, les deux souverains au début de l'année suivante, dans la formule d'« Entente cordiale ». Entre septembre 1843 et septembre 1845, trois visites royales furent ainsi échangées, la première fois depuis Henry VIII pour Victoria, et pour Louis-Philippe depuis Jean le Bon alors vaincu et prisonnier.

Cette entente, fondée pour l'essentiel sur des liens personnels et un état d'esprit, Guizot l'a définie à plusieurs reprises, en 1844 et 1845 : « Sur certaines questions, les deux pays ont compris qu'ils pouvaient s'entendre et agir en commun, sans engagement formel, sans aucune aliénation d'aucune partie de leur liberté. » Et encore : « Il y a aujourd'hui, en France et en Angleterre, deux gouvernements qui croient qu'ils ne sont pas obligés de regretter, de déplorer, de craindre les progrès l'un de l'autre, qu'ils peuvent, en déployant librement et avec une entière indépendance leurs forces de toute nature, s'entraider au lieu de se nuire. » Les deux ministres des Affaires étrangères allèrent très loin, le Français surtout, dans la mise en œuvre de l'entente, inaugurant des méthodes peu accoutumées en diplomatie, comme la communication à l'autre de la correspondance particulière que chacun reçoit de ses propres représentants à l'étranger. Ainsi, en décembre 1843, alors qu'à Athènes se frictionnent l'ambassadeur français Piscatory et l'anglais Lyons, en concurrence pour influer sur la marche du gouvernement grec, Guizot écrit : « Puisque nous sommes seuls et causons bien en tête à tête des affaires de Grèce, je prends mon parti, my dear lord Aberdeen, de vous communiquer une portion des deux dépêches de M. Piscatory qu'il m'a bien instamment demandé de garder pour moi seul », Piscatory qui pourtant déclare à son ministre qu'il a « déjà un peu peur de la communication que vous avez faite à Londres de mes dépêches ». Il fait de même, un peu plus tard, pour des lettres de Bresson, qui à Madrid est en guerre quasi ouverte avec son collègue Bulwer. L'important est de calmer les ardeurs de ce que Guizot appelle drôlement « nos ménages diplomatiques », et de ne pas les surestimer. Jouer franc jeu, comme le font les deux ministres, peut être une façon habile de prendre barre sur le partenaire, mais que n'aurait entendu Guizot à la Chambre ou lu dans la presse si l'opposition avait eu connaissance de procédés qui pouvaient paraître faire bon marché de la réserve, de l'indépendance et de la dignité appropriées à la grandeur d'une nation ! De cela Guizot n'avait cure, en regard des avantages procurés par une pratique si singulière : tout se dire, en pleine confiance mais sans complaisance et de fait les deux hommes, parfois, appellent les choses par leur nom avant, presque toujours, de tomber d'accord au bénéfice de « la bonne politique ».

C'est ainsi qu'ils en usèrent dans trois incidents qui, parmi bien d'autres plus menus, auraient pu dégénérer gravement entre la France et l'Angleterre : le droit de visite, Tahiti, le Maroc ; le quatrième incident, les mariages espagnols, commença bien et finit mal. Mon propos n'est pas de retracer ici la politique extérieure française de 1840 à 1848[1], mais d'apercevoir en quoi elle donna corps à l'image de « lord Guizot ».

Le 20 décembre 1841, l'ambassadeur de France à Londres, Louis de Sainte-Aulaire, signait, sur instruction de son gouvernement, une convention internationale qui associait plusieurs pays européens à l'exercice du droit de visite de leurs navires marchands respectifs afin de s'assurer qu'ils ne se livraient pas à l'activité prohibée de la traite négrière. Cette convention reprenait et étendait des accords bilatéraux conclus pour le même objet entre la France et l'Angleterre en 1831 et 1833, et appliqués jusque-là sans grand zèle ni difficulté particulière. Par l'importance de leurs flottes et de leur possessions outre-mer, ces deux pays demeuraient évidemment les principaux et presque seuls intéressés et concernés par la nouvelle convention. La ratification, qui devait intervenir au plus tard fin février 1842, appartenait à l'exécutif, c'est-à-dire au roi. Mais les députés, dans la discussion de l'Adresse en janvier, exprimèrent, dans l'opposition de gauche et aussi au sein de la majorité, leur désapprobation, non pas de la lutte légitime et sainte contre la traite infâme – chacun s'en défendait avec componction –, mais de l'exercice du droit de visite, au motif qu'il tournerait au profit de l'Angleterre dont les bâtiments de guerre, et donc les moyens d'intervention, étaient deux fois plus nombreux que ceux de la France. Et puis, c'était Londres, d'abord avec Palmerston, puis son successeur Aberdeen, qui était demandeur. Or le

1. On en trouve exposé l'essentiel dans la quatrième partie de *Histoire de la diplomatie française*, Paris, Perrin, 2005, pp. 534-572.

Parlement et l'opinion, en France, étaient encore sous le coup du « mauvais procédé » du 15 juillet 1840, et à l'anglophobie récurrente se joignait la défense de certains intérêts commerciaux, particulièrement nantais et bordelais. Accepter que les croiseurs britanniques arraisonnent, pour de bonnes ou moins bonnes raisons, les navires français, c'était livrer les mers et le commerce français à la prépondérance anglaise, baisser pavillon devant elle. C'était le renouvellement d'Aboukir et de Trafalgar par d'autres moyens. La presse, même modérée, entonnait le même air patriotique. Guizot n'a pas l'intuition de ces choses-là. Le tour agité et bruyant pris brusquement par cette affaire déjà ancienne du droit de visite le surprend et le laisse désemparé, quoi qu'il prétendra plus tard. Il eut beau faire valoir l'acte d'humanité dont la convention était l'instrument, et aussi la prérogative royale de ratifier, la Chambre persista, et Guizot n'osa pas lui imposer un vote, redoutant que sa majorité se brise. Un amendement conservateur, pour ne pas laisser à l'opposition le plaisir et le bénéfice d'avoir fait reculer le ministère, et par là même la Couronne, fut adopté à la quasi-unanimité : « Nous avons la confiance qu'en accordant son concours à la répression d'un trafic criminel, votre gouvernement saura préserver de toute atteinte les intérêts de notre commerce et l'indépendance de notre pavillon. » Guizot subissait ainsi une double avanie : avoir accepté la convention et paraître ainsi s'être mis à la remorque de l'Angleterre, devoir annoncer que la ratification en était ajournée *sine die* et donc désavouer la signature de la France.

On peut s'étonner, et on s'étonna en effet, que le ministre des Affaires étrangères, et avec lui l'ensemble du cabinet ainsi désavoué, ne démissionne pas. Les arguments qu'il a produits dans ses Mémoires pour son maintien sont faibles : « Je mettais le maintien de notre politique générale fort au-dessus de telle ou telle question particulière. [...] Dans l'état des choses, j'étais plus propre que tout autre à maintenir les bons rapports avec l'Angleterre, et à tirer mon pays du nouveau mauvais pas où il s'engageait. » À Londres, ce désaveu, cette reculade furent d'abord très mal pris, tant ils mettaient

Aberdeen en difficulté en lui faisant subir l'humiliation d'un refus. Palmerston se chargeait, aux Communes où le courant abolitionniste était très actif, de la lui faire sentir, et dans une grande partie de l'opinion anglaise l'hostilité envers la France atteignait le même niveau que la réciproque. Le cabinet Peel était sommé de tirer toutes les conséquences de l'attitude inqualifiable du gouvernement français alors que, de l'autre côté, on exigeait du ministre français que la France renonce au droit de visite et dénonce les accords de 1831 et 1833. Les premiers moments de colère passés, Aberdeen prit calmement acte de la position française, et chacun des deux ministres prit soin de ne rien dire ou faire qui pût gêner l'autre. C'était l'entente cordiale avant la lettre. Mais en 1843 et 1844, en particulier dans la discussion de l'Adresse, l'affaire du droit de visite – « une de ces badauderies d'orgueil national qui ne manquent jamais leur effet en France » selon Barante – revenait sur le tapis à chaque occasion, empoisonnant la vie du cabinet et les rapports franco-anglais. Barrot, Dupin et Thiers attaquaient Guizot sur le même terrain et le même ton que Palmerston, Aberdeen. Ainsi en août 1844 : « Sans doute est-il de l'intérêt de notre pays, et de celui de la France elle-même, aussi bien que du monde entier, que M. Guizot reste ministre ; mais le gouvernement de notre pays n'a pas le droit de sacrifier notre honneur et nos intérêts pour l'y maintenir. » Pour en sortir, car Guizot ne renonce pas facilement et se soucie du résultat beaucoup plus que des moyens, il imagina et convint avec Aberdeen de charger deux commissaires, en l'espèce Victor de Broglie et Stephen Lushington, de rechercher « de nouveaux moyens de répression de la traite qui pourraient être substitués au droit de visite ». La démarche aboutit à la signature, le 29 mai 1845, d'une convention suspendant pour dix ans les accords de 1831-1833, et donc le droit de visite, au profit d'actions communes d'escadres des deux pays sur les côtes d'Afrique. Cette solution trouvée en commun à un problème d'apparence inextricable fut un succès pour Guizot, approuvé par un vote de 243 voix contre une. Mais il avait dû, pendant trois ans, encourir le soupçon de s'être montré insuffisamment soucieux de l'honneur national, par désir de ménager son partenaire anglais.

L'affaire de Tahiti, même si elle trouva un épilogue relativement heureux, voua bien plus violemment Guizot à la vindicte et altéra plus durablement sa réputation. Elle commence le 9 septembre 1842, lorsque l'amiral Dupetit-Thouars, de sa propre initiative, amena la reine Pomaré à conclure avec lui un traité plaçant sous protectorat français les îles de la Société, c'est-à-dire, pour l'essentiel, Tahiti. L'archipel était depuis quelques années administré de fait par des missionnaires anglais, dont l'un d'eux, le pasteur George Pritchard, exerçait les fonctions de consul d'Angleterre. Les Anglais tenaient l'essentiel du commerce local, mais des missions catholiques françaises s'étaient aussi établies, ce qui n'allait pas sans quelques frictions dont l'amiral tira argument. La signature du traité ne fut connue que six mois plus tard à Londres, où l'indignation fut vive d'une ingérence française dans une zone sous influence britannique, et à Paris où, après hésitation, le gouvernement l'entérina le 17 avril 1843. Il aurait pu s'attendre à des compliments face à cette extension de la présence française, au moment même où on lui imputait de la faiblesse à propos du droit de visite, mais ce fut tout le contraire : à quoi bon risquer des ennuis, dépenser de l'argent pour des têtes d'épingle au fin fond du Pacifique ? Tocqueville, un an plus tard, exprimait encore ce point de vue, parlant de la « pénible situation dans laquelle le ministre a placé le pays, en engageant sans nécessité notre dignité nationale, nos troupes, nos finances dans une entreprise sans gloire et sans profit », ajoutant que « la France n'a pas été dupe un instant de la prise de possession d'un archipel stérile de l'Océanie ; elle n'a vu là qu'une aventure conçue avec légèreté et par le désir vaniteux de se draper à bon marché dans le manteau du conquérant[1] ».

Pour obtenir les quelques crédits nécessaires à l'installation de cette station permanente en Océanie, Guizot prononça un

1. Éditorial non signé paru dans *Le Commerce* du 7 août 1844.

puissant discours, habile aussi en expliquant qu'une occasion s'offrait pour la France de se porter à hauteur de l'Angleterre, si active sur toutes les mers du globe. Aujourd'hui, ajoutait-il, l'équilibre entre les nations ne concerne plus seulement le territoire européen : « La question des forces relatives des États se pose partout, dans le monde entier. » Alors que les grands pays maritimes, essentiellement l'Angleterre, sont présents dans le Pacifique, « il ne convient pas à la France d'être absente dans une si grande partie du monde ». À ces enjeux géo-stratégiques s'ajoutent des intérêts commerciaux, qui prendraient toute leur portée lorsque s'ouvrirait le percement de l'isthme de Panama, « question plus avancée qu'on ne croit ». Les Anglais, déjà présents en Amérique centrale, ne devraient pas être les seuls à pouvoir en profiter. À quoi Thiers, moins clairvoyant, répondra en 1845 que le canal de Panama est une chimère : personne ne se risquerait à financer une entreprise pareille – « on parle d'une route qui n'existe pas et qui, existât-elle, ne serait pas pratiquée ». Le ministre des Affaires étrangères fut suivi mollement, Aberdeen se montra conciliant devant le fait accompli, indiquant aux Anglais de Tahiti qu'ils devaient l'accepter. On n'aurait plus entendu parler de « Taïti » en Europe si n'y était pas parvenue en février 1844 la nouvelle que, sous un prétexte en réalité fallacieux, Dupetit-Thouars, décidément trop zélé, avait déposé la reine Pomaré et proclamé l'annexion de l'archipel à la France, à la barbe du consul d'Angleterre. En Angleterre, où le protectorat avait déjà été difficile à avaler, l'émotion fut énorme. Décidément, la mauvaise foi des Français dépassait les bornes ; était-ce à cela que devait mener l'entente cordiale, à s'exercer à leur seul profit ? L'annexion ne pouvait être ressentie que comme un affront délibéré.

Le gouvernement français, qui avait hésité à accepter le protectorat, ne tergiversa pas cette fois. Il décida de s'en tenir au traité antérieur, désavoua Dupetit-Thouars et le rappela. L'opposition s'en prit très vivement à Guizot, l'accusant d'avoir agi, une fois de plus, pour complaire à l'Angleterre, sans craindre de frapper un officier réputé coupable « pour avoir porté haut la susceptibilité pour l'honneur national ».

Le jeune Denfert-Rochereau écrit à son oncle le 29 avril : « Une autre affaire plus grave et plus dangereuse est celle de Taïti. Il est évident pour tous que le ministère a obéi à l'Angleterre. Mais ce n'est là qu'une infamie de plus à ajouter à celles d'un gouvernement qui n'a pas craint de venir déclarer que l'honneur national était sauf en 1840 [...] et a été déclaré avoir forfait à l'honneur national en signant le traité du droit de visite. Désormais plus rien ne doit nous étonner de sa part. » Répondant à une interpellation à la Chambre présentée par Louis de Carné, un ami de Molé qui voyait là une occasion de retourner à Guizot les reproches de faiblesse qu'il lui adressait en 1839, Guizot démentit avec feu ce qu'il qualifia de calomnie. Si le gouvernement a évidemment pensé, en la circonstance, aux relations de la France avec l'Angleterre, sa politique a été, là comme ailleurs, « parfaitement indépendante de toute influence étrangère, parfaitement nationale ». La Chambre repoussa le blâme réclamé contre le cabinet par 46 voix de majorité. Mais le mal était fait. L'opposition et une partie de l'opinion, qui avaient jugé sévèrement le traité de protectorat et l'investissement militaire à Tahiti, saluèrent en Dupetit-Thouars un héros et se prononcèrent en faveur de l'annexion. Le harcèlement parlementaire sur Tahiti ne cessa pas durant plusieurs semaines, relayé par une campagne de presse bien plus vigoureuse encore sur le thème de la servilité ministérielle à l'égard de Londres, d'autant plus que Peel et Aberdeen marquaient leur satisfaction de la position française.

Mais le pire, pour Guizot, restait à venir. La décision du 26 février de refuser l'annexion ne parvint sur place que tout début août. Entre-temps, la reine Pomaré, qui protestait contre sa déposition de fait, trouvait un appui chez certains résidents anglais, et la tension montait dans l'archipel. George Pritchard, qui avait résigné ses fonctions consulaires au moment de l'annexion, appelait, paraît-il, au soulèvement contre les autorités françaises. L'officier commandant à Papeete, d'Aubigny, le fit arrêter au mois de mars et enfermer dans un cul-de-basse-fosse durant quelques jours, avant que son chef, le commandant Bruat, le libère et l'expulse, en désavouant l'excès de zèle de son subordonné, et le protectorat entra un peu plus tard en vigueur. Lorsque Pritchard arriva à Londres fin juillet et raconta ses mésaventures, l'indignation contre la France prit des proportions inconnues jusque-là, et Robert Peel, sur lequel s'exerçait ainsi une pression énorme, parla aux Communes de *gross outrage accompanied with gross indignity*, qui appelait « une ample réparation ». D'un côté à l'autre de la Manche, par tribunes et journaux interposés, les invectives pleuvaient, n'épargnant pas plus un ministre que l'autre, accusés tous deux de complaisance coupable. Lâcheté, trahison, mépris du sentiment national et de la dignité du pays, Guizot eut droit à un vocabulaire qu'il avait appris à connaître, mais pas encore tout à fait avec une telle intensité. Il garda son sang-froid, d'autant mieux que la prochaine session parlementaire ne commencerait qu'en décembre. Il écrivit à plusieurs correspondants, à la mi-août : « Il est impossible que la paix du monde soit troublée par Pritchard, Pomaré et d'Aubigny, sans aucun vrai ni sérieux motif. Ce serait une honte pour les deux cabinets. » Il faisait fond sur le bon esprit d'Aberdeen et sur le triomphe progressif du *good sense* des deux côtés de la Manche. Puis il proposa une solution pratique, comme l'y conduisait son tempérament en pareil cas : après avoir établi que Pritchard n'était plus consul au moment de son expulsion, que cette dernière était parfaitement fondée, que donc aucun retour même provisoire de Pritchard à Tahiti, comme le suggérait le cabinet et l'exigeaient les journaux anglais, n'était concevable, ni non plus le rappel d'Aubigny, il fit savoir, au nom du gouvernement, « son regret et son improbation de certaines circonstances qui avaient précédé le renvoi de M. Pritchard », c'est-à-dire son emprisonnement au secret, et se déclara disposé à lui accorder, pour les dommages éprouvés, « une équitable indemnité », selon, paraît-il, le vœu même exprimé par l'intéressé dont le nom était désormais connu de l'Europe entière. Cette dépêche ayant été communiquée à Londres le 3 septembre, Guizot attendit, dans cet esprit d'optimisme indéracinable qu'il exprime à Laure de Gasparin : « Je saurai cette semaine si on se contente à Londres de ce que je crois juste et convenable ou si on demande décidément ce que je ne ferai pas. [...] Je ne resterai pas au pouvoir pour faire une platitude » (se soumettre aux exigences de l'Angleterre) « ou une folie » (déclencher une guerre). « Pour moi personnellement la situation est bonne, car les deux issues sont bonnes. Mais pour le pays je suis très inquiet. Ces injures, ces calomnies, ces absurdes colères contre l'Angleterre ont fini par faire naître là de l'humeur dans une foule d'esprits très sensés et très bienveillants. L'idée que tôt ou tard il faudra avoir la guerre avec la France, puisqu'elle veut toujours avoir l'air de la désirer, et qu'il vaut mieux en finir promptement sur une bonne occasion, cette idée fatale a gagné en Angleterre beaucoup de terrain. Si elle prévaut, nous souffrirons cruellement de notre enfantillage déclamatoire et de notre frivole complaisance pour les brouillons et leur bruit [1]. »

C'est cette façon, pas seulement comme ici en privé, de paraître donner si volontiers raison à l'Angleterre qui attire si souvent sur Guizot le soupçon de tenir pour secondaires l'honneur et l'intérêt français. D'autant que, cette fois encore, il compte sur le « bon sens, l'équité et la moralité pacifique » de l'Angleterre pour éviter que la crise dégénère. De fait, à l'heure même où Guizot écrit cette lettre, Robert Peel et la reine Victoria font savoir au Parlement, dont c'est aussi le dernier jour de session, que les difficultés entre les deux pays sont réglées ; autrement dit, mais sans le dire encore, que l'offre française, si « mince » soit-elle, est acceptée. Les deux ministres pouvaient se féliciter en l'occurrence des heureux effets de l'entente cordiale. Que se serait-il passé, suggérera Guizot dans la discussion de l'Adresse en janvier 1845, si

1. À croire qu'il avait lu la lettre écrite par Palmerston à son frère une semaine plus tôt : « Aujourd'hui que le peuple anglais voit que, quoique le gouvernement, depuis trois ans, n'ait fait que céder à la France sur tous les points et se traîner pour ainsi dire à ses pieds, la France ne s'en est pas moins montrée chaque jour plus exigeante, plus hautaine et plus hostile, les plus tranquilles et les plus pacifiques commencent à regarder une guerre avec la France comme un événement auquel il est nécessaire, sans perdre de temps, de nous préparer. »

d'autres qu'Aberdeen et lui, par exemple Palmerston et Thiers, évidemment sans entente cordiale, s'étaient trouvés aux affaires en la circonstance ? En effet, Guizot dut encore affronter de vives attaques lorsqu'il fallut faire approuver par les deux Chambres la conduite tenue dans cette crise et l'issue trouvée, à savoir l'indemnité Pritchard. Accorder une indemnité à un ennemi de la France pour faire plaisir à l'Angleterre, voire sur son injonction, quel abaissement ! Dupin attaque : « Votre politique est une abdication continue. » Barrot enfonce le clou : « Quand on est fort de son droit et qu'on commande à une grande nation, on ne craint pas les menaces. Et tous les saints de l'Angleterre [les abolitionnistes liés aux missionnaires anglicans] auraient formulé un anathème contre la France pour s'être refusée à payer une indemnité à qui a voulu faire égorger nos soldats, que si j'avais l'honneur de diriger les affaires de mon pays, je ne les craindrais pas. Non, il n'y a ni équité ni dignité à indemniser celui qu'en même temps on reconnaît avoir été l'instigateur d'une guerre de la barbarie contre la civilisation. [...] C'est profondément blesser l'honneur national. » Tocqueville lui-même, peu suspect d'entraînement passionnel, se fait véhément : « Est-ce que c'est une politique indépendante que celle qui accorde une indemnité à un homme qui, selon le droit des nations, aurait pu être non pas seulement emprisonné, mais exécuté sous l'empire de la loi ? » L'amendement qui se faisait l'expression de ces critiques ne fut rejeté, par assis et levé, qu'après une première épreuve déclarée douteuse et, le surlendemain, après un débat très tendu, l'amendement qui déclarait la Chambre satisfaite de la conduite du cabinet fut adopté par 213 voix contre 205. La majorité ministérielle, victime du syndrome Pritchard, n'existait plus qu'à peine et les 213 furent flétris du sobriquet de « pritchardistes ». D'Althon Shée raconte : « Le soir, vers dix heures, j'allai au ministère des Affaires étrangères ; sans Mme de Meulan et le baron de Barante, la solitude aurait été complète. M. Guizot m'apprit qu'il avait donné sa démission, je l'en félicitai sincèrement. » Ce n'était qu'une fausse sortie. Le cabinet resta en place à la suite d'une démarche d'un groupe nombreux de députés conservateurs et sur les instances du roi. Mais Guizot en ressortait plus *lord* que jamais. Même si Pritchard, pour finir, ne toucha jamais aucune indemnité.

L'alerte avait été d'autant plus chaude qu'une dernière péripétie était venue se superposer à l'affaire Pritchard. Le lendemain du jour où Guizot faisait savoir que le gouvernement blâmait d'Aubigny pour ses procédés, les troupes de marine françaises se retiraient de Mogador, au Maroc. C'était l'épilogue d'une séquence ouverte avec la prise de la smala d'Abd el-Kader le 16 mai 1843. L'émir s'était réfugié au Maroc à l'automne, et des incidents mirent aux prises certains de ses partisans marocains et des soldats français aux confins algéro-marocains à la fin de mai 1844. Guizot fit adresser un ultimatum à l'empereur Abderrahmane d'avoir à disperser les troupes marocaines à la frontière, à sanctionner les coupables et à éloigner Abd el-Kader. Pour appuyer ces exigences, des renforts furent envoyés en Algérie à Bugeaud et une escadre commandée par le prince de Joinville se dirigea vers Tanger. Or face à Tanger se trouvaient à Gibraltar les Anglais, qui commerçaient aussi dans les ports marocains. Le cabinet anglais, et plus que lui l'opposition et l'opinion publique, s'alarmèrent d'une possible extension au Maroc des possessions françaises d'Afrique du Nord. Outre l'annexion de fait de l'Algérie, dont l'Angleterre avait pris acte sans plaisir, la France avait placé la Tunisie sous surveillance et exerçait en Égypte une influence prépondérante. Jusqu'où irait-elle sur les rivages de la Méditerranée ? Pour calmer l'émoi britannique, Guizot fit connaître à Londres et les objectifs et les conditions de la politique française à l'égard du Maroc, en particulier l'abstention formelle de tout accroissement territorial, dans des termes tels que, le 25 juin, Robert Peel se déclara satisfait des explications ainsi fournies.

Aussitôt Guizot s'entendit reprocher à Paris de s'être de nouveau laissé impressionner par l'humeur anglaise et d'avoir livré à Londres les secrets militaires d'une possible intervention au Maroc. La tension monta encore des deux côtés de la Manche lorsque, l'empereur du Maroc n'ayant pas obtempéré en dépit des conseils prodigués par la diplomatie britannique, la flotte française, le 6 août, bombarda Tanger, puis, le 15, Mogador où un contingent fut débarqué. Le 14, Bugeaud, pénétrant en territoire marocain, remporta la victoire de l'Isly. On était en pleine affaire Pritchard, ce qui redoublait les inquiétudes et l'hostilité envers la France. « Taïti n'est qu'embarrassant. C'est le Maroc qui est grave », écrit alors Guizot à Laure de Gasparin. Une fois de plus, on parlait de guerre à Londres, et pour le moins du rappel de l'ambassadeur à Paris, tandis que dans la presse française, qui saluait une défaite de l'Angleterre à travers celle du Maroc, on lançait l'idée d'une expédition sur les côtes anglaises. L'acceptation par Abderrahmane, dès le 3 septembre, des conditions posées par l'ultimatum de juin et la signature, le 10 septembre à Tanger, d'un traité donnant satisfaction à la France coupèrent court à la montée aux extrêmes entre les deux gouvernements. Guizot, avec de la chance et de la fermeté, avait remporté un succès complet, et l'Angleterre avait reçu les ménagements convenables. Mais des deux côtés, même si les populations paraissaient satisfaites, les oppositions ne désarmaient pas : Aberdeen avait laissé les Français faire au Maroc ce qu'ils voulaient, Guizot s'était empressé de plier bagage, au lieu d'user de tous les droits de la guerre, à savoir remise à la France d'Abd el-Kader, indemnité à exiger du sultan, occupation de Mogador à titre de gage. Le gouvernement, déclara La Redorte à la Chambre des pairs, « a ainsi manqué à la dignité de la France, [...] dans la crainte de mécontenter une puissance dont on ne peut parler à cette tribune sans exciter toute la susceptibilité de M. le ministre des Affaires étrangères ».

Choisir le compromis plutôt que provoquer la rupture, c'était bien le principe de l'entente cordiale telle que l'entendaient et la pratiquaient Guizot et Aberdeen. Le déminage auquel ils se livrèrent de concert pendant cinq ans permit de maintenir la paix alors que les crises fleurissaient sous leurs pas. L'opinion de Thiers était qu'il fallait le faire sans le dire. Guizot, par tempérament, par conviction, par stratégie aussi, estimait qu'il devait le proclamer haut et fort, montrer que la concertation et la bonne intelligence, loin de battre en brèche l'indépendance des deux États et des deux politiques dans la défense de leurs justes intérêts, la renforçaient plutôt. Il s'en fit l'inlassable et vibrant pédagogue, auprès de Thiers justement, dans l'affaire marocaine, le 21 janvier 1845 : « Nous avons à la fois tenu compte des intérêts, des droits, de l'honneur purement français, et en même temps de ce que conseillaient nos relations avec un autre pays et l'importance que la question avait pour lui. » Le reste, comme il le dit quelques jours plus tôt à Molé, « n'est qu'émotion factice des esprits, tumulte factice des journaux, tension factice de la situation. C'est un murmure qu'on élève au sein d'un brouillard qu'on amasse ». Ce sont, selon un mot qui servira plus tard, comme on verra, des passions aveugles. Prenant sans doute l'effet pour la cause, Tocqueville juge que le défaut de passion, chez Guizot, le conduit nécessairement à être dépendant de l'alliance anglaise. Il le lui dit le 20 janvier : « Sans cette alliance intime, vous seriez obligés de vous identifier avec l'esprit de la nation ; de pénétrer plus que vous ne faites dans ses passions, dans ses idées, dans ses goûts ; il faudrait vous montrer plus passionnés que vous ne vous montrez pour sa grandeur, pour sa dignité, pour sa gloire ! » Guizot est inaccessible à des considérations de ce genre. C'est pourquoi, en ne cédant rien, surtout en paraissant ostensiblement ne rien céder aux sentiments, aux souvenirs, à l'imagination, pas même à leurs manifestations et à leur langage, lui qui détient pourtant tous les sortilèges de la parole, en tenant la balance égale entre son pays et son voisin étranger, proclamant par exemple, en janvier 1845, qu'« en politique extérieure, on ne peut pas ne penser qu'à soi seul, et ne faire que ce qui vous convient et vous plaît ; il faut faire la part des autres », Guizot s'est attiré, plus qu'aucun autre homme d'État chez nous, le reproche, jusqu'à la caricature, de n'être pas vraiment français. Comme principal ministre et orateur du gouvernement, et pendant huit ans, revendiquant hautement la responsabilité de l'ensemble de la politique menée dans tous ses aspects, il fut, il est vrai, et se plaça délibérément en première ligne, concentrant ainsi les tirs qu'il paraissait rechercher pour mieux déclencher les siens. Du résident à Gand pendant que

Wellington battait à Waterloo les armées françaises à l'indemnisateur de Pritchard, Guizot a été repeint, avec son propre concours, sous des traits anglais qui l'ont certainement desservi dans l'opinion publique, voire chez beaucoup qui se sentaient pourtant proches de lui.

Nous avons pour ministre un Englishman bâtard
Très humble serviteur du révérend Pritchard,
Qui, de nos ennemis caressant l'insolence,
De concert avec eux veut avilir la France[1].

Ou encore :

Le peuple français qui croit
Sa décadence prochaine,
Contre un estimable droit [de visite, NdA]
Depuis un an se déchaîne.
Qu'il trouve, s'il veut, j'y consens
Certains traités vils, honteux, flétrissants ;
Mais sont faits, qu'on les maintienne !
Quant à moi, voilà ce que je connais :
Fâcher les Anglais
Pour plaire aux Français,
C'est ce que Guizot ne fera jamais.

Cette chanson de Lucien de La Hodde, sur l'air du « Fou de Charenton », a pour titre : « Assurances les plus amicales de Lord Guizot à M. Peel ».

Avec les mariages espagnols, Guizot eut l'occasion de se refaire, puisqu'il n'hésita pas à affronter directement et vivement le cabinet anglais. La rivalité entre la France et l'Angleterre en Espagne était une affaire ancienne, presque traditionnelle. Chacun des concurrents avait traversé des hauts et des bas, Paris soutenant plutôt les modérés et Londres plutôt les radicaux, qui les uns et les autres alternaient à Madrid dans la confusion et parfois la violence. La

1. Charles Marcelle, *Guizot et Napoléon*, Paris, s.d. (1845).

doctrine française, exprimée en janvier 1842 par Guizot, était celle-ci : « Le gouvernement n'est dirigé dans sa conduite quant à l'Espagne que par deux idées : l'une, c'est de contribuer à l'affermissement de la monarchie régulière ; l'autre c'est que, ne prétendant point à exercer en Espagne une influence exclusive, nous avons aussi la prétention qu'aucune influence exclusive n'y soit exercée à nos dépens, et contre nous. » L'Angleterre était évidemment visée. La compétition entre les deux tuteurs, à partir de 1843, se fixa sur le mariage de la reine Isabelle II, qui atteignait alors ses treize ans. Lui procurer un mari était une façon, croyait-on, de prendre barre sur la couronne d'Espagne ; surtout, il s'agissait d'empêcher la partie adverse d'avancer un pion décisif. La famille royale espagnole parut intéressée par un fils de Louis-Philippe, mais ce dernier prit conscience que c'était provoquer directement l'Angleterre, et plus largement les vieilles monarchies européennes, que d'associer la dynastie des Orléans à celle des Bourbons. En revanche, le gouvernement français fit valoir qu'à défaut d'Orléans l'époux de la reine ne pourrait être choisi que parmi les descendants de Philippe V, donc un Bourbon, espagnol de préférence, ce qui écartait le prince Léopold de Saxe-Cobourg, candidat présumé de la cour d'Angleterre et des milieux libéraux opposants au ministère Peel-Aberdeen. Dans l'esprit de l'entente cordiale, Guizot écrivait à Aberdeen en février 1844 : « Ce que je désire, ce qui me paraît, comme à vous, indispensable, c'est que cette combinaison ne devienne pas une combinaison anglaise opposée à une autre qui serait la française. » Cette ligne, difficile à tenir, prévalut tant qu'Aberdeen resta au Foreign Office, acceptant même l'idée avancée depuis novembre 1844 par Guizot, en fait par Louis-Philippe soucieux d'alliance royale, qu'après les noces d'Isabelle II avec un prince Bourbon et la naissance d'une descendance, le duc de Montpensier, dernier fils de Louis-Philippe, pourrait épouser à son tour la sœur cadette de la reine, l'infante Luisa Fernanda. Le point fixe du dispositif restait, pour Paris, l'exclusion absolue du Saxe-Cobourg. Si un autre prétendant qu'un Bourbon paraissait en mesure de s'imposer, la France recouvrerait sa liberté d'action

« pour empêcher que notre politique reçoive en Espagne un échec que nous n'accepterions pas », ce qui était une menace à peine dissimulée, peu dans le style pourtant de Guizot. C'est dire l'importance qu'il attachait à l'opération.

Or la chute du cabinet tory et le retour de Palmerston, le 6 juillet 1846, parut donner corps à cette perspective. On sent en effet à Paris que les choses, avec lui, ne seront plus comme avant : « Le trait distinctif et nouveau de notre attitude mutuelle à Aberdeen et à moi, c'était l'abolition de l'esprit de rivalité nationale et d'amour-propre personnel. Palmerston les ressuscitera l'un et l'autre. » De fait, le nouveau secrétaire du Foreign Office remet dans la course Léopold de Saxe-Cobourg qu'Aberdeen avait fait écarter encore deux mois plus tôt. Palmerston écrit ainsi à son ambassadeur à Madrid le 3 août : « Le meilleur arrangement serait qu'Enrique [le duc de Séville, l'un des deux Bourbons d'Espagne mariables, soutenu par les radicaux et expulsé d'Espagne] épousât la reine et Cobourg l'Infante. Mais le but principal à atteindre dans l'intérêt de l'Angleterre, c'est d'empêcher qu'un prince français n'épouse l'une ou l'autre. »

Dès lors, Guizot, à l'instigation de Bresson, ambassadeur activiste à Madrid désireux de prendre l'avantage sur son collègue et rival Bulwer, lui-même très engagé dans ce qu'on appelait côté français « l'intrigue Coburg », agit très rapidement et imposa à la cour de Madrid les noces simultanées d'Isabelle avec son cousin le duc de Cadix dit, non sans motif, « Paquita », et de l'infante avec le duc de Montpensier, annoncées le 28 août et célébrées le 10 octobre. Le cabinet britannique, ainsi pris de court, réagit avec un violent dépit, et la cour de Saint James davantage encore. Le 6 septembre, Palmerston déclarait à Jarnac, chargé d'affaires à Londres : « Je ne vous parlerai plus d'entente cordiale, parce que ce qu'on nous annonce nous prouve trop clairement qu'on ne veut plus, à Paris, ni de cordialité ni d'entente. » Et de déplorer, ou de menacer, que les relations entre l'Angleterre et la France redeviennent « ce qu'elles étaient du temps de Louis XIV et de Napoléon ». Victoria n'est pas moins irritée et l'écrit au roi des Belges, gendre de Louis-Philippe : « *Our conduct has been throughout honest, and the King's and Guizot's the contrary. [...] Guizot behaves shamefully, and so totally without good faith.* » Guizot de son côté jubile, ne cachant pas qu'il a trouvé là l'occasion d'une revanche personnelle sur Palmerston pour l'avanie subie six ans plutôt comme ambassadeur à Londres : « Lord Palmerston paye très cher son traité du 15 juillet 1840 », écrit-il à Laure de Gasparin. Et puis, pour la France, c'est « un coup de maître, aussi nécessaire que difficile, car si nous ne l'avions pas fait, d'autres l'auraient fait pour eux-mêmes, et contre nous. Sans compter la gloire ! »

Et la gloire, justement, Guizot y comptait : il avait tenu tête à l'Angleterre, avait remporté une bataille contre elle, lui qui s'était tant et tant fait accuser de faiblesse et d'abaissement, de renoncement au prestige national pour de médiocres compromis. Il lave donc un double affront du seul et même coup, renouant avec l'heureux temps de l'énergique Casimir Périer et des débuts du régime de Juillet. Les amis affichent évidemment leur grande satisfaction. « Les mariages d'Espagne, écrit Barante le 12 septembre, sont un grand événement qui occupe tous les esprits et dont l'importance est comprise. Depuis la fondation du royaume de Belgique, c'est le fait le plus heureux pour la France. [...] C'est encore un beau succès pour M. Guizot. » Dans l'opposition aussi, beaucoup sont impressionnés et approuvent, en particulier Billault, Passy et Dufaure. Tocqueville, lui aussi, se distingue de Barrot plus que sceptique, faisant remarquer avec son honnêteté coutumière que ceux qui, comme lui, ont tant reproché à Guizot de faire bon marché du sentiment national en collant à l'Angleterre doivent lui rendre justice lorsqu'il change de comportement. Rémusat également donne raison à Guizot, et sur ce point se sépare de Thiers qui traite dédaigneusement l'opération espagnole : « À propos de sottises, écrit-il à Victor Cousin, que dites-vous du roi, jetant par la fenêtre l'alliance anglaise sous les whigs, et cela pourquoi ? Pour se donner des embarras en Espagne, pour s'y créer des obligations devant lesquelles il mourrait de peur et pour ne s'y assurer aucune influence, car si les mariages en donnent, c'est la reine qu'il fallait épouser. » Duvergier de Hauranne dit la même chose que son chef de file, en termes plus politiques : « La politique étrangère de la France vient d'entrer dans une phase toute nouvelle. Une alliance que l'on avait nouée précipitamment, dans des circonstances fâcheuses pour l'amour-propre national, et à laquelle, depuis six ans, on ne se lassait pas de faire les plus humiliants sacrifices, vient d'être rompue tout à coup, sans motifs graves, au moment où elle pouvait devenir honorable et utile [1]. »

Thiers exprime en réalité du dépit de voir Guizot réussir quelque chose en Espagne où lui-même s'est naguère brûlé les ailes, d'avoir procuré à un prince d'Orléans une descendante d'Henri IV et de Louis XIV alors que lui avait échoué auprès des Habsbourg de Vienne pour le duc d'Orléans, qui dut se contenter d'Hélène de Mecklembourg. Aussi voit-on l'ancien président du Conseil, au tournant de 1846-1847, aller jusqu'à encourager en sous-main la presse anglaise et l'ambassade à Paris dans leurs récriminations contre le ministère français. Il pose néanmoins une question, celle de l'enjeu des combinaisons matrimoniales dans l'Europe du milieu du XIXe siècle. Une Luisa Fernanda valait-elle la peine de s'aliéner l'Angleterre à ce point ? Peut-être, si la reine Isabelle, « grasse et malsaine » selon Rémusat, et son mari homosexuel n'ayant pas d'enfant, la couronne espagnole passait à la descendance du duc de Montpensier. Mais même Metternich, qui s'y connaissait en absolutisme et en affaires dynastiques, refusa de s'intéresser à la question. Louis-Philippe, né en 1773 et grandi sous l'Ancien Régime, même s'il croyait par-devers lui renouer avec la politique de Louis XIV, laissa dire que le motif principal de pousser son dernier fils au mariage Bourbon était d'ordre financier, l'infante étant, à tort, réputée cousue d'or, tant il sentait que les temps du pacte de famille étaient révolus. Guizot lui-même en fit l'aveu devant les députés le 5 février 1847, tout en se louant grandement de l'opération : « Je ne m'exagère pas la valeur de ces liens de famille. Je sais très bien qu'ils ne décident plus aujourd'hui,

---

1. *De la réforme parlementaire et de la réforme électorale*, Paris, 1847, préface.

au même degré qu'autrefois, de la destinée et de la politique des États. » Et, revenant sur ce sujet dans l'essai sur Robert Peel qu'il publie en 1856 : « Je me suis ainsi surpris plus d'une fois en flagrant délit d'anachronisme, et mettant à certaines choses, soit pour les désirer, soit pour les craindre, une importance qu'elles n'avaient pas. » Dans cet ouvrage, il réitère, en la résumant mais en produisant de nouveau des documents, toujours les mêmes, la justification de son comportement dans cette affaire de mariages espagnols. Il s'en était expliqué très longuement dans la discussion de l'Adresse en février 1847, aussi auprès de lord Aberdeen dès septembre puis novembre 1846, naturellement auprès du cabinet anglais, et en fait à qui voulait l'entendre. Dans ses Mémoires, il y consacre un immense et méticuleux chapitre, pas si complet et impartial quand même selon tel ancien diplomate anglais[1]. Si sa joie, son plaisir même de combattant politique avaient été intenses au moment de la victoire, et encore un peu après, au point de claironner que c'était la seule grande chose que la France eût faite seule en Europe depuis 1830, il était assez lucide pour mesurer, passée la période de griserie, que l'acharnement politique, et presque physique, mis à obtenir ce succès diplomatique avait quelque chose à la fois d'exorbitant et de dérisoire. Il savait aussi qu'il avait été bousculé par l'ambassadeur Bresson, voire mis quelque peu devant le fait accompli s'agissant de la simultanéité des mariages, même si, bien entendu, il en revendiquait la pleine et entière responsabilité. Au fond, il s'était lancé et avait engagé la France dans une sorte d'aventure, d'épreuve de force conforme à son tempérament qui était rien moins que prudent, comme il l'avait fait dans la coalition de 1838-1839, développant à tout risque sa stratégie pour battre Palmerston comme il avait voulu battre Molé. Il avait mieux réussi en

1. « Ici les Mémoires de M. Guizot, ordinairement si riches en détails, en citations de lettres, en rapports de conversation, se taisent. » Dans *Lord Palmerston, sa correspondance intime, traduite de l'anglais par Augustus Craven*, Paris, 1878, t. 1, p. 489. Cette correspondance est extraite du livre de Bulwer, *The Life of H.J. Temple Viscount Palmerston*, Londres, 1870.

1846 que sept ans plus tôt, en politique extérieure, pour laquelle il révéla des dons remarquables, qu'en politique intérieure. Mais recueillit-il tous les avantages qu'il s'en promettait, en particulier l'enracinement de la royauté de Juillet en Europe par une alliance dynastique prestigieuse ? On l'a vu, il en doutait un peu lui-même

Sur l'instant, Montpensier effaçait Pritchard et Guizot fut d'une certaine manière, si j'ose dire, « délordisé », au profit des sobriquets de Scapin et de Bilboquet qui lui furent décernés par des journaux anglais, relayés par la presse française liée à Thiers qui lui prodiguait les accusations de déloyauté et de mensonge à l'égard d'une alliance anglaise soudain redécouverte par elle. Plus tard, Guizot écarta d'un revers de main l'idée que l'affaire espagnole ait pu contribuer à la chute du régime de Juillet, et à la sienne. Il n'est pas sûr qu'il en fût si certain.

En tout cas, l'entente cordiale était rompue. Avec le cabinet Russell-Palmerston, elle était du reste devenue impossible, même si la brouille n'avait pas pris un tour si aigu. En effet, indépendamment des procédés, la politique whig reposait sur une conviction exprimée en décembre 1846 par Palmerston qui, sur ce point, voyait plus juste que Guizot : « Il existe près de nos côtes une nation de 34 millions d'âmes, en grande partie, on ne saurait le nier, animée contre l'Angleterre, comme puissance, d'une haine profonde. Nos voisins sont bons, polis, hospitaliers envers nous individuellement ; mais la nation française se souvient du Nil, de Trafalgar, de l'Espagne, de Sainte-Hélène, et saisirait avec une joie une occasion de revanche. » De plus, le cabinet Russell et spécialement son ministre des Affaires étrangères soutenaient en Suisse et en Italie les mouvements et les gouvernements libéraux et progressistes, au moment où, depuis l'été 1847, des frémissements d'émancipation et de révolution commençaient de se faire sentir un peu partout en Europe. Au contraire, Louis-Philippe et Guizot se montraient attachés plus que jamais au *statu quo* européen issu des traités de 1815. Guizot excipa de ces derniers pour protester contre l'annexion par l'Autriche de la république de Cracovie, dont l'indépendance était garantie par le traité de Vienne, tout en rassurant Metternich sur la portée de cette protestation. De même, il chercha à préserver le pacte fédéral suisse en s'efforçant de mettre sur pied une médiation des puissances entre le gouvernement centralisateur et radical de Berne et les cantons catholiques et souverainistes qui avaient fait sécession par le Sonderbund, mais il fut pris de vitesse par la victoire des troupes fédérales à la mi-novembre 1847. Enfin, en Italie où se développait, en particulier dans les États pontificaux, un mouvement patriotique et libéral qui attendait beaucoup de la France, il tenta en vain de faire prévaloir une politique du juste milieu entre « le danger stationnaire et le danger révolutionnaire », « entre les conspirations radicales fomentées à Londres et les routines absolutistes de Vienne », excluant toute intervention extérieure dans les États italiens dont dirigeants et populations devaient s'arranger entre eux, ce qui signifiait aussi le maintien des possessions autrichiennes en Italie. Toutes ces tentatives s'étaient heurtées au mauvais vouloir de l'Angleterre et avaient *de facto* paru rapprocher la France des vieilles monarchies réactionnaires autrichienne, prussienne et russe, unies pour s'opposer à tout changement du *statu quo* européen, dans ses institutions et dans ses frontières. Elle se plaçait ainsi, en veillant à ne pas les contrarier, dans la position de faire front commun avec elles contre l'émancipation des États et la liberté des peuples. C'est ce qu'exprime la phrase fameuse de Lamartine jetée à Guizot le 29 janvier 1848 : « Il a fallu que la France, à l'inverse des siècles et de sa tradition, devînt gibeline à Rome, sacerdotale à Berne, autrichienne en Piémont, russe à Cracovie, prussienne en Pologne, française nulle part, contre-révolutionnaire partout ! » Ainsi, la France, concluait le député de Mâcon, était ramenée au point où elle se trouvait au moment où s'était produite la révolution de 1830, qui s'était précisément élevée contre ce qui prévalait aujourd'hui.

Dans sa réponse à l'opposition, Guizot, conformément à sa volonté raisonnable et provocatrice de tout dire tout haut, déclara : « Nous considérons les traités de 1815 comme la base de l'ordre européen ; c'est dans l'intérêt de la France comme de l'Europe. » À croire qu'il les aimait, ces traités que l'ensemble du pays était réputé abhorrer. Thiers, lui, plus cynique, disait dans la même discussion : « Il faut les observer et les détester. » Entre eux deux, emblématiques de deux états d'esprit, voire de deux cultures et de la double face de la monarchie de Juillet, on trouve 1815, Waterloo, Napoléon.

Napoléon et moi

L'empereur fut, d'une certaine manière et à titre posthume, l'un des vainqueurs de février 1848. D'une part parce que son nom n'avait cessé d'incarner, depuis vingt-cinq ans et sans cesse davantage, la puissance et la gloire de la France, auxquelles le régime de Juillet était accusé de tourner le dos ; d'autre part parce que, sur ce nom magique, son neveu avait été bientôt élu président de la République nouvelle, en attendant mieux ; enfin parce que, parmi les opposants au ministère, Thiers, dont l'hostilité politique s'exaspéra contre Guizot dans les dernières années, s'était armé, dans cette lutte, de la personne et de l'œuvre de Napoléon avec une efficacité qui contribua à la chute de son concurrent et de la monarchie elle-même.

Les circonstances avaient pourtant fait que le grand homme les eût un court moment réunis. En effet, le président du Conseil Thiers, au début de mai 1840, avait chargé l'ambassadeur à Londres Guizot d'obtenir du cabinet britannique la remise à la France du cercueil de Napoléon inhumé à Sainte-Hélène : « Le roi y tient autant que moi, et ce n'est pas peu dire. [...] Réussissez dans cette affaire et nous vous en laisserons tout l'honneur. » Palmerston accéda aussitôt à cette demande, non sans la considérer d'un œil narquois, émettant le vœu que ce geste contribue à « effacer toute trace de ces animosités nationales qui, pendant la vie de l'empereur, armèrent l'une contre l'autre la nation française et la nation anglaise ». Peine perdue ! Deux mois plus tard éclatait, avec le traité du 15 juillet, l'une des crises qui déclencha, entre les deux pays, l'expression de l'animosité la plus vive, conduisant le président du Conseil français à retrouver les accents martiaux de l'empereur trente ans plus tôt. Thiers n'avait pas toujours manifesté un tel zèle à servir la mémoire impériale. Alors que la translation des restes impériaux était réclamée par voie de pétitions depuis le début du régime de Juillet, ainsi que l'autorisation pour les Bonapartides de résider sur le sol français, il s'y était opposé en 1836, lors de son premier ministère, arguant de l'intérêt du pays qui n'était pas encore « complètement délivré des factions et de leurs mauvais projets ». En effet, les conspirations et les insurrections qui avaient marqué les débuts du règne de Louis-Philippe se plaçaient volontiers sous l'invocation de Napoléon, réputé fils de la Révolution et libérateur des peuples, et, ce que Thiers bien entendu ne pouvait pas savoir, le prince Louis-Napoléon allait à la fin d'octobre se livrer à Strasbourg à sa première tentative de soulèvement. « Non, déclarait Thiers à la Chambre en avril 1836, le jour où cette famille qui porte un nom qui nous est cher pourra se trouver assise à nos foyers, le jour où les cendres de Napoléon pourront se retrouver sur notre sol, ce jour-là, dans ma profonde conviction, n'est pas venu. » Il était donc venu quatre ans plus tard ? Guizot, à suivre ses Mémoires, n'en était pas bien sûr, et pour les mêmes raisons : « L'empereur Napoléon n'avait-il donc plus de partisans et d'héritier ? » L'équipée de Strasbourg, en dépit de son fiasco, avait prouvé le contraire et Guizot était informé à Londres, de manière encore vague, que le prétendant et ses affidés préparaient un nouveau coup, qui devait devenir le débarquement à Boulogne du 11 août, au moment même où il se chargeait de négocier le retour du corps de l'empereur. « Était-ce au gouvernement du roi Louis-Philippe à glorifier et à ressusciter ainsi un rival » que sa mort et sa transfiguration par la légende rendaient d'autant plus puissant et plaçaient hors d'atteinte ? « La présence, en France, du corps et du tombeau de Napoléon serait-elle au-dedans un gage de sécurité, au-dehors un symbole de paix ? » Ou seraitelle interprétée comme un encouragement par les adversaires du régime, et comme une manifestation de revanche à l'égard des alliés coalisés contre Napoléon en 1813, voire comme une mise en cause des traités de 1815 ?

Louis-Philippe et son président du Conseil avaient bien pesé les risques de l'opération, avant de conclure que les avantages l'emportaient. Après la décision, prise en 1831 et accomplie en 1833, de replacer la statue de l'empereur au sommet de la colonne Vendôme, on pouvait passer à un second geste d'envergure, pour montrer que la nouvelle dynastie se reconnaissait dépositaire et héritière de toute l'histoire de France, dans sa diversité. C'est bien ce que voulait signifier Louis-Philippe en consacrant, au même moment, le palais de Versailles à un musée destiné à honorer toutes les gloires nationales. Le roi et son gouvernement paraissaient avoir vu juste : « Toujours lui ! Napoléon et encore Napoléon ! Il est le sujet incessant des conversations de chaque jour, depuis qu'on a annoncé son retour posthume », note Heine à la date du 30 mai. Pour Rémusat, ministre de l'Intérieur dans le cabinet Thiers et chargé, à ce titre, d'annoncer aux Chambres le retour des restes impériaux et de soutenir la discussion ouverte à ce sujet, la démarche de 1840 était de nature politique, voire politicienne, plus encore qu'idéologique. Le roi, écrit-il dans ses Mémoires dont le ton est bien différent de celui, presque lyrique, de son discours de l'époque aux députés, « n'aimait pas l'Empire. [...] La manière de Napoléon, ce charlatanisme grandiose, ce dérèglement d'imagination, cet enthousiasme de la force ne lui allaient pas. [...] Sans doute il était trop avisé pour ne pas comprendre qu'il était de bonne politique de ménager, de flatter même l'amour-propre national acoquiné au nom de Napoléon ». Thiers, de son côté, cherchant à donner du lustre à son cabinet et à sa propre personne, au moment aussi où il commençait de publier sa monumentale *Histoire du Consulat et de l'Empire*, prit soin de se réserver le bénéfice exclusif de la démarche en dépit de son engagement initial envers Guizot, dont le nom ne fut ni prononcé à la tribune par le représentant du gouvernement ni cité par les journaux ministériels.

Ce dernier, s'il en conçut du dépit, eut doublement sa revanche. D'abord lorsque Thiers, dans la crise européenne de l'été 1840, adopta le langage et prit l'attitude de Napoléon face aux quatre autres puissances, écrivant par exemple le 4 septembre au roi des Belges Léopold : « Si l'Europe veut avoir affaire à nous, elle n'a qu'à essayer. Je réponds que la carte du monde en sera changée », parlant de porter la guerre, si elle devait avoir lieu, sur les Alpes et sur le Rhin, lançant enfin une politique d'armements et de fortifications destinées à mettre Paris, mieux qu'en 1814, à l'abri de l'invasion et de l'occupation étrangères, ce qui lui attira cet avertissement de Palmerston : « Si la voie ouverte par M. Thiers devait être suivie, l'Europe devrait penser que les desseins et les intentions de la France sont semblables à ceux qui, pendant la République et l'Empire, forcèrent l'Europe à s'unir pour résister à ses agressions. » Et c'est bien parce qu'il jouait trop bien à faire du Bonaparte et du Napoléon que Thiers dut se retirer en octobre, au moment même où *La Belle Poule*, commandée par le prince de Joinville, quatrième fils de Louis-Philippe, quittait Sainte-Hélène avec à son bord le corps de l'empereur. Thiers, qui en 1836 encore déclarait ne pas vouloir paraître « parodiste de l'Empire », était désormais emporté par son tropisme napoléonien, qu'il ne cesse dès lors de cultiver et d'approfondir, comme le constate ironiquement Metternich – « M. Thiers aime à être comparé à Napoléon » – et le surpasse même en ce qu'il a réussi, en quelques semaines de 1840, à susciter le nationalisme allemand contre la France comme Napoléon lui-même n'y était pas parvenu. Cependant, deuxième revanche de Guizot, ce n'est pas Thiers mais son rival et successeur qui, dans l'uniforme doré des ministres, conduisit Napoléon aux Invalides le 15 décembre 1840. La presse hostile affirma avoir entendu des cris et des huées « À bas Guizot ! À bas l'homme de Gand ! », mais Ximénès Doudan, témoin direct, dément formellement. Thiers, lui, était là en frac, simple député. « Il eût à coup sûr mieux réussi cette cérémonie, écrit Victor Hugo qui en parla avec lui quelque temps plus tard. Il l'eût prise à cœur. Il avait des idées. Il sent et il aime Napoléon. » La personnalité de Guizot, elle, ne risquait pas d'être rapprochée de celle de l'empereur. Les manifestants, s'il y en eut, ne se trompaient pas sur ce point. Guizot n'appréciait ni le vainqueur d'Austerlitz et d'Iéna, ni le vaincu de Waterloo, ni non plus le général conquérant de l'Italie. Les points sur lesquels il rendit justice à son action étaient ceux qui intéressaient le moins ses contemporains. Lui-même, tout en constatant l'écho qu'éveillait en France, dans des secteurs pourtant divers de la population, le nom de Napoléon, n'en comprit pas vraiment les motifs ni n'en mesura l'ampleur. Les réserves qu'à son habitude il ne cacha pas envers l'œuvre et la mémoire impériales contribuèrent, devenu principal ministre, à le faire apparaître en décalage, voire en contradiction avec l'esprit public, et comme indifférent à la grandeur nationale, on dirait aujourd'hui à l'exception française.

Les rapports entre Guizot et Napoléon avaient mal commencé. « Étranger par mon âge à la Révolution, écrit Guizot en tête de ses Mémoires, je suis resté étranger à l'Empire par mes idées. » Or on subit son âge, mais on choisit ses idées. Grandi à Genève entre 1799 et 1805, les meilleures années de Bonaparte, il appartient à une religion qui n'a guère manifesté d'engouement bonapartiste. Ses figures de proue, Germaine de Staël, Benjamin Constant, Jean-Baptiste Say, ont été rapidement écartées. Les salons parisiens où est ensuite admis le tout jeune Guizot cultivent les références aux Lumières ou reçoivent avec bienveillance les Idéologues, par exemple Destutt de Tracy, auquel Guizot choisira de succéder à l'Académie française en 1836, dont le *Commentaire sur l'Esprit des Lois* est interdit en 1811 et qui, le 2 avril 1814, propose au Sénat la déchéance de l'empereur. Le célèbre épisode d'Ouchy, près de Genève, où Guizot récite de mémoire à la table de Mme de Staël exilée et en présence du prince impérial de Prusse, en août 1807, l'article foudroyant de Chateaubriand dans le *Mercure de France* – « C'est en vain que Néron prospère ; Tacite est déjà né dans l'Empire » – le pose comme un opposant intellectuel au système napoléonien. Son refus, contre l'usage et la recommandation pressante de Fontanes, grand maître de l'Université, d'introduire dans sa leçon inaugurale à la faculté des Lettres, en 1812, une phrase à l'éloge de l'Empereur, relève du même état d'esprit. Non, pour le jeune bourgeois protestant formé dans un milieu philosophique et littéraire cosmopolite à forte imprégnation germanique, le régime impérial, s'il permet de trouver un emploi, n'offre aucune séduction. Bien plus tard, dans ses Mémoires, Guizot reconstitue son sentiment d'alors : « Trop d'arrogance dans la force et trop de dédain du droit, trop de révolution et trop peu de liberté. » Les Cent-Jours, on l'a vu, cristallisent et exacerbent ces positions de principe, et Waterloo lui devient une affaire personnelle parce qu'elle signe, pour l'empereur, la fin de l'aventure personnelle dans laquelle il a abîmé la France : « Jamais je ne pardonnerai à Napoléon d'avoir réussi à déshonorer de la sorte la grandeur française », écrit-il à sa femme dans une lettre du 18 juin 1815 déjà citée. Quarante-cinq ans plus tard, quelques mois avant la chute du Second Empire dont il se fait inconsciemment le prophète, sa condamnation demeurait aussi vive : « En quelques années, malgré le génie et la gloire, le pouvoir absolu aboutit à la défaite, à l'impopularité générale de la France en Europe, à l'invasion étrangère, à la perte de toutes nos conquêtes, à la ruine de nos finances, au plus grand désastre national que la France ait jamais subi[1]. »

Sans doute Guizot a-t-il entre-temps nuancé sa pensée, ou au moins son expression. L'historien de la fin de la Restauration, le ministre de l'Intérieur puis de l'Instruction publique des premières années du régime de Juillet reconnaît au Premier consul un triple mérite, qu'il résume dans une note inédite : avoir fondé l'indépendance de la nation à l'issue des guerres révolutionnaires, avoir reconstitué la société démolie, avoir fait régner dans cette société reconstituée l'égalité civile. Napoléon, explique encore Guizot dans l'*Histoire de la civilisation en France*, fut un grand homme en ce qu'il remplit, à un moment particulier de l'histoire, une fonction nécessaire,

1. Préface aux *Mélanges politiques et historiques*, Paris, Michel Lévy, 1869.

rétablir l'ordre, structurer la société et organiser la puissance publique, fût-ce au prix d'une dictature : « C'était là le vœu, la pensée générale du pays ; Napoléon la comprit et l'accomplit. » En août 1831, lorsque l'élan révolutionnaire de l'année précédente n'est pas encore retombé et que Napoléon, enjambant la Restauration, réapparaît dans le paysage politique et idéologique, Guizot, en partie par tactique, proclame encore devant les députés : « Napoléon, chez nous, a réconcilié l'ordre social et la Révolution avec l'Europe. La révolution de Juillet a commencé la réconciliation de l'opinion politique libérale en France avec les gouvernements européens. [...] Le ministère [Casimir Périer] a suivi la route que lui ont tracée le plus grand homme des temps modernes et le plus grand événement qu'une nation ait accompli. » Le couplage Napoléon/Juillet, que Thiers s'approprie progressivement et intensément, chez Guizot ne dure pas longtemps. Déjà, dans le même discours, il prend bonne distance avec le passé révolutionnaire et impérial : « La prépondérance des idées et des institutions libérales sur les combinaisons de la diplomatie ou sur la force des baïonnettes, voilà le véritable caractère de la civilisation actuelle : c'est surtout par l'empire des idées et des institutions que les événements se décident en Europe. [...] Eh bien ! le siège de cet empire est en France. » Arrière donc les « projets arbitraires, gigantesques, enfants de sa seule pensée, étrangers aux besoins réels de notre temps et de notre France » que Napoléon, aux dires de l'historien de 1829, avait conçus et développés. En ce sens, Napoléon despote est, au regard de l'intérêt national, extérieur et archaïque. Il n'y a là, pour la monarchie de Juillet, aucun précédent à exalter, aucun exemple dont s'inspirer, tout au contraire. Elle doit se garder, dit encore Guizot, de « cette passion posthume d'aventures et de conquêtes », qui a conduit le pays où l'on sait, à laquelle Thiers, victime du syndrome Napoléon, a risqué, par ses imprudences et ses provocations, de donner à nouveau carrière. Rien ne mesure mieux la distance qui sépare le président du Conseil de 1836 et 1840 du ministre des Affaires étrangères de 1840-1848 que leur dialogue à six années d'intervalle, sur cet abcès de fixation que fut l'Espagne et pour l'Empire et pour la monarchie de Juillet.

Thiers, en janvier 1837 : « Par un instinct profond, cet instinct que je puis dire national, Napoléon se trouvant à Tilsitt alors le maître du monde ne se croyait pas en repos parce qu'il entrevoyait une hostilité à Madrid. » Guizot, en mars 1843 : « Napoléon a attenté à l'indépendance et à l'honneur de l'Espagne. Il n'a pas seulement échoué pour lui-même. [...] Les souvenirs, les sentiments qu'il a laissés dans la péninsule ont beaucoup nui au penchant qui portait l'Espagne vers nous. » Non, Guizot ne considère pas, comme son rival l'affirme en 1840, que « Napoléon pensait à tout ce qui était utile et glorieux pour la France ». Pour lui, comme il l'écrivait déjà en 1817, la gloire de la France « ne consiste ni dans l'asservissement de l'Allemagne, ni dans la dévastation de l'Espagne, ni dans la conquête du monde. [...] Si la gloire se mesurait au nombre des entreprises et à l'étendue des conquêtes, les Huns d'Attila et les Tartares de Tamerlan en auraient plus que nous ». L'ordre établi par le concert des Puissances en 1815 pour purger l'Europe du désordre révolutionnaire et napoléonien qui avait rendu ces traités nécessaires, Guizot y adhérait de mieux en mieux, et le disait de plus en plus, à mesure que son ministère se prolongeait. À preuve ce dernier échange avec Thiers, juste avant la chute du régime, le 29 janvier 1848.

Guizot : « Nous considérons les traités de 1815 comme la base de l'ordre européen. [...] Si la France avait perdu dans les traités de 1815 les grandes conditions de l'existence et de la force des États, nous n'aurions jamais dû les accepter ; nous les avons acceptés.

Thiers : « Subis !

Guizot : « Comment ! Messieurs, vous trouvez plus honorable et plus fier de dire que vous les avez subis ! »

« Nous », c'est la France de la monarchie constitutionnelle, pacifique et raisonnable. « Vous », c'est l'illusion révolutionnaire et impériale, agressive et faussement glorieuse, qui a fait son temps.

Inaccessible au culte napoléonien dont se méfiait aussi Lamartine, et auquel il contribua un instant du fait des circonstances, Guizot n'a pas vu ni reconnu dans le courant bonapartiste une composante structurante de la vie politique française, à l'égal des partis légitimiste et républicain qu'il combattait pourtant. Partagea-t-il du moins le sentiment exprimé par Manzoni en 1821 : « C'était un homme qu'on était forcé d'admirer sans pouvoir l'aimer[1] » ? Pas même. Napoléon, et mieux encore Bonaparte, fut assurément à ses yeux un grand homme, c'est-à-dire un agent secondaire de l'histoire, il parla quelquefois de son génie, mais nullement un héros, encore moins un héros populaire, tellement il avait méconnu les principes et les exigences de la liberté. Aussi s'affligeait-il qu'il le fût devenu pour beaucoup. C'était déjà bien assez, c'était peut-être trop de la part du gouvernement de 1830 d'avoir donné des gages, écrit-il dans ses Mémoires, à « un souvenir national et un sentiment populaire peu en harmonie avec sa libérale et pacifique politique ». Aussi Guizot trouva-t-il particulièrement déplacée, après le transfert aux Invalides auquel il avait contribué sans conviction, l'accusation portée en 1846 par Montalembert selon laquelle la France, c'est-à-dire le ministère des Affaires étrangères, aurait mendié à la Russie le tombeau de Napoléon. En fait, l'architecte Visconti tenant à ce que le sarcophage fût en porphyre rouge, il apparut que cette pierre ne se trouvait qu'en Russie, dans une carrière appartenant personnellement au tsar Nicolas Ier. Ce dernier renonça aimablement à percevoir la taxe d'usage sur la quantité extraite, soit 6 000 francs, mais le travail d'extraction et de transport resta entièrement à la charge de la France, soit environ 200 000 francs. Décidément, Guizot rencontrait toujours Napoléon sur le chemin de l'honneur national.

En fait, la monarchie de Juillet que son principal ministre incarnait désormais était comme prise en étau par l'empereur. Soit elle sacrifiait hautement et délibérément à son culte et

1. Cité par Natalie Petiteau, *Napoléon de la mythologie à l'histoire*, Paris, Seuil, 1999, p. 63.

alimentait sa légende, au risque, avéré, d'en faire un instrument de légitimation des passions révolutionnaires, voire des entreprises conspiratrices, et d'envoyer à l'Europe des cours un signal inquiétant ; soit elle comprimait le plus possible l'évocation et les manifestations de sa mémoire en se désolidarisant, au moins pour l'essentiel, de ce passé révolu, au risque de s'aliéner la sympathie populaire que suscitait le nom de Napoléon. Le pays était-il condamné, se demandaient ainsi Lamartine et Tocqueville, à choisir entre la grandeur nationale et la dynastie d'Orléans ? Jusqu'à la fin de 1840, le régime tenta de louvoyer à l'intérieur d'un juste milieu. Ensuite, le poids de la politique extérieure, qui devient la principale préoccupation du roi et de son ministre, conduit à concéder le moins possible à l'esprit public. C'était, pour Guizot, renoncer à un moyen de popularité, alors qu'il n'en avait guère à sa disposition. Si Thiers avait tendance sinon à se prendre pour Napoléon, du moins à se trouver avec lui en profonde empathie parce qu'il l'admirait et l'aimait réellement, comme ses amis même le lui faisaient remarquer [1], Guizot aurait-il développé, lui, une sorte de complexe napoléonien ? Chansonniers et pamphlétaires confrontent parfois les deux personnages, aux frais de Guizot bien entendu.

« Sur l'époque moderne il s'intronise en roi
Et dit, avec candeur, Napoléon et MOI ! [2] »

Entre eux deux, la partie n'était évidemment pas égale. « Je ne pense pas que ni la statue de Napoléon à la place Vendôme, ni ses restes aux Invalides aient fait la chute du roi Louis-Philippe et de la Charte », assure Guizot dans ses

1. En 1845, après la parution du quatrième volume de l'*Histoire du Consulat et de l'Empire*, Duvergier de Hauranne écrivait à Thiers : « Rémusat trouve comme moi que vous aimez un peu trop la personne de Napoléon et que votre portrait est flatté. [...] Vous l'admirez et vous l'aimez. Je l'admire et ne l'aime pas. » Cité par Daniel Halévy, *Le Courrier de M. Thiers*, Paris, Payot, 1921, p. 191.

2. *Nouvelle Némésis. Satires, M. Guizot,* par Barthélemy. Paris, s.d. (1845).

Mémoires. Pourquoi prendre alors le soin de le préciser ? Et sa chute à lui, dans l'opinion puis dans la vie politiques ? Napoléon, tout ce qui s'attache, surtout depuis Sainte-Hélène, à son nom et à sa mémoire, la puissance, la grandeur et la gloire dont le sentiment paraît si fort manquer à Guizot, voire rejeté par lui, pourraient bien y être pour quelque chose.

« Ne prenez pas votre voiture »

Un jour de juillet 1843, dans la rue, un gamin de Paris, en guenilles, siffle son chien : « Hé ! Guizot ! » L'affreux caniche rapplique et le gavroche s'en va chantant : *Guizot, gui, gui, gui, gui, zo, zo !* « Faites-vous donc un grand nom pour que les gamins le jettent aux chiens ! » conclut Victor Hugo qui relate la scène. On ne sache pas que le nom de Molé, de Thiers, de Soult, de Louis-Philippe même, pourtant peu ménagé, ait été de la sorte, à leurs oreilles et sous leur nez, livré aux chiens.

Les cris hostiles à Guizot, rapportés par les observateurs et les journaux défavorables au ministre, ne suffiraient pas à attester l'impopularité de sa personne dans l'ensemble du pays, et aussi bien ne doivent pas conduire à la surestimer au point d'en faire une cause première de l'effondrement en quelques heures de la monarchie de Juillet, et du discrédit dont elle a été frappée par la suite et jusqu'aujourd'hui. Reste qu'elle apparaît, à peine passée l'installation du régime en 1830, comme un fait acquis, non pas seulement chez ses adversaires, dont le nombre et surtout l'audience s'accroissent après 1840, mais dans la société politique en général, et même à ses propres yeux. Lorsque, en octobre 1832, il fallut constituer un ministère dont le duc de Broglie devait être le pivot, ce dernier déclara n'accepter que si Guizot en faisait partie. Grand trouble chez le maréchal Soult, président du Conseil désigné, chez les ministres pressentis, chez Louis-Philippe lui-même : « J'étais si impopulaire ! » Pour être « vulgaire », comme dit Guizot, cette objection n'était pas moins réelle, et il fut décidé de lui faire sa part en le nommant non pas à l'Intérieur, son précédent poste ministériel en 1830, mais à l'Instruction publique, politiquement moins compromettante. Cette impopularité, dont j'ai indiqué plus haut certains des tenants et aboutissants, il en avait en quelque sorte fait profession avant même de l'encourir. Ainsi, dans un puissant discours du 19 février 1831, dénonçant le laxisme, face à l'émeute, du cabinet Laffitte à l'occasion du sac de Saint-Germain-l'Auxerrois et de l'archevêché, il avait développé des considérations : « Les gouvernements ne sont pas institués pour plaire. On a vu des gouvernements despotiques et populaires. Dans les pays libres, le meilleur gouvernement n'est presque jamais populaire. Il a toujours contre lui le parti des espérances et celui des mécomptes. Le parti des illusions déçues est précisément la portion de la société la plus remuante ; c'est assez pour rendre le pouvoir impopulaire, même au moment où il rend le plus de services au pays. » Sur le moment, six mois seulement après l'élan révolutionnaire de 1830 provoqué pour partie par le discrédit dans lequel était tombée la monarchie de Charles X et de Polignac, cette logique surprit, par exemple Armand Carrel, dans *Le National* : « Étrange allégation de M. Guizot qu'il faut être impopulaire pour bien gouverner. Vouloir tout faire pour la popularité, c'est se bercer d'une illusion ; mais vouloir tout obtenir sans elle, c'est l'illusion contraire, et ce n'est pas la moins funeste des deux. »

Ainsi, dès le début de 1831, l'impopularité était devenue la marque propre de Guizot. Elle tenait pour une part, il le dit lui-même, au voyage de Gand, à ses fonctions durant la première moitié de la Restauration et, après son retrait du ministère le 1er novembre 1830, à ce qu'il avait « profondément blessé le parti révolutionnaire en attaquant non seulement ses excès, mais ses principes », autrement dit qu'il était rentré, avec éclat, dans la politique de résistance conservatrice. Elle l'accompagna tout au long de sa carrière politique, sauf, brièvement, durant la coalition au début de 1839 et durant l'été 1846, et d'autant plus vivement que durant près de huit ans il est la figure du gouvernement et même du régime la plus en vue. Le constat s'en trouve dans les esprits les plus divers, bienveillants ou pas : Barante observe, en août 1842, que bien des membres du parti conservateur « ont peur de l'impopularité » de leur chef de file ; Tocqueville note, à la même époque : « Incompatibilité d'humeur entre la France et M. Guizot. Il suffit qu'il aborde une mesure pour la rendre impopulaire » ; et encore, en arrêtant là un long florilège, le député centre gauche Léon Faucher, au sujet des mariages espagnols : « Cet événement aurait rendu populaire tout autre ministre que M. Guizot ; mais M. Guizot ne peut pas être et ne sera jamais populaire. » Si Guizot affirme à plusieurs reprises aimer la popularité lorsqu'elle lui est venue, en particulier entre 1820 et 1830, ou lorsque ses électeurs normands lui témoignent de l'attachement, il ne l'a jamais cherchée ni cultivée, et surtout pas admise comme maxime de gouvernement. Non seulement il le reconnaît, mais il paraît le revendiquer, selon l'auteur, malveillant, de *La Nouvelle Némésis* :

> « Chose étrange il a pris le public anathème,
> L'impopularité pour base de système ;
> En voyant que partout, hors dans un bourg pourri [Lisieux],
> Sa politique abjecte est mise au pilori,
> Dans les affronts amers dont la France l'abreuve
> De sa haute sagesse il savoure la preuve. »

À Thiers qui, un jour de 1836 ou 1837, reprochait à Guizot de mépriser la popularité, ce dernier aurait répondu : « Non, je méprise l'impopularité. » Véridique ou non [1], cette réplique dit bien la pensée de son auteur, dont le moins qu'on puisse dire est qu'il n'a jamais, étant au pouvoir, recouru à la démagogie, et s'en est attribué le mérite, croyant aussi, ce qui est moins sûr, s'attirer par là l'estime de ses amis. D'être abreuvé d'injures, de calomnies, d'outrages même, comme ce

1. Victor Hugo, dans *Choses vues*, à la date du 30 novembre 1847, rapporte ce propos que Guizot lui aurait tenu la veille, en faisant remonter cet échange avec Thiers à « dix à douze ans ».

crachat que lui jette un pamphlétaire particulièrement hargneux[1], il se fait, à la tribune, une arme, comme on l'a vu dans la séance de la flétrissure, et dans la vie une raison, comme il l'écrit à sa fille Henriette en juillet 1847 : « Beaucoup de contemporains peuvent être trompés sur mon compte par les journaux. Mais l'avenir ne sera pas trompé. Et je ne tiens qu'à deux opinions, celle de mes amis aujourd'hui et celle de l'avenir. Le reste est le domaine des menteurs et des bavards. » Est-ce pour rassurer ses enfants, dont les oreilles doivent souvent tinter en dépit de leur existence confinée, ou son optimisme indéracinable lui fait-il prendre un pari hasardeux sur l'avenir ? Dans ses Mémoires, il retouche le portrait courant et l'idée reçue : « Je suis plus enclin qu'on ne croit au désir de plaire, je connais tout le prix comme tout le charme de cette sympathie générale qu'on appelle la popularité. » Sans doute, mais pourquoi avoir laissé précisément croire le contraire ?

Il peut bien braver l'impopularité, il n'en ressent pas moins la pression. En août 1841, par exemple, alors qu'il vient d'être élu président du conseil général du Calvados, il subit à Caen ce qu'on appelle un charivari. À en croire un opuscule bienveillant, car il en existe aussi, il y aurait échappé jusque-là :

« D'où vient, savant Guizot, qu'au sein du Calvados,
Tu n'as point affronté les insultants bravos,
Les hurlements mêlés au carillon barbare
Qui du charivari fait le charme bizarre[2] ? »

1. Dans *Agonie, mort et enterrement de Son Excellence M. Guizot*, publié en août 1846, un certain De Ratondis de Biscaras relate que Guizot serait mort en grinçant des dents dans les bras de son collaborateur Génie, en raison d'une « ambition rentrée et de la terreur de perdre son portefeuille » révélées par l'autopsie. « De là le ballonnement outre mesure et la putréfaction immédiate. Ledru-Rollin a déjà fait l'épitaphe de Son Excellence, elle est courte et digne de l'auteur comme du mort : "C'est un *Crachat* à mettre sur sa tombe". » Cet écrit, publié et diffusé sous un gouvernement réputé réactionnaire et répressif, témoigne d'une liberté et d'une violence d'expression que la vie publique actuelle ne peut pas même concevoir.

2. H. Fleury, *Épître à Monsieur Guizot, député du Calvados*, Lisieux, 20 juin 1832.

Ce charme bizarre, Guizot le goûte le 23 août au soir, où, rapporte *Le National*, il a été « charivarisé par 2 500 à 3 000 citoyens de toute classe, aux cris de À bas Guizot ! À bas M. de Gand ! À bas le traître de 1815 ! À bas les complices de Dumouriez ! au milieu de nombreux sifflets ». *Le Moniteur*, lui, n'a vu que « 40 à 50 jeunes gens, filles et garçons, sortant de leurs ateliers, qui se sont présentés devant la préfecture, où ils ont poussé des cris qu'ils accompagnaient du bruit de quelques cornets ». Lorsque, le lendemain soir, il y eut du verre cassé et un début d'émeute vite réprimé, le ministre était déjà reparti pour Paris. L'impopularité est-elle allée jusqu'au danger physique ? Après tout, Louis-Philippe a été victime de plusieurs tentatives d'assassinat, mais c'est le roi. Son ministre favori risque-t-il le même sort ? Dorothée de Lieven a des raisons de le craindre, qui lui fait passer ce billet le 8 février 1842, alors que l'Adresse est en discussion à la Chambre : « Faites-moi la grâce de ne pas vous servir de votre voiture ce matin. Je me souviens que l'an dernier elle a été reconnue et suivie à pareil jour. Prenez celle de Mme de Meulan, je serai très inquiète si vous avez la vôtre. » Est-ce au point qu'il ait tout à gagner à ne pas être reconnu ? Voici un incident qui en dit long sur l'état d'esprit de Guizot. C'est en septembre 1841, il circule en calèche rue de Rivoli, chaque mot compte : « Tout à coup deux jeunes gens fort bien mis me reconnaissent et se mettent à crier *Vive M. Guizot !* Au premier moment, ce cri me fut suspect. Ce pouvait être une manière de me faire reconnaître par la foule où pouvaient se trouver de mauvais sujets. Je considérais attentivement ces deux jeunes gens. La foule s'arrêtait et me regardait avec curiosité, mais sans malveillance, plutôt le contraire. Le cri de ces deux jeunes gens était à bonne intention. Ils l'ont répété. » Tout est dit. Mais pourquoi l'écrire à Guillaume, qui n'a que huit ans ? Pour que, précise son père, sa famille sache ce qui s'est réellement passé au cas où les journaux en feraient état de façon inexacte ou tendancieuse. L'impopulaire ministre des Affaires étrangères en est là. Comment croire, si blindé qu'il s'affiche, si superbe que soit sa posture, qu'il n'en souffre pas ? Il l'avoue lui-même, *a contrario*, lorsque, autour de sa voiture arrêtée dans un relais de poste normand et garnie d'épais rideaux, il entend dire : « C'est M. Guizot. Pourquoi s'enferme-t-il comme ça ? Il n'en a pas besoin. Ici, tout le monde l'aime, nous ne sommes pas des journalistes. » Merveilleuse surprise, qu'il commente pour sa princesse : « Voilà les assassins qui m'attendent sur la route. » Le 24 février 1848 et les jours suivants, il devra se déguiser, se cacher, s'enfuir : c'est alors la révolution, son ennemie, dont il a combattu les mauvaises passions de toutes ses forces, au prix de l'impopularité. « Pour lui rendre justice », écrit en 1844, dans son *Procuste parlementaire*, celui qui se cache sous le nom de Fortunatus, « on doit l'admirer, quelquefois ; l'aimer, jamais ; le mépriser, toujours. »

Vive la réforme !

S'il est un point – avec deux autres, ses qualités d'historien et sa législation sur l'enseignement primaire – sur lequel les esprits et les plumes les plus mal disposés à l'égard de Guizot ne l'ont jamais mis en cause, c'est son intégrité personnelle par rapport à l'argent. Chacun s'est plu à reconnaître, souvent pour faire passer ou mettre en relief les plus violentes attaques, qu'il était sorti des affaires non pas indigent, mais aussi pauvre qu'il y était entré, et qu'il n'avait jamais usé des facilités matérielles que peut procurer le pouvoir. Or son nom et son action sont associés, de son vivant et après lui, à des notions et à des pratiques que résument et concentrent les termes d'enrichissement, d'affairisme, de faveurs, de corruption. Sa vertu individuelle, dont il paraissait se faire manteau par ce simple fait qu'il n'en excipait jamais, était réputée couvrir ou dédouaner des turpitudes pratiquées dans son ombre, parfois tout près de lui. Cette attitude était rapportée parfois à son identité protestante et à son éducation genevoise, évidemment constitutive d'arrogance et d'hypocrisie, cette

« morgue sournoise du huguenot » décelée chez lui par *Le Rivarol de 1842*.

Contribuer à laisser les intérêts particuliers l'emporter sur l'intérêt national, favoriser les uns en négligeant l'autre, ce reproche adressé au chef du cabinet du 29 octobre 1840 va grandissant. Dans les faits, il ne l'encourt pas plus qu'un autre, sinon que durant la monarchie de Juillet le développement économique et le progrès technique, qui prennent la forme visible et emblématique de la construction des chemins de fer, favorisent l'essor d'un capitalisme financier et bientôt industriel, avec les effets induits qui lui sont propres. Cependant, à défaut d'entreprises extérieures d'envergure et de grands projets nationaux, la politique incarnée par Guizot semble se borner à la gestion étroite des affaires privées, ce que Guizot appelle lui-même la politique des « honnêtes gens ». Il désigne par là, explique-t-il à la Chambre en mars 1834, « cette masse d'hommes sages, modérés, sans prétention, qui ne font pas de la politique leur carrière ni leur préoccupation habituelle, qui veulent mener honnêtement, tranquillement, leur existence et leurs affaires de famille ». C'est pour et avec cette classe moyenne que Guizot prétend gouverner, dans l'ordre et la liberté, contre les révolutions au-dehors et au-dedans. Telle est la politique du juste milieu, ennemie de tous les excès. « La stabilité et la bonne conduite des affaires de tous les jours, dit-il encore le 15 février 1842, voilà les seuls vrais, les seuls grands intérêts de la France aujourd'hui. » Faire tranquillement ses affaires, fondement du parti et du gouvernement conservateurs, est-ce encore faire de la politique, ou est-ce organiser l'engourdissement du pays ? Tocqueville, dans un article de janvier 1843, signale le danger : « Une pusillanimité et une torpeur universelles se sont emparé de cette nation si hardie et si vive. Les uns craignent et les autres font semblant de craindre, et le peuple tout entier ne présente qu'un seul spectacle : celui de l'ambition et de la cupidité exploitant la peur. » Vingt ans plus tard, dans ses Mémoires, Rémusat parle, sans s'en exempter, de « l'engourdissement produit par l'exercice du pouvoir » sur ceux qui étaient jadis et se faisaient encore appeler doctrinaires, pourvoyeurs, sous la Restauration, d'idées et d'espérances : « Je ne crois pas, de 1839 à 1848, les avoir une seule fois entendus faire appel à des sentiments élevés, à des idées un peu hautes. [...] Guizot donnait l'exemple de l'abdication, peu s'en faut qu'il ne la fît valoir quelquefois comme une mortification méritoire. » Il s'enlisait ainsi dans « la politique mesquine et routinière, à laquelle il a prostitué un esprit et un talent faits pour les grandes choses ». L'important ici n'est pas que ce jugement sévère soit inexact et injuste, c'est qu'il ait été largement partagé.

C'est sur cette trame que s'inscrit et prend sens le mot prêté à Guizot, « Enrichissez-vous ! », flétri par la postérité et déjà relevé, en mauvaise part, par les contemporains. Les rares amis posthumes de Guizot tentèrent d'émousser le tranchant de ce mot d'ordre en prétendant le citer tout entier : « Enrichissez-vous par le travail et par l'épargne », et en le complétant même avec « et c'est ainsi que vous deviendrez électeurs ». S'est-il exprimé en ces termes devant ses concitoyens de Lisieux ? Il l'aurait pu, mais le fait est qu'aucun document ne l'atteste, même si son gendre Cornélis de Witt l'a confirmé soixante ans plus tard, sans bien sûr avoir jamais pu l'entendre. En revanche, « Enrichissez-vous », sans aucune des adjonctions ci-dessus, a bien été prononcé, à la Chambre le 1er mars 1843, en réponse à une intervention du député centre gauche Dufaure : « Il y a eu un temps où la conquête des droits sociaux et politiques a été la grande affaire de la nation. [...] La conquête est accomplie ; passons à d'autres. Vous voulez avancer à votre tour, vous avez raison ; ne poursuivez donc plus, pour le moment, la conquête des droits politiques. [...] À présent, usez de ces droits ; fondez votre gouvernement, affermissez vos institutions, éclairez-vous, enrichissez-vous, améliorez la condition matérielle et morale de la France ; voilà les vraies innovations ; voilà ce qui donnera satisfaction à cette ardeur du mouvement, à ce besoin de progrès qui caractérise cette nation. » Dans les conditions et dans la phrase où elle fut dite, l'expression ne provoqua, ni sur le moment ni dans les semaines suivantes, aucune réaction particulière. Venant de Guizot, comme d'ailleurs de n'importe quelle personnalité du parti conservateur, le propos n'avait rien pour surprendre. En janvier 1837, ministre de Molé, il disait déjà la même chose autrement : « Nous sommes entrés dans une époque de paix, de travail régulier, de développement intellectuel, scientifique, industriel. » Vraisemblablement est-ce en relisant les discours du ministre pour nourrir leurs attaques, comme le font les adversaires consciencieux et efficaces, que tels politiques ou journalistes retrouvèrent et isolèrent la formule de 1843 pour s'en faire une arme contre lui à partir de l'été 1846, lorsque les oppositions entrèrent dans une campagne qui devait finir par l'effondrement du régime. Il fut désormais acquis que Guizot était « l'homme qui avait tant dit à la nation : "Enrichissez-vous ! Enrichissez-vous !"[1] ».

À cette apostrophe s'en ajouta une autre, inscrite elle aussi au débit de son auteur sitôt qu'elle fut connue. Le 10 août 1845, lors d'un banquet à Lisieux, répondant au toast prononcé par le docteur Legrand, maire de Saint-Pierre-sur-Dives, Guizot, de belle humeur, eut ces mots parmi bien d'autres : « Vous faites de fréquentes élections ; vous apercevez-vous qu'elles soient l'œuvre de la corruption et de la violence ? Parce que je vous ai aidés quelquefois à réparer vos églises, à construire vos presbytères et vos écoles, à assurer une carrière à vos enfants, avez-vous cessé de voter librement et consciencieusement ? Vous sentez-vous des hommes corrompus ? » C'était relever des reproches chez beaucoup, des attaques chez certains, qui visaient le ministère et son chef, particulièrement depuis 1842 : l'abus des influences de la part du pouvoir et de ses amis, la corruption des principes institutionnels et des pratiques électorales, principalement par deux moyens.

D'abord, la pression exercée sur les électeurs par les éligibles, grâce à des promesses, et par l'administration, grâce à des faveurs ou des menaces, et rendue possible par le petit nombre des électeurs : celui-ci était passé de 90 000 environ

1. *Un Anglais à Paris*, Paris, Plon, 1893, t. 1, p. 27.

à la fin de la Restauration à 165 000 en juillet 1831 par l'effet d'une loi abaissant le niveau de l'impôt pour être électeur de 300 à 200 francs, puis à 220 000 en juillet 1842 et à 241 000 en août 1846 sous l'effet d'un accroissement de plus en plus rapide induit par l'enrichissement, justement, de la population. Il s'agit là de l'électorat national, les électeurs aux conseils généraux et surtout municipaux étant sensiblement plus nombreux. Cet électorat limité, cinq fois moindre à peu près qu'en Angleterre et deux fois qu'en Belgique, était d'autant mieux connu des candidats et des préfets que, dans ce scrutin d'arrondissement, les collèges électoraux étaient de dimension inégale, et parfois fort petite : 258 d'entre eux, sur 459, comptaient en 1846 moins de 500 inscrits, le plus important étant le 2e de Paris, avec 2 969 électeurs, le plus petit celui de Bourganeuf, 144. Dans la propre circonscription de Guizot, le nombre d'électeurs est passé de 590 en 1831 à 999 en 1846. Y avait-il dans cette situation un risque d'achat des votes, direct ou indirect, ou au moins d'orientation au profit de la majorité gouvernementale ? L'opposition le soutenait et appelait à une réforme électorale étendant le droit de suffrage, remède supposé à la corruption dénoncée.

Un second élément de corruption possible tenait au nombre de fonctionnaires siégeant à la Chambre des députés, 166 en 1842, 185 en 1846, soit 40 %. Cette proportion n'est pas sans rapport avec celle de l'Assemblée nationale élue au suffrage universel sous la République, sauf, différence fondamentale, qu'ils continuaient à exercer leurs fonctions, qu'ils fussent préfets, magistrats ou militaires. Nommer des députés à des emplois publics, avancer la carrière des fonctionnaires-députés déjà en poste étaient pour le ministère un moyen efficace de se les attacher. La règle, posée par une loi présentée par Guizot en septembre 1830, était seulement que tout député fonctionnaire nommé ou promu se représente devant les électeurs. La tentation, voire la nécessité de lier fonction publique et mandat électif, voire relation personnelle, étaient d'autant plus fortes en l'absence d'indemnité parlementaire et surtout de filière particulière de recrutement des fonctionnaires : ainsi, en 1830, exemple entre cent, Guizot ministre de l'Intérieur avait nommé préfet de Haute-Saône son ami Amédée Thierry, frère cadet d'Augustin et historien spécialiste des Gaulois. Le record des nominations appartient au ministère Molé de 1836-1839, 41 en deux ans et demi, ce qui lui fut violemment reproché par la coalition et en particulier par Guizot, ce dernier, avec 79 nominations en sept ans et demi, se situant dans une honnête moyenne. « Quoi de plus légitime », écrit Guizot au printemps 1852 à Aberdeen dans une correspondance relative aux principes et aux pratiques du système électoral français sous le régime de Juillet, « que de ne confier des fonctions publiques qu'à des hommes qui approuvent la politique dont ils sont, à des degrés divers, les organes ou les appuis ? » En fait, une quarantaine de fonctionnaires, sous le ministère Guizot, votait avec l'opposition sans rencontrer de difficultés. Trois parlementaires furent révoqués de leur emploi public pour des prises de position contraires à la politique générale du gouvernement : deux députés, le recteur Dubois, vieille connaissance de Guizot sous la Restauration et longtemps proche de lui, Édouard Drouyn de Lhuys, directeur au ministère des Affaires étrangères et donc directement sous les ordres de Guizot, et un pair de France, l'ambassadeur Alexandre de Saint-Priest. Aux orateurs de l'opposition qui s'émurent de ces mesures jugées d'intimidation, Guizot répondit que lui-même avait été révoqué du Conseil d'État en 1820 pour avoir exprimé publiquement son hostilité à la politique d'alors, ce qu'il avait trouvé tout à fait normal. Personne au reste ne contestait sur le fond la participation de fonctionnaires en activité à la vie publique et leur présence dans les assemblées, à raison de leurs compétences et de leur expérience. Aucun des gouvernements successifs, quelle que fût sa nuance, n'aurait conçu ni accepté que les agents de l'État chargés de mettre en œuvre ses décisions les combattent ouvertement, y compris à la tribune ou dans leurs votes. L'opposition déclarait seulement vouloir que les inconvénients en fussent réduits par l'édiction de certaines incompatibilités, ce que l'on appelait la réforme parlementaire.

Réforme électorale et réforme parlementaire furent à l'ordre du jour presque dès le début de la monarchie de Juillet, mais revinrent avec beaucoup plus d'insistance après 1840. L'opposition, y compris modérée, les proposait comme des mesures de moralité et d'équité, bien entendu, et aussi comme une façon tranquille de satisfaire l'aspiration au progrès et à l'innovation qui, disait-elle, s'exprimait dans le pays, désireux de prendre une part plus large à ses affaires, d'autant mieux que l'ère des insurrections et des émeutes, depuis 1839, était close, et que le développement de la richesse matérielle et de l'instruction des esprits, auquel Guizot s'était personnellement attaché, alimentait ce mouvement et justifiait cette perspective de changement. Ainsi, pour une grande partie de l'opposition, la réforme était présentée comme une alternative, ou un remède, à la révolution, en donnant aux Français de quoi pallier leur déception, voire leur exaspération, face à ce que le gouvernement et sa majorité appelaient la stabilité, d'autres son immobilisme.

À ces suggestions d'évolution et d'ouverture, Guizot opposa, sous des formes diverses, un refus permanent, exprimé dès 1834 : avant de songer à une éventuelle réforme électorale, il convient que la société se rende « capable d'acquérir des droits nouveaux. Occupons-nous de préparer les éléments de cette capacité ; occupons-nous du progrès intellectuel et du progrès industriel, du progrès des lumières et du progrès des richesses ». Ainsi, la réforme, concevable en soi, désirable même, n'est pas d'actualité. Aux yeux de Guizot, aussi longtemps qu'il est resté au pouvoir, elle ne le sera jamais. « Le moment n'est pas venu » est la réponse constante des gouvernants décidés à ne rien changer. Sur la réforme électorale, de loin la plus significative, les grandes explications eurent lieu à deux reprises, en février 1842 et mars 1847, lors de la discussion des propositions déposées respectivement par Ducos et Duvergier de Hauranne.

La première tendait simplement, ce qui quantitativement n'allait pas bien loin, à élargir les collèges électoraux aux personnes figurant sur la liste du jury d'assises départemental. Elles offraient toute garantie de sérieux et d'honorabilité, et appartenaient souvent à des professions intellectuelles et juridiques. Or l'un des reproches le plus fréquemment adressé à la loi électorale est qu'elle ne retient pour critère de la capacité politique que le niveau de fortune mesuré par l'impôt acquitté. Si elles n'y satisfaisaient pas, les capacités intellectuelles et professionnelles, qui faisaient pourtant partie de l'élite de la société, étaient ainsi écartées. Guizot, sur ce point, professait une idée arrêtée au début de la monarchie de Juillet, consignée sur un carnet personnel en 1831 : « Je ne crois pas que la propriété foncière soit l'unique source des droits politiques, parce que je ne la crois point l'unique symptôme de la capacité politique. [...] Celle-ci a deux grands symptômes : 1°, une certaine fortune. 2°, certaines professions qui exigent l'activité, l'intelligence des intérêts sociaux, réels, et qui supposent ou procurent la fortune. L'un ou l'autre de ces deux symptômes constitue une situation sociale à laquelle est en général attaché le genre ou le degré d'intelligence qui fait présumer la capacité politique. » Le développement de l'intelligence seul, sans lien avec les intérêts sociaux, n'y suffit pas. « Sans quoi il faudra dire : quiconque a fait des études ou quiconque a fait un livre a la capacité politique », alors qu'il peut n'être intéressé en rien, parce qu'il ne possède rien ou peu, à la conservation de la société. « Rousseau n'eût donc point été électeur ? Je dis : Rousseau eût été fort probablement un fort mauvais électeur, un fort mauvais député. Et Rousseau ne perd rien à ce que je dis là. Je ne l'en admire pas moins », ce qui dans l'esprit de Guizot était assez peu dire.

Ainsi, le niveau de fortune, loin d'être disjoint de l'intelligence, en fournissait la présomption, la confirmait même, dans une société désormais sans privilèges civils où chacun pouvait s'élever socialement et financièrement à proportion de son intelligence, de son instruction et de son travail. Guizot développa ces arguments le 15 février 1842, ajoutant que l'unité de la société française faisait que la composition actuelle de l'électorat permettait une juste représentation de l'ensemble du pays. Aussi bien ce dernier n'en demandait-il pas plus, et ne réclamait nullement une réforme dont le gouvernement et la majorité savaient qu'elle était inutile, et même dangereuse. Dès lors, la demande de réforme « vient soit des ennemis du gouvernement, de ceux qui veulent le renversement de l'ordre établi », c'est-à-dire les républicains de 1792 et les légitimistes d'Ancien Régime, soit, plus honorable, « des hommes qui y voient une amélioration propre à nous préserver d'innovations dangereuses, une satisfaction donnée à des besoins légitimes et qui donnera le droit de repousser les prétentions d'intérêts illégitimes ». Mais cette innovation, ne répondant qu'à un motif « factice, mensonger, suscité par les journaux et par les comités », risque d'affaiblir « la grande société saine et tranquille pour plaire un moment à cette petite société maladive qui s'agite et qui nous agite ». Conclusion : il est urgent, il est salutaire de ne toucher à rien.

Il revint à Lamartine de répondre à Guizot dans une intervention qui impressionna même des esprits peu bienveillants, comme Rémusat. Son talent en cette occasion, on murmura qu'il était le fruit de l'amertume. Lamartine, toujours un peu en lévitation politique, eût aimé obtenir quelque chose du cabinet qu'il soutenait pour l'essentiel. Guizot lui aurait offert l'ambassade de Vienne, la deuxième en prestige et en émoluments après Londres, mais lui préférait asseoir sa situation politique en devenant ministre, ou mieux encore président de la Chambre. C'était hors de question. Ses discours, leur retentissement, moins immense qu'il le croyait mais non sans ampleur, continueraient donc de lui servir de viatique. Ce jour-là, bien inspiré, il s'adressa à Guizot, indirectement mais personnellement : « Il y a de tout temps et partout des hommes bien honorables, bien intentionnés, mais bien aveugles dans les corps politiques, dans les majorités : ce sont ceux qui se refusent à tout examen des choses nouvelles, quoique bonnes, mûres et bien préparées. [...] On a beau s'associer à eux dans ces combats que les gouvernements doivent livrer de temps en temps aux factions, on a beau les défendre et périr avec eux pour préserver ou la paix du monde ou les prérogatives constitutionnelles du pouvoir autour duquel ils se réfugient dans les tempêtes ! Tout cela est perdu. Vous pouvez avoir leur estime ; mais du jour où vous leur proposerez une mesure d'innovation, la plus prudente, selon vous, la plus sage, la plus avantageuse à l'esprit conservateur du gouvernement, de ce jour-là vous êtes leur ennemi. » Et vient le moment de bravoure, qui passera à la postérité dans nos manuels d'histoire : « On dirait, à les entendre, que le génie des hommes politiques ne consiste qu'en une seule chose, à se poser là sur une situation que le hasard ou une révolution leur a faite, et à y rester immobiles, inertes, implacables à toute amélioration. Et si c'était là, en effet, tout le génie de l'homme d'État chargé de diriger un gouvernement, mais il n'y aurait pas besoin d'homme d'État : une borne y suffirait ! (*Mouvement général et prolongé.*) » Au-delà de la réforme électorale, c'était appuyer sur un point qui devait devenir de plus en plus sensible jusqu'au sein même du parti majoritaire, l'extinction de toute vie politique intérieure un peu animée et prospective au profit des intérêts matériels, qui fait dire à Tocqueville en janvier 1844 : « Si nous n'y prenons garde, nous arriverons bientôt à cet excès qu'ici nous ne représenterons plus ni des idées, ni des hommes, mais des intérêts, des canaux et des chemins de fer », et en avril 1847 à un député conservateur entrant en dissidence, Desmousseaux de Givré : « Qu'avons-nous fait depuis 1840 ? Rien, rien, rien », mot resté célèbre pour caractériser les dernières années du régime de Juillet. À en croire Victor Hugo, Louis-Philippe, le roi bourgeois pourtant brocardé comme étant près de ses sous et encore plus hostile que son ministre à tout changement, aurait lui-même avoué vers 1845 : « M. Guizot n'a pas peur de l'opposition, ni de la presse, ni des radicaux, ni des carlistes, ni des dynastiques, ni des cent mille hurleurs des cent mille carrefours de France, il a peur de Jacques Lefebvre. Que dira Jacques Lefebvre ? » Député ultra-conservateur de Paris jusqu'en 1846, le banquier Jacques Lefebvre était le parangon de l'affairisme bourgeois et borné.

La proposition Ducos fut repoussée à 41 voix de majorité. Dans cette discussion, comme dans toutes celles qui portent sur la réforme, Guizot fait en réalité de la politique, c'est-à-dire tient compte et use du rapport de forces. En 1842 et plus encore en 1847, son objectif avoué est naturellement de se maintenir au pouvoir, en s'efforçant de constituer et de fortifier le parti conservateur, en l'empêchant de se désunir sur une question de politique générale. Dès lors, il refuse toute proposition émanant de l'opposition ou soutenue par elle, surtout celle qui pourrait séduire des députés ministériels, sauf si elle est de nature à servir cette cohésion toujours fragile : ainsi, en 1845, il ne s'oppose pas à l'introduction du vote public à la Chambre des députés demandée par Duvergier de Hauranne, car désormais toute dissidence au sein du groupe conservateur sera immédiatement identifiée, ce qui est un bon instrument de discipline. Aussi ses positions de naguère, quand il était dans l'opposition, sont-elles devenues obsolètes puisqu'il est au gouvernement. N'écrivait-il pas, en 1826 : « Qui dira qu'un avocat, un notaire, un médecin ont moins de lumières et d'indépendance que tout homme qui paye pour ses champs 300 francs d'impôt ? », et encore, la même année : « Il est à désirer qu'en général l'élection des députés ne soit pas l'œuvre d'un petit nombre d'électeurs » ? Duvergier de Hauranne ne se fait pas faute, en 1847, de lui rappeler ces propos à l'appui de sa demande de réforme. Mais la pensée du ministre est ailleurs, ou plutôt sa stratégie : « La bonne maxime politique, que je tiens à pratiquer toujours, c'est de ne pas faire de concession à ses adversaires, de ne jamais transiger avec ses adversaires, et de se concerter, de s'entendre, de compter toujours beaucoup avec ses amis. »

Voilà qui pèse bien davantage, dans la façon dont Guizot agit, que les idées politiques et constitutionnelles. Même dans son traité de philosophie politique, du reste demeuré significativement inachevé, ni dans ses essais ultérieurs, ni non plus dans ses discours éblouissants par lesquels il affecte de prendre les questions par le haut en leur donnant une dimension conceptuelle, Guizot, me semble-t-il, ne fait œuvre de théoricien : ni Sieyès, ni Benjamin Constant, ni même Royer-Collard si ce dernier avait pris la peine d'écrire véritablement quelque chose, mais qui n'avait peut-être pas tout à fait tort en disant de Guizot, en 1839 : « Il n'a jamais eu d'opinion, mais toujours des théories au service de ses passions. » Chez le doctrinaire, la doctrine est pour l'essentiel un état d'esprit, et même de diaphragme. Ses idées, dont la palette varie selon les circonstances et ce qu'il appelle les nécessités, sont rien moins qu'originales, même si leur formulation demeure toujours impressionnante et longtemps entraînante, voire subjuguante. Au reste, il ne fait pas profession de théorie, bien au contraire, et ce qu'il énonçait en 1820, dans *Du gouvernement de la France depuis la Restauration et du ministère actuel,* vaut toujours, pour le coup, vingt-cinq ans plus tard : « Il faut toujours une doctrine à la force, même supérieure, tant les hommes ont besoin de croire et de faire croire qu'ils ont raison. » Cet hommage ambigu aux idées, il n'en recherche plus l'alibi sitôt qu'il est aux affaires : « Ce n'est pas avec des théories qu'on fonde les gouvernements, dit-il à la Chambre le 9 novembre 1830 ; c'est avec le bon sens pratique, avec cette raison prudente qui consulte les faits, qui se contente chaque jour de la sagesse possible, qui mesure sa conduite sur ce qui est, et non pas sur un but lointain, douteux, qu'elle ne peut ni bien apprécier ni promptement saisir. » Au gouvernement il faut donc éviter « soit l'incertitude des théories, soit l'orage des passions ». Ce renoncement revendiqué, ses anciens disciples purs et durs du temps du *Globe,* des cours d'histoire moderne et de l'ambitieux mouvement doctrinaire s'en étonnent et s'indignent, par exemple, dès 1832, le juriste Lerminier, qui parle évidemment pour lui : « Vous m'avez souvent dit ne pas comprendre comment une école qui, sous la Restauration, semblait rallier et diriger les esprits, s'était trouvée tout à coup stationnaire après juillet ; vous l'aviez vue théoricienne, entreprenante, et presque populaire ; vous fûtes ébahi de la voir reniant ses théories, peureuse et désertée [...]. Si on invoque des théories de liberté, des passions d'honneur national, M. Guizot répliquera qu'on ne gouverne ni avec des théories ni avec des passions, c'est-à-dire, apparemment, qu'on doit gouverner sans l'intelligence et sans le cœur[1]. »

1. « Lettres philosophiques adressées à un Berlinois. IV. De l'école appelée doctrinaire. M. Guizot. » *Revue des Deux Mondes,* tome 6, avril 1832, pp. 183-199.

Dans sa volonté d'immobilisme, dans son rejet de toute proposition de réforme qu'il dénonce toujours comme inopportune et dans laquelle il décèle, ou feint de déceler, une manœuvre de ses adversaires pour désorganiser la majorité, renverser le gouvernement, saper les institutions et bouleverser la société, avec au bout la révolution, Guizot est conforté par les élections d'août 1846, qui envoient à la Chambre la majorité la plus nombreuse depuis 1830, avec une centaine de sièges d'avance, lui-même obtenant dans le Calvados son meilleur score. Comme en 1842, comme en 1839, comme chaque fois, la minorité dénonça les irrégularités, les pressions, la corruption. Les cas flagrants n'étaient pas plus nombreux que précédemment, c'est-à-dire se comptant sur les doigts d'une main, et tous n'étaient pas imputables à la majorité et au gouvernement. En réalité, la liberté et la vérité du vote étaient en France de qualité comparable à ce qu'elles étaient aux États-Unis ou en Angleterre. Aberdeen écrira même en mars 1852 à Guizot, dans leur abondante correspondance, qu'en fait de corruption « *you are certainly a more honest and upright people than we are* ». Mais le débat politique ne s'arrête pas aux comparaisons. Commentant les résultats, Guizot se déclara « frappé de voir avec quelle insistance, avec quelle âpreté, avec quelle sorte de satisfaction on s'appesantissait sur une multitude de petites circonstances, de commérages, de misères presque toujours sans fondement comme sans importance, et qui n'étaient propres à relever la dignité de personne. En les écoutant, je me suis dit souvent : Il serait bien facile de rétorquer à l'opposition les mêmes arguments. Je n'ai, pour mon compte, nul goût à cela. [...] L'opposition est un grand parti qui a ses misères, à coup sûr, et en grand nombre, mais qui repose pourtant sur des idées, sur des sentiments, sur des intérêts qui ont leur côté grand et légitime. Accordez-nous qu'il en est de même pour le parti conservateur. Prenons-nous les uns les autres par nos grands et beaux côtés. » Et il ajoute, à propos de la nouvelle élection : « Dans les pays libres, quand de grands résultats se produisent, c'est à de grandes causes qu'ils sont dus. » « À un bureau de tabac », interrompt Glais-Bizoin, député d'extrême gauche. C'est ce qu'on appelle rabaisser le débat, mais l'interrupteur visait juste. Des pratiques légales pouvaient, si elles se multipliaient, tourner à l'abus des influences, à une confusion des intérêts, à une corruption passive qui altérait la moralité publique et provoquait dans la population une sorte de démoralisation.

Cette considération s'exprima plus vivement lors de la nouvelle et dernière grande discussion parlementaire relative à la loi électorale, en mars 1847. L'opposition, mais aussi quelques dizaines de membres du parti conservateur, généralement de nouveaux élus, qui se désignèrent bientôt par l'oxymore de « conservateurs progressistes », faisaient état des paroles prononcées par Guizot à Lisieux, au moment des élections de 1846. Lors d'un banquet rassemblant, six jours avant le scrutin, six cents personnes, il déclara, après de nombreux toasts : « Nous sommes un gouvernement de progrès. [...] Ce n'est peut-être pas le progrès de fantaisie que rêvent çà et là des esprits plus ou moins droits, plus ou moins clairvoyants ; non ! C'est le progrès que veut réellement le pays, qui répond à ses besoins réels, à ses tendances naturelles. » Le propos était vague à souhait, mais paraissait promettre une ouverture à laquelle, s'indigna plus tard l'opposition, certains électeurs avaient pu se laisser prendre, ce qui expliquait pour une part le succès du parti ministériel. Après le résultat du vote, le 2 août, Guizot resservit aux Lexoviens un discours analogue, mais plus explicite quant au progrès invoqué : « Le gouvernement doit s'appliquer à développer dans la société tous les germes de prospérité, de perfectionnement, de grandeur. Développement tranquille et régulier, qui ne doit point procéder par secousses, ni poursuivre des chimères, mais qui doit s'adresser à toutes les forces saines que possède la société, et lui faire faire chaque jour un pas dans la carrière de ses espérances légitimes. C'est là sans nul doute, pour la politique conservatrice, un devoir impérieux, sacré, et c'est là aussi, soyez-en sûrs, un but que cette politique seule peut atteindre. Toutes les politiques vous promettront le progrès ; la politique conservatrice seule vous le donnera, comme elle a seule pu réussir à vous donner l'ordre et la paix. » Reproduit et diffusé partout, ce discours, avec sa conclusion ramassée et dynamique, fit impression, au point d'être appelé « programme de Lisieux ». Il semblait que Guizot annonçait là, pour donner suite à sa victoire électorale massive, une phase nouvelle de l'action gouvernementale, une mise en mouvement, qui commencerait par la réforme électorale et parlementaire, signe tangible d'une véritable volonté de progrès. L'opposition en fut surprise, voire décontenancée, comme le rapporte le député d'extrême gauche Garnier-Pagès, ancien jeune loup de la société « Aide-toi, le ciel t'aidera » auquel Guizot reconnaît le mérite de l'honnêteté, à défaut de la clairvoyance : « À la veille du vote, M. Guizot jugea utile une évolution qui parut étrange. Soit condescendance pour ceux des siens dont la qualification de conservateurs bornés offensait les principes ou la vanité, soit peut-être quelque inconsciente perception de la vérité des choses, on le vit emprunter à l'opposition ses armes, son langage [1]. »

En réalité, Guizot était décidé à ne dévier en rien, au plan intérieur, de la ligne suivie depuis six ans, et Louis-Philippe encore moins. Qu'avait-il dans l'esprit en entonnant cet hymne au progrès ? Il ne s'en explique nulle part, comme si le progrès consistait à continuer comme avant, en accompagnant un développement naturel. L'opposition, si elle conservait quelque illusion liée au prétendu programme de Lisieux, ne réussit pas mieux en mars 1847 qu'en février 1842 à faire accepter une proposition de réforme. Celle de Duvergier de Hauranne était plus complète et allait plus loin que celle de Ducos, en abaissant le cens électoral à 100 francs, en portant le minimum d'électeurs par collège à 400, en adjoignant au corps électoral des « capacités » jugées dignes d'y figurer, en augmentant le nombre de députés. L'argumentaire de Guizot à l'appui de son rejet ne changeait guère. Il commença, comme il le faisait toujours en pareille matière, par écarter d'un revers de main la perspective du suffrage universel, tout

1. Louis-Antoine Garnier-Pagès, *Histoire de la Révolution de 1848*, Paris, Pagnerre, 1866, t. 1, pp. 12-13.

en utilisant comme épouvantail l'anarchie ou la tyrannie auxquelles avait conduit et conduirait de nouveau infailliblement le critère du nombre s'il se substituait à celui de la capacité établi en 1817, et toute réforme électorale serait interprétée comme un pas dans ce sens. De fait, le suffrage universel, qui n'existait dans aucun pays au monde, induisait évidemment un changement complet du système politique, puisque la seule légitimité, et donc le droit à gouverner, appartiendrait à la souveraineté du peuple. Louis-Antoine Garnier-Pagès exprimait un vœu pieux en proclamant face à Guizot que « son jour viendra », car personne alors, parmi les parlementaires, ne réclamait le suffrage universel, et l'auteur de la proposition pas plus qu'un autre, prenant soin d'affirmer que « le droit d'élire n'est ni un droit universel que tous puissent réclamer, ni un privilège créé au profit de quelques-uns ; c'est un droit que la capacité confère, que la loi reconnaît et qui s'exerce au profit de la société tout entière », ce qui était l'exacte position du ministre, la divergence se logeant dans la définition de la capacité. Puis Guizot, après avoir réaffirmé que « notre système électoral est aussi bon, aussi légitime en principe qu'il a été, en pratique, utile et efficace », et qu'il fallait donc, pour un temps indéfini, n'y rien changer, d'autant que le pays ne le demandait pas, et que l'opposition ne le demanderait pas non plus si le scrutin de 1846 lui avait été moins défavorable, Guizot aborda ce qui, en fait, nourrissait l'essentiel du débat et les discours de l'opposition, la corruption que lui-même préfère appeler l'abus des influences, et l'affaiblissement de l'esprit politique qui s'ensuivrait.

Répondant à Duvergier selon lequel « la corruption est passée des ministres aux députés, des députés aux électeurs, et des électeurs elle est remontée vers la Chambre », il affirma que l'abus des influences, inévitable dans les pays à gouvernement représentatif, était moindre en France qu'ailleurs, il contesta que l'esprit politique fût affaibli parce qu'il était moins bruyant et moins porté aux idées de l'opposition. La proposition de réforme électorale fut repoussée à la majorité considérable de 252 voix contre 154, Guizot ayant mis en demeure les « conservateurs progressistes » de se soumettre ou de passer franchement à l'opposition. Il se fit ce jour-là, inutilement, des ennemis dans son propre camp, qui se manifestèrent le mois suivant lors du vote sur une proposition Rémusat de réforme parlementaire, cinquante d'entre eux faisant défection. Cette deuxième proposition allait dans le sens affiché de la première, écarter le soupçon que « ceux qui participent au gouvernement ne sont là que pour faire leurs affaires ». Guizot, décidé plus que jamais à ne rien lâcher à ses adversaires ni à montrer la moindre faiblesse aux membres un peu remuants de la majorité, ne répondit pas lui-même à Rémusat, se bornant à faire du doigt un signe négatif lorsqu'un conservateur progressiste, se tournant vers lui, demanda s'il y avait « une époque précise de la législature où le ministère voudrait faire quelque chose ». Était-ce signifier qu'il prenait son parti des abus des influences qui, sans être pénalement répréhensibles, affectaient le moral et la moralité publics dès lors qu'ils apparaissaient de plus en plus comme un effet induit et obligé du système de gouvernement ?

Il est de fait que l'un des caractères les plus visibles de la monarchie de Juillet, exagéré par le roman et la caricature, est la course aux places, aux honneurs, aux faveurs, en dehors même de toute préoccupation électorale. Comme ses prédécesseurs, davantage encore parce qu'il reste au pouvoir plus longtemps, comme ses collègues du gouvernement, comme bien entendu le roi et la cour, Guizot est accablé de sollicitations, d'autant qu'il détient plus que personne le pouvoir de nomination. Les faveurs attachent naturellement leurs bénéficiaires à la monarchie, à la dynastie et au gouvernement. En pareille matière, l'offre est nettement inférieure à la demande. Le nombre de candidats à la pairie, récompense suprême pour les amis éprouvés du gouvernement, excède largement celui des sièges disponibles à la Chambre haute, en dépit de la bonne volonté du roi et de son principal ministre. Guizot en use à l'égal de ses prédécesseurs, mais sa détermination à créer et maintenir un parti conservateur majoritaire lui crée davantage d'obligations et de petits soins, car on n'a rien pour rien. En mars 1842, le général de Castellane, conservateur avéré pourtant, s'indigne dans son Journal :

« Toutes les nominations de M. Guizot sont faites en vue d'obtenir la majorité dans les Chambres. [...] On n'a jamais corrompu avec aussi peu de pudeur. Les députés vous disent, en tête à tête, le diable de M. Guizot, puis ils votent pour lui. » Devenu maréchal malgré de piètres états de service, Boniface de Castellane en verra d'autres, sans ciller, sous le Second Empire... Certains journaux et journalistes savent ne pas se montrer intraitables. Tel président de conseil général, tel maire, tel électeur important a des préoccupations et des revendications à faire valoir, qui ne sont pas toutes scabreuses. Beaucoup de demandes de pension, de parts de recettes publiques et de bureaux de tabac sont en soi admissibles. La considération dont jouissent l'administration et les emplois qu'elle procure les font ardemment désirer, et le régime ne se fait pas faute d'en tirer parti. « On peut affirmer, écrit Tocqueville en janvier 1843, que, depuis que les hommes vivent en société, il n'y a jamais eu de souverain qui eût autant de places, d'honneurs et d'argent à donner à ceux qui voulaient lui complaire que le roi des Français. » Tocqueville exagère, tout en traduisant un sentiment répandu. Mais un sentiment plus répandu encore, que le système alimente sans l'avoir suscité, est le désir d'obtenir ces places, honneurs et argent, qui s'exprime sans vergogne.

Voici, parce qu'il est inattendu, l'exemple de Stendhal, dont on dirait qu'il tient l'emploi d'un personnage de Balzac. Henri Beyle, débutant en journalisme dans les années 1820, ne nourrissait pas une considération particulière pour Guizot, saluant du bout des lèvres son « ennuyeuse mais consciencieuse *Histoire de la Révolution d'Angleterre* », affirmant qu'il était en 1818 « factotum » de Royer-Collard lui-même décrit comme « assez ultra », et se moquant volontiers du pédantisme de l'équipe du *Globe*, au sein de laquelle Prosper Duvergier de Hauranne exprimait pourtant une vive admiration pour l'auteur de *Racine et Shakespeare*. Dans *Le Rouge et le Noir*, Stendhal affirme avoir noté que « M. Zotgui ne veut pas des gens d'esprit ». Cette dernière phrase, le consul de France à Trieste l'écrit le 17 janvier 1831, cinq mois après être allé voir Guizot à peine nommé ministre de l'Intérieur pour obtenir une préfecture, excipant peut-être de sa parenté avec le ministre de Napoléon Daru qui s'était entremis vingt ans plus tôt pour procurer un emploi au jeune Guizot. Éconduit en dépit de son esprit, Beyle pensait que son échec était dû aux propos malheureux qu'il avait tenus sur *Le Globe*, à l'appellation réitérée de « Zotgui » dans sa correspondance et vraisemblablement sa conversation, et à l'avis défavorable que des doctrinaires avaient pu communiquer au nouveau ministre. Cependant, tout en continuant à le brocarder dans l'intimité, le nouveau consul à Civitavecchia commence à tenir au ministre un tout autre langage, courant après ce ruban rouge qui, sur son portrait peint par Sodermark, s'étale largement au revers de son habit. 31 mai 1834 : « Votre Excellence a bien voulu en novembre dernier me faire espérer quelque chose pour le 31 décembre. Votre Excellence voulut bien se servir de termes extrêmement flatteurs relativement aux droits du pétitionnaire. » Mais Son Excellence paraît l'avoir oublié et il faut lui rappeler, le 7 décembre, qu'Elle avait daigné déclarer : « Vous avez plus d'esprit que les trois quarts de ceux qui ont obtenu cette distinction par leurs écrits. » Un mois plus tard, enfin, c'est le bonheur : « J'ai l'honneur de présenter mes actions de grâce à Votre Excellence. J'ai reçu la lettre par laquelle Votre Excellence me fait connaître que par ordonnance du 15 janvier dernier Sa Majesté a bien voulu me nommer chevalier de la Légion d'honneur. Je suis avec respect, Monsieur le ministre, de Votre Excellence le très humble et très obéissant serviteur. » Julien Sorel, lui, n'avait eu ni à solliciter ni à relancer le marquis de La Mole, ni à le remercier en termes si flagorneurs [1]. Mais Guizot n'avait pas lu *Le Rouge et le Noir*. La Légion

1. Son Excellence n'en avait pas fini avec Henri Beyle qui, apprenant sa nomination au ministère des Affaires étrangères, La prie, le 14 novembre 1840, « d'agréer mes félicitations ainsi que mes remerciements de l'honneur qu'Elle m'a fait en m'assurant qu'Elle est disposée à faire valoir les titres que je puis avoir à la bienveillance de Sa Majesté ». Lorsque Stendhal mourut d'apoplexie le 22 mars 1842 sur le trottoir de la rue Neuve-des-Capucines, à deux pas du ministère des Affaires étrangères, on prétendit qu'il sortait de dîner avec Guizot.

d'honneur, dont Guizot lui-même franchit les grades jusqu'au plus élevé avec une promptitude impressionnante, était de fait le moyen le moins onéreux, et extensible presque à l'infini, de reconnaître l'amitié et le dévouement autant que le mérite, dans des proportions incommensurables avec ce qu'elles demeurent néanmoins aujourd'hui. L'abus de Légions d'honneur, dont les titulaires arboraient les insignes pendants en toute circonstance, finissait par choquer des esprits qui n'étaient pas exagérément délicats, comme le général de Castellane en juillet 1845 : « C'est horrible à voir la Légion d'honneur employée comme élément de corruption, et c'est bien assez que les recettes générales servent à payer les rédacteurs de journaux. » Les membres de l'opposition, tout normalement, démarchaient eux aussi le gouvernement pour demander faveurs et places mais, comme le signalait, pour s'en plaindre, le radical Glais-Bizoin à un collègue conservateur, « vous obtenez et nous n'obtenons pas ».

Les abus et les scandales étaient-ils plus nombreux à la fin du régime de Juillet, sous Guizot, que durant les périodes précédentes ? En tout cas, ils remontaient davantage à la surface et étaient plus mal ressentis, ce dont Guizot se félicitait du reste comme d'un signe de la santé morale et de l'esprit de probité du pays. Reste que les démêlés personnels du ministre des Affaires étrangères avec Émile de Girardin, député de la Creuse et directeur de *La Presse*, qui était brusquement passé à l'opposition pour une sombre histoire de prétendus achat d'un titre de pair et de vente d'un privilège de théâtre, avec en arrière-fond une demi-mondaine, maîtresse de Girardin, servant directement d'intermédiaire avec le ministre, la mise en accusation pour trafic d'influence, en juin 1847, des anciens ministres de la Guerre Cubières et des Travaux publics Teste[1], d'ailleurs promptement et lourdement condamnés, d'autres incidents et péripéties publics ou

1. Dans une lettre du 25 juillet à sa fille Henriette, Guizot, qui n'avait jamais aimé Teste, raconte : « Ce malheureux M. Teste était né à Bagnols [Gard]. Ce pauvre petit Bagnols, dans son orgueil d'avoir donné naissance à un ministre, venait de faire faire la statue de M. Teste pour sa place publique. L'embarras a été grand. Un marguillier a proposé de

privés, dont le plus saisissant fut l'assassinat, le 18 août, de la duchesse de Choiseul-Praslin, fille du maréchal Sébastiani, par son mari, pair de France, chevalier d'honneur de la reine Marie-Amélie et fleuron de la vieille aristocratie, qui quelques jours plus tard se donna ou à qui fut donnée la mort, jetaient le discrédit sur le ministère, la corruption matérielle paraissant découler de celle des mœurs publiques, et réciproquement. À Paris, Clément Renoux, un pamphlétaire parmi d'autres, publie *La Guizotaille ou le triomphe de la corruption*. Personne n'a mieux décrit, sinon la réalité précise des faits, du moins le climat qui les entourait, que Tocqueville dans son mémorable discours du 27 janvier 1848, parlant des hommes de gouvernement : « Tout en voulant peut-être un but honnête, ils ont fait des choses qui ne l'étaient pas. Et pour faire ces choses, il leur a fallu appeler à leur aide, honorer de leur faveur, introduire dans leur compagnie journalière des hommes qui ne voulaient ni d'un but honnête, ni de moyens honnêtes. [...] Ils ont ainsi accordé une sorte de prime à l'immoralité et au vice. [...] C'est surtout par ce que M. le ministre des Affaires étrangères a appelé l'abus des influences que le mal moral s'est répandu, s'est généralisé, a pénétré le pays. C'est par là que vous avez agi directement et sans intermédiaire sur la moralité publique, non plus par des exemples, mais par des actes. » En août 1861, Charles de Lavalette fut nommé par Napoléon III ambassadeur près le Saint-Siège. De ce diplomate dont Guizot, vingt ans plus tôt, avait favorisé la carrière et fait un député en 1846, Montalembert, pourtant devenu proche ami de Guizot, écrit à son beau-frère Xavier de Mérode : « M. Guizot le protégeait comme tant d'autres gens équivoques, en se figurant que sa propre austérité devait servir de voile et de bouclier à la corruption de ses créatures. » Homme de bonne foi, Montalembert n'émettait pas à la légère ce genre de jugement, surtout treize ans après la chute du régime de Juillet.

---

mettre à la statue une barbe, une mitre, un rochet, et d'en faire un évêque. Elle passera de la place publique dans l'église. » Quelle a été la suite ?

Guizot n'ignorait rien de ce malaise de l'esprit public, même s'il n'en mesurait pas exactement l'intensité, et nous ne savons pas plus que lui aujourd'hui ce qu'il en était au juste. Sa fille Henriette parle de sentiment d'humiliation, que lui-même rejette. Sans doute dédaigne-t-il l'avertissement lancé par Lamartine à Mâcon le 18 juillet 1847, et dont l'écho fut considérable : « Si la monarchie, sans attenter ouvertement à la volonté de la nation, corrompt cette volonté ; si elle parvient à faire d'une nation de citoyens une vile meute de trafiquants, elle tomberait, cette royauté, soyez-en sûrs ! [...] Et après avoir eu les révolutions de la liberté et les contre-révolutions de la gloire, vous auriez la révolution de la conscience publique, et la révolution du mépris. » Dans un langage qui ne lui est pas ordinaire, car il est généralement cassant et sûr de lui, le garde des Sceaux Michel Hébert, ultra-conservateur, fait part le 4 septembre à son chef de file de ce qu'il a observé dans sa circonscription : « J'ai trouvé l'opinion malade et inquiète, d'autant plus qu'elle ne sait pas bien la nature de son mal. Il y faut prendre garde, il restera quelque chose de tout ceci. » Plus significatif encore, l'ami de trente ans Prosper de Barante, dans une lettre du 8 septembre, s'exprime franchement : « Il y a une réaction contre ce soin des intérêts privés, ces complaisances et ménagements pour les personnes, ces distributions de faveurs et d'emplois, et surtout cette faiblesse pour les exigences des députés qui ont été plus ou moins nécessaires pour composer une majorité. » Laure de Gasparin lui dit aussi ses préoccupations, et ses critiques. Il lui répond, le même jour où Barante écrit : « Je suis convaincu que tout ce que vous m'écrivez, soit d'après vous-même, soit d'après ce que vous disent nos amis, est vrai. Je suis convaincu que les esprits sont troublés, perplexes, dévoyés, méfiants, exigeants, chancelants. [...] Quant à la question particulière qui a fait le plus de bruit, la question de moralité, personne ne sait et je me garderai bien de dire à personne tout ce que je pense, car personne ne juge l'état moral de notre temps plus sévèrement que moi. [...] Le mal est plus profond et plus étendu que ne le soupçonnent ceux qui s'en plaignent le plus. Mais je crois en même temps trois choses : que le mal est curable ; que notre politique prolongée peut seule le guérir ; que jamais gouvernement n'a été plus propre à le guérir. Nous sommes les plus honnêtes gens qui aient gouverné la France depuis 1789. » Sans doute est-ce pour mieux soigner ce mal que Guizot renvoie à une sorte de causalité diabolique et dont il exonère le gouvernement que Louis-Philippe le nomme, dix jours plus tard, président du Conseil à la place du maréchal Soult. Au cri de plus en plus sonore et répété de « Vive la réforme ! », voilà la réponse du vieux roi bunkérisé entre les Tuileries et Saint-Cloud : on ne change rien ni personne. À Béranger qui en novembre 1847 se croit « en conscience obligé de lui rendre compte » de l'état d'esprit inquiet des populations, Guizot a répondu : « Je connais ce pays, il n'est pas assez effrayé ; c'est quand il est le plus effrayé qu'on le conduit le mieux. » C'est ce que racontera Béranger à Xavier Marmier à la fin de mars 1854.

« Vive la Réforme ! » Ce cri, répandu à partir de 1842 tout spécialement à Paris, est comme l'autre face d'une même monnaie qui portait déjà à l'avers « À bas Guizot ! » Il signifie bien plus que l'exigence de réformes électorale et parlementaire : pour le moins le renvoi du ministère et un changement de politique, peut-être quelque chose de plus, qui serait la retraite du roi lui-même, sans toutefois abolir la monarchie constitutionnelle. Il sert en tout cas de ralliement pour la campagne de banquets réformistes entreprise par une partie de l'opposition, regroupée autour de Duvergier de Hauranne pour le centre gauche, Odilon Barrot pour la gauche dynastique et Garnier-Pagès pour les républicains. Les promoteurs de ce type de manifestation excipaient du modèle anglais, et surtout se référaient à Guizot lui-même pour justifier l'appel à l'opinion publique lancé par la minorité en dehors de l'enceinte parlementaire, dans la certitude qu'elle ne s'y ferait jamais entendre au-dedans. D'abord, il avait plus d'une fois, et particulièrement à l'été 1846, participé à des banquets au profit du parti conservateur, ce qui légitimait ce moyen d'expression publique et politique. Surtout, en 1821, n'avait-il pas écrit, et on le lui rappela, dans *Des moyens actuels de gouvernement et d'opposition*... : « Prétendre que l'opposition renferme dans l'enceinte des Chambres ses intentions et son langage, qu'elle n'agisse et ne parle que pour reconquérir la majorité et influer sur les délibérations, cela est injuste et impossible. L'opposition est là en minorité plus ou moins permanente. Il est donc dans sa nature de prendre au-dehors son point d'appui. C'est là qu'il existe. [...] L'opposition, qui d'avance sait presque toujours qu'elle ne pourra convaincre la Chambre, est dans l'obligation comme en droit de s'adresser souvent au public, de prouver, là du moins, que la majorité a tort. » Même si la suite du texte nuançait le propos, il était pain bénit pour l'opposition de 1847 et d'ailleurs son auteur ne le désavouait pas, bien au contraire. On sait qu'il ne désavouait jamais rien. Entre le 9 juillet et le 25 décembre, environ soixante-dix banquets rassemblèrent quelques dizaines de milliers de personnes. L'écart était grand entre les représentants du centre gauche et les républicains extra-parlementaires, et l'invocation de la révolution se substituait de plus en plus souvent à l'exigence de la réforme. Duvergier de Hauranne continuait à réclamer cette dernière, « parce que je ne veux, sous aucun titre et sous aucune forme, le gouvernement personnel ». C'était dire – et le reproche avait servi déjà, plus brièvement et moins intensément, contre Molé en 1837-1839 – que le ministère et son chef n'étaient en fait que les exécutants d'une politique décidée aux Tuileries par Louis-Philippe seul, y compris contre l'avis de sa famille, et que les institutions de 1830, le régime représentatif, étaient ainsi détournés au profit d'un exercice solitaire du pouvoir, avec la complicité servile de Guizot qui s'était ainsi rendu indispensable et inamovible, et dont l'office était de bloquer toute réforme afin de maintenir le système en l'état. La chanson exprime plus crûment cette relation entre le roi et son ministre :

> Un jour maître Philipp', dans un accès de peur,
> Dit à valet Guizot : « Mon peuple est bien rageur,
> Il te faudra, mon vieux, fair'preuve de toupet
> En disant que la loi retranche le banquet. »

En fait Guizot et surtout son ministre de l'Intérieur Duchâtel avaient préféré ne pas interdire les banquets, tout en s'en réservant le droit, comptant que la zizanie s'installerait entre leurs organisateurs si différents et que la campagne s'enliserait, tout en effrayant les conservateurs qui referaient leur unité autour du cabinet.

> Guizot lui répond : « Maître, vous savez mes talents,
> Je n'crains pas pour mentir les arracheurs de dents ;
> J'ai pour moi mes ventrus, et tous mes satisfaits[1],
> Qu'vot'volonté soit faite, ô grand roi des Français. »

La volonté de Louis-Philippe était-elle que vraiment rien ne change, pas même son ministère ? Pour le vérifier, Guizot, avant que commence, à la fin de décembre 1847, la session parlementaire, alla le sonder, lui indiquant que, face à la gravité de la situation créée par la campagne des banquets, il était encore maître du jeu, et libre de faire une concession en changeant ses ministres, mais que, si la discussion parlementaire tournait mal, que par exemple la majorité se divisait, il devrait se décider sous la contrainte, ce qui était politiquement plus coûteux. Le roi refusa cette idée, arguant du principe constitutionnel selon lequel on ne renvoie pas un ministère qui a toujours obtenu la majorité, et dont lui-même approuvait d'autant plus la politique qu'elle était la sienne. Guizot raconte cela dans ses Mémoires, où il dit aussi avoir été visité par Auguste de Morny, conservateur un peu chancelant et jugeant que, face au mouvement en cours, il y avait « quelque concession à faire », afin de ne pas aboutir « à quelque catastrophe ». « Ce n'est pas moi qui me chargerai de cette œuvre », lui répondit le président du Conseil. Cette démarche de membres inquiets de la majorité ne fut pas la seule, et il faut compléter les *Mémoires pour servir à l'histoire de mon temps* par d'autres témoignages, par exemple celui du conservateur progressiste André Koechlin, qui a raconté après

1. Les « satisfaits » étaient les 225 députés qui, le 25 juin 1847, à la suite de l'empoignade parlementaire déclenchée par Émile de Girardin, avaient voté la déclaration suivante : « La Chambre, satisfaite des explications données par le gouvernement, passe à l'ordre du jour. » Après celle de « pritchardistes », cette appellation a remporté un grand succès.

1848 à son collègue de centre gauche Auguste Chambolle que, si Guizot s'était senti libre, il n'aurait pas demandé mieux que d'entreprendre des réformes. Comprenant que la résistance venait principalement du roi, Koechlin et ses amis, représentant une soixantaine de députés, allèrent voir le président du Conseil, lui demandant d'organiser une audience avec Louis-Philippe afin de le prier de « pacifier les esprits par des concessions nécessaires ». À la demande de Guizot, ces soixante-deux députés signèrent une déclaration en ce sens, qu'il transmit au roi en lui indiquant le risque d'enregistrer soixante-deux défections pendant la session. Le roi aurait répondu avec mépris : « Dites à ces messieurs de passer à la gauche ; je n'ai pas besoin d'eux. » Chambolle explique la soumission de Guizot aux volontés personnelles du roi, et la chute du régime qui s'est ensuivie, par son besoin de faire oublier ses attaques de 1839 contre Molé et le gouvernement direct du roi. Et Chambolle, à propos de la démarche Koechlin, ajoute : « Ce récit n'est point consigné dans les Mémoires de M. Guizot, où l'on remarque bien d'autres lacunes. »

Cher Petit

La cause de la réforme ne progresserait donc pas au cours de la session qui s'ouvrait et Guizot continuerait, plus que jamais, à rechercher l'affrontement avec l'opposition, ce que Rémusat appelle « la politique irréconciliable », pour, une fois encore, remporter la bataille grâce à sa détermination et à son éloquence. « Toujours quelques ébranlés sur les questions de réforme électorale et parlementaire, écrit-il le 25 décembre 1847 à Dorothée de Lieven. La bataille raffermira tout le monde. Mais elle sera chaude. Les journaux de ce matin sont bien violents. Plus j'avance, plus ma position me convient. » Vaincre ou s'en aller, l'alternative lui plaisait, mais c'est assurément le premier terme qu'il en préférait.

Or la bataille la plus furieuse dans la discussion de l'Adresse, en janvier et début février 1848, ne porta ni sur les réformes, ni sur les difficultés financières et budgétaires nées de la grave crise frumentaire de l'été 1846 et du début de 1847, ni sur la politique suivie à l'égard des questions brûlantes de Suisse et d'Italie, mais sur un incident fourni à l'opposition par l'actualité, qui devint aussitôt ce qu'on appelle une affaire et qui ramena sur le devant de la scène un thème qui n'en avait du reste jamais disparu, celui de la corruption. Pour la première fois la personne même de Guizot était en cause. C'est par là que cette affaire Petit devint grande. Félix Petit avait deux handicaps : une épouse dont la particularité était d'avoir pour amant Auguste Bertin de Vaux, officier d'ordonnance du duc d'Orléans puis de son fils le comte de Paris, député puis pair, et surtout principal actionnaire du *Journal des débats* ; une ambition devenue une passion, obtenir une place élevée dans les Finances, soit comme conseiller référendaire à la Cour des comptes, soit, mieux encore, la recette générale de Corbeil. Dans les deux cas, la condition mise à la satisfaction du désir de M. Petit était de libérer une place de conseiller à la Cour des comptes dont le gouvernement avait besoin pour un autre client, en achetant une démission à prix d'argent, car les départs à la retraite ne suffisaient pas. La première tentative, orchestrée par Bertin de Vaux qui voulait du bien au mari complaisant, eut lieu en 1841. Petit acheta 30 000 francs la démission du conseiller Hernoux, libérant une place destinée à Félix Passy, frère d'Hippolyte, « en exécution d'un engagement pris au moment de la formation du ministère de M. Guizot », expliquera Petit. Cette démission fut portée non pas, comme il eût été normal, au ministère des Finances, mais à celui des Affaires étrangères. L'affaire, pour finir, prit un autre tour, pour des raisons, précise Bertin à Petit, « que M. Guizot ne pouvait pas donner par écrit, mais verbalement ». Faute de Cour des comptes, Petit se mit en selle pour la recette générale de Corbeil. En 1844, le chef de cabinet de Guizot, Auguste Génie, le fit venir dans son bureau, contigu de celui du ministre, boulevard des Capucines, pour lui dire que, cette fois encore, l'achat d'une démission d'un référendaire à la Cour des comptes, dont le gouvernement avait encore besoin, lui ouvrirait les portes de Corbeil. Il lui communiqua même obligeamment la liste des conseillers susceptibles de se prêter à l'opération. Petit fit ce qu'il fallait et fut nommé à sa recette tant convoitée, certainement juteuse, le 12 décembre 1844. Il semble que le ministre des Finances Lacave-Laplagne, dont la signature était indispensable, s'exécuta sans plaisir, sous la pression de son collègue des Affaires étrangères.

Tout cela, on l'ignorait, à l'exception du petit nombre des intéressés, jusqu'à ce que paraissent, dans *Le National* du 5 janvier 1848, les principaux extraits d'un mémoire récapitulatif, rédigé par le député et avocat Bethmont en défense de son client Félix Petit, en procès pour divorce avec son épouse infidèle. Ce mémoire, dont le cabinet n'avait pas réussi à empêcher la publication, fut diffusé partout, créant un choc dans la majorité et un prodigieux effet d'aubaine dans l'opposition. L'intègre Guizot, cette fois pris la main dans le sac, était bien, selon le mot de Victor Hugo, « cette honnête femme qui tiendrait un bordel », puisque son chef de cabinet, son collaborateur le plus intime, était indiscutablement l'agent d'un trafic honteux qui s'était déroulé derrière la cloison.

Auguste Génie, né en 1794, était un avocat toulousain devenu secrétaire général de la Haute-Garonne en 1830. Rémusat, député de ce département, l'avait recommandé à Guizot qui l'avait pris comme chef de cabinet au ministère de l'Instruction publique, à la fin de 1832. Depuis, ils ne s'étaient plus quittés et Génie était devenu le ministre lui-même en son absence. Toutes les affaires que Guizot ne voulait pas traiter immédiatement et directement passaient par lui. Son rôle débordait largement sa fonction officielle et il était introduit au cœur de la famille de son patron, servant en particulier d'agent de liaison entre lui et la princesse de Lieven. Sa fidélité inébranlable et active dura jusqu'à sa mort en 1870. Pour Rémusat, suspect il est vrai de partialité, « Génie n'est pas un fripon, mais c'est un homme d'une éducation méridionale et d'une moralité grossière. Il ne songeait nullement à éloigner de son patron les tripotages, qui viennent naturellement assaillir le pouvoir ». D'autres sont pour lui plus sévères, comme Castellane apprenant, et le fait sera relevé, sa promotion de commandeur de la Légion d'honneur en juillet 1845, bien avant qu'éclate l'affaire Petit : cette « nomination de M. Génie, secrétaire de M. Guizot, homme vénal et tout à fait déconsidéré, est un grand scandale ». La réputation de Génie est donc, ici et là, déjà faite. Mauvais Génie ? C'était un peu facile ; avec l'affaire Petit désormais dévoilée, le chef de cabinet ne faisait plus un fusible plausible.

Dans l'entourage de Guizot, on perçut aussitôt le danger. Dorothée de Lieven lui écrit dès le 8 janvier : « Je reste bien tracassée de cette affaire Petit, dont hier vos amis me paraissaient bien inquiets. » Face à une demande d'interpellation déposée par Odilon Barrot et qui devait venir en discussion le 21 janvier, le garde des Sceaux Hébert proposa, et peut-être même imposa car sa probité était intransigeante, un projet de loi tendant à mettre fin aux démissions obtenues moyennant finance, qui étaient une pratique sans doute abusive, mais pas illégale selon les tribunaux eux-mêmes. On pouvait en citer, dans les vingt-cinq dernières années, une quinzaine de cas que Génie avait recensés pour nourrir, le cas échéant, la défense de son patron. Déposé la veille de l'interpellation, ce projet contre-feu ressemblait à une sorte d'aveu de culpabilité, puisque serait désormais qualifié de délit ce que le président du Conseil avait autorisé moins de quatre ans plus tôt. L'opposition n'allait évidemment pas s'en contenter.

Barrot commença, le 21 janvier, son interpellation en lisant des passages du mémoire de Petit, et en tirait la conclusion en forme de question : « Le point précis sur lequel nos interpellations portent, c'est la part directe et personnelle d'un ministre du roi dans les honteux tripotages, dans les coupables marchés qui sont dénoncés et détaillés dans le mémoire. » Génie était-il ou non couvert par son ministre ? Le fait incriminé est simple, répondit Guizot : « Une démission donnée moyennant une somme, avec la tolérance de l'autorité ; il n'y a eu ni plus ni moins. » Ajoutant que, depuis plus de deux ans, le gouvernement avait formellement interdit ces pratiques abusives et anciennes dont personne n'ignorait l'existence, et que la loi allait désormais les réprimer. Que voulait-on de plus ? L'opposition voulait faire apparaître Guizot non pas comme un corrompu, c'était impossible, mais comme un corrupteur. Dufaure parla du « marché de places ouvert dans le cabinet de M. le ministre des Affaires étrangères », Lherbette demanda si, à la mise en cause personnelle du ministre dans le mémoire Petit, « l'on se contentera de répondre par des haussements d'épaules, des contorsions de visage et des rires sardoniques », allant jusqu'à dire : « J'ai vu le tartufe de religion sur un autre théâtre avant de voir sur le théâtre politique le tartufe de probité », ce qui souleva de vives protestations. Guizot sentit que, pour sa propre majorité, sa première réponse était insuffisante. La seconde fut ambiguë : « Je déclare que les faits particuliers auxquels on fait allusion ne se sont pas passés dans mon cabinet. – Dans le cabinet voisin ! Pas de jeux de mots !, interrompt Émile de Girardin. – Quand je dis qu'ils ne se sont pas passés dans mon cabinet, cela veut dire que je ne les ai ni provoqués ni recherchés en aucune façon. [...] J'ai appuyé, j'ai recommandé la nomination de M. Petit comme receveur de Corbeil. J'ai été parfaitement étranger à tout le reste. » Quel reste ? Il ne le précise pas. Personne ne crut, si c'est ce qu'il voulait dire, qu'il avait pu ignorer de quelle façon Petit avait été nommé, et peu crurent davantage qu'en 1841 et en 1844 Génie avait pris seul l'initiative des achats de démission. Rémusat, qui connaît bien et Guizot et les affaires comme ancien ministre de l'Intérieur, n'éprouve pour sa part aucun doute : « Confiant dans son intégrité et sa réputation, il se permettait ce que de moins purs se seraient interdit. Les jobs, pour peu qu'ils fussent d'utilité politique, ne le trouvaient pas inexorable. Il semblait croire qu'une complaisance habile pour ces exigences de l'intérêt privé complétait un homme d'État. [...] Il croit aisément pouvoir tolérer ce qu'il méprise. » L'affaire Petit était-elle un de ces faits misérables et méprisables, inévitables dans un pays qui n'était pas encore en pleine possession des institutions représentatives, et qu'une opposition dépourvue d'arguments sérieux gonflait artificiellement ? C'est l'opinion de Ximénès Doudan, qui écrit à Albert de Broglie le 26 janvier : « J'espère que l'affaire Petit ne reviendra plus sur le tapis. C'est un bruit terrible pour une omelette au lard. J'en ai voulu à la majorité d'avoir permis que M. Guizot subît la nécessité de s'expliquer devant la Chambre sur ces misères. » L'espoir de Doudan allait être déçu dès le lendemain.

En effet, le député de centre gauche Adolphe Billault proposa d'introduire dans l'Adresse une disposition demandant au gouvernement de « travailler sans relâche à développer la moralité des populations et de ne plus s'exposer à l'affaiblir par de funestes exemples ». Ce fut l'occasion pour Tocqueville de prononcer le plus admirable discours, par sa pénétration et sa hauteur de vue, de toute sa carrière politique, dont j'ai déjà cité un passage. Il s'adressa à Guizot avec émotion et rigueur : « L'opposition a fait assurément de graves reproches à M. le ministre des Affaires étrangères, peut-être des reproches excessifs, je l'ignore, mais elle ne l'avait jamais accusé de faire ce qu'il a confessé lui-même dernièrement avoir fait. » Et lui, Tocqueville, ne l'en aurait jamais cru capable. Mais le ministre a été entraîné malgré lui « par cette sorte de fatalité politique et gouvernementale qu'il s'était imposée à lui-même ». « Il demandait l'autre jour ce que le fait qu'il appelait un petit fait avait de si grave. Ce qu'il y a de si grave, c'est qu'il vous soit imputé, c'est que ce soit vous, vous, de tous les hommes politiques peut-être de cette Chambre qui, par votre langage, aviez donné le moins de raison de penser que vous aviez fait des actes de cette espèce, que c'est vous qui en soyez convaincu. » Ce qui s'est passé a déplacé le débat, selon Tocqueville, du terrain de la politique sur celui de la morale, de l'action ministérielle à celui du comportement personnel, puisque Guizot non seulement a conservé près de lui le fonctionnaire « qui l'a indignement compromis », à savoir Génie, mais qu'il l'a récompensé, avec la cravate de la Légion d'honneur. Et c'est la conclusion, en forme de prophétie : « La dégradation des mœurs publiques vous amènera, dans un temps court, prochain peut-être, à des révolutions nouvelles. [...] Est-ce que vous savez ce qui peut arriver en France d'ici à un an, à un mois, à un jour peut-être ? Vous l'ignorez ; mais ce que vous savez, c'est que la tempête est à l'horizon, c'est qu'elle marche sur vous ; vous laisserez-vous prévenir par elle » ?

Guizot ne répondit pas, non plus qu'à Adolphe Billault, qui lui aussi sait porter le fer à l'endroit vulnérable, dans des termes qu'on ne peut ici encore que citer tant ils sont bien ajustés : « Jusqu'à présent, la situation personnelle de M. le président du Conseil avait donné à l'éloquence de sa parole une influence considérable ; jusqu'à présent, tous ces reproches de corruption, de mauvais moyens, d'abus d'influence, venaient mourir aux pieds de cette tribune devant l'austère magnificence de sa figure oratoire. Mais nous commençons à connaître les secrets intimes de cet extérieur éclatant. Nous savons maintenant que derrière ce mirage oratoire, qui enthousiasmait la majorité et qui frappait le pays, se cachent des pratiques dont l'influence est moins brillante, mais plus sûre. » Et comment croire que, sans des motifs inavouables, « M. le ministre des Affaires étrangères serait descendu des hauteurs de ses préoccupations politiques pour recommander M. le receveur de Corbeil » ? Comme le 21 janvier, la majorité apporta au cabinet et à son chef le soutien de ses votes. Mais la personnalité de Guizot, son image comme on dit aujourd'hui, avaient reçu une atteinte sans précédent. Il avait suffisamment de santé morale, intellectuelle et même physique pour la surmonter. Dans sa correspondance, il n'a pas jugé utile, à ma connaissance – mais il faudrait avoir tout lu –, de commenter cette misérable affaire Petit et les sentiments qu'elle lui a inspirés.

Il y fait une brève allusion dans ses Mémoires, en tête du dernier volume, loin donc du récit des derniers moments de la chute du régime, sans aucune allusion à la séance du 27 janvier. Lui qui n'est jamais embarrassé paraît l'être un peu, puisque, sans jamais écrire le nom de Petit, il indique que Génie, mêlé à l'affaire dont lui-même avait connaissance, avait agi sur ses instructions, et quatre lignes plus bas qu'il s'agissait « d'incidents auxquels j'avais été étranger ». Quarante pages plus loin, il affirme qu'en 1847 Louis-Philippe lui avait fait offrir, par Duchâtel, de donner la recette générale de Bordeaux, alors vacante, « à la personne que je désignerais et qui me ferait, dans le revenu de cette charge, une part convenable ». Guizot explique son refus par le souci de ne pas apparaître comme un courtisan dans la dépendance du roi. Il veut aussi montrer son désintéressement, sans paraître voir que la vénalité de l'opération, qui resterait nécessairement secrète, était un abus presque aussi criant que l'achat de démissions à la Cour des comptes. « Il n'y a vraiment pas de quoi se vanter », commente Rémusat, qui doute de la réalité de la proposition et précise que Duchâtel, vingt ans après, la dément catégoriquement et avec colère. Guizot se reconnaît là encore tout entier, ne lâchant jamais terrain ni pied face à l'adversaire et à l'adversité, ni sur le moment ni plus tard, jamais plus optimiste et maître de lui, à défaut des événements, que dans la difficulté. Tout juste avoue-t-il, mais dans une tout autre conjoncture, « une disposition de ma nature qui est d'avoir trop de facilité à accepter ce qui coupe court aux difficultés du moment, trop peu d'exigence quant aux moyens et trop de confiance dans le succès ». Surtout, il éprouve du plus profond de son orgueil le violent et douloureux plaisir du seul contre tous, qui l'emporte sur tous parce qu'il est en effet dans le monde politique, jusqu'au 22 février 1848, le plus fort.

À l'issue des journées de février 1848, les papiers de Guizot et de Génie, comme ceux de tous les ministres, furent saisis au ministère des Affaires étrangères. Les nouveaux dirigeants comptaient bien y trouver une mine d'or en fait d'abus d'influence, de corruption, de malhonnêteté, que le directeur de la *Revue rétrospective*, Jules Taschereau, se proposa pour exploiter. Or, en fait de documents sulfureux, crapoteux ou crapuleux, la revue ne put trouver à publier qu'un dossier maigre et neutre sur l'affaire Petit, trois ou quatre billets de recommandation pour des places, deux ou trois lettres de dames anonymes ou inoffensives. En revanche, et Taschereau eut l'honnêteté d'en donner maints extraits, des correspondances politiques et diplomatiques, relatives en particulier aux mariages espagnols, plaçaient Louis-Philippe et son ministre sous un jour favorable, au point que leur lecture apaisa le courroux de la reine Victoria. Il n'est pas jusqu'à la célèbre lettre, trouvée aux Tuileries, du prince de Joinville s'inquiétant auprès de son frère aîné le duc de Nemours, en novembre 1847, de l'autoritarisme et de l'isolement de leur père, qui n'exonère en quelque manière Guizot de la sclérose de la monarchie de Juillet en l'imputant « au roi seul ». Et Guizot pouvait bien, en avril 1852, savourer la dissipation des reproches dont on l'avait accablé : « Que sont devenus, à la lumière de ce terrible orage, les deux griefs tant élevés contre nous, la pusillanimité de la politique extérieure et la corruption dans l'administration intérieure ? »

Non, Guizot ne fut pas un ministre malhonnête ; non, il ne gouverna pas plus, et même plutôt moins, par la corruption qu'aucun chef de gouvernement de ce temps, en France et à l'étranger. Pas plus qu'il ne fut traître en 1815, renégat de son libéralisme de naguère à partir de 1831, valet du roi des Français, inféodé à l'Angleterre puis à l'Autriche, bradeur de l'intérêt du pays et inaccessible au sentiment national. Prenant l'apparence, et parfois le comportement, de ne jamais rien concéder et de résister à tout ce qu'il ne juge pas personnellement conforme à la raison ou imposé par la nécessité, opposant à ses adversaires, et imposant parfois à ses proches, ce « front grammatical » que croque un chansonnier, il s'est offert non pas en martyr, mais en cible réactive aux attaques que publiquement il paraissait rechercher, et qui lui venaient d'autant plus que le succès électoral et parlementaire ne lui a jamais manqué, ce qui redoublait l'acharnement, et souvent la mauvaise foi, d'une opposition frappée d'impuissance. Au moins a-t-elle réussi, avec son aide involontaire, dans le domaine de l'image et de la réputation, d'autant qu'elle le retrouvait devant elle à chaque élection, à chaque session, à chaque moment, durant quatre-vingt-huit mois ininterrompus, une éternité qui semblait ne jamais devoir se clore, et devenait pour l'intéressé sa principale faiblesse.

Reste le fond, qui appellerait tout, un livre. Jamais, dira Guizot bien des fois, et murmureront certains avec lui sous le Second Empire, la France n'a tant et si longtemps joui, au-dehors de la paix, au-dedans de la liberté, que durant la monarchie de Juillet. De son vivant, les faits lui donnent raison. Simplement, lui est resté un homme qui ne change pas dans un pays et une société qui changeaient. A-t-il relu, lui qui se relisait et même se recopiait volontiers, ce qu'il écrivait, vingt ans auparavant, d'un autre président du Conseil : « Il est arrivé à M. de Villèle un malheur qu'ont subi avant lui de plus grands et de plus habiles. Il a oublié que, pendant qu'il gouvernait, le temps avait marché, le monde changé ; que malgré la toute science de sa police, la toute-puissance de son administration, il s'était passé et fait parmi nous autre chose que ce qu'il avait su, autre chose que ce qu'il avait fait » ? Et encore ceci : « Quelle a dû être la surprise de M. de Villèle ! Lui, si longtemps le plus modéré, le plus libéral de son parti, il a vu tous les modérés, tous les libéraux, des nuances et des origines les plus diverses, se tourner contre lui ; autrefois l'idéal des hommes prudents, il a pu entendre les hommes prudents prononcer son nom d'un air soucieux et le taxer de témérité. Les courtisans l'ont traité avec dédain ; les gentilshommes ont rougi de son patronage ; les percepteurs se sont trouvés compromis à son service. Il avait si bien manœuvré que les partis désorganisés, désorientés, dissous, semblaient hors d'état de lui opposer aucun obstacle. Et tout à coup, venu de tous côtés, avoué de toute la France, un parti immense s'est rallié, s'est dressé contre lui, contre sa façon de gouverner, la condition où elle nous met, l'avenir qu'elle nous prépare. Jamais homme n'est resté plus seul au milieu d'un pays naguère si divisé. » Et enfin, tellement ce fut vrai de Guizot après 1848 plus encore que de Villèle après 1827 : « À qui s'en prend probablement M. de Villèle ? Peut-être à des rivalités, à des coalitions factices, à d'aveugles passions[1], ou aux conséquences inévitables d'une situation qu'il

1. Dans le discours du trône lu devant le Parlement par Louis-Philippe le 28 décembre 1847, et rédigé par le cabinet sous l'autorité du président du Conseil, se trouvent ces mots qui suscitèrent une vive

a acceptée. Au demeurant, peu importe. Il reste homme d'esprit et homme capable ; quand il sera tombé, il saura mieux pourquoi, bien qu'on puisse douter qu'il le sache jamais pleinement [1]. » Toute l'explication de Guizot est dans Guizot lui-même, sans mystère ni contradiction autre que celle produite par le temps qui échappe et les circonstances qui pèsent. Il a écrit entre 1820 et 1830 l'essentiel de ce qui lui adviendra, *a contrario*, entre 1840 et 1848. Entre-temps, l'opposant à Villèle est devenu Villèle pour ses opposants. Et pour le pays, et pour le peuple ? Mais qui sont, en 1827 et en 1848, le pays et le peuple, sinon des notations commodes ?

M. Ernest David

Mardi 22 février 1848, dernier banquet organisé par l'opposition parlementaire et transformé par la presse de gauche en manifestation de rue, en direction de la Concorde. « C'était la colonne des étudiants qui arrivait. Ils marchaient au pas, sur deux files, en bon ordre, l'aspect irrité, les mains nues, et tous criaient par intervalles : "Vive la Réforme ! À bas Guizot !" » Le héros de *L'Éducation sentimentale* y était, et le roman s'est emparé de ces journées autant que les Mémoires et l'histoire. Il s'est emparé aussi des derniers moments de Guizot à Paris, ministre renvoyé le mercredi 23, politique déchu depuis le jeudi 24 février vers huit heures du matin. Un tel personnage ne pouvait pas disparaître sans quelque mystère ou prodige de la scène où il avait si longtemps occupé le premier rôle. Pour le général de Castellane, il se réfugia rue Madame, mais son valet de chambre le dénonça au préfet de police auto-désigné Caussidière, « qui l'a renvoyé à coups de pied dans le derrière » et fait prévenir

réaction : « Au milieu de l'agitation que fomentent des passions ennemies ou aveugles »...

1. « Des élections de 1827 », dans *Revue française*, n° 1, janvier 1828.

Guizot d'avoir à changer de domicile, car « son arrestation aurait été un embarras pour le gouvernement provisoire de la République ». Il serait alors passé chez un ami 8, rue Thiroux, précisément l'adresse, mais Castellane ne peut pas le savoir, où avaient vécu son frère Jean-Jacques et sa belle-famille Vincens, à laquelle elle appartenait. Victor Hugo sait de source sûre qu'il fut caché par un libraire dont il ignore le nom, « qui avait souvent dans des temps meilleurs déclaré qu'il se dévouerait et donnerait sa vie pour celui qu'il appelait "un grand homme", et qu'il en souhaitait l'occasion ». Il y a dans ces récits, et dans d'autres, des éléments d'une réalité qui fut à peu près celle-ci, principalement selon le récit qu'en a rédigé pour sa sœur Henriette, dit-elle, Pauline Guizot en août 1848.

Dès le 21 février, à l'annonce de la manifestation du lendemain dont il pensait bien qu'elle se dirigerait vers le ministère des Affaires étrangères pour y faire sonner, sous ses fenêtres, son mot d'ordre de « À bas Guizot, vive la Réforme ! », pénible à entendre pour la vieille Mme Guizot, qui en avait entendu d'autres du même genre et plus terribles encore à Nîmes sous la Terreur et en 1815 pendant la Terreur blanche, Guizot avait prescrit à sa mère et à ses filles d'aller passer la journée du 22 chez les amis Lenormant, dans leur appartement de la Bibliothèque royale rue des Petits-Champs, en emportant, précaution qui parut saugrenue, leurs bijoux et leur or. Guillaume, de son côté, se rendit au collège de Bourbon comme à l'accoutumée, avant de les rejoindre rapidement. Leur père, qui affiche extérieurement, comme on imagine, une sérénité de circonstance, leur fait dire le soir de rester coucher à la Bibliothèque royale. Lui-même a préféré passer la nuit chez Victor de Broglie plutôt que boulevard des Capucines. Le mercredi 23, après que le ministère, entre 14 heures 30 et 15 heures 30, a été démis et que, à 16 heures, Guizot a prononcé ses derniers mots à la tribune de la Chambre en annonçant que Molé a été appelé à former un cabinet et que lui-même continue d'expédier les affaires courantes, il rejoint Duchâtel au ministère de l'Intérieur, 101, rue de Grenelle. À la différence de sa famille, il n'entendra pas, à 21 heures, la fusillade du boulevard des Capucines et ses seize victimes, devant l'hôtel des Affaires étrangères, qui inaugure la phase sanglante du processus et le transforme en révolution. Durant la nuit et au petit matin, les barricades s'élèvent dans Paris, « Vive la République ! » s'ajoute à « Vive la Réforme ! », tandis que « À bas Guizot ! » ne faiblit pas, bien au contraire. Ces cris, ces barricades, Guizot les a entendus et peut-être déjà aperçues cette nuit-là en allant installer Bugeaud à son nouveau poste de commandant général des troupes de Paris, bien trop tard. Le lendemain jeudi 25 à 8 heures, il a définitivement pris congé aux Tuileries de Louis-Philippe et est retourné au ministère de l'Intérieur, alors que Thiers, avec Barrot à l'Intérieur, s'apprête, ou essaye, de succéder à Molé dépassé. À la fin de la matinée, Barrot remonte lentement la rue de Bourgogne, encadré et en fait contrôlé par des députés républicains et des insurgés, pour aller prendre possession de son nouveau ministère rue de Grenelle. Dans le cortège, « À mort Guizot ! » a remplacé « À bas Guizot ! »

Est-ce à ce moment que Guizot, surpris par cette haine physique qu'il ne connaît pas, prend concrètement conscience qu'il est désormais en danger de la vie ? L'anecdote veut qu'il ait été sur le point de passer à table avec Duchâtel et sa femme lorsqu'ils s'enfuirent tous trois par le jardin du ministère donnant rue de Bellechasse. Victor Hugo, d'un coup de crayon magistral et plausible, le brosse « marchant le premier, donnant le bras à Mme Duchâtel, son pardessus de fourrure boutonné [on sait qu'il avait en effet une pelisse qu'il affectionnait], son chapeau comme à l'ordinaire renversé sur le derrière de sa tête ». Remontant la rue de Bellechasse, on arrive rue Vaneau, et là Églé Duchâtel confie Guizot à la gardienne d'une pension de famille de sa connaissance, qui le planque dans une chambre inoccupée du cinquième étage. Le réseau d'amitiés complices fonctionne, puisque, en fin de journée, Mme de Mirbel, veuve d'un naturaliste réputé et elle-même miniaturiste de grand talent, vient chercher Guizot, l'habille en femme et l'installe chez elle, rue Saint-Dominique. Il semble que le duc de Broglie soit venu le voir le soir même, lui apportant peut-être un message de sa fille Henriette, puisqu'il lui en accuse réception le vendredi matin 25, par une lettre dans laquelle il déclare avoir bien dormi et se bien porter – c'est tout lui. « Impossible de voir clair encore dans ce qu'il y a à faire, et pour vous et pour moi. » Mais il n'exclut pas un retour pur et simple dans la maison de famille de la rue de La Ville-l'Évêque dans un tout proche avenir. Cette lettre ne parviendra pas à sa destinataire et c'est Théobald Piscatory qui, en fin d'après-midi, apporte enfin chez les Lenormant des nouvelles indirectes de leur père aux enfants Guizot, qu'il convainc de partir se mettre en sécurité en Angleterre le plus tôt possible. C'est ce qu'ils feront, Henriette et Pauline d'un côté, Guillaume de l'autre, non sans péripéties, grâce à d'admirables dévouements d'amis et aussi de quasi-inconnus. Les filles parviennent à Londres le mercredi 1er mars, sans nouvelle de leur frère et de leur père. À ce dernier on a pu faire établir, le dimanche 27, un passeport au nom de Ernest David, négociant à Bruxelles. Vraie ou fausse identité, et dans ce second cas, qui a soufflé ce nom ? Le surlendemain soir 1er mars, il quitte le logement de Mme de Mirbel et, dans un habit de domestique, est pris en charge par le général de Fleischmann, ambassadeur du Würtemberg en France, qui le fait passer pour son valet de chambre, et le fait monter avec lui et six de ses proches gare du Nord dans un train en partance pour Bruxelles, qu'il fallut, avec l'anxiété d'être reconnu, attendre plus d'une heure. De là, il gagne Ostende dans la journée du 2, embarque pour Douvres et parvient à Londres où il retrouve, le vendredi 3 mars à 19 heures, ses filles logées à Bryanstone Square, chez un certain Mr Broadwood. Guillaume les y rejoint vingt-quatre heures plus tard.

De cette odyssée concentrée sur quelques jours et qui transforme sa vie et celle des siens avec une brutalité sidérante, Guizot gardera un souvenir puissant et une reconnaissance inaltérable pour ceux qui ont rendu possible son heureuse issue : Mme de Mirbel, morte en 1849 sans qu'il ait suffisamment l'occasion de lui témoigner sa gratitude, mais dont il citera toujours le nom avec affection, le général de

Fleischmann, qu'il aidera plus tard à publier les Mémoires de son beau-père, Miot de Mélito, dignitaire du Premier Empire particulièrement célèbre en Corse pour des raisons fiscales, l'ingénieur des chemins de fer et futur banquier Adrien Delahante, qui hébergea ses filles et les mit dans le train à Creil, le député du Nord et maire d'Arras Ignace Plichon, qui les convoya jusqu'à Londres, enfin et surtout les époux Lenormant qui, outre leur accueil rue des Petits-Champs, s'occupèrent de faire passer Mme Guizot mère et la fidèle Rosine Chabaud-Latour à Londres, où elle arrivèrent le 17 mars. Parmi des adversaires et, ces jours-là, des ennemis sans nombre, Guizot trouva autour de lui des amitiés d'une fidélité à toute épreuve, face à un retournement de fortune inouï. Il disait : « Je ne livre jamais mes amis. » Eux ne le livrèrent pas non plus, peut-être lui évitèrent-ils un sort cruel.

Ainsi s'étaient écroulés, sans vraie résistance de sa part, ni du roi Louis-Philippe, « frappé, dira Guizot plus tard, d'un accès de découragement en face des accès de fièvre répétés du pays », ni en réalité de personne, le régime et la politique auxquels il avait attaché ce qu'il avait de meilleur, l'activité de son esprit et l'honneur de son nom, sous l'effet, pensait-il, d'un mal qu'il avait sous-estimé tout en le combattant, « l'idolâtrie démocratique », pourvoyeuse soit d'anarchie, soit de despotisme. De fait, à quoi avaient conduit le suffrage universel et l'essai de république sociale ? Aux violences de mai et aux massacres de juin 1848 d'abord, à Louis-Napoléon Bonaparte ensuite, avec l'étouffement des libertés ! On rejouait, en accéléré, ce dont Guizot s'était employé, croyait-il, à préserver la France, 1792 et 1804. Bientôt viendra, avec l'Empire, la guerre étrangère, puis le désastre national. Plutôt que d'un triomphe mal venu, Guizot se délecte d'une satisfaction morose, écrivant à Henry Reeve le 25 décembre 1851 : « Si je trouvais du plaisir à la revanche, je serais pleinement satisfait. Où est la République ? Où est M. Thiers ? Où est lord Palmerston ? Mais la chute de mes adversaires personnels n'est rien pour moi comparée à la chute de mon malheureux pays. » Et sa chute à lui ? Lui ? Il s'est déjà relevé, intact à ses propres yeux et bientôt, dans une autre posture et sur d'autres scènes, intact aux yeux du monde.

Au soir de la pensée

Vingt ans plus tard, le 18 juin 1871, au soir de sa vie et de sa pensée, détaché des entreprises, François Guizot, au moment où la France, dans de terribles convulsions, entre dans le neuvième régime politique qu'il ait lui-même connu depuis sa naissance en 1787, livre au pasteur et professeur de théologie protestante Charles Bois, de quarante ans plus jeune, qui l'interroge sur le bon choix pour la France, le fruit de son expérience et de ses méditations d'historien et d'homme d'État : « Personne n'est plus frappé que moi de la gravité de notre mal et de la difficulté du remède. Mais quand j'écarte la pensée du présent pour considérer l'ensemble des temps et des faits, je persiste à penser que tout le développement intellectuel et social de la France, toute notre histoire si active et si progressive depuis quatorze siècles n'aboutiront pas, pour unique résultat, à une ruine immense, et que 1789, avec son chaos de vérités et d'erreurs, de légitimes et de coupables ambitions, d'élan généreux et de fol égarement, sera autre chose qu'un rêve, et qu'un rêve funeste. C'est là la question pendante depuis quatre-vingts ans. Toutes les solutions qui en ont été tentées, naturelles et nécessaires peut-être à leur date, n'ont été que des oscillations qui n'ont pas trouvé le point central, le seul où le but soit atteint et où le mouvement déréglé puisse s'arrêter. [...] Nous touchons aujourd'hui à un nouvel essai de solution du problème que nous a légué 1789. [...] Est-ce à la République ou à la monarchie constitutionnelle qu'il est réservé de trouver enfin le point central et fixe de notre société réconciliée et rassise ? » Comment mieux dire que, lorsque Guizot est sur le point de disparaître, la révolution française, qui fut la grande affaire de toute sa vie personnelle, intellectuelle et politique, n'est pas terminée ? Faute de parvenir à la clore, il l'a pensée. Mais l'histoire ne s'est pas arrêtée à lui, comme il l'a cru peut-être, comme, sûrement, il l'a voulu.

CHAPITRE XI

M. Guizot et Dieu

« Son génie, son cœur, et jusqu'à sa figure, tout en lui est protestant, huguenot : voilà sa faiblesse », lit-on dans le *Procuste parlementaire* de 1844. Dix ans plus tard, Cormenin, qui n'est pas mieux disposé envers Guizot, écrit au contraire : « En religion, Guizot n'est ni juif, ni mahométan, ni protestant, ni catholique. Est-il religieux cependant ? Oui ; mais de quels dogmes et de quelles pratiques ? »

Les pratiques ne font aucun doute. De son premier jour à son dernier souffle, Guizot, même si ce fut avec une intensité variable, a accompli les gestes qui signalent sans doute aucun l'appartenance au protestantisme. La consécration du baptême et du mariage, pour lui et les siens, la fréquentation du temple et la communion sous les deux espèces, la lecture personnelle et familiale de la Bible, la participation à la vie et aux organes de l'Église réformée de France et à de nombreuses sociétés protestantes en portent suffisamment témoignage. Sur les croyances, il est plus difficile de s'exprimer. Guizot, plutôt avare de citations bibliques à la différence de nombre de ses coreligionnaires, aime à prononcer la phrase du Christ : « Il y a plusieurs demeures dans la maison de mon père. » Elle lui vient opportunément lorsqu'il s'agit de recevoir le catholique libéral Montalembert à l'Académie française en 1852. Mais il semble que lui-même habite simultanément sinon plusieurs demeures, du moins diverses chambres qui ne sont pas toujours contiguës. La religion de ses pères cévenols, qu'il revendique explicitement, le rattache historiquement au calvinisme, et sur Calvin Guizot a de fait écrit deux monographies, la seconde, en 1869, amplifiant considérablement la première, de 1822. Pourtant, « personne ne croit moins que moi à la prédestination », écrit-il en 1865 à sa fille Henriette. Son admiration et sa sympathie vont à l'œuvre fondatrice du réformateur, au service qu'il a rendu à la cause de la liberté en distinguant société religieuse et société civile, il ne se sent pas tenu par certaines de ses affirmations théologiques et doctrinales qu'il « conteste », écrit-il encore à la toute fin de sa vie dans le troisième volume de *L'Histoire de France racontée à mes petits-enfants*, « comme contraires au vrai sens et à la pensée morale du christianisme », et dont la prédestination, il est vrai, est la plus obscure et la moins bien admise même chez les protestants réputés calvinistes. Dans les églises luthériennes, dans les chapelles anglicanes, dans les différents lieux de culte se rattachant à la Réforme, Guizot est à l'aise, dès lors que la prédication est de qualité. Sur ce point, en revanche, il est particulièrement difficile, ce qui explique son nomadisme cultuel. « Mauvais sermon » du pasteur luthérien Louis Meyer le 25 janvier 1852 à l'église de la Rédemption, rue Chauchat, « singulier contraste d'une grande simplicité dans la vie pratique avec une grande pompe déclamatoire dans la chaire » ; sermon « médiocre dans deux premiers tiers, très bon dans le dernier » du pasteur Dhombres au temple réformé de Sainte-Marie, rue Saint-Antoine, le 29 mars 1861 ; un an plus tard, à l'Oratoire, voici « M. Guillaume Monod, décousu, vide et ému, comme de coutume » ; rien à voir avec son frère cadet Adolphe, prédicateur incomparable, mort prématurément en 1855. Quant à Louis Rognon, qui, en 1860, vient d'être élu à Paris pasteur titulaire à trente-quatre ans seulement et que Guizot a pris sous son aile, « il a fait hier », au temple réformé de Pentemont rue de Grenelle, « un excellent sermon, plein d'idées et de talent, malgré bien des taches de goût ; il ne faut pas prendre, même dans Pénélope et Ulysse, des comparaisons pour l'Évangile. Son sermon était un programme de vraie et large orthodoxie chrétienne ».

Orthodoxie chrétienne

C'est par là qu'il a plu à Guizot. « Large orthodoxie chrétienne » est en effet l'expression qui définit le mieux sa position, car elle fait acception en même temps d'une doxa, une croyance, et d'une religion constitutive d'une société. Aussi Guizot s'est-il bien davantage exprimé sur la religion chrétienne, dans toute son extension, que sur le protestantisme qui en constitue à ses yeux une modalité liée au mouvement de l'histoire générale, et dans laquelle il se trouve que s'inscrit la sienne propre. C'est dans « l'Église chrétienne réformée de France », comme il l'écrit en décembre 1873 dans son testament par une formule qui lui est propre, qu'il se « félicite d'être né » et qu'il meurt, non pas dans la religion ou la confession réformée, dont il peinerait bien, malgré des tentatives à la fin de sa vie, à définir les dogmes distinctifs à l'intérieur du christianisme. Dépourvu d'esprit et de culture théologiques, ce qui conduit son fils Guillaume, mieux instruit, à lui déconseiller de s'aventurer en terres inconnues lorsqu'il entreprend de publier, entre 1864 et 1868, trois volumes de Méditations sur la religion chrétienne, il est aussi peu doctrinaire en matière religieuse qu'il affiche l'être en politique. Sa religion est celle de tout le monde qui se déclare chrétien. S'employant à consoler Charles de Rémusat de la mort de sa femme, il lui écrit en novembre 1826, recherchant la signification du mot « foi » : « Plus j'avance, plus je me confirme dans cette double idée qu'il y a là un monde réel, auquel nous tenons par des rapports assurés, et que ce monde est interdit à la connaissance humaine. [...] Je ne doute point, j'ignore ; les choses sont, mais hors de ma portée. » Il en résulte la publication dans *La Pensée*, en janvier 1828, d'un article intitulé « Quel est le vrai sens du mot Foi ? », d'une certaine platitude, qu'ont précédé deux autres « méditations » sur l'immortalité de l'âme en octobre et novembre 1827, également tissées de lieux communs comme le soulignera cruellement, en 1854, Gustave Planche il est vrai généralement malveillant envers Guizot, et qui ne prend certainement pas la mesure de l'ébranlement causé chez lui à ce moment par la mort de Pauline de Meulan. Sans doute a-t-on attribué ce vague des convictions et de l'expression à l'abandon du christianisme qui aurait saisi Guizot entre 1810 et 1830 au profit d'un simple déisme[1]. Mais est-il beaucoup plus avancé, vingt-cinq ans plus tard, lorsqu'il écrit à la très catholique Amélie Lenormant, le 3 novembre 1853 : « Dans notre destinée personnelle comme dans celle du monde, je ne sais ni le motif ni les voies de Dieu », auquel il affirme croire ? Son testament même laisse sa croyance dans une certaine indétermination : « Je crois en Dieu et je l'adore sans tenter de le comprendre. [...] Je m'incline devant les mystères de la Bible et de l'Évangile. [...] J'ai la confiance que Dieu me permet de me dire chrétien et je suis convaincu que, dans la lumière où je ne tarderai pas à entrer, nous verrons à plein l'origine purement humaine et la vanité de nos discussions d'ici-bas sur les choses divines. »

La croyance, maintes fois réaffirmée, dans ce qu'il appelle « le surnaturel » et dans la providence forme le fonds ordinaire de sa religion, ce qui du reste n'est pas rien. Elle le conduit à répudier explicitement le spiritualisme et la religion naturelle. Ce surnaturel procède chez l'homme d'un « instinct inné », est inscrit dans « la foi naturelle de l'homme, et est la condition *sine qua non*, le véritable objet, l'essence même de la religion ». Ainsi, la croyance dans le surnaturel serait naturelle... Ce chapitre IV, « Du surnaturel », de *L'Église et la société chrétiennes en 1861*, repris et développé cinq ans plus tard, sous le même titre, dans la troisième des *Méditations sur l'essence de la religion chrétienne*, laisse dubitatif le pasteur Jean Pédézert, professeur à la faculté de théologie protestante de Montauban, qui deviendra son collaborateur et presque son ami. Guizot lui répond donc en novembre 1861 : « Je crois au surnaturel dans les actes aussi bien qu'au surnaturel dans la personne. Je crois à l'intervention et à l'action constante, naturelle et surnaturelle, de Dieu dans le gouvernement du

1. Voir en particulier Pierre-Yves Kirschleger, *La Religion de Guizot*, Genève, Labor & Fides, 1999, pp. 139-151.

monde. » Et il précise que la religion chrétienne est la plus propre à donner satisfaction à cette « ambition suprême et sublime » de l'homme en un au-delà du monde fini.

La providence, également invoquée par lui si souvent, autant dans ses ouvrages historiques et politiques que pour son existence personnelle, ne revêt pas un sens plus précis que le surnaturel. Elle englobe ce qui ne relève ni des lois générales du monde ni de l'action libre de l'homme, ce que donc ce dernier ne s'explique pas, et constate pourtant, et qui s'appellerait le hasard si Dieu n'existait pas : « Quiconque admet, comme explication, la fatalité et le hasard, ne croit pas vraiment en Dieu. Quiconque croit vraiment en Dieu compte sur la providence [...], développement naturel et nécessaire de l'existence de Dieu, présence constante et action permanente de Dieu dans la création », écrit-il dans la deuxième Méditation de 1866. La providence apparaît ainsi comme le nom donné aux voies mystérieuses et à jamais ignorées par lesquelles Dieu réalise son dessein sur l'homme et sur les sociétés, qui, par le moyen de la foi, s'y soumettent sans les comprendre. Guizot lui accorde une importance telle qu'il la range parmi les cinq dogmes fondamentaux du christianisme, qui « sont les légitimes et efficaces solutions des problèmes religieux naturels que l'homme porte en lui-même et auxquels il ne saurait échapper ». Quiconque, donc, croit à la création, à la providence, au péché originel, à l'incarnation et à la rédemption est, dans l'esprit de Guizot, chrétien. Cette liste toute personnelle qu'il dresse à la fin de sa vie est destinée, par chacun de ses points, à faire échec aux matérialistes, aux scientistes, aux libres-penseurs, aux philosophes spiritualistes, aux protestants ultra-libéraux qui doutent de la divinité du Christ et du caractère inspiré des Écritures comme Edmond Schérer, au Jules Simon de *La Religion naturelle* publiée en 1856, surtout au Renan de la *Vie de Jésus* parue en 1863 avec le prodigieux succès que l'on sait. Mais pourquoi ériger en dogme la croyance en la providence, qui n'est pas propre au christianisme, et ne faire nulle part mention de celui de la Trinité qui est, lui, au cœur de cette religion ? Le philosophe spiritualiste Paul Janet, dans un article considérable du 15 mai 1869 de la *Revue des Deux Mondes*, s'en étonne non sans ironie, de même qu'il s'étonne du silence sous lequel Guizot passe le débat de la présence réelle du Christ dans l'hostie, ou celui relatif à la grâce, qui occupe le christianisme depuis l'origine. Ainsi, constate Paul Janet, Guizot s'en tient à « un minimum de christianisme dont il se contente pour échapper au rationalisme. »

Ce christianisme d'apparence minimaliste et indifférencié, la plupart de ceux qui commentèrent les écrits religieux de Guizot l'ont relevé. Albert de Broglie, très catholique et assez libéral, et si proche longtemps de Guizot, déclare en février 1869 que, « si M. Guizot n'est pas catholique, ses lecteurs seraient souvent tentés de croire qu'il n'est pas protestant davantage ». Étienne Coquerel, pasteur ultra-libéral, dans *Le Lien* du 12 juin, s'agace : « La religion de M. Guizot est quelque chose de tout à fait en l'air ; c'est un christianisme à lui tout seul ; aucune Église, aucun parti ayant quelque vie, quelque réalité, ne le professe. » Revenant sur le sujet, Émile Faguet, qui consacre à Guizot une étude dans la *Revue des Deux Mondes* du 15 juillet 1890, conclut qu'« il voudrait une philosophie très chrétienne et un christianisme dont le philosophe pût aisément s'accommoder[1] ». Au total, Guizot n'est pas très difficile en fait de théologie, et même de croyance structurée. Dans la lettre de 1853 déjà citée à Amélie Lenormant, il indique : « Dans les rapports de mon âme avec Dieu, je n'ai jamais senti aucun besoin d'intermédiaire ; dans la joie ou dans la tristesse, pour rendre grâces ou pour implorer secours, je m'adresse à lui directement, spontanément ; je vis avec lui dans l'intimité la plus soumise, j'ose le dire, mais dans une intimité immédiate et confiante. » Ainsi sont entre eux M. Guizot et Dieu.

---

1. C'est, me semble-t-il, la conclusion à laquelle parvient André Encrevé dans sa contribution intitulée « Le rôle de Guizot dans les questions protestantes, sous le Second Empire », dans *Actes du colloque François Guizot*, Paris, Société de l'histoire du protestantisme français, 1976, pp. 375-397.

Si, sur la nature et l'exercice de la foi religieuse, chez Guizot comme chez tout autre, il est difficile de s'exprimer tout à fait, il est clair en revanche que chez lui plus que chez bien d'autres la croyance ne se déploie pas indépendamment d'éléments plus concrets. Une fois de plus, à mes yeux, Sainte-Beuve se montre perspicace lorsqu'il rend compte, le lundi 14 novembre 1864, des *Méditations sur l'essence de la religion chrétienne*. Il établit d'abord que « la religion professée par M. Guizot est simple ; elle ne heurte aucune des communions chrétiennes, elle s'accommode de toutes ; elle s'en passe aussi jusqu'à un certain point. Il a réduit le christianisme à ses éléments les plus simples, les plus essentiels ; mais il lui garde expressément son caractère divin, surnaturel ». Constat dont Guizot, tout en relevant leurs divergences, le remercia par une aimable lettre à laquelle Sainte-Beuve répondit non moins courtoisement. Mais Sainte-Beuve avait ajouté : M. Guizot « appuye et corrobore son principe de foi par de puissantes considérations politiques et sociales », qui peuvent se résumer en une seule : la disparition de la religion serait la ruine de la société et l'écroulement de la civilisation.

Sociétaire de la religion

Guizot, de fait, ne conçoit pas la religion chrétienne en contemplatif, encore moins en mystique. Ses méditations ne sont pas celles d'un solitaire et sa ferveur intime, si puissante soit-elle, est inséparable d'une pratique active, d'une morale en acte, au point qu'il est difficile de démêler, de la foi et de la morale, laquelle chez lui procède de l'autre. Il répondrait qu'elles sont consubstantielles l'une à l'autre. Reste que sa religion s'éprouve pour l'essentiel, à travers les témoignages qu'il en a laissés, à l'usage qu'il en a fait. Chez lui, on l'a déjà vu, l'intériorité ne va pas sans représentation, et en l'espèce la religion fait société. Et comme il est protestant, d'une façon qui restera à examiner, c'est de ce côté-là que s'engage sa sociabilité.

Elle commence très tôt, dès son installation à Paris après le séjour genevois, et dans son prolongement. On le trouve en effet inscrit, en 1806, parmi les membres de la loge maçonnique Le Phénix[1], avec le grade de maître, ce qui suppose une affiliation antérieure, et l'a obligé à se vieillir, puisque l'âge de vingt ans est nécessaire pour adhérer. Font partie de la même loge ses camarades genevois Charles Peschier et Jean Girod, également protestants. Cette loge est de rite écossais, comme l'est aussi, à Genève, la loge L'Union des cœurs, à laquelle appartiennent des pasteurs comme César Malan et Ami Bost, hérauts du mouvement de régénération du protestantisme venu d'Angleterre et commençant d'atteindre la France en passant souvent par la Suisse, qu'on appelle le Réveil. La loge L'Union des cœurs, écrit le pasteur Bost, était « un des dépôts où Dieu sauvait son véritable Évangile », car le retour à la pureté évangélique rendant Dieu sensible au cœur et conduisant à une piété plus exigeante est l'un des caractères propres au Réveil. Guizot ne resta pas en loge plus de trois ou quatre ans, semble-t-il, car il n'a jamais levé pour lui-même le secret maçonnique, et rien ne permet de mesurer quelle influence exerça sur lui son engagement dans cette collectivité. Peut-être est-ce là que l'atteignit l'aurore du Réveil, qui pesa dans sa complexion religieuse sans y prendre une place aussi considérable que chez certains de ses coreligionnaires les plus proches, comme la duchesse de Broglie et son frère Auguste de Staël, ou Adrien de Gasparin, tant chez lui la raison venue du XVIIIe siècle n'abandonna jamais ses droits. Sur le réveil chrétien en France, dont il trouve les faits générateurs dans le concordat de 1802 et dans la publication, la même année, de *Génie du christianisme, ou Beautés de la religion chrétienne*, ouvrage dont l'éblouissement ne s'est pas atténué à ses yeux lorsqu'il en préface une réédition soixante ans plus tard, et sur le réveil protestant en particulier, Guizot a

1. Voir Henri Dubief, « Le jeune Guizot et la franc-maçonnerie », *Revue d'histoire moderne et contemporaine*, t. 9, 1962, pp. 139-145.

écrit un intéressant chapitre dans ses *Méditations sur l'état actuel de la religion chrétienne* de 1866. Ce réveil s'exprime dans la création, sous la Restauration, de plusieurs sociétés protestantes auxquelles Guizot, en dépit de l'attiédissement supposé de sa foi, adhéra aussitôt, elles-mêmes recherchant la présence et le soutien d'une personnalité déjà très en vue, et dont, plus tard, il présidera certaines : Société pour l'encouragement de l'instruction primaire parmi les protestants de France en 1817, Société biblique protestante en 1818, Société protestante de prévoyance et de secours mutuel en 1825, Guizot s'y trouve tout naturellement chez lui, même s'il n'y déploiera une activité substantielle que plus tard, sorti de la vie politique.

Réellement actif il se montre, en revanche, à la Société de la morale chrétienne, dont il est l'un des membres fondateurs en décembre 1821. Cette société n'était pas de caractère purement philanthropique. Elle s'inscrivait dans le mouvement général de revitalisation religieuse, comme l'indiquaient sa dénomination « Société de la morale chrétienne, ayant pour objet l'application des préceptes du christianisme aux relations sociales », et son prospectus : « Établir une société qui réunirait tous ses efforts pour rappeler les hommes à la seule source véritable du bonheur, aux préceptes du christianisme », étant entendu que « la Société se composera de membres de toutes les communions, un des articles fondamentaux de ses statuts [ce sera l'article III] portant que dans ses travaux il ne pourra être question que des vérités sur lesquelles les diverses communions sont d'accord [...] et qu'elle s'abstiendra de toucher aux points qui ont de bonne heure divisé les chrétiens, et dont la discussion ne rentre point dans le cercle de ses activités ». Rien ne convenait mieux à Guizot que cette réunion de chrétiens libéraux décidés à ne pas se laisser enfermer dans des dogmes pour améliorer l'état du genre humain, sans renoncer du reste chacun à ses croyances et à ses attachements particuliers. Son succès fut rapide puisque, de 116 membres en janvier 1822, elle passa à 291 deux ans plus tard et à 387 en 1829. Même si ses deux premiers présidents, le duc de La Rochefoucauld-Liancourt et

Victor de Broglie, et ses dirigeants les plus en vue étaient catholiques, les protestants y furent dès l'origine nombreux et bientôt largement majoritaires, parmi lesquels une quantité appréciable de pasteurs et de professeurs de théologie, et de laïques engagés dans les Églises réformée et luthérienne, alors qu'elle ne comptait que deux ecclésiastiques, le chanoine espagnol Llorente et l'abbé Olmo. Les catholiques légitimistes et ultramontains, ceux de la Congrégation et du *Mémorial catholique* de Lamennais et de ses amis dénonçaient avec vigueur ce foyer d'hérésie et d'opposition libérale, où bien des jeunes gens entreprenants comme Charles de Rémusat, Alphonse Mahul, Abel Villemain, Sylvain Dumon, Hippolyte Carnot trouvèrent à s'employer.

La SMC offre ainsi un concentré de ce que l'esprit du temps appelle volontiers « protestantisme », non pas confession organisée en Église, mais application du principe d'indépendance du jugement et de liberté d'opinion, soit, en littérature, le romantisme, et en politique, le libéralisme[1]. Furent ainsi accusés en justice, en 1825, de pousser l'opinion au « protestantisme » les principaux journaux libéraux, *Le Constitutionnel* et *Le Courrier français*, dans lequel écrivait Charles Coquerel, directeur de la *Revue protestante* et l'un des secrétaires de la SMC. Avec Auguste de Staël, Guizot fut vice-président de la Société de 1826 à 1828 et président de 1828 à 1830, Benjamin Constant lui succédant. La Société avait formé en son sein, dès le printemps 1822, de nombreux comités, dont le premier et le plus emblématique fut celui pour l'abolition de la traite des Noirs, suivi de celui des prisons, deux causes auxquelles Guizot était et resta toujours particulièrement attaché. Lui-même fait partie du comité des Jeunes Gens, relatif au placement des jeunes orphelins, du comité de publication en faveur des Grecs – c'est l'époque où s'engage le mouvement d'émancipation des Grecs contre la tutelle ottomane – et de la commission pour le prix sur la

1. Voir Jean-Jacques Goblot, « Les mots "protestant" et "protestantisme" sous la Restauration », dans *Civilisation chrétienne. Approche historique d'une idéologie* XVIIIe-XXe *siècle*, Paris, 1975, pp. 211-227.

question de l'abolition de la peine de mort, une question qu'il a lui-même traitée en 1822 dans *De la peine de mort en matière politique*. Durant près de dix ans, présidant à plusieurs reprises l'assemblée générale, Guizot prit une part active aux travaux d'une société où le social, et aussi le politique en dépit des statuts, s'articulaient sur le religieux. Sans doute la SMC, par la qualité de ses membres, avait-elle un côté mondain, ironiquement et exagérément relevé par Stendhal dans une de ses *Lettres de Paris*, du 18 décembre 1824 : « Un débutant qui veut brusquer la gloire et qui désire avoir de la considération dans les salons des duchesses à la mode doit se faire admettre dans la Société de la morale chrétienne et choisir les épigraphes de ses œuvres dans la Bible, car la religion est maintenant à la mode. L'aristocratie espère en retirer quelque avantage et essaie de constituer une sorte de protestantisme. » Centre de sociabilité pour Guizot alors privé de ses emplois publics, la SMC fut aussi pour lui l'occasion d'expérimenter un christianisme de liberté dépassant, ou écartant, les différences confessionnelles au profit d'une œuvre commune, l'amélioration de l'état moral des divers éléments de la société.

Guizot apercevait bien le risque d'une conception utilitaire de la religion, et prononça à l'encontre de ce reproche de fortes phrases, par exemple le 20 avril 1836 devant les membres de la Société biblique protestante dont il était alors vice-président : « L'objet véritable, l'objet essentiel de la religion, c'est l'âme humaine ; non pas l'âme humaine en général et d'une façon abstraite, mais l'âme de chaque homme. C'est indirectement que la religion procure la paix des sociétés. Ce qu'elle veut directement, c'est la sanctification et le salut de l'âme. [...] C'est la gloire du christianisme d'avoir placé là l'essence de la religion. » Reste que, ce principe fermement posé, c'est dans la vie sociale que l'état des âmes se révèle, et que la religion concourt au bien commun.

Elle le peut d'autant mieux qu'elle se distingue davantage de la sphère civile. Cette distinction nécessaire et féconde, qui est au cœur du message évangélique et que la Réforme a renouvelée ailleurs qu'en France, Guizot reconnaît qu'elle a été imposée chez nous contre l'Église catholique par le pouvoir laïque au moment de la Révolution, et c'est un des points dont il lui est le plus reconnaissant. Et il continue d'appartenir à l'autorité civile de maintenir la distinction. Celle-ci, au début de la Restauration, est loin d'être encore installée partout, dans les esprits et dans les comportements, la Charte de 1814 déclarant à la fois, dans ses articles 5 et 6, que « chacun professe sa religion avec une égale liberté » et que « la religion catholique est la religion de l'État ». Aussi Guizot est-il loin d'enfoncer une porte complètement ouverte lorsque, en 1817, dans les *Archives philosophiques*, il insère un article intitulé « Sur ce principe que l'état civil et l'état religieux sont absolument distincts et séparés », dans lequel il précise que « le citoyen ne sera soumis qu'à l'empire de la loi, et le croyant qu'à celui de la religion », mais aussi qu'il y a, pour le pouvoir civil et pour le pouvoir religieux, « autant d'avantage à s'allier que de péril à se confondre ».

Aussi n'est-il pas favorable à la séparation de l'Église et de l'État, telle que l'expose par exemple le pasteur et théologien suisse Alexandre Vinet, auquel il contribua pourtant en 1826 à faire obtenir de la SMC un prix pour son *Mémoire sur la liberté des cultes*, mais en soulignant dans son rapport son désaccord sur ce point. Dans la préface qu'il donne en 1851 à son volume de *Méditations et études morales*, qui reprend des articles antérieurs, Guizot se montre catégorique en souhaitant « non pas la séparation de l'Église et de l'État, grossier expédient qui les abaisse et les affaiblit l'un et l'autre sous prétexte de les affranchir l'un de l'autre, mais la séparation de l'ordre spirituel et de l'ordre temporel, de l'état religieux et de l'état civil, et l'illégitimité de toute intervention de la force dans l'ordre spirituel, même au service de la vérité ». En conséquence, le caractère public attribué par l'État aux ministres des cultes n'entraîne pour eux aucune dépendance. Il en était si convaincu qu'en 1831 il contribua à ce que le gouvernement verse un traitement public aux rabbins, jusqu'alors exclus sur ce point du régime concordataire, et qu'il admit, à la fin du régime de Juillet, que si des musulmans, sur le territoire français, demandaient à faire reconnaître leur culte et à jouir des effets attachés à cette reconnaissance, il n'était légalement pas possible de le leur refuser.

Dès lors, l'alliance de l'autorité civile et de la religion chrétienne est d'autant plus efficace que chacune d'elles est plus libre dans sa sphère. La liberté de conscience et de culte est la marque des sociétés modernes, et plus elles s'éloignent de l'absolutisme, qui a partie liée avec le droit divin, plus la religion doit s'y montrer influente. Dans un gouvernement libre, les idées chrétiennes sont d'autant plus nécessaires que ceux qui ont part à ce gouvernement sont plus nombreux : l'exemple de la Hollande, de l'Angleterre, des États-Unis le prouve. En revanche, la démocratie politique est si dangereuse en France parce qu'elle n'est pas régulée par l'esprit religieux. Le développement de la société requiert donc une mobilisation conjointe de l'État et de l'Église contre un ennemi commun qui les menace tous deux, que Guizot l'appelle anarchie, mauvaises passions, idolâtrie démocratique ou, dans sa préface de 1851, « l'antichristianisme révolutionnaire », tant il est vrai, écrit-il en 1866, que « de tous les moyens indirects de gouvernement, l'influence de la religion est sans contredit le plus nécessaire et le plus efficace », formule qui résume les « puissantes considérations politiques et sociales » dont parlait Sainte-Beuve dans son article de 1864 [1]. Pour accomplir sa mission de lutte contre le mal qui ronge l'unité du corps social jusqu'à menacer de le dissoudre, et pour le développement même de la foi qu'elle exprime, la religion chrétienne doit accepter pleinement les principes de la société moderne, qui sont essentiellement la liberté de conscience, la séparation du trône et de l'autel et les droits de la personne issus de 1789. Or la religion chrétienne en France, pour Guizot historien et homme d'État, c'est le catholicisme institué dans l'Église romaine.

1. Un esprit aussi ouvert et généreux que Montalembert n'hésite pas à s'exprimer sans ménagement le 20 septembre 1848 : « Je ne connais qu'une recette pour inspirer le respect de la propriété à ceux qui ne sont pas propriétaires, c'est de leur faire croire en Dieu, au Dieu qui punit éternellement les voleurs. »

Un protestant curieusement catholique

Ici se marque l'originalité de Guizot en fait de religion : ce protestant déclaré et pratiquant fit, partout où il le pouvait, et parfois il pouvait beaucoup, la promotion du catholicisme et de son Église, en application de l'équation christianisme = catholicisme en France. Non content de la vérifier en historien, principalement dans son cours de 1828-1830 sur l'histoire de la civilisation en Europe et en France, il en fit sinon un programme de gouvernement, encore que cela lui ait été reproché, du moins, ou plutôt, mieux encore, une règle de conduite proposée à tous les esprits de bonne volonté au titre de la conservation et du progrès de la société.

Il s'en explique, pour la première fois aussi nettement, dans un article publié en juin 1838 dans la *Revue française* sous le titre « Du catholicisme, du protestantisme et de la philosophie en France ». Volontairement ou non, la typographie même indique bien la nature de son propos : les deux premiers mots sont composés en caractères gras à effet de relief dans un corps très élevé, les deux suivants sont beaucoup plus maigres et plus petits, les derniers comme relégués dans une quasi-insignifiance[1]. Les quelques lignes qui furent retenues, et qui sans doute étaient à ses yeux les plus importantes puisqu'il les reprendra sous d'autres formes et les approfondira à maintes reprises, sont celles-ci : « La France ne deviendra point protestante. Le protestantisme ne périra point en France. Entre beaucoup de raisons, celle-ci est décisive. Ce n'est point entre le catholicisme et le protestantisme qu'est aujourd'hui la lutte, la lutte d'idées et d'empire. L'impiété, l'immoralité, là est l'ennemi qu'ils ont l'un et l'autre à combattre. Ranimer la vie religieuse, c'est l'œuvre qui les appelle. » Ces phrases, en particulier la première, suscitèrent une tempête de protestations chez nombre de coreligionnaires de

1. Reproduit en 1852 dans *Méditations et études morales*, le titre de l'article porte encore « Du catholicisme » en corps double de celui du reste.

Guizot, qui se sentirent comme trahis. Cette réaction se comprend mieux si l'on sait à quel point, depuis une vingtaine d'années, la polémique faisait rage entre catholiques et protestants [1], l'irénisme régnant à la Société de la morale chrétienne ne devant pas faire illusion. Les conversions dans l'un et l'autre sens, assez peu nombreuses en vérité, étaient montées en épingle dans les deux camps. À l'idolâtrie papiste et obscurantiste était opposé le protestantisme fourrier de la libre-pensée, du matérialisme et du socialisme. L'extinction du catholicisme ici, la disparition du protestantisme là étaient annoncées ou même constatées dans les organes de presse confessionnels alors vigoureux, *La Revue protestante* rompant des lances avec *Le Mémorial catholique*, les *Archives du christianisme* avec *L'Ami de la religion*. Les sociétés religieuses des deux bords se livraient à une guerre parfois virulente, les pamphlets s'apostrophaient sans ménagement – on en a compté environ 260 de chaque côté entre 1814 et 1870.

Guizot écartait polémiques et controverses comme stériles et affaiblissant chacune des deux Églises en même temps que la religion chrétienne dans son entier. Indiquer que « la France ne deviendra point protestante » était pour lui non pas de l'ordre du vœu, bien entendu, mais du domaine de la constatation adossée à l'histoire. Tel n'était pas l'avis de bien des protestants. Au nom de beaucoup, Athanase Coquerel, pasteur de l'Église réformée de Paris de tendance libérale, répondit dès août 1838 par une *Lettre à M. Guizot* de 40 pages, publiée chez Cherbuliez, maison d'édition franco-suisse, à l'article de la *Revue française*. Avec autant de déférence que de fermeté, il oppose à Guizot que le catholicisme, fondé sur le principe d'infaillibilité, « ne peut consentir à l'organisation que la société moderne s'est donnée » et qu'en conséquence « la France est destinée à s'avancer lentement, insensiblement vers le protestantisme, c'est-à-dire vers le christianisme librement cherché dans la révélation et librement organisé dans

1. Voir Michèle Sacquin, *Entre Bossuet et Maurras. L'antiprotestantisme en France de 1814 à 1870*, Paris, École des chartes, 1998.

l'État ». Dès lors, pour ranimer la vie religieuse comme chacun le souhaite autant que Guizot, appartenait-il vraiment à ce dernier de prendre le catholicisme sous sa protection et de « lui signer, de votre main protestante, un brevet de perpétuité » ? Dans une réponse couvrant, elle, plus de 400 pages[1], Francisque Bouvet réfute lui aussi l'optimisme de Guizot, du point de vue d'un spiritualisme favorable au protestantisme sans l'épouser entièrement. L'article de Guizot, juge-t-il, « semblait avoir pour principal objet de justifier les prétentions de l'Église romaine et de la convier à une alliance étroite avec le gouvernement. Son apparition fit, en France et à l'étranger, des sensations diverses. Le parti catholique accepta l'hommage, et se flatta de l'avoir imposé par son ascendant au disciple de Calvin. Plus modeste, le protestantisme se contenta de gémir sur la part obscure qui lui était faite par l'un des siens ». L'erreur de Guizot qui, aux yeux de Bouvet, commande toutes les autres, est de n'avoir pas vu que « le catholicisme a cessé depuis longtemps d'être dans la voie religieuse. [...] Loin d'être capable de rallier notre société à la foi et de régner sur elle par la confiance et la persuasion, il voit, de notre temps, faillir toutes ses tentatives ».

Précisément, Guizot prétendait aider le catholicisme à se rétablir dans la bonne voie, à le restaurer dans sa dignité et son autorité en le réconciliant avec les libertés nouvelles. Bref, en le détachant de toute forme particulière de gouvernement, à commencer par l'absolutisme, et en le pénétrant de l'idée que la liberté de conscience était à la source même de la foi chrétienne. Il y avait en ce domaine beaucoup à faire, alors qu'à Rome, en août 1832, Grégoire XVI condamnait dans l'encyclique *Mirari Vos* « cette maxime fausse ou absurde, ou plutôt ce délire, qu'on doit procurer et garantir à chacun la liberté de conscience ». C'est pourquoi Guizot pouvait lire avec plaisir, au moment même où il publiait son article de 1838 dans *La Revue française*, celui de Montalembert intitulé

1. *Du catholicisme, du protestantisme, et de la philosophie en France, en réponse à M. Guizot,* Paris, Genève, Nisme et Strasbourg, 1838, deuxième édition 1840.

« Des rapports de l'Église catholique avec le gouvernement de Juillet », contenant cette déclaration : « L'Église n'a jamais proclamé la prétendue orthodoxie politique qu'on voudrait lui imputer aujourd'hui ; toujours et partout, elle a reconnu l'empire des faits et apporté les trésors de sa force morale et de sa stabilité au secours du pouvoir, quel qu'il fût, qui garantissait à ses enfants le libre exercice de leur foi et les bienfaits d'un ordre social régulier. » C'est sur ces catholiques-là que comptait Guizot pour « sauver à la fois le christianisme et la société » en union avec les protestants, car, écrit-il encore dans sa préface de 1851, « le bon sens dit aux chrétiens qu'ils sont tous en face d'un même ennemi, bien plus dangereux pour eux tous qu'ils ne peuvent l'être les uns pour les autres, car, s'il triomphait, il les frapperait tous du même coup ». Ce front commun auquel Guizot les appelle, y compris dans leurs instances religieuses comme la Société biblique protestante qu'il presse, en avril 1850, de « faire des chrétiens » quelle que soit leur confession, beaucoup de protestants le refusent, et tout autant la grande majorité des catholiques telle que l'exprime, parmi bien d'autres, Auguste Nicolas, magistrat bordelais entré sous Falloux au ministère des Cultes, répondant directement à Guizot : le protestantisme n'admettant que des vérités relatives, comme l'a exposé Bossuet, « le mal commun du socialisme est moins grand pour nous catholiques que le danger particulier du protestantisme ; il est moins grand pour nous que pour le protestantisme ; l'accord qu'on nous propose pour le combattre serait plus funeste que profitable à tous ». C'est que « l'ennemi commun, le socialisme, est vous-même ou vient de vous : c'est le libre examen pratiqué dans ses dernières conséquences, et vous êtes le libre examen professé dans son premier principe [1] ». L'auteur développait ainsi des propos exprimés dans *L'Univers* par Louis Veuillot, qui portait à Guizot un sentiment

1. *Du protestantisme et de toutes les hérésies dans leur rapport avec le socialisme, précédé de l'examen d'un écrit de M. Guizot*, Paris, A. Vaton, 1852, p. 95.

mélangé d'admiration, voire d'attachement, et de forte hostilité, à la suite d'un nouveau discours du 30 avril 1851 devant la Société biblique appelant encore au développement de la foi chrétienne au sein de la liberté religieuse : « Il nous est impossible de ne point regretter hautement qu'un si grand et si généreux esprit, si bien fait pour comprendre l'unité, si naturellement appelé à s'y soumettre, non seulement ne s'aperçoive pas qu'il n'est point à sa place parmi les membres séparés de l'Église-mère, mais encore préside une œuvre qui fut et qui est toujours une machine de guerre contre l'enseignement de cette Église. » Car « le christianisme, c'est l'autorité. Qu'est-ce que le protestantisme ? C'est le libre examen ; et la Société biblique protestante est la pratique du libre examen poussée jusqu'à son dernier et plus inconcevable excès ».

Ce n'est pas de ce côté-là, même s'il ne désespère jamais de rien ni de personne, que Guizot pouvait se faire entendre. Aussi soutint-il ceux dans lesquels il voyait l'espoir et l'avenir de l'Église, les catholiques libéraux, parfois en dépit d'eux-mêmes, ce qui n'arrangeait sa situation ni auprès des protestants les plus engagés ni auprès des catholiques traditionalistes ou simplement ordinaires.

Ces catholiques libéraux, Louis de Carné, qui fut l'un d'eux, raconte dans ses *Souvenirs de ma jeunesse* qu'ils furent appelés ainsi pour la première fois dans des réunions de journalistes en 1829-1830, pour désigner des « hommes qui poursuivaient l'accord entre l'Église et la société moderne ». On sait comment ils s'étaient séparés progressivement de Lamennais, Montalembert le plus jeune et le dernier en 1835, décidés ou résignés à défendre la liberté en demeurant à l'intérieur de l'Église romaine. Guizot eut à les protéger à la fois de l'anticléricalisme, en particulier universitaire, et de la hiérarchie ecclésiastique que leurs initiatives inquiétaient. C'est ainsi qu'il rencontra Henri Lacordaire. Ce dernier était venu le voir au ministère de l'Instruction publique en octobre 1834, inquiet de l'écho que pouvaient susciter auprès de l'administration ses conférences au collège Stanislas, et leur grand succès qui troublait l'archevêque de Paris, Mgr de Quélen. Le ministre lui répondit avec bienveillance que

« jamais le gouvernement n'en avait conçu d'ombrages, et que lui en particulier les voyait avec le plus grand plaisir ». Ce n'était pas le cas de l'archevêque qui les fit suspendre en décembre. Lorsque, trois ans plus tard, le père Lacordaire entama ses conférences à Notre-Dame, qui attiraient un public immense où l'on pouvait reconnaître aussi bien Tocqueville que le pasteur Coquerel, Guizot ne s'en offusqua pas davantage. Il saluait alors au même moment, dans un article de février 1838 toujours dans *La Revue française*, les publications de « l'Université catholique » animée par d'ancien Mennaisiens acquis à l'esprit moderne, parmi lesquels Gerbet, de Coux, et aussi Montalembert.

En 1841, alors que la nonciature n'était pas encore rétablie – ce sera en 1843 seulement –, Guizot fit montre d'une tolérance et d'une hauteur de vue particulièrement méritoires pour un ministre des Affaires étrangères français et pour un protestant lorsque, écrit-il en 1864, « par un acte de dévouement catholique encore plus hardi que l'avaient été ses conférences à Notre-Dame, l'abbé Lacordaire revint de Rome moine, et moine dominicain, de tous les ordres monastiques celui qui a laissé dans l'histoire les plus sombres souvenirs ». Non seulement il ne fit rien alors pour empêcher la prédication du nouveau moine en robe blanche, alors qu'il en avait les moyens administratifs et légaux, mais il assista en février à l'une de ses conférences reprises à Notre-Dame avec le même succès, au cours de laquelle Lacordaire ne craignit pas d'asséner : « En suscitant Luther, en inventant le protestantisme, l'esprit de ténèbre savait ce qu'il faisait. » À Nancy, en 1843, il dénonçait dans la Réforme « le plus grand désastre qui soit jamais arrivé », et dont sont sortis tous les malheurs depuis trois siècles. L'expression la plus vive que je trouve sous sa plume est adressée à Montalembert en 1854 : « Je flétris sans restriction aucune le mot de protestantisme. Le protestantisme n'a émis aucun principe juste et durable, rien qu'un catholique puisse accepter. [...] Il a commis autant de crimes que la Révolution et, de plus, il n'a soutenu que l'erreur. Il ne restera rien de lui aujourd'hui que le souvenir d'une ruine. » En décembre 1857, dans une lettre à un ancien élève, il atténue son jugement : le protestantisme est peut-être plus facile à professer que la foi catholique, parce qu'« il donne la religion à petite dose, ce qui va aux esprits pour qui la raison est trop peu et pour qui la foi véritable est beaucoup trop ». En fait, les variations de Lacordaire sur le protestantisme s'entrecroisent, puisque, en février 1848, faisant sous les voûtes de Notre-Dame l'éloge funèbre d'O'Connell, il s'exclame : « Louange, honneur, gloire et reconnaissance éternels à ces protestants d'Angleterre et d'Irlande qui, avec la magnanimité d'un esprit véritablement patriotique et chrétien », ont favorisé l'émancipation des catholiques de Grande-Bretagne en 1829, ajoutant : « Oui, catholiques, entendez-le bien, si vous voulez la liberté pour vous, il vous faut la vouloir pour tous les hommes et sous tous les cieux. » Et au même Montalembert, en 1858 cette fois : « Rendre justice à un peuple protestant, ce n'est point attaquer l'Église. L'Angleterre doit nous être considérable non seulement à cause de la liberté, mais à cause de la religion. » On comprend, dans ces conditions, que Guizot en 1866 ait pu estimer : « en même temps que, dans l'ensemble et le caractère général de ses discours, il se montrait ami de la liberté religieuse, il hésitait quelquefois quand il fallait en proclamer le principe fondamental et en réprouver toutes les violations ». Au moins n'approuvait-il pas, comme d'autres alors, la Saint-Barthélemy et ne proclamait-il pas comme Veuillot, dans *L'Univers* de décembre 1857, que l'édit de Nantes avait été « un chef-d'œuvre d'iniquité et d'imprévoyance », tardivement mais heureusement conjuré par la révocation de 1685.

Guizot au pouvoir ne se bornait pas à soutenir moralement les catholiques libéraux qui en 1843, avec Montalembert, Foisset, Falloux, tous proches de Lacordaire, avaient relancé le mensuel *Le Correspondant*, dont Charles Lenormant, l'ami et le suppléant de Guizot à la Sorbonne, après une conversion en 1841 à un catholicisme théologiquement intransigeant et intellectuellement libéral, avait pris la tête en 1846. Il s'appliquait à agir en faveur des congrégations catholiques dont la situation juridique était pourtant incertaine. Il fut ainsi interpellé à la Chambre des députés pour avoir accordé une subvention aux Bénédictins de Solesmes afin qu'ils poursuivent la publication de la *Gallia christiana*, alors que leur supérieur, dom Guéranger, n'avait pas sollicité l'autorisation nécessaire au rétablissement de l'ordre. Il envoya en 1835 mille francs de fonds publics aux Sœurs de Portieu pour réparer leur maison dans les Vosges, ce qui lui valut la célébration d'une messe. « On dit que vous êtes protestant, lui écrivit la supérieure. C'est égal ; vous n'en avez que plus besoin. » Cette réponse l'enchanta. Lorsque enfle dans l'Université et largement dans l'opinion la campagne contre les Jésuites qui rouvraient illégalement des maisons et des noviciats, il est de ceux, rares, qui tentent de l'apaiser, au point que le père de Ravignan peut écrire à son supérieur à Rome, le général des Jésuites, en décembre 1843 : « Je sais positivement que, dans le Conseil des ministres, M. Guizot a parlé en notre faveur. Le nonce à Paris, d'autres encore pensent devoir plus compter pour les intérêts catholiques sur M. Guizot que sur tout le reste des hommes publics de notre temps. » Aussi obtiendra-t-il de Grégoire XVI sans trop de difficulté, en juillet 1845, que les Jésuites se dispersent en France de leur propre gré, ce qui pour eux était un moindre mal face au rejet qu'ils continuaient de susciter, y compris d'ailleurs chez le dominicain libéral Lacordaire pour lequel « les Jésuites ne sont pas l'Église ». Soutenir les intérêts catholiques, c'est bien ce que la gauche reprochait à Guizot, et aussi beaucoup de protestants lorsqu'à Tahiti il défendait, prétendait-on, les missionnaires catholiques contre les agents anglicans de la Société des missions de Londres, ou soutenait en 1846-1847 les cantons suisses catholiques du Sonderbund contre le gouvernement de Berne. Des griefs qui le suivirent longtemps puisque, en octobre 1863, le vieux pasteur Ami Bost lui écrivait encore : « Il n'y a pas de doutes qu'après les iniquités d'Otaïti, une Église vraiment chrétienne et protestante, loin de vous nommer l'un de ses anciens, eût fait précisément le contraire ; et que vous eussiez vous-même trouvé juste qu'elle vous regardât comme ayant quitté sa communion. »

Ce que disait et faisait Guizot député et ministre, il continua à le dire et à l'écrire après sa chute politique en 1848. À Montalembert, qu'il a reçu à l'Académie française en février 1852, il écrit en novembre : « Je désire sincèrement le progrès et la vie forte de l'Église catholique. [...] La France ne deviendra pas protestante ; je souhaite qu'elle redevienne catholique pour être chrétienne. » Ses déclarations publiques ne sont pas moins nettes, par exemple dans la préface à la réédition, en 1856, de l'*Histoire de la civilisation en Europe* : « Je suis convaincu que, pour son salut moral et social, il faut que la France redevienne chrétienne, et qu'en redevenant chrétienne elle restera catholique. Je ne me pardonnerais pas de rien faire qui pût nuire à son progrès dans cette voie. » Qu'un membre éminent de l'Église réformée appelle à la recatholicisation de la France entraîne une vive réaction, par exemple dans *Le Lien*, contre « un tel encouragement donné au clergé catholique par une plume protestante et dans un moment où il serait plus nécessaire de le contenir que de l'exciter ».

En 1861 fut atteint le comble de ce qui pouvait passer chez les protestants pour de la provocation de la part de Guizot. Le premier acte se joua le 24 janvier 1861 sous la coupole du quai de Conti, lorsque Guizot reçut Lacordaire à l'Académie française. Les amis de ce dernier, en particulier les académiciens Montalembert, Falloux et Dupanloup, celui-ci évêque d'Orléans, élu en 1854 avec l'appui de Guizot, imaginèrent de le porter, avec le soutien des monarchistes, à la succession de Tocqueville, mort en avril 1859. Sans doute ignoraient-ils que Tocqueville avait écrit : « Le plus grand ennemi du catholicisme depuis Voltaire, c'est Montalembert. » Le dominicain qui, écrit son ami Albert de Broglie dans ses Mémoires, « vivait de privations et se mortifiait avec la haire et la discipline mais était malgré lui et sans s'en douter resté assez préoccupé de sa réputation et convaincu de son mérite » se fit rapidement à l'idée d'être académicien, idée d'ailleurs déjà suggérée par Victor Cousin en 1857. Mais au même moment l'Autriche déclarait la guerre au Piémont, dont les alliés français entrèrent en Italie. Le processus qui devait conduire à l'indépendance et à l'unité de l'Italie, donc à la disparition des États pontificaux, était engagé. Or Lacordaire, qui déjà avait approuvé la guerre de Crimée menée en 1854-1855 contre le tsarisme autocrate et obscurantiste, soutenait la politique réputée émancipatrice de Napoléon III en Italie et le fit savoir par deux lettres des 12 et 23 avril 1859, où il appelait de ses vœux une « Italie libre et rassemblée dans ses divers États sous une confédération libre et chrétienne ». À ses yeux, la cause de l'indépendance italienne et la cause de la liberté de l'Église, délivrée de l'absolutisme autrichien, n'en font qu'une. Et il concluait : « Je ne crains rien pour Rome. Elle peut souffrir un jour ; mais il vaut mieux souffrir en se sauvant que jouir en se perdant. » Pie IX et son secrétaire d'État Antonelli, s'ils n'avaient pas partout bonne réputation, n'avaient celle de jouisseurs aux yeux de personne. Beaucoup de catholiques français furent ulcérés de ce qu'ils considéraient comme un lâchage de Rome par le frère prêcheur et parmi ses amis libéraux du *Correspondant*, que Montalembert, Falloux, Albert de Broglie, Foisset et Augustin Cochin avaient relancé en 1855, l'embarras fut perceptible. Guizot, lui, était depuis longtemps très réservé sur la voie choisie par Cavour pour émanciper et unifier l'Italie sous l'autorité du Piémont fortement anticlérical. Il voyait s'y profiler la révolution, l'idolâtrie démocratique et l'anarchie, comme en 1848. Pour préserver ses amitiés et sa réputation, « le père Lacordaire fera bien de ne pas écrire beaucoup de lettres sur la guerre d'Italie et sur les remaniements de l'Europe ou de l'Église », écrit Guizot le 23 mai 1859 à son amie Amélie Lenormant, ajoutant qu'il entend autour de lui Lacordaire être traité de « prêtre jacobin », de « partisan de la guerre universelle », ce qui est probablement exagéré, conclut-il, compatissant.

Il fallut attendre l'insurrection en Romagne pontificale en septembre et surtout, en décembre, la publication de la brochure de La Guéronnière inspirée par l'empereur, *Le Pape et le Congrès*, incitant le pape à des sacrifices territoriaux, pour que Lacordaire fasse en partie machine arrière et, comme il l'écrivit publiquement à Augustin Cochin en janvier 1860, appelle à « défendre la cause du Saint-Père sans abandonner la cause de l'Italie, et la liberté de l'Église sans méconnaître les droits du peuple longtemps victime de l'étranger ». Ses prises de position faillirent compromettre son élection à l'Académie, où les partisans du pouvoir temporel du Saint-Siège, Guizot en tête, et plus généralement les adversaires du régime impérial, étaient nombreux. Et c'était contre l'Empire que les légitimistes et les orléanistes avaient soutenu la candidature de l'ancien député républicain à la Constituante en 1848 Lacordaire, comme Napoléon III lui-même s'en irrita. « Les plus vives objections que nous rencontrons contre ta candidature naissent des lettres que tu as écrites » sur l'Italie, signale Montalembert à son ami le 31 décembre 1859. Presque au même moment, Guizot indique à Dorothée de Dino : « J'hésite encore entre le père Lacordaire et M. de Carné. [...] Le jugement du révérend père n'est pas certain et, en vérité, nous pourrions redouter de sa part quelque brochure contre les droits temporels du pape. [...] C'est hier que j'ai vu le père Lacordaire, chez moi : je lui ai dit à peu près tout ce que j'avais dans le cœur, et sur le cœur, à son sujet. Il m'a parlé avec sincérité, abandon, dignité ouverte et naïve ; mais il est bien moins remarquable dans la conversation que dans la chaire ou dans les livres. À tout prendre, cependant, il m'a plu, et ses chances augmentent. » Or l'avis de Guizot était jugé, en matière académique, décisif. Rien ne pouvait advenir sans lui. Comme l'écrira Augustin Cochin à Alfred de Falloux en janvier 1869 : « M. Guizot est arrivé ; c'est que l'Académie entre en travail ».

Conscient du danger, les amis de Lacordaire, pour finir élu le 2 février 1860, lui firent promettre de garder, dans son discours de réception, un silence complet sur un sujet, la guerre d'Italie et le pouvoir temporel du pape, où « tu es en désaccord avec les gens qui te portent, comme avec la presque unanimité des catholiques du monde ».

La réception était fixée au jeudi 24 janvier 1861. La confrontation entre l'hérétique et le dominicain était prometteuse aux yeux du monde, d'autant qu'il s'agissait de deux orateurs reconnus comme des prodiges d'éloquence à une époque qui en comptait beaucoup. Enfin, la curiosité s'accroissait du fait que le récipiendaire devait faire l'éloge de son prédécesseur Tocqueville, dont le nom était tout un programme. Des indiscrétions filtraient : « M. Guizot, écrit Pasquier à Barante le 9 janvier, m'a dit que ce discours [celui de Lacordaire] ne serait pas du tout *moine*. Mais alors à quoi bon le père Lacordaire à l'Académie ? Le beau aurait été que le discours eût été moine au complet et assez convenable pour que l'Académie le pût entendre avec une juste satisfaction. » D'autant que c'était la première fois qu'un moine, en froc blanc de surcroît, entrait et s'exprimait à l'Académie française, motif supplémentaire d'intérêt. De fait, dans l'hémicycle du quai de Conti, en présence de l'impératrice Eugénie et du prince Napoléon, on s'écrasait comme aux plus beaux jours des grands débats à la Chambre sous la monarchie de Juillet, tandis qu'une foule nombreuse piétinait en vain à l'extérieur. « L'Académie française faisait concurrence à certains théâtres de boulevards », lisait-on dans *Le Figaro*. Pasquier se fait de nouveau l'informateur de Barante : « Ce très petit fait [la séance académique] en lui-même a été pendant deux ou trois jours le grand événement dont la société parisienne a été presque exclusivement occupée. [...] En somme, le chrétien protestant a eu l'avantage sur le moine catholique. » À peine sorti, Sainte-Beuve rédigea son compte rendu pour *Le Moniteur* : « Elle a donc eu lieu cette séance tant attendue, tant désirée », et conclut : « Les honneurs de la séance ont été pour M. Guizot. » Et l'impératrice aurait déclaré : « J'ai perdu une illusion [Lacordaire] et un préjugé [Guizot]. »

Bien entendu, c'est sur politique et religion mêlées que les discours étaient guettés. Lacordaire, chapitré par Montalembert, se borna à un vague éloge de Pie IX et désigna Rome comme « capitale du christianisme », dépeignant en revanche la société et la démocratie américaines en termes chaleureux, au point que le journal protestant *L'Espérance* se demanda comment, après un tel aveu, « l'on peut encore porter la robe de moine, et même comment l'on peut encore demeurer catholique romain ». Pour Guizot, ce fut tout l'inverse. Ce que l'on attendait de Lacordaire, il s'en chargea, en flétrissant

« les troubles, les envahissements, les bouleversements auxquels est en proie l'Italie », du fait de l'esprit de conquête et d'usurpation – il reprend là explicitement Benjamin Constant – dont fait preuve le Piémont, et en dénonçant les violences dont « l'auguste chef de l'Église » est présentement victime au nom de la démocratie. « À Rome, signala *Le Figaro*, on sera content de M. Guizot, mais le père Lacordaire n'aura pas un bon point. » Le journal catholique *L'Union* jubilait : « Quel morceau que celui où M. Guizot s'incline devant la majesté pontificale ! Quels accents que ceux qui s'adressent à l'auguste, à l'immortel Pie IX ! » De fait, chacun fut surpris, pour s'en féliciter ou s'en indigner, de cet exercice à front renversé. Pasquier releva pour Barante qu'« il a été curieux de voir le protestant défendant mieux les intérêts du pape que n'a su le faire le disciple de saint Dominique ». *La Patrie* constata que « le fils aîné de Calvin parlait comme le fils aîné de saint Dominique, et le fils aîné de saint Dominique parlait comme l'un des chefs du protestantisme anglais ou du protestantisme américain ». De même, le pasteur Étienne Coquerel, dans *Le Lien*, observa, pour le déplorer, qu'« on s'est étonné de trouver M. Lacordaire si peu catholique et M. Guizot si peu protestant ». Si l'un et l'autre avaient été affermis dans leurs communions respectives, ils auraient dû, courtoisement mais nettement, se dire leur fait l'un à l'autre. À cela Guizot n'était nullement disposé, bien au contraire.

Ses coreligionnaires, pourtant, n'avaient encore rien entendu. Le 25 mars 1861 avait été proclamé le royaume d'Italie, absorbant l'essentiel des territoires pontificaux, avec en perspective Rome pour capitale. Le 20 avril, présidant l'assemblée générale de la Société pour l'encouragement de l'enseignement primaire parmi les protestants de France, devant donc une centaine de pasteurs et de laïcs engagés, rassemblés dans le temple de l'Oratoire du Louvre, et sans que rien, et surtout pas l'objet de la réunion, le laissât prévoir, Guizot eut ces mots : « Une perturbation déplorable atteint et afflige une portion considérable de la grande et générale Église chrétienne. [...] Quelles que soient entre nous les dissidences, les séparations même, nous sommes tous chrétiens et frères de tous les chrétiens. La sécurité, la dignité, la liberté de toutes les Églises chrétiennes importent au christianisme tout entier. C'est le christianisme tout entier qui a à souffrir quand de grandes Églises chrétiennes souffrent ; c'est à l'édifice chrétien tout entier que s'adressent les coups qui frappent de nos jours telle ou telle des grandes constructions qui le composent. Dans de telles épreuves, nous devons à toute la grande Église chrétienne notre sympathie. » Ainsi, la défense du pouvoir temporel du pape – c'est de cela qu'il s'agissait et de rien d'autre – devait être la cause de tous les chrétiens, à commencer par ceux auxquels l'orateur s'adressait ! C'était plus que les réformés français, même les plus proches de Guizot, n'en pouvaient supporter, comme le déclarait dans *La Revue chrétienne* son directeur Edmond de Pressensé, un esprit large pourtant : « Inviter des protestants à déplorer la chute du pouvoir temporel du pape, les y inviter au nom de la sainteté, de la dignité, de la liberté de l'Église, c'en était trop, et nous n'en voulons pour preuve que l'étonnement que les paroles de M. Guizot ont causé hors du monde protestant. » Dans *L'Espérance*, journal tout acquis à Guizot, le pasteur Grandpierre, vieil ami qui, en 1850, avait marié ses deux filles, désavoua la « phrase malheureuse » du 20 avril, ajoutant : « S'il devait résulter, dans les vues de la providence, la chute du pouvoir temporel du pape et même l'affaiblissement de sa puissance spirituelle, loin de voir dans cet événement un malheur déplorable, nous le considérerions plutôt comme le signal d'une immense délivrance pour l'Église universelle. » Le pasteur Frédéric Monod, dans les *Archives du christianisme* qu'il dirige depuis 1824, dénonce lui aussi « la phrase déplorable ». Il y voit, comme bien d'autres – déjà Taxile Delord, dans *Le Siècle*, avait persiflé après le discours à l'Académie « le parti des ducs doit être content » –, une opération toute politique, à l'intention des monarchistes hostiles à l'Empire qu'il convient de rassembler dans la perspective du rétablissement d'une royauté constitutionnelle. À preuve la publication le surlendemain, dans le très politique *Journal des débats*, organe de tous les conservatismes, de l'intégralité du discours du 20 avril. Frédéric

Monod reconnaît que Guizot fut à l'Oratoire ce qu'il avait été trois mois plutôt à l'Académie, et durant ses années de pouvoir sous Louis-Philippe, par exemple en « laissant se consommer l'iniquité très catholique-romaine de O'Tahiti ». Car si Guizot avait parlé du point de vue religieux, comme il l'aurait dû en raison du lieu et des circonstances, comment « comprendre qu'un protestant taxât de déplorable perturbation la chute d'un pouvoir qui a versé à flots le sang des protestants et qui, pendant plus de trois siècles, a été constamment employé contre le protestantisme et contre la Bible », Monod signalant sur ce dernier point que Guizot préside la Société biblique protestante ? Aussi le directeur des *Archives du christianisme* considère-t-il comme un devoir de souligner avec force que « pour nous, chrétiens protestants, dans l'attitude qu'il a prise vis-à-vis de l'Église romaine, non seulement il n'est pas l'organe du protestantisme français, mais encore qu'il blesse au vif les sentiments protestants ». Dans les jours qui suivirent, la presse protestante publia les protestations de groupes de pasteurs et de laïcs, qui avaient beau jeu de dénoncer la confusion entre religion et politique que Guizot, après l'avoir si souvent condamnée, pratiquait allégrement.

Face à l'émotion qu'il avait soulevée Guizot sentit le besoin de s'expliquer, ce qu'il fit en octobre dans *L'Église et la société chrétiennes en 1861*, sans lâcher un pouce de terrain. Confirmant son attachement à la confession réformée, il appelle de nouveau à l'union des diverses communions chrétiennes pour la défense du christianisme menacé, souhaitant que « la papauté et l'Église renoncent nettement et définitivement à toute alliance avec le pouvoir temporel absolu, à toute hostilité contre la liberté civile, à tout appel à la contrainte dans le domaine spirituel », constatant qu'il reste en ce domaine beaucoup à faire, et saluant d'autant mieux les catholiques libéraux, « ce groupe d'esprits élevés, à la fois fidèles et libres, décidés à accepter la liberté religieuse pour base des rapports entre l'Église et l'État », et qui sont de ce fait les défenseurs en France les plus crédibles et les plus efficaces de l'Église catholique. Reste que la papauté, à laquelle est consacré un chapitre, est à la fois une fonction spirituelle et un État temporel. C'est un fait consubstantiel à l'Église catholique, et on ne peut pas y porter atteinte sans attenter à la liberté religieuse elle-même. Ôter à la papauté, qui n'est pas italienne mais universelle, son pouvoir temporel, c'est la faire entièrement disparaître, et avec elle le catholicisme lui-même. Et Guizot conclut ainsi : « Le protestantisme est appelé aujourd'hui à défendre les libertés du catholicisme en même temps que les siennes propres ; il a une occasion admirable de faire acte de fidélité libérale comme de charité chrétienne, et de donner ainsi à l'Église catholique un de ces exemples qui confèrent à ceux qui les donnent le droit de réclamer un juste retour. »

Cet appel d'octobre ne fut pas mieux reçu que celui d'avril par les protestants, qui interprétaient non sans raison que le pouvoir temporel du pape était une condition de la foi en l'Évangile et de la vérité chrétienne. Le vieux pasteur Juillerat, l'époux de Mira Chabaud-Latour, est un peu seul à féliciter Guizot pour ses « pages sublimes ». Le pasteur Guillaume de Felice, professeur à la faculté de théologie protestante de Montauban et ordinairement favorable à Guizot, lui fit part de ses doutes sérieux sur la possibilité d'une conciliation entre catholiques et protestants contre l'athéisme. Le pasteur Louis Rognon, si apprécié, lui écrivit que « aucune institution n'est à la fois plus caduque et plus dangereuse que la papauté actuelle ». Frédéric Monod, dans son journal, continuait à ne pas comprendre cet acharnement à réclamer pour l'Église de Rome, au nom de la liberté religieuse, le maintien de sa souveraineté temporelle, alors que cette Église « se dit enchaînée du moment qu'elle n'est plus libre d'anéantir ses adversaires [...] et que le prétendu vicaire de Jésus-Christ jette feu et flamme pour qu'on lui laisse une armée, des canons et les cachots de l'Inquisition ». Émile Gachon, dans le périodique protestant *Le Disciple de Jésus-Christ*, s'en prend à ces hommes qui, au sein du protestantisme, « se disent et se croient protestants, et sont en réalité, par la tendance de leur esprit, catholiques et même catholiques ultramontains ». Le polémiste Julien Travers, dans *L'Anti-pape et l'anti-Guizot*, ne dit pas autre chose, parlant de cet « étrange protestant devenu le défenseur du pape sans se faire catholique, ou plus tard, en 1883, Henri Draussin qui dans ses *Portraits* historiques, affirme que « ce calviniste, auxiliaire d'un roi voltairien, a été l'un des hommes d'État les plus ultramontains qu'ait eus notre pays ».

Guizot reçut aussi de multiples lettres de regret ou de protestation de la part de coreligionnaires qui ne se sentaient plus vraiment l'être, et de l'autre côté de félicitations venant de catholiques illustres, comme l'archevêque de Tours, le père Gratry – Guizot se déclare « charmé de l'approbation » de la congrégation de l'Oratoire –, Augustin Cochin, ou d'anonymes le conjurant de franchir le dernier pas qui le séparait encore de l'Église romaine, et priant pour lui dans ce sens. Dans *Le Correspondant*, l'éloge du livre fut à la hauteur de son caractère inespéré. Guizot choisit de répondre longuement, le 14 novembre, à Guillaume de Felice, par une lettre qui vaut d'être citée longuement aussi, tant l'histoire, la politique et la religion s'y mêlent, tant elle exprime en profondeur la personnalité de son auteur : « J'ai voulu exposer mes propres idées sans entrer en lutte avec celles des autres chrétiens. Il m'eût été facile de mettre en lumière les faiblesses, les vices, la décadence de l'Église romaine ; j'ai mieux aimé indiquer ce qu'elle avait encore de chrétien et par où elle pouvait rentrer en paix et en harmonie avec la société moderne. Cela m'a paru plus chrétien et plus utile au progrès de la foi et de la liberté. Sincèrement protestant, je ne regarde pas le catholicisme comme la meilleure forme du christianisme, mais c'est certainement une des formes du christianisme, une forme qui a convenu à certains siècles et qui convient encore, je crois, à certains peuples. Si je croyais que l'Italie et l'Espagne, en cessant d'être catholiques, deviendraient protestantes, et que le christianisme d'Édimbourg prendrait la place du christianisme de Madrid, je parlerais autrement que je n'ai fait. Mais je suis convaincu que dans certaines parties de l'Europe il n'y a d'alternative qu'entre le catholicisme et l'impiété ou l'indifférence. Je préfère infiniment le catholicisme à l'indifférence, je le crois plus près de la vérité divine et plus salutaire pour les âmes et les sociétés humaines. Dans le cours de ses longues destinées, il est plus d'une fois tombé bien bas dans la superstition et la corruption, mais il s'est relevé plus d'une fois et a repris le grand caractère chrétien. Les vices et la décadence du catholicisme du XVe siècle ont fait la Réforme du XVIe, et je m'en félicite hautement. Mais, dans sa lutte même avec la Réforme, le catholicisme s'est retrempé, et il a été la religion de Pascal, de Bossuet et de Fénelon. Je ne le crois pas plus incurable aujourd'hui qu'il y a 300 ans, il a du sang chrétien dans les veines, et j'aime mieux le rappeler à sa source que de le pousser dans son tombeau. Si j'ai défendu le pouvoir temporel du pape, c'est que, dans l'état actuel de l'Europe et après tant de siècles, je le crois essentiel et inhérent au catholicisme. Je comprends l'attaque au pouvoir spirituel comme au pouvoir temporel de la papauté, l'attaque à l'infaillibilité dogmatique comme à la souveraineté politique ; mais la tentative de les séparer aujourd'hui, après tant de siècles d'union, me paraît ou une hostilité sans franchise ou une chimère frivole. Et croyez que c'est là le sentiment de l'immense majorité des catholiques, j'entends des catholiques croyants et pratiquants. C'est leur liberté que j'ai voulu défendre. Et en la défendant, je crois avoir servi la nôtre. » Cette lettre, il la communiqua le même jour à Jean Pédézert qui, rendant compte de son livre, avait lui aussi émis des objections sérieuses. Le collègue de Félice à Montauban ne fut qu'à moitié convaincu : « Les années ont emporté avec elles mes étroitesses huguenotes, et j'aimerais mieux, moi aussi, faire remonter le catholicisme à sa source que le pousser dans son tombeau. [...] Mais le catholicisme, comment le gagner à la justice et à la liberté ? De nous à lui, il n'y a qu'un mur ; mais de lui à nous, n'y a-t-il pas un abîme ? »

Pour gagner le catholicisme à la justice et à la liberté, Guizot comptait en partie sur l'esprit et les hommes du catholicisme libéral. La dernière lettre dictée et signée par Lacordaire le 2 novembre 1861, dix-neuf jours avant sa mort, fut pour remercier Guizot de son livre, qu'il avait lu avec plaisir : « C'est une grande lumière dans une grande autorité. [...] Je m'associe à vos pensées comme à celles qui seules pourront sauver le monde et l'Église. Vous avez dû subir bien des attaques, mais vous y êtes accoutumé depuis longtemps, et on ne peut servir les hommes qu'en s'exposant à leur ingratitude. » Lacordaire pensait-il à lui et à ses amis ? Deux mois après la mort du dominicain, son ami Théophile Foisset se désolait dans *Le Correspondant* : on était en train de « faire du nom de "catholiques libéraux" la plus grande injure de notre langue ». Le petit groupe était de plus en plus, au sein de l'Église, sur la défensive, et en cours de marginalisation. Guizot, lui, leur maintenait sa confiance et son soutien, et achevait de tisser des liens d'étroite affection avec Montalembert[1], qui se reconnaissait de plus en plus pour son disciple et admirait son optimisme indéracinable. Lorsque Montalembert, qui, en 1860, avait réclamé « la liberté religieuse sincère et égale pour tous, sans privilège pour ou contre le catholicisme », prononça en août 1863 au congrès catholique international de Malines ses phrases fameuses en faveur de l'Église libre dans l'État libre, Guizot s'en réjouit vivement : « J'aurais bien voulu, écrit-il à Amélie Lenormant, assister, bien caché dans un coin, au congrès de Malines. [...] C'est un fait immense que le catholicisme et la liberté ensemble. »

L'encyclique pontificale *Quanta cura*, assortie du *Syllabus*, publiée le 8 décembre 1864, qui désola Montalembert au point qu'il songea à cesser d'écrire, et consterna la petite équipe du *Correspondant*, ne découragea pas Guizot, y compris dans sa défense du pouvoir temporel et spirituel du pape. Que fût repoussée comme condamnable la proposition que « le protestantisme n'est pas autre chose qu'une forme diverse de la même vraie religion, forme dans laquelle il est donné de plaire à Dieu, aussi bien que dans l'Église catholique », ou que « à notre époque il ne convient plus que la religion catholique soit regardée comme l'unique religion de l'État », ou encore – et c'est la proposition la plus connue –

1. Voir Régis Ladous, « Guizot et Montalembert sous le Second Empire d'après leur correspondance inédite », *Actes du colloque François Guizot*, Société de l'histoire du protestantisme français, Paris, 1976, pp. 341-354.

que « le pontife romain peut et doit se réconcilier et transiger avec le progrès, le libéralisme et la civilisation », qu'en somme, trente-deux ans après *Mirari Vos*, l'idée de la liberté de conscience n'eût pas avancé d'un pouce au sommet de l'Église romaine, tout cela n'affecta pas Guizot outre mesure : « C'est la bêtise de la routine ; on a dit tout cela pendant des siècles ; on n'espère pas le faire revivre en le redisant, mais on le redit *parce que* – sans autre espoir, presque sans autre conviction. Rome a perdu bien autre chose que son vieil empire ; elle a perdu son vieil esprit. Si l'esprit lui revenait, l'empire lui reviendrait aussi. Quand cela arrivera-t-il ? Je n'en sais rien ; on n'est pas sur la voie. [...] Je ressens vraiment le chagrin de Montalembert, d'Albert de Broglie et de leurs pareils, presque comme si c'était le mien. Tous les chrétiens devraient le sentir, car les sottises de Rome font des incrédules, et non pas des protestants. » Ainsi s'efforce-t-il, dans une lettre du 31 décembre 1864, de réconforter Amélie Lenormant. Deux ans plus tard, dans la première de ses *Méditations sur l'état actuel de la religion chrétienne*, il déclare, cette fois publiquement, que l'encyclique fut « une faute grave. [...] Cette façon de procéder, ces inconséquences, ces réticences et ces obscurités, instinctives ou préméditées, ne sont plus des habiletés et ne servent plus de rien. [...] Aucune nécessité pressante, aucune réclamation publiques n'obligeaient Rome à parler ». Guizot en profite pour saluer une fois encore les catholiques libéraux, en particulier l'évêque d'Orléans, Dupanloup, qui a tenté d'atténuer la portée des condamnations fulminées par Pie IX, et avec lequel il entre en sympathie : « L'évêque d'Orléans vient de passer quelques jours avec moi, lui écrit Montalembert en juillet 1868. Nous avons souvent parlé de vous, et nous nous sommes toujours dit que nous vous aimions, tout en vous admirant. » Guizot lui aussi les aime, ces amis de la liberté et de la religion. Il les encourage de la plume et du geste, y compris son vote académique, par exemple pour Augustin Cochin à l'Académie des sciences morales, où il est élu en janvier 1865. Eux ne sont pas en reste : « Très beau manifeste chrétien de M. Guizot », écrit Falloux au même Cochin à la parution du premier volume de *Méditations*. M. Guizot est « un maître dans les choses divines », n'hésite pas à proclamer *Le Correspondant*, après la sortie du troisième et dernier volume.

Ainsi allèrent et se fortifièrent les relations entre « le catholique du protestantisme » et « les protestants du catholicisme », pour reprendre l'expression d'Eugène de Margerie, un collaborateur du *Correspondant*. En 1869, à la veille de la mort de Montalembert et du premier concile du Vatican, double souffrance pour les catholiques libéraux, Guizot leur adressa un dernier salut : « Pour moi chrétien, protestant et libéral, je porte à ces pionniers de la liberté chrétienne dans l'Église catholique une reconnaissance profonde. »

Pape des protestants ?

Protestant et libéral sont, chez Guizot, la déclinaison de chrétien, comme l'essence précède l'existence, ce qui est bien le moins pour un adepte du surnaturel. Ses coreligionnaires purent bien s'affliger ou s'exaspérer de ses prétendues faiblesses pour le catholicisme au nom du christianisme, ils ne cessèrent jamais de le considérer en réalité comme un des leurs. Bien plus, après 1850, alors que la politique l'a rendu plus disponible, il intervint de plus en plus activement dans la vie de l'Église réformée, le plus souvent à la demande de ses membres. Les libertés qu'il a réclamées pour l'Église romaine qu'il jugeait menacées, il les a tout autant revendiquées, de façon nécessairement moins spectaculaire aux yeux du monde, pour les Églises protestantes. L'occasion lui en fut surtout donnée dans les années de l'Empire autoritaire, où le régime, interprétant de façon très restrictive les lois relatives à la liberté d'association et de réunion, ainsi qu'à la liberté de l'enseignement, mettait beaucoup d'obstacles à l'ouverture d'écoles protestantes et de lieux de culte, surtout s'agissant d'Églises protestantes indépendantes, dites alors dissidentes ou libres. Les autorités locales, civiles et ecclésiastiques, faisaient souvent preuve en ce domaine d'une mauvaise volonté paralysante[1]. Présidant, le 21 avril 1856, l'assemblée de la Société pour l'encouragement de l'enseignement primaire parmi les protestants de France, Guizot dénonça publiquement, pour l'établissement et l'activité des écoles protestantes, « des entraves auxquelles nous ne devions pas nous attendre ; tantôt des objections préalables plus ou moins spécieuses, tantôt des lenteurs indéfiniment prolongées, quelquefois des mesures plus fâcheuses encore ». Il les impute non pas au gouvernement, mais aux « préjugés et aux passions religieuses des magistrats municipaux », ou encore à « l'influence plus ou moins directe des autorités ecclésiastiques ». En présence de ces obstacles, « nous avons le droit de demander au pouvoir central qu'il les réprime et les redresse. Quand un droit légal ne peut être exercé, l'ordre est troublé, et c'est le devoir du gouvernement de le rétablir, même quand ce trouble ne se manifeste pas par le bruit ». Deux ans plus tard, le président Guizot revint à la charge, avec une vigueur que lui donnait son autorité personnelle, et qui aurait pu valoir à d'autres des difficultés avec le pouvoir : « Le mal subsiste toujours. Il paraît même s'être aggravé. Sous prétexte des mœurs et de la paix publique, des écoles protestantes ont été interdites ou même fermées, pour ce seul fait qu'elles étaient protestantes. [...] Un tel abus est évidemment contraire à la liberté des cultes, à la liberté de l'instruction primaire, à la justice, au bon sens, et il est d'autant plus grave que nous avons eu quelques raisons de craindre que l'autorité supérieure ne considérât les autorités locales comme indépendantes et souveraines en cette matière. Cela est inadmissible, cela est impossible ! » Dernier exemple de discours musclé, devant la Société biblique protestante le 4 mai 1859, alors que l'empereur a pourtant promulgué le 19 mars un décret améliorant plutôt la situation des églises protestantes : « À côté de ces

1. Voir André Encrevé, *Protestants français au milieu du XIXe siècle. Les réformés de 1848 à 1870*, Genève, Labor & Fides, 1986, pp. 507-595.

dispositions salutaires nous avons trouvé, sinon dans le décret même, du moins dans le rapport qui le précède, quelques idées qui ne nous inspirent pas la même satisfaction. Nous y avons vu une distinction fondamentale entre la liberté de conscience et la liberté des cultes, entre le for intérieur et le culte extérieur : l'un entièrement libre et inviolable ; l'autre soumis, non seulement à certaines mesures d'ordre et de pénalité, mais à une législation essentiellement restrictive et préventive. [...] Nous ne saurions laisser passer sans protestation des idées et des paroles qui porteraient atteinte à l'essence même de nos libertés. » Et il ne craint pas d'ajouter, en venant aux grands mots : « Il n'y a que l'Inquisition qui ait prétendu abolir la liberté de conscience, et nous avons droit aujourd'hui à quelque chose de plus que de ne pas subir l'Inquisition. Nous avons droit à la liberté des cultes, réelle, efficace, garantie. » Dans *L'Église et la société chrétiennes en 1861*, Guizot déplore encore que le protestantisme en France ne soit pas en pleine possession de la liberté religieuse, puisque les Églises dissidentes, auxquelles il accorde toujours un intérêt d'autant plus attentif qu'il n'en est pas membre, soient soumises à autorisation de l'administration pour se réunir.

Ce Guizot-là, les protestants de toutes espèces – et chaque protestant constitue un peu une espèce à soi seul – l'apprécient quand il se porte ainsi en avant, et sont bien contents de se faire de lui une égide, lorsqu'il va rencontrer dans son bureau, ou même fait venir chez lui, le ministre de l'Instruction publique et des Cultes, successivement Hippolyte Fortoul et Gustave Rouland de 1852 à 1863, pour appuyer telle nomination ou régler telle difficulté particulière, par exemple la construction d'un nouveau temple près de Mantes sans demande d'autorisation ministérielle. Il est, pour ce type de démarche, irremplaçable. Après l'intervention du 4 mai 1859, le président Guillaume Monod et le bureau de la conférence pastorale de Paris, réunie le 7 mai, transmettent à Guizot l'expression de leur vive reconnaissance pour « avoir maintenu avec énergie l'intime solidarité de la liberté de conscience et de la liberté des cultes. [...] Nous vous félicitons de ce que vous avez bien voulu devenir ainsi l'organe spontané du protestantisme tout entier, car nulle voix ne pouvait faire entendre, avec plus d'autorité que la vôtre, la protestation qui s'élevait dans nos cœurs ». En décembre 1860, le pasteur Eugène Casalis, directeur de la Société des missions évangéliques de Paris, qui désire envoyer des pasteurs à Tahiti, demande à Guizot comment procéder avec le ministère des Colonies, et s'il pourrait faciliter une entrevue avec le ministre Chasseloup-Laubat. Tahiti, où les protestants français ont tant reproché à Guizot, et continuent pour certains à le faire, d'avoir jadis favorisé les missionnaires catholiques français au détriment des anglais protestants ! L'ancien ministre des Affaires étrangères savoura la démarche comme une revanche de l'histoire, et versa son obole pour cette pieuse initiative.

Guizot avait écrit qu'il consacrerait le dernier tiers de sa vie, comme s'il pouvait en disposer, aux affaires religieuses, après l'histoire et la politique. De fait, à partir des années 1860, ses interventions dans la vie de l'Église réformée devinrent de plus en plus nombreuses et considérables. Il est vrai qu'il s'y mêlait, au moins accessoirement, de la politique et même de l'histoire.

En effet, les protestants, sans même attendre la seconde moitié du XIXe siècle, étaient depuis longtemps répartis, tout comme les catholiques, en multiples sensibilités, qui chez eux se regroupaient grossièrement en deux tendances, selon la distance à laquelle ils se plaçaient par rapport au texte évangélique, et le consensus auquel ils étaient disposés à souscrire en matière de foi. À partir des années 1850, les positions se cristallisèrent entre les libéraux, qui intègrent les acquis de la science, en particulier les avancées de la théologie et de l'exégèse allemandes, et qui s'en remettent à la conscience individuelle et au libre examen pour énoncer leurs croyances, et les évangéliques, dits aussi orthodoxes, pour qui les Évangiles dans leur intégralité sont la source suprême de la vérité chrétienne, et qui estiment que l'Église réformée ne peut s'établir que sur une confession de foi commune et contraignante, comme elle l'a fait lors de sa fondation en 1559 : peut-on laisser des pasteurs libéraux douter en chaire de la résurrection du Christ, de la réalité de ses miracles, voire de sa divinité, tout en continuant de se réclamer de l'Église réformée ?

Cette division, qui tourna bientôt à l'affrontement, se manifestait d'autant plus que l'Église réformée ne disposait plus de la plus haute instance de délibération de ses intérêts généraux, le synode national, qui ne figure pas dans les Articles organiques de 1802 organisant le culte réformé et qui, du fait des vicissitudes de l'histoire, ne s'est plus réuni depuis 1659. L'Église réformée fonctionnant selon le principe électif et représentatif, les libéraux étaient assimilés à la gauche et les orthodoxes à la droite, même si en politique ils se répartissaient parfois différemment. Guizot faisait partie des orthodoxes. Non pas, dans son cas, par rigidité dogmatique, car on a vu qu'il était assez imprécis et latitudinaire dans ce domaine, mais par tempérament. Le pasteur libéral Pierre Goy a raison lorsqu'il écrit dans *Le Lien* du 30 novembre 1861 : « Ce n'est pas par le caractère religieux qu'il tient à l'orthodoxie, c'est parce que l'orthodoxie représente dans l'Église réformée l'élément conservateur. » Issu du Réveil, le courant évangélique orthodoxe, enjambant le XVIIIe siècle et sa raison desséchante, affirmait se réapproprier l'esprit des premiers temps de la Réforme. Guizot lui-même se réfère de plus en plus à l'héritage des pères fondateurs et au modèle des ancêtres huguenots. Une des premières fois où il les invoque publiquement fut la séance de la Société pour l'encouragement de l'instruction primaire d'avril 1854 : « Ce n'est pas pour vous, protestants, une situation nouvelle que d'être en minorité ; vous y avez vécu pendant des siècles. [...] Vos pères ont surmonté tous ces obstacles et survécu à toutes ces épreuves. » Douze ans plus tard, devant la Société de l'histoire du protestantisme français, dont il est président d'honneur, et peut-être parce que le lieu et la circonstance s'y prêtent, il déclare : « Il est bon pour nous de revoir constamment tout ce que la liberté religieuse a coûté à nos pères : nous sentirons d'autant mieux ce qu'elle vaut et l'attachement que nous lui devons. [...] Gardons tout entier cet héritage de nos pères, recueillons tous les témoignages de leur persévérance et de leur foi ; et, en travaillant à remettre leurs souvenirs en lumière et en honneur, veillons sur nous-mêmes pour mettre à profit leurs exemples comme leurs conquêtes. » Ceux-ci procèdent avant tout de leur foi indomptable, qui n'était pas une conviction purement humaine, mais la foi dans la présence constante et l'action surnaturelle de Dieu. C'était là une proposition sur laquelle les libéraux, par ailleurs très actifs dans l'étude historique du protestantisme, n'étaient pas tous disposés à rejoindre Guizot. À la fin de sa vie, le 24 août 1871, méditant depuis le Val-Richer sur la tragédie de la Commune de Paris, il écrivait ces phrases étranges, qui marquent pourtant bien son lien avec le protestantisme historique : « Il y a aujourd'hui 299 ans de la Saint-Barthélemi. Plus j'y pense, plus je demeure convaincu que, si la France était alors devenue protestante, elle n'en serait pas où elle en est aujourd'hui, et n'aurait pas à juger le massacre des otages de Paris. » Ce type de procrastination rétrospective, et en fait d'anachronisme, ne lui est pas habituel. Lui si libre et si libéral, ne s'était-il au fond jamais remis, comme bien d'autres protestants, de la scène primitive que fut pour eux ce massacre ?

La France n'était pas devenue protestante et, il l'avait affirmé au grand dam de certains de ses coreligionnaires, elle ne le deviendrait jamais. Du moins travaillait-il à ce que subsistent, et même augmentent, des protestants français, dans une Église réformée consistante et sûre d'elle-même.

À partir de 1863, il est constamment sur la brèche pour faire aboutir les revendications des orthodoxes, en particulier la convocation d'un synode national, qui relève de l'autorité gouvernementale, et que les libéraux refusent désormais, parce qu'ils se savent minoritaires et redoutent avec raison que le synode procède à leur égard par voie d'autorité, en imposant une confession de foi commune. Guizot démarche ainsi Gustave Rouland en avril 1863, mais ce dernier est remplacé en juin par Pierre Baroche, député d'opposition à la fin de la monarchie de Juillet dont il a contribué à renverser le dernier ministère, en mauvais termes, par conséquent, avec

Guizot, et favorable aux libéraux conduits par son ami le pasteur Athanase Coquerel fils. Précisément, la suffragance de ce dernier à Paris avait été renouvelée, en 1862, en partie grâce à Guizot auquel il manifesta sa reconnaissance, mais pour deux ans seulement car le conseil presbytéral, majoritairement orthodoxe, s'inquiétait de sa dérive ultra-libérale, qui le conduisit l'année suivante à accueillir favorablement la publication de la *Vie de Jésus* de Renan. Guizot n'était toujours pas d'avis d'une mesure rigoureuse, écrivant en novembre au pasteur Rognon : « Maintenir fermement en matière de foi les dogmes fondamentaux, en matière de discipline les droits et les traditions de l'Église, et en même temps être tolérants et patients envers les rationalistes, lutter contre eux dans le sein de l'Église sans empressement à saisir les occasions de les forcer à en sortir, c'est là, je crois, politiquement et chrétiennement, la bonne conduite. Quand la nécessité évidente de la séparation viendra, je ne serai pas des derniers à l'accepter. »

Ainsi, dès la fin de 1863, un schisme de l'Église réformée est en vue. Le 26 février 1864, le conseil presbytéral décida d'ôter à Athanase Coquerel le poste de suffragant qu'il occupait depuis 1850, et Guizot vota sans plaisir dans ce sens. Pourtant ce fut à lui, comme le plus en vue des orthodoxes, et parce qu'il était connu pour ses opinions conservatrices, que s'en prirent les libéraux, dont les laïcs étaient regroupés depuis 1861 dans l'Union protestante libérale, et au-delà d'eux la presse républicaine. De fait, le retentissement de cette décision fut considérable et déclencha véritablement les hostilités entre les deux camps qui apparurent désormais comme irréconciliables. Une campagne de pétitions en faveur de Coquerel, dont Guizot assista au sermon d'adieu « pas très violent », fut lancée : « On fait signer la protestation par les femmes, les enfants, les étrangers et les domestiques, écrit Guizot à sa fille Henriette. On est venu la présenter aux miens et à ceux de Guillaume. » Ce mouvement poussa le conseil presbytéral à une explication rédigée par Guizot, concluant ainsi : « M. le pasteur Coquerel est libre de professer ses croyances et de réunir autour de lui ceux qui les partagent, mais notre conscience ne nous permet pas de l'autoriser à les propager en notre nom et sous nos auspices. » En avril, à l'occasion des conférences pastorales largement dominées par les orthodoxes, Guizot fut encore à l'initiative d'une déclaration ferme et solennelle : « Chacun est libre de professer hautement ses croyances et de s'unir à ceux qui les partagent. Mais nous ne saurions comprendre ce que serait une Église qui n'aurait point de foi commune, et dans laquelle les croyances les plus diverses, ou même les plus contraires, seraient indifféremment professées. » Cette foi repose entièrement sur les Livres saints, dont l'inspiration divine et surnaturelle ne saurait être contestée.

L'ascendant pris naturellement par Guizot sur le courant orthodoxe ne cessait de grandir, en partie grâce à son esprit de synthèse, à son talent d'expression et à ses relations dans l'administration. Il contribua ainsi, à la fin de 1864, à convaincre le ministre Baroche, pourtant hostile, d'accepter le règlement électoral du consistoire de Paris qui obligeait l'électeur à s'inscrire personnellement et à déclarer fréquenter le culte, ce dont les libéraux ne voulaient à aucun prix. En effet, le conseil presbytéral devait être renouvelé par moitié au début de 1865, et Guizot était l'un des sortants. Il devint, pour les libéraux les plus engagés, et plus largement pour bien des bonapartistes et des républicains, l'homme à abattre. Une campagne virulente fut organisée contre lui personnellement auprès des quelque 4 000 électeurs parisiens. C'est alors qu'il fut affublé du sobriquet de « pape » des orthodoxes, en écho à ses prises de position en faveur du pape de Rome. « Empêchez qu'un pape officiel soit donné au protestantisme », lisait-on dans *Le Protestant libéral.* Le concentré des attaques contre Guizot fut réuni par le journaliste du *Siècle* Taxile Delord, dans un libelle de 24 pages intitulé *La Papauté de M. Guizot,* publié par le libraire protestant Cherbuliez, et dont la première partie avait pour titre « Le pape Guizot Ier ». Il dénonçait, dans le vote de la déclaration de foi en avril 1864, « l'acceptation de l'encyclique et du syllabus de M. Guizot, qui donne un pape au protestantisme », puis égrenait, selon Guizot lui-même, « un ramassis de toutes les vieilles attaques et rancunes politiques contre moi », depuis sa passivité complice dans la Terreur blanche contre les protestants de Nîmes en 1815 jusqu'à la destitution d'Athanase Coquerel, en passant par Tahiti, le Sonderbund, la réception de Lacordaire, la déclaration d'avril 1861 en faveur de la papauté. À ce factum paru à la mi-janvier, quelques jours avant les élections au conseil presbytéral, il restait peu de temps pour répondre. Les amis de Guizot s'en chargèrent, en particulier le fidèle pasteur Grandpierre dans *L'Espérance* du 21 janvier, concluant que « l'Église réformée n'a de chef que Jésus-Christ », comme si la précision était nécessaire. Les attaques des libéraux avaient l'air de prendre, en particulier auprès des ouvriers et artisans protestants – il y en avait alors –, au point que Guizot retrouva ses vieux réflexes : « Le suffrage universel appliqué à l'Église est bien plus absurde et choquant que dans l'État. » Le scrutin eut lieu du 24 au 26 janvier. Le libéral modéré Laffon de Ladébat, figurant sur les deux listes, arriva largement en tête, et quatre orthodoxes furent élus après lui, ayant obtenu la majorité absolue qui était de 1 316 voix. En revanche, Guizot était placé en ballottage défavorable, puisqu'il était précédé par deux libéraux. On parla de « 24 février des protestants », allusion à la chute du régime de Juillet. De fait, et comme c'était prévisible dès lors qu'il s'agissait de Guizot, la politique avait tenu une grande place dans le vote, comme il le reconnaît : « Je me suis trouvé aux prises à la fois avec mes anciens adversaires politiques et avec mes nouveaux adversaires religieux. La question de l'ordre dans l'Église s'est posée sur ma tête en même temps que celle de la foi. [...] J'accepte volontiers la situation qu'on me fait en me combattant à outrance comme le représentant de la même cause dans l'Église et dans l'État, la cause de l'ordre et de la liberté fondés l'un et l'autre sur la foi sérieuse et sincère. »

Telle est l'analyse qu'il livre à Henriette le 27 janvier, et que corrobore deux jours plus tard le *Journal des débats*, où l'ami Silvestre de Sacy écrit : « Catholiques, nous envions M. Guizot à l'Église réformée. [...] M. Guizot est l'honneur et l'une des gloires les plus pures de notre pays. [...] Par une anomalie des plus étranges, les protestants sauraient-ils se séparer en ce point de la France, de l'opinion publique unanime et, par je ne sais quelle fureur de protestation à outrance, protester contre le premier et le plus illustre de leurs coreligionnaires ? Nous espérons mieux de la prudence et de la modération des électeurs de l'Église réformée de Paris. » Il n'est pas sûr que ce soutien éclatant fût de nature à faciliter la réélection de Guizot au second tour. Celui du pasteur Guillaume de Felice, dans sa brochure *M. Guizot. Sa candidature au conseil presbytéral de l'Église réformée de Paris*, reprenait des termes analogues, mais plus audibles en raison du côté dont ils venaient, la faculté de théologie protestante de Montauban : « En prenant la plume pour soutenir la candidature de M. Guizot, je m'étonne d'avoir une telle cause à plaider, et d'être pour un jour l'obscur avocat du plus illustre de nos coreligionnaires. » Et encore : « Demandez à Dieu pour nos Églises des hommes qui lui ressemblent, et puissent-ils être mieux récompensés que lui de leur fidélité, de leur zèle et de leurs vertus. » Même Émile de Girardin, dans *La Presse*, qui n'a jamais porté Guizot dans son cœur, y va de son émotion : « Il y a des illustrations qui, partout et toujours, sont hors de concours, et à l'égard desquelles le vote ne devrait jamais être qu'une occasion de leur rendre hommage. M. Guizot est du petit nombre de ces grandes illustrations. »

La campagne pour le deuxième tour fut ardente, car la chute de Guizot paraissait à portée de main. Ses amis recevaient des courriers d'insultes : « Vieux Jocrisse de Grandpierre, à bas ton Guizot ; la tyrannie tombera sous les coups de la démocratie. » Les libéraux mobilisaient la colonie suisse protestante de Paris, dont quelques dizaines de membres étaient inscrits sur les listes électorales du consistoire, pour lui faire dire ses rancœurs liées à l'affaire du Sonderbund, vingt ans plus tôt. La partie adverse tâchait au contraire d'y trouver des supporteurs. Des consistoires de province se prononcèrent en faveur du grand homme contesté, par exemple celui de Bolbec : « Nous nous sentons pressés d'élever la voix pour proclamer bien haut que, par votre noble attitude en face de l'incrédulité moderne, vous avez mérité d'être, devant la France et devant l'Europe, le glorieux représentant, non seulement de l'Église de Paris, mais de toutes les Églises de langue française. » Guizot faisait mine de prendre tout cela de très haut, affectait de céder à des pressions amicales pour figurer au second tour ; en fait, il était heureux de retrouver l'odeur de la poudre, de monter en première ligne. Le coup, pourtant, ne passa pas loin. Le 7 mars, Guizot fut élu de justesse, n'obtenant que 22 voix de plus qu'au premier tour, et 10 de plus seulement que le candidat libéral qui le suivait. Le vieux lutteur, à l'issue de ce combat incertain, conservait son optimisme, écrivant à Henriette le 9 mars : « La petitesse du chiffre n'ôte rien au succès. Elle y ajoute plutôt. [...] Je reprends en mains les affaires de notre Église. » Le 30, à une « réunion de prières et d'actions de grâces » pour la victoire électorale organisée chez François Delessert en présence d'une centaine d'orthodoxes, Guizot tint à ses troupes des propos martiaux : « La lutte nous a donné une victoire qui nous présage des luttes nouvelles ; mais nous sommes en droit d'espérer des victoires nouvelles, car l'armée chrétienne est une et bien ralliée. » Dès lors, il se multiplie, allant de conciliabules en conférences, réunissant le conseil presbytéral chez lui – « il faut que les incrédules et les indifférents se sentent attaqués et menacés au lieu d'avoir l'impertinente confiance de novateurs et d'agresseurs ». Agenda du 21 avril : « Aujourd'hui à une heure, consistoire ; à 3 heures, conseil presbytéral ; ce soir à 8 heures, conférences fraternelles chez Delessert. Mardi, à 9 heures du matin, à l'Oratoire, première réunion des conférences pastorales, les deux partis présents. Mardi soir, à 7 heures et demie, je préside l'assemblée annuelle de la Société des traités religieux. Mercredi matin, à 9 heures, deuxième réunion des conférences pastorales. Vendredi et samedi, à 9 heures, conférences générales où viennent les pasteurs et délégués des Églises libres. Samedi, à une heure, je préside la Société d'instruction primaire »...

À bientôt soixante-dix-huit ans, M. Guizot est l'un des laïcs protestants les plus occupés de Paris, de France peut-être. Aux conférences pastorales, c'est lui qui répond avec le plus d'autorité aux propos d'Athanase Coquerel contestant la notion de surnaturel comme fondement de la vérité chrétienne. Et les orthodoxes l'emportèrent largement, puisque la déclaration de principes rédigée par Guizot et approuvée l'année précédente le fut encore par 129 voix contre 51 : « La minorité se sent battue, et battue sans succès d'amour-propre. Les trois Coquerel[1] ont été très médiocres, et froidement reçus, même de leurs amis. » Guizot, ainsi satisfait, ne relâche pas ses efforts et prend l'initiative, pour faire pièce côté orthodoxe à l'Union protestante libérale, de susciter une Société pour la défense de la foi chrétienne dans l'Église réformée de France, qui commence à s'organiser en mai, mais pour finir n'aboutira pas. Le 19 février 1866, il prend sur lui d'aller voir le ministre Baroche, pour tenter de faire échec à la tentative des libéraux d'obtenir que l'Église réformée de Paris soit divisée en cinq paroisses pourvues chacune de son conseil presbytéral, dans l'espoir d'avoir la majorité au moins dans certaines d'entre elles, et qui, de fait, n'aboutira pas. Le 26, il reçoit chez lui Gustave Rouland qui, devenu vice-président du Sénat, doit parler devant la haute assemblée en faveur du rétablissement sinon du synode national, au moins des synodes provinciaux, qui, eux non plus, ne sont toujours pas, depuis 1802, en mesure de se réunir. Le 29 mars, il est reçu par Napoléon III pendant près d'une heure, pour l'entreprendre sur la question de la division de Paris en paroisses et surtout la nécessité de réunir un synode national. Il mit, raconta-t-il à Jean Pédézert[2], « les points sur les i », recevant le soutien de l'impératrice qui, assistant à sa demande à l'entretien, déclara à son mari : « Vous ne pouvez pourtant pas être le pape d'une religion dont vous n'êtes pas. » Pour aboutir à ce qui est désormais sa grande affaire, il s'appuie de plus en plus, contre Baroche hésitant et mal disposé, sur Eugène Rouher, ministre d'État, qu'il rencontre à plusieurs reprises et qui relaie ses démarches auprès de l'empereur. Ce dernier le reçoit de nouveau le 5 avril 1869 : « Il a été frappé de mes

1. Athanase père et ses fils Athanase et Étienne.
2. Jean Pédézert, *Cinquante ans de souvenirs religieux et ecclésiastiques 1830-1880*, Paris, Fischbacher, 1896, p. 441.

paroles et il m'en a donné de bonnes. J'espère qu'elles ne resteront pas inefficaces. [...] Il m'a promis à peu près tout ce que je demandais », et en particulier l'enterrement du projet de division de l'Église réformée de Paris. Après la constitution, le 2 janvier, du gouvernement libéral d'Émile Ollivier, ministre de la Justice et des Cultes, ce dernier vient chez Guizot le 26 janvier causer avec lui durant une heure et demie : « Je l'ai trouvé sensé et de bon vouloir sur nos affaires d'Église. » De fait, en avril, alors que Guillaume Guizot était nommé sous-directeur des Cultes non catholiques, le principe d'une convocation du synode national parut acquis, un projet de décret étant même rédigé en juin à la suite des travaux d'une commission *ad hoc*. Mais la guerre, un mois plus tard, emporta tout.

Une fois passées les affres de la guerre et de la Commune, Guizot reprit le chantier dans l'état où l'avait laissé le régime impérial. Il remobilise le consistoire de Paris en faveur du synode, en dépit de l'opposition des trois libéraux les plus radicaux. À sa demande, le ministre de l'Instruction publique et des Cultes, Jules Simon, avec lequel il entretient des relations d'estime et de confiance, vient le voir le 12 novembre 1871 : « Jules Simon a passé hier deux heures avec moi, écrit-il à Henriette avec satisfaction. Le synode général m'est promis, *sans retard*. J'ai été très content de lui. Je reçois ce matin une lettre de Thiers [président de la République depuis trois mois] pour m'engager à aller dîner après-demain à Versailles. Je lui en parlerai. Il est averti par Jules Simon. » Il ajoute néanmoins deux jours plus tard, instruit par l'expérience : « Je laisserai l'affaire du synode général faite, autant qu'on peut appeler *faite* une chose qui n'est pas signée. Elle le sera, j'espère, comme Jules Simon me l'a promis, avant le 1er décembre. Guillaume a ordre de préparer le décret et le rapport. » De fait, Thiers, avec lequel Guizot s'était expliqué à Versailles avant le dîner du 17, signa le 29 novembre le décret de convocation. « L'affaire est faite et bien faite », put enfin se féliciter celui par lequel, en bonne partie, elle l'avait été.

Il jugea néanmoins, selon une formule célèbre, qu'il n'avait rien fait puisqu'il restait encore à faire, c'est-à-dire à réussir le synode, auquel il fut élu le 13 mars 1872 délégué de la 3e circonscription synodale, et dont l'ouverture était fixée au 6 juin, dans le nouveau temple du Saint-Esprit. Aussi s'attela-t-il avec énergie et méthode à sa préparation, prenant en main le groupe des délégués orthodoxes comme l'y désignaient son autorité personnelle et son expérience parlementaire. La première réunion se tint le 3 juin, sous la présidence de Guizot, « réunion assez vive et résolue, sans emportement ». Une commission fut nommée pour préparer une déclaration de foi, animée par le pasteur Charles Bois, professeur à la faculté de théologie de Montauban, que Guizot avait appris à apprécier lors des conférences pastorales de 1869. Une commission exécutive fut également constituée pour désigner des candidats au bureau du synode, et mettre au point une stratégie pour faire échec aux libéraux [1]. « Je suis content de l'état intérieur du parti évangélique. Je ne connais pas encore l'état et les projets de nos adversaires. Ils font peu de bruit. Leur silence apparent m'est suspect. Je m'attends à quelque coup fourré. » Décidément, Guizot a retrouvé avec bonheur l'atmosphère de veille de bataille parlementaire. À quatre-vingt-quatre ans, il se sent rajeunir pour la dernière fois. Le 6 juin au soir, après de vifs débats, la conférence des orthodoxes adoptait à l'unanimité la déclaration de foi sur la base du texte de Charles Bois. Elle devait fournir au parti animé par Guizot une arme décisive au sein du synode.

Celui-ci s'était ouvert ce même jour à midi et demi, dans le temple du Saint-Esprit « tout tendu de draperies rouges avec franges d'or », « plutôt trop brillant » jugea Guizot qui n'assista pas à cette première séance de forme et de procédure. L'assemblée était constituée de 108 délégués titulaires : 49 pasteurs et 59 laïcs. Les choses sérieuses commencent le 7 et les orthodoxes, mieux préparés que les libéraux, et de

---

1. Voir Patrick Harismendy, *Le Parlement des huguenots. Organisations et synodes réformés français au XIXe siècle*, Presses universitaires de Rennes, 2005, pp. 309-310.

toute façon plus nombreux, font passer leurs candidats au bureau. Guizot s'en félicite auprès d'Henriette, à l'écoute au Val-Richer : « Nous avons réussi en tout. Présidence (pasteur Charles Bastie de Bergerac), vice-présidents, secrétaires, toutes les nominations nous ont appartenu. [...] Il y a eu et il y aura, j'espère, parmi les nôtres, discipline et zèle. Il y a bien du bon dans ces débris du vieux protestantisme. » Guizot maintenant est à son affaire, infatigable, dirigeant son groupe en leader incontesté. Admiratif, le délégué très libéral Félix Pécaut, de quarante ans plus jeune, décrit dans le journal *Le Temps* : « Assis au premier rang de la droite, il est le chef reconnu de la majorité ; on ne sait s'il la tempère plus qu'il ne l'excite ; en tout cas, il la gouverne, la manœuvre en parlementaire et c'est lui qui, au dernier moment, intervient pour "résumer les débats" et décider la victoire. » Sa première intervention est pour faire voter une députation et une adresse de remerciement au président Thiers ; il le lui doit bien. De plus, l'opération est habile, car il s'agit de le remercier d'avoir rendu aux Églises réformées le gouvernement d'elles-mêmes ; c'est dire que le synode est un organe décisionnaire, ce que les libéraux contestent sur le fond. Voilà, à la faveur d'une motion d'ordre, un point marqué par les orthodoxes. Le lendemain, se pose la question de la publicité des séances, qui sont ouvertes librement aux pasteurs et aux journalistes protestants, et aux délégués des diverses Églises françaises et étrangères. Les journalistes politiques français et étrangers pourront être autorisés sur demande de leur part. Et les dames, pourront-elles être admises ? Guizot se montre hésitant : dans l'état de nos mœurs, le jour où elles seront nombreuses dans les tribunes du temple, le caractère de la discussion ne sera-t-il pas influencé par leur présence ? Le synode ne risque-t-il pas de prendre les apparences d'un spectacle, les orateurs pensant, en s'exprimant, à ce public particulier ? Sur ce point, le libéral Colani faisant observer que les femmes sont plus religieuses que les hommes, Guizot n'est pas suivi. Il n'est pas sûr qu'il en soit très contrarié, car il n'a jamais redouté, quand il était à la tribune de la Chambre ou à l'Académie, les présences féminines, de Rachel à l'impératrice.

Les jours suivants, il réserve ses forces, se concentrant sur le débat principal du synode, l'adoption de la confession de foi de l'Église réformée, telle que l'ont adoptée les orthodoxes dans leur conférence particulière. Il se prépare à sa manière habituelle : « Je vais me promener un peu dans le salon et dans mon cabinet en pensant au débat d'aujourd'hui. » Cette séance décisive s'ouvre le 18 juin à une heure vingt. Guizot parle après l'ancien pasteur Timothée Colani, qui conteste le principe de la déclaration de foi commune, et s'interroge sur son contenu dogmatique. En particulier, qui interprétera les Écritures ? « Ou bien ce sera l'Église, et alors vous êtes entièrement catholiques, ou bien ce sera l'individu, et alors il n'y a plus de confession de foi. » Et il interpelle Guizot directement : « L'ouvrage le plus considérable qu'un membre de la droite ait écrit dans ces dernières années sur les questions religieuses, c'est assurément celui de M. Guizot. Eh bien, si M. Guizot l'eût publié au XVIIe siècle, il aurait comparu devant les synodes en qualité d'accusé, et s'il l'avait publié à Genève au temps de Calvin... Je n'achève pas... » Il pense évidemment au supplice de Michel Servet. Ainsi, au lieu de s'égarer dans d'indécidables questions théologiques, le synode ferait mieux, dans sa diversité, « de ranimer la vie de nos Églises. »

Une heure durant, debout à la tribune, Guizot répond point par point, se défendant d'abord d'avoir jamais proposé au peuple protestant de faire alliance avec l'Église catholique, c'est-à-dire de se réunir avec elle. Il s'est borné à « reconnaître la grande fraternité chrétienne, à applaudir ceux qui ont réclamé contre la spoliation et la violence ». Il combat ensuite « cette doctrine étrange qu'il n'y a pas d'autre foi que celle de la conscience individuelle ». Comment une Église peut-elle exister sans foi ni règle commune ? Guizot sollicite alors un souvenir personnel dont il n'est guère prodigue : « Il y a soixante-cinq ans, j'allai visiter dans les Cévennes, au Pont-de-Montvert, un oncle de ma mère ; il était pasteur ; il n'y avait point encore là de temple ; on se réunissait au haut de la montagne, sur un plateau qu'on pouvait appeler aussi le désert. Deux ou trois mille paysans étaient là réunis. Qu'est-ce qui les réunissait ? La foi à l'autorité des Écritures saintes, foi point savante, mais vivante et lien de leur union. » Le synode, poursuit-il, a pleine qualité pour déclarer la foi, et la minorité doit se plier aux décisions de la majorité librement adoptées, sans pour autant quitter l'Église : « Nous ne voulons pas que vous vous sépariez de nous. » Reste que, face aux ravages de l'incrédulité, à la négation des grands faits chrétiens à laquelle, au sein du protestantisme, se sont malheureusement associées certaines personnes voilant ainsi la vérité, tout individu qui aspire à exercer une fonction ou une influence dans l'Église réformée doit donner des gages de sa fidélité aux doctrines, aux lois de cette Église. Il invite en conclusion ses amis à voter la déclaration de foi, qui n'est pas autre chose que l'énoncé des grands faits chrétiens, « sans s'arrêter à de petits détails ». L'heure est à la décision. Guizot a fini. On n'applaudit pas dans un temple. Il n'a pas encore regagné sa place qu'Athanase Coquerel fils, invoquant un fait personnel comme dans une assemblée parlementaire, lui demande s'il a voulu le désigner en parlant des hommes qui ont voilé la vérité. Guizot répond qu'il n'a pas pensé à lui personnellement, mais que plusieurs membres de l'Église se sont rendus coupables des torts qu'il avait signalés. Sur l'insistance de Coquerel demandant s'il est de ceux-là, Guizot répond par l'affirmative. Le pasteur exige alors de pouvoir répondre. Après une épreuve à main levée déclarée douteuse, un second vote lui refuse cette autorisation. « La majorité, commente Guizot pour sa fille, était dans son droit et dans les règles des débats parlementaires. J'aurais mieux aimé qu'elle le laissât parler. »

Le 19, Guizot répond encore à Colani sur l'alliance du protestantisme avec le catholicisme, ne craignant pas de réaffirmer devant cet auditoire protestant qu'il a cru et qu'il croit encore que « le protestantisme devait et doit protester contre la violence et la conquête dont le catholicisme a été l'objet dans la personne du pape et de son pouvoir temporel. Je persiste encore à penser qu'il y avait de l'honneur à prendre une semblable position ». On ne pourra pas reprocher à Guizot de déserter ses positions. Félix Pécaut se borne du reste à faire constater par le synode que « les sentiments exprimés par M. Guizot sont absolument personnels ».

La grande voix s'est tue, mais ses idées l'ont emporté. Il écrit le 21 juin : « La question est vidée, ma fille. La déclaration de foi a été adoptée hier par 61 voix contre 45. Le double but est atteint. Le synode général est rétabli et son premier acte est de déclarer la foi chrétienne, au nom de l'Église réformée. Il y a, dans notre petit monde protestant, bien des lacunes d'esprit et de caractère, mais aussi un fond de sens moral, de fidélité religieuse et de courage obstiné dont je suis très touché. » Mais l'entreprise a été difficile, Guizot y a jeté tant de ses forces que celles-ci, le matin du 24 juin, viennent à lui manquer. À trois mois de son quatre-vingt-cinquième anniversaire, le vieux lutteur quitte l'arène avant le combat de trop : « J'ai été jusqu'au bout de ma force. Je ne veux pas être pris d'une défaillance sur le champ même de bataille. » Le 26 juin, l'essentiel ayant été acquis, il adresse une lettre de démission que le modérateur Bastie lit à l'assemblée : « Je rends grâce à Dieu d'avoir permis que, si près du terme de ma vie, je fusse appelé à témoigner mon ferme attachement à la foi chrétienne et ma confiance dans le synode général de l'Église réformée de France. Je remercie mes collègues, membres de cette auguste assemblée, de la bienveillance avec laquelle ils ont accueilli mes libres paroles. Je respecte leur liberté autant que la mienne propre. » En réponse, la totalité des délégués signèrent une lettre le 30 juin : « L'Église réformée de France tout entière vous sera reconnaissante du zèle pieux avec lequel vous avez travaillé à son relèvement, à la défense de ses intérêts et de ses droits. » N'était-ce pas, délivré à l'un de ses fils les plus originaux et parfois déroutants, un brevet de protestantisme en bonne et due forme ? Le synode s'acheva le 10 juillet à 18 heures. Il allait déboucher sur une rupture à l'intérieur de l'Église réformée que Guizot n'eut pas le temps de voir consommée. Au contraire, continuant d'œuvrer, notamment auprès de Thiers puis d'Albert de Broglie, pour la pleine exécution juridique des acquis du synode, il eut la joie d'apprendre, le 14 février, que le Conseil d'État avait adopté le projet de décret autorisant la publication de la déclaration de foi, préparé par son fils Guillaume. « Voilà l'œuvre de la reconstruction de l'Église réformée de France accomplie, autant qu'il appartient aux hommes. J'en jouis beaucoup. Je l'ai annoncé ce matin dans les bancs du consistoire qui s'en sont aussi réjouis. »

Sept mois plus tard, au Val-Richer, il entrait, disait-il, « dans la lumière ». Durant ses derniers jours, beaucoup de poésie lui revenait à la mémoire, et il se récitait des vers comme il avait toujours aimé le faire. Se souvint-il alors, ce protestant hors norme, de ceux qu'il avait écrits environ soixante-cinq ans plus tôt, dans une cantate intitulée « Marie », que plus d'un catholique aurait lue avec plaisir ?

Sublime objet de mon chant
Toi que le ciel a choisie
Heureuse et sainte Marie
Tu ne touches qu'à peine à la fleur de tes ans
Déjà le messager du Dieu que tu révères
Auprès du foyer de tes pères
À tes regards s'est présenté
Resplendissant d'une vive clarté
Il révèle à ton cœur cette gloire éternelle
Que te réservent les cieux
Et la couronne immortelle
Déjà brille devant tes yeux
Salut, vierge favorisée !

Que n'a pas dit, et écrit, M. Guizot !

Lectures

Les sources, documents et archives relatifs à François Guizot forment un immense continent dont une partie demeure inexplorée. La majorité s'en trouve aux Archives nationales, sous la cote 42 AP, et dans diverses institutions et établissements publics, en France et à l'étranger. Mais beaucoup demeurent en mains privées. S'y ajoutent les lieux, les objets, l'esprit même dans lesquels Guizot a vécu. Aussi, sans la générosité et le soutien constants de ses descendants, et singulièrement de l'Association François Guizot-Val-Richer, ce livre eût-il été impossible à écrire et à illustrer. Que Madame Catherine Coste, et son époux Roger, reçoivent ici l'expression renouvelée de mon affectueuse et profonde gratitude pour leur accueil inlassablement bienveillant.

J'ai beaucoup emprunté, comme on a pu voir, aux Mémoires, souvenirs et correspondances de Guizot et de ses contemporains. Le plaisir que procurent ces lectures est tel que voici une liste de certains qui ont été publiés et sont assez facilement accessibles.

Correspondances de François Guizot

Mme de Witt, née Guizot, *Monsieur Guizot dans sa famille et avec ses amis*, Paris, Hachette, 1880.

Lettres de M. Guizot à sa famille et à ses amis, recueillies par Mme de Witt, née Guizot, Paris, Hachette, 1884.

« Lettres de Guizot à Fauriel », publiées par Paul et Victor. Glachant, *La Nouvelle Revue*, tome XIII, 1er décembre 1901, pp. 346-357.

Les Années de retraite de M. Guizot. Lettres à M. et Mme Charles Lenormant, publiées par Charles de Loménie, Paris, Hachette, 1902.

Correspondance de Guizot avec Léonce de Lavergne (1838-1874), publiée par Ernest Cartier, Paris, Plon, 1910.

« Lettres de M. Guizot (1831-1856) », publiées par André Auzoux, *Revue des études historiques*, mars-avril 1912, pp. 236-259.

« Lettres inédites de M. Guizot à la duchesse Decazes », *La Revue hebdomadaire*, t. VII, juillet 1912, pp. 145-182.

« Lettres à lady Alice Peel », publiées par lady Wester Wemyss, *La Revue de France*, vol. 3, 1925, pp. 417-444 et 671-705.

« Une correspondance inédite de François Guizot » (avec Achille de Daunant), publiée par Xavier Azéma, *Fédération historique du Languedoc méditerranéen et du Roussillon, XXXVIIe et XXXVIIIe congrès (1964-1965)*, Montpellier, s.d.

André Gayot, *Guizot et Madame Laure de Gasparin*, Paris, Grasset, 1934.

Édouard Dolléans, « Guizot et Pauline de Meulan », *Revue des Deux Mondes*, sept.-oct. 1954, pp. 140-147.

Douglas Johnson, « Guizot et lord Aberdeen en 1852 », *Revue d'histoire moderne et contemporaine*, t. V, janvier-mars 1958, pp. 57-70.

Marguerite Maire, « Guizot et ses cousins genevois d'après des lettres inédites », *Mélanges Paul-Édouard Martin*, Genève, 1961, pp. 581-592.

Lettres de François Guizot et de la princesse de Lieven (1836-1846), préface de Jean Schlumberger, Paris, Mercure de France, 1963-1964, 3 vol.

Régis Ladous, « Guizot et Montalembert sous le Second Empire d'après leur correspondance inédite », *Actes du colloque François Guizot*, Société de l'histoire du protestantisme français, 1976, pp. 341-354.

« Dix lettres inédites de Guizot adressées au pasteur Louis Rognon », par Claude Michel, *Bulletin de la Société de l'histoire du protestantisme français*, 1981, pp. 646-656.

François Guizot, *Lettres à sa fille Henriette (1836-1874)*, éditées par Laurent Theis, avec un essai biographique sur Henriette de Witt-Guizot par Catherine Coste, Paris, Perrin, 2002.

La Fondation de l'entente cordiale. Lettres inédites de lord Aberdeen et François Guizot 1843-1848, présentation de Gabriel de Broglie et notes de Laurent Theis, Pour l'Association François Guizot-Val Richer, 2006.

Correspondances [1] et Mémoires du XIXe siècle [2]

Comte d'Alton Shée, *Mes Mémoires (1826-1848)*, Paris, Librairie internationale, 1869-s.d., 3 vol.

André-Marie et Jean-Jacques Ampère, *Correspondance et souvenirs de 1805 à 1864*, recueillis par Mme H. Chevreux, Paris, Hetzel, 1875, 2 vol.

Un Anglais à Paris. Notes et souvenirs 1835-1871, trad. par J. Hercé, Paris, Plon, 1893-1894, 2 vol.

Journal du comte Rodolphe Apponyi (1826-1852), publié par Ernest Daudet, Paris, Plon, 1913-1926, 4 vol.

Correspondance du duc d'Aumale et de Cuvillier-Fleury 1840-1871, introd. par René Vallery-Radot, Paris, Plon, 1910-1914, 4 vol.

Journal de Victor de Balabine, secrétaire de l'ambassade de Russie 1842-1847, publié par Ernest Daudet, Paris, Émile-Paul, 1914.

Souvenirs du baron de Barante (1782-1866), publiés par son petit-fils Claude de Barante, Paris, Calmann Lévy, 1890-1901, 8 vol.

Mémoires posthumes de Odilon Barrot, publiés par Duvergier de Hauranne, Paris, Charpentier, 1875-1876, 4 vol.

Simon Bérard, *Souvenirs historiques sur la révolution de 1830*, Paris, 1834.

Mémoires du comte Beugnot, ancien ministre (1783-1815), publiés par le comte Albert Beugnot son petit-fils, Paris, E. Dentu, 1889.

Mémoires de la comtesse de Boigne, née d'Osmond. Récits d'une tante, édités par Jean-Claude Berchet, Paris, Mercure de France, 1986, 2 vol.

Isa Dardano Basso, *La Princesse Julie Bonaparte, marquise de Roccagiovine, et son temps. Mémoires inédits (1853-1870)*, Rome, Edizioni di storia e letteratura, 1975.

1. Ne sont pas recensées ici, en raison de leur dimension et en dépit de leurs références à Guizot, les correspondances générales de Prosper Mérimée (éditée par M. Parturier, Le Divan puis Privat, en 17 volumes), de Stendhal (V. del Litto, Champion, 6 volumes) et de Tocqueville (J.-P. Mayer et autres, Gallimard, 16 volumes parus).

2. Certains d'entre eux reproduisent des lettres de et à Guizot.

Mémoires du duc de Broglie (Jacques-Victor-Albert 1821-1901), préface de son petit-fils, Paris, Calmann-Lévy, 1938-1941, 2 vol.

Souvenirs du feu duc [Victor] *de Broglie*, publiés par son fils, Paris, Calmann Lévy, 1886, 4 vol.

Lettres de la duchesse de Broglie 1814-1838, publiées par son fils le duc de Broglie, Paris, Calmann Lévy, 1896.

L'Europe de 1830 vue à travers la correspondance de Augustin Pyramus de Candolle et Madame de Circourt, publiée par Roger de Candolle, Genève, A. Jullien, 1966.

Louis de Carné, *Souvenirs de ma jeunesse au temps de la Restauration*, Paris, Didier, 1873.

Journal du maréchal de Castellane 1804-1862, Paris, Plon, 1896-1897, 5 vol.

Auguste Chambolle, *Retours sur la vie. Appréciations et confidences sur les hommes de mon temps*, Paris, Plon, 1912.

François-René de Chateaubriand, *Mémoires d'outre-tombe*, édition de Maurice Levaillant et Georges Moulinier, Paris, Gallimard (« Bibliothèque de la Pléiade »), 2 vol.

Augustin Cournot, *Souvenirs (1760-1860)*, introd. par E.-P. Bottinelli, Paris, Hachette, 1913.

Journal intime et correspondance de Cuvillier-Fleury, publiés par Ernest Bertin, Paris, Plon, 1900-1903, 2 vol.

Colonel Denfert-Rochereau, *Lettres d'un officier républicain*, éditées par William Serman, Paris, 1990.

Duchesse de Dino, *Chronique de 1831 à 1862*, publiée par la princesse Radziwill, née Castellane, Paris, Plon, 1909-1910, 4 vol.

Mémoires de Mme Dosne, l'égérie de M. Thiers, publiés par Henri Malo, Paris, Plon, 1928, 2 vol.

Ximénès Doudan, *Mélanges et Lettres*, introd. du comte d'Haussonville, Paris, Calmann Lévy, 1876-1877, 4 vol.

Paul Dubois, *Cousin, Jouffroy, Damiron. Souvenirs*, Paris, Perrin, 1902.

Mémoires de M. [André] *Dupin*, Paris, Plon, 1855-1861, 4 vol.

Comte de Falloux, *Mémoires d'un royaliste*, Paris, Perrin, 1888, 2 vol.

Léon Faucher, *Correspondance 1821-1851*, Paris, Amyot, 1847-1851, 2 vol.

La Comtesse Agénor de Gasparin et sa famille. Correspondance et souvenirs 1813-1894, par C. Barbey-Boissier, Paris, Plon, 1902, 2 vol.

Edmond et Jules de Goncourt, *Journal. Mémoires de la vie littéraire 1851-1896*, édité par Robert Ricatte et Robert Kopp, Paris, Robert Laffont (« Bouquins »), 1989, 3 vol.

Ludovic Halévy, *Carnets 1862-1870*, publiés par Daniel Halévy, Paris, Calmann-Lévy, 1935, 2 vol.

Henri Heine, *De la France*, Paris, Michel Lévy, 1860.

Id., *Lutèce. Lettres sur la vie politique, artistique et sociale de la France*, Paris, Michel Lévy, 1860.

Jean Henry, *Journal d'un voyage à Paris en 1814*, édité par Bénédicte Savoy, Paris, Gallimard, 2001

Comte de Hübner, *Neuf ans de souvenirs d'un ambassadeur d'Autriche à Paris (1851-1859)*, publiés par son fils le comte Alexandre de Hübner, Paris, Plon, 1904.

Victor Hugo, *Choses vues*, texte présenté, établi et annoté par Hubert Juin, Paris, Gallimard, 1972 (nouv. éd. 2002).

Jean-François Jeanjean, *Guizot et Mahul dans leurs relations politiques d'après de nouveaux documents inédits (1820-1850)*, Carcassonne, 1916.

Correspondance de Théodore Jouffroy, publiée par Adolphe Lair, Paris, Perrin, 1901.

Un épisode de l'histoire de la terreur à Nîmes extrait des souvenirs personnels de Madame Juillerat-Chasseur, née Suzanne Chabaud-Latour, Montbéliard, 1902.

Henri Lacordaire-Charles de Montalembert, *Correspondance inédite 1830-1861*, éditée par Louis Le Guillou, Paris, Le Cerf, 1989.

Mémoires de Laffitte (1767-1844), publiés par Paul Duchon, Paris, Firmin-Didot, 1932.

Chaumont Liadières, *Souvenirs historiques et parlementaires*, Paris, Michel Lévy, 1855.

The Lieven-Palmerston Correspondence, edited by lord Sudley, Londres, Murray, 1943.

The Life and Letters of Lord Macaulay, by his nephew George Trevelyan, Londres, Harper and Brothers, 1876, 2 vol.

The Letters of Thomas Babington Macaulay, edited by Thomas Pinney, Cambridge University Press, 1974-1981, 6 vol.

Lord Malmesbury, *Mémoires d'un ancien ministre (1807-1869)*, Paris, Ollendorff, 1885.

Xavier Marmier, *Journal (1848-1890)*, édité par Eldon Kaye, Genève, Droz, 1968, 2 vol.

Journal du docteur Prosper Ménière, publié par son fils le docteur E. Ménière, Paris, Plon, 1903.

Jules Michelet, *Journal 1828-1874*, publié par Paul Viallaneix, Paris, Gallimard, 1959-1976, 4 vol.

Comte de Montalivet, *Fragments et souvenirs 1810-1848*, précédés d'une notice historique par M. Georges Picot, Paris, Calmann Lévy, 1899-1900, 2 vol.
Marquis de Noailles, *Le Comte Molé, sa vie, ses mémoires*, Paris, Champion, 1922-1930, 6 vol.
Émile Ollivier, *Journal 1846-1869*, texte choisi et annoté par Theodore Zeldin et Anne Troisier de Diaz, Paris, Julliard, 1961, 2 vol.
Lord Palmerston, sa correspondance intime pour servir à l'histoire diplomatique de l'Europe de 1830 à 1865, traduite et introduite par Augustus Craven, Paris, Didier, 1878-1879, 2 vol.
Mémoires du chancelier Pasquier, publiés par son petit-fils le duc d'Audiffret-Pasquier, Paris, Plon, 1893-1895, 6 vol.
Chancelier Pasquier, *La Révolution de 1848*, Mémoires publiés par le duc d'Audiffret-Pasquier son arrière-petit-fils, Paris, Plon, 1944.
Jean Pédézert, *Souvenirs et études*, Paris, Grassart, 1888.
Id., *Cinquante ans de souvenirs religieux et ecclésiastiques 1830-1880*, Paris, Fischbascher, 1896.
Souvenirs et correspondance tirés des papiers de Mme Récamier, Paris, Michel Lévy, 1859, 2 vol.
Memoirs of the Life and Correspondence of Henry Reeve, by John Knox Laughton, Londres, Longmans, Green and co, 1898, 2 vol.
Correspondance de M. de Rémusat pendant les premières années de la Restauration, publiée par son fils Paul de Rémusat, Paris, Calmann Lévy, 1883-1886, 6 vol.
Charles de Rémusat, *Mémoires de ma vie*, édités par Charles Pouthas, Paris, Plon, 1958-1967, 5 vol.
Comte de Sainte-Aulaire, *Souvenirs (Vienne, 1832-1841)*, publiés par Marcel Thiébaut, Paris, Calmann-Lévy, 1927.
Charles Augustin Sainte-Beuve, *Correspondance générale 1823-1869*, éditée par Alain Bonnerot, Paris, Champion, 2006, 2 vol.
Id., *Mes poisons. Cahiers intimes inédits*, publiés par Victor Giraud, Paris, Plon, 1926.
Saint-Marc Girardin, *Souvenirs et réflexions politiques d'un journaliste*, Paris, Michel Lévy, 1859.
Nassau William Senior, *Conversations with M. Thiers, M. Guizot and other distinguished Persons, during the second Empire*, Londres, Hurst and Blackett, 1878, 2 vol.
Jules Simon, *Thiers, Guizot, Rémusat*, Paris, Calmann Lévy, 1885.
Hippolyte Taine, sa vie et sa correspondance, Paris, Hachette, 1902-1905, 3 vol.
Amédée Augustin-Thierry, *Augustin Thierry (1795-1856) d'après sa correspondance et ses papiers de famille*, Paris, Plon-Nourrit, 1922.

Louis Véron, *Mémoires d'un bourgeois de Paris*, Paris, de Gonet, 1853-1855, 6 vol., suivis de *Nouveaux Mémoires d'un bourgeois de Paris*, Paris, Librairie internationale, 1866.

Brian Connell, *Regina vs. Palmerston. The Correspondence between Queen Victoria and her Foreign and Prime Minister 1837-1865*, Londres, Doubleday, 1961.

Horace de Viel-Castel, *Mémoires sur le règne de Napoléon III*, Paris, 1883-1884, 6 vol. (nouvelle édition établie par Éric Anceau, Paris, Robert Laffont, coll. « Bouquins », 2005).

Jean Pons Guillaume Viennet, *Mémoires et Journal 1777-1867*, éditées par Raymond Trousson, Paris, Champion, 2006.

Cornélis de Witt, *Ma famille. Souvenirs 1848-1889*, Paris, Imprimerie de Vaugirard, 1917.

Index des noms de personnes

Table des matières

*Édition exclusivement réservée aux adhérents
du Club Le Grand Livre du Mois,
réalisée avec l'aimable autorisation des Éditions Fayard.*

Achevé d'imprimé en Espagne par Rodesa
Dépot légal : avril 2008